Wörterbuch des Aberglaubens

Dieter Harmening

Wörterbuch des Aberglaubens

Philipp Reclam jun. Stuttgart

Satz und Druck: Reclam, Ditzingen
Buchbinderische Verarbeitung: IBB GmbH, Weinsberg
Printed in Germany 2005
RECLAM ist eine eingetragene Marke
der Philipp Reclam jun. GmbH & Co., Stuttgart
ISBN 3-15-010553-6

www.reclam.de

Inhalt

Vorwort

1

Das *Wörterbuch des Aberglaubens* versteht ›Aberglaube‹ als einen Begriff, der die Bereiche des Wahrsagens und der Zeichendeutung sowie des magischen Wissens und der zauberischen Praxis umgreift.

In Nachfolge einer frühen theologischen Interpretation des Aberglaubens als Restform des Heidentums suchte das 19. Jahrhundert, von evolutionistischen Gedanken geleitet, im Aberglauben fossile Relikte untergegangener religiöser Welten zu erkennen: Wie die Entwicklungsgeschichte der ›Arten‹ in den jüngsten Sprossen der Evolution rudimentär zwar, aber doch sichtbar, älteste Stufen ihres Werdens bewahrt hat, so wird auch der Aberglaube als Relikt eines älteren Anderen, näherhin der germanischen, keltischen oder sogar noch der indogermanischen Mythologie und Religion zu begreifen gesucht. Hier schien sich endlich ein Weg in das weithin verschlossene germanische Altertum zu öffnen. Die Sprachgeschichtsforschung war einen ähnlichen Weg gegangen. Sie sollte nun methodologisches Vorbild sein: »gelten also in der sprache schlüsse auf das was abhanden ist, zuckt ihre gegenwärtige beschaffenheit noch weit zurück in die ältere und älteste: so muss auch in der mythologie ein ähnliches verfahren sich rechtfertigen und aus ihrem versiegenden wasser die quelle, aus den stehngebliebnen sümpfen der alte strom geahnt werden. die völker hängen und halten fest am hergebrachten, wir werden ihre überlieferung, ihren aberglauben niemals fassen, wenn wir ihm nicht ein bett noch auf heidnischem grund und boden unterbreiten« (Jacob Grimm, 1844).

Damit war die Prämisse der älteren Aberglaubensforschung formuliert: Aberglaube ist eine entwicklungsgeschichtliche Schwundstufe, von der aus man, gegebenenfalls unter Berücksichtigung ethnographischer Parallelen, das heißt durch Analogie, auf vergangene mythische und religiöse Welten schließen wollte. Es zeigt sich jedoch heute, daß die weitgespannten Traditionsvermutungen und Kontinuitätserwartungen nicht haltbar sind, daß die Geschichte eines Aberglaubens oft erst im Spätmittelalter oder in der Neuzeit beginnt und daß jenen »stehngebliebnen sümpfen« des Aberglaubens das Wasser nicht von weit durch die Geschichte der Völker mäandrierenden Urströmen zugeführt, sondern aus elitären Systemen der Welterklärung und Weltbewältigung eingesickert ist.

Obwohl das evolutionistische Axiom und die mythologische Kontinuitätsprämisse nicht mehr gelten, beherrschen sie doch bis heute noch den feuilletonistischen Brauch-Kommentar in allen Medien. Signalfloskeln wie ›Dämonenkult‹, ›Ahnenverehrung‹, ›Fruchtbarkeitskult‹, ›Geisterabwehr‹ wie auch ›germanische‹, ›keltische‹ oder ›indogermanische Mythologie‹ kennzeichnen in ihrer generalisierenden Beiläufigkeit solche überholten Positionen.

Für die gegenwärtige volkskundlich-kulturhistorische und ethnologische Forschung ist der Aberglaube seiner stofflichen Seite nach nicht ahistorisch-fossiles Relikt, sondern ein in vielen Teilen inhaltlich faßbarer Rest historischer und zeitgenössischer Glaubens- und Wissenssysteme. Er wird sonach auch nicht als Gegenstand weltanschaulicher Polemik zu behandeln sein, sondern als geschichtliches und gegenwärtiges kulturelles Phänomen.

Daher geht es der Forschung um die Feststellung von Formen des Aberglaubens als regional und historisch beschreibbarer Größen. Erst die zeitliche und räumliche Fixierung von Fakten verhindert eine spekulative Ableitung der Erscheinungen (›Germanisches‹) und erlaubt überhaupt Fragen nach Alter, Herkommen und Überlieferung, aber auch nach Aufkommen (Innovation) und Verbreitung (Diffusion) neuer Formen. Wichtig ist für die historische Aberglaubensforschung dabei aber nicht nur die Feststellung eines bestimmten Alters und einer kartographisch beschreibbaren Verbreitung der Phänomene, sondern insbesondere die Frage nach ihrer sozialen Bindung und Funktion: Wer praktiziert einen Aberglauben und warum oder wozu? (Eine Reihe ›abergläubischer‹ Regeln sind zum Beispiel als pädagogische Metaphern zu verstehen. So sagt man Kindern, um Tierquälereien zu verhindern, es werde das Haus abbrennen, wenn man das Nest des Rotschwänzchens ausnehme, oder wenn man einen dieser Vögel töte, dann gäben die Kühe rote Milch.) Ziel der historischen Forschung ist es, eine Geschichte des Aberglaubens zu schreiben.

Quellen zu dieser Geschichte sind zuerst die superstitiosen Gebrauchstexte: Wahrsageliteratur, Zauber-, Segens- und Amulettformeln, astrologische und gelehrte magische Literatur; dann Zeugnisse der normativen kirchlich-theologischen Literatur: Synodal- und Konzilsstatuten, Dekretalen, Buß- und Beichtbücher, Katechismus- und Predigtliteratur, Zehn-Gebote-Erklärungen, Traktate und theologische Spezialliteratur, Frageformulare der Hexeninquisition und anderes mehr. Außerkirchliche Stücke zum Aberglauben erscheinen erst seit dem späten Mittelalter häufiger. Sie finden sich etwa in der Erbauungsliteratur, in juristischen Hexenprozeßkommentaren, in dämonologischen Traktaten, in Arznei- und Kräuterbüchern, in Chronographien und in der Reiseliteratur.

In dem volkskundlich-ethnologischen Begriff ›Aberglauben‹ sind alle Formen der Mantik und Magie bzw. der ›Observation‹, ›Divination‹ und des ›Zaubers‹ mitsamt der sie begleitenden kosmologisch-theologischen Aspekte umfaßt:

Sobald etwas geschieht oder erscheint, das ein anderes vorbedeutet, sprechen wir von einem ›Vorzeichen‹ oder ›Zeichen‹. In einem Zeichen kündigt sich etwas Zukünftiges an. Wenn man weiß, welche Zeichen das sind und wie sie zu deuten sind, wird man sich vor bösen Überraschungen schützen können oder den sich ankündigenden günstigen Umstand recht zu nutzen wissen. Ein Donnerwetter mitten im Winter oder gar am Heiligen Abend muß etwas bedeuten. Das Niesen eines Menschen oder Tieres, der Schrei eines Vogels, der Schatten eines Vorübergehenden, der auf etwas fällt, ein Traumbild – all das muß etwas bedeuten. Wenn man am Morgen, gewissermaßen auf nüchternen Magen, einem Priester begegnet, darf das nicht unbeachtet bleiben; denn etwas Gutes bedeutet das bestimmt nicht. Zeichen kommen ungerufen, fallen auf, man begegnet ihnen und beachtet sie sorgfältig. Das meint ›Observation‹ (von lat. *observare* ›beobachten, befolgen‹). Es kündigt sich ein Zukünftiges deutlich und jedem sichtbar an in einem Vorzeichen, das Aufmerksamkeit erregt. Aber zukünftige Ereignisse werfen doch auch feinere Schatten voraus, die das ungeübte Auge nicht wahrnimmt. Oft sind sie verborgen und müssen aufgedeckt werden, und bisweilen zeigen sie sich erst in einem Experiment. Solche feinen Beobachtungen anzustellen verlangt ein besonderes Wissen und kunstmäßiges Vorgehen. Das meint ›Divination‹ (von lat. *divinus* ›von göttlicher Eingebung erfüllt‹). Der Wunsch, Zukünftiges zu erfahren, enthält zugleich den, es zu verhindern, zu verändern oder zu befördern. Verändern und bewirken wollen: Das meint ›Zauber‹. Er begreift unter sich alle Formen überlieferungsgebundenen, instrumentellen und ritualisierten Handelns der Schadenabwehr, Schadenstiftung, Unheilvermeidung und Wunschverwirklichung.

Der Sache nach gehören zur Observation alle Formen der Beachtung vorbedeutender Zeichen und (un)günstiger Zeiten, also der Angangsglaube (›Katze von links‹), Vogelschau, Tierweissagung, der Traum, das Orakel. Hinsichtlich der ominösen Bedeutung der Zeit gehört hierher die Auslegung bestimmter meteorologischer Verhältnisse an bestimmten Tagen des Jahres (Donnerprognostik, Wetterprophetie), Wochentagsastrologie (welcher Tag ist günstig für bestimmte Verrichtungen?), Tage- und Stundenwahl usw. Zur Divination werden alle Formen der abergläubischen Zukunftserforschung gerechnet, denen es nicht um die Beachtung (un)glückverheißender Zeichen geht, sondern die hinsichtlich zukünftiger Dinge gezielte Auskünfte versprechen: Astrologie und Horoskop, Chiromantie, Nekromantie, Pyromantie, Hydromantie, Aeromantie, Geomantie und anderes. Mit Zauberei sind alle magischen Praktiken, aber auch der Gebrauch von Amuletten und Talismanen und die Formen einer magischen Medizin sowie der Gebrauch magischer Schutzmittel benannt.

Während die Magie von einem übergreifenden System der Weltdeutung her ihre Legitimation erfährt und nach Kunstregeln geübt wird, kommt das Zaubern ohne Theorie aus und wird ohne näherhin zunftmäßig-wissenschaftliches Instrumentarium vollzogen: Es legitimiert sich allein in der Verbindlichkeit seines Herkommens. Doch gründen Zauber und Magie, wie auch Observanz und Divination, im Bewußtsein des Zusammenhanges der Welt nach Verhältnissen der Sympathie und Antipathie. Hier sind Erscheinungen und Ereignisse nicht nach Regeln der Kausalität im Sinne des modernen Ursachenbegriffes geordnet, sondern wirken aufeinander nach Analogie der Selbsterfahrung des menschlichen Seelenlebens: Wie die Trauer des einen einen anderen ergreifen, wie ein Lächeln ein Lächeln bewirken, wie Lachen ansteckend sein kann, so werden auch die Naturdinge sympathisch (anziehend) und antipathisch (abstoßend) aufeinander wirkend vorgestellt. Während nun die Magie ein Gesetz der Sympathie kosmologisch-naturphilosophisch zu begründen sucht und damit der zauberischen Handlung einen wissenschaftlich-technologischen Überbau verschafft, verharren Observation, Divination und Zauberei im reflexionslosen Gefühl der Notwendigkeit solcher Zuordnungen.

Aber deshalb ist Aberglauben nicht etwas Ungeschichtliches, ein nurmehr anthropologisch gegründetes Phänomen, sondern, seinem konkreten Inhalt nach, eine geschichtliche Erscheinung. Historische Aberglaubensforschung kann eine Vielzahl abergläubischer Fakten als Fragmente hochkultureller Weltanschauungs- und Wissenssysteme erweisen, als Fragmente von spätantik-neuplatonischer Kosmologie, theologischer Dämonologie, jüdischer Kabbala, neuzeitlicher magiologischer, astrologischer, alchemistischer, naturphilosophischer Spekulation oder modernen Naturwissenschaften (Pharmazie, Medizin, Physik).

Doch das bloße Glaubens- und Wissensfragment ist noch kein abergläubisches Faktum. Zum Aberglauben gerät es erst durch eine spezifische Form der Rezeption, in der das Fragment im Sinne jenes sympathetischen Welthabens verändert wird. Aberglaube erscheint nicht nur als historischer Rest, sondern zugleich als von einer spezifischen Geistigkeit her strukturiert. Wohl als historisches Relikt kenntlich, erweist er sich doch zugleich – und das macht die eigentümliche Spannung des Begriffes aus – als anthropologisch beschreibbares Phänomen, also von universeller Bedeutung: Ob theologisch von der Natur des erbsündigen, unwissenden Menschen her begründet oder als Ausdruck einer unmündigen Vernunft begriffen; dem Aberglauben als historischem Rest schien doch immer auch ein Rest des ›alten Menschen‹ zu korrespondieren. Auch wo die evolutionistische Kulturgeschichtsbetrachtung entwicklungsgeschichtlich an das alte Stadium eines vermuteten ›prälogischen‹ Denkens anknüpfen wollte, blieb jene Geistigkeit historisch oder individualgeschichtlich beschreibbar.

Aberglaube ist nicht als Ausdruck einer, evolutionistisch betrachtet, Vorstufe des Logischen, sondern als Ausdruck einer habituellen Geistigkeit zu begreifen, als andere Weise, nicht als unentwickelte Stufe des Logischen. Denn auch der Aberglaube verknüpft die Erscheinungen im Bewußtsein mit Notwendigkeit. Auch die Verknüpfung nach dem Schema von Gold und Gelbsucht, Rot und Feuer, Springen und Wachsen, Fließen und Vergehen gründet in einer apriorischen Synthesis, allerdings einer nichtkantischen. Das, was seinem materiellen Gehalt nach und von ›oben‹ gesehen richtig als hochschichtliches Fragment erkannt werden kann, hat von anderem Standpunkt her betrachtet eine neue Synthesis erfahren: Es wird nicht im Sinne unseres Ursachenbegriffes einem anderen sukzessiv verknüpft, sondern nach Kriterien des Ähnlichen und Sympathetischen verbunden. Es bewirkt nicht mehr etwas aus Gründen, sondern als etwas, in dem ein ähnliches Anderes zeichenhaft zugegen ist, als Zeichen. Denn das, was hochkulturell innerhalb eines systematischen Zusammenhanges stand und von dort her Stellenwert, individuelle Gestalt und Sinn besaß, wird im Prozeß der superstitiosen Rezeption in charakteristischer Weise auf ein Zeichenhaftes reduziert, abstrahiert. Das von der zauberischen Praktik vereinnahmte mythische und mythologisch gefaßte Götterbild wird in der Rezeption auf die abstrakte Signatur einer Amulettritzung reduziert, das Lied auf den ›Singsang‹ des Zauberers, das Wort auf das ›murmur magicum‹. Die Genese von Zauberformeln läßt diesen Prozeß der abstrahierenden Rezeption gut erkennen: Aus der hochreligiösen, theologisch begründeten Konsekrationsformel »Hoc est corpus meum« (›Das ist mein Leib‹) wird das ›Hokuspokus‹ des Zauberers, aus dem sinnvollen Satz das Produkt bloßer Sprechmechanik (die hier, etwa wie das Lallen, Laute nach Regeln der Bequemlichkeit bildet). Daß es sich bei dieser Reduktion des Wortes, mag man auch die Etymologie selbst bestreiten, um eine gesetzmäßige Bildung handelt, zeigen identische Wortbildungsweisen des Zauberwortes in anderen Sprachen: ›Haber Heber‹, ›Madros Adros‹, ›Svorcos Porcos‹, ›Buro Berto Berneta‹, ›Zara Zai Dezevel‹ usw.: Das Sprechen ahmt sich selbst nach, wird zum Zeichen des Sprechens. Damit kann es alles umgreifen, was Sprechen bezeichnen kann, ist omnipotent, ist Zauberwort geworden.

Befand sich das Rezipierte ehedem im systematischen Wirkzusammenhang, bewirkte es etwas nach Maßgabe seines systematischen Ortes, so bedeutet es nun etwas aufgrund seiner in der superstitiosen Rezeption entfalteten Zeichenhaftigkeit. Es hat jene Ebene der Verknüpfung der Erscheinungen im Bewußtsein erreicht, auf der jedes Zeichen zugleich ein anderes enthält. Es ist die Ebene, auf der das Symbolschaffen baut. Nur, daß das sympathetische Welthaben im Symbol nicht ein anderes sich vorstellt, sondern mit Notwendigkeit zugleich setzt. Die sympathetische Welt des Aberglaubens wird so als eine symbolistisch strukturierte Welt verständlich, in der die Dinge und Verhältnisse, indem sie sich gegenseitig bedeuten, sich gegenseitig bedingen.

Dieser Prozeß der Entstehung abergläubischer Formen und Fakten kann nicht nur wahlweise und nach Standort als Prozeß verstümmelnder Fragmentierung der historischen Gestalt *oder* als Prozeß der Umformung betrachtet werden. Als Prozeß ist er beides, Analyse und Synthese, damit aber auch Leistung: Das, was zuerst nur und materiell als Verstümmeltes und Entleertes am Aberglauben erscheint, gewinnt als Rezipiertes eine neue, gültige Form von anthropologischer Gesetzlichkeit und somit von universeller Bedeutung, ist Ausdruck einer eigenen Weise des Welthabens geworden.

2

Die Artikel umfassen Sachartikel, biographische Artikel sowie systematische und Theorieartikel. Letztere stellen die Terminologie der Superstition vor (Angang, Tagewahl), erörtern systematische Begriffe der Einteilung (Divination, Observation) und behandeln Dachbegriffe (Magie, Astrologie). Größere Artikel gelten epochengeschichtlichen Einteilungen (Neuplatonismus) sowie naturkundlichen, theologischen und philosophischen Überlegungen (Kosmologie, Dämonologie).

Den Darstellungen liegt die im Quellen- und Literaturverzeichnis angeführte Literatur zugrunde. Ausgewertet werden konnten zudem die großen enzyklopädischen Werke von *Zedlers Universallexikon* bis zur noch nicht vollendeten *Theologischen Realenzyklopädie*. Vor allem jedoch greifen die Darstellungen auf eigene Arbeiten zur Geschichte der Superstition zurück. Sie haben das Verhältnis von antiker und späterer europäischer Überlieferungen zum Thema und können ausgeprägte Zusammenhänge zahlreicher Superstitionen mit griechisch-römischen Traditionen erweisen.

Demgegenüber hatte die ältere Literatur, vom 19. bis in die Mitte des 20. Jahrhunderts hinein, Erwartungen von unterschichtlichen Kontinuitäten aus untergegangenen mythischen Weltbildern gehegt. In zahlreichen Nachdrucken wieder zugänglich, wirkt sie heute kräftig nach. Sie wollte Überlieferungslandschaften erschließen, in denen Verbindungswege von der Gegenwart oder jüngeren Vergangenheit bis in das germanische Altertum verlaufen. Alles sollte von dort oder von den Kelten oder von den Indogermanen herkommen. Die Epigonen Jacob Grimms suchten noch in kleinsten Splittern, im belanglosesten Detail jedweder Nachricht zum Thema Volksglauben Germanisches zu entdecken: In Zeitungsbeilagen, Heimatblättern, Regionaljahrbüchern, in Zeitschriften von Geschichts-, Heimat-, Naturgeschichts- und Volkskundevereinen finden sich Massen an Stoff zusammengetragen. Doch sind die meisten der dort verbreiteten Nachrichten, ohne Hinweise auf ihre Herkunft, auf den Zusammenhang ihrer Berichtssituation und schließlich durch sprachliche Bearbeitung verfälscht, historisch ohne Belang.

Wo nach den Regeln der Quellenkritik keine Brücken

über Jahrhunderte und Jahrtausende zu schlagen waren, behalf man sich durch Verweise auf Ähnliches: Einem Motiv, dessen Bedeutung nicht zu sichern war, wurde – nach Analogie eines entfernten anderen – Sinn zugewiesen. Inhaltlich folgte man Grundsätzen, wie sie die Religionsgeschichte der Völker bestimmen sollten (Animismus) und ordnete nach generalisierten Phänomenen wie Ahnen- und Totenkult, Menschen- und Tieropfer, Dämonenabwehr und Fruchtbarkeitszauber.

Im *Handwörterbuch des deutschen Aberglaubens* gerieten die axiomatischen Forschungsprämissen zusammen und gelangten mit enzyklopädischer Wucht ans Licht. Es ist ein Gemisch, dessen spekulativer Kraft sich der Laie nur schwer, wenn überhaupt, zu entziehen vermag, und auch der Fachmann nicht, der etwas ferner vom Thema siedelt. Wie schon die germanisierende Mythenforschung des 19. Jahrhunderts sich in den Dienst des Nationalen stellte, so ist schließlich auch das HDA, dessen letzter Band noch 1942 erscheinen konnte, durchaus zeitgemäß koloriert. Auch wenn das HDA wohl zur beliebtesten Enzyklopädie der Deutschen aufgestiegen ist und es jeder feuilletonistische Aberglaubensreporter von Funk und Fernsehen gerne zur Hand nimmt, und gerade deshalb, ist vor ihm zu warnen. (Wenngleich seine Materialsammlungen, unter Beachtung notwendiger Kautelen, ihren unbestreitbaren Wert behalten.)

Erst historische Superstitionsforschung vermag den universalistischen Begriffsapparat zu falsifizieren, indem sie Fragen zu beantworten sucht nach Herkunft und Prozessen der Überlieferung: Welche Materialien werden auf welchen Wegen, woher und wohin weitergereicht; von wem und wie werden sie aufgenommen und wie verändern sie ihre Form, ihre Bedeutung und ihren Gebrauch? Sieht man allein auf die Autoren und Werke, von denen die Überlieferung getragen ist, so lassen sich zahlreiche Gedanken und Formen als von bestimmten, kulturhistorisch beschreibbaren Umfeldern her geprägt erkennen, werden hinter ihnen jeweils zeitgenössische wissenschaftliche Lehren und von diesen begründete Praktiken sichtbar.

Die verhältnismäßig umfangreichen Quellenangaben im vorliegenden *Wörterbuch* können darauf verweisen, insbesondere auch die Quellenzitate. An ihnen, ihrem besonderen Ton, ihren Einschätzungen und Bewertungen läßt sich das Interesse der Quellen bzw. ihrer Autoren am Aberglauben erkennen: Es sind u. a. Naturkundige, Kosmologen, Philosophen, gelehrte Magier, Theologen, Mystiker, Kabbalisten, Mediziner und Apotheker. So läßt die Herkunft zahlreicher Nachrichten das gelehrte, akademische und kirchliche Milieu deutlich hervortreten; und es kann auch sichtbar werden, daß nicht etwa vorgeschichtliches Heidentum, sondern mediterrane antike Texte am Anfang zahlreicher Überlieferungen stehen. Es läßt sich schon von dem hier vorgeführten Bestand her erkennen, daß antike Wissenstraditionen nicht ausschließlich das Bild einer europäischen Hochkultur bestimmen, sondern auch das Bild ›populärer Traditionen‹.

Abkürzungen

Adj.	Adjektiv
ahd.	althochdeutsch
arab.	arabisch
b.	bei
Bd.	Band
bes.	besonders
ebd.	ebenda
Ed.; ed.	Herausgeber, Ausgabe; herausgegeben von (lat. *edidit*; engl. *edited*)
engl.	englisch
frz.	französisch
gedr.	gedruckt
griech.	griechisch
H.	Hälfte
hebr.	hebräisch
hrsg.	herausgegeben
Hs.	Handschrift
ital.	italienisch
Jh.	Jahrhundert
Jt.	Jahrtausend
lat.	lateinisch
MA	Mittelalter
mhd.	mittelhochdeutsch
Ms.	Manuscriptum
ND	Nachdruck, Neudruck
o.	oder
o. J.	ohne Jahr
o. O.	ohne Ort
pass.	passim (lat.), an vielen Stellen
pl.	Plural
port.	portugiesisch
s. v.	unter dem Stichwort (lat. *sub voce*)
Tl.	Teil
übers.	übersetzt
u.	und
u. a.	und andere; unter anderem
u. ö.	und öfter
v.	von
v. a.	vor allem
v. J.	vom Jahr
zit.	zitiert
zw.	zwischen

A

Aberglaube. (1) Systematisch: A. heißt jener Glaube, der hinter u. in den Dingen verborgene, rational nicht begründbare, anonyme o. personifizierte Kräfte vermutet, die zum Zwecke der Zauberei u. des Wahrsagens aktiviert werden können. Auf den Bereich der → Magie u. des → Wahrsagens bezogen, unterscheidet sich der Begriff von dem des → Volksglaubens u. der → Volksfrömmigkeit. (2) Historisch: Vergleichbar ähnlichen mhd. Wortbildungen wie ›Abergunst‹ für Mißgunst, ›Aberwitz‹ für Unklugheit, bedeutet A. ursprünglich ›Mißglaube‹, ›verkehrter Glaube‹. Das Wort erscheint im 15. Jh. u. setzt sich im 16. Jh. als Ersatz für das lat. *superstitio* durch, das psychische Überspannung, Exaltation, ängstliche Übererregung angesichts des Jenseitigen bezeichnet. Polemisch verweist der Begriff sowohl auf ein intellektuelles als auch ein moralisches Manko, auf einen falschen Glauben u. eine überängstliche moralisch-psychische Fehlhaltung in religiösen Dingen. In diesem Sinn wird der Begriff in der Auseinandersetzung mit der antiken Religion gebraucht (→ Augustinus). Der Abergläubische wird als der durch den biblischen Sündenfall in seiner Vernunft verdunkelte, unwissende Mensch begriffen, A. somit von der versehrten Natur des gefallenen, unerlösten Menschen her gedeutet. Polemisch aufgeladen, erscheint der Begriff zum wissenschaftlichen Gebrauch ungeeignet. Definiert man ihn jedoch streng inhaltlich, so umgreift er die Techniken der Wahrsagung (→ Divination), der Glücksgewinnung u. Schadensabwehr (→ Observation) sowie die Praktiken der → Magie u. Zauberei. Die christliche Theologie des MA u. der Neuzeit erklärt die verschiedenen abergläubischen Manipulationen, Worte, Gebräuche u. Riten als Elemente einer Sprache mit → Dämonen, über deren semantischen

Gehalt prinzipiell Übereinkunft zwischen Menschen u. Dämonen getroffen werden müsse. Diese Übereinkunft (›pactum‹) kann stillschweigend vorausgesetzt o. ausdrücklich gemacht werden. Immer jedoch setzt, unter diesen Aspekten, abergläubische Praxis, die demzufolge keine kausative, sondern semantische Funktion hat, einen Dämonen- bzw. Teufelspakt voraus. Unter der Voraussetzung, daß alles, was sichtbar in der Welt geschehe, auch durch Dämonen bewirkt werden könne (→ Thomas v. Aquin), wurde A. zu einer umfassenden Bedrohung gemacht, als welche ihn der Hexenglaube des späten Mittelalters u. der Neuzeit auch empfunden hat. Die Philosophie der Aufklärung u. die wissenschaftliche Weltanschauung des 19. Jh. begreifen A. nicht als Folge der Sünde, sondern als Ausdruck eines noch unfreien, unmündigen u. in überkommene Vorurteile verstrickten Bewußtseins. Die Ethnographie u. die Mythologie-Forschung des 19. Jh. studieren Formen des A. weitgehend unter einem evolutionistischen Gesichtspunkt als fossiles Relikt untergegangener religiöser Welten u. mythischer Weltbilder. Die gegenwärtige volkskundliche Forschung begreift unter A. alle Formen der Zauberei bzw. → Magie u. des → Wahrsagens. Nach Oberbegriffen eingeteilt, unterscheidet sie zwischen → ›Observation‹ (Beachten vorbedeutender Zeichen u. [un]günstiger Zeiten; Befolgen herkömmlicher Regeln), → ›Divination‹ (wissenschaftlich-technische Wahrsagekunst: → Astrologie, → Chiromantie u. ä.) u. ›Zauberei‹ (→ Magie). Ziel der Forschung ist, die Herkunft des A. aus früheren Glaubens- u. Wissenssystemen zu verstehen, ihn als geschichtliches Phänomen zu begreifen. Spätantik-neuplatonische → Kosmologie, mittelalterliche → Dämonologie, jüdische → Kabbala, renaissancezeitliche → Astrologie, → Alchemie, → Magie u. naturphilosophische Spekulation, moderne physikalische, medizinische u. pharmazeutische Forschung gehören zu den zahlreichen Wissensbereichen, denen sich superstitionsgeschichtliche

Herkunftsforschung zuzuwenden hat. Weiterhin verfolgt sie Fragen nach ethnischer u. sozialer Bindung des A. nach seiner sozialen Funktion u. soziokulturellen Bedeutung. → Vorwort

ABRACADABRA. Das Zauberwort ist vielleicht mit dem Dämonennamen → *Abraxas* der griechisch-orientalischen → Gnosis verwandt; doch ist eine überzeugende Erklärung bislang nicht gelungen. Basilides (2. Jh. n. Chr.) bezeugt seine magische Bedeutung. Eine vom 2. bis 4. Jh. n. Chr. datierte, dem Arzt Quinctius Serenus Sammonicus zugeschriebene Rezeptsammlung (*Liber medicinalis* [5] 935 ff.) bringt genaue Anweisungen zum Wortgebrauch. Seit dem 16. Jh. erscheint es auf → Amuletten u. magischen Requisiten, in Zauberformeln u. → Zauberbüchern, insbesondere in → Schwindeformeln, in denen das Zauberwort sukzessiv um seine Buchstaben vermindert wird, schließlich verschwindet u. in analoger Weise das Verschwinden eines Übels o. auch die Vernichtung eines Menschen bewirkt werden soll.

Abraxas, Abrasas. Die Etymologie des Wortes ist ungeklärt, hat vielleicht Zusammenhang mit Zauberwortbildungen wie → ABACADABRA. A. erscheint im 2. Jh. als magische Potenz, deren Bedeutung im Zahlenwert (→ Gematrie) seiner sieben Buchstaben (→ Buchstabensymbolik) gründet: 365. Die Vorstellung wurde vermutlich im Umkreis der ägyptisierenden → Gnosis entwickelt. Nach Irenäus (*Adversus haereses* 1,19,4) sah der Gnostiker Basilides (2. Jh.) in A. den großen Herrn des Sonnenjahres, der Unendlichkeit u. Ewigkeit. Da der Zahlenwert des Gottesnamens ›Meithras‹ ebenfalls 365 ergibt, wird A. auch mit Mithras als Sonnengott gleichgesetzt. In spätantiken u. späteren Zaubertexten erscheint A. als nurmehr magisches Machtwort. Wenig gesichert ist die Annahme, in der apotropäischen Gestalt (→ Apotropaion) eines spätantiken Dämons, auf sogenannten A.-Gemmen, mit Hahnenkopf, Schlangenbeinen, Schild u. Peitsche das Bild des A. zu besitzen.

Abtreibung. Die Antike kannte pflanzliche Substanzen mit abtreibender Wirkung: Raute (Ruta graveolus), Osterluzei (Aristolochia), Poleiminze (Menta pulgium), Granatapfel (Punica granatum), Wilde Mohrrübe (Dacus carota) und Wacholder (Juniperus). Mittalterliche → Bußbücher (*Poenitentiale Parisiense*; *Poenitentiale Vallicellanum*) bezeugen die Kenntnis abortiv wirksamer Kräuter. Deren Verabreichung, zumeist in Tränken, wurde als zauberische Handlung bewertet. Zumeist richten sich die Verbote an den Kleriker (→ Geistlicher), d. h. an den Lesekundigen, der im Besitz auch der medizinischen Überlieferung der antiken Literatur war. Offensichtlich wurde er von den Leuten um Rat in solchen Dingen angegangen. Auch die Volksrechte (*Lex Baiuvariorum*; *Leges Visigothorum*) belegen A. mit hohen Strafen, gelegentlich mit dem Tod. Neben den pharmakologisch wirksamen Mitteln wurde stets dem Gebrauch von → Amuletten Bedeutung beigemessen. Außerordentlich vielfältig sind die volksmedizinisch-magischen Praktiken. Hovorka/Kronfeld nennen allein 173 Mittel u. Rezepturen (*Volksmedizin* 1).

Achat. Nach dem Achates, einem Fluß auf Sizilien, benannt; ein in Schichten aufgebauter, wechselnd gefärbter → Edelstein. Nach → Plinius (*Naturalis historia* 37,142) verwenden Magier den A. gegen Skorpione, wehrten die Perser mit ihm »feurige Wirbelstürme« ab u. brachten mit ihm Flüsse zum Stehen; zudem macht er Kämpfer unbesiegbar. → Isidor v. Sevilla überliefert die Information dem MA (*Etymologiae* 16,11,1). → Hildegard v. Bingen (*Physica* 4 *De lapidibus* 16) zufolge wirkt er gegen Gifte, Eiterpusteln, → Epilepsie u. Raserei; außerdem mache er beredt. Kugelförmige A.e hießen Augensteine, da man in ihnen Bilder erkennen wollte. Als → Monatsstein wurde er von im Juni Geborenen getragen.

Adept (lat., ›der erlangt hat‹). Der A. hat unter den Alchemisten den höchsten Rang. Im allgemeinen bezeichnet er jenen, der den → Stein der Weisen kennt sowie dessen Bereitung u. Anwendung. Der A. lebt im Verborgenen, da er fürchten muß, daß sein Wissen, das aus ethischen Gründen geheimzuhalten sei (→ Arkandisziplin), ihm mit Gewalt abgepreßt werden könnte.

Aderlaß (griech. *phlebotomía*), ein Heilverfahren, das schon der Antike bekannt, in der humoralpathologischen Lehre von den Säften gründet (Hippokrates, Galen) u. das durch Blutentzug an bestimmten Stellen der Venen eine Vielzahl von Beschwerden zu behandeln u. zu lindern sucht. ›Laßschemata‹ u. ›Aderlaßmännchen‹ verorten entsprechende ›Laßstellen‹ u. beziehen sich auf Organe u. Regionen des Körpers. Insbesondere aber setzen sie diese wie das Verfahren selbst in astrologische Bezüge, zu den Phasen des → Mondes, der Stellung der → Planeten im → Tierkreis u. a. Die Indikationsstellung des A. ist breit. Eine besondere Rolle spielte er in der spätmittelalterlichen Pesttherapie.

Adler. Als vornehmster Vogel der Antike u. des Orients besitzt er in der Mythologie, der religiösen u. politischen Symbolik, der Medizin u. → Mantik besondere Bedeutung. Gehirn u. Galle des A. stärken das → Auge (→ Plinius, *Naturalis historia* 29,118). Er ist gegen Blitzschlag (→ Blitz) immun (ebd. 10,15) u. schützt vor Hagel u. Trunkenheit. Als mantischer Vogel verkündet er Siege, ist Bote des Zeus. Die Nachrichten der mittelalterlichen Tierbücher (→ Bestiarien) über ihn beruhen im wesentlichen auf antiker Überlieferung.

Adlerstein, Aetit, rundes Steingebilde. Nach → Plinius (*Naturalis historia* 36,149) wird er im Adlernest gefunden. Er besitzt eine innere Höhlung, in die abgelöste Steinchen eingeschlossen sind (›Klapperstein‹). Ohne die Anwesenheit eines A. im Nest bringt der Adler keinen Nachwuchs hervor. Als → Amulett wird er von schwangeren Frauen getragen. Er schützt vor Frühgeburt u. Abortus u. erleichtert die Geburt. Den antiken Glauben

(Plinius 10,12: »est autem lapis iste praegnans«, »dieser Stein ist gewissermaßen schwanger«) überliefern mittelalterliche Schriftsteller (→ Isidor v. Sevilla, *Etymologiae* 16,4,22; → Thomas v. Cantimpré, *De natura rerum* 14,28). M. B. Valentini (*Museum Museorum*) nennt es Aberglauben, daß der Stein, nach der Geburt nicht schnell entfernt, die Gebärmutter nachziehe.

Advent, etwa vierwöchige Verheißungszeit auf → Weihnachten. Erstmals für 3 Wochen vor → Drei Könige (6. Jan.) im 4. Jh. bezeugt (Hilarius: CSEL 65, 16f.). Eine einheitliche Adventspraxis bildete sich im hohen MA aus. Als Zeit des beginnenden Kirchenjahres ist er wie → Neujahr eine Zeit der Orakelbräuche (→ Orakel) u. zauberischer Handlungen. Die seit dem 19. Jh. aufgezeichneten Bräuche des A. lassen sich kaum schon in mittelalterlicher o. noch älterer Zeit gründen.

Aeromantie (von lat. *aer* ›Luft‹ u. griech. *manteía* ›Weissagung‹). Das Weissagen aus Erscheinungen in der Luft gehört seit der Antike zu den mantischen Künsten auf Grundlage der 4 → Elemente (→ Geomantie, → Hydromantie, → Pyromantie). → Isidor v. Sevilla überliefert die Bemerkungen Varros dazu (*Etymologiae* 8,9,19) u. macht sie den mittelalterlichen Autoren bekannt (→ Hrabanus Maurus, → Gratian, → Thomas v. Aquin u. a.). Da schon Varro keine Bemerkungen über die aeromantische Praxis macht, bleiben auch die späteren Angaben im vagen. Johannes → Hartlieb (*Buch aller verbotenen Kunst* 76f.) spricht von mantischer Beobachtung atmosphärischer Erscheinungen, ebenso Michel Beheim (*Von mancherlei Ketzern u. Zauberern* 316,20f.). Jüngere Erklärer begnügen sich mit allgemeinen Hinweisen u. bringen die älteren Bemerkungen, insbesondere die des → Agrippa v. Nettesheim (*De occulta philosophia* 1,57; *Magische Werke* 1,274f.), der zufolge sich die A. mit Luft, Winden, Nebel, Wolken, Regenbogen, Sonnen- u. Mondhöfen beschäftigt.

AGLA, Zauberwort. Das Wort ist das → Akrostichon einer doxologischen Formel des jüdischen Gebets *Semone esreh*, ›Du bist gewaltig in Ewigkeit, Herr‹. Als → Apotropaion im MA u. später häufig auf → Amuletten, Schutz- u. Schwertbriefen, → Medaillen, → Glocken u. → Ringen belegt, wird es auch im Feuerabwehrzauber (→ Feuersegen) verwendet u. findet sich in dem umstrahlten Mandala in Rembrandts Faustbild (→ Faust). Nur selten steht es allein, sondern zumeist im Verbund mit Gottes- und Engelnamen (→ Name) sowie Gebetstexten (→ Gebet).

Agnus Dei (lat., ›Lamm Gottes‹), Titel des Messias (Joh 1,29 u. 36). Im besonderen mit dem Bild des Osterlammes geprägte, medaillenartige Scheiben aus geweihtem → Wachs, im 16. Jh. gelegentlich bemalt. Sie galten als Ersatz von Stücken der Osterkerze (→ Ostern) u. wurden als → Amulett getragen. Ursprünglich vom Archidiakon am Karsamstag in der Lateranbasilika in Rom geweiht, wurde seit Anfang des 15. Jh. die Weihe vom Papst vollzogen, zuerst alljährlich, dann am 1. u. jedem 7. Jahrestag des Pontifikats. Früheste Nennung des A. D. im 8. Jh. Lateinische Weiheformeln u. volkssprachliche Verse heben die Wirkungen des A. D. hervor: Gegen Feinde, → Würmer, Ungeziefer, → Gewitter, Wassernot u. Feuersbrünste, gegen Meineide u. Verleumdung o. bei der → Geburt (Franz, *Benediktionen* 1,573). Auch hilft es gegen → Dämonen, wie vielfach in Hexenprozessen bezeugt.

Agrippa von Nettesheim, Heinrich Cornelius, * 14. 9. 1486 Köln, † 18. 2. 1535 Antwerpen, Arzt, Philosoph, Theologe u. Jurist. Studien, Kriegsdienste u. Lehrtätigkeiten führten ihn durch ganz Europa. An der Universität von Dôle (Franche-Comté) hielt er 1508 eine Vorlesung über Reuchlins *De verbo mirifico* (→ Kabbala) u. 1515 in Pavia über → Hermes Trismegistos. In seiner Schrift *De occulta philosophia sive de magia* (1. Fassung 1510; 2. Fassung 1533; ed. K. A. Nowotny, 1967; dt. *H. C. A s v. N. Magische Werke*, 1855, [4]1921, ND 1979; engl. übers. J. Freake, ed. D. Tyson, 1993) systematisiert A. Elemente der → Kabbala, des → Neuplatonismus u. der Mystik, wie sie die Florentiner Renaissance (Marsilio → Ficino, → Pico della Mirandola) vertrat, u. sucht eine Synthese von Christentum u. → Magie, die er als Naturwissenschaft verstehen wollte. Die Magie beruht auf den Kräften dreier Welten: der elementarischen, himmlischen u. geistigen. Sie sucht nach astrologischen, himmlischen u. theologischen Regeln, diese Kräfte zu beherrschen u. nutzbar zu machen. Den drei Büchern der *Occulta philosophia* ist ein A. nicht angehörendes 4. Buch angefügt. Es enthält Hinweise zur magischen Praxis, zur Berechnung von Geisternamen (→ Zahlen, → Buchstabensymbolik), Anfertigung von Zauberrequisiten, Ausführung von → Nekromantie u. ä. Infolge der übernommenen Verteidigung in einem Hexenprozeß (→ Hexe) geriet A. in Zaubereiverdacht; sein Hund, offenbar Vorbild des Pudels in Goethes → *Faust*, galt als dienstfertiger böser Geist (→ Familiar), der nach A.s Tod verschwand. A. wandte sich gegen die Hexenverfolgung. Sein Schüler Johannes → Weyer folgte ihm darin.

Ägyptische Tage (lat. *dies aegyptiaci*), Tage, an denen sich gerne Schlimmes ereignet. Zumeist werden 24 Tage genannt, darunter je drei besonders unheilvolle im April, August u. Dezember. In ihnen lebt der alte ägyptische Glaube an → Unglückstage fort, überdeckt von biblischen Motiven (ägyptische Plagen, Tage der unschuldigen Kinder). Zahlreiche Texte, Merksprüche, Verzeichnisse u. Tabellen des MA u. der neueren Zeit (Jahrmarktsdrucke, → Zauberbücher) berichten davon. An ihnen soll insbesondere unterlassen werden zu heiraten (→ Hochzeit), zu reisen (→ Reisesegen), zu prozessieren, landwirtschaftliche Arbeiten zu verrichten. Auch soll man nicht zur → Ader lassen (Ps.-Beda, *De minitione sanguinis*). Ein Beispiel zur kalendarischen (→ Kalender) Berechnung der Ä.T. anhand eines Merkverses bringt → Durandus v. Mende (*Rationale divinorum officiorum* 8,4,20). Nach einer Auflistung der »ägyptischen Tage«, »die verdammt sind im Jahresablauf, weil der Herr sie ohne Mitleid geschickt hat«, vermerkt eine Handschrift des 10. Jh.: »Wenn jemand an diesen Tagen bettlägerig ist, wird er nicht schnell aufstehen; er wird kein Vieh gezähmt bekommen [...] weder Mann noch Frau sollen an diesen Tagen etwas beginnen, was sie zu vollenden wünschen [...] Drei Tage aber müssen wir vor allem besonders beachten, das sind der 25. März, der letzte Montag im Dezember und der erste Montag im August. Jener Montag ist besonders sorgfältig zu beachten, weil dann alle Blutgefäße voll sind [...] wenn an diesen drei Tagen ein Junge oder ein Mädchen geboren wird, wird er oder es qualvoll eines schlimmen Todes sterben; und wer an diesen Tagen Gänsefleisch ißt, wird innerhalb von vierzig Tagen sterben« (Paris, Bibl. Nation., lat. 2825, ed. Nonn, *Quellen* 23).

Akrostichon (von griech. *ákros* ›spitz‹, ›Anfang‹), Buchstabenwort, das aus den Anfangsbuchstaben von Wörtern gebildet wird. Das gegenteilige Verfahren wird im → Notarikon angewendet. Das A. spielt in der → Arkandisziplin eine bedeutende Rolle, indem es geheime Texte vor Einschüben sichert. So wird das in Zaubertexten häufig bezeugte → AGLA als A. des jüdischen Gebetes *Semone esreh* gedeutet o. werden die Buchstaben → CMB als Anfangsbuchstaben der Namen der Heiligen → Drei Könige Caspar, Melchior, Balthasar betrachtet.

Albertus Magnus, * um 1200 (1193?) Lauingen (Donau), † 15. 11. 1280 Köln, Dominikaner, Kirchenlehrer. Theologische Ausbildung in Köln, 1245 Magister der Theologie in Paris, 1248 Gründung des ›Studium generale‹ seines Ordens in Köln, an dem er bis 1254 u. 1257–60 lehrte (Schüler: → Thomas v. Aquin), 1260–62 Bischof von Regensburg, 1263/64 Kreuzzugsprediger in Deutschland u. Böhmen. Das umfangreiche literarische Werk des A. besteht u. a. aus theologischen Summen, Kommentaren u. a. zu → Aristoteles, → Porphyrios, Boethius, zu den *Sentenzen* des Petrus Lombardus, zu biblischen Büchern u. aus zahlreichen naturwissenschaftlichen, botanischen, zoologischen u. medizinischen Schriften, in denen er das literarisch überlieferte Wissen mit eigenen Beobachtungen verbindet. Weiteste Verbreitung fand seine Schrift *De vegetabilibus* (1256–57), in der er nach einer allgemeinen Botanik 390 alphabetisch geordnete Pflanzenarten u. deren medizinische Wirkkörper bespricht (z. T. nach dem → *Circa instans*), aber auch die Pflanzenzucht, Landwirtschaft u. den Gartenbau behandelt. Sein Ruf als Alchemist u. Zauberer gründet in Werken, die ihm irrtümlich o. absichtlich zugeschrieben wurden: *De secretis mulierum*; *Liber aggregationum sive secretorum de virtutibus herbarum, lapidum et animalium* (*Experimenta Alberti*); *De mirabilibus mundi*; *Libellus de alchimia*; *Compendium de compositis* u. a. Ein bis in die Gegenwart weit verbreitetes → Zauberbuch trägt den Titel *A. B. bewährte und approbierte sympathetische und natürliche Ägyptische Geheimnisse für Menschen und Vieh* (gedr. 1816, 1839 [u. ö.]). Die früh und gelegentlich schon zu Lebzeiten einsetzende Sagenbildung erzählt vom Zauberer A. M., der Schlangen beschwört, im Winter einen blühenden Garten herbeizaubert, von seinem Ritt nach Rom auf dem Rücken des Teufels, von seinem Zauberbecher, Zaubersack u. a.

Alchemie (aus arab. Artikel *al-* u. griech. *chemeía*, *chymeía*, vielleicht mit *chýma* ›Metallguß‹ zusammenhängend). Die A. hat naturwissenschaftliche u. philosophische Aspekte: Die Läuterung der Materie, im engeren Sinn die Vervollkommnung u. Umwandlung (›Transmutation‹) der → Metalle zu → Gold, o. die Erzeugung eines Universalheilmittels (→ ›Elixier‹, ›große Tinktur‹), sowie die Läuterung der Seele des Alchemisten. Daher kann das Heilmittel zugleich das sein, was die Metalle zu Gold wandelt (→ ›Stein der Weisen‹, ›quinta essentia‹). Daneben gibt es zwei weitere Stränge einer frühen Chemie, die chemischen Gewerbe, die die Stoffe des täglichen Bedarfs produzierten, sowie eine Naturphilosophie, die die Entstehung u.

den Aufbau der Welt zu erklären suchte. Doch sind die verschiedenen Aspekte miteinander verwoben. Die A. entsteht etwa im 1. Jh. n. Chr. in den Werkstätten ägyptischer Tempel mit ihrer hellenistisch gebildeten Priesterschaft. Nur diese besaß die Voraussetzungen, die verschiedenen Züge zu verknüpfen, die die A. begründen: praktische Chemie, mythologische Vorstellungen der Handwerker, aristotelische u. stoische Theorie der Materie, → Gnosis, babylonische → Astrologie u. ägyptische Mythologie. Ziel der ägyptischen Tempel-A. war es, goldähnliche Legierungen herzustellen, die durchaus als Fälschungen empfunden wurden. Die frühen Schriften der A. sind in griechischer Sprache verfaßt von z. T. sagenhaften Autoren o. fremden zugeschrieben: Pseudo-Demokritos (ca. 1. Jh. n. Chr.), vielleicht identisch mit Bolos v. Mendes (3. Jh. v. Chr.), → Hermes Trismegistos, Isis, Maria die Jüdin (ca. 1. Jh. n. Chr.), Agathodaimon, → Zosimos aus Panopolis (um 300 n. Chr.). Die chemischen Vorgänge werden allegorisiert u. zum Mythos der Verwandlung des Stoffes, die der Zeugung, dem Leben, dem Sterben u. dem Wiedergeborenwerden entspricht. Zugrunde liegt die Vorstellung von der Einheit der Schöpfung, die den Gedanken der Verwandelbarkeit der Dinge ineinander begründet. Die spätantike A. wurde im 8./9. Jh. von der islamischen Welt übernommen u. weiterentwickelt. Von dort gelangt die griechisch-arabische A., seit dem 12. Jh. ins Lateinische übersetzt (Toledo: Gerhard v. Cremona; Sizilien: Michael Scotus), ins Abendland u. wird mit christlichem Gedankengut verbunden. Bei ihren Arbeiten, die schließlich alle Stoffe umfassen, entwickeln die Alchemisten eine Vielzahl chemisch-technischer Verfahren, z. B. die Destillation, u. erfinden zahlreiche Apparate. Um das alchemistische Wissen vor Mißbrauch zu schützen, benutzt man arkansprachliche Techniken (→ Arkandisziplin) u. sinnbildliche Ausdrucksmittel, die ältere mythologische, astrologische, aber auch christliche Symboltraditionen (→ Symbol) fortführen. Die Verrätselung alchemistischer Texte bot wissenschaftlichen Gegnern u. Satirikern die Hauptangriffsfläche. Doch erst mit der Entwicklung der naturwissenschaftlichen Chemie gerät die alchemistische Spekulation ins wissenschaftliche Abseits. Ihre sprachliche u. ikonographische Hinterlassenschaft wurde schließlich nurmehr in esoterischen Zirkeln u. okkult-hermetischen Gesellschaften (→ Rosenkreuzer, V. Weigel, J. Böhme) gepflegt. Um das Verständnis der alchemistischen Symbolik bemüht sich in unserer Zeit Tiefenpsychologie u. religionswissenschaftliche Mythenforschung.

Allerheiligen, 1. November, entstanden aus Gedenktagen für alle Märtyrer, die seit dem Ende des christlichen Altertums gefeiert wurden (Johannes Chrysostomus, *Adversus Iudeos* 5, 12, ed. MPG 48,904) sowie aus einem römischen Jahresgedenken der Kirchweihe des Pantheon (S. Maria ad Martyres). Das Fest wurde von Gregor IV. 835 für die ganze Kirche verbindlich gemacht u. von Ludwig dem Frommen im selben Jahr übernommen. Am Ende des Sommers u. an der Wende des Kirchenjahres werden wie sonst zwischen den Jahren (→ Anfang, → Neujahr, → Zwölften) → Orakel gedeutet.

Allermannsharnisch (d. h. ›Schutz aller Männer‹), Wilder Alraun, Bergalraun, Siegwurz; ›Allium victoriale‹. Eine Lauchart, deren Zwiebel von einem Fasernetz umsponnen ist, das an Kettenhemden denken läßt. Sie wurde als → Amulett gegen Verwundungen von Kriegsleuten, gegen Wetterschlag von Bergleuten u. allgemein gegen → Diebe, → Hexen, → Dämonen u. Schadenzauber getragen.

Alp (mit *Elfe* verwandtes Wort; auch ›Mahr‹, ›Trud‹, ›Schratt‹), Nachtdämon (→ Dämon), der Schlafende im Traum drückt (›A. drücken‹), reitet o. ihnen die Haare verwirrt, auch die Mähne der Pferde. Ein *Beichtspiegel* des 15. Jh. verbietet den Glauben an »Drutter«, die »die Kühe reiten oder melken [...] und die Leute zur Nacht drücken« (Baumann, *Aberglaube* 1,67). Zauberische Abwehrmittel sollen ihn fernhalten, v. a. der Drudenfuß (→ Pentagramm). Er wird an der Tür, dem → Bett, der Wiege u. allen Gegenständen, die zu schützen sind, angebracht.

Alpha et Omega, A und Ω, erster u. letzter Buchstabe des griechischen → Alphabets. Wie dieses umfaßt es die gesamte Wirklichkeit. Sein Gebrauch als → Apotropaion gründet in der Gottessymbolik (Jes 43,10; Off 1,8; 21,6) u. der Selbstbezeichnung → Christi (Off 22,13) als Ausdruck der allumfassenden Herrschaft. Es erscheint in frühchristlicher Zeit an den Querbalken des → Kreuzes hängend, neben dem Nimbus Christi u. dem Lamm Gottes (→ Agnus Dei), in Grabinschriften (→ Grab), auf Sarkophagen (→ Sarg), später auch auf → Glocken, → Hostien u. an der Osterkerze (→ Ostern). Als Gottessymbol findet es sich mit zaubermächtigen Gottes-, Engel- u. Dämonennamen (→ Engel, → Dämonen, → Namen) in mittelalterlichen u. neuzeitlichen → Segen, Benediktionen, → Beschwörungen (→ Beschwören) u. → Zaubersprüchen.

Alphabet (aus *álpha* u. *bē̆ta*, den ersten Buchstaben der griechischen Buchstabenreihe), ABC. Insofern das A. alle Zeichen umfaßt, mit denen Wissen niedergelegt u. aus denen Wissen erworben werden kann, wird es in mystischen u. magischen Zusammenhängen als Repräsentation des Wissens u. der Wirklichkeit in umfassender Weise (›von A bis Z‹) aufgefaßt: Griechischen Vorstellungen zufolge symbolisieren die sieben griechischen Vokale den Kosmos. Das A u. Ω der Christussymbolik (→ Christus) bezieht sich auf den Anfang u. das Ende des griechischen A. u. ist häufig in → Segen u. → Zauberspruch bezeugt. In den *Abraxas-Texten* (→ Abraxas) des Basilides (2. Jh. n. Chr.) u. in der *Pistis Sophia* (3. Jh. n. Chr.) finden sich Vokalreihen als geheime Gottesnamen. Bedürfnisse allgemeiner Schriftauslegung führen in der → Kabbala zu A.-Symbolik u. -Magie. Der Zahlenwert einzelner Buchstaben (→ Buchstabensymbolik) leitet zur Zahlenmystik u. -magie über. → Zahlen

Alraune (mhd. *alrūne*, ahd. *alrūn(a)*; vielleicht von ahd. *al(b)rūn*, aus *alb* → ›Kobold, Geist‹ u. *rūnēn* ›heimlich reden, flüstern‹, somit ›heimlich flüsternder Geist‹, o. wahrscheinlicher zu germ. **ala-*, *all* u. **rūnō* ›Geheimnis‹, somit ›großes Geheimnis‹), Mandragora, Halluzinogen wirksame Pflanze Südeuropas, Nordafrikas, des Vorderen Orients u. Indiens; dann Name eines Geistes (→ Geister), der in der Pflanze bzw. deren Wurzel wohnt. Die A. soll, neuerem Glauben zufolge, unter → Galgen wachsen u. aus dem Sperma eines Gehenkten entstanden sein. → Plinius (*Naturalis historia* 25,148) berichtet von notwendigen Beobachtungen u. zauberischen Manipulationen beim Ergraben der A.wurzel: »Diejenigen, welche sie aufgraben wollen, hüten sich vor Gegenwind und beschreiben vorher mit dem Schwert drei Kreise um sie, graben sie dann aus, den Blick nach Westen gerichtet.« Flavios Josephos schreibt: »Man umgräbt sie rings so, daß nur noch ein kleiner Rest der Wurzel unsichtbar ist, dann bindet man einen Hund daran, und wenn dieser dem Anbinder schnell folgen will, so reißt er die Wurzel aus, stirbt aber auf der Stelle« (*Bellum Iudaicum* 7,6,3). Ähnliches weiß Claudius Ailianos (*De natura animalium*). Schon Theophrastos (um 370–287 v. Chr.) kennt ein zeremonielles Ausgraben der A. → Dioskurides (1. Jh. n. Chr.; *Materia medica* 4,76) beschreibt ihr Aussehen u. die physiologische Wirkung. Das antike Wissen wirkt im MA u. darüber hinaus fort. Nach → Hildegard v. Bingen (*Physica* 1,56) »ist bei diesem Kraut [...] mehr teuflische Einflüsterung als bei anderen Kräutern dabei«. Die zauberischen Anwendungen der A. sind nahezu grenzenlos: Sie spricht u. enthüllt die Zukunft, hilft zu Glück, Ehren, → Geld u. in Prozessen, ist gut gegen Krankheiten u. Verhexungen (→ Verhexen), behütet vor Gefängnis u. Verwundung. Insbesondere als → Aphrodisiakum wird sie vielfältig gebraucht. Beim Ausgraben stößt die A. einen todbringenden Schrei aus. Man stopft sich die Ohren dagegen o. übertönt ihn durch

Trompetenblasen. Den A.schrei erwähnt Shakespeare (*Romeo und Julia* IV,3: »Gekreisch wie von Alraunen, die man aufwühlt«.).

Alter. Das A. gilt als Kriterium des Wahren. Am Anfang, noch vor der Geschichte, liegt das ›Goldene Zeitalter‹ u. das Paradies. Den Griechen galten ›die Alten‹ als die Instanzen des Disputs (Platon, *Phaidros* 224b). Poseidonios (um 175–90 v. Chr.), Ciceros Lehrer, urteilt über die Menschen der Urzeit, daß sie eine noch »durch keinen Abfall beeinträchtigte Berührung mit dem Göttlichen, dem Welt-Logos« gehabt hätten (MThZ 18,285). Auf dieses nahezu göttliche Wissen der ersten Menschen geht die → Magie zurück (Johannes Cassianius, *Collationes patrum* 758). Auch Zoroaster (→ Zarathustra), zumeist als Erfinder der Magie genannt, gehört zu den Alten. Christlicher Tradition zufolge (→ Isidor v. Sevilla, *Etymologiae* 8,9,1–3; Hugo v. St-Victor, *Didascalicon* 6,15) ist er der älteste Sohn (Chus) des Noë-Sohnes Cham (Ham) o. dieser selbst. Er brachte das Wissen der Vorzeit durch die Sintflut, zog nach Iran, wo er den Namen Zoroaster erhielt. Später gelangte sein Wissen an den assyrischen Hof.

Ameise (mhd. *āmeize*, ahd. *āmeiza*, aus westgerm. **ǣ-maitjon* ›Ameise‹, zu **ǣ* ›ab, weg‹ u. **mait-a-* ›schneiden‹: ›die aus Abschnitten Bestehende‹, bezogen auf den Körperbau des Kerbtieres). Die A. besitzt in der Antike vielfache ominöse Bedeutung (→ Omen; Ailianos, *Varia historia* 1,12). Sie ist Prophetin kommenden Regens (Aratos, *Phainomena* 956; → Plinius, *Naturalis historia* 18,364: »wenn sie zusammenlaufen oder ihre Eier forttragen«.) o. Sonnenscheins (Ambrosius, *Hexaëmeron* 6,4,20). Schlechtes Omen ist sie bei Plutarch (*Kimon* 18,4), gutes bei Cicero (*De divinatione* 1,78). Später berichtet → Agrippa v. Nettesheim von ihrer mantischen Bedeutung (→ Mantik), die sie, häufig bezeugt, bis in die Moderne besitzt. Das antike Märchen von goldgrabenden indischen A.en (Herodot 3,20; Plinius, *Naturalis historia* 11,111: »sie haben die

Farbe der Katzen, die Größe der ägyptischen Wölfe«.) wurde durch → Isidor v. Sevilla (*Etymologiae* 12,3,9) dem MA bekannt gemacht. Ps.-Hugo v. St-Victor (*De bestiis et aliis rebus* 2,29) malt die Geschichte zu hundsgroßen A.en bei der Goldgewinnung in Äthiopien aus. → Vinzenz v. Beauvais (*Speculum naturale* 20,134) führt die Erzählung ebenfalls an.

Amen (von hebr. *aman* ›fest, zuverlässig sein‹). Im AT zumeist als Bestätigung eines → Fluches: ›So sei es!‹ Als fremdsprachiges Wort besitzt das A. im → Segen u. → Zauberspruch die gleiche Bedeutung wie die zahlreichen unverständlichen u. dunklen Zauberworte (→ Buchstabensymbolik). Zumeist taucht es in apotropäisch wirksam gedachten Texten (→ Apotropaion) auf.

Amethyst (griech. *améthystos* ›der nicht trunken Machende‹), → Edelstein. Durchsichtiger, rot-violetter, weinfarbener Quarz. Die Wirksamkeit gegen Trunkenheit ist seit der Antike bekannt (→ Plinius, *Naturalis historia* 37,124). Christliche Autoren des MA bezeugen den Glauben (Michael Psellos, *De lapidium virtutibus* 72,20–22; Marbod v. Rennes, *De lapidibus* [16] 245; Ps.-Hugo v. St-Victor, *De bestiis* 3,58). Vielfältig sind seine zauberischen Wirkungen: gegen böse Gedanken, Melancholie, Unwetter (→ Wetter, → Gewitter), auf der Jagd o. im Krieg. → Hildegard v. Bingen (*Physica* 4 *De lapidibus*) berichtet von seiner Hilfe bei Gesichtsflecken, Hautausschlägen, Insekten- u. Schlangenbiß (→ Schlange): »Aber auch die Schlange und die Viper, das ist die Natter, fliehen den Stein, und sie meiden die Stelle, von der sie wissen, daß er [der A.] sich dort befindet« (*Physica* 4 *De lapidibus* 15). Als → Monatsstein gehört er dem Februar o. April an.

Amulett (lat. *amuletum*, wohl von *amoliri* ›abwenden‹), magisch-zauberisches Schutzmittel (→ Apotropaion), systematisch von → Talisman (Glücksbringer) unterschieden. Nach Art der Applikation, Beschaffenheit u. Wirkweise auch benannt als → Ligatur, Ligamentum (An- u. Umbindsel), → Charakter (geritzt u. beschrieben), → Phylakterium, Remedium, Servatorium (Schutzmittel). Es lassen sich zwei Klassen von A.en unterscheiden: (1) aus natürlich gegebenen Stoffen (Mineralien, → Edelsteine, → Korallen, → Kräuter, Körpersubstanzen, → Knochen, → Federn u. a.); (2) aus magisch aufgeladenen Stoffen (mit → Zeichen, → Symbolen, → Zahlen, Texten). Generell gründet der A.gebrauch in der Vorstellung der Krafthaltigkeit von Stoffen, Zeichen u. Bildern o. in dem Gedanken einer → Sympathie des Kosmos, der zufolge Ähnlichkeiten Wirkzusammenhänge begründen (→ Magie, → Entsprechungen, → Neuplatonismus). A.e werden als Täfelchen, → Medaillen, plastische Gebilde (→ Phallos, → Vulva, → Feige, → Auge) o. in Kapseln wie Schmuck am Körper getragen, in Wohnräumen u. Fahrzeugen aufgehängt u. an Geräten, in Dachstühlen (→ Dach) usw. angebracht. Ihre apotropäischen Wirkungen (→ Apotropaion) sind universell. Im Orient finden sich a.artige Gebilde seit prähistorischer Zeit. Akkadische u. hethitische Texte beschreiben Herstellungsprozesse u. Materialien von A.n für magische Rituale (→ Ritus). In Ägypten werden A.püppchen den Mumien um den Hals gebunden o. in deren Binden mit eingewickelt. Varro u. → Plinius (*Naturalis historia* 30,138; 29,66: Das Blut des → Basilisken sei ein A. gegen Giftmischerei: »veneficiorum amuleta«) kennen den A.gebrauch u. bezeugen erstmals das Wort A. Trotz Abwehr (Konzil v. Laodikeia, 36; Augustinus, *De doctrina christiana* 2,20) bedient sich die christliche Gesellschaft der A.e, oberflächlich christianisiert, mit Segens- u. Heilssymbolen, Kreuzzeichen (→ Kreuz), Christusmonogrammen (→ Christus) o. biblischen Texten versehen (→ Thomas v. Aquin, *Summa theologiae* 2,2,94,4) u. durch → Sakramentalien, → Reliquien u. → Segen vermehrt. Eine besondere Blüte erfährt das A.wesen in der Gegenwart, gefördert durch → Okkultismus, Vulgärastrologie (→ Astrologie), fernöstlich inspirierte Neureligionen sowie durch die Rezeption der Steinmystik → Hildegards v. Bingen.

Anagramm (griech. *anágramma* ›Versetzung der Buchstaben‹), Versetzung der Buchstaben eines Wortes zu einem anderen, erklärenden Wort. Eine anagrammatische Interpretation der Formel → SATOR AREPO TENET OPERA ROTAS wäre PETRO ET REO PATET ROSA SARONA, ›Auch Petrus, ob er gleich schuldig ward, steht die Rose von Saron offen‹ (Dornseiff, *Alphabet* 179). Im Zaubertext dient das A. der Verunklarung (→ Arkandisziplin) o., in Umkehrung, der Interpretation eines dunklen Wortes. Dem Seher Aristandros v. Telmissos, im Dienste Alexanders d. Gr., wird eine verlorene Schrift *Perí anagrammatismoú* zugeschrieben.

Analogiezauber (griech. *analogía*, ›richtiges Verhältnis, Ähnlichkeit‹). Im Glauben an die → Sympathie des Kosmos u. seiner Teile gründend, besitzt der A. in der magischen Praxis u. → Volksmedizin größte Bedeutung, gehört geradezu zum Grundbestand menschlicher Handlungsformen: Die Manipulation eines Ähnlichen soll Ähnliches bewirken: Springen bewirkt Wachsen, Fließen Vergehen, → Gold wirkt auf Gelbsucht, → Rot auf → Feuer; abnehmender → Mond läßt abnehmen, Wassergüsse erzeugen Regen (→ Regenzauber) usw. Zauberworte, nach der → Schwindeformel mit abnehmender Buchstabenzahl geschrieben (→ ABRACADABRA) bewirken Schwinden der Krankheit. Begrifflich lassen sich unterscheiden: A. (1) durch gesprochene o. geschriebene Worte u. Texte, (2) durch Zeichen u. Bilder, (3) durch mimische Handlung (Fr. Pfister: HDA 1,385 ff.).

Anblasen → Blasen

Androgynität. Die Einheit von Männlichem u. Weiblichem (→ Hermaphrodit) entspricht mythischem Denken. Götter sind häufig doppelgeschlechtlich, zeugen u. gebären. Mannweibliche Doppelwesen bezeichnen in der alchemistischen Allegorik die → Materia prima, den → Stein der Weisen.

Anfang. Der Anfang eines Unternehmens ist bedeutsam

für das Gelingen der Ausführung u. für ein gutes Ende. Wie eine Sache ihren A. nimmt, so wird sie auch enden. Es ist deshalb auf jedes → Vorzeichen zu achten, das auf den Verlauf u. Ausgang einer Angelegenheit hinweist (›omen principii‹). Ein Zeichen am Tag der → Geburt eines Menschen (→ Horoskop) erlangt Bedeutung u. Vorbedeutung für dessen Leben; ein Zeichen am Jahrestag des Geburtstages deutet das Schicksal des kommenden Jahres an. Das Jahr enthält sich so gewissermaßen in einem einzigen Tag als neuen A. selbst u. legt sich in diesem aus. Bestimmte Tage repräsentieren einzelne Phasen, → Jahreszeiten u. Monate des Jahres, u. die Zeichen, die an solchen Tagen gesehen werden, haben Vorbedeutung für die ihnen zugeordneten Monate u. Jahreszeiten (→ Wetter, → Bauernpraktik). Der karolingische → *Indiculus superstitionum* enthält einen Titel über die ›Beobachtung von Vorzeichen beim Beginn eines Unternehmens‹ (17: »De observatione [...] in inchoatione rei alicuius«). Der → Angang ist bedeutsam, d. h. die erste Begegnung mit Menschen, Tieren o. Sachen beim Beginn eines Vorhabens, u. insbesondere ist es wichtig, nicht zur ungünstigen Stunde o. an einem falschen Tag den A. zu machen. Man hat deshalb auch auf Glücks- o. → Unglückstage zu achten, den richtigen Tag zu wählen (→ Tagewahl, → ägyptische Tage; vgl. Hinkmar v. Reims, *De divortio* 1,15; Pirmin, *Dicta* 22). Muß man am Morgen, wenn man sich die Schuhe anzieht, → niesen, lege man sich besser gleich wieder ins Bett (Augustinus, *De doctrina christiana* 2,20). Denn das ist ein böses → Omen. Das gleiche gilt, wenn man beim Ausgang stolpert (→ Stolpern); dann kehre man besser wieder ins → Haus zurück (ebd.).

Angang. Die Ausdeutung zufälliger Begegnungen von Mensch u. Tier als → Omen ist weit verbreitet; insbesondere → Augurien u. Auspizien wurden seit der Antike gepflegt. Ein frühes Zeugnis des MA überliefert die *Vita Eligii* (2,16: Vogelschrei). Der A. eines alten Weibes, einer

Jungfrau o. eines Priesters (*Homilia de sacrilegiis* 2,11) ist ein schlechtes, der einer → Hure ein gutes Vorzeichen. Spätmittelalterliche Autoren bezeugen den A. von Wolf u. Hase (→ Martin v. Amberg, *Gewissensspiegel* 174), von Füchsen, Nattern, Huren u. Priestern (→ Geistlicher; vgl. → Nikolaus v. Dinkelsbühl, *Traktat von den zehn Geboten* 538f.). Eine Fundgrube für Angänge ist der *Policraticus* des → Johannes v. Salisbury. Eine wichtige Stelle daraus hat Jacob → Grimm (*Mythologie* 2,938) abgedruckt. Über den Angang durch eine Krähe schreibt Johannes, wohl nicht ohne phantasievolle Ausschmückung: »Höre eifrig zu, was die Krähe schwatzt, und beachte ja ihre Stellung, wenn sie sitzt, oder wenn sie fliegt. Es liegt nämlich sehr viel daran, ob sie zur Rechten sitzt oder zur Linken, in welcher Haltung sie auf den Ellbogen des Gehenden zurückblickt; ob sie geschwätzig sei oder lärmig oder ganz still, ob sie vorausfliegt oder folgt, das Näherkommen des Vorbeigehenden abwartet oder flieht, und wohin sie wegflieht; achte nicht nachlässig darauf« (1,13; übers. Helbling-Gloor, 35; vgl. → Agrippa v. Nettesheim, *De occulta philosophia* 1,245; *Magische Werke* 1,245).

Animismus (von lat. *anima*, *animus* ›Seele, Geist‹), allgemein der Glaube an Seelen- u. Geistwesen, im besonderen die Lehre vom Ursprung der Religion aus diesem Glauben, wie sie der englische Anthropologe E. B. Tylor erstmals 1871 (*Primitive Culture*, dt. 1873) entwickelte: Vom Traum- u. Visionserlebnis ausgehend, denke sich der »primitive«, d. h. naturreligiöse Mensch die Wirkungen der Natur durch Seelenwesen verursacht (Tier-, Pflanzen-, Dingseelen). Ohne Zweifel besitzt der Seelen- u. Geisterglaube in der Religionsgeschichte eine große Bedeutung, doch haben religionswissenschaftliche u. ethnologische Forschungen die Ausschließlichkeit der Theorie widerlegen können: Der abendländische, philosophisch-theologische Seelenbegriff läßt sich nicht auf vordergründig analoge Vorstellungen früher u. schriftloser Religionen übertragen, zu denen ohnehin kein historischer Zugang besteht. Die von Tylor angenommene, evolutionistisch gedachte, stufenmäßige Entwicklung der Religion vom Seelen- u. Geisterglauben über den Polytheismus zum Monotheismus ist nicht erweisbar; vielmehr bestehen die Phasen der Entwicklung nebeneinander u. sind eng miteinander verwoben. Der A. behält als Arbeitshypothese zum Verständnis bestimmter religiöser u. superstitiöser Erscheinungen allerdings weiterhin Wert. → Präanimismus

Antonin von Florenz, * März 1389 Florenz, † 2. 5. 1459 Montughi bei Florenz, Moraltheologe u. Bischof. Sein Werk ist von seelsorgerischem Interesse bestimmt. Die *Summa theologica moralis* (4 Tle., 1440–54, Verona 1740, ND Graz 1959) wurde häufig gedruckt u. enthält zahlreiche Hinweise zur literarischen Aberglaubenstradition (aus: → Augustinus, → Isidor v. Sevilla, → Gratian, → Thomas v. Aquin u. a.) über → Divination, → Observation, → Astrologie, → Chiromantie, → Nekromantie, → Spatulimantie, → Lose, → Bleigießen, → Traumdeutung, → Tierverwandlung, → Zauberei u. a. (Druck v. 1740, 2,1133–46 = Tit. 12,1).

Apfel. Der A. ist Liebes- u. Fruchtbarkeitssymbol (Attribut der Aphrodite), im Christentum aber auch → Symbol der Verlockung, der Sünde u. des Sündenfalls (Paradiessünde). Horaz bezeugt die verbreitete Bedeutung des A.s im Liebesorakel (→ Orakel) schon für die Antike (*Saturae* 2,3). In der magischen Medizin (→ Magie) wird der mit → Charakteren u. Segenstexten (→ Segen) beschriebene A. verzehrt: »Die in epphil schreiben fremde wort vnd den lewtin czu essin gebin« (*Beichtbuch* 14./15. Jh.: ZDP 16,191). Am A.baum wird Hilfe gesucht; dabei wird ein Segen gesprochen: »Apfelbaum ich thue dir klagen / Die Schwindsucht thut mich plagen / Der erste Vogel der über dir fliegen thut / Benehme mich der Schwindsucht gut / usw.« (Frommann, *De fascinatione* 30).

Aphrodisiakum (von griech. *aphrodísia* ›Liebesgenuß‹),

Mittel zur Steigerung der Libido u. Potenz aus menschlichen Körpersubstanzen (Sperma, Menstrualblut), tierischen Körperteilen (Hoden, Leber usw. von Stieren, Hengsten, Hähnen) o. Pflanzenteilen. Das schon in der Antike breite Wissen um A. wurde insbesondere durch → Albertus Magnus dem MA vermittelt. → Hildegard v. Bingen berichtet, daß die → Hauswurz »von Begierde entbrennen« mache (*Physica* 1,42). Insbesondere werden Gewürze gebraucht: Anis, Fenchel, Senf, Thymian, Salbei, Muskat, → Knoblauch, Zwiebel, auch die → Sellerie. Die mittelalterliche kirchliche Verordnungsliteratur (→ Bußbücher, Kapitularien, Konzilsstatuten) verbietet den Genuß von Liebestränken (›pocula amatoria‹), ebenso die Medizinalverordnung Friedrichs II. (1224), zumeist als zauberisches Werk.

Ap(p)ion, alexandrinischer Grammatiker u. Lexikograph, 1. Jh. v. Chr. – 1. Jh. n. Chr., dem eine Schrift *Perí mágou* (*Über den Magier*) zugeschrieben wurde.

Apollonios von Tyana (Kappadokien), † 96/98 n. Chr. Griechischer neupythagoreischer Philosoph u. Kultreformer, dessen Wanderungen durch das Römische Reich führten u. bis Persien, Ägypten u. Äthiopien gereicht haben sollen. Legendenhafte Züge seiner Biographie zeichnen ihn als Seher, Zauberer u. Wundertäter, der Kranke heilt u. Tote zum Leben erweckt. Von daher begründet sich ein Kult des A. Caracalla errichtet ihm ein Heroon (Cassius Dio 78,18) u. Alexander Severus neben Buddha, → Zoroaster (→ Zarathustra) u. Jesus (→ Christus) ein Standbild (*Historia Augusta*). Die *Vita Apollonii* des Flavius Philostratos (* ca. 170 n. Chr.) sucht A. vom Zaubereivorwurf zu befreien. Sie stellt dagegen dessen Göttlichkeit hervor u. zeichnet gelegentlich Züge, die dem Leben Jesu parallelisiert erscheinen. Um 300 n. Chr. sucht Hierokles A. als Jesus überlegen zu erweisen (Eusebios, *Contra Hieroclem*). Ausgiebig auf die Schrift des A. *Leben des Pythagoras* stützte sich → Iamblichos. Weitere, dem A. zugeschriebene Werke: *Über die Astrologie* sowie über *Orakelsprüche*.

Apotropaion (von griech. *apotrépo* ›abwenden, abhalten‹), Mittel, → Ritus, Manipulation zur Abwehr von Schadenszauber u. dämonischen Einwirkungen. Formen des A. gründen häufig im Analogiedenken (→ Analogiezauber) u. Sympathieglauben (→ Sympathie): Nachbildungen von Pestbeulen (1 Sam 6,4f.) helfen gegen Pest, Augenbilder werden gegen den → Bösen Blick angebracht. Die apotropäischen Akte lassen sich einteilen nach dem, wogegen sie gerichtet sind (Krankheiten, Verzauberung), hinsichtlich dessen, was sie schützen sollen (Eigentum, Gesundheit, Fruchtbarkeit), nach ihrer Handlungsform (Spruch, Gestik, mimische Akte) o. nach den dinglichen Mitteln (Pflanzenteile, Mineralien, → Weihwasser u. -rauch). Die Antike kannte ›apotropaíoi theoí‹, Götter, die Übel abhalten o. abwenden. Sie halfen gegen schlechte Träume (Aischylos, *Persae* 201–204, 216–219) u. Krankheiten (Plutarch, *Moralia* 159f.).

Apuleius von Madaura (Nordafrika), * um 125 n. Chr. Platoniker, Sophist; Anwalt, Redner, Schriftsteller (*Der goldene Esel – Asinus aureus* –; *Metamorphoses*). Mit der reichen Witwe Prudentia verheiratet, geriet er in Verdacht, ihre Gunst durch Zauberei erwirkt zu haben. Die im nachfolgenden Prozeß (158/159) von ihm gehaltene Verteidigungsrede wurde später veröffentlicht (*Apologia pro se de magia*). Sein Freispruch im Prozeß wird angenommen. Die *Apologie* ist eines der wichtigsten Werke zur Kenntnis der antiken Zauberei. → Augustinus, der sich mit ihr auseinandergesetzt hat (*De civitate dei* 8,14ff.), vermittelte dem MA ihre dämonologischen Vorstellungen. A. galt im MA als großer Zauberer.

Aquamarin → Beryll

Archetyp (von griech. *archétypon* ›das zuerst Geprägte‹), Urbild, Urform, Muster. Nach C. G. Jung sind die A.en dem Menschen angeborene psychische Dispositionen u.

Verhaltensweisen, die unter bestimmten Bedingungen in archetypischen Bildern, Situationen u. Abläufen erfahrbar werden können. Selbst unanschaulich u. unerkennbar, lassen sie sich jedoch aufgrund der von Menschen aller Völker u. Zeiten erzeugten, strukturähnlichen, mythischen, religiösen, magischen u. sprachlichen Gesten, Bilder u. Gedanken erschließen. A.en wirken, Jung zufolge, auf das Bewußtsein als numinose Mächte, wie sie in → Mana, → Dämonen u. Göttern erlebt werden.

Aristoteles, 384–322 v. Chr, griechischer Philosoph u. Gelehrter. Die Schriften des A. galten im MA, insbesondere seit → Albertus Magnus u. → Thomas v. Aquin, als Fundament des Wissens. Zahlreich sind dem A. zugeschriebene Werke aus späterer Zeit über naturwissenschaftliche Themen sowie über Farben, Pflanzen, Wetterprognostik (anknüpfend an die Aristotelische Wetterkunde *Meteorologiká*), Mechanik o. Physiognomik. Das → *Secretum secretorum*, ein hermetisch-esoterisches Kompendium des 10. Jh., führt seine Nachrichten über Zauberkräuter, Edelsteinmedizin (→ Edelsteine), → Amulette u. → Talismane auf A. zurück. Eine Sage, vermutlich arabischer Herkunft, berichtet, A. habe im Tempel des → Hermes (Trismegistos) auf dem Altar ein in goldener Schrift geschriebenes Buch über die → Chiromantie gefunden u. dieses dem Alexander übergeben (Cocles, *Chyromantie ac physionomie anastasis* 1517,54[va]). Das Motiv kann sich auf chiromantische Überlegungen des A. gründen (*Historia animalium* 1,15).

Arkandisziplin (von lat. *arcanum* ›verschwiegen, geheim‹), Geheimhaltungspflicht. Zwar stammt das Wort erst aus dem 17. Jh., doch bezeichnet es einen Sachverhalt, der sich schon in frühen Religionen findet u. dem zufolge bestimmte religiöse Lehren geheimzuhalten sind u. kultische Akte im Verborgenen vollzogen werden müssen (→ Geheimbünde). Im Anschluß an die griechischen Mysterien kam es auch im Christentum mit der Einführung des Katechumenats zu arkanisierenden Tendenzen. Im weiteren Sinne meint A. Geheimlehre (→ Esoterik, → Okkultismus). Von A. waren seit dem späten MA auch alchemistische u. magische Wissenstraditionen bestimmt. → Alchemie, → Magie, → Zauberspruch

Arnald von Villanova, * um 1240, † 1311; Mediziner, Philosoph u. Alchemist. Leibarzt verschiedener Könige u. Päpste. Sein Buch *Refutatio magorum* verlangte öffentliches Vorgehen gegen → Zauberer, Wahrsager (→ Wahrsagen) u. Nekromanten (→ Nekromantie). Dennoch geriet er selbst, insbesondere aufgrund ihm fälschlich zugeschriebener magisch-astrologischer Texte, in den Ruf, ein großer Zauberer gewesen zu sein.

Arnika (von griech. *arnakís* ›Lammfell‹), Engelskraut u. a. Korbblütler, heute nur noch in den Alpen häufiger anzutreffen. Geschätzte Heil- u. Zauberpflanze. Schützt insbesondere gegen → Blitz u. → Hagel.

Arzt (von griech. *archíatros* ›Oberarzt‹). Bezeichnungen in german. Sprachen für A., denen das mhd. Wort *lachenaere* entspricht, lassen noch die ursprüngliche Identität von ärztlicher Praxis, Beschwörung (→ Beschwören) u. → Magie erkennen. Auch der Priester (→ Geistlicher) gilt als Arzt u. die Kirche als geistliche Heilanstalt (gründend auf Jak 5,13–16), wie auch schon der antike Tempelbereich zugleich Kultstätte u. Heilstätte war (Epidaurus). Im Begriff des ›Wunderdoktors‹, der mit magischen Hausmitteln, sympathetischen Kuren u. → Besprechen heilt, ist der zauberische Aspekt sichtbar geblieben. Zudem hat in der Gegenwart eine okkultistisch-esoterische (→ Esoterik) Medizin, die mit → Gebet, → Handauflegen, geheimnisvollen Kräften von → Pflanzen, Mineralien, → Edelsteinen arbeitet, einen gewaltigen Aufschwung erfahren (→ Geistheilung, → Sympathie). Vom → Pendeln, → Rutengehen usw. werden diagnostische Erkenntnisse erwartet.

Asche enthält das Verbrannte in konzentrierter u. geläuterter Form, ist krafthaltiger Stoff u. wird in Reinigungs-

(Num 19) u. Abwehrriten (→ Apotropaion) vielfach verwendet. Besonders kräftig ist die geweihte A. vom → Aschermittwoch sowie vom Osterfeuer (→ Ostern). Sie wird zur Förderung des Wachstums im Garten u. auf dem Feld verstreut, schützt vor Ungeziefer u. → Hagel u. wird dem kranken Vieh eingegeben. Benedizierte A. hilft gegen → Zauberei, den → Bösen Blick u. den → Alp. Auch die A. des Notfeuers (→ Feuer) wurde zu Heilzwecken gebraucht u. diente als Mittel gegen Raupenfraß. A. ist auch → Symbol der Vergänglichkeit, des Sterbens u. Todes. Aus seiner A. erhebt sich der Phönix zu erneuertem Leben (→ *Physiologus* 7).

Aschermittwoch. Seit dem 6. Jh. beginnt am Mittwoch vor dem 6. Sonntag vor → Ostern (›Invocabit‹) die Fastenzeit (→ Fasten). An A. wurden die Büßer u. a. mit → Asche bestreut, später empfingen Priester u. Laien ein Kreuz von geweihter Asche der verbrannten Palmsonntagszweige des Vorjahres an der Stirn. Wie an den → Unglückstagen sind an A. bestimmte Arbeiten u. Unternehmungen verboten: den Wohnsitz zu verlassen, zu spinnen, Vieh zu verkaufen u. a. Als Orakeltag (→ Orakel) gibt sein Wetter Hinweis auf zukünftige Witterungsverhältnisse.

Asklepios, lat. Aesculapius, griechischer Heilgott, Sohn des Apollon u. einer Heroin. In Kultmythen erscheint er in Form einer Schlange. Inschriften berichten von Heilungen an A.heiligtümern (Epidauros, Pergamon, Kos, Rom) aufgrund von Traumorakeln während des Tempelschlafes (→ Inkubation). Der Kult des A. expandierte im gesamten Mittelmeerraum, von Gallien bis in den Orient.

Asmodeus, griech. Asmodaíos, iran. Aesma-Daeva, Name eines Dämons aus alttestamentlicher (Tob 3,8,17) u. jüdischer Überlieferung. Im Talmud (bGit 68ab) ist A. König der → Dämonen. Früh als Name des → Teufels benutzt, taucht A. im Exorzismus u. → Zauberbüchern auf u. findet sich unter den Stundendämonen (→ Stundenwahl) der mittelalterlichen → Astrologie.

Astaroth, in der Septuaginta (Ri 10,6 u. ö.) griechische Namensform (Astarṓth) der Astarte, einer westsemitischen Göttin der Fruchtbarkeit. In der *Passio Bartholomaei* (2,1,129–132) ist sie ein dämonischer Plagegeist. Der Name erscheint später häufig in Beschwörungen (→ Beschwören) u. → Zauberbüchern.

Astrologie (von griech. *astrología* ›Sternkunde‹, zu *ástron* ›Stern(bild)‹), heißt im Griechischen eine Himmelskunde, die, bis in die Spätantike von einer Astronomie nicht streng geschieden, aus dem Stand, den Bewegungen der Sterne, ihrer Farbe, Helligkeit, aus → Finsternissen u. anderen Erscheinungen Vorhersagen auf zukünftige Ereignisse, insbesondere im Leben des Menschen, zog.

In der 1. Hälfte des 2. Jt. sind aus Mesopotamien, Syrien u. dem Reich der Hethiter Deutungen von Himmelszeichen (›Omina‹, → ›Omen‹) bezeugt u. später in einer umfangreichen Sammlung (*EAE* nach den Anfangsbuchstaben ihrer ersten Worte benannt) weiterentwickelt. 70 Tafelzeugnisse von ihr befanden sich in der Bibliothek des assyrischen Königs Assurbanipal (669 – um 627 v. Chr.). Sie enthält Deutungen aus dem Stand von → Sonne, → Mond, → Planeten u. Fixsternen, aus → Finsternissen des Mondes, meteorologischen Erscheinungen u. aus Erdbeben. Briefe von Sternweisen aus dem 7. Jh. v. Chr. an assyrische Könige bezeugen mit Zitaten aus *EAE* ihre kanonische Autorität. Die Verfasser der Briefe besaßen astronomische Kenntnisse; sie waren in der Lage, Mondfinsternisse vorauszusagen. Spätere Formen der Vorhersagen nach astralen Erscheinungen sind die → Horoskope. In der babylonischen Literatur finden sich zudem Angaben zu einer astrologischen → Magie, d. h. zu zauberisch-magischen Praktiken, die von Wirkungen der Sternenwelt auf irdische Vorgänge ausgehend, diese zu konkreten Zwecken zu nutzen suchten.

Die A. des Alten Orients fand Aufnahme u. Weiterentwicklung bei Griechen, Römern u. Juden, bei Arabern u.

im europäischen MA. Die Griechen übernahmen aus dem Orient, vermittelt u. a. durch Berossos v. Babylon, einen Zeitgenossen Alexanders, u. → Ostanes, die Götternamen der → Planeten, verschiedene Sternbilder sowie das System des → Tierkreises als qualifizierendes Hintergrundschema der Planetenbewegungen (Kallipso; Eudoxus; 4. Jh. v. Chr.). Ausbildung erfuhren astrologische Lehren bei den Pythagoreern (→ Pythagoras) u. Orphikern (→ Orpheus). Später gingen die Lehren der A., geleitet vom Gedanken einer alles durchwaltenden → Sympathie, Verbindungen mit der stoischen Logoslehre u. → Kosmologie ein (Poseidonios). Besondere Blüte erfuhr die antike A. im 2. Jh. n. Chr. durch die *Tetrabiblos* (Mitte 2. Jh.) des → Ptolemaios, das astrologische Standardwerk, dessen Autorität bis in die Neuzeit wirksam blieb. → Porphyrios, Philosoph des → Neuplatonismus u. Schüler → Plotins, kommentierte sie im 3. Jh. n. Chr. Die Lehren der *Tetrabiblos* bilden bei aller späteren Modifikation doch die Grundlagen astrologischer Techniken. Das Buch stellt zwar die kosmischen Einflüsse als rein physisch hin, bietet jedoch eher eine kodifizierende Anführung von abergläubischen Annahmen, die es in der literarischen Überlieferung vorfand. Es behandelt die Wirkungen des Himmels auf Wettergeschehen u. Völkergeschichte u., aus → Horoskopen erschlossen, die Einflüsse der Gestirne auf das Schicksal des Menschen. Während die astrologischen Werke bis in die Spätantike hinein in griechischer Sprache verfaßt waren, ist nur eine Schrift in lateinischer Sprache überliefert, die *Mathesis* des Firmicus Maternus (4. Jh.).

Die Kirche verbannte die A. Vom 6. bis 12. Jh. blieb daraufhin die A. im lateinischen Westen so gut wie unbekannt. Doch die eher spärlichen, aber klaren Bemerkungen zu einer differenzierenden Bewertung der A. bei → Isidor v. Sevilla blieben bei dem Einfluß des frühmittelalterlichen Enzyklopädisten nicht ohne Wirkung auf die mittelalterliche Unterscheidung einer erlaubten von einer unerlaubten A.: Denn eine »natürliche« sei von einer »abergläubischen A.« zu unterscheiden (»Astrologia vero partim naturalis, partim superstitiosa est«, *Etymologiae* 3,25). Zudem hatten die Heiligen → Drei Könige (griech. *mágoi*) den Stern der Geburt → Christi im »Morgenland« gesehen, kamen aus dem klassischen Land der A. u. waren kundig, die Sterne zu deuten. Dieses neutestamentliche Motiv hat die Argumentation des Christentums gegen eine prognostische A. schwergemacht. Aus der ikonographischen Tradition erhielten sich die Sternbilder. Priscillian (4. Jh.) bezog die Tierkreisbilder auf die Körperteile des Menschen (→ Iatromathematik), eine Vorstellung, die, offensichtlich weit verbreitet, 563 auf dem Konzil v. Braga verurteilt wurde. Bischof Zeno v. Verona (4. Jh.) suchte im Sinne des Neuplatonismus den Tierkreis zu christianisieren, Christus wurde von der → Sonne (→ Weihnachten) symbolisiert, die ihn durchwandert. Seit dem 12. Jh. erschienen Bibelworte mit dem Tierkreis parallelisiert, etwa auf → Amuletten. Gelehrtes Interesse an der A. erwachte erst wieder im 11. Jh., als Firmicus Maternus in Frankreich u. England erneut studiert wurde. Doch gelangte die A. erst über die Brücke der arabischen Fortführung u. Ausbildung der antiken Lehren in das Abendland zurück. Über zwei Kontaktstellen zwischen Europa u. der arabischen Welt lief der Transport des astrologischen Wissens: über das Sizilien Kaiser Friedrichs II. mit seinem Hofastrologen Michael Scotus u. über das 1085 eroberte arabische Toledo. Hier wurden die maßgeblichen arabischen u. griechischen Werke ins Lateinische übersetzt. Damit war die antike astrologische Literatur, soweit sie erhalten geblieben war, nach 700jähriger Unterbrechung dem Abendland wieder zugänglich u. wurde intensiv erörtert. Während die ›prognostische A.‹ (›a. iudiciaria‹ u. ›divinatoria‹, → Divination) als ›abergläubische A.‹ (›a. superstitiosa‹) abgelehnt blieb, wurden die astrologischen Voraussetzungen eines Einflusses der Sterne (›influentia caeli‹) auf die irdische Welt in ihrer Körperlichkeit geteilt, eine determinierende Wirkung auf den Willen des Menschen jedoch abgelehnt. Die Sterne machen den Willen des Menschen, je nach ihrer Wirkung, zwar geneigt, zwingen ihn jedoch nicht. Zudem galt der Leitsatz: ›Die Sterne lenken die Menschen, doch Gott lenkt die Sterne‹ (»Astra regunt homines, sed regit astra deus«, Boll u. a., *Sternglaube* 170). So blieb die A. mit anderen Wissenschaften wie der → Alchemie, Meteorologie u. Medizin weiter verbunden. Noch bis in das 17. Jh. wurden vom → Arzt astrologische Kenntnisse erwartet (→ Aderlaß). Eine Verbindung von → Magie u. a. vertrat → Arnald v. Villanova (*De sigillis*).

Einen besonderen Höhepunkt erreichte die A. während der Zeit von 1450 bis 1650, als die Renaissance über die arabische Wissenstradition wieder auf die antiken astrologischen Lehren zurückgriff. Zur popularisierenden Verbreitung der A. wurde nun der Buchdruck folgenreich, wie denn auch Originaltexte u. Übersetzungen astrologischer Schriften zu den Inkunabeln u. frühen Drucken gehörten (Firmicus Maternus, *Mathesis*, Teildruck 1488, Gesamtwerk 1497; Ptolemaios, *Tetrabiblos*, komm. v. Giorgio Valla 1502, v. Hieronymus → Cardanus 1554, erste griechische Ausgaben v. Joachim Camerarius 1535, v. Philipp Melanchthon 1553). Folge dieser wissenschaftlichen Bemühungen waren zahlreiche Seitenwege, die das Thema A. fortan nahm. Es verband sich mit dem Hermetismus (→ Hermes Trismegistos), der → Kabbala, magischen Lehrtraditionen des 1256 übersetzten arabischen → Zauberbuches → *Picatrix*, insbesondere aber dem Florentiner Neuplatonismus, wie ihn Marsilio → Ficino (*Theologia Platonica* 1482; *De vita caelitus comparanda* 1489) vertrat. Die Gegnerschaft, die → Pico della Mirandola (*Disputationes adversus astrologiam divinatricem* 1494) seinem Lehrer Ficino leistete, konnte nicht hindern, daß die A. auch in der Folge Thema gelehrter Erörterungen blieb (H. Cardanus, *De vita propria* 1542; Tommaso Campanella, *De sensu rerum et magia* 1620), insbesondere bei → Agrippa v. Nettesheim (*De occulta philosophia* 1510). An Hochschulen in Bologna, Padua, Neapel, in Paris, Krakau u. Rom wurden A. gelehrt u. → Horoskope erstellt. Erste gedruckte → Ephemeriden (vorausberechnete Planetenstände für bestimmte Tage) lieferte Regiomontanus in Nürnberg für die Jahre 1475–1506. Zudem stellte er Horoskope, wie auch der nur wenig jüngere → Faust u. später noch Johann Kepler. Mit Faust wird ein Abzweig sichtbar, den nun die A. zur Wander- u. Vulgärastrologie nahm u. der bis in die Jahrmarkts- u. wöchentliche Schrumpf-A. des Zeitungshoroskops für alle führte. Die gelehrte Renaissance-A. jedoch reichte mit ihren Überlegungen bis an die Schwelle des modernen Naturbegriffes. Von der Frage geleitet, welchen Weg die Wirkungen der Sterne zur Erde nähmen, u. von der Forderung bestimmt, jede Wirkung aus ihren nächsten Ursachen (»ex propriis principiis«) zu erklären, gelangte Pico della Mirandola zu der Feststellung, daß die Wirkungen der Sterne allein in den Kräften von Licht u. Wärme, die von ihnen ausstrahlten, zu fassen seien. Johann Kepler u. Isaak Newton konnten später an Picos Begriff der »wahren Ursache« (»vera causa«) anknüpfen; erst wenn es gelänge, einen steten Übergang der einen Wirkung in die andere zu erweisen u. als Gesetz zu formulieren, könne von einer wirklichen kausalen Verknüpfung gesprochen werden. Das hinderte nicht, die alte A. gelehrt zu verteidigen.

Erst die Aufklärung bewirkte, daß die A. am Ende des 17. Jh. an Bedeutung verlor u. aus dem allgemeinen Bewußtsein verschwand. Wie Pico gefordert hatte, sollte als Wissenschaft nurmehr gelten, was sich empirisch erweisen ließ. Dennoch blieb, jenseits allen Rationalismus, die Faszination astrologischer Deutung erhalten. Im 20. Jh. erlebte die A. einen enormen Aufschwung. Die Notwendigkeit kausaler Begründung astraler Wirkungen wird nicht mehr empfunden. Allein im Bereich des Poetischen einer alles umfassenden → Sympathie, einer Empfindung des Zusammenhangs von → Makrokosmos u. Mikrokosmos, wird sich die A. weiter behaupten dürfen. Denn sie gründet zuletzt »auf dem dunklen Gefühl eines ungeheuren Weltganzen« (Goethe an Schiller, 8. 12. 1798). → Kosmologie, → Magie, → Entsprechungen

Aszendent (von lat. *ascendere* ›aufsteigen‹), in → Astrologie u. → Horoskop Bezeichnung jenes Teiles des → Tierkreises, der zur Zeit der → Geburt als ›1. Haus‹ (→ Häuser) über dem östlichen Horizont aufsteigt. Dem gegenüber liegt der Deszendent (lat. *descendere* ›herabsteigen‹).

Ätherleib. Als Äther (zu griech. *aithḗr* ›Leuchtendes‹, ›strahlender, blauer Himmel‹) wurde eine über dem niederen Luftraum gelegene obere Himmelszone von besonders feiner u. heller Luft bezeichnet, in der die Götter wohnen. Esoterischen (→ Esoterik) u. anthroposophischen Vorstellungen zufolge besteht der Körper des Menschen neben dem physischen aus einem zweiten Leib, dem Ä. Nach Rudolf Steiner, der ihn auch ›Lebensleib‹ o. ›Bindekräfteleib‹ nennt (*Theosophia*), ist er die »lebenserfüllte Geistgestalt« (Miers, *Geheimwissen* 53), der mit Geist erfüllte Stoff des Leibes. Ohne ihn wäre der physische Leib des Menschen tot. Insofern mag die Vorstellung der der Seele entsprechen. Der Ä. kann in besonderen Situationen, etwa während der Meditation, als rötlichblaue Art von Licht erfahren werden, »als ein Schemen, der glänzt und leuchtet und der Farbe junger Pfirsichblüten ähnelt« (Miers, ebd.). Nicht immer vom Ä. unterschieden ist die Vorstellung vom ›Astralleib‹ (zu lat. *astralis* ›die Gestirne betreffend‹, von griech. *ástron* ›Stern‹). Dieser ist Bindeglied zwischen dem niederen Irdischen des Leibes u. den den Sternen entsprechenden höheren Bereichen des Menschen; er ist älter als der physische Körper. Es kann zu einer Trennung von Astralleib u. dem körperlichen Sein des Menschen kommen (›Seelenexkursion‹), eine Vorstellung, die traditionellen Motiven von Seelenwesen entsprechen kann, die dem Menschen im Schlaf aus dem Mund entweichen. Der dem Körper entrückte Astralleib ist der, der dem Mantiker (→ Mantik) in Spiegeln (→ Spiegelwahrsagung) u. Kristallen (→ Kristallomantie) erscheint, der »die paranormalen Geräusche« (→ Geisterklopfen) hören läßt u. sich nach dem → Tod zeigt. In dieser Hinsicht entspricht auch der Astralleib den universalen Seelenvorstellungen (→ Animismus), unterscheidet sich von diesen jedoch als organische Realität, gelegentlich geradezu in anatomischer Sezierfähigkeit (vgl. Hector Durvilles, *Der Fluidalkörper des lebenden Menschen. Experimentelle Untersuchungen über seine Anatomie und Physiologie*, 1912). Im systematischen Zusammenhang ist in Anthroposophie u. → Theosophie der Ä. Träger der Empfindungen, der Astralleib dagegen Vermittler der Geistigkeit des Menschen.

Atzmann. *Atz* steht zu Adolf u. vergleicht sich anderen Koboldnamen (→ Kobold) wie etwa *Hinzel*mann zu Hinrich. In der magischen Praktik eine Rachepuppe, zumeist aus → Wachs, an der zauberische Manipulationen (→ Beschwören, Stechen, Brennen) zum Zwecke eines Schaden- o. Todeszaubers (→ Totbeten) vorgenommen werden. »Oftmals wurde mir auch erzählt, wie die Weiber solche Atzmannen anfertigen und sie an einem Feuer erwärmen, um dadurch die Männer zu quälen« (Johannes → Hartlieb, *Buch aller verbotenen Kunst* 79). Er wird auch im Liebeszauber verwendet. Antikes Zaubern mit Puppen bezeugt Ovid (*Amores* 5,79 f.). Seit dem 13. u. 14. Jh. wurde das Zaubern mit Bildern zu einem Straftatbestand, zunächst in Südfrankreich. In Deutschland nahmen 1611 Bayern u. 1656 Österreich den Tatbestand in die Strafgesetze auf. Neben der älteren Auffassung eines identifizierenden Bezugs der Puppe u. der gemeinten Person u. der Wirksamkeit des Zaubers im Sinne der Analogie (so *Gesta Romanorum* 102; → Analogiezauber) stehen neuere Erklärungen des zauberischen Puppengebrauchs, die im A. eine Darstellung des helfenden → Dämons sehen, der die empfangenen Qualen auf das gemeinte Opfer ableitet (→ Sympathie).

Aufhocker, niederdt. Huckup, koboldartiger → Dämon, der dem nächtlichen Wanderer auf die Schulter springt, ihn drückt u. ängstigt (→ Alp). Das Erlebnis findet zumeist an bekannten Spukorten statt (Wald, Hohlweg, → Friedhof, Richtstätte) u. kann von der psychischen Situation dessen gedeutet werden, den an solchen Orten numinose Angst ergreift.

Auge. Sehen u. Erkennen sind in vielen Sprachen begrifflich gleich (›Einsicht‹, ›Einblick‹, ›Weltsicht‹, ›Weltanschauung‹). In Metaphern erscheinen A.n als aktives Organ: Sie finden, erwählen, empfangen, grüßen, trösten, erscheinen als Boten, Ratgeber, rauben die Sinne, das Herz usw. Der → Böse Blick gründet in solchen Vorstellungen. Augenmotive u. -ornamente auf Heil-, Schutz- und Abwehrmitteln (→ Talisman, → Amulett, → Apotropaion) verweisen auf die Furcht vor ihm. Das Bedecken oder Schließen des A. sowie das Verhüllen des Kopfes (→ Schleier) soll davor schützen. Der hypnotische u. faszinierende (›behexende‹) Blick vermag Gegner zu bannen (→ Bann), in der Autofaszination die eigene Person zu bezaubern o. als Doppelgänger erscheinen zu lassen. Er kommt auch einigen Tieren zu, insbesondere der → Schlange. Der Blick des → Basilisken tötet.

Augurium. Zukunfterforschung bzw. Erforschung des göttlichen Willens durch Zeichendeutung insbesondere aus dem Verhalten von Vögeln, ihrem Flug, ihrer Stimme usw. (→ Divination). Die römische Auguralpraxis unterscheidet von den Göttern erbetene (›auguria impetrativa‹) und unerbetene (›a. oblativa‹) Zeichen. Festus nennt 5 Zeichenkategorien: Vom Himmel (→ Donner u. → Blitz), von Vögeln, aus dem Verhalten der hl. Hühner, von Tieren, aus Vorahnungen. Dem MA ist der Begriff aus antiker Überlieferung geläufig, durch → Isidor v. Sevilla (*Etymo-*

logiae 8,9) vermittelt: »Auguren sind solche, die die Flüge der Vögel und ihre Stimmen mit gespannter Aufmerksamkeit verfolgen und andere Zeichen der Natur oder unvermutete Beobachtungen, die dem Menschen begegnen. Sie sind zugleich auch Auspices (Vogelschauer)«. → Auspizium

Augustinus, Aurelius, * 13. 11. 354 Thagaste (Numidien), † 28. 10. 430 Hippo Regius (Nordafrika), lateinischer Kirchenlehrer u. Kirchenvater. Rhetorisch gebildet in den Kulturzentren Afrikas u. Italiens, hing A. einige Jahre dem Manichäismus u. → Neuplatonismus an. 387 wurde er in Mailand von Bischof Ambrosius getauft. Als Priester u. seit 396 als Bischof von Hippo entfaltete A. eine literarische Tätigkeit, die alle Gebiete der Theologie u. große Teile des damaligen Wissens umfaßte. Zu den bedeutendsten Schriften gehören die Bücher *Über die christliche Bildung* (397; *De doctrina christiana*, ed. CSEL 80,1–169, dt. übers. BKV 49) u. *Über den Gottesstaat* (413–426; *De civitate dei*, ed. CSEL 40,1–2, dt. übers. v. C. J. Perl, 1951–1953). In Auseinandersetzung mit der → Dämonologie des Neuplatonismus entwickelt A. in diesen Schriften eine christliche Dämonologie, die einen nicht zu überschätzenden Einfluß auf die abendländische Superstitionsgeschichte genommen hat: Die → Dämonen seien in Wahrheit die gefallenen → Engel. Sie lebten in der Luft, und weil sie einen Luftkörper besäßen, könnten sie in den Menschen eindringen und diesem Trugbilder (→ Prästigien) vorgaukeln. Die körperlichen und intellektuellen Vorzüge ihrer Geisternatur befähigten sie zu allerlei Betrügereien. Sie hätten die → Magie erfunden, um von den Menschen für Götter gehalten zu werden. An die Stelle des neuplatonischen Glaubens, aufgrund der sympathetischen Verhältnisse (→ Sympathie) im Kosmos (→ Kosmologie) die Dämonen mit geradezu naturgesetzlich wirkendem Automatismus zwingen zu können, setzt Augustinus die Vorstellung eines Zeichenpaktes mit den Dämonen. Ihr zufolge sollen die Dämonen nicht gezwungen, sondern durch Zeichen zu einem gewünschten Tun eingeladen werden. Die dem sympathetischen Anhang eines Gottes entsprechenden Mittel, Manipulationen usw. interpretiert er als Elemente eines Zeichensystems zur Verständigung u. Verbündung (›pactum‹) mit Dämonen. Damit es zu einer Verständigung zwischen Mensch u. Dämon kommen könne, sei ein ursprünglicher Vertrag über den Bedeutungsinhalt magischer Zeichen notwendig. Denn wie die Sprache unter Menschen auf Übereinkunft beruhe und ihr Gebrauch die stillschweigende Anerkennung ihrer Verbindlichkeit voraussetze, so liege auch der magischen → Kunst (›magica ars‹) ein Kommunikationsvertrag mit den Dämonen zugrunde. Im HochMA besprechen → Albertus Magnus (1200–1280), → Thomas v. Aquin (1225–1274) u. Bonaventura (1221–1274) in den Sentenzenkommentaren den Pakt unter Betonung seines Apostasie (Glaubensabfall) bewirkenden Charakters. Auf diese Weise wurden die Grundlagen des später inquisitionsrelevanten Teufelspakts gelegt, die in den Hexenverfolgungen (→ Hexe) ihre verhängnisvolle Wirkung entfalteten.

Auspizium (lat. *auspicium*, *avispicium* ›Beobachtung der Vögel, Vogelschau‹), Deutung des Vogelflugs als eines von den Göttern geschickten Zeichens. Interpretiert wurden Weise u. Richtung des Fluges. Der Auspex beobachtete aber auch das Verhalten anderer Tiere o. auch der → Blitze. Auspizien oblagen in Rom bestimmten Staatsbeamten. Die christliche Aberglaubensliteratur setzt das A. zumeist mit dem → Augurium gleich u. verbietet es (*Excarpsus Cummeani*, 8. Jh., 7,16, ed. Schmitz 1,633 f.; → Hrabanus Maurus, *De magicis artibus*, ed. MPL 110,1098).

Axt. Als metallene u. scharfe Waffe erscheint die A. häufig als geeignetes Requisit im Abwehrzauber (→ Apotropaion) mit ähnlichem Anwendungsbereich wie der → Besen. Ein Text des 14. Jh. weiß: »So man die chuee an die waid treibt, so grebt man ain ekkl [Axt] unter den gatern, vnd treibt das viech dar vber, so mag man sew [sie] nicht [be]zaubern« (→ Grimm, *Mythologie* 3,417).

Azazel, Aziel. Name eines Wüstendämons, dem im AT der Sündenbock zugetrieben wird (Lev 16,8; 10,26). Das apokryphe Henochbuch nennt A. als Namen eines gefallenen → Engels, ebenso Irenaeus (*Adversus haereses* 1,8,17). In der nachmittelalterlichen Zauberliteratur erscheint A. als dämonischer Schatzhüter, sein → Sigillum notiert ein Cyprian zugeschriebenes → Zauberbuch, sein Bild, halb Bock, bringt *Le Grand Grimoire* (60), ein 1823 in Nîmes gedrucktes frz. Zauberbuch (*grimoire* v. frz. *grammaire*).

Azoth. Name eines Dämons in Zaubertexten. In der → Alchemie ist der ›spiritus A.‹ Bezeichnung des Quecksilbers, das als Urstoff gilt, u. somit auch Name des → Steins der Weisen o. des → Elixiers.

B

Bad. Bäder dienen der Reinigung, Heilung u. kultischen Zwecken. Zumeist sind sie an Termine gebunden. Reinigungs-, Schutz- u. Dampfbäder wurden zum Beschluß u. am Samstag gehalten. Sonntags u. freitags (→ Woche) zu baden war dagegen verboten. Am Fastendienstag, in der Fastenzeit o. am Heiligabend zu baden hilft gegen → Fieber u. Zahnschmerzen (→ Nikolaus v. Jauer, *De superstitionibus*). Verbreitet u. vielfach verboten war die Gewohnheit der Johannisbäder (→ Johannistag). Caesarius v. Arles hält sie für Relikte des Heidentums (→ Grimm, *Mythologie* 1,490), eine Stuttgarter Synode v. 1602 für Reste des katholischen Aberglaubens. Ein schlesischer Kritiker wettert 1607 dagegen: »Denn an S. Johannis Abendt, vnd an Johannis Tage vberaus viel Volckes von nahen und fernen Orthen, dahin sich findet, Gesunde, gesunden Leib vbers Jahr zubehalten, Krancke, Lahme, Krätzige, Außsetzige, Gichtbrüchige, jre Kranckheit zuwenden. Fellet hauffenweise vbereinander in Brunnen wie die Gänse, gäntzlicher meinung, daß Warme Bad were diesen Tag viel kräfftiger, als andere Zeit deß Jahres, vnd gebe in einer halben Stunde dem Leibe mehr Krafft, als sonsten Vier oder Fünff Wochen« (Martin, *Badewesen* 22f.). Heilzwecken dienten auch B.er an Himmelfahrt, Peter u. Paul und anderen Tagen in Tau, kalten Quellen (→ Brunnen), Gletscherspalten, in Flüssen, Seen u. Meeren. Nach dem ersten Kirchgang der Wöchnerin fanden im MA ›Kindbettbäder‹ statt. Sie dienten der Geselligkeit unter geladenen Frauen mit Essen u. Trinken u. vergleichen sich anderen ›Festbädern‹, etwa den ›Brautbädern‹ vor, während o. nach dem Hochzeitstag (→ Hochzeit). Zwecken kultischer Reinigung dienten sie nicht (Martin, ebd. 188). Weihwasserbäder (→ Weihwasser) sollten gegen die Tanzwut helfen. Magische Kräfte schrieb man B.n in ungewöhnlichen Flüssigkeiten zu, in Milch, → Blut, Fleischsud. Sie sollten Jugend, Schönheit, Gesundheit, Erlösung u. Wiederbelebung bewirken. → Plinius zufolge badeten ägyptische Könige gegen Elephantiasis in Menschenblut: »Dieses Übel ist in Ägypten vorherrschend und brachte, als die Könige von ihr befallen worden waren, auch dem Volk Verderben, da zu ihrer Heilung in den Bädern die Wannen mit Menschenblut versetzt wurden« (*Naturalis historia* 26,8). → Hildegard v. Bingen empfiehlt B.er, in die auch Menstrualblut gegeben wird, gegen Aussatz (*Causae et curae* 4, übers. Pawlik, 255f.).

Baldrian (entlehnt aus mittellat. *Valeriana officinalis*), Katzenkraut, Hexenkraut, bereits im Altertum als Heilpflanze bekannt. Wegen seines starken Geruchs als Mittel gegen → Teufel u. → Hexen, insbesondere im Stall, gebraucht. In der → Volksmedizin auch als Pestmittel verwendet (Bock, *Kreüter-Buch*, 1551, 24ʳ: »Ist nutz zů der zeit der pestilentz gedruncken / vnnd daran gerochen / für die böse lüfft«). Ein Text des 15. Jh. erwähnt seine aphrodisische Wirkung (ZVK 1,323: »Wiltu gute freuntschaft machen vnder manne vnd vnder weibe«).

Band, Binden. Im Analogiezauber bindet das B., verstärkt durch Schlingen u. → Knoten, Krankheiten (→ Warzen, Kröpfe), geschlechtliche Potenz (→ Nestelknüpfen), vermag Segen u. Zauber anzubinden. Eingebundene Krankheiten lassen sich auf Menschen, → Bäume, in Wasser übertragen o. an → Wegkreuzungen deponieren (Synode v. Rouen, v. J. 650). Knoten zu lösen, erleichtert die → Geburt u. das Sterben. Von der zauberischen Bindefunktion her erklären sich lateinische Amulettnamen (→ Amulett) wie → Ligaturen, Ligamenta, Ligamina (von lat. *ligare* ›binden‹). Bevorzugte → Farbe des zauberischen B.es ist → Rot. Der Gebrauch von B.ern muß nicht immer magisch gemeint sein. Das Anbinden u. Deponieren von B.ern im europäischen Wallfahrtsbrauch etwa kann auch als symbolischer Übereignungsakt an den Patron gedacht sein. Analog begreift die christliche Superstitionskritik den B.gebrauch als Ausdruck eines Übereignungspakts an → Dämonen.

Bann (lat. *bannum*, mhd. *ban*, germ. *banna-* ›Gebot, Befehl‹; zum Zeitwort **bannan* ›bei Strafe ge-, verbieten‹) ›Gebiet der Gerichtsbarkeit‹, ›Ausschluß aus der (kirchlichen) Gemeinschaft‹. Im Umkreis zauberischer Praktik Ausübung von Zwang auf Dinge, Tiere (vgl. *Neue Bunzlauische Monatsschrift* 1792,333–335: Zwei Fälle gebannter u. gerichtlich belangter Egerlinge, Maikäfer, Graswürmer u. a. von 1749 u. 1545), Menschen, → Hexen u. → Dämonen im Sinne von Verbannen (→ Exorzismus), Festbannen (→ Festmachen), → Beschwören (Herbeizwingen, Zitieren). Auch das → Besprechen von Krankheiten wird gelegentlich Bannen genannt. Zweck ist, den o. das Gebannte unschädlich u. untauglich zu machen. Ein zauberischer B. wird ausgeübt durch Rückwärtsbeten des → Vaterunsers, durch das Umdrehen eines Glases o. Bildes, Festnageln u. → Verpflöcken eines Gegenstandes, der im sympathetischen Verhältnis (→ Sympathie) zu dem zu Bannenden steht (→ Kleider, Besitzstücke). Innerhalb eines → Kreises schützt sich der Bannende o. wird jemand in diesen hineingebannt. → Plinius berichtet, »daß unsere Vestalinnen entlaufene Sklaven, die die Stadt noch nicht verlassen haben, durch ein Gebet bannen« (*Naturalis historia* 28,13). Seit vorkarolingischer Zeit besitzen insbesondere die Heiligen Bannkraft; sie ist geradezu Indiz ihrer Heiligkeit. Sie bannen Häretiker, Grabräuber o. Götzendiener, so daß diese gefesselt werden o. erstarren. Die Erzähltradition weiß von Salomo, → Vergil u. → Paracelsus, daß sie → Geister in Flaschen zu bannen vermögen.

Bärlapp, Lycopodium annotinum, Schlangenmoos, Teufelsklaue, Drudenfuß (→ Pentagramm). Immergrünes, weithin kriechendes, bis 1m langes Gewächs mit moosartigen Blättchen. Wird gegen Krampf, Verhexung (→ Verhexen) u. den → Bösen Blick gebraucht. Auch die Sporen

(Hexenmehl, Drudenmehl) finden in der → Volksmedizin Verwendung. Im Gewand verborgen, hilft er dem Prozessierenden vor Gericht, im Schweif des Viehs versteckt, bei dessen Verkauf. Da der B. den → Blitz anzieht, soll er nicht im → Haus verwahrt werden.

Basilisk (griech. *basilískos* ›kleiner König‹), Doppelwesen aus → Hahn u. → Schlange. Im AT ist er eine giftige Schlange (Ps 90,13; Is 11,8; u. ö.). Antiken Lehren gemäß beschreiben ihn mittelalterliche Autoren als weißgefleckte Schlange, deren Geruch, Blick (→ Böser Blick) u. Zischen tötet (→ Isidor v. Sevilla, *Etymologiae* 12,4.6–8; Ps.-Hugo v. St-Victor, *De bestiis* 3,41). → Hildegard v. Bingen berichtet, der B. werde von einer Kröte aus einem Schlangen- o. Hühnerei ausgebrütet (*Physica* 8,12). Allein das Wiesel vermag ihm zu widerstehen, sein Geruch tötet ihn. Hält man ihm einen Spiegel vor, so kommt er vom eigenen Blick um. Darstellungen von B.en in Kirchen an Taufsteinen u. Gestühlen o. in Buchillustrationen haben die Phantasie angeregt. Man glaubte, er hause in → Brunnen, Kellern, Felsen u. hüte dort → Schätze. Seine → Asche hilft gegen → Spinnen u. giftige Tiere, sein → Blut gilt als Wunderheilmittel.

Bauchreden → Engastrimantik

Bauernpraktik, kalenderartige Sammlung volkstümlicher, formelhafter, zumeist gereimter prognostischer Wetter-, Vegetations- und Agrarregeln. Die Regeln suchen aus der Beobachtung von astro-meteorologischen Ereignissen, pflanzlichem o. tierischem Verhalten, aus Beschwörungs- o. Orakelergebnissen (→ Beschwören, → Orakel) o. aus der Koinzidenz bestimmter Wochen- u. Kalendertage (→ Woche, → Kalender) zu bestimmten Zeiten (→ Weihnachten, → Neujahr, → Zwölften, Heiligenfeste, → Lostage) Rückschlüsse auf Zukünftiges (→ Wetter, Vegetation, Viehzucht, Seuchen, politische Ereignisse) zu gewinnen. Prognostische Ausdeutung von Donnerschlägen (»Vox tonitrui ab oriente mortem regis significat«, »Donnergrollen von Osten her verkündet den Tod des Königs«, Hs.: Cambridge, Gg. I. 1, Hs. v. J. 1400, 394[v]; vgl. Harmening, *Superstitio* 119; → Donner) enthalten etwa die *Tonitrualien* o. *Brontologien*. Mittelalterliche Bemerkungen zum Thema finden sich zuerst in lateinischen meteorologisch-astrologischen Texten u. in der superstitionskritischen Literatur. Sie beziehen sich gelegentlich auf volkstümliche Traditionen (so etwa Firmin de Beauval, *Pronosticon*). Wird man also mit latinisierender Rezeption volkssprachlicher Bauernregeln seitens der gelehrten Literatur rechnen dürfen, so liegen die Ursprünge der Wetterprophetie doch in biblisch-orientalischen Götterglauben (Dt 11,13–17; Job 37,10; 1 Kö 18,44) u. → Astrologie (Babylon, Ägypten). Erste näherhin naturkundliche u. naturkundlich-astrologische Wetterprognosen begegnen bei Griechen u. Römern u. werden hier erstmals auch zu größeren Sammlungen zusammengefaßt (z. B. Aratos, *Phainómena*). Die Rezeption dieser antiken Stoffe erfolgt in frühmittelalterlicher Zeit wohl aus direkter Überlieferung (*Homilia de sacrilegiis*). Starke Verbreitung erfährt die astro-meteorologische prognostische Kleinliteratur im Spätmittelalter: Guido Bonatti, *De ymbris et de aeris mutationibus* (1491); Leonhard Reymann, *Erkanntnus des Wetters* (1505, aus Firmin, Bonatti u. antiker Tradition). → *Wetterbüchlein*

Baum. Aufgrund seiner Größe, seines oft hohen Alters, seiner jährlichen Wiederbelebung u. Fruchtbarkeit gilt der B. als universales Kultobjekt seit ältester Zeit. Er vermag numinoses Erleben auszulösen (Seneca, *Epistulae morales* 41,31). Vielen Kulturen ist er Lebens- u. Weltenbaum, verbindet Himmel, Erde u. Unterwelt, ist Sitz von Göttern u. → Dämonen u. kann als Grabpflanze (→ Grab) den Toten vertreten. Häufig steht er neben heiligen Quellen u. → Brunnen. Im AT gibt Gott durch das Rauschen des B.es → Orakel (2 Sam 5,24). Im Heilkult werden Krankheiten an heilige B.e übertragen: Man hängt die → Kleider von Kranken in sie o. verkeilt u. verpflöckt (→ Verpflöcken) sie an ihnen; man durchkriecht zum Zwecke der Heilung B.spalten (→ Durchkriechen). Daß ein Holzsplitter von einem vom → Blitz getroffenen B. hilfreich gegen Zahnweh ist, berichtet schon → Plinius (*Naturalis historia* 28,45). Zahlreiche Bemerkungen der superstitionskritischen Literatur seit frühmittelalterlicher Zeit rügen Heil- u. Votivbräuche an B.en als heidnische Relikte. Doch referieren sie zu dieser Zeit zumeist Passagen aus dem Predigtwerk des → Caesarius v. Arles.

Becherorakel, → Wahrsagen aus spiegelnden Flüssigkeiten (→ Hydromantie) u. Gefäßwänden von Bechern. Man unterscheidet Kylikomantie (griech. *kýlix* ›Becher‹), Lekanomantie (griech. *lekánē* ›Schüssel, Becken‹) u. Phialomantie (griech. *phiálē* ›Schale, Trinkschale‹). Joseph in Ägypten hat mit einem Silberbecher gewahrsagt (Gen 44,5). → Plinius leitet die Lekanomantie (»pelvibus«, »mit Becken«) aus dem Orient her (*Naturalis historia* 30,14). Rezepte für B. werden häufig in den → Zauberpapyri genannt (PGM 1,76.132.178.180; Abt, *Apologie* 171 f.). Die → Caesarius v. Arles verpflichtete *Homilia de sacrilegiis* (6 u. 20) mag für die superstitionskritischen Texte seit frühmittelalterlicher Zeit stehen. Häufig wird das B. mit → Medien betrieben. → Johannes v. Salisbury berichtet, daß er als Knabe mit einem anderen von einem Priester (→ Geistlicher) herangezogen worden sei, der Wahrsagerei mit einem »gefegten und geglätteten Becken« getrieben hätte: »Nachdem er also Namen ausgesprochen, die mir durch ihre Schrecklichkeit selbst, so klein ich war, diejenigen von Dämonen zu sein schienen, und Beschwörungen vorausgeschickt hatte, die ich durch Gottes Fügung nicht [mehr] weiß, gab mir mein Gefährte an, er sehe irgendwelche Bilder, die freilich schwach und nebelhaft« (*Policraticus* 2,28). In seiner deutschen Übersetzung der *Démonomanie* des Jean → Bodin, dem *Ausgelasnen Wütigen Teuffelsheer*, schreibt Johann → Fischart: »Die aller ältsten Assyrier vnd Chaldeer / brauchten sehr die *Lecanomantiam* oder Beckendeuteley: fülleten darbey ein Beckin voll Wassers / thaten etliche mit sondern Characteren gezeichnete Guldene vnd Silberne Täfelein / oder Edelgestein darein / vnd nach dem sie etliche Wort sprachen / da hort man eine reine Stimm / wie eine Pfeifend Schlang auß dem Wasser reden vnd Antwort geben« (1591, 77). Das *Landgebott* Herzog Maximilians v. Bayern vom Jahre 1611 verbietet Wahrsagen »durch Beckh« (4). Ob moderne Manipulationen, die man als ›Beckenzauber‹ bezeichnet, in Nachfolge antiker o. mittelalterlicher Praktiken stehen, ist kaum zu klären. Immerhin aber mag die reiche literarische Tradition zum B. innovative Kraft entfaltet haben.

Begräbnis, die Entfernung Verstorbener durch Begraben (→ Grab), Verbrennen (→ Feuer), Versenken in Gewässer, durch Preisgabe an Vögel, Mumifizierung u. Aufbewahrung in Grabkammern. Das Christentum lehnte die Leichenverbrennung ab u. forderte die Erdbestattung. Christliche B.riten u. -bräuche sind von der Zuversicht auf Auferstehung geprägt. Mißachtung letzter Wünsche des Verstorbenen lassen den Toten umgehen (→ Wiedergänger); andererseits sind die Toten für ein ehrenvolles B. dankbar. Valerius Maximus (*Facta et dicta memorabilia* 1,7,3) berichtet von einem dankbaren Toten, der einen Fahrensmann vor Sturm u. Schiffbruch warnt u. veranlaßt, im sicheren Hafen zu bleiben. → Orakel knüpfen sich insbesondere an das B.läuten: Klingt es dumpf, so stirbt bald jemand aus der Familie (→ *Rockenphilosophie* 4. Hundert, 1718, 269). Ein Ratschlag von 1790 empfiehlt: »Wer Warzen hat, der läute einen Toden zum Grabe, dann wasche er sich am fließenden Wasser und sie werden von sich selbst abfallen« (*Journal von und für Deutschland* 7,2,143).

Begrüßung → Gruß

Behemoth, ein in Beschwörungen (→ Beschwören) u. Zaubertexten bezeugter Dämonenname (→ Dämon), der auf das im Buch *Hiob* (40,15–24) geschilderte Tier (Nilpferd) zurückgeht. Die alttestamentliche Schilderung soll

Hiob die Größe Gottes zeigen. Auch sonst im AT erwähnt, tritt es zumeist als Gegner Gottes auf. In der jüdischen Apokalyptik wird es zum Tier der Endzeit, das mit dem Leviathan geschlachtet wird. Im MA wurde das Tier gelegentlich zu einem → Symbol des → Teufels.

Beifuß, Artemisia vulgaris, St. → Johanniskraut, Sonnwendgürtel, Buck, Korbblütler an Ufern, Wegrändern, auf Schutthalden mit oberseitig dunkelgrünen, unterseitig weißfilzigen Blättern. → Plinius berichtet, er heile Frauenkrankheiten (*Naturalis historia* 25,73) u. bewahre vor Schaden durch böse Mittel (»mala medicamenta«), Tiere o. durch die Sonne (ebd. 25,130). Auch ermüde der Wanderer nicht, so beruft sich der *Gart der Gesuntheit* (1) auf Plinius, wenn er B. bei sich habe: »Wer byfuß by yme habe so er vber felt gat der werde nit můde vnd ym schade auch der gang nit in den gliddern«. Das Rezept, → Konrad von Megenberg allerdings verneinte die Wirkung (*Buch der Natur* 5,8), ist von der mittelalterlichen Zauber- u. Medizinliteratur übernommen (*Hortus sanitatis*, *Tractatus de herbis* 39) u. in die deutsche → Volksmedizin übertragen worden, ebenso die antike Verwendung als gynäkologisches Mittel (ebd; Brunfels, *Kreüterbuch* 237). Den Gebrauch im Liebeszauber bezeugt schon ein griechischer Papyrus (*Pap. Lugdunensis*, vgl. Abt, *Apologie* 92), die Wirksamkeit gegen zauberische Einflüsse, → Dämonen u. den → Bösen Blick schon Ps.-Apuleius (*De herbarum virtutibus* 10,5). Otho Brunfels resümiert eine vermeintlich antike Tradition: »Ist aber darumb also in den brauch kommen / das an vilen orten Teutschlands meniglich sich befleisset solich kraut zubekommen / sich damit krönen vnnd gürten / vnnd zů letst in das Johannsfewr werffen. Solichs soll ein sonderlich expiation [Sühneopfer] sein / vnd geheymnuß. Also haben die Alten Heyden auch gegauckelt / so haben wir wie die affen nachgeuolget / vnd ist vff den heutigen tag solicher vnd dergleichen superstitionen / weder massz / noch ende« (ebd.).

Bekker, Balthasar, * 20. 3. 1634 Westfriesland, † 11. 6. 1698 ebd., holländischer reformierter Theologe u. Gegner der christlichen → Dämonologie u. des Glaubens an → Hexen. Studien in Groningen u. Franeker, Prediger verschiedenenorts, zuletzt in Amsterdam (seit 1679). Wegen seines Buches *De betoverde Weereld* (3 Bde., Leeuwarden 1691–1693; engl. *The World Bewitched*, 1691; frz. *Le monde enchanté*, 1694; dt. v. J. M. Schwager, *Die bezauberte Welt*, 1781/82) heftig angegriffen u. durch die Synode von Alkmaar am 30. Juli 1692 seines Amtes enthoben, rechtfertigte er sich in der *Schriftelyke satisfactie*. In seiner Schrift *Ondersoeck van de Betekeninge der Kometen* (*Untersuchung von der Vorhersagung der Kometen*; Leeuwaden 1682) bestreitet er, daß die → Kometen Unheilsboten seien.

Bereden, Berufen, Beschreien. Wort u. Sprache repräsentieren das Gemeinte, können es ›herbeireden‹ u. besitzen insofern im Zauber eine eminente Bedeutung (→ Alphabet, → Besprechen, → Beschwören, → Inkantation, → Zauberspruch). B. meint den Schadenzauber durch Worte, im weiteren Sinn durch Gebärden, den → Bösen Blick o. durch bösen Willen. Man schützt sich mit apotropäischen Worten (→ Apotropaion) dagegen wie ›unberufen‹, ›weggesagt‹, mit → Klopfen auf Holz o. mit → Amuletten.

Bernhardin von Siena, *8. 9. 1380 Massa Marittima, † 20. 5. 1444 L'Aquila, 1404 Priesterweihe, 1402 Eintritt in den Orden der Minderbrüder (Observantenbewegung), außerordentlich erfolgreicher Volksprediger in Mittel- u. Norditalien. Wegen seiner besonderen Verehrung des Namens Jesu (IHS; → Christus) 1423 der Häresie angeklagt, 1427 davon freigesprochen. Seine Predigten über → Idolatrie (*Sermo* 10 *De idolatriae cultu*, ed. *Opera omnia*, Quaracchi, 1950–65) enthalten zahlreiche Hinweise zum Aberglauben; sie haben auf Gottschalk → Hollen gewirkt.

Bernstein, Agtstein, Achatstein, Succinit (von lat. *suc(c)inum*, verwandt mit *sucus* ›[dickflüssiger] Saft‹), griech. *ḗlektron*. Tacitus (*Germania* 45) u. → Plinius (*Na-*

turalis historia 37,42) nennen ihn *glaesum*, woher der Name ›Glas‹ abgeleitet ist. Der deutsche Name B. geht auf mhd. *bernen* ›brennen‹ zurück. Die Hauptmasse des schon im Neolithikum u. der Bronzezeit als Schmuck u. → Amulett über ganz Europa verbreiteten B.s kam von der Ostseeküste, insbesondere aus dem Samland in Ostpreußen. Die Antike nutzte ihn volksmedizinisch u. als → Apotropaion (Plinius, ebd. 37,20ff.). In der Alpengegend, berichtet Plinius, trügen Bauersfrauen Halsbänder aus B., »vor allem als Schmuck, aber auch als Heilmittel; man glaubt ja, [B.] wirke gegen geschwollene Mandeln und Halserkrankungen, da das Wasser in der Gegend der Alpen die Kehlen der Menschen auf verschiedene Weise angreife« (ebd. 37,45). → Isidor v. Sevilla hat das Wissen dem MA überliefert (*Etymologiae* 16,8,7). B.ketten wurden Kindern als Amulette umgehängt (Plinius, ebd. 37,50f.), z. B. zur Erleichterung des Zahnens. Ansonsten gilt B. als Heilmittel gegen Gelbsucht, Kopfweh, Ohrenfluß, Zahnschmerzen, → Gicht, Rheumatismus u. a.

Berthold von Regensburg, *um 1210 Regensburg, † 14.(13.)12.1272 ebd., Franziskaner, bedeutendster Volksprediger des MA. Drei lat. Sammlungen mit 257 Predigten verfaßte B. zwischen 1250 und 1255. Sie waren als homiletisches Handbuch für die Seelsorge gedacht (*Rusticanus de Dominicis, de Sanctis, de Communi*). Die deutschen Predigten stammen nicht unmittelbar von B., gehen jedoch möglicherweise auf tatsächlich gehaltene Predigten B.s oder auf seine lateinischen Musterpredigten zurück. Das Predigtwerk enthält zahlreiche Hinweise zur mittelalterlichen Volkskultur, zu Volksliedern, Sprichwörtern, → Bräuchen, insbesondere zum Aberglauben. Vieles stammt sicherlich aus persönlicher Erfahrung, doch darf auch das literarisch Tradierte nicht unterschätzt werden (z. B. aus Beichtbüchern).

Berührung von heiligen Personen u. kraftgeladenen Gegenständen (→ Mana) ist ein Grundphänomen magischen

Handelns, in dem am Fluidum der Heiligkeit u. der Kraft eines Objektes partizipiert o., wie beim → Handauflegen, Kraft übertragen werden kann. Eine intime Form der Berührung ist der Kuß: → Amulette, heilige → Steine, Altäre, Heiligen- u. Götterbilder, → Reliquien werden geküßt. Durch B. kann auch Kraft von einem Gegenstand auf einen anderen übertragen werden. An Statuen von Heiligen werden kleine irdene Nachbildungen angerührt. Abgeschabtes davon (→ Schabemadonnen) diente als Heilmittel. Ein »italienischer Handelsmann«, berichtet ein Mirakelbuch des 18. Jh., habe neben seinem → Rosenkranz auch »einen Weck an die SS. [heiligen] Reliquias rühren lassen, davon seinem Kind zu esen gegeben« (Harmening, *Mirakelbücher* 112).

Beryll (von griech. *bḗryllos* ›meergrüner Edelstein‹, dieses aus *verulia*, einem Wort des mittelind. Prākrit, um 500 v. Chr. – 100 n. Chr., das wohl auf den Ortsnamen Vēḷur zurückgeht), → Edelstein. Farbloses o. gefärbtes Mineral, klar durchscheinend, das man geschliffen im MA als ›Brille‹ (von ›B.‹) benutzte. In der Antike wurde B. in Gold gefaßt, als → Amulett zur Verstärkung der Liebe aller getragen u. sollte gegen Leberleiden, Augenschmerzen (→ Auge) u. Schwächezustände helfen (Damigeron, *De lapidibus* 190,19–191,6). Auch im MA trug man ihn gegen Augenleiden (Michael Psellos, *De virtutibus lapidum* 73,38–42; Alexander Neckam, *De naturis rerum* 2,90). Er ist auch gut gegen → Gift (11.–12. Jh.; *Prüler Steinbuch* 37; → Hildegard v. Bingen, *Physica* 4 *De lapidibus* 4). Der B. soll die Hand, die ihn hält, verbrennen (Beda Venerabilis, *Explanatio Apocalypsis* 21). Als → Monatsstein wird er noch heute von den im Oktober Geborenen getragen.

Beschwören, Beschwörung, jemand dringend, inständig bitten, im zauberischen Sinn, → Dämonen u. Götter zwingend anreden, bitten u. herbeirufen, wie es dem lateinischen *coniurare* o. dem griech.-lat. *exorzisare* (→ Exorzismus) entspricht. Das B. wirkt durch das Wort, den → Zauberspruch (→ Inkantation, → Segen, → Fluch), das → Zeichen (magischer → Kreis, → Charaktere) u. durch Requisiten (Zauberstab, Räucherwerk). Zu unterscheiden sind → Bann u. Zitat (von lat. *citatio*, im Sinne von ›Kommando‹). Gebannt werden dämonistisch besetzte Sachen (Wetter, Krankheiten), Tiere (Mäuse, → Schlangen, Heuschrekken) sowie Menschen (Besessene, → Besessenheit; → Diebe); zitiert werden → Geister, Tote (→ Nekromantie) o. der → Teufel. Älteste deutsche B.n sind in althochdeutscher Sprache überliefert (*Merseburger Zaubersprüche*, aufgezeichnet im 10. Jh.; → Zaubersprüche). Häufiger sind Notizen von B.n aus dem späten MA, massenhaft erscheinen sie auf gedruckten Segenszetteln u. in → Zauberbüchern seit dem 16. Jh. Intention u. Vollzug machen eine Unterscheidung von B.n u. liturgischen Benediktionen (→ Segen) u. → Exorzismen schwer. Kirchliche Texte verdammen zwar → Inkantationen, erlauben jedoch »incantationes sanctae« (›heilige Zaubereien‹, → Martin v. Braga, *De correctione rusticorum* 16), den Gebrauch liturgischer Texte u. Zeichen (→ Gratian, *Decretum* 2,26,5,3; → Thomas v. Aquin, *Summa theologiae* 2,2,96,4). Andererseits wird der Einfluß kirchlich-liturgischer Praxis kaum zu überschätzen sein, zumal vielfach die Tradition, Niederschrift u. Produktion von B.n, insbesondere gegen Krankheiten u. Unglücksfälle aus der Studierstube des → Geistlichen stammen. In spätmittelalterlicher Zeit häufen sich Fälle, in denen Kleriker deswegen der → Zauberei angeklagt werden. Sie rechtfertigen sich damit, daß sie von Leidenden darum bestürmt worden seien u. Hilfe nicht hätten verweigern können.

Besen. Der abergläubische Gebrauch des B.s ist sehr vielfältig. Verbreitet ist der Glaube, daß → Hexen, aber auch der → Teufel u. Zauberer, auf B. durch die Luft reiten. Der früheste Bericht über einen Besenritt findet sich in der rabbinischen Redaktion der *Tosefta* (jüdisches Werk des 3./4. Jh. n. Chr.; Sabbat 7), also im außereuropäischen

Bereich. Auch die magische Personifizierung des B.s ist alt. Goethes Motiv in der Ballade *Der Zauberlehrling* des zum Wasserträger verwunschenen B.s entstammt dem *Philopseudes* Lukians (um 120 – um 180 n. Chr.). Auf den Stiel vor die Tür gestellt, wehrt der B. Hexen ab, wie diese auch keinen B. überschreiten, woran man sie im übrigen erkennen kann.

Besessenheit wird die Besitzname des Leibes eines Menschen durch ein fremdes Wesen (Totengeist, → Dämon, → Teufel) genannt. Sie wird bei den meisten Völkern von psychischer u. körperlicher Krankheit unterschieden u. kann als die negative Seite des → Enthusiasmus, der Gottergriffenheit, gelten, wie er sich in den → Ekstasen, Verzückungen u. → Visionen der Bacchantinnen, → Sibyllen v. Delphi o. der Propheten (Ri 3,10; 1 Sam 11,6) manifestiert. Von solchen religiös-produktiven Zuständen ist die B. unterschieden, in der die Persönlichkeit durch das einfahrende Wesen völlig verdrängt u. das eigene Denken u. Wollen vernichtet erscheinen. Nicht mehr der Mensch selber, sondern der besitznehmende Dämon spricht aus dem Besessenen (in fremden Sprachen, mit Heulen u. Bellen) u. zwingt diesen zu körperlichen Veränderungen (Augenrollen, Zuckungen, Starre, große Kraftentfaltung). Der Befreiung von dämonischer B. dienen → Gebete, → Segen, → Exorzismen. Präventiv werden → Amulette getragen. → Christus treibt → Dämonen aus (Mk 1,23–27), u. auch die christlichen Heiligen bezeugen ihr Charisma durch die Kraft, Dämonen austreiben zu können (z. B. → Hildegard v. Bingen; Vinzenz Ferrer). Andererseits erschienen mystische Phänomene den mittelalterlichen Zeitgenossen nicht selten als Zeichen der B. (Christina v. Stommeln, Lukardis v. Oberweimar, Marguerite-Marie Allacoque). In nachmittelalterlicher Zeit kam es in Frankreich u. England zu Phänomenen von Massen-B., etwa die der Ursulinen in Loudun (1632/34). Auch → Hexen wurden bisweilen als vom → Teufel besessene Frauen angesehen. Sie vermögen auch teuflische B. zu bewirken, wie es im Hexenprozeß der Maria Renata Singer, Würzburg 1749, angenommen wurde. Im Zuge der Aufklärung wird zu gleicher Zeit allerdings die B. schon als psychische Erkrankung (Neurose, Depression, paranoide Schizophrenie, → Epilepsie) gedeutet.

Besprechen, Praktik zauberischen Wortgebrauchs (vgl. → Beschwören, → Fluch, → Zauberspruch), häufig verbunden mit → Hauchen, → Berühren u. → Handauflegen, im magischen Heilwesen. Auch ›Brauchen‹ (im Sinne von ›Üben‹) o. ›Büßen‹ (von mhd. *buoz* ›Besserung, Abhilfe‹) genannt. Bezeichnungen des B.den wie ›Geisterbanner‹, ›Hexenbanner‹, ›Teufelsbanner‹, insbesondere aber die Anrede der Krankheit, verweisen auf eine dem B. zugrunde liegende dämonistische Auffassung. Kundige besitzen ihre Fähigkeit oft erblich (vom Vater zur Tochter, von der Mutter zum Sohn) u. finden sich unter Fahrenden, unehrlichen Leuten (Henker, Schinder, Totengräber; → Unehrlichkeit), → Geistlichen u. → Hebammen. Das → Gesundbeten kann als eine spezifisch christliche Form des B.s gelten. Es gründet in der Empfehlung des neutestamentlichen Krankengebetes (Jak 5,13–16).

Bestiarium, -ius (liber, ›Buch‹), Bestiarien (von lat. *bestia* ›[wildes] Tier‹), Tierbücher. Von der lateinischen Version des → *Physiologus* ausgehend, entstehen seit dem 10. Jh. zahlreiche B. in lateinischer Sprache u. in volkssprachlichen Versionen. Ein typisches lateinisches Tierbuch ist die – fälschlich Hugo v. St-Victor zugeschriebene – Schrift *De bestiis et aliis rebus*. Aus dem 13. Jh. stammen der deutsche *Moralische Physiologus*; das *English Bestiary*; der französische *Bestiaire*; der italienische *Libro della natura degli animali*. Sie enthalten schon im Altertum bekannte (→ Aristoteles, *Historia animalium*; → Plinius, *Naturalis historia*; Plutarch, *Quaestiones convivales*; Ailianos, *De natura animalium*; Solinus, *Collectanea rerum*) u. von → Isidor v. Sevilla kompilierte Geschichten über Tiere, auch über Pflanzen u. Steine, die sie geistlich u. moralisch-didaktisch erklären. Sie legen die Eigenschaften u. das Verhalten von Tieren auf den Menschen mit seinen Tugenden u. Lastern aus o. beziehen sich auf den → Teufel (Affe, Fuchs, Wildesel). Der zwischen 1121 u. 1135 verfaßte *Bestiaire* des normannischen Klerikers Philippe de Thaon bringt allegorische u. symbolische Deutungen von Tieren u. → Edelsteinen mit Bezug auf die gesamte christliche Heilslehre. Infolge der spätmittelalterlichen Fernpilgerfahrten sowie der zahlreichen Reisen in fremde Länder erfährt das Abendland von wunderbaren u. monströsen Tieren, von merkwürdigen Glaubensvorstellungen u. kuriosen Superstitionen. Marco Polo (1254–1324) etwa weiß von Stachelschweinen zu berichten, die ihre Stacheln wie Pfeile auf den Jäger schießen (Rustichello, *Divisament dou monde*, 1299, später: *Milione*). Auch nach dem Beginn einer exakten naturwissenschaftlichen Tierkunde hält das Interesse an den B. an u. reicht bis in die neuere Zeit (*Bestiaire ou le Cortège d'Orphée* des Guillaume Apollinaire, Paris 1911).

Bett. Um den Schlaf im B. zu schützen, werden geisterabwehrende (→ Geister) Gegenstände daruntergelegt (→ Axt, → Besen, → Messer) o. Zeichen angebracht (→ Pentagramm). Im → Orakel bedeutsam ist das Verlassen des B.s mit dem verkehrten → Fuß o. mit beiden zugleich: Wer an drei Freitagen (→ Woche) mit dem rechten Fuß zuerst aus dem B. steigt, den drücken das Jahr über die → Schuhe nicht (→ *Rockenphilosophie* 6. Hundert, 1722, 293–295) o. wer »Morgens rücklings aus dem Bette steiget / dem gehet selbigen Tages alles verkehrt« (ebd., 1. Hundert, 1718, 104).

Betteln. Ähnlich wie gestohlene o. gefundene Dinge sind auch erbettelte besonders kräftig u. heilsam. Bettelbrot hilft Kindern besser lernen, weiß die → *Rockenphilosophie* (1. Hundert, 1718, 36f.), auch fördert es das Zahnen u. ist gut gegen das Versiegen der Kuhmilch u. a.

Bibel (entlehnt aus kirchenlat. *biblia* ›die Heiligen Bücher‹, aus dem Plural v. griech. *biblíon* ›Buch‹, zu griech. *bíblos* ›Papyrosbast‹, ›Schrift‹, ›Buch‹), die Heilige Schrift. Wie Gesang- u. Erbauungsbücher wird die B. als → Apotropaion gegen böse → Geister u. als magisches Hausmittel gebraucht. Dabei spielen Alter (ererbte Bibel) u. Druckort (Weimar: Kurfürstenbibel, → Zauberbücher) eine bedeutende Rolle. Magische Anwendung einzelner B.seiten scheint die Trullanische Synode v. 691 (Konstantinopel) zu rügen, die den Verkauf von B.blättern zur Vernichtung an Salbenhändler verbietet. Seit früher christlicher Zeit ist auch der Gebrauch von B.teilen als → Amulett bezeugt; man trug sie in Kapseln am Körper. Johannes Chrysostomus erwähnt den Brauch, Evangelientexte am Halsband zu tragen (*Homilia* 19 *Ad populum Antiochenum*, ed. MPG 49,196). → Augustinus läßt die Anwendung von Evangelienbüchern zu Heilzwecken zu, um den Gebrauch superstitiöser Amulette zu verhindern (*Tractatus* 7). Später übersandte Papst Gregor I. der Langobardenkönigin als → Phylakterium ein Kreuzpartikel u. ein Evangelium in einer Kapsel zu Heilzwecken für deren Sohn. Bis in die Gegenwart üblich ist der Gebrauch von B.n zu Orakelzwecken (→ Bibliomantik).

Bibernelle, kleine, Pimpinella saxifraga, ›Steinbreche‹, Doldengewächs mit scharfkantigem, oben blattlosem Stengel, einfach gefiederten Blättern u. weißen Blüten. Wächst auf Halbtrockenrasen, im dichten Wald u. Gebüsch. Im MA als Pestpflanze gebräuchlich (Brunfels, *Kreüterbuch* 244: »Treibet das pestilentzische gyfft von dem hertzen«; Fuchs, *New Kreüterbuch* 232). → Hildegard v. Bingen kennt eine zauberabwehrende Pflanze mit Namen ›bibernella‹ (*Physica* 1,131).

Bibliomantik, Buch- u. Bibellose, Buchorakel, Wahrheits- u. Zukunftserforschung mit Hilfe v. Büchern, meist heiliger Schriften (→ Bibel). Die Wahrsagung wird ermittelt durch den Text, der einem ins Auge fällt, wenn man blindlings ein Buch aufschlägt, aufblättert (›Däumeln‹) o. durch Hindeuten auf verdeckte Texte (›Stechen‹): »Wenn man einer wichtigen Sache Ausgang erfahren will / muß man die Bibel ohngefehr aufschlagen / was man zu erst erblicket / daraus siehet man / was man sucht« (→ *Rokkenphilosophie* 5. Hundert, 1722, 180). Schon in der griechisch-römischen Antike bekannt u. zuerst mit Lostäfelchen (→ Los) u. Schriftrollen praktiziert (*Sortes Homericae*, *Sortes Vergilianae*), wurde die B. vom Christentum übernommen u. mit der Bibel geübt. In der Bekehrungsgeschichte des hl. → Augustinus spielte sie eine wichtige Rolle (»Tolle lege«, »Nimm und lies«, *Confessiones* 8,12: Augustinus schlägt Röm 13,13f. auf). Ein ritualisiertes (→ Ritus) Verfahren christlicher B. schildert Gregor v. Tours. Auch der hl. Franziskus befragte die Evangelien. Die christliche Tradition schränkte die Bibellose auf den innerkirchlichen Gebrauch ein u. tadelte die profane Praxis (→ Gratian, → Thomas v. Aquin) o. untersagte sie (→ Burchard v. Worms).

Biene. Seit der Antike gilt die B. als vorbildlich. Ihr wurden positive menschliche Eigenschaften übertragen wie Fleiß, Tapferkeit, Keuschheit, Reinheit, Verstand u. Kunstsinn (→ Plinius, *Naturalis historia* 11,11ff.). Die Wertschätzung der B. hält auch in mittelalterlicher Zeit u. später an. Fasziniert hat das MA insbesondere der Bienenstaat (→ Thomas v. Cantimpré, *Bonum universale de apibus*; danach u. erweiternd → Konrad v. Megenberg, *Buch der Natur* 3F1). *Bienensegen* sollen verhindern, daß die B.n fortziehen, u. mahnen sie zu fleißiger Arbeit. Ältester deutscher Text ist der *Lorscher Bienensegen* aus dem 10. Jh. (Müllenhoff/Scherer, *Denkmäler* 1,34f.) zur Zurückholung eines B.nschwarms. Die meisten B.nsegen sind in der Neuzeit, vorwiegend im protestantischen Norddeutschland, aufgezeichnet worden. Im Orakelwesen (→ Orakel) der Antike galten B.nschwärme nur selten als glückliches Vorzeichen (Cicero, *De divinatione* 1,17;

→ Plinius, *Naturalis historia* 11,55), vielmehr sah man sie als Unglücksboten an (Cicero, *De haruspicum responso* 25; Tacitus, *Annales* 12,64).

Bier (ahd. *bior*, aus westgerm. **beura-* ›Bier‹; vielleicht zusammenhängend mit *brauen* o. auch mit germ. **bewwa-* ›Getreide‹, ›Gerste‹). B. wurde bereits seit Ende des 4. Jt. v. Chr. im Orient gebraut. Grundstoff war Gerstenmalz, aber auch Emmer u. Sesam, später Dattelschrot u. a. Die Griechen lernten es um 700 v. Chr. kennen; verbreitet war es auch in Hispanien, Gallien, Britannien, Germanien, auf dem Balkan u. in Ägypten. Die Germanen übernahmen die Kunst, B. mit Hopfen zu bereiten, von den Slawen. Im MA u. bis in die Neuzeit galt B. als Nahrungsmittel. → Hildegard v. Bingen lobt das B. wegen seiner Heilkraft (*Causae et curae 2 De cerevisa*; vgl. Notizen aus dem 13. Jh. bei Schmeller, *Wörterbuch* 265). Auch Coler (*Oeconomia* 20) erwähnt heilsame Wirkungen gegen Stein u. für eine schöne, glatte Haut. → Hexen trinken gerne B.: »und hetten roth bier getruncken uth glesern« (Rostocker ›Criminal-Protokoll-Gerichtsbuch‹, 1576; Bartsch, *Mecklenburg* 2,10; vgl. → Praetorius, *Blockesberges Verrichtung* 576: eine dämonische Tischgesellschaft sitzt bei »Kannen und Gläser voll Bier«). Sie stehlen das B. aus den Fässern: »Doch hat man die Gewißheit / daß diß Geschmeiß bißweilen gleich wol auch würcklich die Wein- und Bier-Fässer bediebe« (*Der höllische Proteus* 279). Zahlreiche zauberische Schutz- u. Abwehrmittel gelten dem B.: Gegen Schadenzauber durch Hexen legt man »ein abgelegte Schlangenhaut / die die Schlange selbst abgestreifft hat / vnter das Faß / vnd wirff[t] oben eine Schnur mit Corallen hinein« (Stengel, *Bier Künste* 4). »Einen Finger von einem Gehangnen in ein Bierfaß gehangen, macht, daß das Bier gut abgeht und der Wirth viele Gäste bekommt« (*Neue Bunzlauische Monatsschrift* 2,149; vgl. Schönbach, *Zeugnisse B. v. R.* 148 f., 50 f.; → Diebsdaumen). Auch eine vor dem B.faß vergrabene → Hostie dient diesem Zweck

(1249; Wunderblutsage von Zehdenick; Schwartz, *Mark Brandenburg* 146). Gegen Sauerwerden des B.s legt man → Brennesseln auf das Faß (Coler, ebd. 104). Besondere Wirkung zeitigt das B., wenn es zur rechten Zeit getrunken wird: »Wenn man am Neujahrstag zum Bier in ein Wirtshaus gehet, verjüngt man sich und wird roth« (*Journal von und für Deutschland* 7,2,29).

Bilsenkraut, schwarzes, Hyoscyamus niger, Schlafkraut, Hühnertod, Zigeunerkraut, Tollkraut, Teufelsauge. Auf die betäubenden, giftigen, halluzinogenen Wirkungen der Pflanze verweisen schon zahlreiche Namen der Antike (→ Dioskurides, *Materia medica* 4,69): Pythonion (Drachenpflanze; vgl. → Pythonissen), Hypnotikon (schlafen machend), Emmanes (rasend machend), Insania (Wahnsinn), Apollinaris (Apollopflanze: A. als Gott der Weissagung). Schmutziggrüne, klebrige, haarige, bis 0,6 m hohe Pflanze aus der Gattung der → Nachtschattengewächse (Solanaceae) mit gelber, violett genetzter Blüte. Wächst auf Weiden, Schuttplätzen, an Wegrändern. Verbreitet in ganz Europa, außer im Norden, in Nordafrika u. in weiten Teilen Asiens. Das halluzinogene, Betäubung u. Schlaf bewirkende Kraut zählt zu den ältesten Gift-, Zauber- u. Heilpflanzen. Dioskurides (ebd. 4,68f.) u. → Plinius (*Naturalis historia* 25,35–37) berichten ausführlich von ihm, u. a. von der Zubereitung zu Schmerzmitteln. Nach Palladius (*Opus agriculturae* 1,35,5) wird sein Saft mit Essig vermischt gegen Flöhe gebraucht. Häufig u. vielfältig verwendet wurde es im MA. Als Tollköder diente es dem Fisch- (Arnold v. Sachsen, *De finibus rerum naturalium* Prol. 2) und Vogelfang (→ Konrad v. Megenberg, *Buch der Natur* 5,44: »waz vogel daz korn ezzent, die beginnent sô vast slâfen, daz man si mit der hant væht«). → Burchard v. Worms erwähnt den Gebrauch des B.s im → Regenzauber (*Decretum* 19,194). Zur Steigerung der Wirkung wurde es dem → Bier zugesetzt. Insbesondere galt es als wichtiges Ingrediens der → Hexensalbe.

Binden → Band

Blasen, Hauchen, Pusten. Im biblischen Schöpfungsbericht (Gen 2,7) haucht Gott dem Menschen die Seele als Odem ein. Die Auffassung, der Atem sei der Ort des Lebensprinzips, ist vielen Völkern bekannt. Von dieser Vorstellung her begründet sich das B. als Übertragung der Lebenskraft, aber auch anderer besonderer Wirkungen. B. kann allerdings auch nurmehr den Zaubergestus des Fortb.s bedeuten, so etwa in Begleitung des → Segens ›Heile, Heile, Segen‹ usw. Eine Krankheit kann ›wie weggeblasen‹ sein. An die Stelle des B.s tritt auch das Fächeln, etwa mit einem Meßbuch, wie es → Bernhardin v. Siena (ZVK 22, 133f.) bezeugt.

Blau als → Farbe des Himmels ist Hinweis auf das Göttliche (blauer Mantel Gottvaters, bläulich-weißes Gewand der Gottesmutter Maria). Es gilt auch als Symbolfarbe (→ Symbol) der Treue u. der Trauer. In → Traumdeutung u. → Orakel ist B. eine unheilvolle Farbe, auch Farbe der Lüge u. des Bösen: Im MA erscheinen die bösen → Engel gelegentlich in blauer Farbe. Das Kleid der → Hexen ist b. Nach Hexenprozeßakten von 1482 wurde eine Frau »in einem bösen bläwen mantel« als → Hexe gefangengesetzt (Solothurn; ZVK 7,327). In der sympathetischen (→ Sympathie) → Volksmedizin werden b. blühende Pflanzen zur Stärkung der → Augen gebraucht; auch das Sehen durch → Rittersporn tut den Augen gut (Franck, *Weltbuch* 51^v). Im Abwehrzauber (→ Apotropaion) diente B. gegen den → Bösen Blick, der besonders vom b.en Auge gefürchtet wurde. Die Farbe hilft auch gegen Keuchhusten (›blauer Husten‹).

Blei. Die von → Dioskurides (*Materia medica* 5,95f.) zusammengestellten Angaben zum medizinischen B.gebrauch werden auch von den mittelalterlichen Arzneibüchern überliefert. B.verbindungen wurden äußerlich als Adstringens, Antiseptikum u. zur Vernarbung von Geschwüren verordnet. Runde Bleiplättchen wurden gegen die Pest getragen. Gegen Zahnschmerzen schlug man B.nägel in die Wand (→ Nikolaus v. Jauer). In der → Alchemie war B. dem Saturn (→ Planeten) zugeordnet u. galt als niedrigstes der 7 → Metalle, die zu → Gold zu entwickeln waren.

Bleigießen ist alter Orakelbrauch (→ Orakel), bei dem geschmolzenes → Blei in das Wasser einer Schüssel gegossen u. aus den entstandenen Figuren die Zukunft gedeutet wird. »Will ein Bürgermädchen wissen, was sein künfftiger Gatte für ein Handwerk treibe, so läßt es in der Andreasnacht Bley in einem Löffel zerschmelzen, und gießt das Geschmolzene durch einen Schlüssel, in dessen Bart ein Kreutz ist, in Wasser, das des Nachts zwischen 11 und 12 Uhr gehohlt worden ist. Macht nun hier das gegossene Bley die Form einer Scheere, so bekommt das Mädchen einen Schneider, bildet es eine Schusterahl, so wird es einem Schuster zu Theil werdenn usw.« (*Journal von und für Deutschland* 4,1,456). Ehemals in der Heiligen Nacht (→ Weihnachten), später dann eher scherzhaft am Silvesterabend (→ Silvester) o. auch an anderen Tagen geübt. → Thomas v. Aquin zählt das B. zu den mantischen → Losen, deren Ergebnisse in einem Teufelspakt (→ Dämonologie) gründen (*Summa theologiae* 2,2,95,3).

Blick → Auge, → Böser Blick

Blitz und → **Donner** gehören zu den eindrucksvollsten Naturerscheinungen und sind eng mit den mythischen Vorstellungen von Wetter- u. Himmelsgöttern verbunden. Sie sind zugleich Zeichen des göttlichen Zorns u. des himmlischen Strafgerichts, so daß B. u. D. immer auch ominöse Bedeutung gewinnen. In der Antike dienten die etruskischen *Blitzbücher* (*Libri fulgurales*; vgl. Cicero, *De divinatione* 1,72) der Blitzbeobachtung (→ Augurium, → Auspizium) u. der Erforschung des Götterwillens. Im SpätMA u. während der Renaissance waren antike, insbesondere die etruskischen Blitzlehren verbreitet. Das zeigen die Ausführungen bei → Konrad v. Megenberg (*Buch* *der Natur* 2,25: »alsô spricht Plinius«). Noch im Germanischen gründet offensichtlich der Glaube an die blitzabwehrende, auf das Dach gepflanzte → Hauswurz (›Sempervivum tectorum‹). Im *Capitulare de villis* (88: »Jovis barba«, »Bart des Jupiter«) wird ihre Pflanzung zu diesem Zweck empfohlen. Seit mittelalterlicher Zeit bis in die Gegenwart ist das → Wetterläuten mit geweihten → Glocken Brauch. Ein → *Wetterbüchlein* von 1510 enthält Windprognosen aus der Himmelsrichtung der B.e.

Blocksberg, Brocken, höchster Berg des Harzes, dessen baumloser, felsiger Gipfel in der → Walpurgisnacht als Versammlungsort der → Hexen zum → Hexensabbat galt. Schon ein Beichtbuch des 14. Jh. (→ Grimm, *Mythologie* 2,879) redet von Zauberinnen, »die uf den Brockisberg varen«. J. → Praetorius erzählt im 17. Jh. Hexensagen vom B. (*Blockes-Berges Verrichtung* pass.). In Goethes *Faust* haben sie ihre dichterische Gestaltung erfahren. Der Name B. ist auch für andere Hexenberge gebräuchlich.

Blut. Das B. galt nach verbreiteter Auffassung als Sitz des Lebens. Von daher kommt dem B. von Tieren u. Menschen im Opferkult vieler Religionen besondere Bedeutung zu. In der Ikonographie des Abendlandes ist das Blut → Christi in zahlreichen Bildmotiven als Erlöserb. dargestellt (Kreuzigung, Schmerzensmann, Vesperbild, Fons vitae). Das Trinken von B. stärkt die Kräfte; die mittelalterlichen → Bußbücher haben es immer wieder verboten (*Poenitentiale Parisiense* 18: »Wer sein Blut oder seinen Samen einem Mann oder einer Frau um der Liebe [...] willen zu trinken gibt«). Von der heilenden Kraft des B. erzählt Hartmann v. Aue (*Der Arme Heinrich*). Menstrualblut wirkt gegen → Fieber u. → Epilepsie, schützt vor → Blitz, → Hagel u. Sturm. → Zaubersprüche, zauberische Manipulationen u. Gegenstände sollen B. stillen. Der Lebenskraft des B. suchen die Toten als Vampire habhaft zu werden. Mit B. wird der Teufelspakt (→ Dämonologie) besiegelt. In der antiken → Divination diente der B.genuß der Steigerung der Weissagungsgabe: In Egira (Achaia) »trinkt die Priesterin der Mutter Erde, wenn sie wahrsagen will, Stierblut, bevor sie in die Höhle hinabsteigt« (→ Plinius, *Naturalis historia* 28,147). Aus dem B. der Gefangenen weissagten nach Strabon (*Geōgraphiká* 7,2,3) die Priesterinnen der Kimbern. Träume vom B. haben noch in der heutigen Erzähltradition ominöse Bedeutung. → Aderlaß

Blutstein, Hämatit (von griech. *haíma* ›Blut‹), → Edelstein, dunkles, außen graues bis schwarzes, metallisch glänzendes, innen blutrotes Mineral. Als sympathetisches (→ Sympathie) Mittel gegen Blutungen kennt schon die Antike seinen Gebrauch (→ Plinius, *Naturalis historia* 36,144f.), danach das MA (→ Konrad v. Megenberg, *Buch der Natur* 6,32: auch »guot wider die vergiften piz« u. a.) u. auch die Neuzeit: »In der Artzney-Kunst haben die Blut-Steine eine anhaltende und stopfende Krafft, absonderlich in denen Blutstürzungen«, schon wenn man »den bloßen Stein in der Hand hält, welches im übermäßigen Nasenbluten zwar gut thut, doch muß man zusehen, daß man sich mit denen Spitzen dieser Steine nicht verletze« (Zedlers *Universallexikon* 4,270). Man braucht ihn auch als → Amulett gegen Rotlauf.

Bock. Allgemein wird das männliche Tier von horntragenden Arten als B. bezeichnet, im besonderen u. zur Unterscheidung vom Schafbock (Widder) der Ziegenbock. In der christlichen Ikonographie ist der B. Symbol der Sünder u. Lasterhaften. → Isidor v. Sevilla (*Etymologiae* 12,1,14) nennt den B. (»hircus«) ein »lascivum animal«. Er ist aber auch Symbol der Synagoge u. als Sündenb. (Lev 16) Präfiguration u. → Symbol → Christi. Im Anschluß an die B.sgestalt des Pan kennzeichnen B.shörner, -bart, -hufe u. -schwanz den → Teufel. → Hexen reiten auf Böcken u. zum → Hexensabbat, wo sie dem Teufel in B.sgestalt hinten den Treuekuß leisten.

Bodin, Jean, * 1530 Angers, † 1596 Lyon, humanistischer französischer Jurist u. Staatsphilosoph. Kulturgeschichtlich aufschlußreich ist sein Buch *De la Démonomanie des Sorciers*, Paris 1580, 1582, 1587 (lat. unter dem Pseudonym Lotarius Philoponus, Basel 1581; ital. Venedig 1589; dt. von Johann → Fischart: *Vom außgelasnen Wütigen Teuffelsheer* usw., Straßburg 1581, 1586, 1591, ND Graz 1973) mit zahlreichen Zitaten antiker, patristischer u. zeitgenössischer Aussagen zum Dämonen-, Hexen- u. Aberglauben. Gegen Johannes → Weyer vertritt er die Meinung, die → Hexen stünden im Bund mit dem → Teufel (→ Dämonologie), u. verlangt schärfste Maßnahmen gegen diese. Seinen Zeitgenossen galt B. selbst als Zauberer, dem ein → Dämon (→ Familiar) dienstbar gewesen sei.

Böser Blick, lat. ›fascinatio‹, ›Verhexung durch neidische Blicke; griech. ›baskanía‹ (eigtl. ›Neid, Mißgunst‹); ital. ›mal'occhio‹; engl. ›evil eye‹. Das → Auge ist nicht nur ein empfangendes, sondern im Glauben der Völker auch ein sendendes Organ, dem schädliche, gefährliche, giftige, tödliche Strahlungen zu entströmen vermögen. Er wird v. a. als Neidblick empfunden. Kinder sind besonders gefährdet von ihm; aber auch Bräute, Schwangere, das Gelingen bestimmter Arbeiten (Buttern, Kochen, Backen). Selbst Gegenstände, etwa Waffen, werden durch ihn untauglich zum Gebrauch gemacht. Redewendungen von ›stechenden‹, ›bohrenden‹, ›giftigen‹ o. ›tödlichen‹ Blicken können auf ihn verweisen. Fahrende, Zauberer, → Hexen u. → Huren besitzen ihn; ebenso → Hebammen; Gelehrte, → Geistliche u. alte Frauen; einzelnen Familien ist er eigen, ganzen Völkern (Illyrier, Skythen), → Geistern, → Dämonen, dem → Teufel natürlich u. besonderen Tieren (→ Basilisk). Man erkennt ihn an starren, schielenden, zitternden, roten, entzündeten Augen, an den → Farben der Iris, doppelten Pupillen, an Augenflecken, an zusammengewachsenen o. buschigen Augenbrauen. Er bewirkt Kopfschmerzen, Krämpfe, Lähmungen, Ohnmachten, Impotenz, Sterilität, Schwindsucht, Irresein und Tod: »Häuser stürzen ein, Spiegel zerspringen, Kronleuchter und Bilder fallen herab, Kleider fangen an zu brennen, Steine zerspringen, Quellen versiegen, ja selbst die Erde fängt an zu beben, Vulkane speien Feuer und der Himmel kann zerbrechen; kurz, die gesamte Natur ist dem bösen Blick untertan« (S. Seligmann: HDA 1,688). Aus der Antike stammen erste Versuche einer rationalen Erklärung des Phänomens. Plutarch sieht seine Gefahren in einem ›Fluß‹ (›reúma‹) gegründet, in dem der Neidblick entströmt; und daß besonders Kinder von ihm gefährdet seien, liege daran, daß sie eine »weichliche Konstitution« besäßen, während ältere Menschen »feste und dichte Körper« hätten (*Quaestionum convivalium libri* 5,7). → Konrad v. Megenberg vertritt u. a. die Überlieferung, der Blick menstruierender Frauen beflecke Spiegel: »daz aug versêrt oft den luft und die tier, die ez ansiht, dar umb daz in dem leib des augen fauleu fäuhten ist und vergifter dunst. alsô seh wir an frawen, die irn mônâtganch habent, daz si di newen spiegel fleckot machent« (*Buch der Natur* 1,5). Unter Einfluß arabisch-neuplatonischer (→ Neuplatonismus) Vorstellungen wird dann seit dem 13. Jh. der B. B. analog zu den Einflüssen der → Planeten o. den Strahlen der → Sonne erklärt (Roger Bacon; bei Thorndike, *History* 2, 667). Neuere Erklärungen verweisen auf Hypnose u. Suggestion, auf einen spezifischen Magnetismus (→ Mesmer), der den Blicken entströme, auf Elektrizität o. auch auf eine gewisse Radioaktivität des Auges. Gegen den B. B. hilft der → Beifuß (Ps.-Apuleius, *De herbarum virtutibus* 10,5: »avertit oculos malorum hominum«) u. schützen → Spiegel u. → Amulette mit Abbildungen von → Augen, → Händen o. → Phalloi; man spuckt gegen ihn aus (→ Speichel) o. zeigt die ›Feige‹ (→ Daumen). Zahlreiche → Segen gelten den kleinen Kindern: »Hat dich der Teufel angesehen / Mit seinen Bösen augen / So seh dich kind Mutter Maria / Mit ihren Guten Augen an« (frühes 19. Jh.; Spamer, *Romanusbüchlein* 113).

Brauch(tum). Im Gegensatz zum gewohnheitsmäßigen Tun, das auch das Handeln eines Einzelnen bestimmen kann, ist mit B. symbolhaftes (→ Symbol) gemeinschaftliches Handeln bezeichnet, das von der Verbindlichkeit des Herkommens (Tradition) legitimiert u. von der Sitte, als sozialem Gebot, gefordert ist. Es ist in Formen vorgeprägt u. funktionell an → Zeit u. Situation gebunden (Dünninger, *Brauchtum* 2575). Vom → Ritus, den auch eine einzelne Person vollziehen kann, unterscheidet den B. insbesondere seine soziale Bindung. Insofern gehört er zu den »Grundphänomenen des menschlichen Gemeinschaftslebens« (ebd.). Im Verlauf der Wissenschaftsgeschichte von Religionswissenschaft, Altertumskunde, Ethnologie u. Volkskunde hat der B. unterschiedliche historische Ableitungen, Deutungen u. Wertungen erfahren: Die hochmythologische Interpretation sah in ihm Reste (Relikte) indogermanischer, keltischer, antiker o. germanischer Göttermythen u. Kulte (Jacob → Grimm); die niedermythologische Methode suchte in ihm Zeugnisse ursprünglichen Dämonenglaubens (→ Dämon, → Dämonologie) u. apotropäischer (→ Apotropaion) o. fruchtbarkeitsmagischer (→ Fruchtbarkeitszauber) Riten (Wilhelm Mannhardt); die psychologische Erklärung zielte im Sinne der Assoziationspsychologie (→ Analogiezauber, → Entsprechungen) auf einen Zustand prälogischer Geistigkeit (Wilhelm Wundt); die → Tiefenpsychologie gründet den B. in einem Kollektivbewußtsein (Karl Kerényi); die Kulturgeschichtsforschung u. historische Volkskunde geht den geschichtlichen Problemen der Übernahme aus älteren u. Modifikationen des B.s in neuen Zusammenhängen sowie dessen jeweiligem Funktionswandel nach (Hans Moser). Innerhalb der Vielzahl unterschiedlicher B.e lassen sich einige Grundthemen hervorheben: Die Zeit erscheint als zyklische Wiederkehr in → Jahreszeit u. Jahreslauf, in Monat u. → Woche; Tag u. → Nacht; Morgen u. Abend. Die → Zahl gliedert, ordnet u. akzentuiert im Ersten u. Letzten, in fester Anzahl u. Wiederholung. Der Raum wird gehegt, umkreist (→ Kreis, → Umwandlung) u. begrenzt (→ Einfriedigung). Als Handlungsformen, die auch den Ritus bestimmen, sind hervorzuheben: Berühren (→ Berührung), → Binden, Schlagen; Schreiten, Tanzen; Geben (→ Gabe), Schenken, Verweigern (→ Verweigerungen); Murmeln, Rezitieren, Singen (→ Inkantation), Lärmen (→ Lärm); Kleiden (→ Kleid), Vermummen, Maskieren; Schreiben; Schweigen. Die einzelnen Elemente erscheinen isoliert o. in komplexen Bildungen, erfahren funktionellen Wandel, verkümmern, verschwinden, entstehen neu o. werden wieder belebt, je nach den Bedürfnissen neuer Situationen.

Braut, Bräutigam → Hochzeit

Brei bedeutet ursprünglich ›Gekochtes‹ (vgl. ›Brühe‹), war noch vor dem → Brot Hauptspeise insbesondere der ackerbautreibenden Völker u. als solche zugleich wichtige Opferspeise. Die magische Medizin kennt Heilb. seit der Antike. Der griechische Arzt Anthimos schreibt über die Ernährungsgewohnheiten eines germanischen Volkes u. a., daß dieses Gerstenb. mit heißem → Wein vermischt als ein »wichtiges Heilmittel« gebrauche (*De observatione ciba-rum* 64). → Hildegard v. Bingen empfiehlt einen Speltb. gegen allgemeine Schwäche u. zur Blutauffrischung; Weizenb. mit Eiweiß sei gut als Pflaster bei Hundebissen (*Physica* 1,5 u. 1,1). → Vinzenz v. Beauvais liefert ähnliche Rezepte (*Speculum naturale* 54–56). Ein B.orakel verzeichnet eine Handschrift des späten MA: »item an dem vaschangtag [Faschingstag], so werfeyt sy prein an die dillen [Holzwand], vellt er herab, so stirbt er des iars« (→ Grimm, *Mythologie* 3,415).

Brennessel, Urtica dioica, vielfältig verwendetes Kraut in Medizin, → Volksmedizin u. Zauber. Aus ihren Samen wurden Mittel bereitet gegen Nasenbluten, Gelenkschmerzen, Geschwüre, Hundebiß, gegen Erkrankungen von Lunge, Nieren u. Milz, bei Gebärmuttervorfall, zur

Förderung der → Menstruation u. Wundreinigung (Odo v. Meung, *De viribus herbarum* [= *Macer Floridus*] 115–160). Als Sympathiemittel (→ Sympathie) hilft sie bei → Fieber, »wenn man so vorgeht, daß man beim Ausreißen der Wurzel [der Herbstnessel] die Kranken benennt und angibt, für wen und für wessen Sohn man sie herausziehe« (→ Plinius, *Naturalis historia* 22,38), Nesselsucht u. anderen ›brennenden‹ Erkrankungen. Der Genuß von B.samen bereite Wollust (→ Aphrodisiakum), berichten → Dioskurides (*Materia medica* 4,92) u. → Konrad v. Megenberg: »diu nezzel erwecket die unkäusch« (*Buch der Natur* 5, 82). Wirksamkeit im → Liebeszauber wird von der B. bis in die neueste Zeit erwartet. Im Stall aufgehängt, soll sie → Hexen abwehren; auch hält sie Blitzschläge (→ Blitz) ab. Als Orakelpflanze (→ Orakel) gibt ihre Anwendung Auskunft über Leben u. Tod, die Beobachtung ihres Wachstums Hinweise auf zukünftiges → Wetter.

Breve, Breferl (von lat. *brevis* ›kurzes Schriftstück‹), gefaltetes Blatt mit religiösen u. magischen → Zeichen (→ Charakteren) u. Bildern. »Von den Brevi-Zetteln« urteilt ein Text: »Seynd gut, und werden gebraucht, so wohl zum bey sich tragen, alß zu legen, und einzugraben« (bei Birlinger, *Schwaben* 1,431). Seit dem 18. Jh. wird als B. eine gefaltete, kissenförmige Sammlung aufgeklebter → Reliquien, → Kreuze, → Medaillen, Samen, Kräuter, Heiligenbilder, Segenstexte (→ Segen) in der Funktion eines → Amulettes genannt.

Brezel, Bretzel, besonders in Süddeutschland verbreitetes Gebäck. Der Name ist abgeleitet vom klosterlat. *brachitum*, d.h. Gebäck in der Form verschlungener Arme (von lat. *brachium* ›Arm‹; vgl. ›Pratzen‹). J. → Praetorius zufolge werden »am neuen Jahrstag, am H. Drey Königstage / in der Fastnacht / am Grünen Donnerstage [...] Pretzeln oder Krengeln oder Ringen / (wie sie an unterschiedlichen Orten genant werden) auß dem warmen Backofen für Fieber Krankheiten / Zauberey und andere

Plagen im Hause auffgehenckt« (*Blockes-Berges Verrichtung* 112–114), am → Gründonnerstag gegessen, helfen sie gegen kaltes → Fieber (→ *Rockenphilosophie* 1. Hundert, 1718, 80–82).

Brief (von lat. *brevis* ›kurzes Schriftstück‹). Magische Schutzb.e dienten v. a. als Mittel gegen Verwundungen durch Waffen u. machten kugelfest (→ Passauer Kunst). Sie wurden auf der Haut oder an der Kleidung (→ Kleid) getragen, verschluckt (→ Schluckbildchen) o. in Wunden einheilen gelassen. Ein Zürcher Text von 1393 erlaubt derartige B.e, wenn in ihnen das Credo o. das → Paternoster verzeichnet seien, sie ansonsten aber keine verbotenen Texte enthielten (bei Jacob → Grimm, *Mythologie* 3,413). Seit mittelalterlicher Zeit sind zahllose B.formeln mit christlichen Sprüchen u. magischen Worten (→ Charaktere) gegen → Fieber, um Liebe, für eine leichte → Geburt u. a. bekannt. Ein überliefertes Zeugnis hat einen verurteilten Raubritter vor seiner Enthauptung schützen können. Es enthält den Text: »† Iel̄us christus † deus fortis † Protege † Salua † Benedic † Sanctifica † Persignum sancte crucis de inimicis nostris Amen † Kaspar † Balthasar † Melchior † Jl̄us autem transiens permedium illorum ibat † Vade inpace Amen« – »Jesus Christus starker Gott schütze heile segne heilige durch das Zeichen des Kreuzes von unseren Feinden Amen [...] ›Jesus aber ging mitten durch sie hinweg‹« (Lk 4,30); 15. Jh.; Wackernagel, *Altdeutsche Predigten* 611).

Brot. Als Grundlage der Ernährung besitzt B. im Kult, → Brauch u. → Orakel eine große Bedeutung. Man opferte B. an Quellen (→ Brunnen) u. → Bäumen (→ Martin v. Braga, *De correctione rusticorum* 16; → Burchard v. Worms, *Decretum* 10,21). Zur Neujahrsnacht wurde B. neben anderen Speisen für die Parzen auf den Tisch gelegt (→ Tischbereiten), um im kommenden Jahr keinen Mangel zu leiden (*Homilia de sacrilegiis*; *Poenitentiale Arundel* 83). Aus dem in der Neujahrsnacht (→ Neujahr) gebackenen

B. gewann man, je nachdem wie es aufging, → Orakel auf zukünftiges Ergehen (Burchard v. Worms, ebd. 19,62). Die Nachrichten sind weithin → Caesarius v. Arles verpflichtet u. lassen sich nicht problemlos auf germanische bzw. deutsche Verhältnisse beziehen. Sebastian Franck teilt 1534 mit, daß an → Drei Könige ein Pfennig in einen »leck kuchen oder letzelten« geknetet wurde; wer den in dem ihm zugeteilten Stück fand, machte mit Kreide ein Kreuz an die Wand oder die Decke der Stube, was gut gegen Unglück u. Gespenster sei (*Weltbuch* 52v). Vielfältig ist der Gebrauch von B. im Abwehrzauber (→ Apotropaion). Ein Weizenb., am Ostermontag (→ Ostern) für ein Jahr auf das Scheiterholz vor dem Haus gelegt, bannt Wetterschaden (Hexenaussage von 1602, ZVK 1897, 190; → Wetter), eine B.schüssel wehrt → Hagel ab (Anhorn, *Magiologia* 702). Wer → Schätze graben will, schützt sich mit B.: »Wer wolle / daß ihme / in dem er einen Schaz außgrabt / kein schad widerfahre / der müsse Brot bey sich haben. Dann der Teufel habe manchmahlen selber bekennet / Er könne denen keinen Schaden zufügen / die Brodt bey sich haben« (Anhorn, ebd. 858).

Brunnen u. Quellen sind seit alters auch Kult- u. Opferstätten. Keltische Opferb. sind literarisch bezeugt. Vor allem Texte der Germanenmission geben zahlreiche Hinweise auf Quellen- u. B.kulte, doch sind ihre Nachweise in größere literarische Überlieferungszusammenhänge eingebettet u. müssen von Fall zu Fall auf ihren Zeugniswert hinsichtlich germanisch-deutscher Verhältnisse geprüft werden. So wird formelhaft in vielen Zeugnissen des frühen MA verordnet: »Niemand soll an Felsen, Quellen und Bäumen Gelübde leisten, beten oder Opfer darbringen« (nach → Caesarius v. Arles in → Bußbüchern, Synodalstatuten, Kapitularien, Rechtssammlungen, Predigten u. ä.). Im 13. Jh. sagt → Berthold v. Regensburg im Zusammenhang einer Aberglaubensliste: »eteliche gelaubent an heilige brunnen«, u. hebt damit offensichtlich jene B. hervor, die kein christliches Patrozinium besaßen (z. B. »sant Johannes brunne«, Wolfenweiler, 1425) u. eine Heilkraft ohne christliche Legitimation entfalteten. Doch wird gerade von christlicher B.- u. Quellensymbolik ein starker Einfluß auf die Wertschätzung von B. u. Quellen ausgegangen sein (Gott ist die »Quelle des lebendigen Wassers«, Jer 17,13; der Heilige Geist ist ein »lebendiger Quell«, Hymnus ›Veni creator‹; Mechthild v. Magdeburg spricht vom »Brunnen der ewigen Gottheit«). Besondere Heil- u. Segenskraft wurden Wassern zugeschrieben, die man zu bestimmten Tages- u. → Jahreszeiten schöpfte: zur → Mitternacht, vor Sonnenaufgang; zu → Weihnacht, → Neujahr, → Ostern u. an den Tagen bestimmter Heiliger (Peter u. Paul, Jakobus u. a.). Bestimmte Wasser helfen gegen Krankheiten u. Gebrechen (Augenleiden, → Fieber, Sterilität), wobei zwischen heiligen B. u. Heilb. im Sinne chemisch-analytisch gesicherter Wirksamkeit nicht unterschieden wird. → Segen u. → Zauberspruch stärken die Kraft des Wassers. Bedeutsam sind B. auch im Orakelwesen. Papst Gregor III. verbot um 737, → Orakel an Quellen zu suchen (*Epistola ad optimates*), u. auch später bis in die Gegenwart hinein benutzt man Wasser zu Orakelzwekken (→ Hydromantie, → Orakel): Durch Trinken erfährt man Zukünftiges, durch Sehen in den B. o. Waschen mit B.wasser. Vorbedeutend sind die zahlreichen Hunger-B.: Wenn sie fließen, steht ein unfruchtbares Jahr bevor.

Buchlose → Bibliomantie

Buchstabensymbolik (Bs.) und -magie gründen in dem Gedanken, daß dem Buchstaben (B.) ein Sinn zukomme, der tiefer als sein Charakter reicht, Schriftzeichen zu sein. Schon der Alte Orient, die griechische Antike u. das Judentum haben eine Bs. entwickelt, die einerseits in der Identität von Schrift- u. Zahlzeichen (→ Zahlen) gründete, andererseits in der charakteristischen Form der B. Die pythagoreische Verbindung von B. und Musik, die Zuordnung von Vokalen an die durch die → Planeten erzeugte Sphärenmusik, die Symbolisierung (→ Symbol) der Tierkreiszeichen (→ Tierkreis) durch Konsonanten eröffneten nicht nur Spekulationen über den Zusammenhang von → Makro- u. Mikrokosmos, von Kosmos (→ Kosmologie) u. Mensch, sondern legten Grundlage des mantischen u. magischen Zugriffs auf solche Verhältnisse. In dieser Tradition sind die magischen B.folgen, Zahlen- u. B.quadrate (→ Quadrat) entwickelt, die, z. T. noch der Antike verpflichtet, durch kabbalistische B.- u. Zahlendeutung (→ Kabbala) u. christliche Monogrammatik (IHS = Jesus; ☧ = → Christus) vermehrt worden sind. Gefördert wurde das Verfahren durch die als notwendig empfundene Arkanisierung (→ Arkandisziplin, → Anagramm) heiliger Texte. In magischen Texten (→ Zauberbücher), insbesondere aber auf → Amuletten, häufig bezeugt sind Bildungen wie → AGLA, → SATOR AREPO, → ABRACADABRA, → HOKUSPOKUS. Nicht immer jedoch enthalten derartige dunkel u. geheimnisvoll anmutende B.gebilde verschlüsselte Informationen. Sie folgen oft einer sprachökonomischen Gesetzmäßigkeit, die im Nacheinander der Lautbildung nach Regeln der Bequemlichkeit artikulieren läßt. ›Zara zai dezevel‹, ›gut gutani‹, ›ebel diabel‹ etwa lauten Inschriften auf Zauberringen (ed. Harmening, *Magisches Wort* 365–384; → Ring). Vergleichbare Bildungen sind aus kindlichen Abzählreimen bekannt: ›Enemene minkmank pinkpank‹. Es mag sich einem solchen Sprechen das Gefühl der Omnipotenz, des Aus-sprechens, assoziieren, eine Vorstellung, die dem zauberischen Wortgebrauch immanent ist.

Burchard I. von Worms, * um 965 aus hessischem Adel, † 20. 8. 1025, i. J. 1000 Bischof v. Worms, bedeutender Kanonist des frühen MA. Seine 1023/25 abgeschlossenen *Decretorum libri XX* verarbeiten ältere Rechtssammlungen u. enthalten aus literarischer Tradition zahlreiche, kompilierte Bemerkungen zum Aberglauben, insbesondere das 10. u. 19. Buch. Letzteres ist ein → *Bußbuch*, der sogenannte *Corrector* o. *Medicus*.

Bußbücher, Pönitentialien, ›*Libri pae(oe)nitentiales*‹, sind Sündenverzeichnisse für den Bußpriester mit Angaben zu Art u. Umfang der jeweils aufzulegenden Buße im kirchlichen Bußverfahren. Die ältesten bekannten B. sind im britisch-irischen Raum entstanden. Auf dem Kontinent infolge der Mission seit Anfang des 7. Jh. verbreitet, entstanden v. a. im 8. Jh. auf dem Boden des Frankenreiches kleinere u. größere, zumeist anonyme Sammlungen. In ihrem Bestand gehen die B. weithin auf Konzils- u. Synodalstatuten zurück, nehmen aber auch Stücke disziplinarischen Charakters aus Schriften der theologischen Lehrer (→ Caesarius v. Arles, → Martin v. Braga) u. päpstlicher Briefe auf u. stehen untereinander in einem nur schwer zu entwirrenden Geflecht des Nehmens u. Gebens. Seit dem 12. Jh. werden sie von den scholastischen Bußsummen abgelöst. Die zahlreichen, z. T. detaillierten Rügen von Formen des Heidentums (Stein-, Quell- u. Baumkulte, Totenverehrung, Jahresfeste), der → Magie (→ Wettermachen, → Amulette, Zaubertränke, Todeszauber) u. → Mantik (→ Angang, → Augurien, → Auspizien, → Astrologie) können sonach grundsätzlich nicht wie Bemerkungen aus Autopsie des Verfassers o. Schreibers eines B.s gewertet werden.

Butter diente als Nahrung u. Salbe. Bis in das 12. Jh. im Norden Europas – im Süden diente Olivenöl u. Schweineschmalz dem Fettverbrauch – wenig genutzt, steigerte sich der Verbrauch mit der Intensivierung der Landwirtschaft im 12. u. 13. Jh. Wie die anderer wichtiger Nahrungsmittel wird auch die Bereitung der B. durch Segenszeichen u. zauberische Mittel der Abwehr (→ Apotropaion) geschützt. Insbesondere fürchtet man die B.hexen. Sie stehlen B.: »etleich stelen aus den chübel / das smalz [Butterschmaltz], die weil mans rüeret« (→ Vintler, *Blumen der Tugend* 7791 f.). Ein *Exorzistenbüchlein* von 1729 empfiehlt, »wann die Kühe kein Milch, oder aber die Milch kein Raum, oder auß dem Raum kein Butter nicht kann gemacht werden«, die Beschwörung (→ Beschwören): »Ich befihle dir du Höll-Hund in dem Allerheiligsten Namen JEsus, daß du dich keines Weegs mehr underfangest die Milch zu verderben, oder den Butter außzumachen zu verhindern, sondern mit allen deinen Wercken, von dieser Kuhe, Milch, Milch-Geschirr abweichest im Namen Gottes des Vatters, usw. Besprenge darauf das heilige Weyh-Wasser« usw. (Niderberger, *Unterwalden* 894). Auch Martin → Luther glaubte an B.hexen: »Sie können Butter, Milch und Käse stehlen« (Klingner, *Luther* 67). B.hexen stehlen nicht nur, sondern verhindern schon erfolgreiches B.n; das meint Shakespeare im *Sommernachtstraum*: »So bist du [Puck] jener schlaue Poltergeist [...] / durch den der Brau mißrät und mit Verdruß / die Hausfrau atemlos sich buttern muß« (2,1,33–37). Zahlreich sind die landschaftlich unterschiedlichen Abwehrmittel gegen B.zauber u. B.hexen: Man gibt etwas → Weihwasser in das Faß o. → Salz, segnet es u. a.

C

Caesarius von Arles, * um 470 Chalons-sur-Saône, † 24. 8. 542, Theologe, 502 Bischof v. Arles, 513 Metropolit. C. berief mehrere Reformkonzilien ein, die sein seelsorgerisches Interesse bezeugen. Seine Predigten setzen sich mit Heidentum u. Aberglauben Südgalliens auseinander. Für augustinisch gehalten, haben sie in kaum zu überschätzender Weise auf die spätere Superstitionsliteratur gewirkt u. so das Bild früh- u. hochmittelalterlichen Aberglaubens stark verwirrt. Stücke aus dem Predigtwerk des C. finden sich in der *Epistola canonica* (6. Jh.); den *Libri VIII miraculorum* des Gregor v. Tours († 594); bei → Isidor v. Sevilla († 633); → Bonifatius († 754; *Epistola* 50); Ps.-Burkhard v. Würzburg (8. Jh.); in der *Homilia de sacrilegiis* (8. Jh.); im *Indiculus superstitionum* (8. Jh.); in der *Vita Eligii* (8. Jh.), bei → Hrabanus Maurus († 856); Atto v. Vercelli († vor 964; *Capitulare*); → Burchard v. Worms († 1025; *Decretorum libri XX*); im *Decretum* des → Gratian; in zahlreichen → Bußbüchern u. vielen anderen Texten.

Cagliostro, Comte Alexandre de, d. i. Giuseppe Balsamo, * 8. 6. 1743 Palermo, † 26. 8. 1795 im päpstlichen Gefängnis San Leone bei Urbino, ›Erzzauberer‹, Heilkünstler, Magier u. Pseudo-Freimaurer, der das späte 18. Jh. faszinierte, gewissermaßen als Gegenpol zur Sachlichkeit der Aufklärung. 1789 in Rom von der → Inquisition verhaftet, u. a. wegen Zauberei zum Tode verurteilt, jedoch später zu lebenslanger Gefängnishaft begnadigt. Literarisch wurde seine Gestalt bei Schiller (*Geisterseher*, 1789) u. Goethe (*Großkophta*, 1791); Johann Strauß widmete ihm eine Operette (*C.*; 1875).

Canon episcopi, Auszug eines karolingischen Kapitulars o. aus den Statuten eines Konzils, überliefert bei → Regino

v. Prüm (*De synodalibus causis*). Fälschlich dem Konzil von Ankyra (314) o. → Augustinus zugeschrieben, enthält der *C.* die älteste Beschreibung eines nächtlichen Luftrittes von Frauen auf Tieren. Man möchte darin einen frühen Nachweis der Luftfahrt von → Hexen erkennen. In der Argumentation des → *Hexenhammers* besitzt der *C.* zentrale Bedeutung hinsichtlich der Frage nach Realität o. Illusion des Hexenfluges. Die älteste bekannte deutsche Übersetzung der wichtigen Passage bringt → Ulrich v. Pottenstein, *Dekalogerklärung* (1. Gebot).

Cardanus, Hieronymus (Geronimo), * 24. 9. 1501 Pavia, † 21. 9. 1576 Rom, italienischer Philosoph, Arzt, Mathematiker u. Astrologe. Lehrte in Mailand, Pavia u. Bologna. Verfaßte wichtige mathematische Untersuchungen u. beschrieb die *Cardanische Aufhängung*. In dem einst vielbeachteten Buch *De somniis* (Basel 1585; dt. *Wahrhafftige Unterweisung, wie allerhand Träume, Erscheinungen und nächtliche Gesichte ausgelegt werden sollen*, Basel 1563) vertritt er die Auffassung, Träume (→ Traumdeutung) hätten Bedeutung für zukünftige Ereignisse. Schwankend, bald zustimmend, bald ablehnend, ist sein Verhältnis zu → Astrologie, → Alchemie o. → Chiromantie in den naturkundlichen Werken *De subtilitate rerum* (1550 [u. ö.]; gedr. Lyon 1663, ND 1966) u. *De rerum varietate libri 17* (1557; gedr. ebd.).

Carpzov (Carpzow), Benedikt, * 27. 5. 1595 Wittenberg, † 31. (30.) 8. 1666 Leipzig, Prof. jur. in Leipzig; wirkte u. a. am kurfürstlichen Hof in Dresden. In der *Practica nova Imperialis Saxonica rerum criminalium* (Wittenberg 1638; Frankfurt 1758) und anderen Werken vertrat C. die Realität von Hexerei u. berief sich hierzu auf das AT (Ex 22,18), die klassische Literatur (Tacitus, *Annales* 2; Platon, *De legibus* 2) u. neuere Autoren (J. → Bodin). Die Zauberer teilt er in 5 Klassen ein: ›Praestigiatores‹ (Gaukler, Täuscher; → Praestigium), ›Haruspices‹ (Propheten; → Haruspex), ›Venefici‹ (Schadenzauberer; → Veneficium),

→ Hexen u. ›Necromanici‹ (Toten- u. Dämonenbeschwörer; → Nekromantie). C. berichtet auch über die Praxis des Hexenprozesses u. die Folter.

Chaldäer hieß ursprünglich ein Teil der semitischen Bevölkerung Babyloniens, später die im Zweistromland einheimische Priesterschaft (im Unterschied zu den persischen Magiern); der Name galt sodann als Berufsbezeichnung von Wahrsagern (→ Wahrsagen), Magiern (→ Magie) u. Astrologen (Dan 2,2,4f.; Flavios Josephos, *Bellum Iudaicum* 2,7,31; → Astrologie); zuletzt nannte man die wandernden Magier so. Cicero schreibt: »Man glaube nicht den Chaldäern, die das Leben des Menschen vorhersagen und nach dem Tag der Geburt bestimmen« (*De divinatione* 2,4,87). Früh wird der Name mit Mathematici (→ Mathematik) u. Zauberern gleichgesetzt. Eine Verordnung Kaiser Konstantins (um 280/85–337), die später in die Kaiserrechtssammlung des *Codex Iustinianus* (528–534; später *Corpus civilis*) aufgenommen wurde, bedroht die Ch. als Zauberer mit der Todesstrafe: »Chaldäer und Magier und die, welche man wegen der Schwere ihrer Verbrechen Malefici [Übeltäter] nennt« (9,18,5; vgl. → Isidor v. Sevilla, *Etymologiae* 8,9). Wohl im 2. Jh. n. Chr. entstanden die *Chaldäischen* → *Orakel* (*Logia chaldaika*), eine eklektizistische Sammlung mystizistischer Texte, in denen der → Neuplatonismus, vergleichbar den hermetischen Schriften (→ Hermes Trismegistos), eine Offenbarung höchster Weisheit erkannte.

Chalzedon, nach der Stadt Chalkedon (Chalcedon) benannter → Edelstein. Eine Quarzart, durchscheinend, farblos o. farbig, kommt in Form von Stalaktiten u. als Ausfüllungen von Erdgußsteinen vor. Zu den Ch.en gehören der → Amethyst, → Achat, der rote → Carneol, der → Chrysopas u. a. Der Ch. soll, antikem Glauben zufolge, durch die → Sonne o. durch Reiben erwärmt, Spreu o. Papierstreifen anziehen (→ Plinius, *Naturalis historia* 37,30). Den Glauben überliefern auch mittelalterliche Autoren

(Beda Venerabilis, *Explanatio Apocalypsis* 193; → Hrabanus Maurus, *De naturis rerum* 466). Nach → Hildegard v. Bingen wirkt der Ch. gegen Blutkrankheiten u. Jähzorn u. verleiht die Gabe der Beredsamkeit: »Und wer eine beständige Art zu reden haben möchte und weise vortragen [will], was er sagt, der halte den Chalcedon in seiner Hand, und erwärme ihn mit seinem Hauch, damit er davon auch feucht werde. Und dann lecke er [ihn] mit seiner Zunge, und er wird beständiger mit den Menschen reden können« (*Physica* 4 *De lapidibus* 12, übers. Portmann, 317).

Charakter (griech., ›Gepräge, Abbild‹), magisches Zeichen, → Symbol o. Strichbild auf Zauberrequisiten, etwa auf → Amuletten, → Talismanen, in Zauberkreisen (→ Kreuz, → Kreis), auf astrologischen → Medaillen u. in magischen u. magiologischen Texten (vgl. → Agrippa v. Nettesheim, *De occulta philosophia*; → Zauberbücher). Ch.e entstanden aus griechischen u. hebräischen Schriftzeichen (→ Buchstabensymbolik), aus astrologischen → Symbolen (→ Astrologie) o. aus der Verbindung von → Zahlen mit magischen → Quadraten. Ihr Gebrauch diente u. a. dazu, → Dämonen u. Planetengeister (→ Planeten) zu → beschwören.

Chiromantie, Deutung des Schicksals eines Menschen aus der Form der → Hand, ihrer → Finger, Kuppen u. Linien. Theoretische Begründung findet die Ch. in der → Astrologie u. Lehre von den → Signaturen. Schon → Aristoteles sieht in den Handlinien ein Merkmal kurzen o. langen Lebens (*Historia animalium* 493b1–494a1). Früh werden (verschollene) Handbücher der Ch. verfaßt (von Eumolpos u. Helenos). Artemidoros v. Ephesos (o. v. Daldis), Traumdeuter (→ Traumdeutung) des 2. Jh. n. Chr., soll darüber geschrieben haben (*Cheiroskopía*). Das MA u. die Neuzeit verknüpften die Kuppen u. Linien der Hand mit den → Planeten u. suchten die Hand astrologisch zu deuten, → Agrippa v. Nettesheim u. später A. Desbarolles

(*Les Mystères de la Main*, 1855; *Chiromancie nouvelle*, 1859) betrachteten sie als Abbild des Kosmos. *Das große Planeten-Buch* von 1559 etwa meinte, daß die Höhe unter dem Daumen der Venus gehöre u. die der folgenden Finger Jupiter, Saturn, → Sonne u. Merkur; dem Mars gehört das Dreieck in der Mitte der Handfläche; dem → Mond fällt der Rest zu (2,3 ff.; vgl. → Cardanus, *De rerum varietate* 15,79). Systematisierende Darstellungen kommen im 16. Jh. zum Druck: Von B. Cocles (lat. 1504; dt. *Ein kurtzer bericht der gantzen Phisonomey und Ch.*, 1537); Johannes v. Hagen (lat. 1522; dt. *Die Kunst der Ch.*, 1523). Im 17. Jh. erscheinen Werke, die z. T. bis heute aufgelegt sind: R. Coclenius (lat. 1597; dt. *Physiognomische und chiromantische Anmerkungen*, 1692); J. → Praetorius (lat. 1659; dt. *Eine Zigeunerkarte oder Ch.-Spiel*, 1660). Seit dem 19. Jh. bemüht sich eine ›Chirologie‹ um Deutungen, indem sie Verbindungen zur Konstitutionslehre sucht. Neben der berufsmäßigen u. gelehrten Beschäftigung mit dem Thema lebt eine eher populäre Ch., die besonders von → Zigeunern u. → ›Weisen Frauen‹ betrieben wurde u. wird.

Christoffelgebete, Christophorusgebete heißen → Segen u. → Zaubersprüche, die auf der Christophoruslegende (im Osten seit dem 5. Jh.) vom ehedem menschenfressenden, hundsköpfigen Riesen, der von → Christus bekehrt wird u. diesem dient, sowie in seinem Patronat als Nothelfer gründen. Sie helfen gegen → Fieber, Augenleiden (→ Auge), Dürre, Unwetter, Pest. Ch. wurden auch beim Schatzgraben (›christoffeln‹; → Schatz; J. A. Tafinger, *Dissertatio de invocatione S. Christofori ad largiendos nummos*, Tübingen 1748) gebraucht sowie gegen böse → Geister u. → Dämonen.

Christus. Der Name Chr., Chr.-→ Symbole, -Monogramme u. -→ Gebete sind in Segens- u. Zaubertexten (→ Segen, → Zauberbücher) sowie auf Zauberrequisiten (→ Kreuz, → Ring) verbreitet. Gestützt auf die neutestamentliche Verheißung: »In meinem Namen werden sie Dämonen austreiben« (Mk 16,17), werden → Exorzismen im Namen Jesu vollzogen. Die Namensnennung findet epische Erweiterung durch Erinnerung biblischer Episoden des Heilswirkens Christi (Geburt, Leiden, Sterben, Auferstehung, Himmelfahrt). Zugleich wird den → Dämonen mit den Strafen des Jüngsten Gerichtes u. dem Höllenfeuer gedroht (Tertullian, *Apologeticum* 23; Minucius Felix, *Octavius* 27). Blutsegen erwähnen den Lanzenstich des Longinus o. das Stillestehen des Jordans. Unbiblische Erweiterungen fügen sich an: »Christus ward wund, da war er heil und auch gesund«, neue Szenen tauchen auf: »Maria mit ihrem Sohne Sie beide gingen in einen Garten, Sie nahm Salbe in ihren Mund und verband ihm seine Wund'« (mit Anklang an Joh 19,25; Mk 16,1; Kuhn, *Westfalen* 2,197,552). Schon die Anrufung seines Namens hilft (»Jesses!«). Christus-Monogramme finden sich in apotropäischer Funktion (→ Apotropaion) an Hauswänden, Geräten, → Kleidern u. auf → Amuletten: INRI (›Jesus Nazarenus Rex Iudeorum‹, ›Jesus von Nazareth König der Juden‹); griechische Buchstaben XP (*Chi* u. *Rho*; → Buchstabensymbolik) in der Ligatur ☧. Die partielle Umwandlung der griechischen Buchstaben IHC (in lateinischer Transkription: IES) in lateinisch aufgefaßte Buchstaben IHS (*Godescalc-Evangeliar*, 8. Jh.) brachte das weitverbreitete Monogramm hervor, volksetymologisch gedeutet als »Jesus Heiland Seligmacher« o. ä. Zauberwirksam sind auch Christus-Symbole wie das → Agnus Dei o. die Osterkerze (→ Ostern) bzw. Stücke von ihr

Chrysolith (von griech. *chrysólithos* ›Goldstein‹), → Edelstein. Durchsichtiges Mineral in verschiedenen Grüntönen. Als → Amulett getragen, hilft er gegen nächtliche (→ Nacht) Angst u. → Dämonen, wenn er durchbohrt wird u. ein Eselshaar (→ Haar) in der Bohrung befestigt ist: »wer den stain in golt tregt, den sichert er vor nahtvorhten. ist auch daz der stain durchport ist und daz vensterl durchfüllt mit eselshâr, sô schäuht er die pœsen gaist und verjagt si« (→ Konrad v. Megenberg, *Buch der Natur* 6,23; vgl. Damigeron, *De lapidibus* 194,6–10; Marbod v. Rennes, *De lapidibus* 11,189f.; → Agrippa v. Nettesheim, *De occulta philosophia* 1,23; *Magische Werke* 1,134). Wer ihn trägt, wird von Freund u. Feind geliebt (*Prüler Steinbuch* 39) u. ihm schwindet nicht Wissen u. Kunst, wenn er den Stein auf sein Herz legt (→ Hildegard v. Bingen, *Physica* 4 *De lapidibus* 9). Volksmedizinisch wirkt er gegen → Fieber, Hals- u. Herzschmerzen. Als → Monatsstein wird er von den im September Geborenen getragen.

Chrysopras (von griech. *chrysóprasos* ›gold-lauchgrün‹), → Edelstein. Durchscheinendes bis undurchsichtiges Mineral der Gruppe der → Chalzedone in den Farben gelbgrün bis smaragdgrün. Das MA hielt ihn, als → Amulett am Handgelenk getragen, für wirksam gegen Herz- u. Magenschmerzen u. gut gegen Schwellungen (Michael Psellos, *De virtutibus lapidum* 75,105–107). Wer feindlich gesonnen ist, fällt in Liebe, wenn er den Stein an seinem Träger sieht (*Prüler Steinbuch* 39). Auch hilft er gegen → Gift, → Gicht, Aufregung, Zorn, → Epilepsie, → Besessenheit: »Und wenn ein Mensch vom Teufel besessen ist, dann gieße etwas Wasser über ihn [den Stein] und sage: ›Ich, o Wasser, gieße dich über diesen Stein in jener Kraft, mit der Gott die Sonne mit dem laufenden Mond schuf‹. Und du wirst dieses Wasser jenem Besessenen zu trinken geben, auf welche Weise du kannst, weil er es widerwillig trinkt. Und während jenes ganzen Tages wird der Teufel in ihm gequält werden. Und er wird schwächer in ihm sein, und er zeigt seine Kräfte in ihm nicht [mehr], wie er das vorher tat. Und so tue während fünf Tage. Aber am fünften Tage mache mit diesem Wasser auf diesem Stein ein kleines Törtchen wie gedörrtes Brot, und auf welche Weise du kannst, wirst du es ihm zu essen geben« (→ Hildegard v. Bingen, *Physica* 4 *De lapidibus* 13). Er macht die → Augen klar, verhindert Geiz, stärkt das → Herz u. verleiht Beständigkeit in guten Werken (→ Konrad v. Megenberg, *Buch der Natur* 6,16).

Circa instans, um 1150. Volkssprachlich im 13. Jh. verfaßte, maßgebende mittelalterliche Drogenkunde, die in einer Vielzahl von Handschriften u. in zahlreichen Bearbeitungen überliefert ist.

Clavicula Salomonis → Zauberbuch

CMB, C + M + B, KMB, → Akrostichon. Als Anfangsbuchstaben dreier Wörter aufgefaßte Buchstabenfolge, die, mit geweihter Kreide (→ Sakramentalien; Franz, *Benediktionen* 1,434), am Tag der Heiligen → Drei Könige, oft mit Angabe der Jahreszahl, an Türe bzw. deren Sturz geschrieben, dem → Haus o. Stall Segen vermitteln soll. Die Buchstaben gelten als Abkürzung der seit dem 9. Jh. bezeugten Namen der Heiligen Drei Könige (in der Übersetzung einer alexandrinischen Schrift des 5. Jh.; vgl. die *Legenda aurea*, übers. Benz, 103f.) o. als Akrostichon des Segens ›Christus Mansionem Benedicat‹ (›Christus segne das Haus‹; → Christus). Man schrieb die Buchstaben auch an die Decke der Stube (Böhm, *Omnium gentium mores*, 58^v, übers. v. Franck, *Weltbuch* 50^v). Ein Breslauer Segen von 1408 (MSchlesVK 18,22) erwähnt sie als hilfreich gegen → Epilepsie. Auf die Hälften eines geteilten, dann wieder zusammengefügten u. verzehrten → Apfels geschrieben, bewahren sie Schwangere vor der → Geburt eines toten Kindes (Text von 1566, ebd.).

Columban-Segen. Der hl. Columban v. Hy stillte einen Sturm auf dem Meer u. bewirkte durch sein → Gebet Regen (*Vita*: AA SS, iun. 2,213,222ff.; → Regenzauber). Gegen Blitz u. Feuersbrunst verfaßte der Heilige einen Hymnus (AHMA 51,286). Ein C. des 15. Jh. gegen Unwetter sollte, auf 4 Zettel geschrieben, nach 4 Himmelsrichtungen vergraben werden (SB München, Clm 7071, 158). Aufgrund einer Namensverwechslung wird ihm auch der Segen des Coloman zugeschrieben. → Segen

D

Dach. Wohl aus dem Wetterschutz entstanden, ist das D. als eigenständige Konstruktion älter als das → Haus selbst. Von seiner Schutzfunktion, aber auch von seiner Bedeutung, Grenze (→ Einfriedigung) zu sein, läßt sich ein großer Teil von Glaubensvorstellungen, → Riten u. → Bräuchen erklären. Vor dem Dämonischen (→ Dämon) findet man Schutz, sobald man unter die Dachrinne o. hinter die Traufe gelangt; beides ist Spukgrenze (→ Spuk), die auch der → Teufel nicht überschreiten kann. Zugleich ist das D. als Grenze von Drinnen u. Draußen dem Jenseitigen besonders exponiert u. gilt als Heil- u. Orakelstelle (→ Orakel). → Burchard v. Worms rügt, Kinder, wenn sie → Fieber hätten, zur Heilung auf das D. zu legen o. sich in der Neujahrsnacht (→ Neujahr) auf das D. zu setzen, um einen Blick in die Zukunft (→ Wahrsagen) zu gewinnen (*Decretum* 19,62; vgl. → Pirmin v. Reichenau, *Dicta* 22).

Daktylomantie (von griech. *daktýlios* ›Fingerring, Ring‹ u. *manteía* ›Weissagung‹), → Wahrsagen vermittels eines Fingerringes. Der Begriff ist nicht antik, sondern erst von der Wahrsage- u. Inquisitionsliteratur in nachmittelalterlicher Zeit geprägt worden. Dem → Ring als Divinationsrequisit geht seine Bedeutung als Zauberring voraus. Aus der Antike ist ein Verfahren überliefert, das Ammianus Marcellinus in seinem Bericht über den Prozeß des Hilarius u. Patricius aufgezeichnet hat (*Res gestae* 29,1,7 u. 29ff.): Beide hatten versucht, den Namen des zukünftigen Kaisers mit einem → Ring zu erfahren, den sie über eine runde Metallscheibe mit den 24 Buchstaben des griechischen → Alphabets am Scheibenrand pendeln (→ Pendel) ließen. Der Ring hing »an einem ganz feinen Faden« u. war »mit mystischen Künsten besprochen. Dieser Ring hüpft in einzelnen Sprüngen über die bezeichneten Zwischenräume, wobei ihn einzelne Buchstaben aufhalten, und läßt so Hexameter zustande kommen, die dem Fragenden Antwort geben« (29,1,31). Aus mittelalterlicher Zeit ist zum Thema nichts bekannt geworden. Im gegenwärtigen populären Wahrsageverfahren besitzt die D. Bedeutung, aber auch im Okkulthandel u. professionellen Wahrsagebetrieb (›Siderisches Pendel‹ usw.).

Dämon, griech. *daímōn*, ›Gott‹, ›göttliches Wesen‹, ›Dämon‹; ›Unglück‹, ›Verderben‹, ›Tod‹. Das griechische Wort steht wohl zu *daíesthai* ›teilen, verteilen, zuteilen‹ u. bedeutet dann ›göttliches Wesen, das zuteilt‹, näherhin das Schicksal. D.en sind anonyme Naturpotenzen, ohne individuelle Gestalt u. eigenen Mythos, namenlose, auf einer älteren Stufe der Götterentwicklung verharrende numinose Wesenheiten. Unberechenbar u. oft zerstörend, verbreiten sie Schrecken. Sie erfüllen das menschliche Leben mit beständiger Furcht; sie sind in der Ödnis des Landes, der Wälder, des Meeres; in der Dunkelheit der → Nacht, der Stille der Mittagsglut (›daemon meridianus‹); sie bewirken die schrecklichen Träume (→ Ephialtes, → Alp), erscheinen als → Vampire u. Mörder der Kinder (→ Lamia); sie erzeugen Krankheit u. Wahnsinn; überall hausen sie, »sie bedecken die Erde wie Gras« (babylonischer *Schurpu*-Text, bei van der Leeuw, *Phänomenologie* 147). Gegen sie helfen → Beschwörungen, → Zaubersprüche, → Exorzismen, → Amulette, Fluch- u. → Defixionstafeln (→ Fluch), Bannriten (→ Bann). Sie können jedoch auch gute u. hilfreiche Gottheiten sein (*agathós daímōn* bei Aristophanes, *Equites* 85; Plutarch, *Quaestiones convivales* 655e). Für Platon sind sie göttliche Wesen neben Göttern u. Heroen (*Phaidros* 246e; *Apologia* 28a), vergöttlichte Menschenseelen (*Politeia* 7,540b), Geleiter der abgeschiedenen Seelen zum Hades (*Phaidon* 107d; *Nomoi* 9,877a; 10,617d/e; *Timaios* 9a.c). Vor allem sind sie Mittlerwesen zwischen Göttern u. Menschen. → Dämonologie

Dämonologie heißt die Lehre vom Wesen der → Dämonen, ihrer Stellung u. Funktion innerhalb einer kosmischen Hierarchie göttlicher Wesenheiten. Der Begriff erscheint erstmals im 18. Jh. (Betke, *De daemoniacis quorum in Evangeliis fit mentio*, Halle 1760); doch setzt er die differenzierte exorzistische Praxis (→ Exorzismus), wie sie schon Babylonier, Perser u. Etrusker kennen, voraus. Während das AT eher nur Ansätze zu einer D. kennt u. die Dämonen mit den Heidengöttern identifiziert, bezeugen die jüdischen Apokryphen u. Pseudepigraphen um 200 v. Chr. bis 50 n. Chr. eine entwickelte D. Platon definiert die Dämonen als vermittelnde Instanzen zwischen Göttern u. Menschen (*Symposion* 202d ff.; *Timaios* 42d ff.). Sie herrschen je über Teile des Kosmos (→ Kosmologie), beschützen einzelne Völker (*Politicus* 271d ff.; 272e f.; 274b; *Timaios* 24c f.; 42e) u. Menschen (*Phaidon* 107d ff.; 113d); sie sind dessen Innerstes, Lenker u. Warner u. sein Gewissen (das *daimonion* des Sokrates: *Apologia* 40a; vgl. Plutarch, *De genio Socratis*; Apuleius, *De deo Socratis*). Die pseudo-platonische Schrift *Epinomis*, vermutlich von Philippos v. Opus, bereicherte die platonische D. um den folgenreichen Gedanken, daß unterschiedliche Dämonen die verschiedenen Bereiche des Kosmos bewohnen; insbesondere sei die Luft ihre Wohnstätte. Eine weitere Differenzierung erfuhr die D. von der Stoa u. im Platonismus: Die Dämonen erlangen den Rang der hochmythologischen Götter (Xenokrates, fr. 225), werden in große u. kleine, gute u. böse eingeteilt; sie sind jedoch, anders als die Götter, von Leidenschaften erfüllt (ebd. 225 ff.; *Epinomis* 985a). Indem der gesamte Kosmos von hierarchisch plazierten jenseitigen Wesenheiten erfüllt wird, gewinnen auch die Dämonen ihren Rang in der Reihe zwischen der oberen u. der unteren Welt: Götter – Engel – Dämonen – Heroen – Menschen (*Eponomis* 984d ff.; vgl. Platon, *Nomoi* 717a f.; Plutarch, *De defectu oraculorum* 415b). Sie ermöglichen die → Orakel, bringen Träume (→ Traumdeutung) u. sind bei den Opfern u. Mysterien beteiligt (*Epi-*

nomis, ebd.). Auch die D. des Philon v. Alexandreia (um 15 v. Chr. – 50 n. Chr.) betont die vermittelnde Funktion der Dämonen. Sie sind wie die → Engel, die er synonym mit diesen nennt, die individuellen Seelen, von aller Materialität des Körpers befreit u. mit göttlichem Logos erfüllt. Sie bewohnen die Luft (*De somniis* 1,134f.; 141f.; *Legum allegoriae* 3,177).

Folgenreich wurde die theologisch-naturphilosophische Kosmologie des → Neuplatonismus, in der die vermittelnde Tätigkeit der Dämonen den Zusammenhang der Welt gewährleistet: Der Schöpfer aller beseelten Wesen sei der Demiurg. Die beiden Endglieder in der Kette der beseelten Wesen bildeten einerseits die Götter, andererseits die sterblichen Menschen u. Tiere auf Erden. Da es aber ganz unmöglich sei anzunehmen, daß der Schöpfer sofort u. unmittelbar nach dem Göttlichen, der höchsten Stufe der beseelten Wesen, das Sterbliche, also die tiefste Stufe, geschaffen habe, müsse man notwendigerweise Mittelglieder annehmen. Diese Zwischenwesen bildeten je eine Dreiheit; denn man unterscheide Engel, Dämonen u. Heroen. Die verschiedenen Arten hingen mit den übergeordneten Göttern zusammen, u. um jeden Gott gebe es eine ihm eigentümliche Anzahl von Engeln, Dämonen u. Heroen, die dieser Gott führe u. dessen Natur u. Wesenheit sich wiederum in den ihm folgenden Mittelwesen spiegele. Daher gebe es so viele Arten von Engeln, Dämonen u. Heroen als es Arten von Göttern gebe. Die Dämonen verbänden die präexistenten Seelen mit den Sternen, leiteten ihren Abstieg in die irdischen Leiber u. ihren Aufstieg zurück zum Göttlichen; sie verliehen den irdischen Geschöpfen Leben u. Vernunft u. sorgten dafür, daß das im Irdischen schon matte Bild der göttlichen Ideen erhalten bliebe (→ Proklos, *Kratylos*, *Alkibiades*; bei Hopfner, *Offenbarungszauber* 19ff., 223).

Die frühchristlichen Autoren greifen auf die antike, insbesondere die neuplatonische D. zurück, verschärfen nun allerdings durch die Lehre vom Sturz der Engel den Gegensatz von guten u. bösen Dämonen radikal u. prinzipiell: Die guten Dämonen sind die getreuen, die bösen Dämonen dagegen die aufrührerischen, vom Himmel herabgestürzten Engel. Nachdrücklich wirksam bis in den spätmittelalterlichen u. neuzeitlichen Hexenglauben (→ Hexe) hinein wurde die D., wie sie → Augustinus, v. a. in Auseinandersetzung mit der platonischen D. des Apuleius (*De deo Sokratis*) entwickelt hat: Die Dämonen seien die gefallenen Engel (*De civitate dei* 9,15; 19). Sie suchten den Menschen zu täuschen u. von Gott abzuwenden (ebd. 2,4; 24; 25). Sie lebten in der Luft, könnten dort sehr schnell ihren Ort wechseln (*De divinatione daemonum* 603) u. besäßen einen luftartigen Körper, der es ihnen ermögliche, in den Leib des Menschen einzudringen u. diesem Trugbilder (→ Prästigien) vorzugaukeln; sie hätten scharfe, engelhafte Sinne u. besäßen aufgrund ihres hohen Alters eine große Erfahrung; sie hätten die magischen Künste (→ Magie, → Kunst) erfunden sowie die → Divination u. → Astrologie eingeführt (*De civitate dei* 21,6); sie vollbrächten scheinbare Wunder; doch seien das eher technische Kunststücke, *mēchanēmata*, wie der Grieche sage. Sie hätten auch die zauberischen Mittel, Manipulationen, → Amulette, → Charaktere usw. als Zeichen u. Wörter einer Sprache eingeführt, in der die Menschen ihnen ihre Wünsche mitteilen könnten. Und indem sie diesen Wünschen nachkämen o. deren Erfüllung vorspiegelten, erschienen sie, wonach sie allein strebten, den Menschen Götter zu sein. Allerdings setze diese Sprache mit den Dämonen, wie jede andere Sprache auch, voraus, daß man sich über den Bedeutungsgehalt der einzelnen Wörter verständige, darüber eine Übereinkunft schließe. Die Vorstellung vom → Teufelspakt (→ Dämonologie) gründet in diesem Gedanken.

Die D. des MA hat an die augustinische Lehre vom Paktcharakter der magischen u. divinatorischen Praxis angeknüpft. → Thomas v. Aquin unterscheidet zwischen ausdrücklichen u. stillschweigenden Dämonenpakten (»pactum expressum« u. »pactum tacitum«, *Summa theologiae* 2,2,95 f.) u. eröffnet damit die Möglichkeit, jede abergläubische Handlung, sei sich der abergläubische Praktikant dessen bewußt o. nicht, als in einem Teufelspakt gegründet zu begreifen. Pakte mit dem Reich des Bösen zu schließen, sei Abfall vom christlichen Glauben, ein Faktum, mit dem sich später die → Inquisition zu befassen hatte (→ *Hexenhammer*). Mit Thomas v. Aquin vorausgesetzt, »daß alles, was sichtbar in der Welt geschieht, durch Dämonen bewirkt werden kann« (*Quaestiones disputatae de malo* 16,9), war Aberglaube u. Zauberei zu einer unheimlichen Bedrohung der menschlichen Gesellschaft gemacht, als welche sie dann der spätmittelalterliche u. neuzeitliche Hexenwahn auch empfunden hat. In Abkehr von der inquisitionsrelevanten D. des MA knüpfen die Überlegungen der Renaissance (Marsilius → Ficino, → Pico della Mirandola, → Johannes Trithemius) an die neuplatonische Kosmologie an u. ordnen die Dämonen als Geistwesen den Gestirnen u. → Elementen zu. → Agrippa v. Nettesheim unterscheidet die der Körperlichkeit ledigen Geister der intellektuellen Sphäre von den himmlischen u. astralen Dämonen, denen die elementaren Feuer-, Wasser-, Luft- u. Erdgeister, die Tages-, Mittags- u. Nachtgeister, die Wald-, Berg-, Feld- u. Hausgeister, aber auch die bösen, unterirdischen Dämonen zugeordnet sind (*De occulta philisophia* 3,16; *Magische Werke* 3,94–102; vgl. Peuckert, *Pansophie* 145–153). Nach → Paracelsus unterscheiden sich die Elementargeister vom Menschen allein dadurch, daß sie keine Seele haben. Sie können sich mit dem Menschen ehelich verbinden (*De nymphis*). Auch im 17. u. 18. Jh. bleibt die Realität der Dämonen unbezweifelt. Doch verschieben sich nun die Aspekte: Barocke Dissertationen theologischer, juristischer, medizinischer u. naturwissenschaftlicher Provenienz erörtern dämonologische Probleme um Bergmännlein, Rübezahl, → Werwölfe, die Weiße Frau, das Wilde Heer o. die jüngsten Berichte aus dem Balkan über die »serbischen Vampire«. Sie suchen die Phänomene zu rationalisieren u. damit zu entmythologisieren. Die popularisierende Breitenwirkung aufklärerischer Kampfschriften gegen den Aberglauben ließ schließlich alle gelehrte D. auf den Bereich von Gespenstergeschichten (→ Gespenst) u. Sensationsberichten schrumpfen, an die niemand mehr so recht glauben wollte.

Dank, danken, gegenüber Hilfeleistungen u. → Gaben gilt seit alters als moralische Pflicht u. Tugend. Nicht zu d. jedoch schützt vor Zauber o. verstärkt einen solchen. »Wenn man des Morgens ausgeht, muß man auf den von andern erhaltenen Gruß: ›guten Morgen‹ nicht antworten: ›ich danke‹, sondern auch wieder, ›guten Morgen‹ sagen. Sollte unter denen, die gegrüßt haben, eine Hexe seyn, so wird sie durch die letzte Antwort unschädlich gemacht« (*Journal von und für Deutschland* 4,1,455). Auch Zwergen darf man für Hilfeleistungen nicht d., sie verschwinden sonst. D. kann allerdings auch verpflichtend sein: »So ein Braut am Hochzeittag zur kirchen auszgehet, der beste Wunsch, so man ihr thut, der bleibt, sofern sie von Stund an dafür danckt, sonst wirt es nicht helffen« (*Der alten Weiber Philosophey* 80,79). Wieder anders, so erkennt man → Hexen am D.en: »wenn bey der Wäsche ein andres Weib Lauge holt und dafür dankt, so ist das eine Hexe« (*Journal* ebd., 455).

Daphnomantie, antike Wahrsageform, die aus dem Knistern brennenden → Lorbeers weissagte, eine besondere Form der → Pyromantie. Der Lorbeer (griech. *dáphnē*) war Apollon, dem Gott der Weissagung, heilig, wie dieser auch der ›Daphnēphóros‹, der Lorbeerzweigträger, hieß (IG 9,2,1027).

Daumen. Handgebärden mit dem D. besitzen einerseits rein zeichenhaften Charakter, andererseits die Funktion eines → Apotropaions. Den Geschlechtsakt figurieren schon der Antike geläufige → Amulette, die eine geschlossene Hand zeigen, aus der zwischen Zeige- u. Mittelfinger der D. gestreckt ist (›Feige‹; vgl. Dürers Handstudien von 1494, Wien, Albertina, 26.327D35; Abb.: Strauss, *Dürer* 1,151). Auf Passionsbildern des MA ist die Feige Geste der Verhöhnung → Christi. In Bayern kann eine Feige aus → Silber o. Bein auch als Minnegabe des Burschen gelten, wie sie ansonsten auch Zeichen eindeutiger Anträge ist. Der in die Faust eingezogene D., das D.halten, gilt als Abwehrgeste, insbesondere aber als Mittel, Glück u. Erfolg zu zwingen. Aus der Antike ist der eingeschlagene D. als Zeichen bekannt, für einen Gladiator Gnade zu erbitten, wohingegen der ausgestreckte D. diese verweigerte. Die → Volksmedizin nutzt den → Ritus des gehaltenen D.s: Er hilft bei → Schluckauf, Seitenstechen u. a. Schon → Augustinus bezeugt den »Brauch, einem, der das Schlucken hat, zu sagen, er solle mit der rechten Hand den linken Daumen halten« (*De doctrina christiana* 2,20; vgl. Ivo v. Chartres, *Decretum* 11,13). Im Orakelwesen heißt das ›Däumeln‹ eine Technik der → Bibliomantik: Mit dem D. wird ein Buch aufgeblättert u. blind auf eine Stelle gedeutet, die als → Orakel genommen wird.

Defixionstafeln (von lat. *defictio* ›Festheftung‹, → ›Bann‹), in der Antike häufig genutzte Bleitäfelchen (→ Blei) zum Zwecke des Schadenzaubers. Auf ihnen sind Fluchtexte (→ Fluch), → Namen von zauberkräftigen Göttern (Demeter, Hermes, Hekate) u. → Dämonen verzeichnet o. deren Bilder geritzt. Die Täfelchen wurden aufgerollt, mit einer Nadel durchstochen u. in → Gräbern, → Brunnen, an chthonischen Heiligtümern o. anderen geeigneten Orten vergraben; gelegentlich wurden Zauberpüppchen (→ Atzmann) zugegeben. Die formelhafte Natur der Fluchtexte läßt auf Modelle u. Formelbücher schließen, nach denen sie gebildet sind. Die Kenntnis der antiken kleinen Zaubertafeln bezeugt für das Frühmittelalter die *Homilia de sacrilegiis* (19).

Dekane, astrologische (von lat. *decanus* ›das Haupt von 10 Teilen‹; Firmicus Maternus, *Mathesis* 1, Praefatio). Einer alten Systematik zufolge wurden die 360 Grade des → Tierkreises in D. von 10 Graden eingeteilt. Von den 36 D.n entfallen je 3 auf ein Tierkreiszeichen. Im babylonischen Schöpfungsmythos setzt Marduk für jeden Monat 3 Sterne fest. In Ägypten sind die D. Gottheiten mit tierköpfiger Gestalt. Die griechisch-römische → Astrologie hat die Einteilung bewahrt u. der späteren Zeit überliefert (vgl. die ›Marmortafel des Bianchini‹ bei Boll u. a., *Sternglaube* Tafel XVIII).

Delrio, Martin Anton, * 17. 5. 1551 Antwerpen, † 19. 10. 1608 Löwen, Jesuit, Philosoph, Theologe u. Jurist. Seine *Disquisitionum magicarum libri sex* (1–3, Louvain 1599; 25 Auflagen, zuletzt Köln 1755) suchen Bedenken gegen den Hexenprozeß (→ Hexe, → Inquisition) zu zerstreuen u. liefern dem Hexenrichter Anweisungen zum kirchlichen u. staatlichen Prozeßverfahren u. damit Grundlagen zur Hexenverfolgung.

Demokrit von Abdera, 2. Hälfte des 5. Jh. v. Chr., griechischer Philosoph, dessen Atomlehre schon früh Anlaß gegeben hat, ihm als einen großen Magier (→ Magie) u. Alchemisten (→ Alchemie) einschlägige Schriften zu unterschieben: *Physiká kai Mystiká*, *Chrysopoiía kai Argyropoiía*, d. h. *Gold- u. Silbermacherkunst*. Den Großteil der pseudepigraphischen Texte verfaßte Bolos v. Mendes.

Deszendent → Aszendent

Devotionalien. Das Wort steht zu lat. *devotio* u. dieses zu *devovere* ›durch Gelübde geloben‹, ›das Geloben als Opfer für die Gottheit‹; ›Andacht‹, ›Frömmigkeit‹. D. sind Gegenstände der privaten Andachtsübung u. als solche auch Requisiten der Zauberei (→ Magie) u. des → Wahrsagens: → Medaillen, Bilder, → Kerzen, → Rosenkränze, Statuetten (→ Schabemadonnen), Pilgerandenken, → Reliquien. Der Begriff selbst stammt aus dem frühen 20. Jh.

Diamant (von griech. *adámas* ›unbezwingbar‹, mhd.

adamas, dann bis Anfang des 18. Jh. *Demant*), → Edelstein. Reiner Kohlenstoff. Durchsichtiges Mineral in weißen, gelblichen, bräunlichen, rötlichen, grünlichen u. bläulichen Farben, auch weißgrau u. schwarz. Aus der Antike (→ Plinius, *Naturalis historia* 37,59) stammt der dem MA überlieferte Glaube, daß nur warmes Bocksblut (→ Bock) den Stein auflösen könne (→ Konrad v. Megenberg, *Buch der Natur* 6,3; Marbod v. Rennes, *De lapidibus* [1] 30). »Man sprichet auch, daz der stain guot sei in der zaubrær kunst: wer in tregt den sterkt er gegen seinem veint und vertreibt üppig træm und schäuht und melt die vergift« (Konrad v. Megenberg, ebd.). Daß der D. »wider Unsinnigkeit, wilde Thiere, Krieg, Hader und Gifft, Fantasey und Anfall des bösen Geistes diene«, hält Zedlers *Lexikon* für falsch und »unbegründet« (1,449). Den »durch die Chymie aus dem Diamanten gezogenen Salia und Liquores« schreibt es jedoch »grosse Krafft« zu, »sonderlich in Vertreibung der fallenden Sucht« (→ Epilepsie) (ebd. 450). Gelegentlich wird der D. zu den → Monatssteinen gezählt (April).

Dieb, Diebstahl. Der Ds. bei Nacht, Einbrüche u. Kirchends. wurden mit schweren Strafen (Brandmarken, Blendung, Ohrabschneiden, Handabschlagen) geahndet. Zahlreich sind Zauberformen, denen es um Abwehr (→ Apotropaion) von D.en geht, um ihre Entdeckung o. die Wiedererlangung des Gestohlenen. Andererseits sucht der D. sich durch zauberische Manipulationen zu schützen. Zur Abwehr von D.n helfen der → Topas o. Stahl, die neben das → Geld gelegt werden. In gleicher Weise helfen Kreide, → Brot u. → Salz (→ *Rockenphilosophie* 1. Hundert, 1718, 23–26). Als wirksam gelten verschiedene → Segen, der Tobiassegen u. insbesondere ein eigener → D.ssegen, der den D. festbannt (→ Bann). Auch die Formel → SATOR AREPO vermag dahin zu wirken. Wahrsager werden zur Entdeckung eines D. zu Rate gezogen (Gregor v. Tours, *Decem libri historiarum* 7,44). Augustiner-

Eremiten in Fribourg wenden sich 1396 an solche (Hansen, *Quellen* 523f.). Berthold v. Regensburg hält sie jedoch für D.skumpane (Schönbach, *Zeugnisse B. v. R.* 19f.). Das Siebdrehen (→ Sieb), auch sonst zu mantischen (→ Mantik) Zwecken genutzt, hilft den D. zu entdecken (→ Sieb). Auch → Spiegel können einen D. zeigen. Von liturgischen D.sprüfungen ist besonders die *Probe des geweihten Bissens* hervorzuheben: Trockenes Gerstenbrot u. Ziegenkäse wurden mit einem Verzeichnis der → Namen Verdächtigter neben die Eucharistie (→ Hostie) gelegt. Nach besonderen liturgischen Handlungen beschwor der Priester (→ Geistlicher) den Probanden u. reichte ihm das → Brot u. den Käse. Konnte dieser den Bissen nicht schlucken, so galt er als schuldig (Franz, *Benediktionen* 2,358f.).

Diebsdaumen. Der Körper von Hingerichteten erwirbt zauberische Potenz, die in seinen Teilen gegenwärtig ist. Ein → Daumen vom gehängten → Dieb abgeschnitten, ist für mancherlei gut: Wirte hängen ihn in das Faß, um den Geschmack des → Bieres zu bessern u. dessen Absatz zu fördern (→ Grimm, *Wörterbuch* 2,1094). Schauspiele des 16. Jh. berichten davon (1464 Wismar; vgl. ZDP 34, 562). Ein Händler zieht Kunden an, wenn er einen D. bei sich trägt (Grimmelshausen, *Galgen-Männlin* 3 [750f.]). Dasselbe soll auch ein D. bewirken, den sich → Huren unter das → Bett legen (de Cock, *Volksgeloof* 1,196).

Diebssegen. Zum Teil schon aus der Antike überliefert sind Beschwörungen (→ Beschwören) von → Dieben, die diese bannen (→ Bann) o. zur Umkehr zwingen o. zu erkennen geben. Christliche D. sind zumeist episch; sie nehmen Bezug auf ein biblisches Motiv o. erfinden ein solches: Es kommen drei Diebe, die Maria ihr Kind stehlen wollen (ältester Text 1387, bei Spamer, *Romanusbüchlein* 50,21); Petrus bindet mit seinem → Band (ebd.); Diebe sollen stehen wie → Christus am Jordan stand (ebd. 50, 22); sie sollen gebunden werden durch die Nägel, mit denen Christus ans → Kreuz geschlagen wurde u. a. Zur Verstärkung der D. werden dämonische Meister der Diebe angerufen (z. B.: »Maister Arbegast«, ebd. 172f.; »Remperas, der Meister aller Diebe«, ebd. 192); weitere Vorschriften werden genannt: Dreimaliges Hersagen des D., bei Aufgang der → Sonne, alle Montag (»unbemerkt«; → Woche), in der Donnerstagsfrühe unter freiem Himmel (ebd. 199). Aus dem 15. Jh. ist bekannt, daß ein Augenbild beschworen u. so lange gestochen wird, bis der Schuldige aufschreit (Priebsch, *Deutsche Handschriften in England* 2,267 [309]: »ind stich [mit eynen cipressen nagell] in dat ouge / so wirt her schrien«). Man betete Psalmen dabei, etwa Ps 137, der auch bei Gottesurteilen zitiert wurde (›An den Flüssen Babylons‹).

Dioskurides, Pedanios, aus Anazarba (Kilikien), griechischer → Arzt des 1. Jh. n. Chr. in Rom. Verfaßte zwischen 60 u. 78 die *Arzneikunde* (*Perí hylēs iatrikḗs*, die, wohl schon im 6. Jh., ins Lateinische übersetzt (*De materia medica*) über das MA hinaus als maßgebendes Lehrbuch der Pharmazie, Pflanzen- u. Drogenkunde galt. Sie beschreibt etwa 1000 Arzneimittel, 4740 medizinische Anwendungsgebiete u. nennt zahlreiche magische u. sympathetische (→ Sympathie) Heilmittel u. -verfahren. Das Werk wurde zum Vorbild der → Kräuterbücher des MA u. der Renaissance. Als Fundgrube anderer einschlägiger Texte (Odo v. Meung, *De viribus herbarum*; → *Circa instans*; Bartholomaeus Anglicus, *De proprietatibus rerum*; → Vinzenz v. Beauvais, *Speculum naturale* u. a.) wurde die *Materia medica* zu einem Werk, das antikes Wissen dem MA vermittelte u. bis in populäre Wissenstraditionen hinein Wirksamkeit entfaltete.

Divination, Weissagung, Sehergabe; von lat. *divinus* ›göttlich‹ abgeleitet, verweist der Begriff, den Cicero mit »die Wissenschaft von den zukünftigen Ereignissen« erklärt (*De divinatione* 1,1), darauf, daß die Kenntnis des Zukünftigen etwas Göttliches ist bzw. von den Göttern stammt. Im Gegensatz zum Begriff → Observation, der zur Bezeichnung der traditionellen, unprofessionellen, populären Vorzeichendeutung (→ Vorzeichen, → Angang) dient, bezieht sich D. auf die professionelle, gelehrte Deutungskunst der Orakelpriester u. Zeichendeuter, in Rom etwa der Haruspices (→ Haruspex) u. Auguren (→ Augurium, → Auspizium), deren Aufgabe es war, die göttlichen Zeichen zu interpretieren. Der Glaube an die Leistungsfähigkeit der D. gründet in der dem Religiösen fundamentalen Überzeugung, daß Götter erscheinen, sich zeigen, Zeichen geben, den Menschen in Besitz nehmen können (→ Besessenheit, → Enthusiasmus), ihn inspirieren; daß sie zustimmen, warnen u. ablehnen, etwa in Zeichen des Opferdampfes, des Vogelfluges u. Vogelschreis, an den → Eingeweiden des Opfertieres (→ Leber), in Himmelserscheinungen (→ Astrologie, → Horoskop), in → Blitz u. → Donner u. im Rauschen des heiligen Haines. → Wahrsagen

Donner und → Blitz haben als mächtige Himmelserscheinungen die mythische Phantasie des Menschen in allen Kulturen bewegt. Sie gelten als göttliche Zeichen o. die Erscheinung des Göttlichen selbst. Das AT spricht vom D. als Zornesstimme Gottes (Ps 29; Jes 29,6; 30,27.30f.), den Griechen ist Zeus der D.gott (›Zeus bronton‹, lat. ›Iupiter tonans‹). Das deutsche Wort D. steht im Zusammenhang mit Donar, dem neben Wodan bedeutendsten Gott der Germanen, der den D. durch das Werfen seines Hammers erzeugt. Spätere Überlieferungen zum Wetterbrauch u. zur D.prognostik gründen gelegentlich wohl im Mythos des Wettergottes. Schriftlich tradierte ›Donnerbücher‹ (griech. ›Brontologien‹, lat. ›Tonitrualia‹) geben Weissagungen aus dem D.n zu bestimmten Stunden, Wochentagen (→ Woche), Monaten o. dem ersten D. im Jahr auf Wetter, Kriege, Seuchen, Tod vornehmer Personen usw. während des zukünftigen Jahres. Sie stammen weithin aus antiker Tradition, die ihrerseits in babylonischen

Ursprüngen wurzelt. Astrologische D.bücher nehmen Bezug auf die Stellung des → Mondes o. der → Sonne im → Tierkreis. Der unter dem Namen des Beda Venerabilis überlieferte *De tonitruis libellus ad Herefridum* ist vermutlich Auszug einer Schrift des Johannes Laurentius Lydos (5./6. Jh. n. Chr.).

Donnerkeil, -stein, -axt, -beil u. ä. wurden prähistorische, insbesondere durchlochte Steinwerkzeuge genannt, die man gelegentlich auf Äckern fand u. von denen man glaubte, sie seien im Gewitter vom Himmel geschleudert worden. Man schrieb dem D. magische Wirkungen zu, ein Glaube, der bei vielen Völkern verbreitet ist. D. heißen auch die Belemniten (von griech. *bélemnon* ›Geschoß‹), Kopffüßler, den Tintenfischen verwandt, von denen ein spitzer Teil der Kalkschale gefunden werden kann. Sie werden als magisches Requisit (→ Magie) u. a. bei Unfruchtbarkeit verwandt. Der antike Name verweist auf die Vorstellung, sie seien vom Himmel herab›geschossen‹.

Donnerstag → Woche

Drakula. Unter den Vampiren hat es D., insbesondere durch den Film, zur weltweiten Berühmtheit gebracht. Die Geschichte vom Untoten, der aus dem → Grabe zurückkehrt u. den Lebenden das → Blut aussaugt, gründet in der historischen Biographie des walachischen Woiwoden Vlad IV. Dracul (Vlad IV. Ţepeş, 15. Jh.), von der eine häufig gedruckte deutsche Prosaerzählung der Zeit (*Von dem bösen Dracol*), russische Bearbeitungen des Stoffes, Thomas Ebendorfer (1388–1464), Michel Beheim (1416/21 – um 1474/78) u. a. berichten. Vom ›blutdürstigen‹ D. ist, soweit ersichtlich, erstmals bei Samuel Meiger (*Nucleus historiarum* 1599, 270) die Rede, bevor Bram Stoker im 19. Jh. das Motiv literarisierte (*Dracula*, 1897) u. damit der modernen Trivialmythologie Kenntnisse der apotropäischen Behandlung (→ Apotropaion) u. rituellen Tötung des Vampirs bereitstellte.

Drei Könige werden die Weisen (griech. *magoi*, → Magie) aus dem Morgenland, von denen das NT berichtet (Mt 2,1–12), als christliche Heilige genannt. Ihre Dreizahl ist von dem griechischen Kirchenschriftsteller Origenes (um 185 – um 254) erschlossen u. wird im Lateinischen erstmals von Leo d. Gr. (*Sermo* 33) erwähnt. 1164 werden ihre Gebeine von Mailand nach Köln übertragen. Als Weitgereiste, vom Osten bis zum Stall von Bethlehem, werden sie Schutzherren der Reisenden, der Rasthäuser sowie gegen Unwetter u. Hagelschlag (→ Hagel). Die Anfangsbuchstaben → CMB ihrer (unbiblischen) Namen Caspar, Melchior u. Balthasar (seit dem 9. Jh. bezeugt) werden auch als → Akrostichon des Segens gedeutet: ›Christus Mansionem Benedicat‹ (›Christus segne das Haus‹) u. finden sich in der Schreibweise C + M + B, wobei die Kreuzzeichen (→ Kreuz) den Segensgestus bedeuten, auf Dreikönigszetteln, auf → Amuletten, im → Zauberspruch, vor allem aber mit geweihter Kreide auf den Türsturz von Haus u. Stall geschrieben. Die Bedeutung der D. K. im Glauben wurde insbesondere durch ihren Festtag, den 6. Januar, gesteigert, der als letzter Tag der → Zwölften gilt u. damit in die Zeit des Übergangs vom alten in das neue Jahr (→ Neujahr) fällt.

Dreieck. Von neolithischen Frauenfiguren ist das D. als → Symbol der weiblichen Scham bekannt, wie sie das Delta (Δ) dem Griechen bezeichnet. → Symbol des Gottesnamens (→ Namen) ist es dem AT, der christlichen Ikonographie das der Dreifaltigkeit. Der den Pythagoreern (→ Pythagoras) nahestehende griechische Philosoph Xenokrates (339 – 314 v. Chr.), Schüler Platons, verglich das gleichseitige Dreieck »mit der Gottheit, das ungleiche mit der Natur der Sterblichen, und das gleichschenklichte mit der Natur der Dämonen« (→ Dämon; Plutarch, *De defectu oraculorum* 4,95). Von diesen Bedeutungen u. Bezügen her begründet sich der magische Gebrauch des D.: In den → Zauberpapyri erscheint es in der Anordnung geschriebener Texte (vgl. den *Papyrus Anastasi*, bei Spamer,

Romanusbüchlein Tafel VII), wie sie später auch von den → Schwindeformeln bekannt ist. Im *Landgebott* v. 1611 verbietet Herzog Maximilian v. Bayern »Segen auff ein gewiß Papier oder Perment in gestalt eines Tryangels« geschrieben (18).

Dreizehn. In Kulturen mit Duodezimal(Zwölfer)system gilt die D. als Unglückszahl (→ Zahlen), da sie die vollkommene 12 überschreitet. In christlicher Interpretation wurde die D. auf das Letzte Abendmal bezogen, bei dem 13 zu Tische saßen, von denen einer, Judas, → Christus verriet u. sich erhängte. »Dreyzehen Personen dürfen durchaus nicht bey einer Hochzeit odern andern Gastung zu Tische sitzen, weil sonst eine derselben noch in eben dem Jahre sterben muß« (*Journal von una für Deutschland* 3,1,181). In anderen Kulturen kann sie jedoch Glückszahl sein. Die → Kabbala kennt 13 himmlische Quellen u. 13 Tore der Gnade.

Drogen als bewußtseinsverändernde Stoffe u. Mittel zur Erzeugung von → Trance, Rausch u. → Ekstase sind der Menschheit seit frühester Zeit bekannt. Sie besaßen primär kultische Bedeutung, dienten dem numinosen Erlebnis, waren jedoch wohl ebenso früh auch als medikamentöse Narkose- u. psychotrope Trostmittel im Gebrauch: »Aber ein andres ersann nun Helena, tochter Kronions. / Schnell in den wein warf jene, wovon sie tranken, ein mittel, / Kummer zu tilgen und groll, und jeglicher leiden gedächtnis. / Wer davon gekostet, nachdem in den krug es gemischt ward; / Nicht den ganzen tag entstürzt' ihm die thräne den wangen, / Nicht ob selbst gestorben ihm wär' auch mutter und vater« (Homer, *Odyssee* 41,219–224; Voß). Ihre Substanzen sind mineralischer, pflanzlicher u. tierischer Herkunft; ihre Gewinnung, Zubereitung u. Anwendung gilt als magisch-zauberische Handlung. → Hexensalbe

Drudenfuß → Pentagramm

Durandus von Mende, Wilhelm d. Ä. (Wilhelm Duranti[s]), * um 1230 Puymisson (Südfrankreich), † 1. 11. 1296 Rom, Kanonist u. Liturgiker. Studium in Lyon u. Bologna, Lehrer in Modena, 1262 an der Kurie in Rom, 1285 Bischof v. Mende, 1295 wieder im päpstlichen Dienst. Sein liturgisches Hauptwerk, das *Rationale* [nach Ex 28,15 u. 30] *divinorum officiorum* in 8 Büchern beschreibt u. deutet in allegorisch-symbolischer (→ Symbol) Weise die Liturgie, Zeremonien (→ Ritus) u. Geräte der mittelalterlichen Kirche: Das Kirchengebäude, die Weihen u. Sakramente (→ Sakramentalien), die Meßliturgie (→ Messe), die besonderen Riten an den Sonntagen (→ Woche) des Kirchenjahres, der Advents-, Fasten- u. Osterzeit (→ Advent, → Fasten, → Ostern), der Heiligenfeste. Von den ebenfalls vermerkten lokal u. regional abweichenden Formen wurde später vieles als Mißbrauch u. Aberglauben von der normativen kirchlichen Literatur (Konzilsstatuten, Sündentraktate, Beichtbücher u. ä.) gerügt u. verboten. Die zahlreichen Drucke, bis 1894 insgesamt 94, bezeugen die Autorität u. bis in die Neuzeit reichende Wirkung des Werkes, das seinerseits zahlreiche ältere Texte kompiliert, aber auch durch eigene Beobachtungen ergänzt.

Durchkriechen, Durchziehen. Der magische Heilbrauch des D.s von natürlichen o. künstlichen Spalten u. Öffnungen an → Bäumen, Sträuchern, Felsen o. am Boden gründet in der elementaren Vorstellung, Krankheiten u. Gebrechen abstreifen zu können. Auch das ›Ausziehen‹ von Krankheiten u. Aufhängen der → Kleider von Kranken in Bäumen legitimiert sich von diesem Grundgedanken. Aus der Antike berichtet Marcellus Empiricus von einem erweiterten, analogistischen (→ Analogiezauber) Verfahren: »Wenn bei einem kleinen Jungen ein Bruch hervortritt, spalte einen jungen Kirschbaum, der auf seinen Wurzeln steht, in der Mitte, in der Weise, daß der Junge durch den Spalt hindurchgehoben werden kann, verbinde das Bäumchen wieder, bestreiche es mit Kuhmist und anderen feuchten wärmenden Mitteln, damit die Teile um so leichter miteinander zusammenwachsen können. Je rascher aber das Bäumchen zusammenwächst und vernarbt, desto schneller heilt der Bruch des Jungen« (*De medicamentis* 23,26). Im Frühmittelalter finden sich Zeugnisse in der → *Vita Eligii*, später bei → Burchard v. Worms (*Decretum* 19,165). Hans → Vintler schreibt: »do seind auch etleich ammen, / die selben nemen die jungen chint, / do seu erst geboren sint / und stossens durch ain häle« (*Blumen der Tugend* 7853). Aus nachmittelalterlicher Zeit sind Formen des D. von Wallfahrtsorten überliefert; Öffnungen zum D. besaßen Hochgräber von Heiligen (Ottograb in Bamberg, Brunograb in Würzburg).

E

Ebendorfer, Thomas, * 10. 8. 1388 Haselbach b. Stockerau (Niederösterreich), † 12. 1. 1464 Wien. Theologe, Prediger, Geschichtsschreiber. Studium in Wien, 1412 Magister u. 1412–25 Vorlesungen an der Artistenfakultät, 1428 Dr. theol. u. bis 1460 Professor an der theol. Fakultät, 1432–35 Gesandter der Wiener Universität beim Basler Konzil u. für König Friedrich III. Gesandter auf verschiedenen Reichstagen. Die zahlreichen Predigten E.s, insbesondere 11 über die Zehn Gebote (*De decem praeceptis*, Auszüge bei A. E. Schönbach: ZVK 12,3–14) enthalten vielfältige Angaben zum Aberglauben, über → Segen, → Charaktere, → Angang, → Unglückstage, → Astrologie u. a.

Eberwurz → Silberdistel

Edelsteine. Eine begriffliche Trennung von E.n u. Halbe.n ist heute nicht mehr üblich. Als E. werden alle Schmucksteine bezeichnet. Die historischen Nachrichten über E. lassen sich in zwei Gruppen einteilen: in eine naturwissenschaftliche E.kunde u. in eine exegetisch-symbolische. Mit dem 37. Buch der *Naturgeschichte* (*Naturalis historia*) des → Plinius erfährt eine ältere Tradition naturkundlichen E.wissens erstmals eine enzyklopädische Zusammenfassung, deren Wirkung weit in das MA u. darüber hinaus zu fassen ist. In den *Etymologien* (16,61 f.: *De gemmis*) bespricht → Isidor v. Sevilla die E., fügt jedoch, über Plinius hinausgehend, dem naturkundlichen Aspekt die etymologische Deutung verborgener, spiritueller Sinnbezüge der E.e hinzu. Allerdings sind beide Betrachtungsweisen auch später nicht immer deutlich voneinander zu trennen, vielmehr beeinflussen sie sich gegenseitig; auch werden eher mineralogisch begründbare Wirkungen nicht von symbolischen (→ Symbol) u. magischen (→ Magie) unterschieden, so etwa im → *Physiologus*. Nach Perioden eingeteilt, lassen sich drei Traditionen des E.wissens hervorheben: Eine griechische, die sich mit den äußeren Eigenschaften, besonders mit den medizinisch-medikamentösen Wirkungen beschäftigt, eine alexandrinische, die die magisch-astrologischen (→ Astrologie) Bezüge behandelt, u. eine christlich-jüdische, die, an die spirituelle E.deutung der biblischen Bücher anknüpfend (E. am Herrscher- u. Priesterornat: Sam 12,30; Ez 28,13; Ex 28.29; E. in der Beschreibung des himmlischen Jerusalems: Offb 21,18–21), eine reiche E.metaphorik u. -symbolik entfaltet. Auf die abendländische E.kunde haben seit frühmittelalterlicher Zeit insbesondere vier antike Texte gewirkt: Das genannte 37. Buch bei Plinius, der *Lithognṓmōn* des Xenokrates v. Aphrodisias (1. Jh. n. Chr.), die *Collectanea rerum mirabilium* des Gaius Julius Solinus (3. Jh. n. Chr.) sowie der *Pseudo-Damigeron* (5./6. Jh. n. Chr.). Christlicher Sammler u. Bearbeiter des antiken Wissens u. dessen Vermittler wurde → Isidor v. Sevilla, dessen Standardwerk (*Etymologiae*) dem mittelalterlichen E.wissen zur Basis wurde (16: *De lapidibus et metallis).* Als Träger übernatürlicher u. göttlicher Kräfte angesehen, besaßen die E. seit alters magische Bedeutung u. wurden als → Talisman u. → Amulett zur Erhaltung der Gesundheit u. zur Abwehr schädigender Einflüsse getragen. Seit ptolemäisch-römischer Zeit u. wahrscheinlich schon aus babylonischer Tradition knüpfen astrologische Deutungen die E. an die Sternbilder (→ Astrologie, → Horoskop) des → Tierkreises u. messen ihnen mit diesen Schicksalskräfte zu (→ Monatssteine). Die medizinische Verwendung, seit der Antike üblich, ist vom magischen Gebrauch nicht immer zu trennen. Die Kirche gestattete die Anwendung von E. zu Heilzwecken, insbesondere gegen → Besessenheit (→ Burchard v. Worms, *Decretum* 10,50; Synode v. Trier 1310, 82). Allerdings blieb das Wissen um die magische Wirkung erhalten, etwa bei Autoren wie Marbod v. Rennes (*Liber de gemmis*; Michael Psellos, *De virtutibus lapidum*) u. im vielleicht pseudepigraphischen Buch *De lapidibus* der → Hildegard v. Bingen (*Physica* 4). Hohe Blüte erlebte der E.glaube in der Renaissance. Marsilio → Ficino erklärte deren Wirkung mit dem Einfluß der Gestirne u. betonte die verstärkende Wirkung eingeritzter Zeichen u. Symbole (ähnlich → Agrippa v. Nettesheim, *De occulta philosophia*; → Charakter, → Sigillum). Hieronymus → Cardanus (*De subtilitate rerum*) hält die E. aufgrund ihres höheren → Alters für wunderkräftiger u. mächtiger als pflanzliche u. tierische Stoffe. Jeder schön geschliffene E. entfalte die Kraft, Liebe, Reichtum u. langes Leben zu bewirken. Der gegenwärtige Glaube an E. sowie ihr medizinisch-magischer Gebrauch lebt vor allem von der Rezeption einer ›Hildegard-Medizin‹.

Ehe, mhd. *ē(we)*, ahd. *ēwa, ēwi* ›Sitte‹, ›Recht‹, ›Gesetz‹; die Bedeutung ›Ehevertrag‹ sondert sich erst in mhd. Zeit ab, ist jedoch früher schon im Altenglischen belegt. Als soziale Institution des dauerhaften Zusammenlebens zweier Personen verschiedenen Geschlechts ist die E. schon sehr jungen Leuten ein höchst erstrebenswerter Zustand, über den Auskunft zu erlangen überaus zahlreiche prognostische Verfahren im Gebrauch u. erprobt sind: Wann u. mit wem findet die → Hochzeit statt, u. wird sie glücklich? Wie wird er sein, fragen die Mädchen: »krump oder plump? mild oder wild? Ein Tölpel oder Lauer? Ein Herr oder ein Bauer? Von Adel oder von der Nadel? kalt oder warm / reich oder arm?« (Abraham a Santa Clara, *Lauber-Hütt* 1,56). Der Fundus an → Orakeln ist unübersehbar. Die → *Rockenphilosophie* beispielsweise weiß: Wenn eine Jungfrau zur → Weihnacht o. Mitternacht an den Hühnerstall klopft u. der → Hahn kräht, bekommt sie einen Mann, wenn eine Henne gackert, keinen. »Will man wissen, wenn man heirathen wird, so muß man am Johannisabend [→ Johannistag] einen Kranz von neunerlei Blumen machen, ihn rückwärts und ohne zu reden, auf einen

Baum werfen; so oft er herunter fällt, so viele Jahre muß man noch warten« (*Neue Bunzlauische Monatsschrift* 9, 279f.). Zieht man aus einem Holzhaufen einen Scheit, so kann man über die Gestalt des Zukünftigen etwas erfahren, je nachdem, ob dieses krumm o. gerade ist (→ Einfriedigung). Das Glück u. die Beständigkeit der E. zu schützen, helfen segensstiftende u. unheilabwehrende Mittel (→ Apotropaion, → Amulett, → Talisman). Die Brautkrone, vielerorts seit dem MA bezeugt, enthält oft geradezu ein Agglomerat magischer Mittel (→ Magie) u. kräftiger Zeichen: → Sonne, → Mond, (→ Kreis), → Knoten, runde u. achteckige → Spiegel u. a. m. → Hochzeit

Ei. Symbolkraft u. magische Bedeutung des Eis gründen in seiner Natur, gleichsam als toter Gegenstand Leben hervorkommen zu lassen. In kosmogonischen Mythen (→ Kosmologie) gilt es als Ursprung der Welt, in der christlichen Symbolik (→ Symbol) als Bild der Auferstehung → Christi u. der Hoffnung auf ein künftiges Leben, im Gabenbrauch als Zeichen der Wiedergeburt. Die symbolische Gleichsetzung von Ei u. Leben begründet seinen umfassenden Gebrauch im Zauber (→ Magie); allerdings darf nicht übersehen werden, daß auch die sakramentalische (→ Sakramentalien) Bedeutung des Eis, wie sie seit dem 12. Jh. die liturgische Eierweihe (*Benedictio ovorum*; vgl. Franz, *Benediktionen* 1,589–594) bezeugt, den Gebrauch von Eiern in praktischen Zweckzusammenhängen legitimiert. Den geweihten Eiern, unter denen besonders die Gründonnerstagseier (›Antlaßeier‹, → Gründonnerstag) als vielfach geeignet erschienen, schrieb man besondere Kraft zu; sie wurden im Acker u. unter den Saaten vergraben, um Gedeihen zu wirken, o. in die zuerst gebundene Korngarbe gelegt. Das Ei gilt als Stärkungsmittel u. → Aphrodisiakum, ist im Futter gut für das Vieh, besitzt viele Anwendungsbereiche. Es wehrt Unheil ab; im Bauholz verpflöckt (→ Verpflöcken) o. anders gebraucht, schützt es das → Haus vor → Blitz. Andererseits wird es auch im Schadenzauber genutzt: → Hexen vergraben Eier im Feld, um das Vieh zu verderben (1540; BPommVK 9,2) o. legen sie unter die Schwelle, um gleiches zu bewirken u. Menschen zu schaden: »Als ich vor vielen Jahren Physicus Ord. zu Giengen war / seyn wir einsmals in dem Hauß / wo wir damals gewohnet / fast immerzu kranck gewesen / mein Töchterlein hat eine lange Zeit weder stehen noch gehen können / und seyn unsere Kühe und Geissen hinckend worden und verkrummet. Endlich hat meine Magd ungefähr unten in dem Hauß unter der Thürschwellen ein grünes Häfelein / darinnen ein Ey in ein leinenes Tüchlein gewickelt / und auff eine besondere Weiß mit Faden umwunden gewesen / gefunden / und hervor gezogen / nach welchem das Ubel nachgelassen / und es mit Menschen und Vieh in dem Hauß besser worden ist« (Gockelius, *Tractatus* 57). Zu Zwecken des → Orakels diente das Ei schon den Römern. Sie beobachteten, wie sich ein ins Feuer gelegtes Ei verhielt (Scholien zu Persius, *Saturae* 4,185). Verbreitet waren → Eierorakel zu → Weihnachten, → Neujahr u. → Ostern, etwa die Figuren zu deuten, die ein verrührtes Ei im Wasser macht.

Eiche. Unter den zahlreichen europäischen Arten sind die wichtigsten die Stiel-E. (Quercus robur) u. die Trauben-E. (Quercus petraea). Erstere wächst eher im Tiefland u. geht selten über 1000 m hoch, letztere ist ein Gehölz des Bergvor- u. Hügellandes. Als großer, kräftiger Baum, der ein hohes Alter erreicht, galt die E. Griechen, Römern, Kelten, Germanen u. anderen Völkern als heiliger → Baum (vgl. Vergil, *Georgica* 2,331 ff.). Sie war dem Himmels- u. Donnergott heilig (Zeusheiligtum in Dodona: *Odyssee* 19,296 f.; Pausanias 8,23,4. – Jupiter-E. auf dem capitolinischen Hügel: Livius 1,10,5 ff. – Kelten: Maximus v. Tyros 2,8. – Donar-E. im hessischen Geismar, von → Bonifatius gefällt: MGH SS 2,343), wurde aber auch der Unterwelt, besonders der → Hekate u. den Erinyen, zugeordnet (Seneca, *Oedipus* 539 ff.). Die Verbindung der E. mit dem Gewittergott mag späteren Vorstellungen zugrunde liegen, die den Baum mit → Blitz u. → Feuer in Zusammenhang bringen, sieht man von der Erklärung ab, daß E.n besonders häufig vom Blitz getroffen werden. Denn der Regel ›Eichen sollst du weichen‹ liegt keine naturwissenschaftliche Erklärung zugrunde, sondern eher die Überlieferung, Judas habe sich an einer E. erhängt. Zahlreiche Sagen berichten von Teufels- u. Hexen-E.n. → Hexen machen Wetter (→ Wettermachen) mit E.nlaub o. töten Tiere damit: »Michel Agnes hette sie auch gelernt, sie solt morgens früh hinaußgehen vnd ein reiß brechen von einem eichbaum vnd vber ein kuhe streichen, so sturbe sie« (Hexenprozeßnachricht, 1596: ZDMyth 2,71). Doch wirken die Blätter des Baumes auch als → Apotropaion: Sie vertreiben → Schlangen (Mizaldus, *Hortorum secreta* 1575, 1, 16^r) o. wirken, der tragenden Kuh ins Futter gegeben, gegen Milchzauber (14./15. Jh., bei → Grimm, *Mythologie* 3,416,18). Als → Amulett in Form eines Armbandes wurden Teile der »Eichbaum-Mistel« gegen die Fallsucht (→ Epilepsie) getragen (Schneider, *Geheimnisse* 1696). An E.n werden Krankheiten übertragen, verbohrt u. verpflöckt. Besonders geeignet sind sie zum → Durchkriechen.

Einfriedigung heißt das, was ein Stück Land o. ein Objekt schützend umgibt u. vorwiegend besitzrechtlichen u. wirtschaftlichen (Schutz, Viehhege) Zwecken dient. Die E. ist Grenze zwischen dem bergenden Drinnen u. dem drohenden Draußen, sie sichert → Haus u. Hof u. seine Bewohner. → Geister vermögen sie nicht zu überschreiten; sie halten sich deshalb an ihr auf u. treiben dort ihr Unwesen, etwa die dämonische ›Zaunreiterin‹ (altnord. *túnriða*). So kann die E. zum Zauberort werden. Eine → Hexe zaubert, einem Hexenprozeß von 1521 zufolge, an einer Zaunstiege mit einem Topf, in dem sich Rattenpulver, das → Herz einer → Schlange, das → Haar einer → Alraune u. a. befinden (Mackensen, *Tacitus bis Luther* 52). Heilzauber bewirkt das → Durchkriechen des Zaunes. Kinder, die sich erbrechen, legt man auf den Zaun u. läßt das Erbrochene von Vögeln fressen; dann wird das Kind gesund (15. Jh.; Johann v. Wünschelburg, *Tractatus de superstitionibus*). Auch im Orakelwesen (→ Orakel) ist die E. von Bedeutung. → Thomas Ebendorfer erwähnt Eheorakel (→ Ehe, → Hochzeit) an »langen Zäunen« zur → Weihnacht (»querentes scire futura a longis sepibus«; ZVK 12,8), ebenso eine Handschrift des späten MA, in der es heißt, daß die Mädchen »in den unternachten« (Zeit zwischen Weihnachten u. → Drei Könige; → Zwölften) an den »sommerhohen« Zaun liefen: »pegreifft sy ainen langen stekchen so wird ihr ein langer man« (→ Grimm, *Mythologie* 3,419,49).

Eingeweide. Als Sammelbegriff der in den Höhlen des Körpers enthaltenen Organe wird das E. in superstitiösen Zusammenhängen, anders als die Einzelorgane wie → Herz o. → Leber, seltener thematisiert. Auf organtherapeutischen Auffassungen beruht das ›balneum animale‹ (Detmoldt, *De balneo*), bei dem der erkrankte Körperteil o. der Kranke selbst in den geöffneten Leib geschlachteter Tiere eingeschlagen wird. Eine irische Vereinigung zauberischer Personen des 14. Jh. kochte Salben u. bereitete Pulver aus den E.n von → Hähnen (1324; Hansen, *Quellen* 341); eine Aberglaubensliste von 1387 verurteilt, gegen »Stechen« aus E.n bereitete Tränke zu trinken (Schönbach, *Zeugnisse B. v. R.* 135).

Einhorn, fabelhaftes Tier in Gestalt eines Pferdes o. Esels mit langem, gewundenen, spitzen Stirnhorn. Die *Septuaginta*, die griechische Fassung des AT, übersetzt das hebräische ›reem‹, ›Wildstier‹, mit ›monókerōs‹. Die *Vulgata*, deren lateinische Übersetzung, hat dafür ›rhinocerus‹, ›monocerus‹ u. ›unicornus‹. Ausgangspunkt der Sagen vom E. dürfte das indische Nashorn sein (→ Aristoteles, *Historia animalium* 2,1,499b20; → Plinius, *Naturalis historia* 8,76). Hauptquelle späterer Berichte war Ktesias v.

Knidos (*Indiká*: FGrH 688F45q), dem zufolge das Trinken aus einem E.becher Krankheiten, u. a. → Epilepsie, verhindere. Der → *Physiologus* sowie → Isidor v. Sevilla (*Etymologiae* 12,2,12) fassen die älteren Nachrichten zusammen u. überliefern sie dem MA, insbesondere dessen → Bestiarien. Die E.-Fanggeschichte des → *Physiologus* (22), wonach nur eine reine Jungfrau, der das Tier sein Horn zutraulich in den Schoß lege, das E. zu zähmen vermöge, begründet die christliche Symbolik (→ Symbol) der Menschwerdung → Christi. In diesem heilsgeschichtlichen Bezug erwuchsen dem Horn des E. unermeßliche u. universale Kräfte. Es wurde zum bedeutendsten u. mächtigsten → Amulett u. → Talisman des Abendlandes bis in die Renaissance hinein. Die Hörner, mit denen gehandelt wurde, waren Zähne vom Narwal o. fossile Funde.

Eisen. Die Gewinnung von Eisen aus Erzschmelze ist seit etwa 1500 v. Chr. im Kaukasus u. in Kleinasien (Hethiter) bekannt. Die Zeit der Verwendung von E. als Gebrauchsmetall (E.zeit) setzt in Europa um 1000 v. Chr. ein. Zuvor schon war den Völkern des Altertums E. als eine Substanz bekannt, die in Meteoriten enthalten war. Sie schien dem Menschen vom Himmel, den man sich auch als eisernes Gewölbe vorstellte, geschenkt. So bedeutet das sumerische Wort AN.BAR ›Himmels‹- o. ›Sternmetall‹. Auch dem verhütteten E. maß man überirdische Kraft zu. Die Kunst seiner Herstellung, seine Härte, insbesondere auch seine magnetischen Eigenschaften (→ Magnetismus) umgaben es mit der Aura des Geheimnisvollen u. Zauberischen. Gegenstände aus E., Nägel, → Ringe, → Schlüssel u. a., dienten als Abwehr- und Schutzmittel (→ Apotropaion). Die Antike berichtet von Zaubernägeln, mit denen man anderen Schmerzen zufügt: Wenn man sie einschlage, müsse man intensiv an die Person denken, der man schaden wolle (Magietheoretiker des 16. u. 17. Jh. knüpfen an dieses Glaubenszeugnis Überlegungen über Kraft u. Reichweite der Imagination). Insbesondere galt das Pferdehufeisen als magisch u. apotropäisch wirksam; es wehrt Übel ab u. bringt Glück. Über Wunder, die man mit einem »huefnagel« wirke, spottet Hans → Vintler (*Blumen der Tugend* 7943 f.). Überaus vielfältig sind die Hoffnungen, die man an den Gebrauch von Hufeisen knüpft. Wenn man Pferden »Gebisse und Mund-Stücke« aus E. schmiedet, »damit einer umgebracht worden«, so werden diese »fromm, gedultig und gehorsam, wann sie gleich noch so wild oder beißig sind« (*138 Geheimnisse*, 1732, bei Hansmann/Kriß-Rettenbeck, *Amulett* 287).

Ekliptik (griech. *ekleiptikḗ grammḗ*, *ekleiptikós kýklos*, lat. *ecliptica linea*), nach der Lehre des → Ptolemaios der astrologisch bedeutsame Kreis, auf dem die scheinbare Bahn der → Sonne während ihres Jahres (→ Jahreszeiten) verläuft. Die E. schneidet schräg den Äquator u. wird von den beiden Wendekreisen (Frühlings- u. Herbstpunkt; → Sonnenwende) begrenzt. Sie überlagert sich der Fixsternsphäre u. durchläuft die 12 Abschnitte des → Tierkreises. Der Name besagt, daß auf dieser Bahn die → Finsternisse stattfinden (*ékleipsis*: ›Untergang‹, ›Verschwinden‹, ›Finsternis‹).

Ekstase (griech. *ékstasis*) bezeichnet zunächst eine Ortsveränderung, dann ein ›Nicht-bei-sich-sein‹, ›Außer-sich-sein‹. Die Entrückung (→ Trance) gehört zu den elementaren Formen religiösen Erlebens. Sie kann spontan auftreten o. künstlich durch Askese, → Fasten, Musik, Tanz o. durch → Drogen (→ Teufelsdreck) hervorgerufen werden. Ihre Erlebnisinhalte werden als göttliche Offenbarungen empfunden u. legitimiert. Insbesondere Propheten, Wahrsager (→ Wahrsagen) u. Heiler empfangen ihre Offenbarungen u. Weisungen in ihr. So bezeichnet auch das lat. *superstitiosus* ursprünglich den ›Wahrsager‹ als einen im Zustand ekstatischer Erregung weissagenden Propheten (*super-stitiosus* im Wortsinn des ›Darüber-stehens‹, ›Empor-steigens‹ der Seele; Otto, *Religio u. Superstitio* 550–552). Charakteristisch für die Sprache des Ekstatikers ist das Lallen u. Zungenreden (→ Glossolalie). AT u. NT kennen den ekstatisch verzückten Propheten (1 Sam 10,5ff; 19,20ff.; Apg 10,10; 11,5; 22,17). Im Pfingstgeschehen (→ Pfingsten) beschreibt die *Apostelgeschichte* eine glossolalische Massen-E. im Jüngerkreis → Christi. In Griechenland waren ekstatische Kulte verbreitet (Eleusis) u. weissagten die Priesterinnen von Delphi (→ Pythonissen) im → Enthusiasmus. Neben einer positiv bewerteten E. kannte das NT sie allerdings auch als Form der → Besessenheit (Apg 16,16–19). Auch die mittelalterlichen Heiligenlegenden sehen in ihr eine solche. Dennoch kannte das MA auch zahlreiche Fälle von Offenbarungen im Zustand der E. (Birgitta v. Schweden, Katharina v. Siena, Dionysius der Kartäuser u. a.). Im Hexenwesen (→ Hexe) scheint der Gebrauch von → Hexensalben zu drogeninduzierten E.n verholfen zu haben, in denen orgiastische Bilder u. Empfindungen sowie Erlebnisse der Tierverwandlung eine zentrale Rolle spielten. Im nordgermanischen, subarktischen u. arktischen Raum wird die E., wie sie den Berserker-Gang u. schamanistische (→ Schamane) Entrükkungen kennzeichnet, u. a. dem Genuß des Fliegenpilzes zugeschrieben. Auch der süd- u. mittelamerikanische Bereich kannte die toxische E.

Elementargeister. Den Glauben an → Geister u. → Dämonen, die in den → Elementen wohnen bzw. ihnen zugeordnet werden, bezeugt → Paracelsus im Versuch einer systematischen Ordnung der einzelnen Wesen (*Liber de nymphis, sylphis, pygmeis et salamandris et de caeteris spiritibus*): In der Erde wohnen die Gnomen, im Wasser die Undinen, in der Luft die Sylphen, im Feuer die Salamander. Sie entstammen ihm zufolge dem Chaos u. suchen, um eine eigene Seele zu gewinnen, mit dem Menschen in den Stand der → Ehe zu treten (Melusine). Der paracelsischen Gruppierung gehen ähnliche Versuche schon innerhalb der kosmologisch-dämonologischen Entwürfe des → Neuplatonismus voraus (→ Iamblichos, → Proklos), wie sie von den Renaissancegelehrten u. -magiern wieder aufgegriffen werden (→ Johannes Trithemius, *Buch der acht Fragen*; → Agrippa v. Nettesheim, *De occulta philosophia*). Die christliche → Dämonologie sieht in ihnen gefallene → Engel, also → Teufel. Man opfert ihnen, um sie günstig zu stimmen. Verbreitet ist das ›Windfüttern‹, bei dem Mehl u. bestimmte Speisen (→ Essen u. Trinken) in den Wind gestreut werden. Die Beschwörung (→ Beschwören) der E. in Goethes *Faust* (Studierstube) steht in paracelsischer Tradition: »Wer sie nicht kennte / die Elemente, / ihre Kraft / und Eigenschaft / wäre kein Meister / über die Geister.«

Elemente (lat. *elementa* ›Grundstoffe‹, griech. *stoicheía* ›Buchstaben‹). Die Lehre von den vier E.n (→ Feuer, Luft, Wasser, → Erde) geht auf Empedokles (492–432 v. Chr.) zurück. Er sah in ihnen die »vier Wurzeln aller Dinge« (Frg. B6). Platon setzt sie mit vier regulären Polyedern gleich (Tetraeder/Feuer; Oktaeder/Luft; Ikosaeder/Wasser; Hexaeder/Erde) u. ordnet ihnen vier Klassen von Lebewesen zu: Gestirne, Luft-, Wasser- u. Landtiere (*Timaios* 39e–40a). Auch → Aristoteles übernahm die vier empodekleischen E. Seiner Lehre zufolge bestehen sie aus der eigenschaftslosen Urmaterie sowie je zweier von vier Qualitäten (Feuer / warm u. trocken; Luft / warm u. feucht; Wasser / kalt u. feucht; Erde / kalt u. trocken). Die antike → Alchemie suchte die aristotelische Urmaterie aus diesen Verbindungen zu isolieren u. sodann in die Edelmetalle (→ Metall) o. den → Stein der Weisen zu überführen. Von besonderer Wirkung auf die spätere astrologische u. magiologische Systematik ist die spätantike, im Gedanken der → Entsprechungen von → Makrokosmos u. Mikrokosmos gegründete Parallelisierung der E. mit anderen kosmologischen u. anthropologischen Vierergruppen gewesen (Winde, → Jahreszeiten, Lebensalter, Temperamente, Körpersäfte). Die → Astrologie ordnete sie in Nachfolge der → Kosmologie des → Neuplatonismus den

→ Planeten u. Engelschören (→ Engel) zu: Feuer/Sonne, Mars, Seraphim; Luft/Jupiter, Venus, Cherubim; Wasser/ Saturn, Merkur, Erzengel; Erde/Fixsterne, Mond, ›Herrschaften‹ u. ›Fürstentümer‹ (→ Agrippa v. Nettesheim, *De occulta philosophia* 2,7; *Magische Werke* 2,36–40[a]).

Elixier (arab. *al-iksīr* ›Stein der Weisen‹, von griech. *xērion* ›trockenes Pulver‹, abgeleitet). In der → Alchemie Bezeichnung eines durch chemische Prozesse zu gewinnenden Urstoffes (→ Elemente), von dem die Verwandlung (Transmutation) der Metalle in → Gold ausgehen sollte. → Stein der Weisen (›lapis philosophorum‹) heißt das E. in weitester Bedeutung, sofern damit das Produkt der Reduktion auf die Ursubstanz gemeint ist, von dem die Erneuerung eines Dinges in seiner höchsten Vollkommenheit ihren Anfang nehmen sollte. Je nach dem Herstellungszweck u. dem Anwendungsbereich des E. ist zu unterscheiden: (1) In der alchemistischen Metallurgie (→ Metalle) das E. zur Herstellung von Gold. (2) In der Heilkunde u. Therapie das E. als Allheilmittel (Panazee) u. das verdünnte E. (›aurum potabile‹) zur Verjüngung u. Verlängerung des Lebens (›Lebens-E.‹). (3) In der Pharmazie u. Chemiatrie (→ Iatrochemie) E. als Name für alkoholische Drogenauszüge u. Drogendestillate sowie im weiteren Sinne als Name für jede flüssige Arznei, die gelöste Stoffe enthält.

Elster. Rabenvogel mit schwarz-weißem Gefieder, der aufgrund seiner Fähigkeit, die menschliche Sprache nachzuahmen, früh beachtet worden ist u. im → Angang eine Rolle spielt. Die Freude der E. an der Sprachimitation u. »daß sie sterben, wenn sie der Schwierigkeit eines Wortes nicht gewachsen sind«, erwähnt → Plinius (*Naturalis historia* 10,118). Das *St. Trudperter Hohelied* (um 1160; 95,15: »agelster«) nennt die E. bei Nennung verschiedener → Orakel u. Omina (→ Omen). Ihr Fliegen u. Rufen bedeutet allgemein Unglück u. Tod. Sie kündet Besuch an u. gilt als Wetterprophet (→ Wetter). In der → Volksmedizin hat ihr Wippen u. Wackeln auf sympathetische Beziehungen (→ Sympathie) zur → Epilepsie geleitet.

Emanation (lat., ›Ausfließen, Ausfluß‹), ein wichtiger Begriff der → Gnosis u. des → Neuplatonismus: Aus dem ›Ur-Einen‹ emaniert, ohne dieses zu mindern, der Geist, aus diesem die Seele u. aus dieser die sichtbare Welt (→ Plotin, *Enneades* 5). Der Gedanke begründet die Möglichkeit der Vorstellung eines nach Kriterien der → Sympathie strukturierten Kosmos, in dem alles nach morphologischen Gesichtspunkten geordnet, aufeinander u. auf das Göttliche bezogen ist. Magisches Handeln (→ Magie) sucht, vermittels der Aggregation einzelner sympathetisch aufeinander bezogener Elemente dieses Zusammenhanges der in ihnen wirksamen göttlichen Kräfte teilhaftig zu werden.

Endor, Hexe von, Wahrsagerin (→ Wahrsagen) des AT, die dem König Saul den verstorbenen Samuel beschwört (1 Sam 28,5–8; 13–14; → Nekromantie). Die *Vulgata*, die lateinische Bibelbearbeitung des Hieronymus, nennt sie eine Frau, die von einem »Pytho«, einem ›Wahrsagegeist‹, besessen sei, u. bezieht sich so sprachlich auf die Pythia, die Orakelpriesterin von Delphi (→ Pythonissen). In der *Septuaginta*, der griechischen Fassung des AT, wird sie eine Engastrimantin (→ Engastrimantik) genannt.

Engastrimantik (von griech. *gastḗr* ›Bauch‹ u. *mantikós* ›weissagend‹), → Wahrsagen durch Bauchreden. Die E. war den Griechen bekannt. Da die Stimme des mit geschlossenem Mund redenden Bauchredners nicht von ihm selbst, sondern anderswo herzukommen scheint, lag der Gedanke nahe, daß der Engastrimant einen → Geist reden läßt. Berühmtheit erlangte die sog. ›Hexe v. → Endor‹, die die *Septuaginta* ›Engastrimantin‹ nennt (1 Sam 28,5–8; 13–14). Das MA hat die Stelle häufig erörtert (Petrus Comestor, *Historia scholastica*, *Liber Deuteronomii* 8: »ventriloqua«; ebenso: Hinkmar v. Reims, *De divortio Lotharii et Tetbergae* 15; Gottfried v. Admont, *Homilia* 65: »Pythones in ventre habentes«, »Pythonen im Bauch habend«). → Pythonissen

Engel (griech. *ángeloi* ›Boten‹), vielen Religionen bekannte gottähnliche Wesen in Menschengestalt o. tierartig. In der Bibel gehören sie zum Hofstaat Gottes (Jak 1,6–12), erscheinen als seine Vertreter u. Abgesandten (1 Chr 21,18; Lk 1,26), sind Werkzeuge seiner Ratschlüsse (Ps 35,5 f.), Schutzgeister des Menschen (Mt 18,10) u. Offenbarer eschatologischer Geheimnisse (Offb 17,1,7). Die Ausbildung einer christlichen E.lehre (Angelologie) ist wesentlich von Gedanken des → Neuplatonismus bestimmt (Dionysios Areopagites, 6. Jh.; Johannes Scotus Eriugena, 9. Jh.). Ambrosius sieht die Welt »von Engeln erfüllt, Luft und Erde, Meer und Kirche, denen Engel vorstehen« (*In Psalmum 118 Sermo* 1,9). Das AT erwähnt Söhne Gottes, die sich mit irdischen Frauen verbanden (Gen 6,2.4). Sie wurden als E. gedeutet, die in Sünde gefallen sind. Aus ähnlichen Vorstellungen wurde der Gedanke vom E.sturz entwickelt, der Verstoßung unwürdiger E. aus dem Himmel, wie sie das NT voraussetzt (Joh 8,44; 2 Petr 2,4). Als Grund der Verstoßung gilt ihre Weigerung, Adam zu huldigen (Apokalypse des Sedrach 5,2 f.) o. der Wunsch eines Erz-E. (→ Luzifer), seinen Thron zu Gott zu erhöhen (2 Henoch 29,4 f.). Die gefallenen E. halten sich in der Luft o. im → Feuer der Hölle auf, sind → Dämonen bzw. → Teufel. Sie haben die Zauberei u. → Magie erfunden sowie die → Divination u. → Astrologie eingeführt (→ Augustinus, *De civitate dei* 21,6; → Hrabanus Maurus, *De magicis artibus*; → Thomas v. Aquin, *Summa theologiae* 2,2,94,4) u. täuschen, indem sie scheinbare Wunder hervorbringen, den Menschen, um von diesen für Götter gehalten u. angebetet zu werden. Sie sind es, die hinter den Götterbildern der Heiden stecken u. diese zum Götzendienst (→ Idolatrie) verführt haben (Augustinus, ebd. 1; 2; 9).

Enthusiasmus (griech. *enthousiasmós* ›göttliche Einwirkung‹, ›Begeisterung, Verzückung‹). Vergleichbar der → Besessenheit, doch als höherwertig empfunden, bezeichnet E. den Zustand der Einwohnung eines Gottes im Menschen. Während die → Ekstase den Zustand des ›Außersichseins‹ meint, zielt der Terminus E. auf die Empfindung des Erfülltseins u. der Überwältigung von einer numinosen Wesenheit, die an die Stelle des Selbst tritt u. den Enthusiasten mit neuer Einsicht u. Kraft, Worten u. Taten erfüllt.

Entsprechungen o. Analogien (→ Analogiezauber). Die Lehre von den E. gründet in der Annahme von ›Signaturen‹, die vom Schöpfer allen Kreaturen als Ausdruck ihres inneren Wesens eingeprägt sind: → Farbe, Geruch, Geschmack, Gebärden, Sitten, das Angesicht des Menschen (Ps.-Abraham v. Franckenberg, *Gemma magica* 3,1–7). Unter den Kreaturen des → Makrokosmos u. Mikrokosmos besteht ein Verhältnis der → Sympathie o. Antipathie, ein systematisierbarer Zusammenhang von Bindungen u. Korrespondenzen: »Die Sonne im Kosmos und das [→] Gold in der [→] Erde korrespondieren mit dem [→] Herzen im Menschen als der Mitte des Mikrokosmos« (Ohly, *Signaturenlehre* 13). Die Theorie der → Magie hat seit der Zeit des → Neuplatonismus diesen Zusammmenhang erörtert u. von ihm als kosmischem Prinzip her die magische u. divinatorische Praxis (→ Divination) legitimiert bzw. deren Effizienz begründet.

Enzian (lat. *gentiana*), Pflanzengattung der vielartigen Familie der Gentianaceae. Der gelbe E. (G. lutea; Bitterwurz, Fieberwurz u. a.), eine gelbblühende Staude, wächst auf Gebirgswiesen Südeuropas, bei uns auch in Südbayern, auf der Schwäbischen Alb u. im Schwarzwald. Der Name G. leitet sich, wie → Dioskurides (*Materia medica* 3,3) u. → Plinius (*Naturalis historia* 25,71) mitteilen, vom illyrischen König Gentius († 167 v. Chr.) her, der die Pflanze als Pestmittel empfohlen habe. Heilmittel aus E. werden bei Kopfschmerzen, Verdauungsbeschwerden, Leber- u. Nierenleiden (→ Hildegard v. Bingen, *Physica* 1,31), bei Geschwüren u. Vergiftungen (→ Albertus Magnus, *De vegetabilibus* 6,353) sowie bei Herzschmerzen gebraucht: »Wer aber solchen Schmerz des Herzens leidet, wie wenn es kaum an einem Strang hinge, der pulverisiere Enzian, und er esse dieses Pulver in Suppen, und es stärkt sein Herz« (Hildegard, ebd.). Der blaublühende E. (G. cruciata; Kreuz-E.) wird als ›Madelgeer‹ im → Liebeszauber verwendet.

Ephemeriden (von griech. *ephēmérios* ›zum Tage gehörig‹), Tagebücher. Tabellen mit den Vorausberechnungen der Gestirnskonstellationen u. zumeist mit Angaben zu den Feldern des → Tierkreises. Erste E. stammen von Peuerbach für die Jahre 1450–61 sowie von Regiomontanus für 1475–1506. → Horoskop

Ephesische Buchstaben (griech. *Ephésia grámmata*, lat. *Ephesiae litterae*), unverständliche Zauberworte (→ Buchstabensymbolik) der Antike, die auf dem Bild der Artemis von Ephesus gestanden haben sollen. Die E. B. wurden auf → Amulette geschrieben u. sollten zum → Exorzismus geeignet sein.

Ephialtes (griech. *ephiáltēs* ›Aufspringer‹, → ›Alp‹, lat. → *incubus*), antiker Etymologie zufolge der auf den Feind bzw. auf die Brust des Schlafenden springt‹ (*ephállomai*). → Dämon des Alpdrucks sowie des Alptraums. Ursprünglich bezeichnete E. den Incubustraum.

Epilepsie, zu griech. *epilambánō* ›überfallen‹, ›ereilen‹; mittellat. ›morbus caducus‹, dt. ›Fallsucht‹. Schon babylonische Texte seit 1050 v. Chr. enthalten sorgfältige Beschreibungen der E. u. bringen sie mit Göttern u. → Dämonen in Verbindung. Neben einer auch pathologischen Deutung, die die E. von dem Einfluß des → Mondes (*Vita Eligii* 707), einer Erkrankung des Gehirns o. von Veränderungen des Säftehaushaltes her erklärt, begründet die religiöse Interpretation (›Heilige Krankheit‹) eine sakramentalische (→ Sakramentalien) u. magische Heilpraxis (→ Magie). Das Christentum erklärt die E. in Nachfolge neutestamentlicher Auffassung (Mt 17,14–21) als Form dämonischer → Besessenheit (Origenes, *Commentarius in Matthaeum* 17,14) u. wendet gegen sie den → Exorzismus an. → Plinius nennt verschiedene Heilmittel, u. a. das → Blut von Gladiatoren (*Naturalis historia* 28,4: »Die Epileptiker trinken sogar das Blut der Fechter [gladiatori], gleichsam aus lebenden Bechern, was schon schrecklich genug anzusehen ist, wenn es auch wilde Tiere auf demselben Kampfplatz tun«). Minucius Felix referiert die Meinung, Jupiter habe gelehrt, Menschenblut gegen sie anzuwenden (*Octavius* 30,5). → Hildegard v. Bingen empfiehlt ein Rezept u. a. aus getrocknetem Maulwurfsblut sowie pulverisierten Entenschnäbeln u. Gänsefüßen: »Weil sich der Maulwurf manchmal zeigt und sich manchmal auch wieder verbirgt und weil er in der Erde zu graben pflegt, widersteht sein Blut dieser Krankheit, die man auch manchmal merkt und die manchmal wieder verborgen bleibt« (*Causae et curae*, übers. Pawlik, 248 ff.). Eine genauere Rezeptur gibt Johannes Seitz: »Nimm einen lebendigen Maulwurff / schneide selbigen mit einem scharpffen Messer mitten voneinander / und lasse das Blut in einen Becher voll warmen rothen Wein lauffen / schneide alsdann das Ingeweid gantz geschwind auf ein Brett oder Tisch gelegt zu gar kleinen Theilen / mische es mit dem vorigen Wein / und trincke es auf einmahl aus« (*Trost der Armen* 486). → Konrad v. Megenberg hält zur Linderung den Rauch von → Bernstein für geeignet u. empfiehlt ansonsten neben → Wacholder u. → Salbei, die Raute, die → Pfingstrose o. einen → Smaragd in der Hand zu halten (4,20; 5,36.62.67.96; 6,39.67). Man kann auch einen Riemen aus Hirschleder unter Zitierung religiöser Formeln anlegen u. diesen darauf einer → Leiche mit ins → Grab geben (12. Jh.; ÖNB Wien, Cod. Vindob. 2532, 124v). → Segen u. → Amulette gegen E. nennen die Heiligen → Drei Könige. Sie wurden mit der Fallsucht in Verbindung gebracht, da sie vor dem Jesuskind nieder›gefallen‹ sind, wie auch der hl. Valentin, dessen Name einen Bezug zum ›Fallen‹ zu enthalten schien, gegen die Krankheit angerufen wurde. Man trug die → Namen u. Texte auf Zetteln in geweihten Säckchen, oft unter Beifügung des Namens des Epileptikers, am Körper (14./15. Jh.; ÖNB Wien, Cod. Vindob. 3071, 102) o. man flüsterte sie dem Kranken bei einem Anfall ins Ohr (→ Hollen, *Praeceptorium divinae legis* 25^r).

Erde. Zu unterscheiden ist prinzipiell zwischen der E. insgesamt als einer kosmischen Größe, dem Bereich des Unterirdischen, in dem eine Vielzahl chthonischer Gottheiten u. Mächte angesiedelt sind, der E. als → Element o. der E. als Erdkrume, wenngleich zahlreiche Verbindungen zwischen diesen Bereichen bestehen. In jedem Sinn kommt der E. mythische, religiöse u. magische Bedeutung (→ Magie) zu. Zahlreiche Mythen erzählen von der Erschaffung der E. u. dem Hervorgehen o. der Erschaffung des Menschen aus ihr sowie von ihrer Heiligkeit als Mutter alles Lebens. Sie ist eine Kraftquelle, besitzt zauberkräftige Eigenschaften u. Heilkraft, die man in Höhlen, Steinen, Bergen, Sümpfen u. auf Äckern erfahren kann. Man legt das neugeborene Kind (→ Geburt) auf die E., ißt (→ Essen u. Trinken) zu Heilzwecken von ihr. Besonders wirksam ist die E. vom → Friedhof. Sie bewahrt das Vieh vor Krankheit, schützt gegen den → Bösen Blick. → Warzen sollen absterben, wenn man Graberde (→ Grab) darauftut. → Hexen u. Zauberer beziehen ihre Kraft aus der Erde. Gefangengenommen, verwahrt man sie so, daß ihre Füße den E.boden nicht berühren können. Beim Anblick der ersten Schwalbe im Jahr soll man die E. unter den Füßen ergraben; man findet dann eine Kohle, die gut ist gegen das Kalte → Fieber (→ *Rockenphilosophie* 3. Hundert, 1718, 90–92). Aus Zeichen an der E. zieht man Schlüsse auf Zukünftiges: → Geomantie.

Esoterik (von griech. *eisoterikós* ›innerlich‹; Gegensatz: ›exoterisch‹, ›äußerlich‹). E. bezeichnet verschiedene Bereiche von Sonderwissen, → Geheimwissenschaften, bzw. deren → Riten, Erkenntnisse u. Deutungsmethoden (→ Geheimbünde). Esoterisches Wissen ist für Eingeweihte bestimmt u. vor Popularisierung zu schützen, geheim zu halten (→ Okkultismus) u. deshalb der → Arkandisziplin unterworfen. Der Gegensatz esoterisch/exoterisch wird auf die Peripatetiker (Schüler des → Aristoteles) zurückgeführt u. kennzeichnet hier den Unterschied von schulmäßigem u. populärem Wissen. Hinweise auf esoterisches Wissen in frühchristlicher Zeit finden sich im Lehrgut gnostischer Sekten (→ Gnosis). Das NT berichtet von Jesus, er habe »denen draußen« in »Gleichnissen« geredet, »damit sie mit offenen Augen sehen und doch nicht sehen, mit eigenen Ohren hören und doch nicht verstehen«; den Seinen aber sei das »Geheimnis [mysterium] des Gottesreiches anvertraut« (Mk 4,11f.). In der Gegenwart erfährt das, was nun E. genannt wird, eine umfassende Verbreitung u. Vermarktung, also das, wovon der Begriff das Gegenteil bedeutet. Dieser E. ist der Anspruch auf geheimnisvolle Herkunft u. das Charakteristikum der Nichtübereinstimmung mit den naturwissenschaftlichen Weltbildern sowie der Abgrenzung vom theoretischen wie praktischen Christentum eigen.

Essen und Trinken verleihen Kraft u. stiften Gemeinschaft unter den Teilnehmern am Mahl. Die Teilnahme am Opfermahl sichert eine Teilhabe am Numen u. Göttlichen, im kannibalistischen sowohl wie auch im erhabensten kultischen u. sakramentalen Mahl. Zahlreich sind die → Bräuche, → Riten u. magischen Praktiken (→ Magie), mit denen die Speise vor dämonischen Einflüssen (→ Dämon) geschützt wird u. die das E. begleiten. »Wer sein Benedicite nit liset vber seine Speisz, da sitzt der Teuffel vnsichtbarlich am Tisch vnd isset mit« (*Der alten Weiber Philosophey* 71,51). Schon die *Vitae patrum* kennen den Glauben, man könne den → Teufel verschlucken, der auf einem ungesegneten Kohlblatt sitze (Schönbach, *Zeugnisse B. v. R.*

53 f.). Essens-, insbesondere Brotreste (→ Brot) soll man nicht liegen lassen: Nimmt sie jemand u. wirft sie über den → Galgen, so wird der daran hängen, der sie hat liegen lassen (→ *Rockenphilosophie* 2. Hundert, 1718, 315–317). Es scheint jedoch, daß diesen Warnungen eher pädagogische Absichten (›pädagogische Metapher‹) zugrunde liegen als superstitiöse Glaubensfakten, ähnlich der an die Kinder gerichteten Warnung, man solle nach dem E. kein → Messer auf dem Tisch liegen lassen, es könnten sich sonst die → Engel daran schneiden (→ *Rockenphilosophie* 4. Hundert, 1718, 377). Das E. von → Äpfeln, → Hostien, Blättern u. Zetteln, auf denen Bibeltexte (→ Bibel), → Gebete o. Zauberformeln geschrieben sind, verleiht Segen, zauberische Kraft u. hilft insbesondere gegen Fieber: »vil die wellen auf oblat schreiben / und das fieber damit vertreiben« (→ Vintler, *Blumen der Tugend* 7776 f.). Speisetabus (→ Tabu) sind religiös begründet (alttestamentliche Reinheits-, christliche Fastengebote [→ Fasten]), o. es wird ihnen zauberische Wirksamkeit zugemessen: »ettleich essent nicht fleischgs des phincztags [Donnerstag] in der chottemer [Quatember], so sterbent sy nicht in dem sterb [Seuche, Pest]« (14./15. Jh.; → Grimm, *Mythologie* 3,417,26). Von einer Flüssigkeit zu trinken, in der eine tote Maus gelegen hat, verbietet → Regino v. Prüm (*De synodalibus causis* 2,434), jedoch wohl nicht im Sinne einer Aberglaubens- o. Paganismuskritik (»Maus- u. Wieseltrank«, Schmitz, *Bußbücher* 1,317 f.), sondern in Hinsicht der mosaischen Speisegesetzgebung. Die Fülle der Speisen, mit denen an → Weihnachten, → Neujahr o. während der → Zwölften der Tisch bereitet wird (→ Tischbereiten), der die → Nacht über stehen bleibt, hat ominöse Bedeutung (→ Omen) für das Wohlergehen während des kommenden Jahres. Sie wird auch als → Gabe an die Drei Frauen o. die Parzen gedeutet (*Poenitentiale Arundel* 83; → Burchard v. Worms, *Decretum* 19, 153; Schönbach, *Zeugnisse B. v. R.* 18).

Essig (aus lat. *acetum* ›Essig‹), Würz- u. Konservierungsmittel, vergoren zumeist aus → Wein, aber auch aus → Bier u. dem alkoholischen Saft von Früchten. E.limonade war schon im Altertum das Getränk einfacher Leute. → Plinius berichtet von unterschiedlichsten medizinischen Anwendungen: »Er wirkt heilend, wenn man einen Blutegel verschluckt hat, ebenso bei Aussatz, bei Schuppen, nässenden Geschwüren, Hundebissen, Stichen von Skorpionen und Tausendfüßlern, bei ›Bissen‹ der Spitzmaus, gegen Gifte aller mit Stacheln versehenen Tiere und gegen Jucken« (*Naturalis historia* 23,55). Nach Theophrast v. Eresos (4./3. Jh. v. Chr.) berichtet Plinius, daß »das [→] Feuer am besten mit Essig, Vogelleim und Eiern« gelöscht würde (ebd., 33,94). Ein Feuerlöschbericht von 1687 vermerkt den erfolgreichen Einsatz von E. (ZRwVk 1907, 298). Der Dampf von E., der mit apotropäischen (→ Apotropaion) Kräutern zubereitet ist, gilt als ein Mittel gegen Zauberei: »Species zur Dämpfung oder Bähung für die Bezauberte. [Rezeptur:] Haarstrangwurtzel / Meisterwurtz / S. Peterskrautwurtz / Angelicawurtz / jedes 1½ Loth / Sinngrün / Beyfuß / Görtelen / jedes eine ½ Hand voll / Durant / eine Hand voll / Gülden-Widertod / eine ½ Hand voll / Eisenkraut 1½ Händ voll / S. Johannis-Krautblumen 2½ Händ voll / rohes Hirschhorn 2. Loth / Weineßig 4℔). Diese Stück sollen zerschnitten in dem Eßig eingebeitzet werden / und eine Zeitlang aneinander stehen bleiben. Von dieser infusion solle man ein- und anderen Löffel voll auff glüenden Ziegelsteinen giessen / und den davon auffsteigenden Dampff zu dem Patienten gehen lassen / auch das Gemach wohl damit anfüllen« (Gockel, *Tractatus* 160f.). Im Traum E. zu trinken galt der Antike als Zeichen künftigen Streits mit den Verwandten, »weil der Essig den Mund zusammenzieht« (Artemidorus v. Ephesos, *Oneirokritiká* 1,66).

Eucharistie → Hostie

Euhemerismus, religionswissenschaftliche Bezeichnung

der antiken, mittelalterlichen u. neuzeitlichen Lehre, wonach die Götter Menschen gewesen seien, die sich selbst göttliche Ehren zugelegt hätten o. die nach ihrem Tod als Götter verehrt worden seien. Formuliert wurde die Lehre von dem griechischen Historiker Euhemeros v. Messana (Silizien), der in einem utopischen Reiseroman (*Hierá anagraphé*) um 300 v. Chr. von drei Inseln im Indischen Ozean berichtet, auf der sich ein Zeustempel mit einer Inschrift befinde, aus der hervorgehe, daß dort Uranos, Kronos u. Zeus als die ältesten Könige der Menschheit gewirkt hätten u. Zeus den Uranos u. dann auch sich selbst als Gott habe verehren lassen. Faktische Grundlage der Lehre war die Selbstvergottung Alexanders d. Gr. (324) sowie der Herrscherkult im Hellenismus wie insbesondere der Ptolemäer in Ägypten. Die christliche Patristik formte die Lehre aus, verband sie mit anderen Theoremen über den Ursprung des Heidentums (→ Dämonologie) u. lieferte damit ihrer Zeit u. dem MA ein geeignetes Instrument, die Götter des Heidentums zu entwerten (Lactantius, *Divinae institutiones* 4,28,16; → Caesarius v. Arles, *Sermo* 192,779).

Eulen (lat. *strix*, *striges*), aus 146 Arten bestehende Vogelordnung. Von den E. mit Federohren, den Ohr-E.n (Uhu, Wald- u. Zwergohr-E.n), werden die Käuze unterschieden. Es sind nachtjagende Greifvögel mit feinem Gehörsinn u. lautlosem Flug. Haare, Federn u. Knochen ihrer Beutetiere werden im Magen der Vögel zu ›Gewöllen‹ gepreßt u. wieder ausgeschieden. Der schauerliche Ruf des Uhus (von dem der Vogel seinen lautmalerischen Namen hat) galt schon in der Antike als Unglück u. Tod kündendes → Omen (Ovid, *Metamorphoses* 6,432–434; Cassio Dio, *Rōmaikḗ historía* 56,29 u. ö.). In der magischen Medizin (→ Magie) fanden Körperteile des Uhus Verwendung (→ Plinius, *Naturalis historia* 29,81 f.; 30,95). Auch die Zwergohr-E. galt dem Altertum als Totenvogel (Propertius, *Elegiae* 3,6,29; Ovid, *Metamorphoses* 7,269), aber auch als Blutsaugerin (Ovid, *Fasti* 6,131) u. magischer Vogel (Horaz, *Epodi* 5,20). ›Strix‹ konnte auch Name von Zauberinnen (→ Hexe) sein. Als Auguralvogel (→ Augurium, → Auspizium) wurde der Kauz beachtet (→ Vergil, *Georgica* 1,403). Er war Wetterprophet (Aratos, 999; Plinius, *Naturalis historia* 18,362), im Flug Glücksbote (Plutarch, *Vitae parallelae*, *Themistokles* 12), im Sitzen o. Rufen Unheilbringer (Ailianos, *Taktiká* 10,37). Mit ausgebreiteten Flügeln an das Scheunentor geheftet, wehrt der Steinkauz → Blitz u. → Hagel ab (Palladius, *Opus agriculturae* 1,35,1). Sein → Herz vertreibt → Ameisen, wenn man es an deren Gänge legt (Columella, *De re rustica* 10,348–350; Palladius, ebd. 10,12). Auch später sind E. Unheilsboten u. dämonisch-magische Tiere geblieben: Sie künden Feuersbrünste u. Tod an, weshalb sie auch ›Leichenhuhn‹ o. ›Totenvogel‹ heißen, begleiten die Hexen, sind beim → Hexensabbat dabei, leisten den Hexen Botendienste u. haben den → Bösen Blick. Die Tiere gegen Blitz, → Feuer u. sonstiges Unheil an Scheune u. → Haus zu nageln ist Gewohnheit geblieben o. als → Apotropaion aufgrund der antiken Nachrichten importiert worden. Kopf, → Hirn, → Herz, → Eingeweide, Krallen von E.n, auch Pulver aus ihnen, sind der magischen Medizin bekannt. → Konrad v. Megenberg hält »ir flaisch (für) guot den kranken glidern, diu das paralis [Lähmung, Krampf, Schlagfluß] geslagen hat« (*Buch der Natur* 3B53).

Evangelien → Bibel

Exorzismus (von griech. *exorkízō* ›herausbeschwören‹). Der E. als eine rituell-institutionalisierte Beschwörung (→ Beschwören) ist den meisten Religionen bekannt. Voraussetzung für den E. ist der Glaube, Personen o. Sachen könnten von → Dämonen besessen seien, die man rituell (→ Ritus) vertreiben o. verbannen (→ Bann) kann. Entsprechend wird unterschieden zwischen ›Personalexorzismen‹ u. ›Sachexorzismen‹. Der Exorzist sucht durch magische o. kultische Handlung (→ Gebet, Anrede, Befehl,

Musik, → Lärmen, Tanzen, → Handauflegen, → Blasen, Salben, Waschen) böse Mächte o. → Geister zu vertreiben. Einen nach Objekten vielfältig differenzierten Katalog von Exorzismen besitzt das Christentum, insbesondere die katholische Kirche (*Rituale Romanum*). Neben dem E. bei der Taufe beschwört sie u. a. → Wasser, → Brot, → Wein, → Salz, → Öl, Hafer, Rettich, Weihrauch, → Gold, → Asche, Seife, → Glocken, → Medaillen, Wetter o. sucht durch Beschwörung Mäuse, Heuschrecken, → Würmer u. andere schädliche Tiere zu vertreiben. Der E. bei → Besessenheit, der ›Exorcismus solemnis‹, darf nur mit bischöflicher Erlaubnis von einem Priester (→ Geistlicher) vollzogen werden. Geschichtlich gesehen, ist der christliche E. eine Weiterbildung heidnisch-vorchristlicher Beschwörungsformen.

F

Faden. Die bindende Funktion des F.s (→ Band) begründet seinen rechtssymbolischen, magischen (→ Magie) u. kultischen Gebrauch. Gefangene werden mit einem F. symbolisch (→ Symbol) gefesselt u. gebannt (→ Bann), Grundstücke u. Sakralobjekte damit gehegt (›cinctura‹). Mit einem dargebrachten F. gibt man sich einem Heiligen zu eigen. Der hegende F. schließt nicht nur ein, sondern auch ab. Böse Mächte vermögen ihn nicht zu überschreiten (→ Einfriedigung). Er schützt → Häuser, Gärten u. andere Grundstücke. Besonders wirksam ist ein roter F. (Zeugnisse des 14. u. 15. Jh. in MSchlesVK 17,30,7 u. 39,7). Mit einem F. werden Krankheiten gebunden o. abgebunden. Die *Legenda aurea* berichtet in der *Dominikuslegende*, daß erkrankte Körperteile mit Fäden, die zu Kerzendochten bestimmt waren, umwickelt werden.

Falke (von. lat. *falco*, zu *falx* ›Sichel‹, etwa ›mit sichelförmigen Krallen‹). F.n, ›Falconidae‹, bilden eine weltweit verbreitete Familie der Greif- u. Raubvögel (Wander-, Würg-, Ger-, Baum-, Rotfuß-, Turmf. u. Merlin). Für die griechisch-römische Antike läßt sich der Turmf. identifizieren (›falco tinnunculus‹; bei → Plinius, *Naturalis historia* 10,143 f.: »cenchris«). Im alten Ägypten ist er → Symbol des Himmels u. heiliges Tier der Himmelsgötter Horus u. Re; im indischen *Rigveda* (wohl bis ins 2. Jt. v. Chr. zurückreichend) wird er mit der → Sonne verglichen. Im germanischen Mythos fliegt Odin (Wodan) in Gestalt eines F. um die → Erde. Plinius berichtet von der Freundschaft des Turmf. mit den Haustauben, die er gegen den Habicht verteidige (ebd. 10,109), sowie daß der → Kot des Vogels die weißen Flecken im menschlichen → Auge vermindere (ebd. 29,127). Ein Trank aus Klauen u. dem Balg des F. gekocht bewirkt Gesichtstäuschungen (isländ.

→ Zauberbuch, 17. Jh.: ZVK 13,275,44). Das Bild des F. in einen → Topas geritzt wirkt Wunder (Anhorn, *Magiologia* 224). Als Orakeltier (→ Orakel) deutet der Vogel, wenn er nach → rechts fliegt, fröhliche, wenn nach links, unangenehme Gastfreundschaft an (→ Johannes v. Salisbury, *Policraticus* 411c). Ansonsten gilt sein Erscheinen als günstiges → Vorzeichen.

Fallsucht → Epilepsie

Familiar (lat. *spiritus familiaris*) zur Familie, dem Hausstand, gehörender, beschworener dienstbarer → Geist, so etwa → Mephistopheles in Goethes → *Faust*. Insbesondere → Hexen haben einen F. in Gestalt von Hunden (→ Agrippa v. Nettesheim), → Katzen o. → Kröten. Die dienstbaren Geister, so teilt Zedlers *Universallexikon* mit, erscheinen ansonsten auch »in Gestalt einer Wespe, [→] Fliege oder anderer kleinen Thiere [die sich] um den Menschen aufhalten, und sich auch wohl in [→] Ringe, Crystallen, Gläser, Schachteln und dergleichen einschliessen lassen, damit sie nicht wieder davon schleichen mögen« (39,163). »Theophrastus [→] Paracelsus soll allemahl ein solch Thierchen in seinen Degenknopf verschlossen und bey sich geführet haben« (ebd.).

Farbe. F.n können erregen u. beruhigen, als warm o. kalt empfunden werden u. haben allegorische o. symbolische Bedeutung. Sie werden bestimmten Phänomenen zugeordnet, den Himmelsrichtungen, den → Elementen, den → Planeten, gesellschaftlichen Klassen, liturgischen Festen u. → Zeiten. Die F.nsymbolik (→ Symbol) hat insbesondere die → Edelsteine sowie → Gold u. → Silber zum Thema. Philon v. Alexandrien setzt die 4 Farben der 4 Vorhänge der Stiftshütte in Beziehung zu den 4 Elementen: Weiß/Erde, Rot/Wasser, Blau/Luft, Orangegelb/Feuer. Christliche Autoren übernehmen diese Bezüge (Hieronymus, *Epistola* 64; Rupert v. Deuz, *In Exodum* 4,21; Durandus, *Rationale* 3,18,1–10). Die liturgischen Farben der Paramente (gottesdienstlichen Zwecken dienende Textilien) kommen erst im MA auf; sie sollen nach → Durandus (*Rationale* 3,1–7) die Tugenden anzeigen. Der mitteleuropäische → Volksglaube deutet die F.n Schwarz im Sinne von Sünde, Tod u. Trauer; Weiß im Sinne von Unschuld, Reinheit, Friede; → Rot als → Blut, Liebe, Leben; Grün als Hoffnung u. Leben; Gelb als Neid; → Blau als Treue. In → Magie u. Zauber besitzen F.n Ausstrahlungs- u. Wirkkraft, zumal den → Dämonen besondere F.n zu eigen sind o. ihnen zugehören, insbesondere Schwarz, Weiß u. Rot. In zahlreichen → Segen werden farbige → Würmer als Krankheitsdämonen beschworen (→ Beschwören). Umfangreich ist das Arsenal farbiger Zaubermittel, deren Wirkung den Regeln der → Sympathie entsprechen: Gelbsucht wird durch den Anblick gelber Gegenstände geheilt; der weinrote → Amethyst hilft gegen Trunkenheit (→ Plinius, *Naturalis historia* 37,124), der milchfarbene Gallactites vermehrt die Milch stillender Frauen (ebd. 37,10), den Kindern als → Amulett umgehängt, vermehrt er den Speichel (ebd., 37,162).

Fasching → Fastnacht

Fasten, sich der Nahrung enthalten, bezeichnet einen temporären, ärztlich verordneten o. freiwilligen Speiseverzicht. Es ist primär jedoch von religiöser u. magischer Bedeutung, dient der Askese, Buße u. Reinigung. Wie auch andere Formen der Selbstkasteiung dient es der Kraftgewinnung, der Hinleitung zur → Ekstase u. Gottergriffenheit u. damit dem Gewinn der Fähigkeit, Kranke zu heilen u. → Dämonen zu vertreiben (→ Exorzismus). Der partielle Speiseverzicht gründet häufig in einem Speisetabu (→ Tabu), das den Genuß gefährlicher, dämonistisch besetzter Speisen verbietet, ist also von apotropäischer Funktion (→ Apotropaion). Speisetabus kennt auch die zauberische Praxis. Schon die Antike verlangt in solchen Fällen die Enthaltung von Fleisch (Codex St. Gallen, 9. Jh., bei Heim, *Incantamenta* 560).

Fastnacht, Fasnacht, Fasnet, Fastelabend, Fasching heißt zunächst der dem Beginn der Fastenzeit am → Aschermittwoch (seit dem Konzil von Beneven, 1051) vorangehende Abend, seit dem 13. Jh. einige Tage, seit 1450/1582 drei Tage davor. Doch schwanken die Termine u. Zeitphasen nach Zeit u. Raum sowie nach den Traditionen bestimmter Gruppen. Das 19. Jh. kennt F.veranstaltungen für den Zeitraum von → Drei Könige an. Später begann die Zeit am 11. 11. (Beginn des Advents-Fastens an Martini). Schon im Humanismus werden die F. sowie das F.brauchtum (→ Brauch) in Verbindung mit antiken Kultzeiten gebracht (Saturnalien, Bacchanalien, Luperkalien). Das 19. Jh. zieht eine Ableitung von germanischen o. keltischen Jahresfesten vor. Die moderne Forschung hebt dagegen den stadtbürgerlichen Hintergrund des F.streibens hervor (Hans Moser) o. sucht es im szenischen Exempelgebrauch der Abschilderung einer sündhaften Welt zu gründen, die sich am Aschermittwoch, im liturgischen Aschegebrauch sinnbildlich vor Augen gestellt, zur christlichen Buße u. Umkehr wende (Dietz-Rüdiger Moser). Das Ende der F. symbolisiert (→ Symbol) vielerorts das Verbrennen, Vergraben o. Ertränken einer Puppe, ein Brauch der Motive des Winteraustreibens (→ Jahreszeiten) entspricht, wie auch andere Bräuche der Zeit sich von der Frühjahrszeit der F. ergeben u. der Förderung des Gedeihens im kommenden Wachstumsjahr dienen: Zur F. beschnitten, bleiben die Obstbäume frei von → Würmern u. Raupen (→ *Rockenphilosophie* 2. Hundert, 1718, 287–289). Das → Wetter an F. ist vorbedeutend für die zukünftige Witterung.

Faust, Johannes oder **Georg,** * um 1480 Knittlingen (Württ.), † 1536 o. kurz vor 1540 Staufen (Breisgau), fahrender Astrologe (→ Astrologie) u. Magier (→ Magie), erstmals 1506 von → Johannes Trithemius für Gelnhausen u. Würzburg bezeugt, erstellte 1520 dem Bamberger Fürstbischof Georg Schenk v. Limburg ein → Horoskop

u. 1534 für Philipp v. Hutten ein Prognostikon. F. besaß offensichtlich Kenntnisse der Renaissance-Magie u. ›Magia naturalis‹ (›natürliche Magie‹) u. suchte Verbindung zu humanistischen Gelehrtenkreisen, wurde jedoch aufgrund seines Lebenswandels (»Sodomiter«) sowie als windiger Wandermagier abgelehnt. Schon zu Lebzeiten F.s setzte die Sagenbildung ein, besonders durch Übertragung traditioneller (Cyprianus, → Simon Magus, → Theophilos, Helladius) u. landläufiger (z. B. vom Nekromanten → Johannes Trithemius) Zaubersagen, in denen F. vor allem als Totenbeschwörer (→ Nekromantie) auftritt. Sein plötzlicher (gewaltsamer?) Tod gab Anstoß zur Sage, der → Teufel habe ihn geholt. Von einem unbekannten Autor wurde die 1587 in Frankfurt gedruckte *Historia von D. Johann Fausten, dem weitbeschreyten Zauberer und Schwartzkünstler* (Frankfurt 1587) verfaßt. Die Angaben der *Historia* sind weithin fiktiv u. dienen der Warnung vor Spekulation u. Naturwissenschaft sowie vor Vernachlässigung des Bibelstudiums (→ Bibel). Die konfessionspolemische, antipapistische Tendenz des Buches gibt den Verfasser als strengen Lutheraner zu erkennen.

Feder. Die F. des Vogels besitzt magische Kraft, erteilt im → Orakel Auskunft, zeigt Schuldige u. den Tod an. → Hexen bewirken mit dem im Kopfkissen versteckten ›Federkranz‹ Krankheit u. Tod. Am roten (→ Rot) → Faden aufgehängte F.n »von dem rechten Flügel einer Drossel« verursachen Schlaflosigkeit (Witzschel, *Beiträge* 2, 289, 138). »Wenn man in zunehmenden Mond Federn in die Betten oder Bett-Innelte stecket / so kriechen sie wieder heraus« (→ *Rockenphilosophie* 5. Hundert, 1722, 38–40).

Fegefeuer. In der Patristik u. im MA gedanklich ausgebildeter postmortaler, jenseitiger Läuterungsort (lat. ›purgatorium‹) der abgeschiedenen, mit ›läßlichen‹ Sünden behafteten Seelen (›Arme Seelen‹). Deren Reinigung (›Fegen‹) führt zur Vereinigung mit Gott. Die Lehre vom F.

gründet in antiken orientalischen, griechischen u. römischen Mythologismen von Jenseitsorten, Jenseitsreisen u. dem Wiederaufstieg der Seelen zum Göttlichen. Jenseitsvisionen verorten das F. unter der → Erde, im irdischen → Feuer, in der Nähe der Hölle o. in der Luft u. prägen anschauliche Bilder über das Leben u. Leiden dort. Sie schildern die Strafen im F. u. bitten die Lebenden um Hilfe durch fromme Leistungen, Almosen, → Gebete u. → Messen. Hilfreich sind auch magische Formeln wie ›So helfe dir Gott‹, ›Gott vergelt's‹ u. biblische Texte (→ Bibel), → Weihwasser, Brot-, Wein- u. Kerzenopfer (→ Brot, → Wein, → Kerze). Verunehrung von Brot u. vieles Weinen vermehren ihre Pein: Die Tränen tropfen als Öl in ihr Feuer.

Feige (Fingergebärde) → Daumen

Fernzauber, moderner Begriff (A. Vierkandt) zur Bezeichnung des verbreiteten Glaubens, vermittels zauberischer Manipulationen (Hauen u. → Schießen in die Luft u. a.) einem entfernten, unmittelbar nicht erreichbaren Gegner Schaden zufügen zu können.

Fessel → Band

Festmachen, auch »anfrieren«, »stellen«, »bannen«. Festgemacht werden → Geister an Bannorten (→ Bann), → Diebe am Ort ihrer Tat, mißliebige Personen (Soldaten, Polizisten), aber auch Tauben an den Schlag. Der Festgemachte kann sich nicht rühren, bis er gelöst ist. Mit F. sind auch zauberische Handlung zur Sicherung gegen Eisenwaffen (Schwert, Säbel) u. → Kugeln gemeint. Geeignet erschienen mit magischen Zeichen (→ Charaktere) beschriftete → Amulette, → Ringe, in → Kleider genähte Fledermausteile, → Moos vom Schädel eines Gehängten (›Totenmoos‹), Samen der Farne, → Alraunen, Wurzel des → Allermannsharnisch. Berühmt waren die Zettel zum F., die um 1611 ein Passauer Scharfrichter verkaufte (→ Passauer Kunst). Der Glaube an das F. begegnet schon in der griechischen Sage, ist dem nordischen Altertum bekannt, findet sich im mittelalterlichen Epos u. ist durch den 30jährigen Krieg besonders stark im 17. Jh. verbreitet worden. Die Sage kennt bestimmte ›feste‹ Personen: Förster, Wildschützen, → Freimaurer, Könige u. Heerführer.

Fetisch (port. *feitiço* ›Machwerk‹, ›Zauber‹, frz. *fétiche*, von lat. *factitius* ›künstlich gemacht‹). Im mittelalterlichen Portugal wurden als F. → Devotionalien bezeichnet, die wie → Amulette getragen wurden. Der Name erscheint in den Berichten portugiesischer u. französischer Seefahrer u. Kaufleute, die damit die Kultgegenstände der westafrikanischen Eingeborenen bezeichneten. Mit ›F.kult‹ bezeichnet dann 1760 Charles de Brosses eine primitive, universale Religionsform (*Du culte des dieux fétiche*), schwankt jedoch in seiner Beurteilung u. sieht im F. auch den »Inbegriff des Absurden, Unvernünftigen, Infantilen und Irrationalen« (R. Sachs: HrwG 2, 425), eine Bewertung, die der Psychoanalyse das Wort zu einem Begriff vergleichbarer Verhaltensweisen u. Zustände in unserer Gesellschaft geeignet erscheinen ließ. Mit F.ismus als religionswissenschaftlichem Begriff ist die Verehrung auffallender Gegenstände bezeichnet, die von Kraft (→ Mana, → Macht, → Orenda) erfüllt o. von einem → Geist besetzt erscheinen. Sie können auch, etwa in Menschen- u. Tiergestalt, hergestellt werden u. mit besonderen Substanzen (Steine, Zähne, Klauen, → Haare, Eisennägel [→ Eisen], → Farben, Tücher usw.) magisch aufgeladen werden. Sie finden Verwendung im Schutz- u. Abwehrzauber (→ Apotropaion) u. vergleichen sich dem → Amulett u. → Talisman.

Feuer. Als eines der vier → Elemente besitzt das F. eine vielfältige u. überaus große Bedeutung im menschlichen Leben. Dem entspricht sein symbolischer Gehalt, die umfassende mantische (→ Pyromantie) u. magische (→ Magie) Nutzung sowie seine religiöse Verehrung. Dabei tritt die Ambivalenz des F.s, Leben erhalten u. Leben zerstören zu können, überall hervor. In der griechischen Naturphilosophie besitzt das F. seit Empedokles eine hervorragende

Stellung u. wird in der Stoa als göttliches Urprinzip betrachtet. Im AT repräsentiert es die erschreckende Macht Jahwes (Gen 3,2: brennender Dornbusch; Ex 13,21: Feuersäule). Es ist Werkzeug der Reinigung (→ Fegefeuer) u. des Gerichts (Hölle). Im Kult u. → Brauch vieler Völker ist das F. u. a. → Symbol des Lebens (›Lebenskerze‹, ›Lebenslicht‹). Als Herd- u. Staatsfeuer ist es Garant des Lebens von Familie u. Volk. In der Synagoge brennt vor der Tora eine Lampe, in katholischen Kirchen am Altar das ›Ewige Licht‹. Die kirchl. F.weihe am Karsamstag hat eine Vielzahl sakramentaler (→ Sakramentalien) u. magischer Bräuche begründet. Verkohltes Holz u. → Asche vom Osterfeuer (→ Ostern) werden auf Äcker, Wiesen u. in Gärten gestreut u. galten als wirksame Mittel gegen Ungeziefer. Angebranntes Holz davon schützt im → Haus gegen → Gewitter, mit Osterkohle (→ Ostern) gezeichnete → Kreuze an Haus- u. Stallwand (→ Haus) wehren Unheil ab. Entsprechendes wird mit den Resten von Jahresfeuern praktiziert (→ Neujahr, Lichtmeß, Fastensonntage, → Johannistag). Als Heilmittel gegen Seuchen, insbesondere unter dem Vieh, galt das ›Notfeuer‹ (›Wildes Feuer‹). Es wurde mit dem Quirlholz u. durch Reibung erzeugt. Man trieb die erkrankten Tiere hindurch o. legte es zur Reinigung des Stalles in die Futterkrippen. Erstmals bezeugt ist es im 8. Jh. vom → *Indiculus superstitionum* (18: »De igne fricato de ligno, i. e. nodfyr«). Näher beschrieben hat ein Notf. 1696 Johann Reiskius (*Nothfeuer*). In Marseille wurden noch 1865, in Neapel 1892, Straßenf. gegen die Cholera entfacht. In Schadenf. werden geweihte → Kerzen, Kräuter, → Brot, → Honig, → Salz, Milch, Ostereier, Karsamstagskohle (→ Ostern), → Hostien, das Corporale u. Teller, auf denen die Formel → SATOR AREPO verzeichnet ist, geworfen sowie → F.segen dagegen gesprochen. Herzog Ernst August von Sachsen-Weimar verordnet 1743: »Wir in Gnaden befehlen, daß in jeder Stadt, und in jedem Dorf verschiedene hölzerne Teller, worauf schon gegessen und mit der Figur und Buchstaben, wie der beigesetzte Abriß besaget, des Freitags bei abnehmenden Monde, Mittags zwischen 11 und 12 Uhr mit frischer Tinte und neue Feder beschrieben vorräthig seyn, sodann aber, wenn eine Feuersbrunst (wofür doch der große Gott hießige Landen in Gnaden bewahren wollte) entstehen sollte, ein solcher aus bemelter maßen beschriebener Teller mit jenen Worten im Namen Gottes in's Feuer geworfen, und wofern das Feuer dennoch weiter um sich greifen sollte, dreimal solches wiederholt werden soll, dadurch dann die Gluth ohnfehlbar gedämpft wird [...] Stadt Weimar den 24. December 1743. Ernst August H. z. S.« (Witzschel, *Beiträge* 2,338).

Feuerprobe (lat. ›iudicium/proba candentis ferri‹), eine schon bei den Germanen übliche Form des → Gottesurteils. Im MA auch zur Prüfung von Häretikern gebräuchlich (Inquisitor Konrad v. Marburg, † 1233), wird sie später als → Hexenprobe vereinzelt in den frühesten Hexenprozessen (→ Hexe) angewendet (Rötenbach im Schwarzwald, 1485). Verbrannte sich der Verdächtigte nicht, während er ein glühendes Eisen trug, so galt er als unschuldig.

Feuersegen, magische Formeln (→ SATOR AREPO) u. Zeichen (→ Charaktere), die vor Schadenfeuer schützen u. Feuersbrünste löschen. Frühe Zeugnisse für F. enthalten die griechischen → Zauberpapyri. Deutsche F. sind erst aus dem 15. Jh. überliefert. Sie nehmen in epischen Bildern bezug auf biblische (→ Bibel) u. apokryphe Motive, auf die drei Jünglinge im Feuerofen, die Taufe Jesu im Jordan, Christi → Blut (→ Christus) u. a.

Fica → Feige

Ficino, Marsilio, * 19. 10. 1433 Figline Valdorno, † 1. 10. 1499 Florenz, Philologe, Philosoph, führender Kopf des Florentiner Platonismus u. Repräsentant des philosophisch-naturwissenschaftlich interessierten Mediceerkreises, 1473 Priester. Er kommentierte zahlreiche

Schriften von Platon, → Plotin, → Iamblichos, → Porphyrios, → Proklos, Pseudo-Dionysius u. übersetzte das *Corpus Hermeticum* (→ Hermes Trismegistos) in das Lateinische. In seinem Hauptwerk *Theologia Platonica* (1469–74) suchte er antik-paganes Denken für die christliche Theologie zu nutzen. In dem Werk *De vita coelitus comparanda libri tres* (1489) vertrat er eine kosmologische Seelenlehre sowie eine astrologische Theorie (→ Astrologie) der Medizin (»Die Sterne beeinflussen nicht unseren Willen, aber unsere Körper«) u. befaßte sich mit → Talismanen u. → Charakteren. Er entwarf ein Bild der → Entsprechungen von → Makrokosmos u. Mikrokosmos, das der Magier (→ Magie) zu deuten suche.

Fieber (von lat. *febris*), erhöhte Körpertemperatur als Symptom einer Krankheit. F.-Krankheiten waren u. sind sehr weit verbreitet; doch unterschied man landläufig verschiedene F.arten eher äußerlich als ›hitziges‹ u. ›kaltes‹, ›inneres‹ u. ›äußeres‹ F. Auch die durch Zahlenangaben bezeugte Vielzahl von F.n – 7, 77, 99 – verweist auf fehlende Klassifizierungen. Die Römer suchten eine personifizierte, unheilbringende ›Febris‹ durch Kult zu besänftigen (Cicero, *De legibus* 2,28; → Augustinus, *De civitate dei* 3,25). In deren Heiligtum weihten F.kranke → Amulette (›remedia‹), die sie am Körper trugen (Valerius Maximus 2,5,6). Das frühe Christentum sah in solchen ›Negativ-Gottheiten‹ ein Argument gegen das römische Heidentum (Augustinus, ebd. 2,14; Minucius Felix 25; Lactantius, *Divinae institutiones* 1,20,17), wenngleich die Verkörperung des F.s als → Dämon über das lateinische MA bis in die Neuzeit reicht. Seit frühmittelalterlicher Zeit werden F.dämonen angesprochen: »illia, reptilia, folia, suffugalia, affrica, filica, ignea vel loena« u. a. Dämonen nennt eine Beschwörung aus der Zeit um 1520 (HessBVK 24,38ff.). Als sakramentalische Heilmittel wurden Wasser u. → Wein getrunken, in die ein → Kreuz getaucht, o. es wurden → Salz, → Brot, → Äpfel o. Käse genossen, über die eine Weiheformel gesprochen worden war. Adolph Franz macht auf ein Bild des 16. Jh. aufmerksam, auf dem folgendes dargestellt ist: »Auf einem Tisch steht eine Kanne und eine Schüssel; ein Benediktiner reicht einem Manne, dessen Haare sich zum Zeichen des Fieberzustandes sträuben, einen Löffel mit geweihtem Wein. Ein zweiter Mann und eine Frau warten ebenfalls auf die Reichung des Weines« (*Benediktionen* 2,478). Später war es gebräuchlich, heilkräftige → Namen, Sprüche (→ Zaubersprüche) u. → Segen auf Oblaten, Äpfel usw. zu schreiben u. diese gegen F. zu essen (→ Essen u. Trinken). Auch die älteren deutschsprachigen F.segen lassen ihre lateinische Herkunft erkennen. In ihnen wird als Analogie die Kreuzigung → Christi sowie die Heilung der Schwiegermutter des Petrus (Lk 4,38f.) zitiert. Verbreitet war das Fortschicken des F.s durch symbolisches Handeln (→ Symbol), durch zauberisches Übertragen auf → Leichen, in fließendes Wasser o. an spezielle → Bäume (→ Holunder, → Weide, → Verpflökken).

Finden, Fund. Ungesucht Gefundenes ist bedeutsam: Vierklee (→ Klee), Hufeisen (→ Eisen) u. Nadeln (Franz, *Nikolaus* 190) bringen Glück u. besitzen zauberische Kraft. Eine gefundene Radfelge schützt das Getreide vor Mäusen (→ *Rockenphilosophie* 4. Hundert, 1718, 421–423). Doch Gefundenes, insbesondere → Geld (›Teufelsgeld‹) u. → Brot, bringt auch Unglück; es ist behext (→ Hexe), u. es läßt sich gebrauchen, jemandem etwas Böses anzutun. Dagegen hilft dreimaliges (→ Zahlen) Bespucken (→ Speichel) des Gefundenen o. der → Finger, bevor man es aufhebt (*Urquell* 3,58).

Finger. Elementares Verständigungsmittel ist die zeichenhafte u. symbolische F.geste u. Handgebärde (→ Hand). Im alten Orient, auf griechischen Bildzeugnissen bis in die hellenistische Epoche hinein findet sich der vorgestreckte Zeigef. als Anbetungsgestus. Der ausgestreckte Mittelf. hingegen gilt als Zeichen der Beschimpfung wie etwa auch die → Feige. In der römisch-lateinischen Segensgeste, so in Christusbildern (→ Christus), sind → Daumen, Zeige- und Mittelf. ausgestreckt. Der F. Gottes ist → Symbol der Macht (Ex 8,15; Lk 11,20), aber auch des Hl. Geistes (»digitis paternae dexterae«). In der → Astrologie werden die F. den → Planeten zugeordnet: Daumen/Venus, Zeigef./Jupiter, Mittelf./Saturn, Ringf./Sonne, Kleiner F. / Merkur. In der → Magie ist der F. Kraftträger u. Vermittler zauberischer Kraft. Mit dem F. auf eine Person o. etwas zu zeigen ist gefährlich. Man soll nicht mit dem F. weisen; man ersticht sonst einen → Engel (Weise, *Erznarren* 127f.: »Zum Exempel, es steht unhöflich, wann man auf alles mit den Fingern weiset. Drumb hat ein Vater ungefehr wider sein Kind gesagt, bey leibe weise nicht mit dem Finger, du erstichst einen Engel«). In der Zaubermedizin kann das Verschränken der F. die → Geburt verhindern. Man streicht o. umfährt eine kranke Stelle des Körpers mit dem F. o. man schnellt die F.spitzen von der kranken Stelle. Die Redeweise ›Wenn man dem → Teufel den kleinen Finger gibt, so nimmt er die ganze Hand‹, scheint auf symbolischen (→ Symbol) Übereignungsgesten zu gründen. So halten schweizerische Hexenprotokolle (um 1600) fest: »Dann verlangte er [der schwarze Hund, d. i. der Teufel], dass sie ihm die Hand gebe; sie tat dies und hierauf biss er sie in den kleinsten Finger, so dass das Blut floss; das Zeichen ist jetzt noch zu sehen« (SAVK 16,187).

Fingernägel, wie andere Körpersubstanzen, -abfälle u. -ausscheidungen auch, stehen im Verhältnis der → Sympathie zu ihrem Besitzer. Man verwahrt die Schnitze vom Nagelschneiden sorgfältig vor fremdem Zugriff, vergräbt o. verbrennt sie. Ins → Feuer geworfen, lassen sie auch das → Herz eines → Diebes verbrennen: »Nimb die negl von einem menschen, würf sye in das feyer und sprich: ›Nun muß das herz des Dibs also verprünn, der mir das mein gestollen hat, wie die negl im feur prinnen. In nomine Dei patris usw.‹« (Schönbach, *Zeugnisse B. v. R.* 149; 17. Jh.)

o. bringen, einem Getränk beigegeben, den Tod. Vor allem im Liebestrank (→ Liebeszauber) wurden die Reste von F.n gebraucht; so schon in der Antike (→ Apuleius, *Apologia* 30,37). Im MA erwähnt → Thomas Ebendorfer ihren Gebrauch zu gleichem Zweck (*De decem praeceptis*, b. Schönbach, 10). Eine Angeklagte erklärt 1504, sie hätte gelernt, »ir nägel« dazu in »ein küchli zu bachen« (Zauberprozeß in Bern; SAVK 9,154). Aus der Form des F. u. aus Zeichen an ihm werden → Orakel o. der Charakter gelesen: »des menschen negel, wenn die klain sint, daz bedäut des menschen leichtikait [leichtfertiger Charakter], und wenn si dünn sint rôtvar durch weiz gemischet, daz bedäut des menschen behenden sin« (→ Konrad v. Megenburg, *Buch der Natur* 1,25).

Fingerring → Ring

Finsternisse. Die Verfinsterung von → Sonne u. → Mond (→ Ekliptik) wird von allen Völkern gefürchtet u. gilt als Werk von → Dämonen o. dämonischen Tieren, die die Gestirne zu verschlingen drohen (Persiflage von → Fischart, *Aller Practick Großmutter*: »Von der Finsternus im Eulenflug«). Durch Lärmen (→ Lärm), Schreien o. Werfen von Waffen sucht man zu Hilfe zu kommen (→ *Indiculus superstitionum* 21; → Hrabanus Maurus, *Homilia* 42 *Contra eos qui in lunae defectu clamoribus se fatigabant* 78; → Thomas Ebendorfer, *De decem praeceptis*, bei Schönbach, 5). → Hexen können dem Mond Schaden zufügen, ihn vom Himmel hinabstürzen (Platon, *Gorgias* 513a; Horaz, *Epodi* 5,46; Vergil, *Eclogae* 8,69; Ovid, *Metamorphoses* 7,207 f.; Tibull, *Elegiae* 2,43). F.e sind schlimme Vorzeichen. Martin Luther referiert den allgemeinen Glauben: »Nu ist alltzeyt eyn solch tzeychen der szonnen geweßen eyn bedeuttung eynß grossen unfalls, der hernach gefolgett hatt, wie das die Cronicken außweyßen« (Adventspostille 1522, ed. Weimarer Ausgabe, $10^{1,2}$,99 ff.). F.e künden »kriege, gefangenschaft, todtschleg, viele widerwertigkeit, vngewitter, vnstaete lufft, ankunfft eines außlendigen froemden Tyrannens, gifftige pestilentzische kranckheit, Bocken, Frantzosen [= Syphilis], Bauchlauf« an (*Weyssagung Sibylle Tyburtine*). Sie werden von Donnerwettern (→ Gewitter, → Wetter, → Unwetter) u. Sternschnuppen begleitet u. lassen → Gifte auf Pflanzen u. in → Brunnen fallen (Fürstbischöflicher Erlaß, Münster 1715, bei Strackerjan, *Aberglaube* 1,19; vgl. *Journal von und für Deutschland*, 4,2,341). Es gab Pillen dagegen, die obrigkeitlich empfohlen wurden (1654; Wuttke, *Volksaberglaube* 301 f.).

Fischart, Johann, * 1546 Straßburg, † 1590 Forbach, vielgereister Jurist, Schriftsteller, Polemiker u. Satiriker. Sein Hauptwerk *Geschichtklitterung* (1575, erw. 1582 u. 1590) ist die kongeniale, sprachspielerische Übersetzung von Rabelais' *Gargantua et Pantagruel* (1). In der Schrift *Aller Practick Großmutter* persifliert er zwar Wahrsagerei u. → Astrologie, teilt ansonsten jedoch den Hexenglauben seiner Zeit fast uneingeschränkt, wie seine Übersetzung der Hexenschrift von Jean → Bodin *Vom außgelasnen Wütigen Teuffelsheer* (Straßburg 1581, 1586, 1591) bezeugt.

Fledermaus, d. h. ›Flattermaus‹, wegen ihres abendlichen u. nächtlichen Fluges im Lateinischen *vespertilio* (von *vesper* ›Abend‹) genannt. Mit den Flederhunden zur Säugetierordnung der Flattertiere gehörend. Die blutsaugenden Vampir-F.e (Desmodontidae) kommen nur in Mittel- u. Südamerika vor. Wie andere nachtaktive Tiere, v. a. aber als Zwitterwesen zwischen Vogel u. erdgebundenem Tier werden ihr in Erzählüberlieferung, → Volksmedizin u. Zauberglauben zahlreiche übernatürliche Eigenschaften zugeschrieben. Volksmedizinische Verwendung fanden Körperteile von F.n schon in der Antike. → Plinius empfiehlt u. a. ihr Herz gegen → Ameisen (*Naturalis historia* 29,92) u. ihren getrockneten Kopf gegen Schläfrigkeit (ebd. 30,140). Einige der antiken Rezepte sind auch dem MA bekannt. So wurde ihr → Blut als Enthaarungsmittel gebraucht (→ Vinzenz v. Beauvais, *Speculum naturale* 16,146 nach Plinius, ebd. 30,132) o. gegen Schlangenbiß (Plinius, ebd. 29,83) u. ihr Schmalz gegen üppige Brüste (Albertus Magnus nach Avicenna). Durchweg magisch ist der Gebrauch von lebenden F.n: »Wenn man sie lebend dreimal ums Haus trage [→ Umwandlung] und dann über dem Fenster mit dem Kopf nach unten annagle, diene sie als [→] Amulett, besonders auch, wenn man sie ebenso oft um die Schafställe trage und dann mit den Füßen an die obere Schwelle hänge« (Hildegard v. Bingen, *Physica* 29,83). F.e helfen auch gegen Gelbsucht: »Aber wenn ein Mensch die Gelbsucht hat, dann durchstich [die Fledermaus] mäßig, nämlich so, daß sie nicht stirbt, und binde sie auf seine Nieren, den Rücken der Fledermaus auf den Rücken des Menschen, und nach ganz kurzer Zeit nimm sie weg und binde sie dann auf seinen Magen, und laß sie dort, bis sie stirbt« (ebd. 6,61). In der christlichen Ikonographie war die F. Symboltier (→ Symbol) von Lastern, der Unzucht, des Neides, der Ehrabschneidung, des Dämonischen (→ Dämon) u. des → Teufels. Von Besessenen (→ Besessenheit) ausgetriebene Teufel entflattern aus deren Mund mit F.flügeln. An Türe von → Haus u. Stall genagelt, sollte sie → Hexen abschrecken.

Fleming, Hanns Friedrich von, * um 1670, † 1733, deutscher militärwissenschaftlicher Schriftsteller, dessen Buch *Der vollkommene Teutsche Jäger*, Leipzig 1719/21, im 2. Bd. zahlreiche Mitteilungen zu Aberglauben u. → Volksmedizin enthält. Ein Kapitel seines Werkes *Der Vollkommene Teutsche Soldat*, Leipzig 1726, ND 1967, handelt »Von Allerhand magischen, sympathetischen und andren dergleichen Kunststücken, die den Soldaten angenehm und nützlich sind« (355–368).

Fliege. Unter den den Zweiflüglern (diptera) zugerechneten F.n ist zumeist die Stubenf. (musca domestica), seltener auch die Fleischf. (musca carnaria) o. Stechf. (stomoxys calcitrans) gemeint. Ihr aufdringlicher Flug, ihr

Lecken an Speisen, Exkrementen u. Aas hat sie von jeher verdächtig gemacht. Auch ihr vermeintlich langes Leben ließ sie schon im Altertum mit dämonischer Macht (→ Dämon) begabt erscheinen. Herkules sollte einen Tempel in Rom gegen F.n schützen (→ Plinius, *Naturalis historia* 10,79; Plutarch, *Quaestiones Romanae* 90). Der Gott Myriodes, später Zeus Apomyos u. Myriagros (Pausanias 5,14,1; 9,26; Plinius, ebd. 10,75 u. 29,106), besaß die Macht, F.n zu verjagen; er wurde mit Baalzebub (2 Kg 1,2; woraus später der Teufelsname Beelzebub, Mt 12,24, entstand) identifiziert. Auch Apollon konnte F.n vertreiben (Ailianos, *De natura animalium* 11,8). In Mirakeln der christlichen Legende ist die Kraft des F.bannens auf Heilige übertragen worden. Man kann F.n auch exkommunizieren (Tubach, *Index* 4556). F.n sind Krankheitsdämonen, Inkarnationen der Pest u. des → Teufels. Sie kriechen durch die Nase in das Hirn (Gervasius, *Otia imperialia* 77, ed. Liebrecht, 77; Anm.: eine Mücke bei Kaiser Titus, eine *Wespe* bei *Vespa*sianus [*Legenda aurea*, übers. Benz, 1925, 488]) u. bewirken Wahnsinn. Auf demselben Weg fliegt der F.teufel aus dem Besessenen (→ Besessenheit). Apotropäische (→ Apotropaion) F.nachbildungen, insbes. eherne F.n, wurden in Altertum u. MA gegen die Plagegeister gebraucht. → Vergilius soll in Neapel eine solche angebracht haben.

Floh, ›der Flüchtige‹. Von den nahezu 2000 Arten des Zweiflüglers thematisiert der Aberglauben u. a. den Menschenf. (pulex irritans). Die Beobachtung des Zusammenhanges zwischen Staub (Unreinlichkeit) u. dem Auftreten von F.n führte in der aristotelischen Lehre zur Annahme einer Urzeugung des F.s aus Staub. Ähnliches notiert → Konrad v. Megenberg (*Buch der Natur* 3F18). Die Herleitung des lateinischen Wortes *pulex* von *pulvris* ›Staub‹, bei → Isidor v. Sevilla (*Etymologiae* 12,5,15), gründet in dieser Tradition. Gegen den F. half man sich schon in der Antike mit Pflanzensäften o. mit magischen Mitteln

(→ Plinius, *Naturalis historia* 20,155 [Poleiminze], 172 [Pfefferkraut]). So war die Besprengung mit Korianderwasser gebräuchlich. → Konrad v. Megenberg empfiehlt die Einreibung mit Wermutsaft (ebd.). Ein magisches Verfahren überliefert → Agrippa v. Nettesheim: »So sagt Plinius [*Naturalis historia* 30,25], daß, wenn man den Kukkuck an irgend einem Orte zuerst schreien höre, und man den Fußstapfen vom rechten Fuße genau ausgrabe, so kommen überall, wo man diese Erde hinstreue, keine Flöhe auf« (*De occulta philosophia* 1,48; *Magische Werke* 1,215). Krünitz berichtet: »In den Bresl. Samml. v. Sept. 1719, wird folgendes Mittel als bewährt angezeigt. Wenn man im Frühjahre das erste Mahl mit dem Pfluge zu Akker fährt, wird die erste Furche mit ungekeiltem Pfluge gezogen. Von dieser Erde aus der ersten Furche, soll ein Theil in die Ecken der Kammer gestreut werden« (Krünitz, *Oeconomische Encyklopädie* 14,345).

Fluch. Der F. ist ein an Menschen, Tiere o. Sachen gerichteter Unheilswunsch. Auf der Stufe eines magischen Bewußtseins wirkt das ausgesprochene F.wort aus eigener Kraft u. kann deshalb wie der → Segen nicht zurückgenommen werden. Der Gebrauch von F.tafeln (→ Defixionstafeln), die den Verfluchten der Macht von Göttern u. → Dämonen ausliefern sollen, ist nur der Form nach von kultisch-rituellen Verfluchungen u. Verdammungen (Anathema) unterschieden.

Frau. Das Erscheinungsbild u. die Rolle der F. in der Gesellschaft ist kulturell bestimmt. Von biologischen, anatomischen u. physiologischen Unterschieden abgesehen, läßt sich ein unterschiedliches Wesen von Mann u. F. nicht definieren. Die in den verschiedenen Kulturen u. Gesellschaften der F. zugewiesenen Positionen u. Aufgaben sind z. T. sehr verschieden. Während in den mutterrechtlichen Gesellschaften F.en hohe rechtliche u. religiöse Stellungen innehaben, sind sie in patriarchalischen von solchen weitgehend ausgeschlossen. Das mittelalterliche Bild der F. ist einerseits von der Theologie der Erbsünde her bestimmt, andererseits von der Autorität des → Aristoteles (*De generatione animalium* 2,3,737a27) u. der aristotelischen Lehrtradition geprägt, die die F. als »verhinderten Mann« begreift (»femina est mas [auch: »masculus«] occasionatus« (→ Thomas v. Aquin, *Summa theologiae* 1,99,2; vgl.: *Index thomisticus* 13,487 ff.; Frank, *Femina* 73). In vielen Kulturen erscheint die F. als mit magischen u. mantischen Fähigkeiten begabt (→ Magie, → Mantik). Als Gebärerin u. Mutter neuen Lebens ist sie Trägerin geheimer Kräfte, die der → Fruchtbarkeitszauber zu nutzen sucht. Das Menstrualblut (→ Blut) gilt als zauberisch wirksam. Folge solcher Kraftbegabung der F. sind zahlreiche → Tabus, die → Menstruation, → Schwangerschaft u. → Geburt umgeben. Die Wöchnerin galt als unrein (Lev 12) u. wurde ausgesegnet. Die → Bußbücher des frühen MA messen dem Gottesdienstbesuch menstruierender F.en bestimmte Bußen zu (→ Burchard v. Worms, *Decretum* 19). Auch → Hebammen galten als unrein (Franz, *Benediktionen* 2,215). In der Mantik der Antike erfuhren Wahrsagerinnen (→ Wahrsagen) u. Orakelpriesterinnen (→ Orakel) hohe Wertschätzung. Die Germanen schrieben F.en besondere seherische Fähigkeiten zu (Tacitus, *Germania* 8). Über Griechenland hinaus berühmt war die delphische Pythia (→ Pythonissen), Prophetin Apollons. Die → Sibyllen des griechisch-römischen Altertums prophezeiten in → Ekstase u. enthusiasmiert (→ Enthusiasmus). Ihr Ansehen reichte über das MA bis in die Neuzeit.

Freimaurer, Freimaurerei. Die Selbstbezeichnung stammt aus der englischen Werkmaurerei, wobei mit ›freemason‹ (›Freimaurer‹) der Architekt u. Künstler, der den ›freestone‹, den schmückenden Stein, bearbeitet hat, nicht der Arbeiter, gemeint ist. 1717 gründeten vier Londoner Bauhütten (engl. ›Lodges‹, ›Häuschen‹, wovon ›Loge‹) die erste F.-Großloge, die sich mit den ›Alten Pflichten‹ 1723 ein noch heute gültiges Grundgesetz gab. Als Weltbund existiert die F. jedoch nur der Idee nach, nicht organisatorisch. Die F. bekennt die Idee der Humanität u. will ihre Anhänger (›Brüder‹) dem Ideal edlen Menschentums zuführen. Aufgrund der → Arkandisziplin u. des weithin internen Schrifttums (in eigenen Bibliotheken) ist ihre geistesgeschichtliche Einordnung schwierig; zumal der literarische Ertrag der Wirklichkeit der F. nicht einfach kongruent ist. Die älteren Versuche der Herleitung von Salomon, antiken Mysterienkulten, dem Templerorden o. den → Rosenkreuzern sind spekulativ. Doch steht die Übernahme von Elementen alter Traditionen (*Cooke-Manuskript*, 15. Jh.; deutsche mittelalterliche Bauhütten-Bruderschaften; französische Handwerker-Gesellenvereinigungen: ›les compagnonnages‹) in → Ritus u. Symbolik (→ Symbol) der F. außer Zweifel. Der ›Bau am Salomonischen Tempel‹ bezeugt keine jüdischen Kontinuitäten, sondern ist Symbol für den unsichtbaren Tempel Gottes im Menschen (im Sinne von Eph 2,19–22; 1 Petr 2,4–6). Mit der Gründung der Loge ›Absalon‹ 1737 in Hamburg fand die F. in Deutschland Eingang; ihr gehörten Lessing, Goethe, Herder, Haydn u. Mozart an. Herder, der eine rationale Symboldeutung vertrat, wandte sich gegen die Bildwelten von → Alchemie u. → Magie, die in die F. Eingang gefunden hätten.

Freitag → Woche

Friedhof (von ahd. *friten* ›hegen‹, ›Gunst erweisen‹; später volksetymologisch an ›Friede‹ angelehnt), der mit Asylrecht ausgestattete Raum um die Kirche. In der Antike wurden die Toten an einem eigenen Platz außerhalb der Siedlung bestattet (Nekropolen). Das frühe MA verlegte den Begräbnisplatz in den Vorraum der Kirche u. in ihre nächste Umgebung (Kirchhöfe). Im Gefolge der Pestepidemien u. mit Anwachsen der Städte im SpätMA mußten die F.e außerhalb der Ortschaften angelegt werden, doch verblieb häufig ein Begräbnisplatz durch die Sekundärbestattung der Gebeine in Beinhäusern innerhalb der Ortschaften. Als geweihte Stätte ist der F. umzäunt, ummauert o. mit Hecken umgeben (→ Einfriedigung). Vorstellungen hinsichtlich des Schicksals der Verstorbenen zwischen Tod u. Jüngstem Gericht, der Gedanke vom lebenden Leichnam (→ Leiche) o. der wiederkehrenden Toten (→ Wiedergänger) lassen den F. als einen unheimlichen Ort erscheinen, an dem Arme Seelen (→ Fegefeuer) → Geister u. → Gespenster umgehen. Die Toten können aber auch aus ihren → Gräbern steigen, um sich für → Gebete dankbar zu erweisen (Gobius, *Scala coeli*). Die F.sweihe suchte »unreine Geister« vom F. zu vertreiben (→ Durandus, *Rationale* 7,35,38), schloß aber auch Ungetaufte (→ Taufe), Selbstmörder u. Andersgläubige aus. Als magisches Heilmittel (→ Magie) geschätzt ist → Erde vom F.; man reibt sich mit ihr ein, legt sie auf den schmerzenden Zahn; sie ist gut gegen Ausschlag, Schorf, → Fieber u. → Gicht. Die Pennsylvaniendeutschen trinken sie, von einem frischen Grab, in → Kaffee gelöst, gegen Heimweh (Fogel, *Pennsylvania Germans* 151 [709]).

Fruchtbarkeitszauber, gelehrter ethnologischer Terminus zur Bezeichnung zauberischer Praktiken, → Riten u. Zeichen (→ Charakter), die der Förderung von Wachstum u. Gedeihen von Menschen, Tieren u. Gewächsen dienen. Auf Fruchtbarkeit (Fertilität; Gegensatz: Sterilität) bezogene Handlungen u. Zeichen sind in allen Religionen bekannt. Häufig gründen sie in Vegetationskulten, deren Systematik insbesondere von James George Frazer (*The golden bough*) entwickelt worden ist. Im Zentrum der Theorie stehen Begriffe wie ›Wachstum‹ u. ›Leben‹ sowie die Vorstellung von ›Korn-‹ u. ›Vegetationsdämonen‹ u. ›Getreidegottheiten‹. Stütze erfuhr das Konzept universellen Vegetationskultes durch den Ausbau einer Struktur der »Äquivalenz« der natürlichen (Vegetation), ökonomischen (Saat/Ernte), sozialen (Königtum/Sukzession) u. religiösen (Vegetationsgötter/Tod/Auferstehung) Ebene (Hubert Cancik: HrwG 2,447). Die Interpretation von europäischen Volksbräuchen (→ Brauch) im Sinne von F. u. Vegetationskult diente der Rekonstruktion einer niederen Mythologie vorchristlicher Provenienz (Mannhardt, *Wald- u. Feldkulte*). Grundlage einer solchen Theorie bildete die Annahme einer die Jahrtausende übergreifenden subkulturellen Kontinuität des Mythischen. Von der historischen Volkskunde als unhaltbar erwiesen, leben fruchtbarkeitszauberische Deutungen historischer → Bräuche in Europa v. a. in der feuilletonistischen Brauchtumsreportage, aber auch in den dogmatistischen Grundlagen verschiedener wissenschaftlicher Disziplinen (Historische Anthropologie), fest eingewurzelt, fort.

Fuchs, ›vulpes vulpes‹. Als Rotf., Kreuzf., Eis- u. Polarf. in ganz Europa, West- u. Nordasien sowie großen Teilen von Nordamerika verbreitet. Seine Listigkeit sowie angebliche Verschlagenheit u. Tücke war schon im Altertum sprichwörtlich, wurde auch auf den Charakter von Menschen übertragen u. hat seit der Antike zu einer Vielzahl fabelhafter Erzählungen geleitet: Er überlistet andere Tiere (Aisopos, *Fabulae* 9; 83), er durchschaut schwierige Sachverhalte (ebd. 27; 98; 128; 135). Zahlreich sind aus Körperteilen des F.es hergestellte volksmedizinische u. magische Arzneien (→ Plinius, *Naturalis historia* 28,165 ff.). Gekocht, hilft er als Beruhigungsmittel: »Man pfleget auch den Fuchs in purem Oel zu kochen / Es stärkt die Nerven / so man sie schmiert etlich Wochen« (Becher, *Parnassus medicinalis* 1,134). Nach antikem Vorbild (Celsus, *De medicina* 4,8: gestoßene, trockene F.leber; → Dioskurides, *Materia medica* 2,41) nehmen Asthmatiker ein Pulver ein, das aus der Lunge o. dem Fleisch des F.es gebrannt ist (→ Konrad v. Megenberg, *Buch der Natur* 3A69). Sein → Blut wehrt Zauber ab; sein Schwanz hilft gegen den → Bösen Blick. Im → Segen erscheint der Fuchs ohne Lunge u. vertreibt das → Fieber (Konrad v. Megenberg, ebd.). Wenn man das → Haus mit geweihten ›Palmen‹ (→ Palmbusch) umwandelt, »so essent die fuchs die huner nicht« (15. Jh., bei → Grimm, *Mythologie* 3,416,13).

Fünffingerkraut, Kriechendes, Potentilla raptans, mit gelben Blüten nach Art der verwandten Erdbeere u. fünfzähligen Blättern, wächst an Wegrändern, auf Grasplätzen u. (Gänse-)Weiden (›Gänserich‹; P. anserina). Wohl aufgrund seiner handförmigen Blattgestalt als sympathetisches Mittel (→ Sympathie) in die → Schuhe zu legen, um die ›Oberhand‹ zu gewinnen (in der → Ehe, vor Gericht), aufgrund seiner gelben Blütenfarbe (→ Farbe) Mittel gegen Gelbsucht: »Wer Gelbsucht hat, der mache mit Fünffingerkraut und mit Semmelmehl und mit klarem Wasser kleine Törtchen und esse davon nüchtern während neun Tagen, und er wird geheilt werden« (→ Hildegard v. Bingen, *Physica* 1,55). Von → Dioskurides (*Materia medica* 4,42) in die Zauber- u. Sympathieliteratur übergegangen ist das Rezept, vier Blätter gegen das viertägige, drei gegen das dreitägige, usw., → Fieber zu gebrauchen. Verbreitet ist die Anwendung gegen Verhexung des Viehs (*Moses-buch* 219).

Fuß. In Mythologie, → Brauch u. Recht repäsentiert der F. bzw. das Bein den ganzen Menschen; er gilt als Sitz der Lebenskraft. Wo Götter u. Heilige die → Erde mit ihren Füßen berühren, gedeiht das Wachstum (→ Fruchtbarkeitszauber) besonders gut. Das Betreten mit dem F. gilt als Zeichen der Machtergreifung u. der Ausübung von Rechtsgewalt. Im MA übernahm der Bräutigam durch Betreten des Fußes der Braut die eheliche Herrschaft (→ Ehe, → Hochzeit). Von ominöser Bedeutung (→ Omen) ist es, mit welchem F. man aus dem Bett steigt: »dextro pede« (»mit dem rechten F.«) heißt schon bei Iuvenalis »glücklich« (*Satiren* 10,5). Die Entblößung des F.es gilt als Demuts-, Buß- u. Armutsgeste (Barfüßerorden). → Dämonen, → Geistern, Zwergen sowie dem → Teufel werden oft unförmige bzw. ungleichartige Füße zugeschrieben.

G

Gabe, Geschenk. Sich einander G.n zu reichen ist ein zumeist an bestimmte Termine gebundener Akt der Bezeugung von Freundschaft u. Verehrung, der Abhängigkeit, der Großmut o. der reinen Freude am Schenken. G.n werden auch nach dem Grundsatz des ›do ut des‹ (›ich gebe, damit du gibst‹), auch im kultischen Bereich, gereicht. Sie begründen eine Beziehung zwischen Menschen u. Göttern. Im Zauberwesen ist die Vorstellung eines bedrohlichen Einflusses u. einer gefährlichen Macht von Bedeutung, die der G. innewohnen: Der Geber gewinnt Macht über den Empfänger u. umgekehrt. Man soll nichts aus dem Hause, insbesondere kein → Feuer, geben (→ Caesarius v. Arles, *Sermo* 192,781; Konzil v. Auxerre 1,179). Empfangene Speiseg.n sind mit Vorsicht zu genießen, denn böse Menschen u. → Hexen bewirken mit ihnen Unheil u. Krankheit. G.n besitzen auch ominöse (→ Omen) Bedeutung: Nur wer mit Geschenken beladen am Neujahrstag (→ Neujahr) komme, dürfe das → Haus betreten. Etwas anderes wäre kein gutes Zeichen für das kommende Jahr (Atto v. Vercelli, *Sermo* 3,836).

Gabel. Die G. ist zuerst Werkzeug in Landwirtschaft u. im Haus. Zweizinkig wird sie als Koch- u. Heizutensil, dann auch als vornehmes Tranchierbesteck gebraucht. Als Eßgerät kommt sie selbst im hochschichtlichen Milieu noch bis um 1500 nur sehr selten vor. Aufgrund ihrer Funktion als Strafinstrument des → Teufels sowie als Hexenattribut hat die Kirche ihren Gebrauch bei Tisch lange verhindert. Ofeng.n sind Requisiten im Wetterzauber gegen Sturm u. → Gewitter (Bernhardin v. Siena: ZVK 22,118; → Wettermachen): Auf ihnen reiten die → Hexen zum → Hexensabbat.

Gähnen. Beim G. den Mund zu bekreuzigen o. mit der

→ Hand abzudecken, legt den Gedanken nahe, es könne die Seele entweichen o. Böses in den Leib fahren. Daß man die luftartig vorgestellten → Dämonen einatmen kann, ist ein Grundsatz abendländischer → Dämonologie (→ Augustinus, *De divinatione daemonum* 3; → Hrabanus Maurus, *De magicis artibus* 1102). In den Körper gelangt, bewirken sie dort Krankheiten, »ängstigen die Seelen, verzerren die Glieder« (Minucius Felix, *Octavius* 27,2). Zahlreiche Bilder zeigen → Dämonen, die im → Exorzismus dem Mund des Besessenen entfliehen (→ Besessenheit, → Fledermaus, → Fliege). G. wird auch als Symptom der Pest gedeutet (Müller, *Buß-Spiegel*).

Galgen (ahd. *galgo*, von idg. **ghalg-* ›biegsamer Zweig‹, ›Stange‹), Strafinstrument des Vollzugs einer der ältesten Todesstrafen, des Hängens. Mit dem G. u. dem Gehängten sind zahlreiche abergläubische u. zauberische Vorstellungen verbunden. Es war verboten, den Hingerichteten abzunehmen; der G.platz galt als Tanzplatz der → Hexen, die Raben als G.vögel. Holz vom G., G.kette u. -nägel, insbesondere Körperteile des Gehängten (Hirnschale, Hände, → Finger, → Fingernägel, Haut) galten als zauberkräftig u. wurden als → Talismane u. magische Heilmittel (→ Magie) gebraucht (→ Diebsdaumen); sie galten als hilfreich gegen Halskrankheiten, Kröpfe o. Krebs. Gegen Verzauberung des Viehs hilft ein Galgenspan: »Gangk hyn an aynem Sampsthage in der Goltfasten [Quatemberfasten] zcw eynem galgen, dar an lewt gehenckt ßeyn worden, unde nym den span von dem galgen unde lege den unter die schwellen an der thür des kwestalles, unde las das alßo lange lieghen. unde ßo lang es dar untter leytt, Szo lang bistu sicher, Das dyr keyn millichdiebyn [Milchhexe, → Hexe] die millich stelen kann, nach ßust keynen schaden gethun kan an deynem fyhe, das durch die thür aus adder ein geet« (16. Jh.; Schönbach, *Zeugnisse B. v. R.* 132). Unter dem Galgen wächst aus dem Sperma o. → Harn des Gehängten die → Alraune.

Galle (verwandt mit lat. *fel* u. griech. *cholḗ* ›Galle, im Zusammenhang mit *gelb*), Sekret der Leberzellen, Verdauungssaft. In der Lehre von den Körpersäften (Humoralpathologie) u. der antiken Lehre von den Temperamenten kommt der G. für die Gemütslage, Gesundheit u. Krankheit des Menschen besondere Geltung zu. Von ihr kommt der Zorn (›Überlaufen der Galle‹) u. die Melancholie (›Schwarzgalligkeit‹). → Hildegard v. Bingen ist der Meinung, daß es am besten für den Menschen sei, wenn er »die bittere Galle« nicht hätte (*Causae et curae*, übers. Pawlik 183). Als volksmedizinisches Heilmittel wird sie u. a. gegen Gelb- u. Fallsucht (→ Epilepsie), → Würmer, Ohrenleiden gebraucht. Den Nutzen der G. eines Fisches bei Augenkrankheiten u. Blindheit kennt schon das *Tobias-Buch* des AT (6,9), u. → Plinius weiß von der heilenden Wirkung menschlicher G. bei grauem Star (*Naturalis historia* 28,7). Später ist die G. von → Hahn, Rebhuhn, Hase, Wolf, → Fuchs, → Bock, Stier, Ochse zum selben Zweck gebräuchlich (Ochseng.: Hildegard v. Bingen, ebd. 212). Vor Zauberei schützt, wenn man die G. eines schwarzen Hundes im → Haus versprengt (Hansen, *Quellen* 45,37).

Gastromantie → Engastrimantik

Gebet, wie *beten* zu *bitten* gehörig. Subtilste Form des Umgangs mit dem personal aufgefaßten Göttlichen, in der sich religiöses Wollen u. Wünschen, aber auch Dank u. Preis sprachlich o. gedanklich (stilles G.) artikulieren. Die volkskundliche Forschung unterscheidet bei den Kultformeln zwischen → Beschwören (Haltung: Befehl), → Segen (Wunsch) und G. (Bitte). G.e können als Zauberformeln gebraucht werden, u. Zauberformeln können G.e enthalten. Eine Unterscheidung von G. u. → Zauberspruch ist im einzelnen Fall oft schwierig. Es wird immer nach der Haltung u. Gesinnung des Beters zu urteilen sein. Im volkssprachlichen Wortgebrauch wird der Unterschied eingeebnet: ›Wegbeten‹ heißt Krankheiten → besprechen. Die

Glaubensvorstellung von der magischen Kraft des G. wird vor allem im → Totbeten faßbar; es wurde von Priestern u. Mönchen (→ Geistlicher) praktiziert u. schon auf frühmittelalterlichen Synoden (Synode v. Toledo, v. J. 694, 5) bekämpft. Eine Reformationssage des 19. Jh. berichtet von Nonnen, die evangelische Pastoren zu Tode gebetet hätten (EM 5,796).

Geburt. Die Geburt ist in allen Kulturen von Glaubensvorstellungen u. magischen Riten (→ Ritus) begleitet. Häufig ist sie in Mythologie u. → Kosmologie gedanklich eingebettet. Die Antike kennt bestimmte G.sgottheiten (Artemis, Eileithya, Iphigeneia, Iuno, Diana u. a.), das Christentum Heiligenpatronate der G. (Maria, Magdalena, Leonhard). Verbreitet war der Glaube, daß mit der G. eines Menschen ein Stern aufgehe u. herabfalle, wenn dieser sterbe (→ Plinius, *Naturalis historia* 2,28). Zahlreiche Tabuvorstellungen (→ Tabu) beziehen sich auf das Wohlergehen des Kindes u. der Wöchnerin. Dazu gehört das ›Männerkindbett‹ (Couvade), bei dem, während der letzten Schwangerschaftstage, der Mann im → Bett liegt u. sich bestimmter Speisen u. Getränke (→ Essen u. Trinken) u. a. enthält. Der → Brauch ist nicht hinreichend erklärt; vielleicht daß im Sinne der sympathetischen Magie (→ Sympathie) durch Nachahmung ein glücklicher Ausgang der G. beeinflußt werden sollte. Magische Praktiken u. Zauberhandlungen (→ Magie) sind von Vorstellungen des Bindens u. Lösens geprägt (→ Band, → Knoten): Lösen der Schürzen-, Strumpf- u. Schuhbänder, Schließen der Türen im → Haus, Verstopfen der Fenster. Dagegen verhindern übergeschlagene Beine u. verschränkte → Finger die G. Als schützende → Amulette gegen → Hexen u. → Dämonen wurden → Kreuze, Bibeltexte (→ Bibel) u. das Gesangbuch gebraucht. Nach der G. wurde bei den Römern das Kind von der → Hebamme auf den Boden (→ Erde) gelegt, sodann, um seine Lebensfähigkeit zu prüfen, auf die Beine gestellt (»statuere infantem«) o. vom Vater aufgehoben, ein Brauch, der auch sonst bezeugt ist (vgl. Köves-Zulauf, *Geburtsriten* pass.). Man pflanzt einen Lebensbaum zur G., dem Knaben einen Apfel-, dem Mädchen einen Birnbaum. Nach biblischem Vorbild (Lev 12,1–8; Lk 2,22–39) wird die Mutter durch Aussegnung gereinigt. Auch in der Antike mußte sie sich Reinigungsriten unterziehen (Scholien zu Platon, *Theaitetos* 160e u. ö.). → Vorzeichen begleiten das Neugeborene. Die Embryonalhaut gilt als Glückszeichen (→ Glückshaube). Vorbedeutend ist der Tag der G.: Sonntagskinder – glückliche Kinder, Montagskinder – kluge Kinder usw. (→ Woche).

Geheimbünde sind exklusive, esoterische Gesellungen zum Zwecke primitiv-magischer sowie religiöser Erfahrung u. Praxis, aber auch politische, meist kämpferische Untergrundbewegungen. Allen G.n gemeinsam ist der Besitz eines geheimen Wissens, Glaubens u. einer geheimen Zwecksetzung, einer oft geheimen hierarchischen Gliederung, bestimmter Aufnahme- u. Übergangsriten (→ Initiation) u. einer zumeist symbolischen (→ Symbol) Geheimsprache. Kultformen von G.n sind u. a.: Scheren der → Haare, Extraktion von Zähnen, Kultmähler, Wasser-, Feuer- u. Fruchtbarkeitsriten (→ Fruchtbarkeitszauber), rituelle (→ Ritus) Maskierungen. → Arkandisziplin, → Initiation

Geheimschrift, Kryptographie, Steganographie. Bereits die Antike kannte verschiedene Verfahren der Verschlüsselung von militärisch u. diplomatisch bedeutsamen Texten. Die wichtigsten Methoden des Altertums behandelte der griechische Militärschriftsteller Aineas Taktikos (4. Jh. v. Chr.; 31,1–35). Caesar hat eine Geheimschrift verwendet, in der Buchstaben vertauscht wurden (Sueton, *Divus Iulius* 56,6); Augustus chiffrierte, indem er jeweils den folgenden Buchstaben einsetzte (Sueton, *Divus Augustus* 88). Auch das Judentum hat G.n entwickelt. Aus dem MA sind die Verwendung fremder Alphabete, aber auch die Erfindung spezieller kryptographischer → Alphabete überliefert (Gabriel de Lavinde, 1375/83; Leon Battista Alberti, † 1472; Cicco Simonetta, 1474; Francesco Tranchedino, um 1474). Erfindungs- u. phantasiereich ist man vor allem bei der Verschlüsselung von magischen (→ Magie) Texten verfahren, bei der Vertauschung, Ersatz u. Einfügung von astrologischen (→ Astrologie) u. alchemistischen (→ Alchemie) Zeichen mit Normalbuchstaben gebräuchlich waren. In den antiken → Zauberpapyri finden sich → Charaktere als Geheimzeichen. Das dem Zauber immanente Streben nach Dunkelheit u. Arkanisierung (→ Arkandisziplin) hat eine Vielzahl von Verunklarungsregeln u. Chiffriertechniken beachtet: Bildung von Worten aus den Anfangsbuchstaben von Worten (→ Akrostichon), Umstellung von Buchstaben (→ Anagramm), Abkürzungen (Kontraktion), Auflösung von Wörtern in Anfangsbuchstaben anderer Wörter (→ Notarikon), Texte, die rückwärts gelesen die gleiche Buchstabenfolge zeigen (→ Palindrom) u. a. Chiffrierte Texte der Magie- u. Zauberliteratur finden sich in magiologischen Traktaten, Zauberrezepten, zumeist jedoch auf magischen Requisiten (→ Amulett, → Talisman, → Ring). Eine Zauberringinschrift des 13. Jh. etwa lautet: + GVGGVGBALTEBANI + ALPHA.&. ω + EHERAVELAGAIHAEHRA + ENORAYA. ω + GVT + GVNANIA + ADOSDE. B. E. L ω + MELCHAAGLA + AQTVO usw. (Harmening, *Magisches Wort* 369 u. ö.) Auch magisch verwendbare Chiffriermethoden liefern u. a.: J. B. della Porta (*De occultis literarum notis*, 1593), → Johannes Trithemius (*Steganographia* 1606), G. Senelus (*Krypto-Menitices*, 1624), Chr. Breithaupt (*Disquisitio de variis modis occulte scribendi*, 1727).

Geheimwissenschaften, nur einem eingeweihten Personenkreis zugängliche, in terminologisch verdunkeltem Schrifttum niedergelegte Wissenssysteme um geheime, nicht jedem erkennbare Eigenschaften u. Kräfte der Natur. Vom → Okkultismus abgesehen, der auf bestimmten, von besonderen Kulturkreisen unabhängigen Urerlebnissen u. paranormalen Erscheinungen beruht (→ Hellsehen, Prophetie, Telepathie, → Psychokinese; → Parapsychologie), wurzeln die G. in der Naturtheologie des → Neuplatonismus, dem naturphilosophischen u. alchemistischen Schrifttum der arabischen Kultur u. der → Kabbala des mittelalterlichen Judentums. In der Renaissance kommt es im Gefolge der Rezeption des Neuplatonismus zur Wiederbelebung der spätantiken G. (→ Astrologie, natürliche → Magie, → Alchemie). Zu dieser Zeit versuchte erstmals → Agrippa v. Nettesheim (*De occulta philosophia*) eine systematische Darstellung der G. Die G. des 19. Jh. (E. → Levi) sind als Reaktion auf die bürgerliche Philosophie des 19. Jh. anzusehen, wobei gelegentlich die Bindung an Traditionen des neueren Hermetismus (→ Hermes Trismegistos) u. der Renaissance-G. nicht zu übersehen ist (→ Rosenkreuzer). Aus der 1875 von Helena P. Blavatsky begründeten → Theosophie, die sich als Erneuerung ›uralter‹ G. begreift, ist die Anthroposophie hervorgegangen, die unter G. einen Komplex übersinnlicher, über jede Möglichkeit naturwissenschaftlicher Erkenntnis hinausgehender Erfahrungen versteht.

Geiler von Kaysersberg, Johannes, * 16. 3. 1445 Schaffhausen, † 10. 3. 1510 Straßburg, 1476 Prof. theol. in Freiburg, 1478–1510 Münsterprediger in Straßburg (»schmetternde Posaune des Straßburger Münsters«). In seinen Predigten (u. a. über Sebastian Brants *Narrenschiff*), die nach G.s lateinischen Aufzeichnungen o. nach Hörermitschriften von andern publiziert wurden, trat er für die Erneuerung des religiösen Lebens ein, bekämpfte kirchliche u. weltliche Mißstände u. bezieht sich auf eine Fülle volkskundlich relevanten Materials. *Die Emeis* (gedr. Straßburg 1516, 1517; *Dis ist das buch von den Omeisen*) berichtet, in Anlehnung an den *Formicarius* des J. → Nider, über den zeitgenössischen Hexenglauben (→ Hexe), über → Wettermachen u. a.

Geister. Die Welt der G. ist vielgestaltig u. alles umfassend: »Sie bedecken die Erde wie Gras«, sagt ein babylonischer Text (→ Dämonen). Alles ist von G.n belebt: → Feuer, Luft, Wasser u. → Erde; Steine, Berge, → Bäume, Pflanzen, oben der Himmel u. unten tief die Erde. Anders als die → Dämonen, denen eine philosophisch-theologische → Kosmologie einen systematischen Platz u. Stellenwert im Aufbau der Welt als Wesen zwischen Gott u. Menschen zuweist (→ Dämonologie), besitzen sie keine individuelle Gestalt. Jedoch können sie sich hierzu entwickeln u. auch zu Göttern aufsteigen. Das gilt insbesondere für die Toten- u. Ahnengeister, aus deren Verehrung schon der antike → Euhemerismus den Götterkult ableitet, wie es auch der neuzeitliche → Animismus tat. Gegen unheilbringende G. wendet man apotropäische Mittel (→ Apotropaion) o. exorzistische Riten (→ Exorzismus, → Ritus) an. Im neuzeitlichen u. modernen → Spiritismus sucht man Verbindung mit ihnen zum Zwecke von → Orakeln, der Entdeckung des Verborgenen u. Zukünftigen u. des Kontaktes mit Verstorbenen. Hierzu eröffnen auch G.fotografien, → Tischrücken, u. → Pendel Zugänge.

Geisterklopfen. Unerklärliche Klopfgeräusche, Knarren, Poltern u. ä. werden im → Volksglauben für Äußerungen von → Geistern gehalten. Die → Parapsychologie zählt das G. wie auch das → Tischrücken zu den sog. Psi-Phänomenen.

Geistheilung, geistige Heilung, ein therapeutisches Verfahren, das auf der Annahme beruht, Krankheiten seien in Störungen des Geistigen u. Psychischen gegründet. Vergleichbar dem → Gesundbeten setzt es ein religiöses Fundament beim Kranken u. Heiler voraus. Man unterscheidet Glaubensheilung (geistige Neuorientierung), Gebetsheilung, Ritualheilung (→ Handauflegung) u. Geisterheilung (therapierende Verstorbene, → Spiritismus), wenngleich die Übergänge fließend sind.

Geistlicher, Priester, Kleriker. Der G. ist Vermittler zur Gottheit, er besitzt heiliges Wissen u. spendet → Segen.

Immer auch hat er Züge des Magiers (→ Magie) u. Zauberes: Benediktionen u. → Exorzismen, die Weihe von → Sakramentalien, Weihegesten wie → Blasen, Salben, → Handauflegen, die Macht → Dämonen auszutreiben, → Brot u. → Wein in Fleisch u. Blut → Christi zu verwandeln (→ Hokuspokus) – all das hat ihn zaubermächtig erscheinen lassen. Aus mittelalterlicher Zeit sind zahlreiche Rügen von priesterlichen Zauberhandlungen mit entsprechenden Strafandrohungen bezeugt: Geistliche sollten keinen → Liebeszauber praktizieren, keine wächsernen Zauberbilder (→ Atzmann) taufen, konsekrierte → Hostien nicht → Huren überlassen, während der → Messe keine Zauberworte sprechen (Franz, *Messe* 97), kein Chrisma zu Zauberzwecken weiterreichen, kein Requiem für noch Lebende lesen (Synode v. Toledo, v. J. 694, 5; Synode v. Trier, v. J. 1227, 6; → Totbeten), keine Zauberbildchen auf den Altar stellen (Franz, *Messe* 100). Der Schrift kundig, hatte der Geistliche Zugang zur literarischen Zaubertexttradition. Von daher erklärt sich, daß man seit frühmittelalterlicher Zeit in Zauberdingen seinen Rat suchte u. ihn dazu drängte, wie viele Verbote in den → Bußbüchern bezeugen (vgl. Schmitz, *Bußbücher* 2,236.351.360.461.497). Im 13. Jh. scheint die Tätigkeit des G.n auf diesem Gebiet sich gesteigert u. im 14. Jh. einen Höhepunkt erreicht zu haben. Seit dieser Zeit häufen sich auch Anklagen von G.n wegen abergläubischer Handlungen u. Zauberei (Schönbach, *Zeugnisse B. v. R.* 129f.). Hintergrund dieser Entwicklung war die mangelnde medizinische Versorgung u. das Vertrauen auf die Kirche als eine geistliche Heilanstalt (vgl. Jak 5,14–16), zu der die Menschen in Krankheit u. Not Zuflucht suchten.

Geld (mhd. u. ahd. *gelt* ›Ersatz‹, ›Einkommen‹; erst im 14. Jh. ›gemünztes Zahlungsmittel‹). Der Stoff des G.es (→ Eisen, → Kupfer, → Silber, → Gold), seine Prägung mit Zeichen, Bildern, Inschriften, v. a. sein Tauschwert machen G. geeignet als → Amulett u. → Talisman. Fahrende Schüler, unschuldige Mädchen u. Mönche können G. riechen, Alchemisten (→ Alchemie), Pflanzen, Tiere u. Kobolde (Geld- u. Dukatenscheißer) es produzieren. Insbesondere auf Münzen geprägte Sinnbilder haben die abergläubische Phantasie angeregt. Die ›Händleinpfennige‹ von Schwäbisch Hall (13. u. 14. Jh.) mit → Kreuz, Anker, → Kugel u. → Hand Gottes z. B. helfen gegen »alle Verwundung, die hinfallende Sucht [→ Epilepsie], das Beschreyen [→ Verhexen] der Kinder und vieles anderen Unglücks [...] dahero werden sie von etlichen Leuten stets bey sich getragen, den Kindern am Hals gehängt, unter die Bäume vergraben, in die Brandewein-Blasen geworffen, in die Mühldämme gelegt, ja gar von einigen verschluckt; oder doch etwas davon abgefeilet und als eine Arzney eingenommen« (Köhler, *Münzbelustigungen* 264). Glückbringend ist das erstverdiente G. am Markttage, der ›Handkauf‹ o. die ›Handgift‹; man spuckt darauf u. wünscht sich mehr. Es soll auch immer eine Münze im Kasten sein, um neues G. anzuziehen (Glückspfennig). Zu G.schätzen verhelfen Zauberformeln u. Geisterbeschwörungen (*Mosesbuch* 63–67); doch ist es gefährliches G., von → Teufeln, Drachen, → Kröten u. feurigen Hunden bewacht.

Gematrie (von griech. → *Geomantie*, hebraisiert *Gematrijjah*), ein persisch-griechisch-jüdisch-arabisches Interpretations- u. Erklärungsverfahren der Buchstabenmystik u. -mantik (→ Onomanteia), das in der Verwendung von Buchstaben als Zahlzeichen gründet (→ Buchstabensymbolik, → Zahlen). Der Gottesname JHVH ergibt den Zahlenwert 26 (10+5+6+5), eine Zahl, die in magischen Texten u. Operationen zum Zwecke der kabbalistischen → Theurgie Bedeutung gewann. Die G. ließ beispielsweise auch das Gewicht des Goldenen Kalbes (Ex 32) auf 125 Talente berechnen. Mit Zahlen läßt im Griechischen Sarapis Alexander seinen Namen erraten: »Nimm 200 (s) und 1 (a) zusammen, dann [100 (r) und 1 (a)] und 4 x 20 (p) und 10 (i). Den ersten Buchstaben sollst du dann zum letzten machen, dann wirst du merken, welcher Gott ich bin« (Ps.-Kallisthenes 1, 33; bei Dornseiff, *Alphabet* 92).

Genethlialogie → Horoskop

Geomantie (von griech. *gē* ›Erde‹ u. *manteía* ›Weissagung‹), →Wahrsagen aus der → Erde‹. Die Wahrsagekunst wird seit Varro zu den nach den vier → Elementen eingeteilten Arten der → Mantik gezählt (mit → Pyro-, → Hydro- u. → Aeromantie). Die Einteilung wurde von → Isidor v. Sevilla (*Etymologiae* 8,9,23) dem MA überliefert (→ Hrabanus Maurus, *De magicis artibus* 1098; → Gratian, *Decretum* 2,26,3 u. 4,1), doch ist das Verfahren der genannten → Künste unbestimmt. Pictorius erklärt die G. als Wahrsagekunst aus Beben, Brechen, Dampfen usw. der → Erde (*De magia* 8). → Agrippa v. Nettesheim (*De occulta philosophia* 2,48; *Magische Werke* 2,244–248) schließt sich dem an, nennt aber auch die ›Punktierkunst‹, ein Verfahren, das seit dem MA mit der G. gleichgesetzt wird. Es stammt aus dem Orient u. wurde über Byzanz, Spanien u. Italien nach Europa vermittelt (Gerhard v. Cremona, um 1114–1187, übersetzt ein arabisches *Punktierbuch*). In dieser mantischen Kunst werden rasch u. ungezielt 16 Reihen von Punkten in Erde, Sand (›Sandkunst‹) o. Wachs gedrückt, auf Papier o. auf andere Weise gemacht u. diese mit Hilfe eines gefelderten Quadrats, des ›geomantischen Spiegels‹, geordnet u. nach astrologischen Kriterien (→ Astrologie) interpretiert. Im 17. u. 18. Jh. ist die verbreitete Kenntnis der Kunst von einer außerordentlich umfangreichen Literatur bezeugt. Doch gilt sie zu dieser Zeit schon meist nurmehr als ein Gesellschaftsspiel, weniger als eine ernsthafte Form der Mantik. Bis in die Gegenwart sind *Punktierbücher*, vergleichbar den *Traumbüchern*, im Gebrauch.

Gespenst (mhd. *gespenst*, *gespanst* ›Verlockung‹, ›Verführung‹, ›Trugbild‹, ›Gespenst‹). Im Sprachgebrauch gleichgesetzt mit → Geist u. → Spuk, meint es eine schreckhafte Erscheinung, zumeist in Menschengestalt.

Das Latein des MA nennt die G.er ›umbratici‹, ›Schattenwesen‹ (DuCange, *Glossarium* 8,365). Die Volksglaubensforschung (→ Volksglauben) unterscheidet unter dem Oberbegriff ›Spuk‹ einmal die G.er als sichtbare Jenseitige (z. B. Tote), zum anderen Geräusche (→ Klopfen) u. die sie bewirkenden Gestalten (Poltergeister). Gespenstige Tiere bilden eine eigene Gruppe. Sie kommen oft ohne Kopf o. dreibeinig u. verkünden häufig den Tod. → Okkultismus u. → Parapsychologie nehmen die Existenz von G.n an, die sich in Erscheinungen u. Geräuschen bemerkbar machen. Beweismittel ist u. a. die Geisterfotografie, besonders aber auch die literarische Tradition des Themas. Plinius d. J. (*Epistulae* 7,27,5–11) berichtet von einem in einem Athener Haus nächtens umgehenden schaurigen Greis mit rasselnden Ketten. Als man die → Erde aufgräbt, wo das G. schließlich verschwunden war, findet man ein Totengerippe in schweren Ketten. Man wehrt G.er ab durch apotropäische Gebärden (→ Apotropaion): Vorstrecken der Zunge, Fletschen der Zähne, Spucken (→ Speichel), → Blasen, durch Vorzeigen der Geschlechtsteile (→ Phallos, → Vulva), des Hinterteils. Hilfreich sind v. a. → Gebet u. → Fluch, → Weihwasser, geweihtes → Öl, → Lorbeer u. Erde vom → Grab des umgehenden Toten u. a.

Gesundbeten, Krankenbehandlung mittels → Gebet. Wie das → Besprechen gründet das G. im Glauben, daß Krankheiten von übernatürlichen Mächten gesandt o. gewirkt werden. Ein Unterschied zwischen G. u. Zauberei ist oft nur theoretisch zu machen. G können dem → Volksglauben zufolge nur Eingeweihte (Schäfer, Schinder u. a.). Die meisten Heilverfahren enthalten sowohl christliche wie heidnische Elemente; dabei ist das Gebet zumeist von (kultischer) Handlung begleitet: Anhauchen (→ Blasen), Salben, Besprengen (→ Weihwasser), Bekreuzen (→ Kreuz), → Handauflegen usf. Der Glaube an die heilende Kraft des Gebets ist eine allgemeine religiöse Erscheinung, die in allen Kulturen anzutreffen ist. Das Urchristentum hat nicht selten unter Zurückweisung medikamentöser Behandlung allein durch das Gebet heilen wollen (vgl. Jak 5,14–16). In der Folgezeit nahm das G. stark magischen u. sakramentalen Charakter (→ Sakramentalien) an. Im 19. Jh. wurde es von Mary Baker-Eddy (*Science and Health with Key to the Scriptures*, 1875) in ein regelrechtes System gebracht (›Christian Science‹). Christliches G. praktizieren auch die Pfingst- u. Heiligungsbewegung u. der Ökumenische St.-Lukas-Orden. Heilung durch G. erklärt die psychosomatische Medizin als Folge von Suggestion bzw. Autosuggestion.

Gewitter. Als eindrucksvolles Naturereignis ist das G. von starker mythenbildender Kraft. Die Religionsgeschichte kennt zahlreiche G.-Gottheiten, den slawischen Perun, den altkanaanitischen Hadad, den hethitischen Teschub, den assyrischen Ramman (Brüller). Wenn der germanische Wettergott Thor (Donar) seinen Hammer o. der vedische Indra den Donnerkeil wirft, blitzt es. Auch Jupiter u. Zeus sind ursprünglich Wetter- u. Gewittergottheiten (J. tonans, Donnerer; Z. Keraunios, Blitzesender). Die Volkssage deutet das G. häufig als Kampf zwischen mythischen Wesen, → Dämonen, Riesen u. Zwergen. Christlich-pastoraler Herkunft ist der Glaube an das G. als göttliche Strafe. Oft wird das G. als Werk des → Teufels o. von → Hexen aufgefaßt. Gegen den Glauben an zauberisches → Wettermachen wendet sich schon Agobard v. Lyon (*Liber contra insulsam vulgi opinionem de grandine et tonitruis*). An Vorschriften zur Vermeidung von Schäden sowie der Abwehr von G.n kennt der → Volksglaube vielerlei Mittel. Zu meiden sind u. a. der Aufenthalt unter → Bäumen, schnelle Bewegungen, aufsteigende Dünste, Zugluft, Arbeit, Tanz. Gelegentlich sind die Abwehrmaßnahmen widersprüchlich; so wenn gegen G. das Herdfeuer (→ Herd) zu löschen o. zu unterhalten ist. Gegen G. helfen das Anzünden von → Wetterkerzen, Läuten der

Wetterglocken (→ Glocke), → Schießen gegen die Wolken, geweihte Palm- u. Kräuterbüschel (→ Palmbusch), Holz vom Osterfeuer (→ Ostern), an das → Haus genagelte Ochsenschädel, → Eulen u. → Fledermäuse; Feld u. Flur sucht man durch Wettersegen (→ Segen) zu schützen. → Blitz, → Donner

Gicht (ahd. *gegihte*, *gijicht*, zu ahd. *jehan* ›sagen‹, → ›besprechen‹), Zipperlein, Arthritis urica, Erkrankung aufgrund einer Störung des Harnsäurestoffwechsels. Die Etymologie des Wortes verweist auf die Deutung der G. als einer angezauberten Krankheit. Auf Symptome bezogen, ordnete man verschiedene ›Gichter‹ (kalte, stille, reißende, stechende, fliegende, ziehende G.; Hirng., Hauptg., Fleischg., Blutg. usw.) nach Zuckungen, Krämpfen, Lähmungen. Neben pflanzlichen Mitteln (Johannisbeeren, Roßkastanien) sind magische Rezepturen schon in mittelalterlicher Zeit bezeugt. In → Segen wird die G. auf Tiere (→ Hahn, Frosch) u. Pflanzen (Fichte, Birke, → Eiche, Weide, Flieder) übertragen: »Guten Morgen, Jungfer Ficht, ich klag dir 77erlei Gicht« usw. G.-Ringe aus Sarggriffen u. Münzen, Hufeisennägel (→ Eisen) o. G.-Kugeln, etwa aus → Achat, werden als → Amulette gegen die G. getragen.

Gift (ahd. *gift* ›Geben‹, → ›Gabe‹, auch im Sinne von G. als Lehnbedeutung von griech.-lat. *dosis*). Wie griech. *phármakon* u. lat. *medicamentum* ›Heilmittel‹ wie auch ›Zaubermittel‹, so bedeutet auch G. beides. Schon die römische Antike brachte den G.mord, das → Veneficium, in Verbindung mit dem → Maleficium, dem Schadenzauber. Auch im MA sah man neben der natürlichen Wirkung von G.en die Ursache im Wirken von → Dämonen u. Zauberern, wie besonders spätmittelalterlich-neuzeitliche Hexenprozesse (→ Hexe) bezeugen. Als Gegeng.e galten das Horn des → Einhorns, Perlen, → Amulette, → Edelsteine, Duftstoffe, Harze, die Betonie (Schönbach, *Zeugnisse B. v. R.* 39) o. der Beozarstein, der Magenstein von Wiederkäuern. Becher u. → Ringe aus → Bernstein sind ebenso geeignet: Die *Magia divina* beschreibt die Wirkungen eines Ringes aus Bernstein (»Electrum Magicum«): »Erstlich ziehet er alles Gifft an sich, und wird Schwartz. Der Mensch so den Ring trägt, habe das Gifft genossen, oder es seye noch in Speiß und Tranck gegenwärtig« (L. v. H., *Magia divina* 28f.). Wer am 27. Dezember → Wein trinkt, über den der Johannissegen (→ Johannisminne) gesprochen ist, bleibt das Jahr über vor G. u. Hexenwerk geschützt.

Glas (mhd. u. ahd. *glas*, zu idg. **ghel-* ›glänzend‹; → ›Bernstein‹), nach der Keramik der älteste synthetische Werkstoff (eher früher als seit dem 4. Jt. v. Chr.), aus Quarzsand u. Soda bzw. Asche hergestellt. Die Erfindung des G.blasens mit der Pfeife (um 50 v. Chr.) machte es möglich, dünnes u. durchsichtiges G. in großen Mengen zu produzieren. G. ließ sich zu unterschiedlichsten Gegenständen u. Gefäßen formen. Im MA entstanden überaus zahlreiche G.hütten in Wäldern, die genügend Holz zur G.schmelze boten (Spessart, Böhmer- u. Bayerischer Wald). → Plinius berichtet von einer Bernsteininsel in der Nordsee, die »von den [römischen] Soldaten nach dem Bernstein« ›Glaesaria‹ genannt würde (*Naturalis historia* 4,97; vgl. 37,42). Im Märchen sind G.berge Wohnorte von → Hexen, Wasserjungfrauen u. Zwergen (KHM 25: ›Die sieben Raben‹). Ominöse Bedeutung (→ Omen) besitzt das Zerspringen von G. Sein Zerbrechen dient brauchmäßig (→ Brauch) zur Bekräftigung u. als Übergangsritus (→ Initiation) sowie zum Abtun des Alten bei der → Hochzeit, beim Richtfest o. an → Silvester. Zumeist wird es rückwärts über die Schulter geworfen. Durch Umstülpen eines G.es kann man jemand → festmachen.

Gliederzucken. Das G. kommt überraschend u. hat die Bedeutung eines → Omen. »Salisatores [Zuckungswahrsager] nennt man solche, die aus dem Zucken eines Gliedes Glück oder Unglück vorhersagen« (→ Isidor v. Sevilla,

Etymologiae 8,9,29 nach → Augustinus, *De doctrina christiana* 2,20). Wie im alten Orient, so hat es auch in dessen Nachfolge eine mantische ›Zuckungsliteratur‹ gegeben, die aus Jucken, Kitzeln, Springen, Zittern usw. von einzelnen Körperteilen prognostische Schlüsse folgert. Die Antike schrieb dem legendären Wanderlehrer, Wundertäter u. Seher Melampus (7./6. Jh. v. Chr.) ein Werk zu, in dem dieser 187 Deutungen vorlegte. Die Predigten des MA behandeln die Divination als ›Springkunst‹ o. ›Springung‹ (→ Stephan v. Landskron, *Himmelstraße* 42ᵛ: »Auch die künfftige ding [...] verkünden [...] nach springung der glider«). Einschlägige Autoren des 16. Jh. verzeichnen die → Kunst unter den → Augurien (Peucer, *Commentarius* 166ᵛ–167ʳ; → Bodin, *Démonomanie* 1,5). Insgesamt gehört die Zuckungswahrsagung der gelehrten Literatur an. Weniges mag auch in populäre Deutungen übergegangen sein.

Glocke. G.geläut soll Unheil abwehren u. vertreiben (Pest-, Feuer-, Wetterg.). G.weihe (G.taufe), G.-Inschriften (Heiligennamen, Psalmen, Segens- u. Bannsprüche [→ Bann]), Schmuckelemente u. bildliche Darstellungen auf G.n (→ Schlangen, Drachen, Frösche, → Hähne, Pilgerzeichen) verstärken u. spezifizieren die apotropäische Kraft (→ Apotropaion) der G.: »Nicht nur bey den Papisten [Katholiken] / sondern auch an etlichen Evangelischen Oertern glaubt man / das starcke Geläut der Glocken zertheile und vertreibe die Donnerwetter [...] Welches an und vor sich nicht zu verwerffen ist / doch allen Aberglauben beyseit geleget / daß es nicht weg heist / wie dort an Glocken geschrieben stund: ›Anna [= der G.name] treibt alle Wetter von danna. Rebecca / treibt alle Wetter weckka‹. Wahr / daß durch den Schall des starcken Geläuts die bewegte Lufft die dicken Dünste zerschlage / und folgentlich die Krafft des Gewitters breche« (Paulini, *Bauren-Physic* 48). Die → Volksmedizin kennt abgefeiltes G.metall, G.schmiere (G.schmalz) u. Teile vom G.strang als Mittel gegen Krankheit u. Bezauberung von Mensch u. Tier.

Glossolalie (von griech. *glṓssa* ›Zunge‹ u. *laleín* ›schwatzen, plaudern, plappern‹), ›Zungenreden‹. Die → Bibel kennt die G. (1 Kor 12 u. 14) als ekstatisches Reden in religiöser Verzückung (→ Ekstase). Zumeist artikuliert es sich in ausgestoßenen Lautgruppen, die wie fragmentiert (Jes 28,11 f.) u. der Deutung bedürftig erscheinen. So auch die Rede der delphischen Sybillen (→ Pythonissen). Die *Apostelgeschichte* kennt das Reden in fremden, dem Sprecher unbekannten Sprachen (2,1–3). Die G. gilt als Ausdruck der Offenbarung u. als Sprache der Engel (1 Kor 13,1), aber auch als von → Dämonen bewirkt bei → Besessenheit (→ Exorzismus). In der neueren Zeit neigen Erweckungsbewegungen zur G.

Glückshaube, Glückskäppele, Wehmutterhäublein u. a., lat. *pil(l)eus naturalis*; griech. *ámnion*, Haut, mit der das Kind im Mutterleib umgeben ist u. die es gelegentlich bei der → Geburt wie eine Haube trägt. Man glaubte, sie bringe Glück. Zu diesem Zweck wird sie dem Kind zu essen gegeben, unter die Türschwelle u. Dachtraufe vergraben o. in das Gewand genäht. Sie schützt vor Gericht, im Krieg, vor → Feuer u. ist ansonsten ein nützliches Heilmittel. Man »vermeint / daß diejenige Kinder / so schwehr gebohren / eines harten Tods sterben / wie auch die mit einem Helmlein oder Labhäublein / wie man es nennet / auf die Welt gebohren / Zeit Lebens glückseelig leben werden. Darauf sich aber nicht zu verlassen; dann die Erfahrnus das Widerspiel bringt« (Seitz, *Trost der Armen* 84). So kann sie auch Zeichen dafür sein, daß aus dem Kind ein → Wiedergänger o. ein Vampir wird (Jahn, *Hexenwesen* 162,529). Zauberer wirken Schaden mit ihr an ihrem ursprünglichen Träger (→ Delrio, *Disquisitionum magicarum libri* 3,1,3). In der ›Amniomantie‹ wird ihre → Farbe auf die Zukunft gedeutet; dabei gilt die rötliche glück-, die schwärzliche unglückweisend.

Gnosis, Gnostizismus (griech. *gnṓsis*, ›Erkenntnis, Wissen‹), eine antike, synkretistische, im östlichen Mittelmeerraum, insbesondere im 2.–3. Jh. n. Chr. verbreitete Lehre, die die Vollendung u. das Heil des Menschen in der (Selbst-)Erkenntnis sucht. Kennzeichen gnostischer Lehren ist ein anthropologischer u. metaphysischer Dualismus zwischen (gutem) Geist u. (böser) Materie. Die Welt ist Folge eines Absturzes aus dem Göttlichen, oft über eine Reihe von Zwischenstationen, o. das Werk eines dem absolut transzendenten Gott, oft ›Vater‹ genannt, untergeordneten, aufrührerischen Demiurgen (›Baumeister‹), auch ›Narr‹ genannt. Doch bewahren die an die Welt gefesselten, in den Leib vergrabenen Seelen noch einen Funken des Göttlichen u. kann der Mensch durch mystische Erkenntnis seiner jenseitigen, in Gott gegründeten Natur zurückkehren in die Sphäre des göttlichen Seins, oft ›Reich des Lichtes‹ genannt. Gnostische Lehren finden sich im *Corpus Hermeticum* (2.–3. Jh. n. Chr.; → Hermes Trismegistos) u. insbesondere, von den Kirchenvätern heftig bekämpft, im frühen Christentum (→ Simon Magus). Die G. wurde nicht gestiftet u. entstand auch nicht solitär an einem Ort, vielmehr speiste sich ihr Ursprung aus verschiedenen Quellen: Aus frühjüdischen, griechisch-hellenistischen, iranischen sowie christlichen Überlieferungen u. Vorstellungswelten. Fortsetzung fand sie im Orient im Manichäismus. Im Westen wirkte sie bei den mittelalterlichen dualistischen Bewegungen der Bogomilen u. → Katharer nach. Zu deren Bekämpfung wurde die → Inquisition eingesetzt. Durch die Entdeckung, lateinische Übersetzung u. Kommentierung des *Corpus Hermeticum* im 15. Jh. (Marsilio → Ficino) wurde in der Neuzeit gnostisches Gedankengut zahlreichen mystischen, neokabbalistischen (→ Kabbala), theosophischen (→ Theosophie), alchemistischen (→ Alchemie) u. anderen Lehren u. Weltanschauungen vermittelt. Seit dem 19. Jh. diente der Begriff G. auch als Interpretationskategorie für Religionen, in denen man der historischen G. verwandte Formen entdeckte, u. wurde auf Religion u. Theologie der eigenen Zeit übertragen. Theosophische Gruppierungen in Südfrankreich bezeichneten sich als ›gnostische Kirche‹ (Sophronius, *Catéchisme* 1899f.). In einer Zeitschrift mit dem Titel *Luzifer-Gnosis* (1903–08) legte Rudolf Steiner (1861–1925) die Grundlagen seiner Anthroposophie.

Godelmann, Johann Georg, * 1559, † 1611, Jurist, Prof. in Rostock u. Hofrat in Dresden. Verfaßte ein Werk ›*De magis, veneficiis et lamiis*‹ (Frankfurt 1601, 1691; Nürnberg 1676), das von G. Nigrinus ins Deutsche übersetzt wurde: *Bericht von Zauberern, Hexen und Unholden* (Frankfurt 1592; auch bei Horst, *Zauber-Bibliothek* 5,9).

Goëtie (griech. *goēteía* ›Zauberei‹, ›Blendwerk, Täuschung‹), eine besonders verwerfliche Zauberei mit blasphemischen → Riten, manchmal auch svw. → Nekromantie im Gegensatz zur → Theurgie, die mit guten Geistern wirkt.

Gold. Bereits in Antike u. MA wurden dem G. magische u. heilkräftige Wirkungen zugeschrieben. Im MA wurde G. als Stärkungs- u. Reinigungsmittel gebraucht u. als hilfreich gegen Herzleiden, Ohnmachten, »den auzsetzel und daz kratzen« empfohlen, denn »golt hât die art, daz ez kreftigt und läutert oder rainigt« (→ Konrad v. Megenberg, *Buch der Natur* 7,1). Auch G.wein u. G.elixier (›aurum potabile‹) wurde hergestellt durch Verbindung mit dem → Stein der Weisen, einer Kunstsubstanz, mit deren Hilfe → Metalle in G. verwandelt werden sollten (→ Alchemie). In der → Volksmedizin wird G. als sympathetisches Mittel (→ Sympathie) bei Gelbsucht u. Rotlauf angewendet. Als → Amulett hilft G. gegen Zauberei und den → Bösen Blick.

Gottesurteil (lat. *ordalium*). Das G. ist ein Mittel sakraler Rechtsfindung, das auf der Vorstellung gründet, die Gottheit gebe im Rechtsstreit über Schuld u. Unschuld im Beweisverfahren ein Urteilszeichen. Es ist in vielen Kulturen gebräuchlich, insbesondere in den indoeuropäischen u. afrikanischen. Auch die → Bibel kennt Urteile Gottes in unentscheidbaren Streitverfahren (Wasser, → Los; Jos 7,14–26; 1 Sam 14,38–42; Apg 1,15–26). Jacob → Grimm nannte es eine »rückwärts gewandte Weissagung« im Gegensatz zum → Orakel. Man unterscheidet berufene u. unberufene G.e. Erstere sind zumeist im gerichtlichen Verfahren organisiert, in letzteren setzt Gott von sich aus ein Zeichen, das häufig an Unschuldsbeteuerungen angeknüpft ist (»Der Blitz soll mich treffen!«). Im Christentum anfänglich in kirchliche Rituale (→ Ritus) eingefügt, sind die G.e schon im 9. Jh. nicht mehr unumstritten u. wurden auf dem 4. Laterankonzil 1215 von Papst Innozenz III. verboten. Dennoch haben sich spezielle Ausformungen in der Praxis, z. B. im Rahmen der spätmittelalterlichen u. frühneuzeitlichen Hexenprozesse (→ Hexe) erhalten o. lebten erneut wieder auf. Formen: Feuerprobe: Überschreiten heißen/glühenden → Eisens; → Wasserprobe/Hexenbad: der Versinkende ist unschuldig; Kesselprobe: der Proband holt mit bloßer Hand einen Gegenstand aus siedendem Wasser/Öl; Bahrprobe: Schuldig, wenn die → Leiche, vom Angeklagten berührt, blutet (→ Blut) u. a. → Hexenprobe.

Grab. Der Ort der Leichenbestattung ist in allen Kulturen ein heiliger Platz, an dem man dem Numinosen begegnet. Das G. schützt den Verstorbenen vor Tieren, Menschen u. → Dämonen u. die Lebenden vor dem gefährlichen → Geist des Toten. G.er im Hause gründen dagegen im Gefühl der Verbundenheit mit den Verstorbenen u. in ihrer Verehrung. Verbreitet ist die Vorstellung, der Tote lebe im G. fort; man hört ihn rufen, schreien u. schmatzen; er steigt aus dem G. als → Gespenst, Vampir o. → Wiedergänger hervor; er sitzt auf dem G.hügel. G.beigaben mögen im Glauben an die Untoten ihre Stütze haben; sie sind seit früher Zeit bezeugt. Einer Wöchnerin gibt man Puppe u. Kinderzeug, einer → Braut Kranz u.

→ Schleier mit in das G. Schutz- und Segensmittel dienen der Ruhe des Toten (→ Kreuz, → Rosenkranz, → Weihwasser, Weihrauch u. Kohle; → Durandus, *Rationale* 7,35,38). Das G. ist zauberischer Ort. Wasser u. → Erde von ihm sind heilkräftig. Über ein G. zu schreiten stört zwar die Totenruhe, hilft aber auch gegen Rheumatismus. → Warzen wäscht man mit Tau vom G. ab. Wer sich in einer Rauhnacht (→ Zwölften) zwischen die G.er legt, sieht die Toten des kommenden Jahres vorübergehen.

Granat (von lat. *granatum* ›gekörnt, mit Kernen gefüllt‹), → Edelstein. Durchscheinendes, oft blutrotes Mineral: »Man findet in in der môren land und pei Tyrum in dem sant, dâ in daz mer auzwirft« (→ Konrad v. Megenberg, *Buch der Natur* 6,38). Im MA, das ihn zumeist als ›Almandin‹ kennt, werden dem G. zahlreiche Heilwirkungen zugeschrieben. Als → Amulett getragen, vertreibt er die Traurigkeit u. macht froh (ebd. 6,38). Als → Monatsstein wurde er von Januar-, heute von Märzgeborenen getragen.

Gratian, † wahrscheinlich um 1150. Mönch in Bologna, Verfasser einer Kirchenrechtssammlung, der *Concordantia discordantium canonum*, zwischen 1125 u. 1140, später *Decretum Gratiani* genannt. Häufig kommentiert, wurde das Werk zur Grundlage der Kanonistik als eigenständiger Wissenschaft. Aus zeitgenössischen u. älteren kirchlichen Rechtssammlungen zusammengestellt, tradiert das *Decretum* (2,26) zahlreiche ältere Aberglaubensverbote aus Konzilsbeschlüssen sowie literarische Äußerungen theologischer u. kirchlicher Autoritäten zum Thema (→ Augustinus, → Martin v. Braga, → Isidor v. Sevilla, → Hrabanus Maurus, → Burchard v. Worms).

Grau, im Volksglauben Farbe von → Elementargeistern, Spukgeistern (→ Spuk, → Gespenst), umgehenden Toten; v.a. Zwerge sind grau. In der christlichen Symbolik (→ Symbol) deutet G. auf die Auferstehung der Toten.

Grenze → Einfriedigung.

Grille, vom lautmalenden griech.-lat. *gryllus* ›Heuschrecke‹, ›Grille‹; dt. ›Heimchen‹, Hausgrille, von germ. *haima-z ›heimlich, vertraut‹; sonach ›freundliches, vertrautes Wesen‹. → Plinius (*Naturalis historia* 29,138) benennt mit *gryllus* wahrscheinlich die Feldg. (gryllus campestris). Aus antikem Glauben überliefert → Isidor v. Sevilla (*Etymologiae* 12,3,8), sie werde mit einer an ein Haar gebundenen → Ameise geködert u. aus ihrer Erdröhre gezogen. Sie helfe aufgestrichen gegen Ohrenschmerzen. Geröstete G.n o. G.asche in Honigwein getrunken helfen bei Asthma (Plinius, ebd. 30,49). Ein zauberisch wirksames Pulver aus acht gedörrten Heug.n verzeichnet ein Hexenprozeß von 1654 (Luck, *Alpensagen* 78). Die Redeweise, ›G.n‹ im Sinne von seltsamen Einfällen zu haben (erstmals belegt im 15. Jh.), hat wohl Bezug zu der Vorstellung, G.n könnten als dämonische Tiere (→ Dämon), vergleichbar den → Fliegen, in den Kopf kriechen u. dort Krankheiten bewirken. Freundlicher ist das Bild vom Heimchen als Hausgeist u. Seelentier ungetauft verstorbener Kinder (→ Taufe); wo sie im → Haus zirpen, da geht es glücklich zu (→ *Rockenphilosophie* 4. Hundert, 1718, 334–336).

Grimm, Jacob, * 4. 1. 1785 Hanau, † 20. 9. 1863 Berlin, gilt mit seinem Bruder Wilhelm als Begründer der germanistischen Wissenschaft als Sprach- u. Literaturgeschichte, Altertumskunde, Rechts- u. Erzählforschung. Studium der Rechtswiss., 1808 Bibliothekar in Kassel, 1829 Prof. in Göttingen, 1841 in Berlin u. Mitglied der Akad. d. Wiss. 1848 im Frankfurter Parlament der Paulskirche. Für die Geschichte der Volkskunde ist G.s *Deutsche Mythologie*, Göttingen 1835, 2., erw. u. umgearb. Aufl. ebd. 1844, 4. Aufl. von Elard Hugo Meyer, ebd. 1876–78, ND Frankfurt a. M. / Berlin / Wien 1981, von zentraler Bedeutung. In ihr verarbeitet G. eine Fülle von Materialien sowohl aus der schriftlichen Überlieferung als auch aus mündlicher Erzähltradition. Zweck ist, durchaus in nationaler Gesinnung, jüngere Zeugnisse zu Aberglauben, Märchen, Sage u. a. an ältere, mythologische Zeugnisse zu knüpfen

u. so zu einer Rekonstruktion der deutschen, germanischen, ja, der indoeuropäischen Mythologie zu gelangen. Moderne historische volkskundliche Quellenforschung mußte den Grimmschen Ansatz jedoch falsifizieren.

Gründonnerstag, mhd. *grüne donerstag*, Donnerstag der Karwoche; *grün* wahrscheinlich abzuleiten von mhd. *grienen* ›greinen, klagen‹ (der Büßer). Tag der Büßeraussöhnung am Ende der Fastenzeit; daher auch der Name ›Antlaßtag‹, von ›Entlassung‹ aus der Buße. Das brauchmäßige Essen von grünen Speisen (Grünkohl, Spinatkrapfen, Schnittlauchkuchen u. a.) gründet in der Volksetymologie von G. Vielfältig ist der Gebrauch des Antlaßeis. An diesem Tag gelegt u. zu → Ostern geweiht (→ Ei), besitzt es besondere Heil- und Segenskraft: Mit der Schale gegessen, schützt es vor Kreuzschmerzen, Bruch u. → Schlangen, macht fest gegen → Messer u. Beil (→ festmachen). Man verbirgt es in einem Astloch des Hausbalkens gegen Zauber u. → Blitz, bringt seine Schalen ins Kornfeld o. legt es in die erste Garbe. Am → Karfreitag o. Ostern mit in die Kirche genommen, läßt es die → Hexen erkennen. Der G. ist gut zum Ackern, Pflanzen u. Säen; dann wird die Saat schön grün.

Gruß, Grüßen. Wie der Wunsch besitzt auch der G. zauberische Kraft. Er kann deshalb geboten o. zu unterlassen sein. → Geister werden durch den G. erlöst. Eine Frau, die die Sterne beim Zubettgehen grüßt, hindert so Geier u. Habicht, die Hühner zu rauben (→ *Rockenphilosophie* 2. Hundert, 1718, 200f.). Wer den Storch bei der Ankunft begrüßt, bekommt kein Zahnweh (ebd. 4. Hundert, 415–419). Das Schweigen, das den Zauber begleitet, soll nicht durch G.en gebrochen werden: Wenn man heilsames Wasser schöpft (*Journal von und für Deutschland* 7,2,26f.) o. wenn man dem Besprecher (→ Besprechen) begegnet, der auf dem Weg zum Kranken ist (Zürich 1646; ZVK 4,448). Auch soll man der Hexerei (→ Hexe) Verdächtige nicht g.en o. ihrem G. danken, um Schadenzauber zu vermeiden (Blumler, *Amuletorum historia* 21).

Guazzo (Guaccio, Guaccius), Francesco Maria, italienischer Dämonologe, verfaßte auf Bitten des Mailänder Bischofs das *Compendium maleficarum* usw., Mailand 1608, 1626, ital. übers. v. P. Varani u. S. Jacini, Mailand 1967), das, mit zahlreichen Holzschnitten illustriert, den zeitgenössischen Hexenglauben vertritt. Sein *Compendium* war eines der dämonologischen Standardwerke des 17. Jh.

Gundermann, Glechoma hederaceum, Gundelrebe, 10–15 cm hoher Lippenblütler, mit niederliegend-kriechendem Stengel, rundlichen Blättern u. blauen Blüten. Wächst auf Äckern, Wiesen, unter Gebüsch, an Hecken usw. u. bevorzugt feuchte, halbschattige Standorte. G. wird gegen Milchzauber gebraucht: »Wenn die Kühe im Frühlinge zum erstenmahl ausgetrieben werden / soll man sie durch einen Krantz von Gundermann melcken« (→ *Rockenphilosophie* 6. Hundert, 1722, 362f.), aber auch zur Vermehrung der Milch den Kühen ins Futter gegeben. Man kann → Hexen erkennen, wenn man an Walpurgi (→ Walpurgisnacht) mit einem Kranz von G. auf dem Kopf in die Kirche geht. Heilbäder mit G. helfen gegen Aussatz.

Gürtel sind seit dem 3. Jt. v. Chr. in Mitteleuropa, von Frauen u. Männern getragen, nachgewiesen. Sie besitzen neben ihrer Gebrauchsfunktion auch magische Bedeutung (→ Magie) u. gelten mit Schließen, Beschlägen u. Verzierungen als Statussymbol (→ Symbol). In der Antike weihten Mädchen bei ihrer → Hochzeit (Pausanias 2,33,1) u. Wöchnerinnen der Artemis (*Anthologia Palatina* 5,159) ihre G. Der G. ist Sinnbild der Keuschheit, sein Lösen hat sexualsymbolische Bedeutung (Homer, *Ilias* 14,214–217). Auf der bindenden u. lösenden Funktion (→ Band, → Knoten) gründen zahlreiche magische Vorstellungen; auch seine Kreisförmigkeit (→ Kreis) leitet dahin. Der germanische Gott Donar hat einen Kraftg., auch Brünhild in der Nibelungensage; David wurde von Jahwe »mit Kraft umgürtet« (Ps 118, 33). Im Amulett- u. Heilbrauch werden insbesondere Schwangere, auch mit → Fäden, umgürtet, häufig mit G.n, mit denen man → Reliquien berührt hat (Monika-G.; Schmeller, *Wörterbuch* 1,944) o. mit solchen, die in Berührung mit den als Reliquien verehrten G.n der Heiligen Maria, Elisabeth, Verena, Margaretha u. a. gebracht wurden. Gegen Zaubereien mit G.n wenden sich die → Bußbücher. Ein Text des 13. Jh. verurteilt, was Frauen täten: »Bald hängen sie ihre Gürtel an die Zäune, bald legen sie die Gürtel über Nacht unter sich und besegnen sich in jener Nacht nicht und sprechen auch kein Wort« (MSchlesVK 17,33,25; vgl. 40,25).

H

Haar. Das H. besitzt aufgrund seiner sympathetischen Verbindung (→ Sympathie) mit dem Körper, wie auch andere Teile von diesem (→ Fingernägel; → Kot, → Harn, → Speichel), magische Kraft (→ Magie) u. wird als Zaubermittel genutzt. Die Stärke des Menschen hat in ihm ihren Sitz (Samson: Ri 16,4–21). Der Araber schwört beim Bart. Das H. der Frau muß als besonders kraftgeladen verschleiert (→ Schleier) werden (vgl. 1 Kor 11,5 ff.). Das antike H.opfer lebt in der H.schur des Kindes bei der → Taufe u. in der Tonsur des Mönches fort. Es ist Erstlings- u. Selbstopfer, zugleich → Symbol der religiösen Weihe u. Unterwerfung (Weiheformeln bei Franz, *Benediktionen* 2,250 ff.). Abgeschnittene o. verlorene H.e werden im Schadenzauber genutzt; sie dürfen nicht in fremde Hände fallen u. werden deshalb vergraben o. verbrannt. → Hexen verstecken, vergraben, → verpflöcken H.e, um Schaden zu wirken. Eine aus Luzern griff einem Mädchen ans H. u. sprach: »Wie hast du so hübsch har!«; »demnach sye bemelter siner tochter wee jm houpt wordenn vnd angentz das har vast alssamen vssgangen« (1546; SAVK 3,292). Im Liebeszauber werden H.e oft Getränken u. Speisen (→ Essen u. Trinken) beigemischt. Man reichte Küchlein, in die man seine Körperh.e u. sein → Blut gebacken hatte (MSchlesVK 17,19–57).

Hagebutte → Heckenrose

Hagel. → Gewitter, → Blitz u. H.schlag sind vom Menschen seit jeher u. überall als drohende u. unheilvolle Äußerungen von Göttern u. → Dämonen aufgefaßt worden. Mit Wetterzauber (→ Wettermachen) sucht man sich dagegen zu schützen. Zauberer u. → Hexen verstanden H. zu machen. Man soll nicht glauben, ein böser Mensch o. der → Teufel könne Wetter u. H. machen, so Weingärten u.

Felder verwüsten, → Blitze schleudern, Vieh und Menschen durch Zauberei töten (Rather v. Verona (*Sermo* 1 *De ascensione* 4,23–26). Bis in die Neuzeit war der Glaube an H.zauber verbreitet. Er wurde bewirkt durch Beschwörung (→ Beschwören), durch imitative Aktionen wie das Schlagen von Wassern, Hineinwerfen von Kies u. Steinen, insbesondere aber durch Kochen eines Gebräus aus Kräutern, → Kot, → Blut, → Harn usw. in Töpfen u. Kesseln (›Hagelsieder‹, ›Hagelkocherin‹, → Grimm, *Wörterbuch* 10,146,148). Der H.abwehr dienen → Sakramentalien u. liturgische → Riten sowie Zaubermittel: Zweige vom Palmsonntag (→ Palmbusch), Holz u. Kohle vom Osterfeuer (→ Ostern) werden auf die Felder gebracht, H.kreuze (Schauerkreuz, → Wetterkreuz) werden aufgestellt; Bittprozessionen werden an H.feiertagen abgehalten: am Markustag (25. 4.), an den drei Tagen vor Christi Himmelfahrt (Bittage), am Freitag (→ Woche) danach o. in eigenständigen Wetterprozessionen. H. abwehrende Kraft schrieb man der → Hauswurz zu, der → Brennessel, dem Johanniskraut (→ Johanniskräuter) o. dem → Bilsenkraut.

Hahn. Der H. hat prophetische Gaben. Sein Krähen verkündet den kommenden Morgen. Deshalb galt er der Antike als Vogel der Lichtgottheit (Theognis, *Elegien* 863 f.; → Plinius, *Naturalis historia* 10,46). Als Lichtvogel wurde er Attribut Christi (Aurelius Prudentius, *Cathemerinon* 1). Die Alektryomantie (von griech. *aléktōr* ›der schlaflos Machende‹) suchte aus seinem Verhalten auf Wetteränderungen zu schließen (Ailianos, *De natura animalium* 7,7), sein unzeitiges Krähen galt als böses → Omen. Bei Petronius Niger findet sich folgende kleine Geschichte: »Bei diesen Worten krähte ein Hahn. Trimalchio erschrak über den ominösen Schrei, ließ Wein unter den Tisch gießen und auch die Lampe mit reinem Wein besprengen. Er steckte sogar seinen Ring an die rechte Hand und orakelte: ›Es bedeutet etwas, wenn dieser Trompeter Signal gab; denn sicher gibt es nun einen

Brand, oder in der Nachbarschaft gibt einer den Löffel ab‹« (*Satyricon* 74,1–3). Weissagende Tempelh.e soll es auch in Syrien gegeben haben. Eine Beichtfrage bezeugt das vorbedeutende Krähen für mittelalterlichen Glauben: Hast du »gelaubt an [→] segen[,] an der hanen oder hennen kräen?« (*Spiegel des Sünders* 223). Die Neuzeit kennt zahlreiche Zeugnisse der divinatorischen Kraft des H.s: Wenn man an bestimmten → Lostagen an den Hühnerstall klopft, gibt er o. die Henne → Orakel, je nachdem ob u. wann o. wie oft er kräht o. die Henne gackert. Ob der H. über den Zaun hüpft, über den Mist läuft, gegen das → Haus springt, durchs Fenster schaut, ob und wo er ›Hinkeldreck‹ liegen läßt: Er ist der bäuerliche Prophet par excellence. Auch im Zauber hat er Bedeutung, insbesondere besitzen seine Schwanzfedern eine solche; der → Teufel trägt sie am Hut. Der H.enstein, griech. *alektóreios*, findet sich in seinem Magen o. in der Leber. Unter der Zunge getragen löscht er den Durst, macht beredt, beliebt (→ Konrad v. Megenberg, *Buch der Natur* 3B37) u. unüberwindbar (›Siegstein‹; Marbod v. Rennes, *De lapidibus* [3] 81 f.).

Hakenkreuz, Swastika (zu Sanskrit *svasti* ›Glück‹), griech. *gammádion*, aus vier Großbuchstaben des Gamma zusammengesetzt; lat. *crux gammata*, → Kreuz mit rechtwinklig abgeknickten o. bogenförmigen, gleichlangen Balken, das wie ein Vierspeichenrad in rotierender Bewegung erscheint. In China/Tibet, Indien (seit der Induskultur, um 2250–1750, nachgewiesen), in Europa seit dem Neolithikum, im vorkolumbianischen Amerika, vereinzelt in Afrika, u. in Polynesien verbreitet. Wenn überhaupt zu ermitteln, ist seine Bedeutung vielfältig: → Sonne u. Sonnenlauf, Leben, Fruchtbarkeit, Glück u. Heil. In Indien erscheint es als Symbolzeichen (→ Symbol) des ewigen Kreislaufes. Die Stellung der Kreuzhaken gibt dem H. unterschiedliche Drehrichtungen u. ermöglicht so ambivalente Deutungen. Rechtsdrehend bedeutet die Swastika die aufgehende → Sonne, linksdrehend das weibliche Prinzip, die untergehende Sonne u. den Tod. Im Buddhismus gilt die rechtsdrehende Swastika als Zeichen des ›Rades der Lehre‹ u. erscheint auf den Fußspuren Buddhas. Bei den Germanen ist das H. beliebtes Schmuckmotiv u. erscheint im Zauberwesen als Abwehrzeichen (→ Apotropaion). In dieser Funktion besitzt es ähnlichen Gehalt wie der Drudenfuß (→ Pentagramm).

Hand. Die H. gehört zu den besonders mit Kraft begabten Körperteilen. Mit seiner H. hat der Herr Himmel u. Erde erschaffen (Is 66,1f.); sie segnet, führt u. straft (Ps 104,28; Ex 3,30). Wie die gespreizten Finger die strahlende → Sonne symbolisieren (→ Symbol), die Morgenröte »rosenfingrig« ist (Homer), so knüpft schon die babylonische → Astrologie die Glieder der → Finger u. die Linien der H. an den Lauf der → Planeten, rückt sie in kosmische Bezüge (→ Chiromantie). Segen, Heil u. Macht werden mit ihr übertragen (→ Handauflegen). Sie besitzt magische Kraft (→ Magie). Wenn beim → Gottesurteil die H. des Mörders die → Leiche berührt, so beginnt diese zu bluten (→ Blut). Man vermeidet den H.edruck u. verhindert so Schadenzauber. H.e u. → Daumen vom Gehängten sind begehrte Zauberrequisiten (→ Diebsdaumen). Fingergesten verhindern den → Bösen Blick u. Verhexung, verschränkte Finger u. gefaltete H.e die → Geburt (→ Nestelknüpfen). Ein vielgebrauchtes → Amulett waren die h.förmigen Wurzeln des → Knabenkrauts. In Bezug zur Vorstellung vom lebenden Leichnam (→ Leiche, → Wiedergänger) u. wohl auch zur Rechtssymbolik der H. steht das von der Erzählüberlieferung vielfach variierte Motiv von der H., die aus dem → Grabe wächst. Meist ist es die des Kindes, das die Eltern geschlagen o. ermordet hat; aber es ist auch die des Frevlers u. Meineidigen. Man muß sie schlagen o. abschlagen u. verwahrt sie gelegentlich im Rathaus o. in der Kirche (Bolte/Polivka, *Anmerkungen* 2,550f.).

Handauflegen. Früh u. in allen Kulturen ist die → Hand als Kraftträger des Menschen betrachtet worden, in der seine Potenz gegenwärtig u. er selbst repräsentiert erscheint. Sie kann spenden u. entziehen. Der Magier (→ Magie) u. der Arzt be-handelt. Zeus heilte Io durch H. Die kultische H. findet sich in den hellenistischen Mysterienreligionen als → Ritus der → Initiation, im AT als Gestus des → Segens (Gen 48ff.) u. der Weihe (Num 8,10ff.). Im NT ist die H. heilend (Mk 5,23; Lk 4,40), segnend (Mk 10,13ff.), geistvermittelnd (Apg 8,14ff.; Hebr 6,2) u. ordinierend bei der Diensteinsetzung (Apg 6,1–7). In der liturgischen H. u. Handausstreckung (Hippolyt, *Traditio Apostolorum* 2,7f. u. 20f.) sowie der wundertätigen H. von geistlichen Würdenträgern, Heiligen, Königinnen u. Königen lebt der Gestus fort. Noch im 18. Jh. legte der französische König Kranken die Hand auf u. sprach dazu: »Le roi te touche, Dieu te guérisse«. Nahezu 2000 Kranken legte Edward I. v. England alljährlich die Hand auf. Laien, Heiler u. Wunderdoktoren legen die Hand auf beim → Besprechen, → Beschwören, → Gesundbeten, häufig begleitet von zauberkräftigen Handlungen wie Berühren (→ Berührung), Streichen, → Blasen, Salben u. Benetzen mit → Speichel.

Handgift, ›Gabe der Hand‹, ›Geschenk‹; auch Handgeld, Handkauf. Das erste → Geld, das jemand in seinem Beruf o. am Tage erlöst, auch Neujahrsgeschenke (→ Neujahr). Sie gilt als glück- o., je nach Käufer, als unglückweisend: → Geistliche bedeuten Unglück, üble Burschen u. verdächtige Mädchen sind gut (vgl. → Angang): »So man chunftige ding sagt aus hantgift, als so ein munich oder ein priester von erst chaufft oder ein ander gaistlich person, so schol es chain glukch nicht haben. Aber so pueben und püebin von erst chauffen, so schol es den ganczen tag wol gen« (MSchlesVK 21,86). Noch heute sind alte Frauen als erste Käufer nicht gern gesehen, kleine Kinder u. arme Leute dagegen beliebt.

Handlesekunst → Chiromantie

Harn (im Sinne von ›das Ausgeschiedene‹ zu idg. **(s)ker-* ›scheiden‹). In Nachfolge antiker Uroskopie auf Grundlage der Säftelehre u. Humoralpathologie (Hippokrates) war auch im MA die H.schau ein diagnostisches Verfahren zur Erkennung von Krankheiten. Zwar Ausdruck empirischen Vorgehens, gründete sie letztlich doch in der Vorstellung der magischen Krafthaltigkeit (→ Magie) des Urins. »Die Magier verbieten es«, berichtet → Plinius, »sich beim Wasserlassen gegen die Sonne und den Mond zu entblößen oder [den Harn] auf den eigenen Schatten zu lassen. Hesiod rät, den Harn gegen einen Gegenstand zu lassen, damit die Entblößung nicht irgendeinen Gott beleidige. [→] Ostanes versicherte, daß man gegen alle Gifte geschützt werde, wenn man frühmorgens seinen Harn auf den eigenen Fuß tropfen lasse« (*Naturalis historia* 28,69). Schon einen Ort, »dahin geseichet ist«, soll man nicht überschreiten (→ Praetorius, *Philosophia colus* 150f.). Man spuckt auf den Urin, um Schaden abzuwehren (Lammert, *Volksmedizin* 259; → Speichel). Der Hexenbanner operiert mit H. Gegen Bezauberung u. den → Bösen Blick waschen Mütter ihre kleinen Kinder mit H. (*Urquell* 4,211). Auch gegen den → Alp hilft er (Bräuner, *Curiositäten* 132f.) u. gegen → Hexen (Anhorn, *Magiologia* 1058f.). Im zauberischen Heilwesen wird H. vergraben, in das Loch eines Zaunpfostens (→ Einfriedigung) geschüttet; an → Brennesseln, an einen → Baum, in eine Schweinsblase gegossen; in einem Topf in den Kamin gehängt. Das hilft gegen Bruch, Geschwülste, Wassersucht u. v. a. m. Man mischt ihn auch in das Hundefutter, worauf der Hund zwar sterben muß, der Patient jedoch gegen »alle Krankheiten« gefeit ist bzw. erlöst wird (*Mosesbuch* 139) o. gibt ihn gegen → Fieber in einen Ameisenhaufen: »Man nimmt von dem, der das Fieber hat, seinen Urin, etwas Mehl macht daraus ein Taigle, etwas fest, und macht 77 Küchlein, Linsengroß, geht vor Sonnenaufgang zu einem Klimmerhaufen, thut ihn etwas auseinander, und wirft die Küchlein hinein; so wie die Küchlein von den Klimmern [große Waldameisen] verzehrt sind, so verliert er das Fieber. Probatum« (Ps.-Albertus Magnus, *Ägyptische Geheimnisse* 2,3; → Ameise).

Hartlieb, Johannes, * vor 1410, † 18. 5. 1468, seit 1440 tätig für den Münchner Hof der Wittelsbacher, Berater u. Leibarzt Herzog Albrechts III. u., nach dessen Tod, Herzog Siegmunds. Verfasser u. a. eines *Mondwahrsagebuches* (*De mansionibus*, v. J. 1432 o. später), einer *Namenmantik* (viell. 1438/39; → Mantik) mit → Orakeln aus der Umsetzung von → Namen in Zahlenwerte (→ Buchstabensymbolik, → Zahlen) sowie einer deutschsprachigen → *Chiromantie* (nach 1448) mit paarweise einander zugeordneten Männer- u. Frauenhänden (→ Hand) u. kurzen, formelhaften Deutungen der Merkmale. Für die Aberglaubensforschung wichtig ist H.s *Buch aller verbotenen Kunst* (1455/56, nhd. Übers. v. Falk Eisermann u. Eckhard Graf, Ahlerstedt 1989), eine polemische Streitschrift gegen mantische u. magische Künste. Das Buch kann als systematische Zusammenstellung von Materialien zum Aberglauben des MA gelten, will vor → Wahrsagen u. → Magie als Teufelswerk (→ Teufel) warnen u. bezeugt die Abkehr H.s von seinen früheren Schriften (unter dem Einfluß des Nikolaus v. Kues?).

Haruspex, pl. Haruspices (lat.), ›Eingeweidebeschauer‹ u. ›-deuter‹ (bei Tieren) in antiken Kulturen, insbesondere Etrurien (Cicero, *De divinatione* 1,3). Neben den vom römischen Senat um Gutachten befragten gab es wandernde H.es, die für Privatkunden Auskünfte erteilten (→ Plinius, *Naturalis historia* 8,102). H.es waren auch in der Blitzschau (→ Blitz) u. überhaupt der Zeichendeutung kundig. Im MA ist der Wortgebrauch nach Vorgabe von → Isidor v. Sevilla (*Etymologiae* 8,9,17) unsicher u. schwankend: Zwar kennt Isidor die antike Bedeutung ›Eingeweidebeschauer‹, doch nennt er auch eine Wortbedeutung, die für den superstitionskritischen Gebrauch des Wortes im MA geeignet war: ›Horuspices‹, d. h. Stundenbeobachter (von lat. *hora* ›Stunde‹, vgl. → Horoskop, → Stundenwahl). Diese seien »Beschauer der Zeiten«: »sie überwachen nämlich die Tage und die Stunden bei der Ausführung von Unternehmungen und Arbeiten und auf das, was der Mensch während der einzelnen Zeitabschnitte beobachten muß« (vgl. Hinkmar v. Reims, *De divortio* 15). Eine andere Etymologie des Wortes, ebenfalls von Isidor bezeugt, gründet auf *ara* ›Altar‹ u. übersetzt mit »Altarbeschauer« (»ararum inspectores«). Der *Klagspiegel* gebraucht das Wort in der Bedeutung von ›Wetterbeobachter‹.

Hauchen → Blasen

Haus. Als fester, dauerhafter Bau u. abgeschlossener Wohnraum sichert das H. seine Bewohner u. ist durch Kulte u. magische → Riten geschützter Mittelpunkt des Lebens. Ein besonderer Friede des H.es wurde schon in den Volksrechten, später von den Gottes- u. Landfrieden jedem H. u. jedem umzäunten (→ Einfriedigung) Hof zugesprochen. Verstöße gegen den Hausfrieden wurden als Hausfriedensbruch (›Heimsuchung‹) scharf geahndet. Seit vorgeschichtlicher Zeit sind, etwa durch Funde von Idolen, häusliche Kulte bezeugt, die dem Schutz des H.es dienten. Die Griechen stellten das H. unter den Schutz des Zeus Pater, nach der Umzäunung des Hofes Zeus Herkeios (zu griech. *hérkos* ›Zaun‹) genannt. Bei den Römern waren die Penaten (zu lat. *penus* ›Vorrat des Haushaltes‹) u. Laren (Seelen der Ahnen) Behüter des H.es. Die Germanen verehrten im häuslichen Gottesdient den Ahnherrn, aber auch Thor (Donar), den man mit dem Wohl von H. u. Familie verband. Sein Bild war in die Hochpfeiler des H.es geschnitzt. Später legte man H.geistern, die im Keller u. in der Scheune wohnten, Spielsachen, Schuhe, Bogen u. Pfeile aus (→ Burchard v. Worms, *Decretum* 19,91); den ›Stetewaldiu‹ (›Waltern des Platzes‹) grub man beim Bezug des Hauses Töpfe mit verschiedenen → Gaben in den Boden u. hinter den Herd (13. Jh.; Klapper, *Volksglauben* 36,51 f.). Räucherungen, → Segen, → Amulette, magische → Zeichen (→ Charaktere), → Kreuze u. Inschriften (→ CMB), im Haus gefeierte → Messen (→ Augustinus, *De civitate dei* 22,8) dienten der Sicherung gegen alles Böse, gegen → Geister, → Dämonen, → Hexen u. → Teufel. Grundsteinlegung, Fertigstellung u. erster Bezug des H.es waren von Weihungen begleitet (*Benedictio domus novae*, bei Franz, *Benediktionen* 1,607 f.). Haussegen u. -briefe kamen hinzu. Auch Bilderbögen mit Kruzifix u. frommen Familienszenen dienten als Haussegen. Die zahlreichen Bilder, Zeichen u. Gegenstände, die am → Dach u. Giebel angebracht sind, können, sofern sie nicht nur noch ornamentale Bedeutung besitzen, der Abwehr (→ Apotropaion) böser Einflüsse, des Neides (→ Neidköpfe) der Nachbarn o. dem Schutz vor → Feuer dienen: → Kreise, → Kreuze, → Sonne, → Mond u. Sterne; Blumen, Nixen, Wassermänner, Menschenköpfe; → Katzen, → Hähne, Pfauen; Schwanen-, Pferde-, Ziegen-, Drachenköpfe; veritable Stier- u. Rinderschädel, Hörner u. Geweihe. Im Innern behüten u. schützen Hausgeister u. helfen im Haushalt, in Stall u. Scheune; sie wohnen am → Herd, auf dem Dachboden, im Keller, unter der Stiege. Entlohnt man sie jedoch leichtsinnigerweise, etwa mit einem Rock, mit Kleidern o. Schuhen, so ziehen sie davon u. nehmen das Glück des Hauses mit fort.

Häuser, astrologische; Felder, Orte. Die Einteilung der → Ekliptik in 12 H. ist jeweils auf den Horizont des Beobachterstandpunktes (wahrer Horizont) bezogen u. somit an den bestimmten Erdort u. eine bestimmte Zeit gekoppelt. Es ist ein starres, jeweils von der Position aus gerichtetes Feldersystem, das von den rotierenden 12 Zeichen des → Tierkreises zu unterscheiden ist. Das 1. Haus überschneidet sich mit dem → Aszendenten; die folgenden werden im Gegensinn des Uhrzeigers gezählt. Im → Horoskop wird das Verhältnis von Haus u. Tierkreiszeichen sowie die Stellung der → Planeten in den H.n beachtet. Jedes Haus besitzt einen hinsichtlich des Menschen bestimmten Wert, u. a.: (1) Leben, (2) Besitz, (3) Geschwister, (4) Eltern, (5) Kinder, (6) Gesundheit, (7) Ehe, (8) Tod, (9) Frömmigkeit, (10) Beruf, (11) Freunde, (12) Feinde.

Hauswurz, Supervivum tectorum, Jovibarba hirta; ahd. *huswurz*, *husloch*; auch Donnerwurz, Dachwurz u. Donnerbart. Man pflanzte sie auf das → Dach (*Capitulare de villis* 70), vermutlich gegen Blitzschlag (→ Blitz). Schon die Antike kannte ihre blitzabwehrende Kraft, wie etwa ihr griechischer Name ›Keraunia‹ (von *keraunós* ›Blitz u. Donner‹) bezeugt. Der Glaube erhielt sich das MA hindurch bis in die Neuzeit. → Albertus Magnus (*De vegetabilibus* 6,288) u. → Konrad v. Megenberg (*Buch der Natur* 5,14) bezweifeln ihn allerdings o. schreiben die Wirkungen Zauberei zu: »Die maister, die sich fleizent zauberei, die sprechent, daz ez den donr und daz himelplatzen verjag, und dar umb pflanzet man ez auf den häusern« (ebd.). Otho Brunfels relativiert das Ganze: »Müst freylich ein stumpffer vnnd ein doller blyx sein / den solichs klein kreütlin solt widerlegen« (*Contrafayt Kreüterbuch* 322). In der → Volksmedizin wird sie gegen Impotenz u. Taubheit angewendet (→ Hildegard v. Bingen, *Physica* 1,42). Als → Aphrodisiakum war sie schon der Antike bekannt (→ Plinius, *Naturalis historia* 25,160: »stergethron«; vgl. → Dioskurides, *Materia medica* 4,88[89]). Dieses Wissen hat sich bis in die Neuzeit erhalten.

Hax pax max, Zauberworte, die in Variationen aus magischen Texten (→ Zauberbücher) u. → Segen bekannt sind. Die durch Anlautvariation rhythmisierten Gebilde vergleichen sich spielerischen Wendungen wie ›klibister, klabaster‹ u. Zaubertextparodien wie: »hax fax max stracks unde backs« (Gryphius, *Lustspiele* 308). Zugrunde liegt wohl die liturgische Grußformel ›Pax tecum/vobiscum‹ (›Friede sei mit dir/euch‹). → Hokuspokus

Hebamme (ahd. *hev(i)anna* ›Hebe-Ahnin‹), Geburtshelferin. Die Ausbildung der H.n war im MA zunächst praktisch-empirisch. H.nordnungen schreiben im SpätMA (Regensburg 1452) u. der Neuzeit Prüfungen durch Ärzte, H.n bzw. gemischte Kommissionen vor. Sokrates beschreibt die H. als eine Frau, die mit Zauberformeln u. -liedern, aber auch mit Medikamenten die → Geburt begleitet (Platon, *Theaítētos* 149b–e). Wenn der bedeutendste antike Schriftsteller über die Geburt, Soranos (*Perí gynaikeíōn pathṓn*, ›Über Frauenkrankheiten‹), mahnt, eine gute H. solle nicht abergläubisch sein, so kann das auch für die Folgezeit bis weit in die Neuzeit hinein gelten. Im 6. Jh. warnt der Abt Junianus vor Zaubersprüchen u. teuflischen Mitteln (*Acta S. Juniani abbatis* 42). In der *Lieder-Edda* leistet Oddrún ihrer Schwester Borgný mit Zaubersprüchen Geburtshilfe: »vor Borgnys Knie / kam sie hilfreich: / kräftig sang sie, / kundig sang sie [→ Inkantation], / mächtigen Zauber« (*Oddrúnagrátr*, ›Oddruns Klage‹, übers. Genzmer, 299,6). Insbesondere dämonischer Schaden (→ Dämon) war schon im Altertum gefürchtet. Man schlug mit dem Beil auf die Schwelle, dann mit einem Mörser u. fegte sie mit einem → Besen ab (gegen den gefährlichen Silvanus: → Augustinus, *De civitate dei* 6,9; nach Varro). Bis in die Gegenwart war es gebräuchlich, die Wöchnerin mit einem Beil o. Schwert zu berühren u. in die Nähe ihres → Bettes o. in dieses einen Besen zu legen (→ Herolt, *Sermo* 61). Aufgrund ihrer zauberischen Kenntnisse u. Künste galt die H. als Weise Frau, aber auch als → Hexe (→ *Hexenhammer*). Zahlreiche Verbote richten sich gegen den Aberglauben der H.n; denn sie trieben »Tausenderlei teuflische Dinge« (»mille demoniaca operantur«, Predigt, Breslau 1494; MSchlesVK 17,39,1). Nach der Agende von Trier, 1574, hat eine H. zu schwören: »daß ich keinerlei Zauberei oder Aberglauben brauchen will, sondern mit dem Tauf und in allen Stücken mich der christlichen Kirchen und Weisen und der Unterrichtung meines Pastors gemäß halten« (Fox, *Volkskunde*

314). Die Hilfsmittel der Kirche bestanden aus → Weihwasser, geweihten → Kerzen, aus Bezeichnungen mit dem → Kreuz, frommen → Gebeten, Benediktionen u. → Segen (Johannes XXI, *Thesaurus pauperum* 4).

Heckenrose, Rosa comina u. verwandte Arten, Hundsrose, Dornröschen, Hagebuttenstrauch. Wie alle stacheligen Gewächse schützte auch die H. gegen Zauber u. vor → Dämonen. Der Verzehr der Hagebutten in der Weihnachts- od. Neujahrsnacht (→ Neujahr) schützt vor Hals- u. Zahnweh, Rotlauf, → Gicht u. Magenleiden.

Hecktaler, -pfennig, Wechseltaler, von mhd. *hecken* ›sich begatten‹ (von Vögeln), ›ausbrüten‹. Der Glaube an H., → Geld, das nie ausgeht, sich wunderbar vermehrt, wiederum Geld ausbrütet (Brütepfennig), ist in ganz Europa verbreitet. Erstmals in einer Erzählung der *Suda*, eines byzantinischen Lexikons des 10. Jh., bezeugt, wird das Motiv dort auf den alexandrinischen Grammatiker Apion (1. Jh. n. Chr.) zurückgeführt: ein Halbobolus, der stets zu seinem Besitzer zurückkehrt. Diese Eigenschaft bleibt ihm auch in der späteren Überlieferung erhalten. Ansonsten muß er alt o. gefunden sein o. mehrmals die → Zahl 7 enthalten. Man erwirbt ihn auch vom Wilden Jäger, vom Wassermannn, vom Ewigen Juden, insbes. vom → Teufel; und der kann sich auch selbst in einen H. verwandeln, so daß man alles versucht, ihn wieder loszuwerden.

Heidekraut, Calluna vulgaris, Erika, 30–100 cm hoher Strauch mit schuppenförmigen Blättern. → Dioskurides beschreibt in seiner *Arzneimittellehre* das H. (Baumheide) u. den aus seinen Blüten gewonnenen Honig sowie damit bereitete Umschläge bei Schlangenbissen (*Materia medica* 1,117). → Plinius zufolge soll H. → Schlangen vertreiben (»ereike«; *Naturalis historia* 24,64). Im dt. → Volksglauben hat H. besonders prognostische Bedeutung: Blüht es reich, so gibt es einen strengen Winter u. a.

Heidelbeere, Vaccinium myrtillus, 15–50 cm hoher Strauch mit feingesägten Blättern u. blauschwarzen Beeren. → Hildegard v. Bingen, die in der *Physica* den Namen erstmals nennt, unterscheidet die H. deutlich von der Preiselbeere; ihr Genuß sei schädlich u. bewirke → Gicht (1,171). H.n, in größeren Mengen genossen, hält sie für giftig. Außer zur Farbbereitung (Papier- u. Textilfarben) wurde die H. v. a. in der → Volksmedizin besonders bei Durchfall angewendet. Lonicer beschreibt ihre »Krafft und Wirckung«: »Über die Blätter und Frucht von Heydelbeeren / Wein getruncken / befürdert Harn / Frauenzeit / Blasenstein / und ist zur Gallen überlauff und Hauptwähe sonderlich berühmt« (*Kreuterbuch* 109).

Heilige Steine, Steine ungewöhnlicher → Farbe, Form, Größe o. rätselhafter Herkunft, denen kultische Verehrung zuteil wird (Steinkult, Megalithreligion), die Anlaß zu Sagenbildungen gegeben haben (Riesensteine, Teufelssteine) o. die Gegenstand abergläubischer Manipulationen sind (gegen Krankheit, Unheil, Zauberei).

Hekate, griechische Totenbegleiterin, Herrin der Unterwelt u. → Gespenster (Euripides, *Helena* 569f.) u. Zaubergöttin (Horaz, *Saturae* 1,8,33) kleinasiatischer Herkunft. Hüterin der Eingänge u. Weggabelungen (→ Wegkreuzungen), an denen ihr bei Neumond (→ Mond) Mähler niedergelegt wurden (Aristophanes, *Plutus* 594). Sie wird von Totenseelen in Gestalt heulender Hunde begleitet o. in Hundegestalt bzw. hundsköpfig vorgestellt; als Schützerin der Dreiwege auch dreigestaltig o. dreiköpfig (LIMC 6,1,985–1018). Die Totenseelen in ihrem Gefolge bringen nächtlichen Schrecken u. Wahnsinn (Hippokrates, *De morbo caduco* 6). Im antiken Kult mit Artemis gleichgesetzt (Aischylos, *Supplices* 676), in der Spätantike Schutzherrin der → Theurgie u. identifiziert mit der platonischen kosmischen Seele: Sie trennt die himmlische von der irdischen Welt, leitet die Seelen von oben nach unten u. führt sie wieder hinauf zum Göttlichen. → Neuplatonismus

Hellsehen, eigtl. etwas klar u. deutlich sehen, dann auch das Sehen verborgener Dinge. Mit der Telepathie u. dem Zweiten Gesicht, dem Wahrtraum o. auch der Prophetie verwandt bzw. gleichgesetzt, meint H. die Wahrnehmung eines sonst unbekannten Sachverhaltes. Die → Parapsychologie zählt das H. zu den ›außersinnlichen Wahrnehmungen‹ u. sieht ihre Tatsächlichkeit aufgrund statistischer Analysen von Experimenten mit Symbolkarten als erwiesen an.

Herbarien → Kräuterbücher

Herd. Als Ort des → Feuers, der Wärme u. der Speisebereitung Zentrum des Hauswesens, findet der H. in allen Kulturen kultische Beachtung. An ihm manifestieren sich die Hausgeister u. eigene Gottheiten (Hestia, Vesta, Laren, Penaten), u. er besitzt im Haus die Bedeutung, die im Tempel der Altar innehat. Sein Ort gewährt Schutz u. Asyl. Wer in die Hausgemeinschaft aufgenommen werden soll, wird um den H. geführt (→ Braut, Gesinde, Vieh), das neugeborene Kind (→ Geburt) um ihn getragen. H., Esse u. Kamin sind Orakel- u. Zauberorte (→ Orakel). Verlöschen des H.feuers durch Unachtsamkeit gilt als schlimmes → Vorzeichen. Auch soll man vom H. kein → Feuer aus dem → Haus geben (→ Caesarius v. Arles, *Sermo* 192,781 u. 193,784). Die H.-Asche (→ Asche) muß beim Zusammenfegen besegnet (→ Segen) werden, sonst können die → Hexen dort → Feuer holen o. das → Haus darin aufgehen lassen: »Auch wenn man die Asche auf dem Herd zusammen kehret / und spricht nicht / das walt Gott / oder speyt dreymal drein / im Namen Gott des Vatters / Sohns und heiligen Geistes / so können sie Feuer vom selbigen Aschen holen wann sie wollen / oder dasselbige Haus gar brennend machen« (Flugblatt aus Schmalkalden v. 1627; ZVK 21,294).

Hermaphrodit (aus griech. Hermes u. Aphrodite), zweigeschlechtliches Doppelwesen als → Symbol der Vereinigung der Gegensätze. Auch Symbol des → Planeten Merkur. → Androgynität

Hermes Trismegistos (griech., ›der dreimal größte Hermes‹), mythischer Gründungsvater der → Alchemie, dem ägyptischen Gott der Weisheit Thot als Hermes (Merkur) gleichgesetzt. Dem H. wurden eine Reihe von astronomisch-astrologischen u. alchemistischen Schriften zugeschrieben. Die später noch vermehrten Texte sind vielleicht in ptolemäischer Zeit in Memphis zusammengestellt worden. Nach Clemens v. Alexandria (*Stromateis* 6,4,35) umfaßten sie 42 Bücher zur ägyptischen Religion, → Astrologie, Kosmographie, Geographie, Medizin u. Theologie mit Ritualvorschriften u. Hymnen. Eine spätere Zusammenfassung mit Zusätzen, das *Corpus Hermeticum* (2. u. 3. Jh. n. Chr.; mit 17 griechischen Schriften), wurde im islamisch-arabischen Kulturbereich tradiert u. kommentiert. In Europa wurde es erst durch die lateinische Übersetzung des M. → Ficino (1493) bekannt, in der Folge für → Magie u. Alchemie bestimmend u. führte im 16. u. 17. Jh. zu einer regelrechten ›Hermolatrie‹. Als Isaac Casaubon (*Exercitium*) den spätantiken nachchristlichen Ursprung nachwies, nahm die Wertschätzung des *Corpus* allmählich ab. Die Spuren ägyptischen Wissens sind in den hermetischen Schriften im einzelnen nicht mehr verfolgbar, jedoch ist als Hintergrund der Sammlung, das gilt auch für den lateinischen *Asclepius* (im Corpus der Schriften des Platonikers → Apuleius überliefert), ein Vulgärplatonismus zu erkennen, wie er unter den Gebildeten der römischen Kaiserzeit vertreten wurde. In den griechischen u. demotischen → Zauberpapyri erscheint H. als zaubermächtige Gottheit u. als Gewährsmann für magische Rezepte u. Handlungsanweisungen. → Hermetik

Hermetik heißt ursprünglich eine Geheimlehre (→ Geheimwissenschaft) des 1. Jh. vor bis zum Ende des 3. Jh. nach Chr., die sich auf → Hermes Trismegistos bezieht. Diese H. blieb über den → Neuplatonismus im byzantinischen u. arabisch-islamischen Raum lebendig u. gelangte im MA mit der → Alchemie nach Europa, wo sie während der Renaissance (→ Agrippa v. Nettesheim, → Paracelsus) eine Blüte erlebte. Im 17. Jh. vertreten die → Rosenkreuzer hermetisch-alchemistische Vorstellungen, später auch Goethe, obgleich zu dieser Zeit hermetische Gedanken nurmehr Außenseiter verfolgten. Eine gewisse Weiterführung hermetischer Lehren fand in der ›Hermetischen Freimaurerei‹ (→ Freimaurer) bzw. bei den französischen ›Illuminés d'Avignon‹ statt, die die alchemistischen Transmutationsprozesse symbolisierend (→ Symbol) auf die Läuterung des groben, unwissenden Menschen bezogen. Im modernen Sprachgebrauch hat sich die Bezeichnung ›hermetisch verschlossen‹ erhalten, eine Wendung, die sich ursprünglich auf das alchemistisch-technische Verfahren des luftdichten Verschließens o. Zuschmelzens eines Gefäßes bezieht.

Herolt, Johannes (Discipulus), * spätes 14. Jh., † Aug. 1468 Regensburg. Dominikaner, 1436 Beichtvater u. 1451 Generalvikar des Nürnberger Katharinenklosters. Seine Schriften dienen der Predigthilfe, waren im ausgehenden MA sehr verbreitet u. bis in das 18. Jh. hinein wirksam. In *De eruditione Christifidelium seu de doctrina christiana* (1416; ed. B. Elers [*Discipulus redivivus*], Augsburg 1728) erklärt er die katechetischen Hauptstücke u. bespricht zahlreiche Formen des Aberglaubens nach Art der theologischen Katecheten seiner Zeit. Auch die Predigten enthalten entsprechende Ausführungen (*Sermones de tempore* 41,61,142).

Herz. Als wichtigstes Organ des Körpers u. Sitz des Lebens, der Seele, des Gefühls, ist das H. in allen Kulturen von religiöser, brauchtümlicher (→ Brauch) u. abergläubischer Bedeutung, wie Mythen, Kulte, Metaphorik u. Symbolgebrauch (→ Symbol) bezeugen. Das H. von Tieren wird in → Volksmedizin u. Zauber verwendet. Wenn man das H. einer → Eule an die linke Brust einer schlafenden Frau legt, so erzählt diese all ihre Geheimnisse (→ Konrad v. Megenberg, *Buch der Natur* 3B12). Zauberisch besonders wirksam ist das H. von Menschen, am stärksten das von Kindern, insbesondere von ungeborenen. Ein Tierh. gilt häufig als Ersatz. Eine Erzählung, 1542 aufgezeichnet, berichtet von einem Mönch, der vom → Henker das H. eines Hingerichteten verlangt, dafür ein Schweineh. bekommt, mit dem er dann eine Schweineherde herbeizaubert (ZDMyth 3,301). Das H. von → Hexen gilt als unbrennbar wie auch das von Wucherern (→ Plinius, *Naturalis historia* 39,4). Im Zauber wird Leibschaden bewirkt, wenn man Bildern ins Herz sticht. Vampiren tilgt man den Lebensrest, indem man ihnen eine Pfahl ins H. schlägt.

Hexagramm, Davidstern, sechszackiger Stern, gebildet aus zwei ineinandergreifenden gleichseitigen → Dreiecken, heiliges Zeichen der Pythagoreer (→ Pythagoras) u. Israeliten, → Symbol der Vereinigung von Gegensätzen u. der Durchdringung der sichtbaren u. unsichtbaren Welt. Nach hermetisch-magischer Spekulation (→ Hermes Trismegistos) aus den Zeichen der → Elemente (Dreiecke) zusammengesetzt. Es erscheint als Amulettzeichen (→ Amulett, → Charakter) u. a. im *Salomonischen Siegel* (→ Sigillum, → Zauberbuch). Auch *Schild Davids* genannt, weil es David unverwundbar gemacht habe.

Hexe, mhd. *hecse*, ahd. *hazissa*, *hag(a)zussa* u. ä. Der erste Teil des Wortes ist *Hag*, ein Grundstücke o. Gehöfte umgebendes Wäldchen (*Hain*, Variante zu *Hag*) o. ein*heg*endes Gehölz (→ Einfriedigung); der zweite Bestandteil, *zussa*, steht wohl zu *Dus(ius)*, einer übernatürlichen Wesenheit der Kelten (→ Augustinus, *De civitate dei* 15,23 u. spätere Autoren). Damit mag westfäl. *dus* ›Teufel‹ zusammenhängen. *Hagazussa* meinte dann eine kleine Gottheit, die im *Hag* o. *Hain* wohnt, einen ›genius loci‹ (C. Lecouteux, 2000). In der christlichen Interpretation wandelte sich die Gestalt zu einem dämonischen Gespenst, die ›H.‹. Dem Wesen vergleicht sich die altnord. *túnriða*, mhd. *zunrite*, ›Zaunreiterin‹, ›H.‹, ein Name, in dem die wesentliche Tätigkeit der H., der Ritt, angesprochen ist. Ursprünglich dürfte ›H.‹ Name eines Waldgeistes (→ Geist) gewesen sein. H.n, zauberkundige Frauen, sind auch vor- u. nichtchristlichen Religionen bekannt (Hammurapi; Parsismus; Ex 22,17; Rom; u. a.). In Märchen u. Sage erscheinen sie v. a. rothaarig, triefäugig, bucklig, dürr, mit krummer Nase, Kopftuch u. Stock. Vor Ausbildung des mittelalterlichen, synkretistischen H.nbegriffs waren verschiedene, durch spezifische Tätigkeitsmerkmale charakterisierte H.typen bekannt: ›Lamien‹ (lat. *lamiae*: Kinderraub, Tierverwandlung), ›Strigen‹ (lat. *striges* [→ Eulen]: Vampirismus), ›Herbarien‹ (lat. *herbariae*: Kräuterfrauen), ›Venenaten‹ (lat. *venenatae*: Zaubergiftmischerin), ›Tempestarien‹ (lat. *tempestariae*: Wettermacherin) u. a. Der mittelalterliche H.begriff unterscheidet sich von solchen allgemeinen Vorstellungen über zauberische Personen u. dämonische Wesen (→ Dämon) durch die systematisierende Verbindung ursprünglich nicht zusammengehörender Elemente des Zauber- u. Aberglaubens (Luftflug, Tierverwandlung, Schadenzauber) mit Lehren antiker u. christlicher → Dämonologie (→ Incubus, → Hexensabbat) u. Straftatbeständen der Ketzerinquisition (→ Inquisition) in einen gemeinsamen Begriff. Aufbauend auf spätantiker u. neuplatonischer → Dämonologie formulierte → Augustinus die für die theologisch-philosophische Begründung des H.glaubens folgenschwere Lehre vom Dämonenpakt. Dieser Lehre zufolge (sie gelangte im 12. Jh. in die Kirchenrechtssammlung des → Gratian) bilden alle abergläubischen Mittel, Manipulationen, Worte u. Gebärden ein der Sprache vergleichbares Zeichensystem zur Verständigung u. Verbündung mit Dämonen. Voraussetzung der Verständigung zwischen Mensch u. Dämon ist nach Augustinus ein ursprünglicher Vertrag über den Bedeutungsinhalt abergläubischer Zeichen (*De doctrina christiana* 2,20). Von → Thomas v. Aquin wird die Pakttheorie zur systematischen Grundlage einer Aberglaubenstheorie gemacht (*Summa theologiae* 2,2,92–96). Thomas erweitert dabei die Augustinische Lehre durch die Unterscheidung ausdrücklicher u. stillschweigender Verträge mit den Dämonen, womit für jede abergläubische Handlung das Faktum eines Dämonenpaktes u. damit der Apostasie theoretisch begründet worden ist. Praktische Bedeutung erlangte die augustinisch-thomasische Pakttheorie im Gefolge der Ketzerinquisition durch die dieser Theorie entsprechend konsequente Ausweitung des Häresiebegriffs auf den Bereich der Zauberei (Hexensekte).

Die Hexenverfolgung: Voraussetzung für die spätmittelalterliche u. neuzeitliche H.verfolgung ist der H.wahn. Er hat sich in drei Phasen (Joseph Hansen) ausgebildet. In der Zeit von 400 bis 1230 ist der Glaube an die Realität von Hexerei noch nicht allgemein. Der → *Canon episcopi* u. → Regino v. Prüm bestreiten die Existenz von H.n, → Burchard v. Worms die Möglichkeit von Dämonenbuhlschaft (→ Incubus), H.flug u. Tierverwandlung. Gegen Zauberei wurde während dieser Zeit nur von seiten der römischen u. karolingischen Kirche, später auch von der kirchlichen Partikulargesetzgebung vorgegangen. Erst im 13. Jh. setzt sich der Glaube an die Realität der Dämonenwelt infolge der Tätigkeit der päpstlichen Ketzergerichte allgemein durch. Zauberei wird jetzt unter dem Begriff der Ketzerei subsumiert u. weltliche Bestrafung für sie verlangt. Der kirchlichen Forderung kommt als erstes weltliches Rechtsbuch der *Sachsenspiegel* nach (2,13,7). Die zweite Periode, 1230–1430, ist bestimmt durch die wissenschaftliche Befestigung des Dämonen- u. Zauberglaubens durch die Scholastik. Aus dem allgemeinen Begriff der Zauberei wurde unter Anwendung der augustinischen Pakttheorie (Teufelsbündnis) u. der Behauptung der → Teufelsbuhlschaft der besondere Verbrechensbegriff ›Hexerei‹ (→ Malefizium) entwickelt. Da das Teufelsbündnis Abfall vom christlichen Glauben impliziert, wurde Hexerei zu einem häretischen Tatbestand, mit dem sich die Ketzerinquisition zu befassen hatte. Der vom *Sachsenspiegel* auf Zauberei erkannte Feuertod fand auf hexische Ketzerei Anwendung u. setzte sich als Strafform in der späteren Gesetzgebung durch. In die dritte Periode, 1430–1540, fällt der eigentliche Beginn der großangelegten u. systematischen H.verfolgung. Das Vorgehen gegen H.n wurde durch die Bulle *Summis desiderantes affectibus* (1484) Papst Innozenz' VIII. eingeleitet. Darin befiehlt der Papst den Dominikanern Heinrich Kramer (Institoris) u. Jacob Sprenger die kanonische → Inquisition u. Bestrafung von H.n u. Zauberern; alle der Bulle entgegenlaufenden Bestimmungen des kirchlichen Rechts sowie jede Berufungsmöglichkeit werden zugleich aufgehoben. Abschluß der Hexereitheorie bildet der von Institoris (›Kramers‹) verfaßte u. 1486 im Druck erschienene → *Hexenhammer* (*Malleus maleficarum*). Als kasuistischer Kommentar zur H.nbulle faßt er die verschiedenen Stücke des H.nglaubens u. der Zaubereidelikte nach Art einer spätscholastischen *Summe* zusammen u. liefert damit dem Strafrichter das für die Gerichtspraxis maßgebliche Handbuch. Als verfahrensrechtliche Neuerungen werden vom *Hexenhammer* eingeführt die Denunziation anstelle der Anklage u. die Anwendung der → Hexenprobe u. Folter im Beweisverfahren. Unter den Juristen des 16. u. 17. Jh. hat der H.glaube einflußreiche Förderer gefunden in J. → Bodin (*Démonomanie*, 1580), M. A. → Delrio (*Disquisitionum magicarum libri sex* (1599/1600) u. B. → Carpzov (*Practica nova*, 1652). Ihre Höhepunkte erreichten die H.prozesse in den Krisenjahren um 1450, 1480, 1530, 1550 u. 1630. In Deutschland wurden seit der Mitte des 16. Jh. die H.prozesse in der Regel von weltlichen Gerichten geführt. Rechtliche Grundlagen bildeten die *Constitutio Criminalis Bambergensis* von 1507 (Art. 131), die *Constitutio Criminalis Carolina* von 1532 (Art. 109) sowie verschiedene Partikularrechte. Die letzten H.prozesse fanden 1775 in Kempten, 1782 im Schweizer Kanton Glarus u. 1793 in

Posen statt. Den H.prozessen dürften in Europa etwa 50 000 bis 80 000 Menschen, zumeist Frauen, zum Opfer gefallen sein.

Historische Kritik des H.wahns: Nach der gelegentlichen, vorsichtig formulierenden u. partiellen Kritik während des späten MA (*Bremer Arzneibuch*, 1382; H. → Vintler, 1411; U. → Molitoris, 1489) wendet sich der Arzt J. → Weyer als erster gegen den H.glauben. In *De praestigiis daemonum* (1563) erklärt er vorgebliche H.n als Geisteskranke u. jedes H.nwerk für Einbildung. Neben den Jesuiten A. → Tanner (1626) u. P. → Laymann (1625), die sich gegen Methoden u. Führung der H.prozesse aussprechen, ist es besonders Fr. v. → Spee, der in der *Cautio criminalis contra sagas* (1631) die Unmenschlichkeit u. Rechtswidrigkeit des Verfahrens u. die Konsequenzen des H.nwahns aufzeigt. In *De betoverde Weereld* (1631) bezieht B. → Bekker als erster prinzipiell Stellung gegen den H.nglauben in seiner Gesamtheit. Der Jurist Chr. → Thomasius (1701) kritisierte v. a. die Lehre vom Teufelspakt u. das Verfahren der H.prozesse mit seinen manipulierbaren Indizien. Vor allem in den angelsächsischen Ländern ist eine Wiederbelebung des H.glaubens zu verzeichnen. Die ›Hexensekte‹ um Margret A. Murray behauptet die Kontinuität älterer, außerchristlicher Geheimkulte bis auf unsere Zeit. Die Vielzahl der heute geführten ›Hexenprozesse‹ haben zumeist üble Nachrede u. Verleumdung zum Gegenstand.

Hexen-Einmaleins, Magisches → Quadrat, Wort- u. Zahlrätsel (→ Zahl) mit mehrfachem Sinn; häufig auch allein ein Einmalsechs. Das von Goethe im → *Faust* zitierte H. geht auf den engl. Mathematiker John Dee zurück.

Hexenhammer, *Malleus maleficarum*, Erstdruck bei Peter Drach, Speyer, sehr wahrscheinlich Mitte Dezember 1486. Verfasser ist der Schlettstädter Dominikaner Heinrich Kramer (Institoris, d. h. ›Kramers‹, um 1430–1505). Die irrige Nennung von Jacob Sprenger (1437–1495),

Prior des Dominikanerklosters Köln, als Mitverfasser geht auf → Johannes Trithemius (*Catalogus illustrium virorum* 1495) zurück. Zwischen 1486 u. 1669 wurde der *H.* in etwa 30 Auflagen gedruckt u. bezeugt damit eine anhaltende Wirkungsgeschichte. Der *H.* ist ein Handbuch über → Hexen, das deren dämonisches Wesen (→ Dämon), die Strafwürdigkeit ihrer Taten sowie die Möglichkeit u. den prozessualen Weg ihrer Verfolgung, Entdeckung u. Bestrafung darstellen will. Der literarischen Form nach kann das Buch als spätscholastische *Summe* bezeichnet werden, in der die literarischen u. traditionellen Motive u. Argumente der abendländischen → Dämonologie auf das neue Phänomen einer vermuteten Hexensekte bezogen werden (Teufelsbuhlschaft, Teufelspakt, Flug, Tierverwandlung, Schadenzauber; → Dämonologie). Insofern war sein Verfasser nicht Urheber, sondern Vermittler u. Organisator eines spezifischen Wissens, das ihm in seiner von eschatologischen Ängsten u. Dämonenfurcht geprägten Zeit als notwendig u. brauchbar erschien, um Fragen u. Feststellungen darüber klären zu können, wer die Hexen seien, woher ihre Macht komme, wie sie sie erreichten, was sie bewirkten, wie sie zu finden u. zu bestrafen seien. Es ist zugleich ein literarisches Zeugnis des ausgehenden MA, in dem sich die Abgründe der naturphilosophischen u. theologischen → Dämonologie des Abendlandes auftun. Die seit dem 16. Jh. allein auf den Autor gerichtete Kritik übersieht diesen Zusammenhang, besitzt jedoch angesichts des ausgebreiteten, erörterten u. funktionalisierten Stoffes alle Berechtigung. Das gilt auch für jene eher populären Abhandlungen, wie sie verschiedenen Ausgaben des *H.* beigefügt wurden (von U. → Tengler, J. → Nider, U. → Molitor u. a.). Mit der Autorität der propagandistisch geschickt dem *H.* vorangestellten päpstlichen Bulle *Summis desiderantes affectibus* (*In unserem sehnlichsten Wunsche*, Innozenz VIII., 1484), des Patentes Kaiser Maximilians I. (1486) sowie der Approbation der Universität Köln

(1487) ist der *H.*, obwohl ohne Gesetzesautorität, zu einem Handbuch der Hexenverfolgung u. zu einer Quelle unsäglichen Leidens geworden. Er ist zugleich das Dokument einer »der schlimmsten von Menschen angerichteten Katastrophen der europäischen Geschichte« geworden (Behringer u. a., *H.* 11).

Hexenmal, lat. ›stigma diaboli‹, ›stigma diabolicum‹; ›signum pacti‹ (›Zeichen des Paktes‹), ein Zeichen, etwa in Form eines Hasen-, Kröten- o. Drudenfußes (→ Pentagramm), das der → Teufel den → Hexen zur Besiegelung des Teufelspaktes (→ Dämonologie) o. bei deren Aufnahme in den Kreis der Hexen mit seiner Hand o. Klaue an Schultern, Hüften, Schenkeln o. an anderen Stellen des Körpers aufdrückt. Als solche galten auch → Warzen, → Muttermale u. ä. Während der prozeßrelevanten ›Nadelprobe‹ (→ Hexenprobe) stach ein Chirurg o. der Scharfrichter mit einer Nadel in die verdächtige Stelle. Floß darauf kein → Blut aus o. zeigte die Verdächtigte keine Anzeichen von Schmerz, so galt dieses als ein Schuldindiz.

Hexenmeister, Hexerich, männliches Analogon der → Hexe. Erstmals genannt von J. → Fischart (*Teuffelsheer*, 1591, 101: »Zauberer oder Hexenmeister«).

Hexenprobe. H.n sind Formen des → Gottesurteils u. gründen in der Vorstellung, Gott zeige in unklärbaren forensischen Zweifelsfällen als Garant der Gerechtigkeit Recht an. Sie gingen zuweilen der Folter voran (→ Inquisition) u. waren bis in das 18. Jh. hinein gebräuchlich. → Feuerprobe, → Wasserprobe, → Hexenmal, → Hexenwaage

Hexensabbat, nächtliche Zusammenkünfte der → Hexen auf Bergeshöhen v. a. während der → Walpurgisnacht mit gemeinsamen Mählern, Tänzen (›Hexentanzplatz‹) blasphemischen → Riten u. orgiastischer Promiskuität. → Hexensalbe

Hexensalbe, ein Mittel psychotroper Wirkung, das zahlreichen Berichten zufolge aus narkotischen Pflanzen (Bilsenkraut u. a.) hergestellt wurde u. mit dem sich → Hexen vor der Ausfahrt eingerieben haben sollen. Die phantastischen Berichte von Hexen über Tierverwandlung, Luftfahrten u. den → Hexensabbat mögen gelegentlich durch H.n vermittelte Rauscherlebnisse widerspiegeln. Neben anderen hat Giambattista della → Porta mitgeteilt, was er über die Zusammensetzung der H. in Erfahrung bringen konnte: »Das Fett eines Knaben in Erzgefäßen gekocht, wird vom Wasser abgeschöpft; dazu wird nun noch Anderes gethan, Eleoseliunum, Eisenhut, Pappelblätter, Ruß. Oder in anderer Weise Sium, Acorum, Pentaphyllon, Nachtschatten mit Öl und Blut von Fledermäusen verbunden. Beim Gebrauche werden zuvor die Glieder bis zur Röthe gerieben; dann wird die Salbe aufgetragen, und gleichfalls eingerieben, damit sie schnell weggesogen, ihre Wirksamkeit um so kräftiger äußern könne, was um so leichter geschieht, da die, welche ihrer sich gebrauchen wollen, nichts zu essen pflegen, als etwa Mangold, Wurzeln, Gemüse, Kastanien und dergleichen« (*Magia naturalis* 2,26; übers. Görres, *Mystik* 3,453[566]).

Hexenschuß, Alpschoß, Drachenschoß, Kreuz-, Nakken- u. Lendenschmerzen. Auch Bezeichnung für Milzbrand, Knochenfraß u. a. Der Name nimmt Bezug auf den verbreiteten Glauben, dämonische Mächte (→ Dämon) könnten durch Pfeile u. magische Geschosse Krankheiten u. Schmerzen bewirken. Ein angelsächsischer → Segen erwähnt einen »kleinen Speer« (Golther, *Mythologie* 110). Als Ursache der Schmerzen des H.es werden auch sogenannte ›Injekta‹, in den Körper des Kranken gehexte Gegenstände, angesehen (van Helmont, *Tractatus de iniectis materialibus*): »eiserne Nägel, Haare, Holz, Wachs, Glas, Faden, Kieselsteine, Nadeln, Tobakstengel, Papier, Federn, Geld, Fischgräte, metallene Kugeln, zusammengedrehte Wolle, Eyschalen, Zähne und dergleichen« (v. Einzing, *Dämonologie*).

Hexenwaage. → Hexen wurden gewogen, um ihre Schuld o. Unschuld zu ermitteln (›probatio per pondera‹; → Hexenprobe). Das Verfahren gründet in dem Glauben, → Hexen seien besonders leicht, was sich etwa in ihrer Fähigkeit zu fliegen zeige. Den dämonologischen Hintergrund (→ Dämonologie) bildet die Annahme eines luftartigen Leibes des → Teufels u. dämonischer Wesen (→ Dämon; → Augustinus, *De divinatione daemonum* 3; → Hrabanus Maurus, *De magicis artibus*, 1102; Scribonius, *De sagarum natura et potestate*, 1583). Verbreitet war das Aufwiegen gegen Kirchenbibeln (Bedfort, England, 1707). War die Angeklagte schwerer, so galt sie als unschuldig. Einfacher war das Verfahren, das Gewicht der Verdächtigten zu schätzen. Auf einer Waage wurde sodann das tatsächliche Gewicht ermittelt. Berühmt war die Stadtwaage von Oudewater. Mit ihr wurde ermittelt, ob das Gewicht der Probandin leichter sei, als es die körperliche Konstitution der Erprobten vermuten ließ (»und ihr Gewichte mit der Gelegenheit ihres Leibes überein käme«; → Bekker, *Die bezauberte Welt* 1,9–11). Die Stadt stützte sich auf ein Privileg Karls V. u. nahm 1754 die letzte ›Waagprob‹ vor.

Hildegard von Bingen, * 1098 Bermersheim b. Alzey (Rheinhessen), † 17. 9. 1179 Rupertsberg. Benediktinerin. Gründerin u. Äbtissin des Klosters Rupertsberg b. Bingen, älteste Vertreterin der Nonnenmystik. H. besaß nach eigenen Worten, »vom Mutterschoße an« die Gabe der Vision u. schrieb ihre Schauungen unter Assistenz des Magisters ihrer klösterlichen Ausbildung, des Mönches Volmar, nieder. Obgleich der im 13. Jh. eingeleitete Prozeß ihrer Heiligsprechung nicht zum Abschluß kam, steht ihr Name seit dem frühen 15. Jh. in den kirchlichen Kalendarien u. Martyrologien. Ihr literarisches Werk umfaßt u. a. die Schriften: *Liber scivias* (1141/51), *Liber vitae meritorum* (1158/63), *Liber divinorum operum* (1163–73/74) sowie die naturbeschreibenden Werke *Physica* (zwischen 1151 u. 1158; die Autorschaft des Buches *De lapidibus*

[= *Physica* 4] ist unsicher) u. *Causae et Curae* (zwischen 1151 u. 1158). Die beiden letztgenannten Werke haben offenbar ursprünglich eine Schrift gebildet unter dem Titel *Liber subtilitatum diversarum naturarum creaturarum* mit den beiden Teilen *Liber simplicis medicinae* (= *Physica*) u. *Liber compositae medicinae* (= *Causae et curae*). Dieses Werk hat starke Eingriffe erfahren, wie u. a. aus der Divergenz der bekannten Handschriften zu schließen ist. Es beschreibt die heilenden u. schädigenden Kräfte von Pflanzen, Tieren, → Edelsteinen u. → Metallen auf der Grundlage der Temperamentenlehre u. Humoralpathologie z. T. aus eigener Beobachtung u. populären Traditionen sowie die Funktionen des menschlichen Leibes mit Therapieanweisungen für Krankheiten. Die Beschreibungen u. Rezepte gründen vielfach in einem sympathetischen (→ Sympathie) u. sakramentalischen (→ Sakramentalien) Verständnis von Naturmitteln.

Himmelsbrief. Vom Himmel gesandte, schriftliche Offenbarung, früh bezeugt im altägyptischen Totenbuch u. in der Bibel (Ez 1; Offb 10). Im engeren Sinn ein wohl im 4. Jh. n. Chr. in griechischer Sprache verfaßter, später mit Segens- u. Schutzbriefen häufig kompilierter → Brief mit dem Gebot der Sonntagsheiligung u. a. Schon im 6. Jh. für apokryph erklärt, von Karl d. Gr. 789 verboten, hatte er im MA gelegentlich Bedeutung im Klerus, in der Geißlerbewegung u. in der Mystik. Die außerordentlich weite Verbreitung verdankt er seiner Amulettfunktion (Soldatenamulett; → Amulett) sowie seinem Gebrauch gegen Unwetter (→Wetter, → Gewitter), → Feuer u. Wassernöte: »Ich sage euch, daß Ich, Jesus Christus, diesen brieff mit meiner eigenen hand geschrieben habe, und wer da wieder spricht, der ist verlassen von mir [...] wer den brieff in seinem Hause hatt oder bey sich träget, dem wird kein Donner wetter schaden, und ihr solt für feuer und wassers noht behütet werden. welche frau diesen brieff bey sich träget, die wird eine löbliche frucht und frölichen anblick auff diese welt bringen. haltet Meine Geboht, die ich durch Meinen Engel Michael gesandt habe. Ich. Jesus. Christus. Amen.« (17. Jh., Dramburg; BPommVK 1,25)

Hirn. Neben dem → Herzen gilt das H. als Sitz der Denkfähigkeit, des Lebens u. der Seele. Seine magisch-medizinische (→ Magie) Anwendung ist seit der Antike bezeugt. Hasenh. hilft den Kindern beim Zahnen (»Sede hasenbregen an watere vnde smere dar de kyndertene mede«, *Düdesche Arstedie* 90,16 ff.); das H. von Raben sei brauchbar zum Hüten der Schweine (→ Plinius, *Naturalis historia* 30,147). Besonders heilkräftig sei das H. des Geiers, es hilft gegen Kopfschmerzen (ebd., 29,112 f.). Man trinkt es in Wasser gelöst (Handschrift St. Gallen, bei Jörimann, *Rezeptarien* 22,85). Der Vogel verschlingt sein eigenes H., bevor er stirbt, damit es nicht in die Hand von Menschen falle; denn es ist gut gegen »daz paralis« (Schlaganfall, Lähmung; → Konrad v. Megenberg, *Buch der Natur* 3B72). Das Erzählmotiv wird auch aus dem 15. Jh. überliefert (ZVK 1,323). Raben-, Elstern- u. Menschenh. sind angezeigt bei → Epilepsie (Becher, *Parnassus medicinae* 42). Menschenh. wird zu diesem Zweck aufbereitet: »So auß Menschen-Hirn ein Wasser wird bereit / Ein Scrupel [kleines Gewicht: 24. Teil einer Unze] dessen hilfft / und stillt das böse Leid [...] Man nimmt ein Menschen-Hirn / oder in dessen Mangel ein Hirn von einem Elend [Hirsch, mhd. *ëlch*] / ist eben so gut / das Hirn aber wird genommen mit allen Adern / arterien / Nerven / und dem gantzen Rückenmarck / wird alsdann zerstossen / und nach proportion mit Lindenblüth / Paeoniae [→ Pfingstrose] / Schwartzkirschen / Lavendel / Mayenblümleinwasser übergossen / und darinnen digerirt [extrahieren] / dann herüber destillirt / etlichmal cohibirt [anhalten] / und aus dem residuo [Rückstand] das Salz gemacht [...] Dosis Scrupel 2. oder 4. in [→] Epilepsia« (Becher, *Parnassus* 1,10). Als → Aphrodisiakum ist das H. von Sperlingen u. → Katzen geeignet: »Vom Katzen Hirn saget man / daß es in etwas gifftig sey / und mögen leichtfertige Dirnen [→ Hure] gewisse Liebes-Tränncke davon machen / solche denenjenigen Manns-Personen beizubringen / die sie auf schlüpfferige Wege zu ihrer Liebe bringen wollen« (Zedlers *Universallexikon* 15,242). Ansonsten glaubt man, Erkrankungen des H.s seien durch → Würmer verursacht, »dahero das Sprichwort kommen / daß man von einem Thörichten saget / er habe einen Wurm oder Würmer im Kopf« (Seitz, *Trost der Armen* 504f.).

Hirt. Der H. wird nach Art der gehüteten Tiere (Schäfer, Schweine-, Gänseh.), nach den Besitzverhältnissen seiner Herde (Gemeinde-, Dorf-, Gutsh.) sowie nach den Wirtschaftsformen der Hut (Wander-, Standweideh.) unterschieden. In Landschaften hochentwickelter Viehzucht ist der Berufsstand des H.n bedeutsam u. angesehen. Im MA waren gelegentlich selbst Adelige als selbständige H.en tätig. Die Arbeit außerhalb der sozial kontrollierten Siedlung, in einsamer Natur, fern von der Zivilisation, hat dem H.en den Verdacht des Umgangs mit dem Dämonischen (→ Dämon; Feen, Wildfrauen, Wildmänner, Venediger) u. des Teufelspaktes (→ Dämonologie) eingetragen. Letzterer hat ihm zu seinen magischen (→ Magie) u. prognostischen (→ Wahrsagen) Fähigkeiten verholfen. Vergleichbar anderen Berufen, die abseits vom Dorf ausgeübt werden (Jäger [→ Jagd], Fischer, Müller, Köhler, Spielleute), verfiel auch der Berufsstand des H.en dem sozialen Verruf u. galt als unehrlich (→ Unehrlichkeit). Der H. schützt seine Herde durch → Amulette, → Segen u. → Bann vor Seuchen, Bären u. Wölfen. Als zauberisches Bannmittel dient ihm sein Stab, in den er eine o. mehrere → Hostien eingelassen hat. Daß H.en (›bubulci‹, ›subulci‹) besprochene Kräuter, → Brot u. Amulette (›ligamenta‹) in → Bäume hängten o. an → Wegkreuzungen niederlegten, um das Vieh zu schützen, rügen im FrühMA Konzilsstatuten u. → Bußbücher (Konzil v. Rouen v.J. 650, 4; *Poenitentiale Arundel* 94).

Durch Überlieferung vermittelt o. durch Erfahrung erworben, besitzt der H. Kräuter- u. Arztwissen (→ Arzt) u. gilt als Heiler u. Gesundbeter (→ Gesundbeten).

Hochzeit (mhd. *hōchgezīt*, *hōchzīt* ›hohes Fest‹, ›höchste Herrlichkeit‹, ›Vermählung(sfeier)‹, ›Beilager‹). Am Tag der H. wird die → Ehe geschlossen. Das Fest u. seine Rituale (→ Ritus) sind gekennzeichnet von den Motiven des Abschiedes von Zuhause u. der Trauer sowie von der Festesfreude. Für das vermählte Paar bedeutet die H. eine Änderung des sozialen Status. Die ›Herausgabe‹ der → Braut durch ihren Vater kennzeichnet diesen Vorgang. Als besondere H.stermine gelten der Freitag, Donnerstag u. Dienstag (→ Woche), die Tage nach der Ernte u. der Hausschlachtung o. während der → Fastnacht. → Gebete, Opfer, → Bräuche, magische Handlungen (→ Magie), Bilder u. Zeichen begleiten die H. u. akzentuieren verschiedene thematische Komplexe, in die sich das Brauchtum (→ Brauch) der H. einteilen läßt: Abschied u. Trennung vom Elternhaus u. Aufgabe des früheren sozialen Status symbolisieren das Zerschlagen von → Glas, das Zerbrechen eines Stabes (vgl. Raffaels *Sposalizio*); Aufnahme (→ Initiation) in den Kreis der Verheirateten u. Vereinigung im Ehestand versinnbildlichen die Einholung der → Braut, ihre Haubung von der Frauenschaft, Tausch der → Ringe, Umwandlung des → Herdes, Inbesitznahme des Stuhles, Übergabe der → Schlüssel, das festliche Mahl (Ver*mähl*ung) mit besonderen Festspeisen u. mit Trinksprüchen. Der Abwehr schädlicher Einflüsse u. dämonischer Mißgunst (→ Dämonologie) dienen Bräuche der Irreführung u. des Versteckens der Braut, Überspringen der Schwelle, → Lärm u. Waffen, Beklopfen (→ Klopfen) der Hauswände u. Poltern (Polterabend), wenngleich auch vieles davon nur mehr Ausdruck ausgelassener Festesfreude sein mag. Als → Symbole des erhofften Kindersegens werden → Hähne u. → Eier, ›H.sschachteln‹ mit Kinderspielzeug u. -ausstattung geschenkt, Getreidekörner gestreut. Vielerlei → Vorzeichen u. Omina (→ Omen) werden gedeutet u. → Orakel befragt, ob die Ehe glücklich werde o. nicht: Der Trauring (→ Ring) darf nicht zur Erde fallen, die Brautkrone nicht wanken, der → Schleier nicht befleckt sein u. die H.sschuhe (→ Schuh) dürfen nicht reißen (→ Grimm, *Mythologie* 3,462, 797). Doch wenn der → Kuckuck ruft, Tauben u. Schwalben um das → Haus fliegen, der H.skuchen gut aufgeht, u. wenn man zur Sicherheit noch ein Geldstück (→ Geld) im Schuh trägt, dann wird alles glücklich werden.

Hokuspokus. Seit Anfang des 17. Jh., zuerst in England belegtes Wort für Taschenspieler(ei) u. Zauberformel. Die Etymologie ist umstritten. Gewöhnlich bezieht man sie auf die eucharistischen Einsetzungsworte ›Hoc est corpus meum‹ (›Das ist mein Leib‹, Lk 22,19) o. auf die Zauberformel → ›Hax, pax, max‹. → Buchstabensymbolik, → Vorwort

Hollen, Gottschalk, * um 1425 Körbecke b. Soest, † 1481, Theologe u. Prediger. Augustinereremit, Grad eines Lektors in Siena, Lektor in Herford, dann im Osnabrücker Augustinerkloster. Unter seinen Werken fand der *Traktat von den zehn Geboten* (*Praeceptorium divinae legis*, um 1461–68, Druck b. Koberger, Nürnberg, 1477) weite Verbreitung. Er war für die Unterrichtung von Priestern gedacht u. lieferte moraltheologisches Wissen für den Beichtunterricht. Bei Behandlung des 1. Gebotes bespricht H. den Aberglauben. Er erörtert u. a. zauberische Mittel gegen Krankheiten o. Praktiken bei → Geburt u. Tod. Sie entsprechen weithin der Aberglaubensliste im *Sermo* 10 *De idolatriae cultu* des → Bernardin v. Siena. Bekannt waren insbesondere auch seine *Predigten über die Paulusbriefe* (*Sermones super Pauli epistolas*, 1470, Druck Hagenau 1517 u. 1520: Teil 2 des *Sermonum opus*).

Holunder, Schwarzer, Sambucus nigra, Holler, Flieder, Ahorn, Ellhorn, 2–7 m hoher Strauch der Geißblattgewächse, dessen Teile Stoffe für Heilmittel enthalten u. dessen Früchte genießbar sind. Zahlreich sind die medizinischen u. volksmedizinischen Nutzungen (→ Volksmedizin) des H. sowie magisch-sympathetische Praktiken (→ Sympathie) zur Übertragung von Übeln u. Krankheiten an dem Strauch. Angaben zum medizinischen Gebrauch bringen → Dioskurides (*Materia medica* 4,173,2) u. → Plinius (*Naturalis historia* 24,52) o. später das → *Circa instans*. In der Chirurgie nähte man durchtrennte Darmteile über H.holzröhren zusammen. Damit mag ein von → Albertus Magnus erwähnter Glaube zusammenhängen: Die innere Rinde des H.s ergebe, wenn man sie von unten nach oben schabe, ein Brechmittel, wenn von oben nach unten, ein Abführmittel (*De vegetabilibus* 6,220).

Homunculus, pl. Homunculi (Diminutiv von lat. *homo* ›Mensch‹), ›Menschlein‹, ein künstlich, mit mehr o. weniger Qualitäten des Menschen, erzeugter Organismus. Wohl in der Ideenwelt der → Gnosis zu Hause, wird die Erschaffung eines H. erstmals von → Simon Magus berichtet. Nach → Zosimos entsteht er als Nebenprodukt (›Parergon‹) bei der Herstellung des → Steins der Weisen. Alchemisten (→ Alchemie) suchten ihn zu erzeugen, indem sie in einem Glaskolben männliches Sperma durch Verwesung auf die konstituierenden Bestandteile reduzierten u. mit menschlichem → Blut nährten. Robert Fludd (1574–1637) soll bei einem entsprechenden Experiment im Labor Gebrüll wie von einem Löwen o. Ochsen gehört u. seiner Retorte, mit der er arbeitete, nur mehr den Kopf eines Menschen mit Nase, Augen u. Haaren entnommen haben, wie ein Vampirologe 1732 schreibt (Text bei Harmening, *Dracula* 69). → Agrippa v. Nettesheim meint, es lasse sich eine menschliche Gestalt erzeugen, wenn man das einer Henne untergelegte → Ei magisch behandele. Das sei der »wahre Alraun« (*Magische Werke* 1,173; *De occulta philosophia* 1,36: »uera mandragora«). Doch ist eine entstehungsgeschichtliche Verbindung der Vorstellung vom H. mit der → Alraune o. auch dem ›Galgenmännlein‹ (→ Galgen) nicht erwiesen. H.i besitzen verborgene Kenntnisse u. scheinen den → Elementargeistern verwandt. Im 17. Jh. besaß ein → Arzt einen H. als dämonischen Helfer (Schelenz, *Pharmazie* 252; → Familiar). Goethe hat im → *Faust* (2. Teil) die Vorstellung vom H. aufgegriffen. Bekannt ist der vom Prager Rabbi Löw im 16. Jh. hergestellte ›Golem‹ (hebr., ›seelenlose Materie‹). Gustav Meyrinks Roman *Der Golem* machte diese Gestalt zum H. schlechthin.

Honig. Bienenhonig ist seit prähistorischer Zeit ein hochgeschätztes u. eines der wertvollsten Nahrungs- u. Süßmittel. Er galt als Himmelstau (→ Aristoteles, *Historia animalium* 5,553b27–29), als Geschenk (→ Vergil, *Georgica* 4,1) sowie als Speise der Götter. ›Milch u. Honig‹ sind Symbole des Götterlandes (Ovid, *Metamorphoses* 1,111f.) u. des biblischen Landes der Verheißung (Ex 3,8). H. diente auch der Konservierung von Obst u. Fleisch (Columella 12,10,5), der Einbalsamierung (Homer, *Ilias* 19,38f.: »Drauf dem Patroklos goss sie ambrosiasaft in die nase, / Und rotfunkelnden nektar, den leib unversehrt zu erhalten« [Voß]) u. aufgrund seiner entzündungshemmenden Wirkung (Theophrast, *Historia plantarum* 9,11,3) als Heilmittel (→ Plinius, *Naturalis historia* 22,106). Kosmetischen Zwecken diente sein Gebrauch bei Haarausfall u. gegen Sommersprossen (ebd. 25,18; → Dioskurides, *Materia medica* 2,102). Im antiken Kult wurde H. bei bei Bestattungen sowie als Grabbeigabe geopfert (Homer, *Ilias* 23,170; *Odyssee* 10,519). Mittelalterliche Nachrichten erwähnen zauberischen H.diebstahl (*Poenitentiale Arundel* 77), den Gebrauch zum → Schadenzauber (Hexenprozeßprotokoll von 1499; SAVK 1899, 93) sowie den Brauch, an → Neujahr H. u. Feigen zu essen, um Gesundheit zu wirken (→ Antonin v. Florenz, *Summa theologica moralis*; Parallelen in: MSchlesVK 21,93).

Horoskop, über lat. *horoscopium* entlehnt aus griech. *hōroskopeíon*, ursprünglich in der Bedeutung ›die die Stunde ansehende Stelle des Tierkreises‹, d. h. die, die am östlichen Horizont aufsteigt (→ Aszendent; → Astrologie; Boll u. a., *Sternglaube* 62); dann auf die Beachtung u. Aufzeichnung aller maßgeblichen Gestirnspositionen in einem bestimmten Moment u. die Berechnung u. Deutung ihrer Positionen zueinander übergegangen. Aus Babylonien sind H.e seit dem 5. Jh. v. Chr. überliefert. Sie verzeichnen die Positionen von → Mond, → Sonne u. → Planeten zur → Geburt eines Kindes. Insofern werden sie später auch ›Nativitäten‹ (von lat. *natus* ›Geburt‹) genannt o. wird von ›Genethlialogie‹ (von griech. *genéthlē* ›Geburt‹), ›Nativitätsstellerei‹, gesprochen. Vorhersagen aufgrund dieser Feststellungen wurden dann aus anderen Listen gezogen, wenn sie nicht, wie in wenigen Fällen, in das H. selbst eingetragen wurden. H.e aus griechisch-römischer Zeit betreffen auch Herrscherkrönungen, Städtegründungen o. ganze Länder. Bekannt sind H.e von Tyros u. dem Philosophen → Proklos. Fiktive Ideal-H.e verzeichnet Firmicus Maternus (*Matheseos libri* 6,30,1–26). Anstelle einer bloßen Verlistung der für einen bestimmten Zeitpunkt fixierten Himmelsdaten tritt zumeist eine graphische Dastellung des ermittelten Himmelszustandes in 12 geometrischen Figuren o. Dreiecken (›figura caeli‹). Im MA werden diese innerhalb eines → Quadrates, später, insbesondere seit dem 16. Jh., in einem Kreis gestaltet. Die H.ie gründet in der Vorstellung eines alles umfassenden kosmischen Zusammenhanges (→ Sympathie; → Entsprechungen; → Makrokosmos – Mikrokosmos) u. der Sicht darauf, daß der Mensch im Augenblick seiner Geburt erstmals als selbständiges Wesen den Einflüssen des → Kosmos, u. zwar in der Weise der bestimmten Gestirnskonfigurationen, konfrontiert ist u. von daher die Züge seines Wesens u. der Gang seines zukünftigen Lebens bestimmt erscheinen.

Horst, Georg Conrad, 1767–1838, Prediger, Magiehistoriker. Die *Daemonomagie oder Geschichte des Glaubens an Zauberei und dämonische Wunder* (1–2, Frankfurt

1818) stellt den ersten Versuch einer Geschichte der Hexenprozesse (→ Hexe) dar. In der *Zauber-Bibliothek oder von Zauberei, Theurgie, Mantik, Zauberern, Hexen und Hexenprocessen* [...] (Mainz 1821–26) liefert H. eine Materialsammlung zum Thema.

Hostanes → Ostanes

Hostie (lat. *hostia* ›Opfertier, Schlachtopfer, Sühneopfer‹). Ursprünglich auf den Opfertod → Christi bezogen (Eph 5,2), bezeichnete H. früh die Eucharistiegaben, seit dem 9. Jh. in der lateinischen Kirche das Opferbrot. Die im frühen MA anstelle der älteren großen runden Kuchenform zunehmend verwendeten Oblaten (von lat. *oblatum* ›das Dargebrachte‹) wurden aus Weizenmehl u. Wasser ungesäuert gebacken u. seit dem 12. Jh. mit eucharistischen → Symbolen (→ Kreuz, kreuztragender Christus, IHS als Monogramm des Namens ›Christus‹ [→ Akrostichon], → Agnus Dei) versehen. In der Zeit vom 12. bis zum 15. Jh. entstanden zahlreiche Legenden von Wunderh.n u. wallfahrtliche H.nkulte. Sie spiegeln die Entwicklung der zeitgenössischen, z. T. kontroversen Eucharistietheologie (Transsubstantiation, Realpräsenz Christi) u. Eucharistiefrömmigkeit wider u. begründen eine Vielzahl von Formen des zauberischen H.ngebrauchs. Allerdings war nicht jede H. konsekriert. Die Austeilung sog. ›Eulogien‹ (griech., ›Segen‹), gesegneten Brotes, am Schluß der Meßfeier (→ Messe), früh als Kommunionersatz (Hinkmar v. Reims, *Capitula presbyteris data* 7), etwa für abwesende Alte u. Kranke, empfunden, zumal das Brot oft in Hostienform gebacken war, hat dazu geführt, daß vermeintliche H.n in die Hand von Interessenten gelangten u. zu magischen Hausmitteln u. Requisiten professioneller Zaubereien gerieten. H.n werden bei Krankheiten aufgelegt, man betreibt Schadenzauber mit ihnen. Um ihre Herde zu hüten u. gegen wilde Tiere zu schützen, schließen → Hirten H.n in ihren Hirtenstab ein. → Huren benutzen sie zur Förderung ihres Geschäftes

(Franz, *Messe* 97). Zauberei mit ihnen gehört zum Standardrepertoire von Hexereiverdächtigungen (→ Hexen). Um den Mißbrauch von H.nstaub abzustellen, wendet sich König Friedrich II. 1781 an den designierten Weihbischof von Breslau: »Sie nehmen nämlich einen Zettel, schreiben darauf einen Spruch aus der Bibel, darauf thun sie denn was Klebriges auf und wischen damit das Gefäß aus, worin die Hostie gewesen, und was denn vor Stückelchen oder Krumen darin befindlich, wird auf dem Klebrigen festgemacht, und diese Zettelchen verkaufen sie an die Bauern vor 3 bis 5 Gr[oschen] das Stück, um es dem Vieh einzugeben, wenn das krank wird, und es damit zu curiren. Dergleichen Sachen sind scandaleuse vor die Katholiken selbst, wenn sie ihren Gott von der Messe dem Vieh zu fressen geben, und ist dieses am mehrsten au vogue von der Seiten von Schweidnitz, Striegau und der Gegend« (Franz, *Benediktionen* 2,134).

Hrabanus Maurus, * um 780 Mainz, † 4. 2. 856 Winkel (Rheingau), Benediktiner, karolingischer geistlicher Schriftsteller. In Fulda erzogen, in Tours Schüler Alkuins, 822–842 Abt in Fulda, 847 Erzbischof v. Mainz. Verfaßte außer Kommentaren zu fast allen biblischen Büchern u. a. Schriften für den Unterricht (*De institutione clericorum*, 819, ed. A. Knöpfler, 1901) u. die kirchliche Praxis (Predigten; → Bußbücher: *Poenitentialia ad Otgarium*, 841/842, ed. MPL 110,467–494). Das Buch *De rerum naturis* (seit den ersten Drucken *De universo* betitelt; ed. MPL 111,9–64) ist eine 22 ›Bücher‹ umfassende Enzyklopädie, die → Isidor v. Sevilla (*Etymologiae*) zur Hauptquelle hat. Die dort überlieferten Nachrichten zu → Magie u. zum → Wahrsagen stammen aus antiker Tradition u. der christlichen Väterzeit (Lactantius, → Augustinus). Heidnische Gewohnheiten u. abergläubische Praktiken kritisiert der Brieftraktat *De consanguineorum nuptiis et de magorum praestigiis falsisque divinationibus*‹ (wohl nach 842; *Über die Eheschließung Verwandter u. über die magischen*

Gaukeleien u. betrügerischen Wahrsagereien; ed. MPL 110,1095–1110). Eine Predigt über heidnische Riten bei Mondfinsternissen (*Homilia* 42 *Contra eos qui in lunae defectu clamoribus se fatigant*, ed. MPL 110,78–80; → Finsternisse) schöpft aus Maximus v. Turin († um 420; *Homilia* 100 *De defectione lunae*, ed. MPL 57,483,486), eine andere über Paganismen (*Contra paganicos errores*, ed. MPL 110,80 f.) aus → Caesarius v. Arles (*Sermo* 54). Traditionelle Kritik heidnischer Anschauungen u. Praktiken enthalten auch die Bußbücher des Hr. Seine umfangreiche, lehrhafte Schriftstellerei hat ihm den Titel ›Praeceptor Germaniae‹ verdient.

Hufeisen → Eisen

Huhn → Hahn

Hundstage (lat. *dies caniculares*, griech. *kynokaúmata*), die heißesten Tage des Jahres, die mit dem Erscheinen des Sirius (›Hundsstern‹; griech. *kýōn*, lat. *canicula*) ihren Anfang nehmen u. von Juli bis August, auch bis Anfang September, reichen (Merkspruch bei: → Durandus, *Rationale* 8,4,21). Der Aufgang des Sirius zeigte im Alten Ägypten die Überschwemmungen des Nils an u. galt als segensreich, den Griechen u. Römern jedoch verkündete er Fieberhitze, Pest u. andere Krankheiten u. galt als bedrohlich (Homer, *Ilias* 22,31: »Denn er bringt ausdörrende glut« [Voß]); Seneca, *Oedipus* 38 ff.). Als unglücklich galt die Zeit auch im MA u. in der Neuzeit. An den H.n soll man nicht zu Ader lassen (→ Aderlaß; Kalender von 1428, Nürnberg: AKDV 11,334), nicht baden, sich nicht die → Haare schneiden. → Unglückstage

Hure (von idg. **karo-s* ›lieb‹, ›begehrlich‹), Schimpfname für Prostituierte (von lat. *prostituere* ›darbieten‹). Im altorientalischen Bereich war die Tempelprostitution verbreitet. Sie galt, auch die bezahlte, als ehrende Hingabe an eine Gottheit bzw. deren Vertreter u. sollte die Fruchtbarkeit fördern. Im Griechischen hießen die heiligen Dirnen ›Hierodulen‹, ›heilige Mägde‹, im Hebräischen ›Kedeschen‹, ›Geweihte‹. Das AT verbietet die sakrale Hingabe (Dt 23,19). Das Christentum bekämpfte seit dem beginnenden MA die Prostitution (städtische Frauenhäuser seit dem 13. Jh.), konnte sie jedoch nicht verhindern. Mit Rücksicht auf mangelnde Triebkontrolle unter Männern u. mit Bezug auf → Augustinus (*De ordine libri duo* 2,4) akzeptierte → Thomas v. Aquin die Prostitution (*Summa theologiae* 1,2,101,3ad2; 2,2,10,11). Der Hurerei mit dem → Teufel wurden die → Hexen verdächtigt (→ Teufelsbuhlschaft). H.n besitzen den → Bösen Blick u. sind kundig im → Wettermachen. Zur Förderung ihres Gewerbes benutzen sie → Hostien. H.n im → Angang bringen Glück (→ *Rockenphilosophie* 2. Hundert, 1718, 334–336). Wenn es am → Johannistag regnet, wird es viele H.n geben, allerdings wenig Nüsse (→ Praetorius, *Philosophia colus* 216 f.).

Hyazinth (griech. *hyákinthos*: Name einer Blume, ursprünglich nicht der Hyazinthe), → Edelstein. Ein durchsichtiges, braun bis braunrot gefärbtes Mineral aus der Gruppe der Zirkone, weshalb er auch ›roter Zirkon‹ genannt wird. Bei Einwirkung des Sonnenlichts kann es zu Änderungen der Farbe kommen; durch Erhitzen verliert er sie. In den Mund genommen soll er kühlend wirken, empfand schon die Antike (Solinus, *Collectanea rerum memorabilium* 152,32) u., durch die Nachricht bei → Isidor v. Sevilla (*Etymologiae* 16,9,3) damit bekannt gemacht, auch das MA (Marbod v. Renners, *Liber de gemmis*, ed. MPL 171,1748 f.). In ein Kohlenfeuer gelegt, bringt er dieses zum Erlöschen, hilft bei → Geburten u. vertreibt → Dämonen (Epiphanius v. Salamis, *De duodecim gemmis rationalis* 752), heilt Blindheit, Augentrübung, Eiterungen, Blutwallungen, Herzleiden u. schützt vor Zauberei und Wahnsinn (→ Hildegard v. Bingen, *Physica, liber* 4 *De lapidibus* 2). Um den Hals o. am Finger getragen, verhindert er Störungen auf Reisen, zudem gelangt sein Träger zu großem Ansehen, und alle seine Bitten werden erfüllt (Marbod, ebd.). Auch schützt er vor Traurigkeit (Alexander Neckam, *De naturis rerum* 468). Zedlers *Universallexikon* (13,1332) referiert zusammenfassend, »daß er am Finger getragen, das Hertz erfreue, den Schlaff befördere, die Pest vertreibe, den Donner abwende, den Verstand schärffe und Ehre und Gunst zuwege bringe« (13,1322).

Hydromantie (von griech. *hýdōr* ›Wasser‹ u. *manteía* ›Weissagung‹), Wahrsagekunst (→ Wahrsagen) aus Erscheinungen im Wasser (Götter-, Dämonenbilder; Bewegungen u. Figuren hineingeworfener Dinge). Eine Kategorie der → Divination, die → Isidor v. Sevilla zufolge (*Etymologiae* 8,9,13; nach → Augustinus, *De civitate dei* 7,35) Varro (116–27 v. Chr.) neben der → Geomantie, der → Aeromantie u. → Pyromantie nenne. Mit diesen gehört ihre Kenntnis bis in das HochMA hinein allein der gelehrten Tradition an. Erst das späte MA nennt sie, wohl aufgrund der Breitenwirkung des *Decretum Gratiani* (2,26,3.4; → Gratian) sowie der *Summa theologiae* des → Thomas v. Aquin (2,2,95,3), häufig auch in deutschsprachigen Texten u. der Verbotsliteratur (SB München Cgm 292, 66ra; Cgm 763, 5^{r}). Johannes → Hartlieb (*Buch aller verbotenen Kunst* 53–66) beschäftigt sich mit ihr ausführlicher u. erwähnt die Rolle eines Knaben, der bei hydromantischen Praktiken als → Medium fungiert (→ Becherorakel). Auch das → Bleigießen rechnet Hartlieb zur H.

I

Iamblichos, * um 240/250 Chalkis (Koilesyrien), † um 325, neuplatonischer Philosoph (Schulgründung im syrischen Apameia), Schüler des → Porphyrios. Seine Schriften sind weitgehend verloren, doch läßt sich sein Lehrsystem aus späteren Zeugnissen erkennen. Für die Entwicklung des → Neuplatonismus ist seine Lehre bedeutsam geworden, der zufolge einem höchsten Einen der Bereich des Seins, d. h. des Intelligiblen u. des Intellektuellen, u. sodann der des Seelischen u. des Körperlichen folge. Bedeutsam wurde auch seine Beachtung der → Theurgie, die er als eine geistige Bewegung verstand, mit deren Hilfe man sich vermittels genau festgelegter → Riten direkt an die Götter wenden könne, um den Aufstieg der Seele zu ihnen zu erlangen. In diesem Zusammenhang maß er den → Chaldäischen Orakeln (→ Chaldäer) größte Bedeutung zu. I. übte einen bestimmenden Einfluß auf → Proklos aus.

Iatrochemie (zu griech. *iatrós* → ›Arzt‹), alchemistische Bereitung von Arzneimitteln, auch Chemiatrie genannt, ein auf → Paracelsus zurückgehendes therapeutisches Konzept, das die → Alchemie auf die Verwendung chemisch dargestellter Pharmaka zu Heilzwecken richtete. Die verschiedenen Verfahren suchten nach dem Prinzip ›solve et coagula‹ (›löse und füge zusammen‹) durch Extraktion, Sublimation u. Destillation das Wesentliche vom Unwesentlichen zu trennen. Verfolgt wurden auch Methoden des langandauernden Kochens im Wasserbad (›balneum Mariae‹), der Verfaulung, Verwesung u. Vergärung. Dadurch sollten erwünschte Qualitäten des Ausgangsstoffes gereinigt u. konzentriert werden. Im 17. Jh. gelangten iatrochemisch hergestellte Arzneien in den offiziellen Arzneimittelschatz (*Pharmacopoea Augustana*, verschiedene Ausgaben seit 1640; kommentiert v. Johannes Zwelf(f)er: *Animadversiones in Pharmacopoeam Augustanam*, seit 1652). Die I. war eine Wegstation zwischen Alchemie u. der naturwissenschaftlichen Chemie.

Iatromathematik (zu griech. *iatrós* ›Arzt‹ u. → *Mathematik* [*mathētikḗ*] im Sinne von Horoskopie, → Horoskop), ein Heilverfahren, das aufgrund der Annahme von → Entsprechungen des → Makrokosmos u. Mikrokosmos die Bereitung u. Wirksamkeit von Medikamenten sowie von ärztlichen Eingriffen an astrologische Daten knüpfte. Grundlage bildet die Vorstellung, daß die → Planeten, je nach ihren Qualitäten, den Körpersäften (→ Blut, Schleim, Galle) zuzuordnen seien. So stehen in Verbindung: Mars: heiß, trocken / gelbe Galle / cholerisches (zu griech. *cholḗ* ›Galle‹, ›Zorn‹) Temperament. Literarische Traditionen seit dem 12. Jh. verarbeitet das *Iatromathematische Hausbuch* (um o. kurz vor 1400; Faksimileausgabe des Ms. C 24 der Zentralbibl. Zürich v. G. Keil u. a., 1–2, 1981 f.). → Petrus v. Abano (1257–1316), Mediziner, Philosoph, Astrologe u. Mathematiker an der Universität Padua, erachtete astrologische Kenntnisse als für den Arzt unerläßlich, wie denn auch die medizinische Fakultät in Paris im 15. Jh. ›Facultas in medicina et astrologia‹ hieß (Thorndike, *History* 4,142). Die Lehren der I. sind nicht ohne Einfluß auf volksmedizinische Praktiken (→ Volksmedizin) geblieben, etwa Heil- u. Zauberpflanzen bei bestimmten Mondphasen (→ Mond) zu sammeln, zu bereiten o. anzuwenden. Ein *Iatromathematisches Corpus* in deutscher Prosa stammt aus der 1. Hälfte des 15. Jh. (ed. L. Welker, Das *I. C.*, 1988, 177–277). Es enthält u. a. ein Krankheits-[→]Lunar, eine Zusammenstellung ›Verworfener Tage‹ (→ Ägyptische Tage), ein Planetentraktat (→ Planeten) u. eine Tierkreislehre (→ Tierkreis). → Aderlaß

Idolatrie (von griech. *eídōlon* ›Bild‹ u. *latreía* ›Gottesdienst‹), ›Bilderverehrung‹, pejorativ ›Götzendienst‹. Die religiöse Verehrung von Bildern sowie der kultische u.

magische (→ Magie) Bildergebrauch gründet in der Vorstellung, im Bild sei etwas vom Abgebildeten o. dieses selbst gegenwärtig, bestehe ein Zusammenhang zwischen beiden. Das AT (Ex 20,3 f.; Dt 4,25 ff.; 27,5) sowie der Islam verbieten die Bilderverehrung, während die östlich-griechische u. die westlich-lateinische Kirche unterschiedliche Haltungen ausgeprägt haben. Der Westen läßt das kirchliche Bild in seiner narrativen Funktion zu (»picture et ornamenta in ecclesia sunt laicorum lectio et scripture«, »Bilder sind Schriften für Leseunkundige« (→ Durandus, *Rationale* 1,3,1), der Osten dagegen legitimiert, nach theologischen u. schweren politischen Auseinandersetzungen (›Ikonoklasmus‹) im 8. u. 9. Jh., den kultischen Bildgebrauch (Bilderwand, Ikonostasis) durch eine platonisierende Urbild-Abbild-Theologie. Die frühchristlichen Apologeten sehen im Bilderdienst der Heiden Götzendienst u. in den mirakulösen Wirkungen der Götterbilder Hervorbringungen der → Dämonen bzw. → Teufel. Unter Berufung auf → Augustinus (*De doctrina christiana* 2,20) zählt → Thomas v. Aquin die I. zur ›Superstition‹ (→ Aberglaube; *Summa theologiae* 2,2,92,2). Wenn auch die mittelalterliche Kirche den Gebrauch von Bildern im liturgischen Umkreis auf deren didaktischen Gebrauch beschränken will, so haben sich doch, trotz des Bilderverbotes der Synode v. Elvira (v. J. 306, 36) u. der bilderfeindlichen Theologie (Eusebios, Epiphanios v. Salamis), gesteigert seit spätmittelalterlicher Zeit, zahlreiche Formen religiöser Bilderverehrung u. Bildkulte entwickelt (Andachts-, Gnaden- u. Wallfahrtsbilder). Die Bilderverehrung zu verhindern war ein wesentliches Anliegen der Reformatoren (Karlstadt, *Von abthuung der bylder*, 1519) u. fand im Bildersturm (›Götzensturm‹) seinen radikalen Ausdruck. Die katholische Gegenreformation rechtfertigte dagegen im ›Tridentinum‹ (Konzil v. Trient, 1545–63) die Bilderverehrung, da sie der dargestellten Person gelte. Der populäre apotropäisch-magische (→ Apotropaion,

→ Magie) Bildgebrauch besitzt zahlreiche Bezüge zum Heiligen- u. Kultbild (→ Amulett, → Talisman, → Reliquien).

Illuminaten (lat., ›Erleuchtete‹), I.bund, I.orden, ein 1776 von dem Juristen Adam Weishaupt in Ingolstadt gegründeter → Geheimbund, der den → Freimaurern verwandt, Ziele der Aufklärung verfolgte. Ihm gehörten u. a. Herder, Goethe (seit 1783) u. Knigge (1779–84) an. Durch Kurfürst Karl Theodor 1785 in Bayern verboten, wurde der Orden 1896 neu gegründet.

Immergrün, Cinca minor, Singrün, Wintergrün, Totenmyrte. 10–20 cm hohes Hundsgiftgewächs mit immergrünen Blättern u. blauen windradförmigen Blüten, in Mittel- u. Südeuropa beheimatet, bei uns gelegentlich wild wachsend, häufig auf → Friedhöfen angepflanzt. Wie andere immergrüne Pflanzen wird das I. zu zauberischen Tränken gebraucht, etwa um Liebe zu erwerben (→ Liebeszauber) o. Böses abzuwehren (→ Apotropaion): »Welcher diß krut by yme draget ober den hait der tüfel kein gewalt. Über welcher hußdore diß krut hanget darinne mag keyn zauberey komen« (*Gart der Gesuntheit* 79).

Incubus, pl. Incubi, u. Succubus, pl. Succubi (von lat. *incubare* bzw. *succumbere* ›auf etwas liegen‹ bzw. ›unter etwas liegen‹; ›beschlafen‹, bzw. ›sich beschlafen lassen‹). I. bezeichnet im Spätlateinischen den Bringer von Alpträumen (griech. *ephiáltēs*; → Alp). → Augustinus bezeugt für die Antike den Glauben, daß »Silvanen und Faunen, die das Volk ›incubi‹ nennt, häufig Frauen belästigten, ihre Gunst begehrten und Beischlaf mit ihnen ausübten. Und da man immer wieder von gewissen Dämonen hört, die bei den Galliern ›dusii‹ heißen, die beständig diese Unzucht versuchen und betreiben, wäre es unverschämt, es einfach abzuleugnen, so daß ich es nicht wage zu entscheiden, ob nicht auch irgendwelche, aus luftigem Element bestehenden Geister geschlechtliche Lust empfinden können und, wenn sie sich auf ihre Art mit Weibern vereinigen, auch bei diesen körperliche Empfindungen wecken« (*De civitate dei* 15,23; vgl. Tertullian, *De anima* 44; → Isidor v. Sevilla, *Etymologiae* 8,11,103 f.). Unter den Theologen wurde die Frage erörtert, ob I.i Menschenkinder zeugen können: »Wenn jedoch gelegentlich aus dem Beischlaf böser Geister einige geboren werden, so stammt das nicht aus dem von ihnen oder von den angenommenen Leibern ausgeschiedenen Samen, sondern aus dem zu diesem Zweck erhaltenen Samen irgendeines Menschen. Und zwar so, daß der böse Geist beim Manne als Beischläferin, bei der Frau als Beischläfer tätig ist [...] Der so Geborene ist dann nicht ein Sohn des bösen Geistes, sondern jenes Menschen, von dem der Samen erhalten wurde« (→ Thomas v. Aquin, *Summa theologiae* 1,51,3,6). Papst → Innozenz VIII. bejahte in der Bulle *Summis desiderantes affectibus* die Realität sexuellen Umgangs von Teufeln u. Menschen. Denn »ziemlich viele Personen beiderlei Geschlechts [würden] vom christlichen Glauben abweichend, mit Inkubus- und Sukkubus-Dämonen Unzucht treiben« (übers. Behringer u. a., *Hexenhammer* 102).

Indiculus superstitionum et paganiarum, *Kleines Verzeichnis des Aberglaubens und Heidentums*. Stichwortartiges, kurzes Verzeichnis (30 Punkte) vom Ende des 8. Jh. über Paganismen u. Superstitionen (Stein-, Baum-, Quellen- u. Totenkult; Zauberei, → Amulette, → Augurien u. a.). Der I. wurde vermutlich von einem angelsächsischen Germanenmissionar verfaßt u. mag als Fragekatalog bei der Visitation junger christlicher Gemeinden gedient haben. Die Informationen des I. lassen sich teilweise auf literarische Traditionen zurückführen. Der Titel stammt aus dem 17. Jh.

Initiation (von lat. *initium* ›Eintritt‹). Der Begriff bezeichnet eine Reihe von → Riten u. Gebräuchen (→ Brauch), die den Eintritt in neue Lebensphasen u. -kreise, Berufsgruppen, → Geheimbünde, religiöse Gruppierungen u. Verbände, aber auch in das Wissen u. die Traditionen von → Schamanen, Magiern (→ Magie) u. Heilern begleiten u. ihn eröffnen. A. van Gennep spricht von I.riten als von ›Übergangsriten‹ (*Les rites de passage*). ›Trennungsriten‹ bezeichnen Formen der Absonderung von der Gesellschaft u. Einweisung in die Traditionen des neuen Standes; ›Wiedereingliederungsriten‹ begleiten den Abschluß der I. mit Reinigung, Anlegen neuer → Kleider u. a. In vielen I.riten erscheinen symbolische Formen (→ Symbol) des Überganges vom Tod zur Wiedergeburt besonders akzentuiert u. dargestellt. Den Tod symbolisiert das Ablegen von Kleidern, Schmuck u. allen Gegenständen bis zur Nacktheit sowie die Absonderung von der Gesellschaft, Verlust des Eigennamens (→ Name), Vernichtung durch Verletzungen; die Neugeburt (→ Geburt) versinnbildlichen analoge Bräuche: der rituellen Reinigung, Entkleidung usw. Im europäischen Altertum wurde die Zulassung zu den Mysterienkulten als I. begangen (Nacktheit, symbolische (→ Symbol) Tötung: Wandmalerei im Mithräum von S. Maria Capua Vetere). Auch die christliche Taufe ist I.: In ihr stirbt der ›alte Mensch‹ u. wird neu geboren. Ausgeprägt sind Formen der I. in den christlichen Mönchsorden mit Vorstellungen u. Riten von Tod u. Wiedergeburt. Noch in den Aufnahmebräuchen verschiedener Berufsgruppen (Gesellentaufe; ›Hänseln‹, ursprünglich svw. Aufnahme in die ›Hanse‹; Seemanns- u. Äquatortaufe) scheinen symbolische I.riten durch.

Inkantation (von lat. *incantare* ›besingen‹, ›besprechen‹, ›bezaubern‹). »Incantator« übersetzt eine schweizerische Handschrift von 1392 mit »ein zöffrer« (»Zauberer«; bei Hansen, *Quellen* 523,5). Dem lateinischen *cantare* ›singen‹, entspricht das althochdeutsche Wort *galan* ›singen‹, ›zaubern‹ (vgl. ›Nachtig*all*‹, die ›Nachtsängerin‹). I. meint ursprünglich das ›Be-singen‹ (vgl. → Besprechen) u. hebt den verbalen Charakter des Zaubers, die magische Qualität des Wortes (→ Magie) hervor, wenngleich das ›Singen‹ des Zauberers mehr einem ›Singsang‹ u. dem ›murmur magicum‹, dem magischen Flüstern, entspricht; wie es überhaupt beim Sprechen heiliger Texte geboten ist, zu flüstern: ›Submissa voce‹, ›mit abgesenkter Stimme‹, zu sprechen, schreiben die Rubriken des römischen Meßbuches (*Missale Romanum*) vor. → Arkandisziplin, → Zaubersprüche

Inkubation (von lat. *incubare* ›in oder auf etwas liegen‹, ›sich niederlegen‹, ›schlafen‹). In vielen Kulturen, in der vorchristlichen Antike u. von dort übernommen auch im christlichen Abendland geübte Praxis des Tempelschlafes. In der Antike ursprünglich an Stätten chthonischer Götter (Pluton) u. Heroen, dann v. a. an den Heiligtümern vorchristlicher u. christlicher Heilpatrone (Asklepios; Kosmas u. Damian) zum Zwecke der Heilung o. der Offenbarung des zur Heilung notwendigen Verfahrens gebräuchlich. An früh- u. hochmittelalterlichen Grabkulten geübt, trat die I. mit Aufkommen der spätmittelalterlichen Orts- u. Bildkulte zurück. Im 16. u. 17. Jh. ist sie nur noch vereinzelt belegt.

Innozenz VIII. (Giovanni Battista Cibo). * 1432 Genua, † 25. 7. 1492. Papst seit dem 29. 8. 1484. Seine Bulle *Summis desiderantis affectibus* (5. 12. 1484, übers. Behringer u. a., *Hexenhammer* 101–107: *In unserem sehnlichsten Wunsche*) begünstigte den Hexenwahn. Sie autorisierte auf Betreiben der Dominikaner H. Institoris u. J. Sprenger (→ *Hexenhammer*) in deren Amtsbezirken das inquisitorische Vorgehen (→ Inquisition) gegen der Hexerei verdächtige Personen (→ Hexe).

Inquisition, Inquisitionsprozeß (von lat. *inquisitio* ›Aufsuchen‹, ›Erforschung‹; sodann als juristischer Fachbegriff ›gerichtliche Untersuchung‹), ein gegen Glaubensabfall (Apostasie) u. bei Häresieverdacht angestrengtes gerichtliches Verfahren, das ein vom Papst bzw. von einem Bischof o. von beiden beauftragter Inquisitor als Sondergericht durchführte. Verfahrensrechtlich bestimmt ist der I.sprozeß im wesentlichen durch die Eröffnungsmöglichkeit des

Verfahrens ohne Ankläger aufgrund von Verdacht bzw. Denunziation; durch die Geheimhaltung der notariell niedergelegten Zeugenaussagen u. Anonymität der Denunzianten; durch die Folter als Mittel der Wahrheitsfindung; durch die Verbrennungsstrafe bei anhaltendem Leugnen o. aufgrund eines Rückfalls. Da die Kirche keine Blutgerichtsbarkeit üben durfte, wurde der Verurteilte zur Hinrichtung an den weltlichen Arm übergeben. Als zusätzliche Bußleistung war die Güterkonfiskation vorgesehen, wobei an die weltliche Obrigkeit, den Inquisitor u. den Papst jeweils ein Drittel des konfiszierten Gutes fiel. Zwar hat die Verfolgung von Glaubensabtrünnigen eine lange, bis auf Kaiser Iustinianus I. zurückreichende Tradition, doch gehen die Anfänge der eigentlichen Ketzer- u. spätere Hexeni. auf Gregor IX. (1227–41) u. dessen Bestimmungen gegen Häretiker zurück (P. Segl: ³LThK 5,527 ff.). → Hexe

Institoris, Heinrich → *Hexenhammer*

Irrlicht, Irrwisch (in Analogie zum brennenden Stroh*wisch*), lat. *ignis fatuus.* Vom Boden aufsteigende Flämmchen, nächtlich wandernde Lichterscheinungen in sumpfigen u. moorigen Geländen. Durch die Vorstellung feuriger Jenseitsorte (→ Fegefeuer, Hölle) u. umgehender Totengeister vermittelt, erscheint erstmals seit dem 16. Jh. der Glaube an I.er als Erscheinung der Armen Seelen von Grenzfrevlern, Selbstmördern u. insbesondere von ungetauft verstorbenen Kindern (→ Taufe) faßbar. I.er gelten allgemein als gutmütig u. hilfreich. Nur den Unfreundlichen führen sie in die Irre, verteilen aber auch Ohrfeigen, zünden das → Haus an u. bringen Krankheit u. Tod. Martin Luther weist den Glauben zurück, I.er seien Arme Seelen; vielmehr sieht er in ihnen »schwebende tewffel qui homines in pericula ducunt [die Menschen in Gefahren bringen]. Sie syndt nicht weyt von uns, sed semper cogitant, ut perdant nos [doch sinnen sie immer darauf, uns zu verderben]« (*Predigt* 21, d. J. 1530, ed. Weimarer Ausgabe 32,177).

Isidor von Sevilla, * um 560 Cartagena, † 636 Sevilla, Erzbischof v. S., Kirchenlehrer. Sein umfangreiches literarisches Werk hat entscheidenden Einfluß auf das MA genommen u. neben Cassiodorus u. Boethius dessen geistige Grundlagen gelegt. Sein Hauptwerk, die *Etymologiae*, ursprüngl. *Origines* (ed. W. M. Lindsay, 1911; J. André, 1981), vollendet v. Bischof Braulius v. Saragossa (631–651), ist ein knappes enzyklopädisches Handbuch des antiken u. zeitgenössischen Wissens aus allen Bereichen mit einer sich keineswegs auf Etymologien beschränkenden Fülle von Sach- u. Begriffserklärungen. Buch 8 (dt. v. D. Linhart, 1997) enthält eine Systematik antiker Magie- u. Divinationsterminologie, die außerordentlich breitenwirksam auf einschlägige Texte des MA Einfluß genommen hat (→ Nekromantie, → Hydromantie, → Aeromantie, → Pyromantie, → Augurien, → Astrologie, → Lose, → Magie, → Mantik, → Divination u. a.).

J

Jagd, Jäger. Die J. als eine der ältesten Formen des Nahrungserwerbs ist weltweit mit zahlreichen religiösen u. magischen → Bräuchen verbunden, die das Wild aufzuspüren, zu bannen (→ Bann) u. zu erlegen helfen sollen. Insbesondere Bilder u. Szenen der imitativen → Magie bereiten die J. vor u. begleiten sie. Dem Jäger soll man nicht Glück wünschen. Beim Gang auf die J. ist der → Angang alter Frauen ungünstig; unter den Tieren der von Hasen u. Rebhühnern. Dem Jäger werden besondere Kräfte über das Wild zugeschrieben, die er durch einen Teufelspakt (→ Dämonologie) erworben hat. Verbotene J.zeiten sind der stille Freitag, Sonntag (→ Woche), → Weihnachten u. → Ostern. Wer dagegen verstößt, muß nach seinem Tod umgehen (→ Wiedergänger) o. wird der Wilde Jäger, der als gespenstischer (→ Gespenst) Reiter im Geister- u. Totenheer durch die Lüfte fährt (→ Geister).

Jahreszeiten. Die vier Zeiten des Jahres – Frühling, Sommer, Herbst u. Winter – mit ihrem oft als Kampf vorgestellten Wechsel von Licht u. Dunkel, Wärme u. Kälte, Wachstum u. Starre haben Anlaß zu brauchmäßigen (→ Brauch) u. kultischen Begehungen gegeben. Nach einer älteren Zweiteilung des Jahres in Sommer u. Winter setzte sich in der Antike im 4. Jh. v. Chr. unter Einfluß der ionischen Naturphilosophie die Teilung des Jahres in vier J. durch. Ihre Fixpunkte sind die → Sonnenwenden (22. Juni, 22. Dezember) sowie die Tagundnachtgleichen (21. März, 21. Sept.); doch galten auch der scheinbare Auf- u. Untergang bestimmter Fixsterne o. Gruppen von solchen, beispielsweise der Pleiaden (von griech. *pleiás* ›Siebengestirn‹), als Jahrespunkte. Der stete Wechsel der J. erscheint als ein Bild der Vergänglichkeit u. Wiedergeburt, seine verbürgte Regelmäßigkeit als Beweis einer kosmischen Ordnung. Seit frühmittelalterlicher Zeit erscheinen die J. anderen Vierergruppen parallelisiert den Himmelsrichtungen (→ Isidor v. Sevilla, *Etymologiae* 5,35,78), den → Elementen, den Tageszeiten (→ Hrabanus Maurus, *De rerum naturis* 10,11). Schon antik ist die Verbindung der J. mit den Lebensaltern u. Winden. Die Repräsentanz der J. durch Vegetations- u. Fruchtbarkeitsgötter bezeugen Mythen u. Kulte sterbender u. wiederauferstehender Götter: im babylonischen Tam(m)uz, im vorderorientalischen Adonis u. Attis, im ägyptischen Osiris, im germanischen Baldr. Während die ältere ethnographisch-mythologische Forschung auch im mitteldeutschen u. westslawischen Winteraustreiben u. Todaustragen den Kampf gegen einen Winterriesen (Jacob → Grimm), einen Vegetationsdämon des vergangenen Jahres (Wilhelm Mannhardt) o. eine dämonisierte Jahreszeit erkennen wollte, wird der → Brauch heute als eine bildhafte Abwehr des großen Sterbens infolge der Pest um die Mitte des 14. Jh. erklärt.

Jaspis (griech. *íaspis*, aus hebr. *jāšəpā*, weitere Herkunft unbekannt), → Edelstein. Halbdurchscheinendes bis undurchsichtiges Mineral der → Chalzedone in den Farben rot, gelb, grün, braun, bläulich u. schwarz. → Plinius zufolge soll der J. Rednern nützlich sein u. als → Amulett getragen, schädliche Einflüsse abwehren (*Naturalis historia* 37,8,37). Wenn man ihn anruft, bewirkt er Regen (Pseudo-Damingerom, *De lapidibus* 173; → Regenzauber). Er vertreibt nächtliche → Gespenster, ist wirksam gegen Trugbilder (→ Prästigien) u. wird von giftigen Tieren gefürchtet (Epiphanius v. Salamis, *De duodecim gemmis rationalis* 751,28). Seinem Träger verleiht er Ansehen u. Schutz (→ Isidor v. Sevilla, *Etymologiae* 16,7). Daß er die → Geister der → Nacht u. Gaukelbilder verscheucht, wußte das ganze MA (Beda Venerabilis, *Explanatio Apocalypsis* 197; → Hrabanus Maurus, *De rerum naturis* 8; → Hildegard v. Bingen, *Physica* 4 *De lapidibus* 10). Der rote J. gilt seit der Antike als Sympathiemittel (→ Sympathie) gegen

Blutungen. Eine Handschrift des 15. Jh. faßt zusammen: »Er vertreibt die febres oder das kalte vnd die wassersucht, den swangeren frawen ist er nucz vnd gibt chrafft, das sie ir bürden dester ee vnd leuchticleicher empunden werden, der inn cheuschlich pey im tregt macht er genem vnd mechtig. Die gespenste vertreibt er vnd vnchewsch hindert er vnd verstellet den plůtflus. In silber gefasset ist sein chrafft dester grösser« (Maihingen; *Alemannia* 26,203; vgl. 212–217).

Jezira (Buch), *Sefer jeṣira* (hebr.), *Buch der Schöpfung/Formung*. Anonymer Text des 2.–5. Jh. n. Chr., der antignostisch (→ Gnosis) gerichtet, die Weltentstehung als göttliche Schöpfung auf 32 ›Wegen der Weisheit‹ darstellt: 22 hebräische Buchstaben u. 10 ›Sefirot‹ (von hebr. *saphar* ›Zahlen‹, kaum von griech. *sphaíra* ›Kugel‹). Die Buchstaben (→ Buchstabenmystik, → Zahlen), je unterschiedlich kombiniert, sind dem Kosmos (→ Planeten, → Kosmologie; → Tierkreis, → Kalender, → Woche) sowie den Körperteilen des Menschen zugeordnet. Die ideale Schöpfung gründet in den ›Sefirot‹, die sich z. T. aus Abwandlungen des Gottesnamens JHWH (Jahwe) ergeben: Die Zahlen sind »metaphysisches Weltprinzip u. Schöpfungsstufen« (C. Schedl, *Wege der Weisheit* 132), eine Vorstellung, die auf Rezeption pythagoreischer (→ Pythagoras) sowie neuplatonischer (→ Neuplatonismus) kosmologischer Grundanschauungen verweist. Im *Sohar* (*Buch des Glanzes*), dem zentralen Werk der → Kabbala, im wesentlichen von Mose de León im 13. Jh. verfaßt, wurden diese Gedanken ausgearbeitet. Erstmals von Wilhelm Postel ins Lateinische übersetzt (*Liber Jesirah seu de formatione*, Paris 1552), gewann das Buch *J.* besonderes Ansehen in → Magie u. im → Okkultismus. Schließlich findet es sich in Sammlungen von → Zauberbüchern u. magischen Schriften, zusammen mit der → *Clavicula Salomonis*, dem → *Christofelgebet* und *Fausts Höllenzwang* (→ Zauberbücher). Ein moderner Zauberbuchdruck (o. O., o. J.) trägt den Titel:

Jezira das ist das große Buch der Bücher Mosis das sechste [...] *elfte* usw.

Johann von Wünschelburg, Wunschil-, Wunsberg, -wurg, * um 1385 Wünschelburg. Studium u. Dr. der Theologie in Prag, 1437/38 Rektor der Universität Leipzig. Eine Notiz (SB München, clm 23800, 6v) vom August 1456 erweist ihn als Prediger in Amberg. Sein *Tractatus de superstitionibus* (LB Dresden, cod. P. 104, um 1440, früher Q 24, 1r – 38v), 1559 [u. ö.] auf den *Index der verbotenen Bücher* (*Index librorum prohibitorum*, in Rom seit 1557) gesetzt, gründet auf Wilhelm v. Auxerre (*De fide et legibus*), aber auch auf → Augustinus, → Thomas v. Aquin, → Durandus v. Mende u. a. Er berichtet über Aberglauben bei der → Messe, über → Zaubersprüche, → Liebeszauber, über den Teufelspakt (→ Dämonologie) u. daß insbesondere alten → Frauen (»Vetteln«) dem Aberglauben anhingen, ohne jedoch das Hexenwesen (→ Hexe) zu thematisieren.

Johannes von Salisbury, * um 1115 Old-Sarun bei S., † 25. 10. 1180 Chartres, Philosoph u. Geschichtsschreiber. Bischof v. Chartres (seit 1176). Sein Hauptwerk, der *Policraticus* (1156–59; ed. C. C. J. Webb, 1929, ND 1965), enthält die erste große Staatstheorie des MA u. bringt eine Fülle von Nachrichten zum → Volksglauben, Aberglauben sowie zur gelehrten → Magie (vgl. Helbling-Gloor, *Natur u. Aberglaube im Policraticus*).

Johannes Trithemius, * 1. 2. 1462 Trittenheim (Mosel), † 13. 12. 1516 Würzburg, Benediktiner, theologischer Schriftsteller, Humanist. Nach Studien in Trier u. Heidelberg 1482 Eintritt in das Kloster Sponheim, 18 Monate darauf Abt dort, 1506 im Schottenkloster St. Jakob in Würzburg. Verfasser der ersten gedruckten Literaturgeschichte (*De scriptoribus ecclesiasticis*, 1494), historischer Werke sowie zahlreicher Schriften zur Klosterreform. Aufgrund seiner magietheoretischen u. dämonologischen Erörterungen (*Liber octo questionum*, Oppenheim 1515 [u. ö.] [→ Dämonologie]), insbesondere seiner Traktate über Geheimschriften (*Steganographia*, Darmstadt 1606 [u. ö.], ed. A. McLean, 1982), in denen Beschwörungsformeln als Code fungierten, erwarb er sich den Ruf eines Magiers u. Schwarzkünstlers (→ Magie, → Nekromantie).

Johanniskräuter. Als Termin der Sommersonnenwende (→ Sonnenwende) spielt das Johannisfest eine besondere Rolle im Glauben, → Brauch, → Volksmedizin u. Zauber. Die an diesem Tag o. dem Vorabend gesammelten blühenden Kräuter besitzen besondere Heil- u. Zauberkraft. Sie werden zu Büscheln gebunden o. zu Kränzen u. Kronen geflochten u. im → Haus u. Stall gegen Krankheiten u. Blitzschlag (→ Blitz) aufgehängt. Das echte Johanniskraut (J.), Hypericum perforatum (Hartheu, Feldhopfen, Hexenkraut, Unser Frauen Bettstroh), wächst 20–100 cm hoch an Feld- u. Wegrändern, Bahndämmen u. trockenen Waldrändern. Gelbblühend mit punktierten, durchscheinenden Blättern. Seine Blüten werden zu einem Heilmittel gegen Magen- u. Darmstörungen in Öl eingelegt (Johannisöl), aus seinen Blättern ein Tee gegen Krämpfe, Blähungen, Blutarmut o. als Schlafmittel bereitet. Zudem soll das Kraut Geschwüre heilen, das Herz stärken, die Leber reinigen (→ Konrad v. Megenberg, *Buch der Natur* 5,24: »Von der Künigskrôn«; »daz kraut haizet auch sant Johannskraut«) u. die Menstruation fördern (→ Dioskurides, *Materia medica* 3,161). Auch gegen Ischias u. Brandwunden ist es gut (*Gart der Gesuntheit* 430). Der blutrote Saft des J. hat es zu sympathetischen Kuren bei Blutungen aller Art, aber auch apotropäisch (→ Apotropaion) gegen Hieb- u. Stichwunden geeignet erscheinen lassen. → Paracelsus lobt seine umfassenden Wirkungen u. hebt seine Kraft gegen »geister und dollen fantaseien, die den menschen in verzweiflung bringen« hervor (*Von den natürlichen Dingen*).

Johannisminne. Das Trinken gesegneten → Weines zu Ehren eines Heiligen u. um dessen Gunst u. Hilfe zu erlangen, war ein in Deutschland in besonderer Belegdichte seit der frühen Neuzeit bezeugter → Brauch, der neben anderen Heiligen (Sebastian, Michael, Martin, Stephan, Gertrud) insbesondere Johannes dem Evangelisten, gelegentlich auch Johannes dem Täufer (→ Johannistag), galt. Die J. gewann aufgrund ihres Bezugs zum Legendenmotiv vom Giftbecher, den Johannes, nachdem er diesen mit einem Kreuzzeichen (→ Kreuz) gesegnet hatte, ohne Schaden zu nehmen, trank (*Abdiaslegende*, 6. Jh.: J. Fabricius, *Codex pseudepigraphicus* 1), besondere Popularität. Insbesondere der begleitende → Segen (*Benedictio uini in festo sancti Ioannis evangeliste contra uenenum*, Giftsegen, bei Franz, *Benediktionen* 1,326), der vor dem → Gift von Tieren u. Pflanzen schützen sollte, empfahl die J. u. brachte ihr durch die Aufnahme unter die kirchlichen Gebräuche (Weiheformeln seit dem 13. Jh. bei Franz, ebd., 304 ff.) besondere Bestätigung. In den Quellen des MA erscheint sie als höfisches Abschiedstrinken mit Reisenden, Gästen, ausreitenden Kämpfern, Geliebten; dann auch als Hochzeitstrunk (→ Hochzeit) u. Schlußtrunk bei Gelagen. Die liturgischen Weihegebete wollten gegen Gift u. allen Schaden durch Speise u. Trank (→ Essen u. Trinken) schützen, aber auch gegen dämonische Einflüsse (→ Dämonen), die Gefahren auf Reisen sowie gegen wilde Tiere (Franz, ebd. 329). Sie half auch bei Tobsuchtsanfällen, wurde beim → Exorzismus gebraucht u. wurde Sterbenden u. zum Tode Verurteilten gereicht (SB München, Cgm 4603, 316, Ende 16. Jh.). Das Minnetrinken wird auch im → Zauberspruch vorgeschrieben (SB München, clm 23374).

Johannistag, 24. Juni. Der J. wird weniger von der Verehrung Johannes des Täufers, dem dieser Tag gilt (Geburtstag; nach Lk 1,36), sondern von der vorangegangenen Sommersonnenwende (22. 6.; → Sonnenwende) bestimmt. Die Johannisfeuer, die an diesem Tag abgebrannt werden, lassen sich nicht kontinuierlich von vorchristlichen Feuerkulten herleiten, wie es die ältere Forschung wollte. Einen solchen Gedanken vertrat auch die ältere aberglaubenskritische Literatur, wie ihn etwa → Nikolaus v. Dinkelsbühl für den Anfang des 15. Jh. bezeugt: »do offt geschicht pey dem fewr das man macht an sand Johanns abent des tawfers cze sunbenden [= Sonnenwenden] so etlicher glaubent das das selb fewr ettlich krafft hab darvmb so springen sy das vber oder gend darvmb oder habent dar gegen auff ir gewant vnd andre eytlen ding treiben sy do pey das alles dy hayden dem fewr czu ere teten das sy für got erachten« (SB München, Cgm 392, 63^r-v^; vgl. 67^r^, bei Baumann, *Aberglaube* 1,377; → Beifuß). Der Autor nennt: Das Überspringen des → Feuers o. sein Umschreiten, das Heben der → Kleider über den Flammen sowie den allgemeinen Glauben an die besondere Kraft des Sonnenwendfeuers. Das Überspringen des Johannisfeuers schützt vor → Fieber im künftigen Jahr (Schmeller, *Mundarten* 530). Auch ist es zum Liebesorakel (→ Orakel) geeignet. Man wirft bestimmte Kräuter (→ Johanniskräuter) in das Feuer, schaut durch → Rittersporn in die Flammen, um die → Augen zu stärken.

Jungfernpergament (lat. *charta virginea*, griech. *chártēs parthénos*), dünnes Pergamentblatt aus der Haut un- o. totgeborener Lämmer o. Kälber. Im MA als taugliches Material im Zauberwesen u. zur Herstellung von → Amuletten geschätzt, wurde es in den Hexentraktaten (→ Hexe) der Neuzeit in Verbindung mit der → Glückshaube sowie dem → Diebsdaumen gebracht. Es soll nun auch aus der Haut ungeborener Kinder gefertigt sein. Martin → Delrio erwähnt den Gebrauch von J. (»pergamena virginea«) mit Zauberformeln u. → Charakteren beschrieben, im → Liebeszauber (*Disquisitionum magicarum libri sex* 3,1,3).

Jungfernwachs (lat. *cera virginea*, griech. *kērós parthénos*), ungebleichtes, erstes → Wachs eines Bienenschwarms. In der Antike auch Name der ›Propolis‹ (griech., eigtl. ›Vorstadt‹), des von der Biene gesammelten u. im Stock sowie beim Bau des ›Vorstoßes‹ verarbeiteten

Harzes (Vergil, *Georgica* 4,40). Im Amulettwesen (→ Amulett) u. der Zauberpraxis mit Wachspüppchen (→ Atzmann) sowie der magischen (→ Magie) Medizin lange im Gebrauch. Der Name in seiner griechischen Form läßt sich für das 16. Jh. belegen. Zu dieser Zeit wurde J. im → Liebeszauber gebraucht: »Zur Stunde Aphrodites, wenn der Mond im Steinbock steht, mache ein Bild mit Jungfernwachs, wie du es gebrauchst, und schreibe darauf ihren [der zu Bezaubernden] Namen und den Namen des Löwen und der Aphrodite und die Zeichen der Aphrodite, und leg es in den Herd, damit es erweicht werde« (Harmening: ZVK 64,31).

K

Kabbala(h) (vom hebräischen Wortstamm *kbl* ›empfangen, aufnehmen‹), die außerhalb der 5 Mosesbücher (*Pentateuch*) überlieferten Geheimlehren (→ Geheimwissenschaft), näherhin eine mittelalterliche, mystische Lehre des Judentums, seit dem Ende des 12. Jh. im südlichen Europa (Provence, Aragon, Kastilien) faßbar. Ihr erstes größeres schriftliches Zeugnis ist der Kommentar Isaaks des Blinden (1160–1235) zum *Sefer Jezira* (→ *Jezira*). Später kommen 50 weitere kabbalistische *Jezira-Kommentare* hinzu. Die K. ist kein philosophisches, sondern ein religionsgeschichtliches Phänomen (Scholem, *Anfänge der K.* 8), eine Mystik, die einen philosophischen Rationalismus durch Kontemplation, Intuition o. → Okkultismus zu überwinden sucht. Ihre Lehre gründet in einer → Buchstaben- u. Zahlensymbolik (→ Zahlen), die vom Gebrauch der Buchstaben auch als Zahlzeichen ausgehend, aus den heiligen Schriften einen verborgenen Sinn zu ermitteln sucht: Worte u. Zahlen stellen Verbindungen der materiellen mit einer jenseitigen Welt her. Sie erlauben auch den Gedanken, mit ihnen Geistwesen, die die Sphären des Kosmos bewohnen (→ Kosmologie), → beschwören zu können (→ Magie, → Gnosis, → Neuplatonismus), sofern man deren wahren → Namen kennt. Insbesondere gilt dieses für den verborgenen Namen Gottes (JHWH, d. h. Jahwe). Seit der Mitte des 13. Jh. wird eine praktisch-magische, theurgische (›K. Ma'asit‹; → Theurgie) von einer theoretisch-spekulativen (›K. Ijunit‹) K. unterschieden. Nach christlichen Deutungen der K. durch jüdische Konvertiten des 14. u. 15. Jh. darf → Pico della Mirandola als eigentlicher Begründer einer christlichen K. gelten (*Conclusiones Cabalistae* 1). Erster deutscher christlicher Kabbalist war Johannes Reuchlin (*De verbo mirifico* 1494; *De arte Ca-*

balistica 1517). Seine Werke haben insbesondere auf → Agrippa v. Nettesheim (*De occulta philosophia*) gewirkt, aber auch auf Knorr v. Rosenroth (*Cabbala denudata*, 1677), durch den G. W. Leibniz die K. kennenlernte. Von der praktischen K. sind nachhaltige Wirkungen auf den Aberglauben, auf die → Magie, die → Astrologie, → Chiromantie u. a. superstitiöse Wissensbereiche ausgegangen; zahlreiche → Amulette mit Engel-, Dämonen- u. Gottesnamen (→ Engel, → Dämon), aber auch → Zauberbücher bezeugen ihren Einfluß: *Schwert des Moses*; *Weisheit der Chaldäer*; *Magia divina*, 1745; *Oraculum Cabalisticum*, 1750; *Praxis cabulae nigrae doctoris Fausti oder Unerforschlicher Höllenzwang*, 1612.

Kaffee (von arab. *qahwa* ›Wein‹, nach dem Weinverbot Mohammeds auf ›Kaffee‹ übertragen). Im 16./17. Jh. von venezianischen Kaufleuten aus der Türkei nach Italien u. Europa mitgebracht (ital. *Caffè*; frz. *Café*), verdrängte der K. andere häusliche Getränke, Suppen u. → Breie. Zahlreiche abergläubische, insbesondere ominöse (→ Omen) Vorstellungen knüpfen sich an das neue, exotische Getränk. Kalter K. macht schön. Aus dem K.satz zu → wahrsagen war ein in Paris seit dem Anfang des 18. Jh. verbreitetes, privates u. offizielles Orakelverfahren (→ Orakel; Perenna, *Le marc de café*). Deutsche Publikationen der Zeit informieren über die Wahrsagemethoden (→ Wahrsagen), die in manchem an die → Geomantie erinnern (B., *Caffee-Schälchen*; Hoffmann, *Oraculum*). Das Verfahren bestand darin, den K. in der Tasse zu schwenken, damit sich der Satz gleichmäßig verteilt, ihn zu behauchen (→ Blasen), sodann die Tasse umzukehren, damit die Flüssigkeit ablaufen kann, u. schließlich aus dem der Tasse anhängenden Rest Figuren zu lesen u. zu deuten (Keller, *Grab des Aberglaubens* 163 f.). Im 18. Jh. wurden in Hamburg Kaffeewahrsagerinnen insbesondere von Schwangeren nach dem Geschlecht ihres Kindes befragt. → Tee

Kakophemismus (zu griech. *kakóphēmos* ›von schlechter

Vorbedeutung‹, ›von schlechtem Ruf‹), Gebrauch eines verächtlichen Namens v. a. bei der Nennung Neugeborener, um den Neid von → Dämonen abzuwehren (→ Geburt).

Kalender, aus spätlat. *calendarius* ›Zeitweiser durch das Jahr‹; zu lat. *calendae* ›erster Tag des Monats‹, dann ›Monat‹; von *calare* ›ausrufen‹, nämlich den Eintritt des Neumondes u. die Dauer der Monate (durch den römischen Pontifex). Allgemein bezeichnet K. die chronologische Gliederung u. Verzeichnung der klimatisch (→ Jahreszeiten) o. astronomisch gekoppelten, zyklischen Intervalle des Zeitverlaufs (Tag, → Woche, Monat, Jahr). Die Phasen des → Mondes von einem Neumond zum anderen bilden die Grundlage des Mondjahres mit 12 Monaten von 29 Tagen. Der Umlaufzeit der Erde um die → Sonne entspricht ein Sonnenjahr von etwa 365 Tagen. Der altägyptische K. kannte ein Sonnenjahr von 12 Monaten mit je 30 Tagen u. fünf zusätzlichen Schalttagen. Der babylonische K. dagegen beruhte auf einem zwölfmonatigen Mondjahr, dem zur Angleichung an das Sonnenjahr zu seiner Zeit ein 13. Schaltmonat zugefügt wurde. Die Anlage von K.n ist ursprünglich mit Rücksicht auf landwirtschaftliche Erfordernisse o. als verläßliche Grundlage der zeitlich zu regelnden Kultordnung u. religiösen Feste entwickelt worden. Der abendländische K. beruht auf dem ›Julianischen K.‹ Julius Caesars (46 v. Chr.). Aus diesem haben sich seit dem 4. Jh. die mittelalterlichen regionalen Verzeichnisse der kirchlichen Fest- u. Heiligentage (›Kalendarien‹) entwickelt, die vom beweglichen Ostertermin (→ Ostern) u. von dem vom Konzil v. Nikaia (325) festgelegten Frühjahrstermin am 21. März geprägt sind. Da in den Berechnungen des Julianischen K.s das Sonnenjahr um 0,0078 Tage zu lang ausfiel, verschob sich der Frühjahrstermin sowie das an diesem ausgerichtete Osterfestdatum (1. Sonntag nach dem 1. Frühjahrsvollmond) bis zum Ende des 16. Jh. um 10 Tage, eine Abweichung, die in der

K.reform Papst Gregors XIII. korrigiert wurde (1582). Die siebentägige, aus Ägypten u. dem Orient stammende Woche mit einem Ruhetag fand um Christi Geburt auch Eingang in die römische Zeitrechnung, der sie bis dahin fremd war, u. setzte sich mit Etablierung des Christentums als Staatsrelegion unter Kaiser Konstantin (306–337 Kaiser) durch. Der ›Immerwährende K.‹, erstmals im *Hortus deliciarum* der Äbtissin Herrad v. Hohenburg überliefert, brachte auch Angaben zu einem 19jährigen Osterfestzyklus, mit dem sich das Osterfestdatum sowie die an dieses gekoppelten liturgischen Festtermine des Jahres vorausberechnen ließen. Popularität erfuhren die K. v. a. durch zusätzlich notierte ›Practica‹, d. h. Bauernregeln (→ Bauernpraktik), Gesundheitstermine u. ä. Vermehrt erschienen solche u. weitere Angaben in den Jahresk.n (›Tagbüchel‹, ›Almanach‹) des 16. Jh. Sie verzeichnen Wetterregeln (→ Wetter), Progostiken, → Lostage, → Unglückstage, → ägyptische Tage, Gesundheitsregeln u. brachten Bilder sog. ›Aderlaßmännchen‹ (→ Aderlaß). Später kamen kleine Geschichten hinzu (›Kalendergeschichten‹), die den K. schließlich zu einem beliebten Lesebuch machten. → Neujahr

Kamille, Echte, Matricaria chamomilla, Kuhmelle, Hermannl, Härmchen, Kummerblume. 15–40 cm hoch wachsender Korbblütler mit weißen Strahlenblüten auf Äckern u. Schuttplätzen. Eine alte Heilpflanze, deren ätherische Öle entzündungshemmend wirken. Mittelalterliche Autoren (Odo v. Meung, *Macer Floridus* 549–591; → Albertus Magnus, *De vegetabilibus* 6,294; → Konrad v. Megenberg, *Buch der Natur* 5,16) unterscheiden drei K.n u. nennen ihren menstruations- u. geburtsfördernden, harn- u. steintreibenden Gebrauch sowie ihre Wirksamkeit bei Darm- u. Leberleiden u. Geschwüren (*Gart der Gesuntheit* 84). Besonders heilkräftig erscheinen K.n, die am → Johannistag gepflückt sind. Vor Sonnenaufgang (→ Sonne) gesammelt, entfalten sie besondere Kraft gegen Augenleiden (→ Auge).

Kaminkehrer, -feger, Schlot- u. Schornsteinfeger, Essenkehrer. Im → Angang besitzt der K. eine glückliche Bedeutung. Die Vorstellung, die noch heute verbreitet ist, gründet vermutlich in der Gewohnheit der K., an → Neujahr die Jahresrechnung zu kassieren u. bei der Gelegenheit, Glück für das kommende Jahr zu wünschen, häufig auch einen → Kalender mit Glückwünschen zu überreichen. Als ›schwarzer Mann‹ muß er aber auch für die Kinder als Schreckbild des → Teufels herhalten.

Karfreitag (von ahd. *kara* ›Kummer, Sorge‹). Der Name ist seit dem 13. Jh. belegt. Gedenktag des Todes → Christi in der Osterwoche (→ Ostern). Am K. ziehen die → Hexen um u. erscheinen die → Geister; das Vieh redet, versunkene → Glocken läuten. Um → Mitternacht wird Wasser zu → Blut. ›Knechtische Arbeiten‹, insbesondere Pflügen u. Graben sind am K. verboten. Die Witterungsverhältnisse am K. werden von der Wetterprognostik (→ Wetter) gedeutet. Klares Wetter zeigt einen guten Sommer an, Regen ein schlechtes Jahr, vor allem bringt solcher Regen Dürre: »Den Regen am Charfreitage muß man mit Nadeln aus der Erde kratzen: denn er bringt große Dürre« (*Neue Bunzlauische Monatsschrift* 9,21). Der Tag ist gut für Heilzwecke. Man geht am K. zum → Arzt, ergräbt heilkräftige Wurzeln. An ihm segnete der englische König → Ringe gegen Krämpfe u. → Epilepsie. Aus Sargnägeln (→ Sarg) geschmiedete Ringe helfen gegen → Gicht u. → Fieber. Hängt man die → Kleider an die → Sonne, »so kommen weder Motten noch Schaben drein«, leidet man Durst an diesem Tag, schadet das Jahr über kein Trunk. Allerdings mahnt die → *Rockenphilosophie* auch: »wornach dürstet aber einen abergläubischen Menschen, wenn er Durst leidet? Sicherlich nicht so sehr nach seiner Seeligkeit, als vielmehr nach einem Pommerschen Soff Bier; und dennoch soll dieses Durstleiden eine Nachäffung seyn des unbeschreiblichen Dursts, den der HERR JESUS für uns gelitten hat. Daß GOTT dieses alles ungestrafft lassen sollte, glaube ich nicht« (4. Hundert, 1718, 430).

Karfunkel, alter Name für den sehr roten → Granat o. auch → Rubin, den roten Spinell o. ganz allgemein für rötlich leuchtende → Edelsteine. Der Name leitet sich von lat. *carbunculus* ›kleine (glühende) Kohle‹ her. Der ›echte‹, große Karfunkel, von dem seit mittelalterlicher Zeit viel erzählt wird, gehört in das Reich von Sage u. Märchen. Indienreisende wußten phantastische Geschichten vom K. in Fürstenpalästen zu berichten. → Isidor v. Sevilla (*Etymologiae* 16,14,1) unterscheidet 12 Arten; die vorzüglichsten stoßen Flammen aus, die zu den Augen zucken (so auch Marbod v. Rennes, *Liber de gemmis*; Garnerius v. Rochefort, *Allegoriae* 887). Die französische Märchenschlange (→ Schlange) ›vouivre‹ trägt einen K. als einziges → Auge. Wenn sie am → Brunnen trinkt, legt sie ihn ab, u. in diesem Augenblick kann man ihn rauben (→ Grimm, *Mythologie* 3,198). Wer den K. besitzt, wird unermeßliche → Schätze gewinnen u. seine Träume werden wahr.

Karneol (von lat. *carneus* ›fleischern‹), ›fleischfarbener‹ → Edelstein. Zur Gruppe der → Chalkedone gehörendes, gelblich bis dunkelrotes, durchscheinendes Mineral. Die Alten nannten den K. ›Sarder‹ (griech. *sárdion*, zu *Sárdeis*, Stadt in Lydien). → Hildegard v. Bingen empfiehlt den Stein zum Gebrauch bei schwerer → Geburt: Man bestreicht die Lenden der Kreißenden damit, trägt ihn im → Gürtel o. hält ihn vor die → Vulva u. spricht dabei: »Öffnet euch, Wege und Pforte, in jener Erscheinung, in welcher der Gottmensch Christus erschien und die Schlösser der Hölle öffnete: so gehe auch du, Kind, aus dieser Pforte hervor, ohne zu sterben und ohne deine Mutter zu töten!« (*Physica* 4 *De lapidibus* 7; Franz, *Benediktionen* 2,189). Noch Zedlers *Universallexikon* (5,896) nennt seine Nützlichkeit in Geburtswehen u. berichtet zudem von seiner Kraft als → Apotropaion. Aufgrund seiner roten Farbe galt der Stein als sympathetisches (→ Sympathie) Mittel gegen Blutungen aller Art. Als → Monatsstein wird er von den im Juli Geborenen getragen.

Karneval → Fastnacht

Katharer (von griech. *katharoí* ›die Reinen‹), im 3. Jh. Selbstbezeichnung einer vom Manichäismus beeinflußten christlichen Gegenkirche, seit dem 12. Jh. Name einer der Kirche des MA bedrohlichen Sekte. Als Reformzweig der Bogomilen im 11. Jh. auf dem Balkan entstanden, entwikkelte sich deren Lehre dann im lateinischen Westen eigenständig weiter. In der Mitte des 12. Jh. im Rheinland, in Flandern, der Champagne, Südfrankreich, Ober- u. Mittelitalien, darauf in England u. Spanien verbreitet. Insbesondere der von den K. verbreitete Dualismus brachte sie in Gegensatz zur römischen Kirche. Konzilsbeschlüsse (3. Laterankonzil, 1179) u. Predigten gegen die K. (Bernhard v. Clairvaux, → Hildegard v. Bingen) blieben erfolglos, ebenso ein erster ›Kreuzzug‹ von 1181. Erst die neuen Bettelorden der Dominikaner u. Franziskaner vermochten sie zu überwinden. Insbesondere die dualistische Schöpfungslehre, wonach der → Teufel den Leib als Gefängnis der Seele der von Gott abgefallenen → Engel geschaffen habe, der Teufel als Satan überhaupt einen gleichen Rang neben Gott einnehme, brachte den K. den Verdacht des Teufelskultes ein. Alanus ab Insulis (um 1125/30–1203) leitet entsprechend den Namen K. von lat. *catus* ›Kater‹ (→ Katze), dem Teufelstier, ab u. stellt einen direkten Bezug zum rituellen Kuß auf des Teufels Hinterteil dar: »Die K. werden nach dem Kater genannt, weil sie diesen, in dessen Gestalt, wie sie sagen, ihnen Lucifer erscheint, hinten küssen« (»catari dicuntur a cato, quia osculantur posteriora cati, in cujus specie ut dicunt apparet eis Lucifer«, → Grimm, *Wörterbuch* 11,639).

Katoptromantie (von griech. *kátoptron* ›Spiegel‹, u. *manteía* ›Weissagung‹), erstmals im 16. Jh. bei Hieronymus → Cardanus belegte Bezeichnung der mantischen Kunst des Wahrsagens aus Spiegeln.

Katze (ahd. *kazza*, von germ. **kattōn*, **kattu* ›Katze‹), um 2000 v. Chr. in Ägypten als Haustier nachweisbar, dort als heilig verehrt (Friedhöfe mit K.nmumien). Im Mythos an die Stelle älterer Löwengötter (katzenköpfige Bastet) getreten, kamen K.n im 5. Jh. v. Chr. auf das griechische Festland, waren Attribut der Göttin Diana u. wurden, besonders die schwarzen, für zaubermächtig gehalten. Sie gelten als unbezähmbar, trügerisch, undankbar, verschlagen, lüstern u. grausam u. wurden mit → Ketzern u. → Hexen in Verbindung gebracht. Als dämonisches Tier führt die K. in mittelalterlichen Vorstellungen die sexuellen Orgien der Häretiker an (Walter Map, um 1180) u. wird von Papst Gregor IX. (1227–41) mit dem → Teufel identifiziert. Hexen verwandeln sich in die Gestalt von K.n (→ Hartlieb, *Buch aller verbotenen Kunst* 33; → Guazzo, *Compendium maleficarum*) o. werden von diesen auf ihren Luftfahrten begleitet (Keller, *Grab des Aberglaubens* 5,303). Hans Baldung zeigt eine K., die im → Zauberbuch liest, während drei Hexen Salbe bereiten (1514; → Hexensalbe). Als Orakeltiere (→ Orakel) zeigen K.n Zukünftiges an: Wenn sie sich putzen o. buckeln, ist Besuch zu erwarten; wenn sie Gras fressen, gibt es Regen, wenn sie → niesen, gibt es Schnee, kratzen sie sich am Schwanz, dann gibt es einen Sturm.

Kerze (ahd. *kerza*, *charza*, aus lat. *charta* ›Karte‹ [Leuchtspirale aus Baumrinde?]; lat. *candela*), Wachs-, Talg- o. Pechleuchten mit Docht. Der Gebrauch von K.n ist für die etruskische Zeit nachgewiesen, war bei den Römern üblich u. ist aus vorchristlichem Totenbrauch, nach anfänglichem Sträuben (Tertullian, *Apologeticum* 35 u. 46) in den christlichen Gottesdienst übernommen worden. Seit dem 3. Jh. sind sie im christlichen Totenkult (Begräbnis Cyprians, 258) bezeugt. Dabei förderte der Symbolgedanke (→ Symbol) ihre kultische Verwendung: Christus ist das Licht der Welt u. → Sonne der Gerechtigkeit. Seit 1200 wurden K.n auch zur profanen Beleuchtung genutzt. Im superstitiösen Bereich gewinnen K.n Bedeutung ebenfalls aufgrund ihrer Lichtsymbolik (Lebenslicht), vor allem durch die liturgische K.weihe an Mariä Lichtmeß (2. Febr.). → Gebete u. Weiheformeln betonen die Bedeutung der K. als → Apotropaion. Jedes Haus sucht eine geweihte Kerze zu erhalten: »Wenn Gewitter heraufzogen, wenn Epidemien das Leben bedrohten, wenn Frauen in Geburtsnöten lagen, wenn der Priester einem Kranken die letzte Wegzehr reichte, wenn dämonische Gewalten das Glück und den Frieden des [→] Hauses zu gefährden schienen, wurde die Lichtmeßkerze angezündet« (Franz, *Benediktionen* 1,456f.). An Lichtmeß wurden auch K.n für den *Blasiussegen* (→ Segen) gegen Halskrankheiten geweiht (*Blasiuslegende*: AA SS 1,331–357). Im Orakelbrauch (›Lychnomantie‹, von griech. *lýchnos* ›Leuchte‹) spielt das Erlöschen von K.n, ihr schwaches Leuchten, Flackern u. Niederbrennen als Unglücks- u. Todeszeichen eine Rolle; wohingegen der helle u. ruhige Brand als → Zeichen für Glück u. Leben galt (→ Orakel). Ein Losverfahren (→ Los), die ›Heiligenwahl‹, sah K.n vor, die, mit den Namen der 12 Apostel o. anderer Heiliger beschriftet, vom Priester geweiht auf den Altar gestellt wurden. Aus diesen zog man (vergleichbar dem Ziehen von Stäbchen) den Namen eines Patrons. Bei der Namenswahl für ein Kind achtete man darauf, welches Heiligen K. am längsten brannte (Bernhardin v. Siena: ZVK 22,225f.). Beim ›Lichterschwimmen‹ setzten die Teilnehmer kleine K.n in Nußschalen in das Wasser von Schüsseln u. deuteten Zukünftiges je nach dem Verhalten der K.nschiffchen. Das Verfahren diente insbesondere dem Liebesorakel.

Kircher, Athanasius, * 2.5.1601 Geisa b. Fulda, † 27.11.1680 Rom, Jesuit seit 1618, Universalgelehrter. Lehrte Grammatik, Mathematik, Hebräisch, Syrisch, Moralphilosophie, betrieb Naturwissenschaften u. ägyptisch-koptische Sprachforschungen u. war einer der ersten, der ägyptische Hieroglyphen zu entziffern versuchte. Wirkte u.a. in Würzburg, Avignon u. Rom. In der Schrift *Mundus subterraneus* (Amsterdam 1665 [u.ö.]) unterscheidet er zwei Arten der → Alchemie (a. Metallurgie/Hüttenkunde, b. Arzneibereitung) von einer transmutatorischen A., die → Gold zu machen suche. Die letztere sei nur mit Hilfe teuflischer Mächte, also durch → Magie, möglich.

Kirchhof → Friedhof

Kirke, griech. Kírkē; lat. Circa, Circe (wovon sich unser ›bezirzen‹ herleitet), Halbgöttin u. Nymphe, Tochter des Sonnengottes Helios u. der Okeanide Perse. Während der Argonauten-Mythos sie im Westen beheimatet, ist sie bei Homer Bewohnerin der im Osten gelegenen Insel Aiaia (*Odyssee* 12,3 f.) u. eines vom Wald umgebenen Schlosses. Sie verzaubert durch einen Giftbecher u. dem Schlag mit einer Rute den von Eurylochos angeführten Teil der Gefährten des Odysseus in Schweine u. in weiterer Überlieferung auch den in sie verliebten Kalchos (Parthenios: *12 Mythographi Graeci*). Odysseus selbst, von Hermes gewarnt u. mit dem Zauberkraut → Moly ausgerüstet (*Odyssee* 11,302 ff.), kann sich schützen u. K. zwingen, seine Gefährten in ihre menschliche Gestalt zurückzuverwandeln. Odysseus verbringt noch ein Jahr mit der Zauberin in Liebe, bevor er wieder in See stechen kann. Der Odysseussohn Telegonos entstammt dieser Verbindung. Der Zauberin K. liegt eine Gestalt ähnlich den → Elementargeistern zugrunde. Darauf kann die besondere Hervorhebung ihrer Sprachfähigkeit (ebd. 10,136) verweisen. Hesiod (*Theogonia* 1011 ff.) verlegte ihren Wohnsitz wieder nach Westen, wo K. dann auf dem Monte Circeo bzw. in der Stadt Circei (→ Vergil, *Aeneis* 7,10 ff.), im Süden von Latium (heute San Felice), verehrt wurde.

Klee. Zahlreiche K.-Arten wachsen vom Flachland bis in das Gebirge. Sie werden unterschieden nach Farbe, Form, Standort, Herkunft u. Verwendung. Als Futterpflanze erscheint der K. schon in der *Ilias* u. der *Odyssee*. Theophrast, → Vergil, Columella u. → Dioskurides kennen verschiedene Arten, ohne sie allerdings genauer zu unterscheiden. Hierzulande besonders bekannt u. vermerkt sind der Rot- (Trifolium pratense, Roter Wiesenk.) u. Weißk. (Trifolium repens, Kriechk.). Als Viehfutter erwähnen K. → Hildegard v. Bingen (*Physica* 1,108) u. → Albertus Magnus (*De vegetabilibus* 7,111), seine medizinische Verwendung der *Gart der Gesuntheit*: »In babylonien machen sie broit vsser dissem samen [vom Klee] vnd das stercket vnd tempereret dem menschen syn geblůde [...] Klee gesotten in waßer [...] ist auch gůt der da hait das derme gegicht. Diß waßer geleyt mit eynem duchlin da der tarant gebißen hait oder ander vergifft gediertz benympt ym den smertzen da von« usw. (397). Das vierblättrige K.blatt gilt, wohl aufgrund seiner Seltenheit u. der Kreuzform, als glücksbringend: »Welcher ein Kleeblatt mit vier Blettern findet, der sol das in Wirden halten, sol sein Lebenlang glückselig und reich seyn« (*Der alten Weiber Philosophey* 60,26). Vielfältig ist der Gebrauch des Vierk.s im Liebeszauber u. → -orakel. Die Wirkung, auch zu anderen Zauberzwecken, wird gesteigert, wenn man über ihn eine Messe lesen läßt (→ Praetorius, *Philosophia colus* 58). Auch macht der Vierk. hellsichtig: Man erkennt → Hexen u. → Schätze. Das *Landgebott* Maximilians von Bayern bedroht den Gebrauch des »vierbletterten K.« (27).

Kleid. Das K. gilt als Teil seines Trägers u. als Medium zauberischer Wirkungen. Es ist eine ›zweite Haut‹, in der die Macht des Menschen zugegen ist. Wie man bei Krankheiten das negativ beladene K. in → Bäume an heiligen Orten hängt (→ Verpflöcken), so wechselt man auch beim Eintritt in eine neue Lebensphase u. einen neuen sozialen Stand (→ Initiation) die K.er, wobei dem → Schleier u. → Gürtel besondere symbolische Bedeutung (→ Symbol) zukommen. Da das K. Substitut des Menschen ist, kann sein Wechsel die Veränderung der Person o. ihre Erneuerung (»ziehet an den neuen Menschen«, Eph 4,24; vgl. 1 Kor 15) bewirken. → Hexen werden gezwungen, neue, auch eigens gesegnete K.er zu tragen, um ihren Zauber zu brechen (elsässische Hexenprozeßakten von 1619; Soldan/Heppe, *Hexenprozesse* 1,347). Das Kleid der Hexe kann auch zu einem Gegenmittel verarbeitet werden: »Sollte aber ein Kind bezaubert seyn / so haltet man es vor eine gewisse Cur gegen das Bezaubern / wann man etwas weniges von den Kleidern / Leinwath / oder andern Gewand / wann anderst die Zauberin bekannt ist / von ir haben kann / selbige verbrennet und den Bezauberten mit räuchert« (Seitz, *Trost der Armen* 153).

Klimakterische Zeit (lat. *tempus climactericum*, zu griech. *klimaktḗr* ›Stufenleiter‹), ›gefährliche Lebensepoche‹. Allgemein jede durch die Konstellation zweier Gestirne bestimmte, gefährliche Zeit.

Klopfen gilt als Sprache der → Geister (›Klopferle‹; Poltergeister) u. wird bei vielen Völkern als → Vorzeichen beachtet. Die Chronik des Johannes Werner v. Zimmern (1423–1483; *Zimmersche Chronik*) erzählt von einem Klopfgeist (BLVS 3,128 f.). Auf den Glauben bezieht sich auch Desdemona, wenn sie fragt: »Hark, who is't that knocks?« (Shakespeare, *Othello* IV,3). Das vorsorgliche K. auf Holz gegen den → Bösen Blick o. das → Bereden geht wohl auf das Berühren apotropäischer Stoffe (→ Apotropaion) zurück.

Knabenkräuter, Orchidaceae (von griech. *órchis* ›Hode‹). Die hodenförmigen Wurzelknollen und der gelegentlich bockartige Geruch, bei bestimmten Arten der handförmige Wurzelstock mit Ähnlichkeiten zum weiblichen Genital haben die sexuelle Phantasie angeregt: »Es hatt auch sonst einen vnzüchtigen an blick / der weiber heymlicheyt gleich« (Brunfels, *Contrafayt Kreüterbuch* 39). Seit der Antike wurden K. als → Aphrodisiakum gebraucht (Theophrast, *Historia plantarum* 9,18,3; → Dioskurides, *Materia medica* 3,131). → Plinius schreibt: »Merkwürdig aber wie wenige Pflanzen ist das Knabenkraut oder Serapiskraut [Serapiás], das Blätter wie der Lauch hat, einen spannenhohen Stengel, eine purpurfarbene Blüte, eine doppelte, hodenähnliche Wurzel; und zwar soll die größere oder, wie einige sagen, die dünnere, in Wasser getrunken, die Libido entfachen, die kleinere oder weichere, in Ziegenmilch, sie hemmen« (*Naturalis historia* 26,95). Als besonderen Aberglauben, der mit dem K. getrieben werde, erwähnt Hieronymus Bock eine Methode, einen Bruch zu heilen: »Etliche weiber halten vnd lehren / so ein knäblein gebrochen wer / dem selbigen kind soll man ein stock dises krauts zwischen die bein in ein garten setzen / so bald dz kraut anfahe zůbekleiben [zu wurzeln] / als dann soll der bruch des kindes heilen« (*Kreüter-Buch* 138^{r}). Die handförmigen Wurzelknollen, am Johannistag ergraben, verschaffen Glück u. → Geld, wehren → Blitz ab, schützen vor Zauber, → Hexen u. → Teufel.

Knoblauch, von ahd. *chlofalauh*, *chlobilouh*; zu ahd. *klioban* ›gespalten‹ (nämlich die Zwiebel des Gewächses), Allium sativum. Der K. stammt aus Sibirien u. wurde schon früh in ganz Asien kultiviert. Im alten Ägypten wurde er als Gottheit verehrt u. als → Aphrodisiakum genommen. Die Römer bereiteten zum Fest der Fruchtbarkeitsgöttin Ceres Liebestränke aus K. u. Koriander. Wegen seines starken Geruchs galt K. bei vielen Völkern als zauber- u. dämonenabwehrendes Mittel, in Mitteleuropa insbesondere gegen Blutsauger u. Vampire. → Konrad v. Megenberg bezieht sich auf → Plinius u. bemerkt: »wer sich vor ainen leoparden beschirmen well, der nem knoblauch und reib in zwischen den henden, sô fleucht der leopard und belaibt ain stund [eine Zeitlang] niht, wan er mag des knoblauches smack nicht erleiden« (*Buch der Natur* 3A38). → Bernhardin v. Siena erwähnt K. als → Amulett für Kinder (gegen Würmer, Bernhardin v. Siena: ZVK 22,129). → Dioskurides (*Materia medica* 2,181) empfiehlt das Kraut u. a. als giftwidriges, menstruationsförderndes, wurm- u. harntreibendes Mittel. Als K. galt auch das antike Zauberkraut → Moly (›allium magicum‹).

Knochen werden, nur sehr langsam verwesend, von vielen Völkern als letzter, rituell-symbolisch wirksamer Teil von toten Menschen u. Tieren angesehen, sind Sitz des Lebens u. Garanten eines künftigen Auferstehungsleibes. K. von Ahnen sind Insignien u. Kultobjekte, die von Heiligen kostbare → Reliquien. Die Gebeine von Heroen u. Heiligen schützen u. dienen Zwecken der Weissagung (→ Wahrsagen). Auch aus den K. von Opfertieren wurde die Zukunft gedeutet (→ Spatulimantie). Die Asche (lat. ›spodium‹) von Elefantenk. hilft gegen Blutungen, bei Leberentzündung, Gallenerbrechen u. Akne (Constantinus Africanus, *Liber graduum* 3,21; *Hortus sanitatis* 2,55). Ein Pflanzenbuch des 15. Jh. empfiehlt zur Wundheilung: »ir solt nehmen die pain von dem osterlamp vnd solt sy zu pulver prennen in einem newen haffen und darnach klein stossen in einem morser vnd seyberlich durch ein sib gefad vnd also sawber behalten piss man sein bedurffe; es ist auch gut das pain von einem jeden lamp doch gesegent ist das peste« (*Germania* 24,75).

Knoten bedeuten Bindung, Hemmung o. Abwehr negativer Kräfte: K. können Schaden vertreiben (Wegknoten von Krankheiten) u. verhüten. Das Knüpfen von K. vermag zu hindern (→ Nestelknüpfen), das Lösen zu fördern. So werden bei der Niederkunft einer Frau K. gelöst.

Kobold, mhd. *kóbold* u. *kobólt*, wohl aus den Bestandteilen *koben*, *kove(n)* ›Verschlag‹, ›Stall‹, ›Hütte‹, ›Gemach‹, u. *hold* wie in ›Unhold‹ gebildet; Name für ›Hausgeist‹. K.e sind dämonische Wesen, die sich zumeist ständig im → Haus aufhalten. Sie besitzen menschliche o. tierische Gestalt o. sind unsichtbar. Sie bringen Wohlstand, arbeiten hilfreich u. heimlich, treiben aber auch Schabernack, kichern u. lachen. Man darf sie nicht beleidigen, sonst rächen sie sich grausam o. lärmen (→ Lärm) u. poltern (→ Klopfen). Man kennt sie mit Namen: Bobbele, Popel, Butz(ele), Schrägele, Schräkel, Schrezlin (15. Jh., bei Michel Beheim), Jokele, Käsperle, Stoffel, Klopfer(le),

Hänschen, Heinzlein (→ Luther, *Tischreden* 6,6833: »Von einem Teufels-Heinzlein«), Heinzelmann, Heinzelmännche. Sie werden als alte Herdgottheiten (Penaten) gedeutet (→ Grimm, *Mythologie* 1,413 f.), als Ahnengeister, Wiedergänger o. als Naturdämonen (→ Dämonen). Man darf K.e für ihre Dienste nicht beschenken (→ Kleider, Schuhe), sonst fühlen sie sich ›ausgelohnt‹ u. verschwinden für immer. Andererseits wird man ihrer ledig durch → Gebet u. → Weihwasser (Thietmar v. Merseburg, *Chronik* 7,68), durch → Bann, → Fluch, durch Auskehren mit einem neuen → Besen (vgl. Lk 11,24 ff.), durch Läuten von → Glokken, durch Niederbrennen des Hauses (Grimm, *Sagen* 1,72) o. mit Hilfe eines Bären, wovon die mittelalterliche Erzählung vom *Schrätel und Wasserbär* berichtet (ed. GA 3,261–270).

Komet (von griech. komḗtēs ›langhaarig‹, ›Schweifstern, Haarstern‹), meteorartiger Himmelskörper, dessen Erscheinen als zumeist schlimmes Vorzeichen gilt u. Kriege, Seuchen, Hungersnöte o. den Weltuntergang ankündigt. Älteste mantische Deutungen von K.en stammen aus Babylonien. Auf antikem K.glauben beruhen die dem MA vermittelten Nachrichten bei → Isidor v. Sevilla (*De natura rerum* 26,13) u. Beda Venerabilis (*De natura rerum* 24). K.en galten als → Engel u. Boten der Gottheit (Homer, *Ilias* 4,75 f.; ›Stern von Bethlehem‹, Mt 2,2; Giotto di Bondone, *Anbetung der Weisen*, um 1304), aber auch als feurige → Drachen u. → Schlangen (Lycosthenes, *Chronicon*) u. als Manifestationen des → Teufels. Der Abwehr schädlicher Einflüsse galten → Fasten, Enthaltsamkeit u. Buße, das Mittagsläuten (→ Glocke), → Weihwasser, Schutzbriefe (ein russischer Schutzbrief gegen den K. Halley: »Du teufel satanas Beelzebub höllischer verstelle dich nicht als Stern« usw., übers. A. v. Löwis of Menar: ZVK 21,292 ff.; → Brief) u. K.medaillen mit K.bildern u. Inschriften: »DER STERN DROHT BOESE SACHEN TRAV NVR GOTT VVIRDS VVOL MACHEN« (Zürich, Stadtbibliothek, von 1680/81;

die größeren Buchstaben ergeben, als römische Ziffern gelesen, die Jahreszahl 1681; Abb.: Chambers, *Comets* 103; → Medaillen). Insbesondere vermochte ihre Ankunft Weltuntergangsängste auszulösen. Noch Johannes Kepler (1571–1630) hielt den Einfluß der K.n auf die Weltgeschichte für möglich (Biedermann, *Lexikon* 252). Prognostiken, Flugschriften, Gedichte u. Bilder vom 15. bis zum 17. Jh. spiegeln die Entwicklung der Anschauung vom Wesen der K.n u. förderten allgemeine Angst. Denn: »Kein Komet ist je gesehen / Drauff nicht böses ist geschehen« (Kometengedicht von 1665, nach Claudianus, *De bello Pollentino*; Nachweise b. V. Stegemann: HDA 5,144–149; Hofmann-Randall, *Monster* 78–85). Mit den Entdeckungen des 17. Jh. über die Bahnen u. die Periodizität der K.n nahmen Furcht u. Ängste noch zu, u. bis heute stehen exakte K.beobachtungen u. mythische Weltuntergangsfurcht nebeneinander.

Königskerze, Verbascum thapsus u. Verbascum thapsisforme, Wollkraut, Unholdkerze, Wilder Tabak, Himmelbrand. Zur umfangreichen Familie der Rachenblütler (Scrophulariaceae) gehörig, an Bahndämmen, in Kiesgruben u. auf Kahlschlägen 0,3–2 m hoch wachsend, weißwollig behaart, mit gelben Blüten. Den Gebrauch der Pflanze als Fackel erwähnen bereits → Dioskurides (*Materia medica* 4,103) u. → Plinius (*Naturalis historia* 25,121). Auch dem MA war die Nutzung bekannt, worauf Namen wie ›herba luminaria‹ (›Lampenpflanze‹; *Alphita* 68, s. v. ›flosmus‹) o. ›candela‹ (→ ›Kerze‹; *Gart der Gesuntheit* 110) deuten. Tee aus den Blüten wird gegen Husten, Heiserkeit usw. gebraucht. Im Zauber gegen → Blitz geeignet (Donnerkerze, Blitzkerze). Als Mittel gegen dämonische Angsterregung erwähnt sie Ps.-Apuleius (*Herbarium* 129f.; vgl. Marcellus Empiricus, *De medicamentis* 36,19), gegen Traurigkeit → Hildegard v. Bingen (*Physica* 1,123). Aus der Anordnung der Blüten o. Neigungsrichtung ihrer Spitze suchte man → Orakel auf das

→ Wetter, insbesondere das des kommenden Winters (→ Jahreszeiten).

Konjunktion (lat., ›Verbindung‹), Begriff der → Astrologie, der das Zusammentreffen zweier Gestirne in gleichen → Häusern bzw. in gleicher Stellung zum → Tierkreis bezeichnet. Die K. von Jupiter u. Saturn heißt auch ›große K.‹ (lat. ›coniunctio aurea‹, ›goldene K.‹). Zahlreiche Prognostiken (vgl. Virdung, *Practica*) sagten für diesen Fall Katastrophen voraus. »Unzucht höchsten Grades« sollte die K. von Venus u. Mars bewirken (*La Géomancie et Néomancie des Aciens*, Paris 1688). Der spanische Astrologe Abarbanel (1437–1508) suchte aus der Folge ›großer K.en‹ die Welt- u. Krisengeschichte zu erklären.

Konrad von Megenberg, * 1309 Megenberg (heute: Mäbenberg, südl. v. Nürnberg), † 14. 4. 1374. Studium u. Lehre in Paris, Rektor der Wiener Stephansschule, der späteren Universität dort (seit 1365), seit 1348 in Regensburg, zuletzt als Domherr. Unter seinen theologischen, politischen, naturwissenschaftlichen, hagiographischen u. poetischen Werken behandelt *Die deutsche Sphaera* (*Quaestiones super speram* [= *Sphaera* des Johannes de Sacrobosco], ed. F. B. Brévart, 1980) astronomische Themen u. vermittelt sie in deutscher Sprache an lateinunkundige, interessierte Laien. Das *Buch von den natürlichen Dingen* o. *Buch der Natur* (1348/50; ed. F. Pfeiffer, 1861, ND 1971) gründet auf dem *Liber de natura rerum* des → Thomas v. Cantimpré, schöpft aber auch andere Quellen aus: die *Etymologien* → Isidors v. Sevilla, das → *Circa instans*, den → *Physiologus* u. das Werk *De vegetabilibus* des → Albertus Magnus. Das Buch gilt als erstes systematisches deutschsprachiges Kompendium des Wissens über die Natur; es berichtet über Himmel u. Gestirne, Tiere, Pflanzen, → Edelsteine u. → Metalle u. informiert im Anhang über wunderwirkende Gewässer u. über Monstren. Es fand weite Verbreitung u. war im 15. Jh. als Drogenkunde geschätzt.

Koralle, festsitzendes Meerestier mit o. ohne Kalkgerüst, kolonienbildend, in wärmeren Meeren heimisch. Seit den Griechen, die sie ›Lithodéndron‹, ›Steinbaum‹, nannten, bis in das 18. Jh. als Stein angesehen. Von den verschieden gefärbten Arten maß man insbesondere der roten (→ Rot) K. besondere Bedeutung zu. Als apotropäisch wirksames → Amulett seit der Antike im Gebrauch. Als → Apotropaion nennt sie schon → Plinius (*Naturalis historia* 32,23), referiert es auch für die Kelten u. führt den Glauben auf die Inder zurück. Im MA nennt nach → Thomas v. Cantimpré → Konrad v. Megenberg den »Corallus«: »Er hât die art, daz er dem himelplatzen und dem ungewiter wider ist, und dar umb sträwten in die alten läut hie vor mit dem akkersâmen auf die äkker und hiengen in auf die ölpæm für den hagel und für daz ungewiter. er ist auch den pœsen gaisten wider, und daz ist leiht dar umb, daz er dick kräuzlot ist und sein est hin und her schrenkt« (*Buch der Natur* 6,15). Vor allem Kinder sollte sie schützen (→ Plinius, ebd. 32,24). Von daher erklären sich Bilder von Kindern mit K.ketten o. -ästen in der bildenden Kunst des MA u. der Renaissance. Insbesondere das Jesuskind trägt häufig eine Kette von Korallen, ein Halsband mit einem K.-Ast o. spielt damit (M. Grünewald, Isenheimer Altar). Auch Bräute schützen sich mit K.n.

Kornblume, Centaurea cyanus, Roggenblume, -hund, Tremse, Ziegenbein, 30–60 cm hoch wachsender Korbblütler mit filzig behaarten, schmalen Blättern u. blauen Blüten, auf sandigen Äckern u. Schuttplätzen. Den Gebrauch gegen Nasenbluten erwähnt Tabernaemontanus: Man soll die Wurzel der K. kauen, an den Hals hängen o. als Pulver in die Wunde streuen (*Kreuterbuch* 441). »In der Johannisnacht, in der Mitternachtsstunde, geh aufs Feld und zieh einige Kornblumen aus und sprich dabei die Worte; Ab. Mab. Bab. Hierauf nimm die Blüthen und iß dieselben, so wirst du alle deine Feinde und Widesacher besiegen und weder Hieb, Schlag noch Stich fühlen« (Jahn, *Hexenwesen* 148,444).

Kosmologie (von griech. *kósmos*, ›Ordnung‹, ›Welt‹). Von einer philosophischen K. (Christian Wolff), die den Aufbau der Welt als ein System physischer Substanzen begreift, ist eine religionswissenschaftliche zu unterscheiden, die die → Mythen der Völker über den Anfang, die Einrichtung u. das Ende der Welt, ihre mögliche Wiederkehr u. ihre Erneuerung zum Gegenstand hat. Sie schließt eine mythologische Kosmogonie, d. h. die Lehre von der Entstehung (zu griech. *gonḗ* ›Erzeugung‹) der Welt mit ein. In allgemeinster Weise lassen sich drei Gruppen kosmogonischer Mythen unterscheiden (Hartmut Zinser: HrwG 3,446f.): (1) Transformationslehren handeln nicht vom Ursprung, sondern von einer Umformung der Welt aus etwas Vorgegebenem. Zu ihnen gehören auch jene Mythen, die davon erzählen, daß Götter o. andere mythische Wesenheiten die Welt aus sich hervorgebracht o. geboren haben. (2) Schöpfungslehren berichten von der Erschaffung der Welt durch einen Gott. (3) Selbstentstehungslehren erklären die Welt in ihrer Ordnung als von selbst aus dem Chaos hervorgegangen. Zur 3. Gruppe sind griechische K.n zu zählen, wie sie Hesiod als Göttergeschichte erzählt (*Theogonia* 115ff.) u. wie sie die homerische *Ilias* begreift: Alles entsteht aus des Okeanos Fluten u. vergeht in ihnen (14,245f.). Den Übergang von einer mythisch-vorwissenschaftlichen Kosmogonie zu einer eher wissenschaftlich-rationalen K. findet im griechischen Raum in der ionischen Naturphilosophie statt: Nicht mehr willkürliches Handeln göttlicher Wesen soll die Welt erklären, sondern eine Ordnung, zumeist göttlicher Stiftung, die die Vielfalt der Dinge auf wenige Grundstoffe (→ Elemente) u. allgemeine Prinzipien reduziert. Über → Ptolemaios zu Kopernikus u. Newton entwickelt sich die K., unter Ausgliederung verschiedener wissenschaftlicher Disziplinen, zu den modernen Naturwissenschaften u. kann heute mit der Astronomie gleichgesetzt werden. → Dämonologie, → Neuplatonismus

Kot (lat. *faeces*, *merda*, *stercus*, ahd. *quāt*, *kōt*) bezeichnet tierische u. menschliche Darmausscheidungen, dann auch allgemein ›Dreck‹ u. ›Schmutz‹. Die Bedeutung ›schlecht‹, ›böse‹, mhd. *quāt*, bezeugt den Charakter des Wortes als Tabuwort (→ Tabu). Wie andere Körpersubstanzen (→ Speichel, → Harn, → Blut, → Haare, → Fingernägel) besitzt der K. sympathische (→ Sympathie) Beziehungen zu seiner Herkunft, wirkt zauberisch u. als → Apotropaion. Er vertreibt den → Alp, den feurigen Drachen, die → Hexe u. schützt, als K.haufen zurückgelassen, solange er warm ist, den → Dieb vor Entdeckung (›Wächter‹). Die zauberischen Kräfte des K.s, aber auch seine natürliche Düngekraft, begründen einen vielfältigen Gebrauch in → Magie u. → Volksmedizin. Der K. eines Tieres o. Menschen bewirkt Schaden dem, dem er angehörte; im Kaminrauch aufgehängt, bringt er Schwindsucht (Most, *Curmethoden* 138). Zahlreich sind die apotropäischen K.anwendungen: Auf die Stirn gestrichen schützt er die Kinder vor Neid u. dem → Bösen Blick (Bargheer, *Eingeweide* 221 f.). K. menstruierender → Frauen vertreibt den → Teufel. Als Heilmittel ist K. seit der Antike im Gebrauch: »Aischines aus Athen [griechischer Arzt ungewisser Zeit] heilte mit der Asche von Menschenkot Halsentzündungen, auch Mandeln, Zäpfchen und Krebsgeschwüre; dieses Heilmittel nannte er ›bótryon‹« (→ Plinius, *Naturalis historia* 28,44). K. wird auch als jederzeit verfügbare alternative Hausapotheke, deren Mittel ohne finanzielle Aufwendungen überall zu haben sind, propagiert: »Wollte also ein solcher armer Bauermann vor sich und die Seinige eine solche Dreck-Apothecke sammlen, welche er ja ohne alle Unkosten haben kan, so hätte er sich nach dieser unserer kurtzen Anleitung zu richten« (Paulini, *Neu-Vermehrte Dreck-Apothecke* 2,264). Die antike Vorstellung einer Urzeugung von → Würmern, → Fliegen u. Mücken aus K. wirkt über das MA (vgl. → Hildegard v. Bingen, *Causae et curae* 196 f.; → Konrad v. Megenberg, *Buch der Natur* 3F2) bis in die neuere Zeit nach. Für die Annahme der Erschaffung des Menschen aus K. gibt es ethnographische Nachrichten (ARW 22,155).

Krankheitszauber, allen Kulturen bekannter Zauber zur Heilung u. Wirkung von Krankheiten. Seine Ausübung wird zumeist bestimmten Personenkreisen vorbehalten (Medizinmann, → Schamane) o. nachgesagt (Jäger [→ Jagd], → Zigeuner, → Hexen). → Exorzismus, → Gesundbeten, → Segen, → Magie, → Volksmedizin

Kräuterbücher, Werke, insbes. Drucke seit dem 16. Jh., in denen Natur u. Wirkung von Heilpflanzen beschrieben werden. Die K. sind mehr o. weniger abhängig von antiker Überlieferung insbesondere von der *Arzneimittellehre* (*Materia medica*) des → Dioskurides u. der *Naturalis historia* des → Plinius. Zum Teil illustriert (*Codex Constantinopolitanus*; 512 n. Chr., ÖNB Wien), genoß die *Arzneimittellehre* bis in die Neuzeit hinein nahezu dogmatische Autorität. Am Anfang der K.-Überlieferung des MA steht der *Hortulus* des Walafrid Strabo (9. Jh.). Es folgen u. a. der *Liber iste* (um 1130), das → *Circa instans* (um 1150), der *Gart der Gesuntheit* (1483 o. früher), der *Hortus sanitatis* (1491). Reich bebilderte u. um eigene Beobachtungen erweiterte K. in deutscher Sprache verfaßten Otho Brunfels (*Contrafayt Kreüterbuch*, 1532), Hieronymus Bock (*New Kreüter-Buch*, 1539), Leonhart Fuchs (*New Kreüterbuch*, 1543), Adam Lonicer (*Kreuterbuch*, 1557) u. Jakob Theodor Tabernaemontanus (*New Kreuterbuch*, 1588–91). Bis heute sind über 1000 K. gedruckt worden.

Kreis. Der K. ist universelles → Symbol. Er bedeutet, ohne Anfang u. Ende, Ganzheit, Totalität, Unendlichkeit, Ewigkeit, die Wiederkehr, die Vollendung, Gott. Der K. mit eingezeichnetem Mittelpunkt ist Symbol der → Sonne, in der → Alchemie Zeichen für → Gold. Der magische K. schließt ab u. schützt vor → Dämonen u. → Teufel. Andererseits werden → Geister in den K. gebannt (*Sohar*, Traktat *Haye Sarah*, 125b–126a). → Zauberbücher u. Johannes → Faust zugeschriebene → *Höllenzwänge* verbreiten den Zaubergebrauch magischer K.e. Sie sind zumeist mit → Charakteren, Buchstabengruppen, Zauberformeln u. → Namen von Göttern, → Dämonen u. → Engel beschrieben. K.förmige → Amulette, → Gürtel u. → Ringe wirken als → Apotropaion. Die Umkreisung (›circumambulatio‹) von Sachen, Grundstücken u. Äckern schützt vor bösen Einflüssen u. ist rituelle, segenspendende Verehrungsform (Umzüge, Umritte, Prozessionen; → Ritus).

Kreuz. Das K. gehört zu den ornamentalen u. symbolischen Grundzeichen der Menschheit. Es kommt auf Schmuckgegenständen, als Strukturelement in Orientierungsplänen u. Bauplänen von Tempeln, Kirchen u. Stadtanlagen, als magisches Zeichen, Gestaltungsform ritueller Begehungen (→ Ritus) vor o. steht im fließenden Zusammenhang mit Zeichen wie Speichenrad, Stern, Viereck u. Zirkel. In vollkommener Symmetrie ist es → Symbol des Kosmos (→ Kosmologie), der Vereinigung von Himmel u. → Erde; seine Balken weisen die vier Himmelsrichtungen; seine Vertikale ist Weltachse, sein Mittelpunkt kosmisches Zentrum. Man sieht im K. eine stilisierte Menschenfigur u. deutet es als Ahnensymbol. Die christliche Symbolik des Kreuzigungsholzes kann an vorchristliche K.symbolik anknüpfen; jedoch erfährt nun das K. umfassendere u. universelle Bedeutung. Es wird als Leidenswerkzeug u. Triumphzeichen verstanden u. als Siegesdenkmal aufgestellt, beeinflußt Architektur u. Liturgie, ist Dekorationszeichen an Kirchen, Palästen u. profanen Bauten, an Gräbern, Gefäßen, Skulpturen u. auf Textilien. Insbesondere ist es Form des Segensgestus (›K.zeichen‹). In dieser Funktion knüpft es an den hebräischen Buchstaben thaw (→ Tau) an, mit dem, nach Ezechiel (9,4 ff.), die Stirn derer bezeichnet werden soll, die am Gerichtstag zu retten sind, u. erscheint so früh im Versiegelungsritus der → Taufe.

Mannigfaltig ist der volksfromme u. magische Gebrauch (→ Magie) des K.zeichens: Es schützt → Haus u. Stall, Familie, Besitz u. Nahrungsmittel. In unterschiedlicher Ausprägung nehmen K.-Amulette Bezug auf bestimmte Gnadenstätten mit Splittern vom K. Christi (Caravaca, Schleyern) o. auf biblische Gestalten u. Heilige (Andreas-, Benediktus-, Ulrichs- u. Valentinsk.e). Während der Gebrauch von K.zeichen in christlichen Segenstexten (→ Segen) u. auf → Amuletten legitimiert war, solange diese keine »fremden Namen« (»ignota nomina«, → Thomas v. Aquin, *Summa theologiae* 2,2,96,2) enthielten, sind K.e mit → Charakteren, magischen Zeichen o. den Namen von → Dämonen, → Engeln u. Gottes zu Zauberzeichen geworden. Sie finden sich in nahezu allen Bereichen des Heilzaubers, der magischen Schadenabwehr u. zauberischen Praktik: Geritzt u. geprägt auf → Messern, Beilen, Hämmern, Pflügen; auf Nägeln, → Ringen, Schlössern, Waffen, → Kugeln, Münzen, → Medaillen u. Grenzsteinen; in Felsen gemeißelt, in Bäume geschnitten, in Baumstümpfe gehauen. Sie werden als Amulette umgehängt, auf der Brust getragen, an Türen befestigt, am → Bett angebracht, in die Kinderwiege gelegt, ins Gewand genäht (→ Kleid), auf die Haut tätowiert (→ Tätowierung), unter der Dachtraufe vergraben; sie erscheinen mirakulös auf Häusermauern, Kleidern, Bettlaken u. Tischtüchern u. sind Vorboten der Pest; sie leuchten als Wunderzeichen am Himmel, in der → Sonne, im → Mond u. sind Zeichen der Stigmatisierten. Sie helfen den Armen Seelen, wehren → Geister, → Gespenster u. → Hexen ab; sie helfen → Schätze zu ergraben, → Feuer zu löschen, Verlorenes wiederzufinden; kurz, man wird geschützt von ihnen u. vor Unheil bewahrt.

Kreuzwege → Wegkreuze

Kristallomantie, seit dem SpätMA geübte Wahrsagekunst (→ Wahrsagen) vermittels eines Kristalls, in dessen spiegelnde Flächen visionäre Inhalte hineingesehen werden.

Die K., mit anderen u. älteren Praktiken der → Spiegelwahrsagung verwandt, wurde besonders häufig in den Hexenprozessen (→ Hexe) des 17. Jh. erwähnt u. wird noch heute mit Hilfe meist weiblicher → Medien geübt. → Divination

Kröte. Ein Großteil der abergläubischen u. volksmedizinischen Anschaungen über die K. beruht auf der schon der Antike geläufigen Annahme, K. seien giftig. Tatsächlich enthalten die Sekrete der Hautdrüsen bestimmter K.-arten neben anderen K.giften das hallizunogene Bufotenin (lat. *bufo* ›Kröte‹). Von daher mag sich die Bedeutung u. Funktion von K.n als Teufels- u. Hexentier (→ Teufel, → Hexe) sowie als Ingredienz von Zaubertränken u. → Hexensalben erklären. Die K. als Symboltier des weiblichen Genitals u. der verbreitete Wallfahrtsbrauch der Darbringung von K.votiven u. a. bei Unterleibsleiden u. in Geburtsnöten steht im Zusammenhang mit dem schon von Platon bezeugten Glauben (*Timaios* 91bc), die Gebärmutter sei ein lebendiges Wesen, das im Körper wandere. In Märchen u. Sage erscheint die K. als Sitz guter → Geister, als Hausgeist (→ Haus) u. Schatzhüterin (→ Schatz).

Kuckuck, Gucker, Gauch, Gutzauch, im Deutschen wie auch in vielen anderen Sprachen nach seinem charakteristischen Ruf (griech. *kókkyx*, lat. *cucculus*) benannter, in Europa, Afrika u. Asien vorkommender Vogel. »Der Kuckuck scheint aus dem Habicht zu entstehen, indem er das Aussehen zu einer bestimmten Jahreszeit ändert« (→ Plinius, *Naturalis historia* 10,24f.; vgl. → Aristoteles, *Historia animalium* 563b1). Im April kehrt der Vogel aus dem afrikanischen Winterquartier zurück. Das Weibchen legt 8–15 Eier in ebenso viele fremde Nester. Ist der K. geschlüpft, so wirft er alles in seiner Reichweite über den Nestrand. Daß der K. nicht selber brütet, hat das Altertum von einer ihm eigentümlichen natürlichen Kälte her erklärt (Ailianus, *De natura animalium* 3,30) o. weil er, infolge von Feigheit, seine Brut nicht verteidigen könne. Man nahm auch an, daß er zu schwach zum Brüten sei (→ Albertus Magnus, *De animalibus* 8,93), außerdem sei er zu geil, um monogam leben zu können (Zorn, *Petino-Theologia* 2,131). Der K. ist Frühlingsbote, Wetterprophet u. Zukunftskünder. Ruft er schon im März, wird der Frühling schön u. der Sommer warm, läßt er sich noch nach Johanni (→ Johannistag) hören, so gibt es Mißernte u. sauren Wein. Sein Ruf kündet Regen an. Wird der Ruf zum erstenmal im Jahr gehört, so verkündet er die Zahl künftiger Lebensjahre. »Swie lange aber wer sîn fröuden spil, / Daz weiz der gouch, der im vür wâr / Hast gegutzet hundert jâr« (Hugo v. Trimberg, *Der Renner* 11380–82); hört man ihn von links, muß man im selben Jahr noch sterben (Fischer, *Schwäbisches Wörterbuch* 3,902). Wenn er ruft, soll man → Geld in der Tasche haben, sonst mangelt es das Jahr über daran (→ Praetorius, *Philosophia colus* 124f.). »Wenn man im Frühlinge zum erstenmahl den Guguck schreyen hört, und dann unbeschrieen in seinem Gelde rüttelt, so wird es niemahlen ausgehen« (*Journal von und für Deutschland* 7,2,185). Der → Kot des K.s, in → Wein gekocht, gibt einen nützlichen Trank gegen den Biß eines tollwütigen Hundes (→ Plinius, *Naturalis historia* 28, 156; Lonicer, *Kreuterbuch* 674); man pulverisiert ihn u. nimmt etwas, im Wein gelöst, gegen → Fieber ein (Paulini, *Bauren-Physic* 77). K. heißen auch eitle u. liebestolle Menschen, schlecht sorgende Mütter, Bastarde, → Huren u. der → Teufel (›Hol's der K.‹, ›Geh zum K.‹).

Kugel. K.n dienen Zwecken der → Mantik u. → Magie. Die Venediger, wandernde (italienische) Erzsucher, benutzen K.n als → Pendel beim Goldsuchen. ›Fünde-Kugeln‹ dienen dem gleichen Zweck. Über den Boden gerollt, bleiben sie dort liegen, wo → Gold o. ein → Schatz verborgen ist. Impotenz bewirken kleine Kugeln aus Federn in die vier »Zipfel des Unterbetts« getan (v. Lindern, *Venusspie-*

gel 158). K.n aus Blei, insbesondere solche, mit denen Wild erlegt worden ist, wirken als Heilmittel u. → Amulett gegen Nasenbluten, Überbein u. Zahnweh. Ein Mehlteigkügelchen in → Jungfernpergament mit der Aufschrift ›Inri‹ (→ Akrostichon von: *I*esus *n*azarenus *r*ex *i*udaeorum) gewickelt u. auf dem Altar gesegnet, macht k.fest, wenn man es eingenommen hat (Staricius, *Helden-Schatz* 134 f.). Insbesondere Geschoßk.n sind zauberkräftig. Auf besondere Weise gegossen, behandelt u. geladen machen sie treffsicher o. fest (›Freik.n‹, ›Blutk.n‹). Fest zu machen (→ Festmachen), helfen auch K.segen (→ Segen): »Ich N. N. beschwöre alle Kugeln, die von der Sündfluth an bis hierher sind geschmiedet und gegossen worden, dass sie sich biegen vor meinem Leib, wie sich der Herr Jesus Christus gebogen hat vor dem heiligen Frohn Cruz, darzu helf mir Gott und sein heiliges Wort. Im Namen + + + amen« (*Alemannia* 19,136).

Kunst, lat. *ars*, pl. *artes*. Als ›ars‹ wurde schon in der Antike die ›Zauberkunst‹ (→ Magie) bezeichnet (→ Plinius, *Naturalis historia* 30,1: »fraudulentissima ars«, »betrügerische K.«; → Vergil, *Aeneis* 4,493). In der scholastischen Wissenschaftssystematik werden drei Komplexe des Wissens, der Lehre u. der Praktik unterschieden: (1) Die ›septem artes liberales‹, die ›sieben freien Künste‹: Grammatik, Rhetorik, Dialektik; Arithmetik, Geometrie, Musik, Astronomie. (2) Die ›artes mechanicae‹, die ›handwerklichen Kunstfertigkeiten‹: Handwerk, Kriegswesen, Seefahrt / Erdkunde/Handel, Landbau/Haushalt, Tiere/Wald, Medizin u. Hofkünste (Sport u. Spiel). (3) Die ›artes magicae‹, die ›magischen K.e‹, ›Zauberk.e‹, als ein Komplex ›verbotener K.e‹: → Nekro- bzw. Nigromantie, → Geomantie, → Hydromantie, → Aeromantie, → Pyromantie, → Chiromantie, → Spatulimantie. Die Siebenzahl dieser K.e ist in Anlehnung an die ›sieben freien K.e‹ gewählt. Insgesamt decken die Begriffe keineswegs den Stoffbereich des Magisch-Mantischen ab. Sie gehören auch weithin allein gelehrter literarischer Tradition an. Bei → Isidor v. Sevilla, der die Termini (ohne Chiromantie u. Spatulimantie) aus antiker Überlieferung dem MA überliefert hat, sind die ›magischen K.e‹ schon erheblich weiter gefaßt u. umgreifen sowohl die Lehren u. Praktiken der → Mantik wie auch die der → Divination (*Etymologiae* 8,9). Die im Lateinischen unzutreffende Wiedergabe von griech. *nekrós* ›tot, Toter‹ mit niger ›schwarz‹ in ›Nekromantie‹ führt zur Wortbildung ›Nigromantie‹ u. als deutsche Übersetzung davon zum Wort ›Schwarzk.‹ o. ›schwarze K.‹. Neben den Begriffen ›Schwarzk.‹ u. ›Zauberk.‹ ist im Mhd. auch das Wort ›zouberlist‹ gebräuchlich, wobei list soviel wie ›Kunst‹, ›Klugheit, Weisheit‹ bedeutet (Benecke/Müller/Zarncke, *Wörterbuch* 1,1011). Später spricht man auch nur noch von ›Kunst‹. Um 1450 bekennt eine → Hexe in Luzern, »daz sy die kunst könne« (Liebeszauber; SAVK 3,25). → Faust wünscht sich »die höchst Kunst« (*Faust in Reimen* 21, bei Scheible, *Kloster* 11,16) u. auch sein Famulus Wagner »wolte seine neue Kunst probiren« (*Christoph Wagner's Leben und Thaten*, ebd. 3,22). Auch die → Zaubersprüche u. → Segen heißen ›K.‹ Zauberer, Besegnerinnen (→ Segen) u. → Weise Frauen sind »Schwarzkünstige« o. »kunstreich«. Alchemisten (→ Alchemie) aus dem Welschland sind »künstliche Walen« (Schmeller, *Wörterbuch* 2,307).

Kupfer, lat. *aes cuprium*, *cuprum*; Erz von Zypern, der Insel, an deren Ufer Venus (Aphrodite) aus Meeresschaum geboren wurde. K. galt deshalb als Venusmetall u. wird in alchemistischen Texten (→ Alchemie) auch mit der Signatur des → Planeten Venus bezeichnet. Vor allem als Bronze (Kupferlegierungen) besitzt es seit frühester Zeit die Bedeutung eines → Apotropaion. Bronzeklang (→ Lärm) ist den → Dämonen zuwider (→ Porphyrios, *Vita Pythagorae* 41) u. hilft → Sonne u. → Mond, wenn sie in → Finsternissen von diesen bedroht sind. Den Gebrauch eherner Lärminstrumente (→ Lärm) bei einer Mondfinsternis erwähnt die *Homilia de sacrilegiis* (16). Bestreicht man mit einer K.münze seine Geschwüre u. wirft diese noch vor Sonnenaufgang über den Rücken auf die Straße, so bekommt der das Leiden, der die Münze aufhebt (Lammert, *Volksmedizin* 207).

L

Lamia (sprachlich verwandt mit griech. *laimós* ›Schlund‹), ein weiblicher, vampiristischer → Dämon, der insbesondere Kinder schädigt u. verschlingt (Diodorus Siculus 20,41,3–5; Strabo 1,2,8) u. insofern der Striga (→ Eulen) vergleichbar ist. Die L. verführt u. vernichtet auch schöne Männer (Philostratos, *Vita Apollonii* 4,25; Apuleius, *Metamorphoses* 1,17). Das MA deutet sie nach jüdischer Überlieferung u. a. als → Lilith. Sie erscheint auch als Heuchler, Häretiker, → Dämon u. → Teufel (→ Hrabanuns Maurus, *De rerum naturis* 8,1: *De bestiis*). Insbesondere ist L. auch Name für → Hexen (→ Molitor, *Tractatus de laniis*).

Lapidarien, Lithika (von lat. *lapis* bzw. griech. *líthos* ›Stein‹), ›Steinbücher‹. Die L. enthalten mineralogische Informationen u. berichten über heilende u. apotropäische (→ Apotropaion) Kräfte von Steinen (→ Edelsteine). Sie entstehen im 2. Jh. v. Chr. im Zusammenhang mit der ›Physiká-Literatur‹, in der, unter orientalischem Einfluß, die sympathischen (→ Sympathie) u. antipathischen Kräfte der Natur beschrieben werden. Als Verfasser galten legendäre Magier (→ Magie) u. Weise der Vorzeit (→ Ostanes, → Hermes Trismegistos u. a.). Das dem Zoroaster (→ Zarathustra) zugeschriebene Steinbuch *Über die kostbaren Steine* (*Perí líthōn timíōn*) hat → Plinius benutzt (*Naturalis historia* 37,139–185). → Demokrit galt als Autor der Schrift des → Bolos v. Mendes *Über die Antipathie und Sympathie* (*Perí sympatheíōn kai antipatheíōn*), in der sich ebenfalls Nachrichten zum Thema finden. Erhalten sind aus der Antike: Theophrast, *De lapidibus*; Plinius, *Naturalis historia* 37; Ps.-Damigeron Latinus; Ps.-Zoroaster bei → Apuleius, *Apologia* 90; Ps.-[→]Orpheus; Epiphanios v. Salamis, *De XII gemmis*; → Dioskurides bringt in seiner *Arznei-*

mittellehre (*Materia medica*) Hinweise zur medizinischen Wirkung von Steinen; auch der → *Physiologus* enthält Nachrichten. Das → Aristoteles zugeschriebene *Buch über die Steine* (*Liber de lapidibus*) ist syrischer Herkunft u. stammt aus dem 6. Jh. Das MA setzt die antike Überlieferung fort. Insbesondere Plinius, Dioskurides u. Epiphanios haben nachgewirkt; ebenso die byzantinischen *Kyranides* (1. o. 2. Jh. n. Chr.; benannt nach dem legendären Bezug auf den Perserkönig Kyros; lateinische Übersetzung seit dem 9. Jh.) u. Ps.-Damigeron. Deren Einfluß wird bei Marbod v. Rennes, *Liber de lapidibus seu de gemmis*, faßbar. Neben der antiken Überlieferung hat auf das mittelalterliche Steinwissen auch die arabische Tradition Einfluß genommen; insbesondere seit dem 11. Jh. über die Schule von Salerno. Zu nennen wären Ibn Al-Dschezar (10. Jh.) u. Costa ben Luca (Constantinus, 9. o. 10. Jh.). Das MA fügt dem traditionellen mineralogischen, medizinischen u. magischen Steinwissen eigene symbolische u. allegorische Deutungen hinzu. Es bezieht die Steine, insbesondere die Edelsteine, auf → Christus, die Heiligen sowie auf biblische u. heilsgeschichtliche Motive. Plinius u. Marbod werden auch von den mittelalterlichen Enzyklopädisten herangezogen (Arnold v. Sachsen, Bartholomaeus Anglicus, → Thomas v. Cantimpré, → Konrad v. Megenberg, → Vinzenz v. Beauvais). Gesonderte Kapitel u. eigenständige L. stammen von → Isidor v. Sevilla (*Lapidarium*, nach Plinius; vgl. *Etymologiae* 16), Beda Venerabilis (*Explanatio Apocalypsis*, nach Isidor), → Hrabanus Maurus (*De rerum naturis* 18: *De gemmis*), Haymo v. Auxerre (*Expositio in Apocalypsin*, nach Beda), Michael Psellos (*Perí líthōn dynámeon*, *De lapidum virtutibus*, nach Plinius, → Dioskurides u. Epiphanios), → Hildegard v. Bingen (*Physica* 4 *De lapidibus*), Alexander Neckam (*De naturis rerum* u. *De laudibus divinae sapientiae*) u. → Albertus Magnus (*De mineralibus*). → Hildegard v. Bingen ist zwar von literarischen Traditionen abhängig (Dioskurides; *Prüler Steinbuch*), doch sind in ihr Werk offensichtlich auch zeitgenössische Überlieferungen u. Wissen aus klösterlicher Tradition eingegangen. Noch die → Iatromathematik des 16. Jh. nutzt die L. (→ Agrippa v. Nettesheim). Doch schränkt sich in der Folge aufgrund der neuen chemisch-mineralogischen Klassifizierungen die Bedeutung der Steinbücher auf den Bereich des Religiösen, Symbolischen (→ Symbol), der → Magie u. der → Astrologie ein.

Lärm (entlehnt aus frz. *alarme* ›zu den Waffen‹). L. gilt als geeignetes Mittel, → Dämonen zu vertreiben. Ein Text des 8. Jh. berichtet von apotropäischem L. (→ Apotropaion) bei Mondfinsternis (→ Finsternisse): Man trommelte auf Gefäße aus Holz u. Erz, um böse → Geister abzuschrecken, die den → Mond bedrohten (*Homilia des sacrilegiis* 16). Lärmen zu gleichem Zweck bezeugen zahlreiche Quellen, insbesondere für römisch-keltische Verhältnisse (→ Caesarius v. Arles, *Sermo 13*). Da die Dämonen antiker → Dämonologie zufolge ein sehr empfindliches Gehör haben, verabscheuen sie L. Ganz zuwider ist ihnen der Klang von Bronze (vgl. Hopfner, *Offenbarungszauber* 1,48 f.). Lärmen gilt allerdings auch als Ausdruck gesteigerter Festesfreude (Pfeifen, Trommeln, Johlen, Peitschenknallen, Böllerschießen usw.) u. muß nicht immer als ›Lärmzauber‹ gedeutet werden.

Laymann, Paul, * 1574 Arzl b. Innsbruck, † 13. 11. 1635 Konstanz, Jesuit. Lehrte 1603–09 Philosophie in Ingolstadt, 1609–25 Moraltheologie in München. Sein Hauptwerk die *Theologia moralis* (München 1625) erschien bereits zu Lebzeiten in 3. Auflage. Darin tritt L., im Anschluß an seinen Ordensbruder Adam Tanner, für die Einstellung der Hexenverfolgung (→ Hexe) ein.

Leber. Die L. galt in der Antike als Sitz der Seele u. des Lebens. Die L. von Opfertieren diente in Rom den ursprünglich etruskischen → Haruspices zur mantischen Zeichendeutung (Leberschau; → Mantik). Im Schadenzauber wurde das Durchstechen der L. von Zauberpüppchen

(→ Atzmann) praktiziert. MA u. Neuzeit lokalisierten in der L. Wollust, Liebe, Zorn u. geheime Empfindungen (›Laus über die Leber gelaufen‹). → Volksmedizin u. Heilzauber gebrauchten die L. verschiedener Tiere insbesondere gegen → Epilepsie. → Hildegard v. Bingen sah in der L. gewissermaßen ein Gefäß zur Aufnahme von Getränken, eine Vorstellung, die schon im 10. Jh. arabischen Ärzten bekannt war u. in unserer Wendung von der ›trockenen Leber‹ eines immer Durstigen weiterlebt.

Leiche. Die verschiedenen Behandlungen, die die L. erfährt, dienen einmal dem Toten auf seinem Weg in eine jenseitige Welt: Waschen, Einbalsamieren, Bekleiden; Mitgabe von Schmuckstücken, Waffen, Spielzeug, Speisen, magischen Texten u. → Amuletten. Andererseits sollen sie die Rückkehr des Toten (→ Wiedergänger) verhindern u. die Hinterbliebenen vor ihm schützen: Die L. wird eingewickelt, sicher versargt (→ Sarg), gefesselt (→ Band) u. verbrannt (→ Feuer). Die Gewißheit, daß sich das Sterben nicht punktuell wie das ›Aus‹ einer Maschine ereignet, sondern eine Phase des Übergangs, ein Mischzustand zwischen Leben u. Nichtleben ist, begründet den Glauben an den ›lebenden Leichnam‹. Insofern die L. in ihrer Verwesung diesen Übergang markiert, vermag sie Zeichen zu geben. Die mittelalterliche ›Bahrprobe‹ (vgl. *Nibelungenlied* B 1043 ff.) kann als forensische Konsequenz dieser Auffassung gelten (→ Gottesurteil). Bei ihr muß ein des Mordes Beschuldigter dreimal um die L. des Ermordeten gehen u. einen Reinigungseid leisten. Bluten die Wunden, so gilt er als überführt (Ruprecht v. Freising, *Rechtsbuch* 273). Allerdings können sich die Wunden auch rühren, wenn der Mörder der L. nur ansichtig wird o. mit ihr in → Berührung kommt. Die L. besitzt Zauberkraft (→ Magie), ihr Anblick ist gefährlich. Man kann Krankheiten auf sie übertragen, so daß diese mit ihr vergehen. Man bestreicht erkrankte Körperstellen mit der L.hand o. dem L.finger, man läßt die Hand des Toten auf ihnen liegen, bis die L.

kalt wird. Auch L.teile besitzen zauberische Kraft (→ Diebsdaumen). Nekromanten (→ Nekromantie) benutzen Hände u. Hoden von Toten zu Wahrsagezwecken (Schönbach, *Zeugnisse B. v. R.* 50). 1680 brannte ein Totengräber Leichenteile zu einem Pulver, das er, um Pest unter die Leute zu bringen, auf die Straße streute (Meiche, *Sagenbuch* 499f.). Manche L.rezepte geraten über die Grenze des Erträglichen; aber man darf ihre Ernsthaftigkeit gelegentlich bezweifeln, etwa, wenn empfohlen wird, man solle jemandem, der einen stinkenden Atem habe, heimlich den Schaum vom Mund einer L. in ein Getränk u. jenem davon zu trinken geben; dann vergehe das Übel so, wie die L. verwese.

Lemuren (lat. *Lemures*), nächtliche → Gespenster als zu früh (Ovid, *Fasti* 5,431–444) o. durch Gewalt (Helenius Acron, *Ad Horatium epistula* 22,2,209) Gestorbener. Den → Wiedergängern (→ Leiche) vergleichbar, dringen sie in das → Haus u. die Wohnung ein. Um sie wieder hinauszudrängen, wirft der Hausvater hinter sich Bohnen auf den Boden u. spricht eine Abschiedsformel (Ovid, ebd.).

Lerchheimer, Augustin, von Steinfelden (Hermann Wilcken, gen. Witekind), * 1522, † 1603, vertrat in seiner Schrift *Christlich Bedencken vnd Erinnerung von Zauberey* (Heidelberg 1585; Speyer ³1597, sprachl. bearb. durch A. Birlinger, ed. v. C. Binz, 1888) zwar den zeitgenössischen Hexenglauben, trat aber gegen Folter u. Todesstrafe ein.

Levi, Eliphas (Adolphe-Louis Constant), 1810–1875, Expriester, Kabbalist, Magier u. Okkultist. Verfaßte eine Anzahl von Büchern zum Thema wie *Histoire de la Magie* (1861), *Dogme de la Haute Magie* (1856), *Rituel de la Haute Magie* (1860). Interpretierte den Tarot (Thora) vor kabbalistischem Hintergrund u. übte großen Einfluß auf den späteren Satanismus (→ Satan) u. → Okkultismus aus.

Levitation (von lat. *levare* ›heben‹). Mit L. wird das mystische u. magische Phänomen (→ Magie) des Schwebens einer Person o. eines Gegenstandes bezeichnet. Sie wird von Heiligen, Besessenen (→ Besessenheit) u. Medien (→ Medium) als subjektive Empfindung o. objektive Erfahrung berichtet. Verwandt mit der L. ist der magische Flug. Historische Berichte lassen L.empfindungen häufig als Folge von Askese (→ Fasten, Schlafentzug, Selbstgeißelung) o. des Gebrauchs halluzinogener Drogen (→ Hexensalbe) erkennen. Allerdings ist nicht jedes historische Zeugnis als psychogen o. drogeninduziert zu erklären, sondern zumeist als traditionelles Erzähl- u. Entrückungsmotiv zu werten, das von der Lösbarkeit eines zweiten Ichs vom Körper (→ Schamane), vom Aufsteigen der Seele zum Göttlichen (→ Neuplatonismus) o. von Himmelreisen u. Himmelfahrten heiliger Personen berichten will.

Liebeszauber. Weltweit verbreitete zauberische Manipulationen zur Erregung von Liebe u. sexuellem Verlangen. Besonders in der orientalischen u. griechisch-römischen Antike geübt. Das MA kennt L. in besonderer Form von Liebestränken. Von Kirche u. Staat verfolgt, sind zuweilen hochpolitische Prozesse wegen L. bis in das 19. Jh. geführt worden.

Liebstöckel, Levisticum officinale, Maggikraut, Bachkraut. Aus der Familie der Doldengewächse (Umbelliferae), 1–2 m hoch mit blaßgelben Blüten, im Garten gezogen. Die schon im MA beliebte Heil- u. Gewürzpflanze erwähnen bereits das *Capitulare de villis* (70), der *St. Galler Klosterplan* sowie Walafried Strabo (*Hortulus*, übers. Stoffler, 229–234). Medizinisch genutzt wurden insbesondere die Samen bei Milz- u. Leberleiden, Magen- u. Darmschmerzen sowie als menstruationsförderndes u. harn- u. schweißtreibendes Mittel (→ *Circa instans* 70; *Gart der Gesuntheit* 225). → Hildegard v. Bingen erwähnt ihren Gebrauch gegen Halserkrankungen (*Physica* 1,139). Der Name, volksetymologisch aus dem Lateinischen abgeleitet, hat die Phantasie auf → Liebeszauber geleitet: Mädchen tragen L. im Mieder, man bereitet Liebestränke aus ihm. Aufgrund des starken Aromas als → Apotropaion gebraucht. Aus Hexenprozeßprotokollen von 1681 ist zu erfahren, daß → Hexen Menschen erschießen mittels einer L.röhre, die mit → Haaren, Erbsen o. »Hühnerbeinchen« geladen ist (MVGBöhm 18,206).

Ligaturen, Ligamente (von lat. *ligare* ›binden verbinden, *anbinden*‹), ärztliche Verbände u. → Amulette, vergleichbar den → Phylakterien. Das Umbinden von L. konnte rechtssymbolischen Akten der Bindung u. Übereignung (→ Band) verglichen werden. Die kirchliche Aberglaubenskritik sah in ihnen Fesseln, die die Seele des Menschen an den → Teufel binden u. in dessen Gewalt bringen (»laqueos antiqui hostis«, »Schlingen des alten Feindes«, Konzil v. Tours, v. J. 813, 42; → Burchard v. Worms, *Decretum* 10,40) u. schärfte ihr Verbot ein; denn ihr Gebrauch begründe einen Teufelspakt (→ Dämonologie; → Thomas v. Aquin, *Summa theologiae* 2,2,92,2).

Lilith (akkadisch *lilītu*, sumerisch *líl* ›Wind‹), altorientalischer Sturmdämon (→ Dämon). Im AT unter Anlehnung an hebr. *lajela* ›Nacht‹ ein Nachtgespenst u. eine in Ruinen u. an wüsten Orten hausende Unholdin (Is 34,14). Kabbalistische Erzählungen (→ Kabbala) kennen L. als Verführerin von Männern, eine Art Succubus (→ Incubus), der nächtliche Pollutionen bewirkt. Sie bedroht Wöchnerinnen u. quält u. mordet Neugeborene. Der griechische Bibelübersetzer Symmachus (2. Jh. n. Chr.) überträgt den Namen mit → ›lamia‹ u. hebt so die vampiristischen Züge der Gestalt hervor. In der jüdischen Überlieferung ist sie die erste Frau Adams, die sich mit diesem jedoch nicht verträgt, vor ihm flieht u. zur Strafe in eine böse Dämonin verwandelt wird, die der Nachkommenschaft Evas nachstellt. Gegen sie hilft ein an die Wand, auf den Boden o. auf einen Zettel (→ Amulett) gezeichneter → Kreis mit dem → Namen der drei → Engel Snoij, Sasnoij u. Smanglof, die sie auf ihrer Flucht gestellt hatten, in der Mitte. Der Name der Dämonin findet sich häufig in magiologischen Texten, in Hexenprozeßprotokollen (→ Hexe), aber auch in der Faustdichtung (Horst, *Zauberbibliothek* 6,86–91).

Linde, Winterlinde (Tilia cordata), Sommerlinde (T. platyphyllos). In Schlucht- u. Bergwäldern wachsend, als Alleebaum gepflanzt, bis 30 m hoch, mit herzförmigen Blättern u. hellgelben, duftenden Blüten. Lindenblütentee, erst seit dem 16. Jh. in Gebrauch, gilt als schweißtreibend u. wirksam gegen Erkältung. Eine spezifische apotropäische od. sympathetische Kraft (→ Apotropaion; → Sympathie) unterscheidet die L. nicht von anderen → Bäumen. Zwar rügt die frühe u. mittelalterliche Superstitionenkritik ›heidnischen‹ Baumkult allgemein, doch lassen sich spätere Wertschätzungen der L. darauf nicht beziehen. Es ist insbesondere der angenehme Schatten, den die L. verbreitet u. den schon → Albertus Magnus (*De vegetabilibus* 6,232f.) u. → Konrad v. Megenberg (*Buch der Natur* 4A53) rühmen, der sie so beliebt machte (Dorfl., Tanzl., Gerichtsl.). Durch waagerecht gezogene, säulengestützte Astkränze (›geleitete L.‹) suchte man diesen zu mehren.

Lorbeer, Laurus nobilis (*Lor-* steht zu *Laur-*), immergrüner, 2–8 m hoher Strauch o. Baum mit lanzettartigen oben glänzenden, unten matten Blättern mit kleinen weißlichen, grünlichen o. gelblichen Blütendolden, in Kleinasien o. Südeuropa heimisch. Schon Homer nennt den L. (Dáphnē, *Odyssee* 9,138). Eingehend beschrieben ihn Theophrast (*Historia plantarum* 1,9,3), → Plinius (*Naturalis historia* 15,127–130) u. a. In der Antike insbesondere hl. Baum des Apollon u. Jupiters u. als Kult-, Symbol- u. Zauberpflanze, aber auch als Gewürz- u. Heilpflanze gebräuchlich. Über Gewinnung u. medizinischen Gebrauch des L.öls berichten → Dioskurides (*Materia medica* 1,40), Plinius (ebd. 15,26) u. a. Im nördlichen Europa empfiehlt das *Capitulare de villis* (70) L. zum Anbau in Gärten, ebenso der *St. Galler Klosterplan*. Den vielfältigen Gebrauch des L. beschreiben → Albertus Magnus (*De ve-*

getabilibus 6,123f.), → Konrad v. Megenberg (*Buch der Natur* 4A21), u. der *Gart der Gesuntheit* (228): Gegen Taubheit, Nervenschmerzen, Gicht, Insektenstiche u.a. Im antiken Mythos verkündet Apollon vom L. her → Orakel (*Homerici hymni* 3,396). Die Pythia (→ Pythonissen) bereitete sich durch Kauen von L.-Blättern auf ihre Weissagungen vor, bevor sie den Dreifuß bestieg. Dem Orakelakt voraus gingen auch Räucheropfer von L.zweigen (Plutarch, *De Pythiae oraculis* 6).

Los (von ahd. *hliozan* ›losen‹, ›wahrsagen‹), → Orakel stellen. Vom verteilenden u. beratenden (Wahl, Entscheidung) L. ist einer Unterscheidung bei Thomas v. Aquin entsprechend der Intention nach das wahrsagende L. (L.orakel) zu unterscheiden. Weitverbreitete, auf wenige Grundformen reduzierbare Verfahren mantischen Losens suchen durch Schütteln, Werfen, Ziehen usw. verdeckter L.-Instrumente (Bohnen, Steinchen, Stäbchen, Tafeln, Würfel) u. häufig durch Anwendung fester Interpretationsschemata für das erhaltene L., Auskunft über Verborgenes o. Zukünftiges zu erhalten. Seit der Antike bekannt u. verbreitet sind die Buchl.e (→ Bibliomantik), bei denen durch Würfeln o. blindes Aufschlagen bzw. Hinweisen auf eine Textstelle das Orakel gefunden wurde. Kompliziertere L.techniken beschreiben die mittelalterlichen u. neuzeitlichen → L.bücher, die häufig mit astrologischem Bezug (→ Astrologie) umfangreiche Orakellisten verzeichnen. Bestimmte L.termine (→ L.tage, → L.nächte, → Weihnachten, die → Zwölften, → Neujahr, Lichtmeß u.a.) spielen insbesondere in der Wetterprognostik (→ Wetter, → Bauernpraktik, → Kalender) eine große Rolle bis in die Gegenwart. → Augustinus u. → Thomas v. Aquin ließen das verteilende u. beratende L. zu u. schlossen das Bibell. nur für profane Zwecke aus. Kultisches Losen war bekannt bei Assyrern, Babyloniern, Juden, Griechen, Römern u. Germanen, wie denn das Losen ursprünglich auch als ein mantisches, nur von Priestern

(→ Geistlicher) u. berufenen Leuten geübtes Verfahren war.

Losbücher enthalten Darstellungen mantischer Losverfahren, Schlüssel für die Deutung der Lose sowie häufig umfangreiche Listen erlosbarer Orakel. Im zumeist äußerst mechanischen Losverfahren wird mit Hilfe von Würfeln, Spielkarten, Drehscheiben, Zifferblättern, Fadenziehen, geomantischen Figuren (→ Geomantie) u. a. und in der Regel komplizierter Entschlüsselungsverfahren der zutreffende Orakelspruch gefunden. Mit antiken u. arabischen L.n verwandt, sind L. erst im SpätMA häufiger belegt (Drucke seit 1483). Nun, besonders in Deutschland häufig mit moralisierender Tendenz, dienen sie, wie auch später, nur noch der geselligen Unterhaltung.

Losnächte. ›Los‹ steht zu ›lauschen‹ (von ahd. *(h)losēn* ›hören‹). Nicht zu verwechseln mit → ›Los‹ als Wahrsagung (→ Lostage), worauf die Volksetymologie die L. allerdings auch bezieht. Wenn demgemäß an diesen Abenden auch orakelt wird (→ Orakel), so werden doch im Sinne des Wortes primär ›Hör-Omina‹ (→ Omen) beachtet. L. sind v. a. die Abende vor → Weihnachten, → Neujahr, → Drei Könige u. Lichtmeß (→ Kerze). Man hört auf besondere Geräusche o. klopft an den Hühnerstall u. lauscht: Kräht der → Hahn, bekommt das Mädchen demnächst einen Mann, gackert die Henne, bleibt alles im Ungewissen. Ansonsten gilt etwa: Klopfgeräusche (→ Klopfen) bedeuten Tod, Seufzen zeigt Eheunglück an, → Donner Krieg, Musik → Hochzeit, Sägen viel Arbeit usw. Im 8. Jh. meint die *Homilia de sacrilegiis*, das Horchen sei in Wirklichkeit ein Lauschen auf Geräusche von → Dämonen (7: »ut aliquid de daemoniis audeat«, »um etwas von den Dämonen zu erfahren«). Im 17. Jh. erwähnt J. → Praetorius das Horchen (*Saturnalia*), später auch die → *Rockenphilosophie*. Das *Landgebott* von 1611 Herzog Maximilians v. Bayern verbietet die Praxis (35).

Lostage, Tage, an denen gelost (→ Los), d. h. die Zukunft gedeutet wird. Andererseits Tage, die in mantischer Beziehung (→ Mantik) zu bestimmten Zeiten des kommenden Jahres (→ Kalender) stehen. Sie künden das → Wetter der Zukunft an, jedoch auch günstige u. ungünstige Arbeitstermine, das Gedeihen von Pflanzen, das Wohlergehen des Viehs, den Ausfall der Ernteerträge, Katastrophen o. politische Ereignisse. In Bauernregeln (→ Bauernpraktik) sind die prognostischen Qualitäten solcher Tage mit ihrem jeweiligen → Wetter festgehalten. Beachtet werden die Witterungsverhältnisse an den einzelnen Wochentagen (→ Woche) sowie an den Fest- u. Heiligentagen des Jahres (→ Weihnachten, → Neujahr, → Drei Könige, → Ostern). Höchst bedeutsam sind die zwölf Tage zwischen Weihnachten u. Neujahr, die sogenannten → Zwölften. Sie zeigen das Wetter der 12 Monate des kommenden Jahres an. Als prognostische Kriterien gelten etwa, ob die → Sonne scheint, es hagelt (→ Hagel), regnet o. schneit; ob der Wind weht, wie stark u. aus welcher Richtung; ob es blitzt (→ Blitz) o. donnert (→ Donner): »Waecht der wint an der heiligen naht ze weihennechtn, so sterbent die fuersten in dem lant vnd reich leut« (ÖNB Wien, Ser. n. 262, 1ra, Hs. vom Ende des 14. Jh.). Die Wochentagsprognostik (→ Sonne) ist antiker Herkunft u. gründet in der → Astrologie (vgl. Ps.-Beda Venerabilis, *De tonitruis libellus ad Herefridum*, ein Auszug aus Johannes Laurentius Lydos, *Perí diosēmeiṓn*, *De ostensis*).

Löwenzahn, Gemeiner, Taraxacum officinale, Butterblume, Kuhblume, Pusteblume, Augenblume; eine der häufigsten Pflanzen bei uns, 10–50 cm hoch, mit zahnartig eingeschnittenen Blättern, milchig, schwach giftig, mit kugelig angeordneten, gefiederten Samen. »Zů Teütsch nent mans [das Kraut] vmb der Sonnen willen / Sonnen wirbel / Mertzen blůmen / der zeit halben. Dotter oder Eyerblůmen / vmb der gälen farben willen. Pfaffenblat vnd Münchs köpff / der blatten halben. Pestemen rörlin vmb der Würckung willen. Dens Leonis / Lewen zan / der bletter halben mit den spitzen zenen. Weg oder wisen Lattich / der gestalt vnnd milch halben / dann es der wilden Lattich art ist / als Intibi vnd Endiuie. Möchte auch wol augen wurtzel heissen / vrsach wann diese wurtzel im Summer / so die Sonn in Virginem [ins Sternbild Jungfrau] gehet gegraben würt / das ist vmb Bartholomei [24. Aug.] / vnd dann einem menschen oder anderm vihe die flecken in augen haben / an den halß gehenckt würt / verschwinden die flecken wunderbarlich« (Bock, *Kreüter-Buch* 97ᵛ). Namen des L., wie ›Bettpisser‹, ›-seicher‹, verweisen auf den Gebrauch der Pflanze als harntreibendes Mittel. Das Wegblasen der gefiederten Samen dient, v. a. im Kinderbrauch, vielfältigen → Orakeln.

Lunare, pl. Lunaria, Selenodromien (von lat. *luna* ›Mond‹ bzw. griech. *selḗnē* ›Mond‹ u. *drómos* ›Lauf‹). L. sind Verzeichnisse laienastrologischer (→ Astrologie) Prognosen nach dem → Mond, näherhin hinsichtlich seines Lichtes, seiner Phasen, seiner Stellung im → Tierkreis o. zu den → Planeten sowie seiner → Finsternisse. Sie geben Ratschläge, was jeweils zu tun o. zu lassen ist, ob man auf Reisen gehen soll, ob chirurgische Eingriffe vorzunehmen sind; ob ein Traum sich erfüllt (→ Traumbücher, → Traumdeutung), wie eine Krankheit verläuft usf. Neben Sammel-L.n gibt es Spezial-L. als ärztliche Ratgeber. L. sind seit frühmittelalterlicher Zeit im Abendland überliefert. Sie gründen in einer literarischen Tradition, die bis auf babylonisch-ägyptische Quellen zurückgeht u. über das MA (›Aderlaßkalender‹, → Aderlaß) bis in die Neuzeit hinein laienastrologische Lehrsätze vermittelt hat. Ein antikes L. charakterisiert die 30 Tage des Monats hinsichtlich des Mondlichtes: »der 1. Tag ist der Geburtstag [nämlich des Mondes]. Dieser ist günstig für alle Unternehmungen, zum Abschließen von Geld- und Handelsgeschäften, zum Reisen, zum Schiffahren, um Kinder in die Schule zu geben, eine neue bezahlte Stellung anzunehmen, einen Grundstein zu legen, Häuser zu bauen, zu säen und zu ernten. Das was an diesem Tage zur Welt kommt, wird lange leben, das Verlorene wird gefunden werden« (CCAG 4,142,8 ff.; Boll u. a., *Sternglaube* 176).

Luther, Martin, * 10. 11. 1483 Eisleben, † 18. 2. 1546 ebd., Theologe u. Reformator. Durchaus im überlieferten Volksglauben verwurzelt, ist L. mit bäuerlichen Wetterregeln (→ Wetter) vertraut, glaubt er an böse → Geister, an → Hexen, Zauberei (→ Magie), an den → Teufel u. seine Verführungen als → Incubus. Insbesondere die *Tischreden* (ed. Weimarer Ausgabe 6, 1921, ND 1967) enthalten zahlreiche Bemerkungen zum Thema.

Luzifer (lat., ›Lichtbringer‹), in der Antike Beiname der Venus als Morgenstern. Inspiriert vom 2. Korintherbrief: »Aus der Finsternis soll Licht aufleuchten« (4,6; vgl. 2 Petr 1,19; Offb 2,28) wird in früher Zeit → Christus mit einem L. verglichen. Auch war L. christlicher Taufname. Mit Bezug auf Isaias 14,12 ff., einem Spottgedicht auf den König von Babel, u. Lukas 10,18, wird L. dann Name des → Teufels (Origenes, *Exhortatio ad martyrium* 18; Eusebios, *Demonstratio evangelica* 4,9). Bei Isaias heißt es: »Wie bistu vom Himmel gefallen / du schöner Morgenstern«, bei Lukas: »Ich sahe wol den Satanas vom Himmel fallen / als einen blitz« [die Stellen nach Luther]). Die Katharer u. andere Häretiker wurden des L.-Kultes verdächtigt. Mittelalterliche Quellen bezeichnen unterschiedliche Häretiker als ›Luziferianer‹, gebrauchen diesen Namen gewissermaßen als Synonym für ›Ketzer‹ (→ Katharer). Dieser Sprachgebrauch gründet in der Auffassung, Häresie sei immer auch Kult des Teufels. In den Hexenprozeßakten (Hansen, *Quellen* 457,521) sowie in der magiologischen Literatur begegnet L. als Gott der → Hexen.

Lykanthropie → Werwolf

M

Machandel → Wacholder

Magie. Das Wort M. leitet sich vom lat. *magia*, griech. *mageía*, iran.-altpers. *magu[s]*, her, ist verwandt mit griech. *mḗchos*, *mēchanḗ*, got. *mahts*, dt. *Macht*, u. bedeutet im idg. Verbalstamm **māgh* ›können, vermögen‹, ›helfen‹.

(1) Systematisch: Magisches Handeln ist gleichnishaftes Handeln, das Zusammenhänge nach Maßgabe von Ähnlichkeiten als Wirkzusammenhänge begreift (Gold u. Gelbsucht, Rot u. Feuer, Springen u. Wachsen, Fließen u. Vergehen usw.). Es verknüpft nach Kriterien der Analogie u. ist insofern nicht irrational, sondern in der Erkundung u. Handhabung von Strukturen u. Stadien des Ähnlichen höchst rational. Es gründet in einem umfassend nach morphologischen Gesichtspunkten strukturierten Kosmos: Alles ist von Ähnlichkeiten durchwaltet, starken o. schwachen, nahen o. fernen, oberen u. unteren. Magisches Wissen ist kein zweckfreies Wissen, es ist technisches Wissen. Es liefert Handlungsanweisungen, Ähnliches zur Wirksamkeit zu bringen, Analoges aufeinander wirken zu lassen. Wo alles nach Kriterien der Ähnlichkeit geordnet ist, entsteht ein hierarchisch geordneter Kosmos, in dem stets umfassendere Ähnlichkeiten auf höhere Ähnlichkeiten verweisen bis auf ›das Ähnliche schlechthin‹, das nur mehr ›Das Eine‹ ist (→ Kosmologie).

(2) Historisch: Das lat. Substantiv *magus*, von griech. *mágos*, bezeichnete ursprünglich das Mitglied einer medischen Priesterkaste, später dann ›Traumdeuter‹ (→ Traumdeutung), ›Zauberer‹ u. pejorativ wertend ›Zauberer‹, ›Betrüger‹. In entsprechender Weise meinte ›Magie‹ ursprünglich die Lehre der ›Magier‹, darauf dann die Kunst, sich außerordentliche Kräfte u. Macht anzueignen, abwertend sodann betrügerische Zauberkunst.

Mit diesen wortgeschichtlich zu entfaltenden Bedeutungen sind drei Aspekte der abendländischen Begriffsgeschichte ›Magie‹ benannt: (a) M. als Wissenschaft u. Weisheit von den göttlichen Kräften in der Natur u. Schöpfung (›magia naturalis‹), (b) M. als die praktische Nutzung dieses Wissens in → Divination, → Orakel u. Zauberei, (c) Betrügerische Zauberei; eine Qualifizierung, an die die christliche Dämonisierung (→ Dämonologie) anknüpfen konnte. In der *Aurora philosophorum* (4) schreibt → Paracelsus: »Viel haben sich understanden, die allgeheimste Weisheit der magorum, der Chaldaeer, Perser und Ägypter nit allein zu ergründen, sondern auch solche in usum und offenbaren Gebrauch zu transferieren, welches aber bisher noch nit vollzogen wurde« (ed. Peuckert, 5,9) u. bezeugt die theoretische Erörterung u. praktische Beschäftigung des Abendlandes mit einem Wissen, das den Magiern zugeschrieben wurde. Cicero kannte die »magi« als solche, die »unter den Persern Zeichen beachten und weissagen« (»in Persis augurantur et divinant magi«, *De divinatione* 1,90; vgl. 1,46). Das AT berichtet von chaldäischen Wahrsagern u. Sterndeutern (Jes 44,25; 47,9.12; Dan 1,20; 2,2.10.27 u. ö.) u. auch die Heiligen → Drei Könige des NT sind Magier u. Weise aus dem Morgenland. Griechische Philosophen wie → Pythagoras (6. Jh. v. Chr.), Empedokles (5. Jh. v. Chr.), → Demokrit (5./4. Jh. v. Chr.), Protagoras (5. Jh. v. Chr.) sollen die Lehren der persischen Magier studiert haben, → Aristoteles kennzeichnet sie als den Versuch, alles Seiende aus einem obersten Prinzip abzuleiten. Folgenreich für die Entwicklung des abendländischen Magiebegriffes sind die dämonologischen u. kosmologischen Überlegungen des → Neuplatonismus geworden. Sie gründen in der Annahme eines hierarchisch geordneten Kosmos, in dem → Plotin zufolge aus einem obersten Prinzip durch zeitlose Emanation das Noëtische (Geist, Intellekt), aus dem Noëtischen das Psychische, aus dem Psychischen der Stoff hervorgehe. Später wurden die

Stufen der Emanation als Kräfte aufgefaßt, die unter dem Einfluß des spätantiken Engel- u. Dämonenglaubens (→ Dämonologie) in menschlicher Gestalt vorgestellt erscheinen. Der Stufenkosmos des → Iamblichos bezeugt diesen Prozeß. In ihm wird die neuplatonische → Kosmologie mit Hilfe des spätantiken Synkretismus im Sinne des griechisch-orientalischen Polytheismus theologisiert, mit Elementen pythagoreischer (→ Pythagoras) Zahlenspekulation gestützt u. um magische Züge erweitert. Die Emanationen des ›Oberen‹ werden nun dem ›Unteren‹ durch Zwischenwesen zugeleitet. Je weiter ›oben‹ diese vermittelnden Instanzen angesiedelt sind, desto mehr nähern sie sich dem Charakter von Göttern u. → Dämonen, je weiter ›unten‹, desto mehr dem des Psychisch-Spirituellen. Das Reich der Zwischenwesen wird sodann nach dem Prinzip kosmischer → Sympathie in Reihen (griech. *seiraí*) geordnet. Bis ins Detail ausgearbeitet worden ist dieses System von → Proklos (*Timaios-Kommentar* 4): In den hierarchisch geordneten ›Ketten‹ verschiedener Elemente des Kosmos wirkt die Wesenheit u. Kraft eines Sterngottes von ›oben‹, sich abschwächend, bis ›unten‹. Die neuplatonische kosmologische Theologie hat auf dem Wege ihrer geschichtlichen Ausbildung u. Kritik einerseits Kosequenzen für die moderne Naturauffassung gehabt. Letztlich verdanken wir ihrer Überlieferung u. einer weitverzweigten Auseinandersetzung mit ihren theoretisch-theologischen Inhalten die Vorbereitung des modernen Naturbegriffes (→ Astrologie). Aber sie hat mit ihren phantastischen dämonologischen Konstruktionen auch auf Abwege geführt, die das Abendland in die Katastrophe des Hexenwahns (→ Hexe) gestürzt haben. Verschiedene Traditionsströme u. -prozesse verbinden diese Ereignisse am Beginn der Neuzeit mit den theologisch-kosmologischen Gedanken der Spätantike: Die Entwicklung einer christlichen Dämonologie u. Superstitionstheorie, die mittelalterliche Diskussion um die Erlaubtheit einer ›natürlichen Magie‹

(›magia naturalis‹), die arabische Überlieferung u. Verarbeitung spätantiker Naturphilosophie sowie die Rezeption der neuplatonischen Naturtheologie zur Zeit der Renaissance.

Die Notwendigkeit einer Unterscheidung von philosophisch-naturkundlicher Magie u. einer dämonistischen Zauberpraxis, wie sie ja durchaus auch das MA empfunden hatte, wurde in nachmittelalterlicher Zeit immer wieder hervorgehoben. Doch blieb die Tradition einer spekulativen Magie, in nachmittelalterlicher Zeit durch kabbalistische Elemente (→ Kabbala) vielfach modifiziert, die Suche nach den Offenbarungen Gottes in der Natur, etwa bei Valentin Weigel u. den → Rosenkreuzern, Beschäftigung einer gelehrten Elite. Auf seiten einer dämonistischen Magieauffassung (›magia daemoniaca‹) gewann die Erörterung einer teufelsbündnerischen M. infolge der Hexereidebatte immer mehr publizistische Breite. In Jean → Bodin, Martin Anton → Delrio u. Benedikt → Carpzov fand der Gedanke an die Realität teufelsbündnerischer M. Förderer, in Johannes → Weyer, Balthasar → Bekker, Christian → Thomasius u. Friedrich → Spee ihre Gegner. Das 18. Jh. brachte sowohl das Ende der gelehrten theologisch-philosophischen als auch das der juristischen Zauberei- u. Hexendebatte u. damit der Hexenverfolgung. Die Ausbildung der modernen Naturwissenschaft entzog schließlich auch der spekulativen M. die Grundlagen. Mit der Überwindung des Weltbildes einer astrologischen Determination der Natur (Astrologie) durch den Begriff einer mathematisch-physikalischen Kausalität haben die Auffassungen einer magischen Wirksamkkeit ihre Berechtigung verloren, die astrologische sowohl als die dämonologische. An die Stelle der poetischen Erdichtung von Struktur u. Stationen eines sympathetischen Weltzusammenhanges wurde die Forderung nach Beobachtung u. empirischer Erweisbarkeit von Zusammenhängen gesetzt. Wahr konnte nur sein, was durch Messung zu verifizieren ist.

Magnet, griech. *magnḗtis*, lat. *magnes*, eigtl. ›Stein aus Magnesia‹, einer thessalischen Landschaft mit Vorkommen natürlicher M.-Steine. Der Sage nach soll der Name von dem seines Finders, einem Hirten auf dem Berg Ida (Troas), stammen (→ Plinius, *Naturalis historia* 36,127; → Isidor v. Sevilla, *Etymologiae* 16,4,1: macht aus dem Hirten einen »Inder«). Von dem Stein aus Eisenoxyd, der → Eisen anzieht, berichtet Plinius, er heile → Augen, stille Tränenfluß u. helfe bei Verbrennungen. Auch wurde er als ein → Amulett getragen. In ihm schien sich die → Sympathie zu erweisen, die alles durchdringt, anziehend u. abstoßend. → Konrad v. Megenberg kennt den M. als Mittel, eheliche Treue zu erproben: »welher man well wizzen, ob sein fraw ain êprechaerinn sei oder niht, der leg ir den stain under daz haupt, wenn si slâf. ist si dann staet und frum, sô umbvaeht [umfängt] si iren êman mit den armen in dem slâf; ist aber si unstaet und valsch, sô vellt si von dem pett in dem slâf, sam [gleichsam] ob si dâ von gestôzen sei« (*Buch der Natur* 6,50). Von den »Steinlehrern« (→ Lapidarien) weiß Konrad auch, daß → Diebe den M.-Stein gebrauchen, um denen, die sie bestehlen wollen, Bilder vorzugaukeln, so daß diese aus ihren Häusern fliehen. Zerrieben u. in Milch getrunken, helfe er gegen Wassersucht.

Magnetismus, animalischer, d. h. nicht physikalischer, tierischer o. menschlicher. Der Name (→ Magnet) stammt von A. → Kircher u. bezeichnet nach F. A. → Mesmer u. seinen Schülern eine Kraft, die als »magnetisches Fluidum« den Körper des Menschen umgibt u. vom heilenden Magnetiseur über eine »Fluidalbrücke« auf den Patienten übertragen wird. Man sah in ihm physikalische, psychische o., nach James Braid (1795–1860), hypnotische Kräfte wirksam. Eine französische Untersuchungskommission (1784) hielt die Phänomene für durch Suggestion bewirkt. Von der Schulmedizin nicht anerkannt, wird er noch von Heilern (Magnetopathen) praktiziert.

Makrokosmos, Mikrokosmos. Der Gedanke eines Zusammenhangs zwischen Kosmos (→ Kosmologie) u. Mensch nach Kriterien der Ähnlichkeit, Analogie u. → Sympathie ist weit verbreitet (→ Entsprechung): Was die → Sonne im Kosmos, ist das → Gold in der → Erde u. das → Herz im Menschen (F. Ohly). Dem ›Oberen‹ korrespondiert das ›Untere‹, das eine nimmt Einfluß auf das andere, alles ist durchwaltet von anziehenden u. abstoßenden Kräften. Diesen Zusammenhang beschreiben zahlreiche kosmogonische Mythen: Aus den Körpern von Urwesen u. Göttern ist die Erde erschaffen, aus ihrem → Blut entstanden die Gewässer, aus ihrem Schädel der Himmel, aus ihren → Haaren Pflanzen u. → Bäume. Die Verbindung von Makrokosmos u. Mikrokosmos wird als Weltsäule (›axis mundi‹), Regenbogen o. Himmelsleiter (Gen 28,12) vorgestellt. Sie wird gehalten von heiligen Bergen, Städten u. Tempeln. Für Empedokles sind beide von denselben Prinzipien, Liebe u. Haß, für Platon (*Timaios* 41d–58c) von derselben Vernunft getragen; sie sind aus denselben geometrischen Elementarkörpern (→ Elemente) aufgebaut. Schon die frühen Pythagoreer (→ Pythagoras) vertreten die Vorstellung eines seelenartigen Prinzips der Sympathie, das alles miteinander verbindet; so auch die Stoa (Sextus Empiricus, *Adversus mathematicos* 9,127; Cicero, *De natura deorum* 1,11,27). Wohl auf Poseidonius geht der Gedanke zurück, der Mensch als Mikrokosmos habe mit den Sternen das Dasein, mit den Pflanzen das Leben, mit den Tieren die Wahrnehmung u. mit den Engeln die Vernunft gemeinsam. Geradezu formelhaft wiederholen u. a. Gregor d. Gr. (*Homilia in Evangelium* 29) u. → Isidor v. Sevilla (*Sententiae* 1,11) den Satz. Die Vorstellung einer Parallelität u. Sympathie von Makrokosmos u. Mikrokosmos wird zur gedanklichen Grundlage astrologischer u. magiologischer Theoriebildungen (→ Neuplatonismus, → Astrologie). Faßbar werden die Strukturen eines Denkens in Entsprechungen auch in der Zaubermedizin: Der abnehmende → Mond bewirkt das Verschwinden von Krankheiten, der zunehmende bewirkt die Gesundung usw. (→ Iatromathematik).

Malachit (von griech. *maláchē* ›Malve‹), Schreckstein, → Edelstein. Undurchsichtiges, schwärzlich bis smaragdgrünes Mineral. Für die Antike bezeugt → Plinius den Gebrauch des M. als → Amulett: »Man lobt ihn für Siegel und als Schutzmittel [custodia] für Kinder; auch ist ihm eine gewisse Abwehrkraft gegen Gefahren eigen« (*Naturalis historia* 37,114). Zumeist in Herzform geschnitten, wurde er im 17. u. 18. Jh. zur Abwehr von Krankheiten, Unglück, → Gift u. dem → Bösen Blick gebraucht. Vielfältige apotropäische Wirkungen (→ Apotropaion) des M. kennt Zedlers *Universallexikon*: Er werde »den Kindern angehänget [...] weil er sie für Erschrecken bewahren soll«. Man grübe dem Stein auch das Zeichen der → Sonne ein, »da sie denn meynen, wenn sie ihn bey sich tragen, für Zauberey, Gespensten, und gifftigen Thieren sicher zu seyn« (35,1119).

Maleficium (lat., ›böse Tat‹), Frevel‹, ›Zauberei‹, ›Zaubermittel‹. Malefikanten (›malefici‹), schreibt → Isidor v. Sevilla, würden aufgrund der Größe ihrer Verbrechen so genannt; sie würden die → Elemente erschüttern, den Geist der Menschen verwirren u. ohne jeden Giftbecher (→ Gift), allein durch ihre Zauberlieder (»carmina«; → Inkantation) töten (*Etymologiae* 8,8,9). Im Sinne des Zaubereiverbrechens (›crimen magiae‹) erscheint das Wort als Oberbegriff verschiedener Arten der → Magie u. → Divination bei Hugo v. St-Victor (*Didascalicon* 6,5). In späterer Zeit taucht der Begriff in den Hexenprozeßprotokollen (→ Hexe), zumeist im Sinne von Schadenzauber, auf.

Malleus maleficarum → *Hexenhammer*

Mana, austronesisch (Ozeanien), wohl ›fähig‹, ›können‹, ›wirksam‹, ›erfolgreich‹; ›Ungewöhnliches‹, ›Wahres‹; ›Macht‹, ›Herrschaft‹. Begriff für substantiell wirksame, in Ereignissen u. deren Resultaten erfahrbare Macht. M. besitzen Gegenstände von ungewöhnlicher, auffallender Form, Pflanzen u. Tiere, erfolgreiche Krieger, Häuptlinge. Die M.-Kraft läßt sich übertragen u. aneignen; man kann sie durch Nahrung aufnehmen. Der Begriff wurde erstmals von dem englischen Missionar R. H. Codrington beschrieben (*Melanesian Anthropology*, 1891), in der Folge dann eher spekulativ, jedenfalls unabhängig von seiner ursprünglichen Bedeutung in unterschiedlicher Weise in der Religionswissenschaft gebraucht (Monotheismus, → Präanimismus, Dynamismus). Auf seinen primären Umfang reduziert, wird er heute in seiner ursprünglichen Bedeutung gebraucht, als Bezeichnung einer übernatürlichen Macht.

Mantik (von griech. *mantiké [téchnē]* ›Kunst/Gabe der Weissagung‹), Sehergabe, Deutungsgabe im Sinne von Prophezeiung hinsichtlich der von den Göttern gegebenen Zeichen. Die Stoa unterscheidet zwischen einer natürlichen/enthusiastischen (→ Enthusiasmus) u. einer künstlichen/zeichendeutenden M. Die natürliche gründet in Inspiration u. Verzückung. Platons Etymologie leitet das Wort dementsprechend von *manía* ›(prophetischer) Wahnsinn‹, ab (*Phaidros* 244a–c). Die künstliche M. deutet → Blitz, → Donner, Sternkonstellationen (→ Astrologie), → Träume, die Eingeweide der Opfertiere (→ Haruspex), das Verhalten von Vögeln (→ Augurium).

Marquard von Lindau, * 1320/30, † 13. 8. 1392 Konstanz, Franziskaner, Prediger u. geistlicher Schriftsteller. 1373 Lehrer am Generalstudium in Straßburg, dann Lektor in Würzburg, 1379 Magister theologiae, 1389–92 Provinzial der oberdeutschen Ordensprovinz. Verfaßte Traktate, Predigten u. Erbauungsschriften, als Hauptwerk eine *Dekalogerklärung* (gedr. Venedig 1483; ed. J.W. van Maren, 1984), eine ausführliche christliche Glaubens- u. Lebenslehre. Das Werk gehört zu den wirkmächtigsten deutschsprachigen geistlichen Prosatexten des späten MA, es bespricht Formen des Aberglaubens, etwa den Glauben an

Träume (→ Traumdeutung), → Tagewahl, → Losbücher u. Zauberei. Wichtigste Quelle der *Dekalogerklärung* ist der Traktat *De decem praeceptis* des Heinrich v. Friemar.

Martin von Amberg, Priester zu A. u. wahrscheinlich Inquisitor in Straßburg (1374), Regensburg (ab 1380), Würzburg u. Erfurt (1391), Prag (1396), Nürnberg u. Bamberg (1399), Tyrnau, Hartberg in der Steiermark u. Ödenburg (1400–01). M. verfaßte 1371/82 den *Gewissensspiegel* (ed. S. N. Werbow, 1958), eine christliche Glaubenslehre für lateinunkundige Laien. Die Schrift enthält eine umfangreiche Aberglaubensliste innerhalb einer Auslegung des 1. Dekaloggebots mit Angaben zu einer Vielzahl von Superstitionen. Sie diente H. → Vintler, einem Münchner Text (Cgm 4595) sowie der *Christenlehre* des Thomas Peuntner (um 1390 – wohl 20. 3. 1439) als Vorlage. Als Quelle lassen sich das *Compendium theologiae veritatis* des Hugo Ripelin v. Straßburg (1200/10–1258) sowie die *Eusebiusbrief-Übersetzungen* des Johann v. Neumarkt (um 1315 – 24. 12. 1380) ermitteln.

Martin von Braga, * um 515 Pannonien, † 579 Braga. Seit 550 im nordwestlichen Spanien (Galicien) bei den Sueben tätig. Um 556 erster Bischof v. Dumium. Verfaßte als Missionar die Predigtanleitung *De correctione rusticorum* (ed. C. W. Barlow, 1958). Sie enthält eine Fülle von Hinweisen zu Paganismen u. Superstitionen, die sie auch für andere Autoren der Missionszeit geeignet erscheinen ließ. So gehen u. a. auf M. zurück bzw. enthalten Stücke aus seinen Texten: eine Predigt in der Lebensbeschreibung des hl. Eligius († 660; *Vita Eligii*); die *Dicta* des → Pirmin v. Reichenau (710–724); die *Homilia de sacrilegiis* (8. Jh.); die *Libri duo de synodalibus causis* des → Regino v. Prüm (um 906); die angelsächsische Stabreimpredigt des Aelfric († vor 1020) *De falsis diis*; das *Decretum* des → Burchard v. Worms (vor 1023) o. die aus dem 12. Jh. überlieferte *Rede an Getaufte*. Auch Stücke der *Capitula Martini* (572; ed. C. W. Barlow, 1950) haben weite Verbreitung in ähnlichen

Zusammenhängen gefunden, insbesondere in den → Bußbüchern.

Materia prima, ›erste Materia‹, Urstoff, Grundsubstrat, das der Materia-Forma-Lehre des → Aristoteles (*Metaphysica* 7,3,1029a20 f.) zufolge kein existierender Körper, sondern Prinzip der Bestimmbarkeit materieller Substanzen, nur die Möglichkeit von allem ist. Die M. p. erhält erst durch die Form Wirklichkeit u. spezifische Eigenschaften. Reinste Form ist Gott. Aus der Urmateria gingen die → Elemente hervor, die durch charakteristische Mischung ihrer Anteile die Vielfalt der Substanzen begründen. Die → Alchemie faßt die M. p. substantiell auf u. begreift sie als Anfang des Prozesses, der über verschiedene Stufen der Transmutation zum → Stein der Weisen führt. Es wollte ihr möglich erscheinen, diesen Urstoff durch Operationen, etwa durch Erzeugung von Fäulnis (›putrefactio‹), zu gewinnen. Als Ausgangsstoffe der Reduktion galten u. a. der ›Maitau‹, astral geschwängertes Wasser, der Ton, die ›terra Adamica‹, aus dem Gott den Menschen formte o. der → Kot.

Materialisation (Kunstwort von lat. *materia* ›Stoff‹), ›Verstofflichung‹. Bezeichnung der → Parapsychologie für die Erscheinung von → Geistern in stofflicher Form unterschiedlicher Dichte, in Gestalt von Menschen, Tieren u. Gegenständen, auch von Skeletten mit Kreislauf u. Atem. Man erklärte solche Wesenheiten u. a. als Verdinglichung des → Ätherleibes.

Mathematik, von griech. *mathēmatikós* ›lernbegierig‹; zu griech. *máthēma* ›das Gelernte, die Kenntnis; Wissenschaft‹. Die griechische Antike verstand, ausgehend von den Pythagoreern (→ Pythagoras), unter der ›mathēmatikḗ téchnē‹ die vier Disziplinen der Arithmetik, Geometrie, Astronomie u. Musik(theorie). Im Lateinischen wurden damit die Wissenschaften, die auf arithmetischen u. geometrischen Darstellungen gründen (Gellius, *Noctes Atticae* 1,9,6), im allgemeinen Sprachgebrauch die Tätigkeit der

Horoskop-Astrologen bezeichnet. Die Richtung auf den Begriff in heutiger Bedeutung wird bei → Aristoteles eingeschlagen. Als Name für Nativitätssteller (→ Horoskop) ist die Bezeichnung verhältnismäßig früh in der christlichen Literatur belegt (*Didache*, zwischen 80 und 100, 3,4; Konzil v. Laodikeia, 2. Hälfte 4. Jh., 36). → Augustinus hält die Wortwahl allerdings für umgangssprachlich (»vulgo«), man spreche zutreffender von ›genethliaci‹ (zu griech. *genéthlios* ›die Geburt betreffend‹), da sie Erwägungen über die Tage der Geburt anstellten (*De doctrina christiana* 2,21). Über → Isidor v. Sevilla (*Etymologiae* 8,9,23) ist diese Worterklärung dem MA überliefert worden u. in das *Decretum* des → Gratian gelangt (2,26,3.4). Jedoch ist der Begriff gelegentlich schwankend geblieben. Gervasius von Tilbury schreibt die Erschaffung einer wunderbaren → Fliege der »mathematischen Kunst« (→ Kunst) des → Vergil zu (*Otia imperialia* 3,10: »arte mathematica«).

Medaille, von frz. *médaille*, ital. *medaglia*, spätlat. **metallia* (*moneta*), münzähnliche, jedoch nicht als Zahlungsmittel verwendete Denkmünzen, Schaumünzen. Vom 14. bis 17. Jh. verbreitet waren astrologische Münzen (›sigilla‹; → Sigillum), deren Wirkungen an die Korrespondenzen von → Planeten u. → Metallen geknüpft wurden. Sie enthielten → Namen von Gestirnsgeistern, allegorische Figuren, magische → Quadrate o. → Charaktere. Herstellungsanweisungen finden sich u. a. im → *Picatrix*, bei → Arnald v. Villanova u. → Agrippa v. Nettesheim. M.n christlichen Inhalts erinnern an Heilige u. Wallfahrten o. beziehen sich auf Glaubenssätze. Sie sind geweiht u. werden als → Amulett u. → Talisman am → Rosenkranz, an der Uhrkette, an den Kleidern o. am Hut (Pilgerzeichen) getragen.

Medium (von. lat. *medium* ›in der Mitte befindlich‹, ›vermittelnd‹), im → Okkultismus, → Spiritismus u. der → Parapsychologie Fachwort für Personen, die Beziehungen zwischen der Welt der → Geister (Verstorbener) u. den Lebenden herstellen.

Menstruation, menstruieren, Monatsblutung, zu lat. *mensis* ›Monat‹; griech. *mēn*, *mḗnē* ›Mond‹, ›Monat‹. Die Bezeichnung gründet in der Auffassung, die Blutung der Frau sei an die Phasen des → Mondes gebunden. In vielen Kulturen galt die m.de → Frau als → tabu u. wurde abgesondert. Auch besondere, magische Kräfte (→ Magie) wurden ihr beigelegt. Die Antike kannte Tempelvorschriften, die m.den Frauen das Betreten des heiligen Bezirkes untersagten (*Leges sacrae*, bei Parker, *Miasma* 74–103). Man glaubte an besondere Kräfte des Menstrualblutes: Es könne Messer stumpf machen, Wein verderben u. a. (→ Plinius, *Naturalis historia* 7,64 f.; 17,266; 28,77–86), → Hagel abwenden, Raupen u. Schädlinge des Getreides vernichten (Contumella, *De re rustica* 10,357–63; 11,3,64; vgl. Plutarch, *Moralia* 700e); der Blick einer m.den Frau belege den → Spiegel mit einer blutigen Trübung (→ Aristoteles, *De insomniis* 459b24–460a23 [späterer Einschub?]; → Böser Blick), verursache bei Gurken u. Kürbissen Fäulnis (Columella 11,3,50). Auch im MA galt, nun insbesondere unter Bezug auf die Tradition der mosaischen Reinheitsgebote (Lev 15,19–30), die M.de als (kultisch) unrein u. das Monatsblut als Gift (→ Isidor v. Sevilla, *Etymologiae* 11,1,141 f.). Die → Bußbücher untersagten den Beischlaf mit Menstruierenden; Hieronymus bezeugt die Auffassung, während der M. gezeugte Kinder würden Krüppel (»leprosi et elephanti«, »Aussätzige u. an Elefantiasis Erkrankte«; *In Ezechielem* 1,6,18). Jedoch wurden dem Monatsblut auch heilsame Wirkungen zugesprochen. Bäder, u. a. aus → Gundermann, denen davon etwas beigegeben ist, seien hilfreich bei Aussatz (→ Hildegard v. Bingen, *Physica* 1,114).

Mephistopheles, -philis, -philus, -phiel, Mephisto, Name des (eines) → Teufels. Die Deutung des Namens ist unsicher. Am ehesten dürfte die Ableitung von hebr. *mephir* ›Verderber, Zerstörer‹ (des G[g]uten [Gottes]?) u. *tophel* ›Verbreiter von Torheit‹, ›Lügner‹, zutreffen. Eher spekulativ-etymologisierend ist die Ableitung von griech. *mē* ›nicht‹, *phōs* ›Licht‹ u. *phílos* ›liebend‹ (›der das Licht nicht liebt‹) zu bewerten. Populär wurde der Name durch die *Historia von D. Johann Fausten* (1587). Hier zeigt sich M. als Greif u. → Drache, dann als Stern, feurige Kugel, als feuriger Mann, zuletzt als grauer Mönch. Bei Georg Rudolf Widmann erscheint er als gelehrter → Geist, den der Teufel als Diener zu → Faust schickt (*Warhaffte Historie*, 1599).

Mesmer, Franz Anton, * 23. 5. 1734, † 1815. Iznang b. Radolfzell, studierte 1750–60 Theologie, dann Medizin. Arzt in Wien, später in München u. Paris, begründete den ›Heilmagnetismus‹ (Mesmerismus). Eine Darstellung der magnetischen Heilweise, den er selbst ›animalischen‹ o. ›tierischen [→] Magnetismus‹ nannte, enthält sein *Schreiben an einen Arzt über Magnetismus* (Wien 1775).

Messe (von. lat. *missa*, zu *mittere* ›laufen lassen, schikken, senden‹), Gottesdienst. Die Erklärung des Wortes ist umstritten. Als Grundbedeutung läßt sich ›Entlassung‹, ›Verabschiedung‹ (mit Segen) annehmen. Das MA deutet das Wort als ›Feier, die Gaben und Gebete zu Gott sendet‹. Seit dem 5. Jh. Bezeichnung der Eucharistiefeier. Die Feier der M. bringt Hilfe für Lebende u. Tote, hilft Güter zu gewinnen u. Gefahren abzuwenden, ist nützlich bei Frauenleiden u. in Geburtsnöten, in Not u. Gefangenschaft, rettet Schiffbrüchige u. Verschüttete (Nachweise b. Franz, *Benediktionen* 2,206 u. Franz, *Messe* 73 ff.); erlöst die Verstorbenen vom Fegefeuer u. bringt den Verdammten in der Hölle Linderung ihrer Pein (→ Albertus Magnus, *Opus de mysterio missae* 104–107). Früh ist die Praxis belegt, Totenmessen für Lebende zu lesen (→ Totbeten), damit diese schneller sterben (17. Konzil v. Toledo, v. J. 694, 5; Konzil v. Trier, v. J. 1227, 6).

Messer (mhd. *mezzer*, ahd. *mezzisahs*; im Westgerm. **matiz-sahsa*, zu ahd. *maz* ›Essen, Speise‹ u. ahd. *sahs* ›Schwert‹, also ›Speise-Schwert‹). Das M. ist eines der ältesten Werkzeuge des Menschen. Es dient im → Haus, bei der Jagd, in der Landwirtschaft, im Kult, dem Barbier u. dem → Arzt. Als Blankwaffe finden sich M. von schwertartiger Länge. Wie anderen Schneidewerkzeugen wohnt dem M. die Kraft eines → Apotropaions inne, zumal schon das → Eisen als dämonenabwehrend gilt. In das frische → Grab gestochen, verhindert es die Wiederkehr des Toten (→ Leiche, → Wiedergänger), in die Luft geschleudert, wehrt es Unwetter (→ Wetter), Wirbelwinde, Wasser- u. Windhosen ab, in den Mast des Schiffes gestochen, wirkt es gegen den heraufziehenden Sturm (Zachariae, *Kleine Schriften* 344,349 f.). In die Tasche gesteckt, bringt es vor Gericht Recht (→ *Rockenphilosophie* 4. Hundert, 1718, 294–296). Ein M. mit einem → Kreuz schützt vor → Hexen (*Journal von und für Deutschland* 4,2,344) u. wird zur Wöchnerin (→ Geburt) in das → Bett gelegt (Beichtfragen von 1401: MSchlesVK 17,39,6). Kinder sollen kein M. auf dem Tisch liegen lassen, es könnten sich die → Engel daran verletzen (*Rockenphilosophie* 3. Hundert, 1718, 68 f.; *Journal* ebd., 342).

Metall (von lat. *metallum*, griech. *métallon* ›Mineral‹, ›Metall‹, ›Grube‹, ›Bergwerk‹). M.e werden aus Erzen gewonnen (→ Gold, → Kupfer, → Blei, → Eisen). Schon die Antike (Mithrasliturgie), später dann die mittelalterliche Philosophie u. → Alchemie ordneten die einzelnen M.e dem → Tierkreis u. den → Planeten zu (→ Entsprechungen): Gold (lat. aurum) / Sonne; Silber (argentum) / Mond; Blei (plumbum) / Jupiter; Kupfer (cuprum) / Saturn; Zinn (stagnum) / Venus; Eisen (ferrum) / Mars; Quecksilber (argentum vivum) / Merkur: »Die sieben metall [...] werden von den 7 planeten geregiert. Als nemblich gold von der sonnen, welches hitzig im andern grad und feücht im ersten. Das sylber von dem mon, ist khalt und feücht weiß von d. farb und steiff; das qweckhsilber [...] ist feücht flüssig und dunkhel weiß« usw. (Text des 17. Jh., bei Peuckert, *Pansophie* 490). Die Alchemie entwickelte die Vorstellung der Verwandlung (Transmutation; → Stein der Weisen) der M.e von der niedersten Stufe (Blei) zur höchsten (Gold) u. suchte den Prozeß im Labor anzuregen. Allen M.en wohnt Zauberkraft inne, schon ihr Klang verscheucht → Dämonen u. → Gewitter (Glockenklang: *Duplex legationis edictum* 34; → Lärm) u. hilft dem → Mond in seiner → Finsternis. Der Schall des Horns vertreibt → Blitz u. → Donner (Gervasius v. Tilbury, *Otia imperialia* 3,70: »De cornu Sancti Simeonis«), Wetterhörner waren im 16. u. 17. Jh., gelegentlich bis in die Gegenwart, im Gebrauch (ZÖVK 1,127f., 191,336f.). Auch das → Wetterläuten gründet im Gedanken der dämonenabwehrenden Wirksamkeit der M.e.

Mirakel (lat. *miraculum* ›Wunder‹). Im Heiligenkult u. Wallfahrtswesen postume Wunder eines Heros o. Heiligen an dessen Grab- o. Kultstätte (Ursprungssagen von Wallfahrtsorten, Gebetserhörungen), die zu kultpropagandistischen Zwecken in Listen gesammelt (Mirakelbücher), in Nachfolge antiker Praxis (*Iámata* des Asklepios in Epidaurus), schon → Augustinus bekannt waren (*De civitate dei* 22,8). In der Hagiographie oft novellenartig ausgestaltete Wundergeschichten eines Heiligen im Anhang seiner Vita o. Legende, zum Beweis der Heiligkeit. Auch Bezeichnung dramatisierter Heiligenlegenden. Neben dem inhaltlich bestimmten Begriff wurde M. schon im mittelalterlicher Zeit Gattungsbegriff für jede Art Erzählung von wunderbaren Gebetserhörungen u. Gnadenerweisen eines Heiligen, die dessen jenseitige Heilsmächtigkeit sowie seinen Fürbitt- u. Hilfscharakter betonen.

Mistel, Viscum album, kugeliger, etwa 1 m hoher immergrüner Halbstrauch, parasitär auf Bäumen wachsend, mit weißen Beeren. In der antiken, keltischen u. nordischen Mythologie von großer Bedeutung (→ Plinius, *Naturalis historia* 16,245–251): »Es haben die alten heiden auch vil wunders mit disem alle zeit grünen gewächs getriben [...] solcher fantasei vnd aberglauben seind vil bei vns eingerissen. Dann vil meinen noch / es haben die Eichen Misteln etwas krafft vnd gewalt für böse gespenst / henckens auch zům theil den jungen kinderen an die hälß / der meinung / es soll den selben kindern kein zauberei oder gespenst schaden« (Bock, *Kreüter-Buch* 349^{v} – 350^{r}). Die → Volksmedizin gebraucht sie gegen Geschwülste, Milz- u. Leberleiden (Sigerist, *Rezeptbücher* 19,59) sowie bei Erkrankungen von Brust u. Lunge (→ Hildegard v. Bingen, *Physica* 3,2). Nach → Plinius tragen Frauen die M. zur Förderung der Empfängnis (*Naturalis historia* 24,12). Von der Wirksamkeit einer M.salbe gegen angezauberte Impotenz weiß ein neuzeitlicher Berichterstatter (Frommann, *De fascinatione* 957). Als → Amulett wirkt sie gegen die Fallsucht (→ Epilepsie), wenn man sie in der rechten Hand o. dort in einem Fingerring (→ Ring) trägt. Von der himmlischen Herkunft des Rezeptes berichtet ein Text des 15. Jh. ausführlich: »der künig, der do huette des vichs seines vatters und im gehorsam was [David], der sach, das ein fraw storczod und hät den hinvallunden siechtag [Epilepsie]. da pat er got, das er im kunt tät, was gůt da für wär. do kam ein engel von hymel und sprach: ›wer den aichelmistel hat an der rechten hant in ainem fingerlein [Fingerring], das der mistel die hant perürt, der siechtage perürt das mensch ny nimermer« (Schönbach, *Zeugnisse B. v. R.* 147).

Mitternacht ist Zeit der → Geister, → Dämonen u. des → Teufels; zugleich ist sie der Zeitpunkt des Morgenbeginns, an dem mit dem Schlag der Glocke der → Spuk verschwindet u. → Schätze versinken. Die Toten verlassen zur M. ihre → Gräber u. wohnen der Geistermesse (→ Messe) bei. Insbesondere die ruhelosen Toten (Räuber, Mörder, Hingerichtete, Grenzfrevler, Selbstmörder) u. Arme Seelen erscheinen u. gehen um, schwarze Hunde u. schwarze Pferde spuken, Leichenwagen ziehen vorbei, versunkene → Glocken läuten; es ist die Zeit, Schätze zu heben, Schadenzauber zu wirken, Geister zu → beschwören, aber auch die Zeit magischer Vorsichtsmaßregeln (→ Apotropaion). Zu M. wird die Zukunft erforscht, Träume (→ Traumdeutung) werden wahr.

Molitor(is), Ulrich, * um 1442 Konstanz, † 1507 o. 1508; 1470 Dr. des Kirchenrechts nach Studium in Basel u. Pavia (1465–70). Danach Notar am bischöflichen Gericht in Konstanz, später am bischöflichen Vikariat, seit 1482 zusätzlich in Diensten Herzog Siegmunds v. Tirol, 1495/96 Kanzler des Herzogtums Tirol u. schließlich, auf Empfehlung Kaiser Maximilians, Prokurator am Reichskammergericht. In seiner einflußreichen Schrift *Tractatus de laniis et phitonicis mulieribus Teutonice unholden et hexen* (Konstanz [1489]; Straßburg 1493), die seit 1580 auch als Anhang zum → *Hexenhammer* verbreitet wurde, vertrat M. die Auffassung, daß die meisten Untaten der → Hexen zwar von → Dämonen begangen würden u. der Hexenglaube auf »Fantastigkeit und Eynbildung« beruhe; für ›echte‹ → Hexen jedoch verlangte er wegen ihrer »Abtrünnigkeit [vom christlichen Glauben] und Ketzerey« die Todesstrafe. Doch bezweifelt er die Beweiskraft der unter der Folter erpreßten Geständnisse.

Moly, Zauberkraut mit schwarzer Wurzel u. milchweißer Blüte, das Odysseus von Hermes zur Abwehr der Zauberin Kirke gereicht bekommt (*Odyssee* 11,302 ff.). Botanisch bislang nicht identifiziert, wurde das M. u. a. als Nieswurz, → Allermannsharnisch o. als eine Art des → Knoblauchs (griech. *mṓlyza*) gedeutet. Als M. wurden wohl abstrakt Zauberkräuter allgemein bezeichnet, doch scheint sich der Name auch im engeren Sinn auf persische u. ägyptische Zauberpflanzen zu beziehen (Haoma, Besasa). Theophrastos berichtet, das Kraut wachse in Pheneos (Nordarkadien) u. im Kyllenegebirge (Peloponnes), habe eine zwiebelartige Wurzel u. werde als magisches Gegenmittel verwendet (*Historia plantarum* 9,5,7). Auch → Plinius bezieht sich offensichtlich auf ein Zwiebelgewächs (*Naturalis historia* 21,180; 25,26 f. u. 127; 26,33). Adam

Lonicer berichtet: »Und erstlich beschreibet es Homerus in lib. [Buch] 10. Odysseae; und Ovidius in seiner Metamorphosi lib. 14. Nemlich / daß es hab ein schöne Milchweisse Blume / und ein schwartze Wurtzel / welche mühselig außzugraben sey / solches sei von dem Mercurio dem Ulyssi gegeben worden / daß er unbeschädiget möche seyn von der Zauberey der Circes / welche alle Menschen so zu ihr kommen / pflegete zu bezaubern und in unvernünfftige Thier zu verwandeln [...] Ihre Krafft und Tugend ist / daß sie wiederstehet und vertreibet alle Zauberey / so man sie bey sich trägt« (*Kreuterbuch* 562f.).

Monatssteine. Die Gewohnheit, M. zu tragen, geht auf die *Johannes-Apokalypse* (21,19–21) zurück, in der die 12 Grundsteine des himmlischen Jerusalem Edelsteinschmuck tragen. 12 → Edelsteine schmücken auch den Brustschild des Hohepriesters im AT (Ex 28,15–21; 39,8–14). Wie die babylonische → Astrologie schon den 7 → Planeten 7 Edelsteine zuordnete, denen die Kraft des jeweiligen Sternes innewohne o. die er vermittle, so lag auch der astrologische Gedanke nahe, den 12 Zeichen des → Tierkreises 12 Edelsteine zuzuordnen u. damit eine Beziehung bestimmter Edelsteine zu den in den verschiedenen Monaten Geborenen zu begründen. Verschiedene → Ringe mit Edelsteinen werden in den verschiedenen Monaten getragen, um deren astrologisch determinierter heilsamer Wirksamkeit zu ihrer Zeit teilhaftig zu werden. Heute werden folgende Monate den verschiedenen Edelsteinen zugeordnet: Januar: → Topas, Februar: → Chrysopras, März: → Hyazinth, April: → Amethyst, Mai: → Jaspis, Juni: → Saphir, Juli: → Smaragd, August: → Chalzedon, September: → Karneol, Oktober: → Sardonyx, November: → Chrysolith, Dezember: → Beryll.

Mond. Der Lauf u. die Phasen des M.s dienten schon in früher Zeit den orientalischen Kulturen als Strukturelement des → Kalenders. Aus dem 5.–1. Jh. v. Chr. sind mathematisch-astronomische Texte über die Berechnung von

Neu- u. Vollm. sowie der → Eklipsen von → Sonne u. M. überliefert. Der M. galt als → Planet u. seine Bahn in der mythischen → Kosmologie als die Grenze zwischen der ewigen (›supralunaren‹) u. vergänglichen (›sublunaren‹) Welt. Über den Einfluß des M.s auf das irdische Leben berichten antike Schriftsteller: Katzenaugen werden mit dem M. größer u. kleiner (Gellius, *Noctes Atticae* 20,8,4), der Ibis schließt bei M.finsternis (→ Finsternisse) so lange seine Augen, bis dieser wieder erscheint (Ailianos, *De natura animalium* 10,29). Vieles von der Wirkung des M.lichts auf Flora u. Fauna verzeichnen → Plinius (*Naturalis historia* u. a. 2,109,211) u. Johannes Laurentius Lydus (*De ostentis* 7). Der Astronom Seleukos v. Seleukia (auch: v. Babylon; um 150 v. Chr.) erklärte Ebbe u. Flut nach dem Stand des M.es in den äquatorialen → Tierkreiszeichen (Strabon 3,5,9). Die → Sympathie zwischen den Phasen des M.s u. der → Menstruation der Frau wird mythisch durch die M.göttin als Herrin der Frauen personifiziert (Homer, *Ilias* 21, 483); unter den Medizinern vertritt den Zusammenhang Pseudo-Hippokrates. → Aristoteles bejaht verschiedene Wirkungen des M.s auf die → Geburt (*De generatione animalium* 4,10). Praktische Medizin u. Landwirtschaft beobachten den Stand des M.s (Columella, *De re rustica* 11,14,9; 17,2; u. ö.). Beim Schneiden der Haare u. Nägel habe man sich nach dem M. zu richten, überliefert Cato (*De agri cultura* 37,3 f.; vgl. Varro, *Res rusticae* 1,37; Plinius, *Naturalis historia* 26,194). Da bei M.licht der Tau reichlicher fällt, gelangte man zu der Ansicht, der M. sei von wäßriger Substanz u. sein Licht habe feuchtende Kraft (Theophrastos, *De causis plantarum* 3,22; 4,14,3; Plinius, *Naturalis historia* 18,275.282). Was seit mittelalterlicher Zeit an Vorstellungen über die Wirkungen des M.s bekannt ist, gründet einerseits in antiker Überlieferung, andererseits in Vorstellungen der → Sympathie, die jederzeit u. universell ähnliche Glaubensformen u. -inhalte begründen können. So gilt im Zauber der sympathetische Grundsatz, daß alles, was abnehmen u. vergehen soll, bei abnehmendem M., alles, was zunehmen, sich mehren u. heilen soll, bei zunehmendem M. bewirkt wird: → Würmer, Ungeziefer, Hühneraugen, Hämorrhoiden, → Gicht, → Fieber vergehen bei abnehmendem; Pflanzen, Früchte, Tiere u. Menschen gedeihen, Krankheiten heilen, → Geld mehrt sich bei zunehmendem M. Manches erscheint ambivalent: → Warzen vertreibt man bei abnehmendem, man heilt sie bei zunehmendem M., ebenso Kröpfe, Zahnschmerzen. Es kommt auf den Aspekt an. Der M.zauber wird mit magischer Handlung, mit → Ritus, → Gebet, → Zauberspruch, → Beschwören u. → Bann vollzogen. Häufig werden die Zaubertexte mit der Anrede »lieber Mond« o. »holder Herr« eingeleitet: » so ettlich menschen von ersten sehent newen man [Mond] so erent sy jn vnd naigent jm oder sy knient nider vnd bitent jn an vnd sprechen dy daigen oder ander wort: Weyser got wilkomen newer man, holder herr, mach mir meines gücz mer vnd tün ir pewtel aüff vnd zeigent jm ir gelt oder sy ruren oder schutelnt den pewtel vnd glaubent das sy mit solichem pet vnd mit solicher irrung von jm erwerben sold vnd gluck durch das gancz moneyt vnd das sy auffnement in zeitlichen gut« (→ Nikolaus v. Dinkelsbühl, *Von den zehn Geboten*, SB München, Cgm 392, 72^{v} – 73^{r}; vgl. Thomas Peuntner, *Beichtbüchlein*, Cgm 4595, 13^{r-v}). Zahlreiche Prognostiken, Wetterregeln (→ Bauernpraktik), Grundsätze der → Tagewahl knüpfen sich an die Phasen des M.s, an M.höfe o. die Farbe u. Helligkeit seines Lichts. Das → *Wetterbüchlein* (unpag.) des Leonhard Reynmann verzeichnet die Regel: »Item an dem dritten tag vor dem newen vnnd volmon / sihe ahn dem mon / wenn ein schöner liechter schein von jm geet / bedeüt schön wetter / vnnd wind / vnd ist der mon schwartz / oder grob / bedeütet ein kalten lufft vnd regen«. → Astrologie

Mondraute, Botrychium lunaria, Ruta lunaria, Petersschlüssel, Walpurgiskraut; kleines, fast über die ganze

Erde verbreitetes Farnkraut mit halbmondförmig gefiederten Blättern, auf trockenem Rasen, Wald-, Berg- u. Heidewiesen. Aufgrund ihrer Blattform wurde die M. in Beziehung zum Wechsel des → Mondes gebracht (→ Entsprechung) u. fand in der → Alchemie Verwendung bei Versuchen der Verwandlung (Transmutation; → Stein der Weisen) der → Metalle in → Gold. Sie galt als → Aphrodisiakum u. Abortivum (Gesner, *De raris et admirandis herbis* 30).

Mondsucht, Lunatismus (von lat. *luna* ›Mond‹; *lunaticus* ›auf dem Mond lebend‹, ›dem Wechsel des Mondes unterworfen‹, ›Mondsüchtiger‹, ›Epileptiker‹). Die Vorstellung, die → Epilepsie sei vom Mond verursacht, ist schon der Antike bekannt (→ Isidor v. Sevilla, *Etymologiae* 4,7,6). → Thomas v. Aquin hält M.ige für Besessene (→ Besessenheit), denn der → Teufel übe über den Einfluß des Mondes auf den Körper (→ Astrologie) seine Macht auf die Verfassung des Menschen aus (*Summa theologiae* 1,2,115, 5). Schon das NT betrachtet M.ige als von → Dämonen besessen (Mt 17,14–20). Zur Heilung des M.igen ist deshalb der → Exorzismus vorgesehen. Über einen solchen berichtet die Legende des Eugendus v. St. Claude († um 590). Der Dämon wird dort, wie sonst der Besessene, »lunaticus«, aber auch »dianaticus« (von ›Diana‹) genannt (AA SS OB 1,573; Exorzismustext b. Franz, *Benediktionen* 2,548). Das Ehebett ist vor Mondschein zu schützen; denn bei Mondlicht gezeugte Kinder werden m.ig. Auch Schwangere sollen sich nicht vom Mond bescheinen lassen.

Moos. Unter den etwa 25 000 Arten umfassenden M.en macht der → Volksglaube zumeist keinen besonderen Unterschied, bezeichnet zuweilen auch Flechten so. Eine besondere Bedeutung kommt dem Widertonm. (Polytrichum formosum) zu, einem Laubm., das auf dem Boden des Nadelwaldes wächst. Aufgrund der goldgelben, zerfaserten Haube der Sporenkapsel auch ›Unser lieben Frauenhaar‹ (›Goldhaar‹) genannt. Allerdings ist der Gebrauch auch dieses Namens schwankend. → Vintler erwähnt es als Zaubermittel (*Blumen der Tugend* 8239f.), ebenso Fuchs (*Kreüterbuch* 241), Tabernaemontanus (*Kreuterbuch* 1187) o. auch der Wetterauer Pfarrer Conrad Rosbach in seinem *Paradeißgärtlein* von 1588 (150: »Sie [die alten Weiber] brauchens sehr für Zauberey«). Spezifischer ist die Angabe einer Breslauer Handschrift von 1594, die seinen Gebrauch gegen Verzauberung von Vieh sowie einen Segen nennt: »Wiederthat [Wiederton], du weist, was dir Christus befohlen hat; Das solt tu das gutte mehren vndt des bösen wehren. Das zehl ich dir liebes Viehe zu lob vndt buße. In nomine Patris et Filii et Spiritus sancti« (MSchlesVK 18,99). In der magischen Medizin wird M., wobei es sich gelegentlich wohl um Flechten handelt, v. a. als blutstillendes Mittel gebraucht. → Plinius kennt M. auch als ein Mittel gegen Ausschlag u. führt einen begleitenden → Zauberspruch an: »Der [...] Stein trägt ein trokkenes, graues Moos. Dieses zerreibt man unter Zusatz von menschlichem Speichel mit einem anderen Stein; mit diesem Stein berührt man die räudigen Stellen und sagt dabei: ›Fliehet, ihr Kanthariden [Käfer, die das Getreide schädigen], / dem Blut stellt der reißende Wolf nach‹« (*Naturalis historia* 27,100). Besonders geeignet erschien M. vom Totenschädel. Tabernaemontanus beschreibt seine Zubereitung: »Etliche Medici und Apothecker legen einen Todtenkopff eine zeitlang an einem feuchten Ort, / aus welchem endlich ein Mooß herfür wächst / solches nehmen sie und halten es zum Gebrauch. Es wird aber fürnemlich genützet zu der Blutstillung, / darzu es ein sonderlich Experimentum seyn soll / wann man das Mooß zu einem Pulver macht und einstreuet« (*Kreuterbuch* 1196).

Mosesbücher → Zauberbuch

Muttermal, lat. ›naevus‹, aus **gnaevos*, zu *gignere* ›zeugen‹, ›gebären‹; ›Mal vom Mutterleib her‹, ›angeborenes Mal‹. Man glaubte, dem M. liege ein → Versehen der Mutter zugrunde: »man hat muttermäler in form von sternen, kronen, schwertern, weil die frau, welche den menschen trug, sich an einem groszen orden, an einem kirchenzuge, an einer krönung versah, oder unter kriegsgetümmel ihre schwangerschaft abhielt« (Karl Leberecht Immermann, *Münchhausen*, b. → Grimm, Wb. 12,2823). Ein M. entsteht auch, wenn die Schwangere einen Heißhunger nicht stillen kann o., wenn sie erschrickt, sich an den Körper greift (Freudenberg, *Paracelsus* 1918). Gelegentlich wurden M.e zu Wahrsagezwecken gedeutet, wie eine Rüge des Bamberger Bischofs Vitus († 1530) bezeugt. Schon die griechische *Melampodía*, ein dem Seher u. Wundertäter Melampos zugeschriebenes Epos des 6. Jh. v. Chr., behandelt das »Wahrsagen aus M.en« (»Divinatio ex naevis corporis«). Es galt auch als ein → Hexenmal u. wurde im Hexenprozeß (→ Hexe) als Indiz erprobt (→ Hexenprobe).

N

Nachgeburt, lat. ›secundina‹, ›secunda‹ (›die folgende‹). Als Mutter u. Kind verbindender Körperstoff besitzt die N. sympathetische Kraft (→ Sympathie). Sie muß deshalb jedem möglichen Schadenzauber entzogen werden: »wir bringen allesamen ein rot wammesch uff erden (Pellem secundinam) Das můß darnach der man vnder die stegen vergraben« (J. Geiler v. Kaysersberg, Predigt *Von dem Wannenkremer*, bei Pauli, *Brösamlin* 109v). Man vergräbt sie auch heimlich u. unter Gebeten unter dem Zaun (→ Einfriedigung), dem Rosenstrauch, unter Fruchtbäumen, in der Scheune, im Stall o. unter der Diele. Die Würzburger *Hebammenordnung* v. 1555 verordnet, sie in fließendes Wasser zu geben (Lammert, *Volksmedizin* 169). Man verhindert so auch ihren Gebrauch zur Herstellung von → Hexensalben. → Geburt

Nacht. Die N. wird ambivalent empfunden, als gestaltloses, unheimliches Dunkel, das Grauen erregt, u. als feierliches, trostvolles Schweigen u. Ort der Offenbarung. Es ist die Zeit der → Geister, der dämonischen Mächte (→ Dämonen). Insbesondere die Zwölf Nächte (→ Zwölften) sind voller → Spuk u. Gefahr. Der Wilde Jäger zieht um, Waldgeister lassen sich sehen, der → Teufel übt seine Macht u. trifft mit den → Hexen, den Nachtfahren, zusammen (→ Hexensabbat, → Walpurgisnacht), Vampire steigen aus ihren → Gräbern, die Toten kommen ins → Haus. Man hört den Nachzehrer schmatzen, Zwerge klopfen, → Hausgeister rufen, unerlöste Seelen seufzen, umgehende Grenzfrevler ächzen. Wasserfrauen kommen zum Tanz u. verschwinden um → Mitternacht. → Alp u. N.mahr springen den Menschen an, drücken ihn u. erzeugen wollüstige Träume (→ Incubus). Arme Seelen erscheinen als → Irrlichter u. Feuermänner u. brennen ihre

Handspur in den Bettpfosten. Bevor der → Hahn kräht, sollte man nicht aus dem → Haus gehen. In der N. offenbart sich die Zukunft, u. es lassen sich → Orakel befragen. Zur → Weihnacht u. in der N. vor → Neujahr lassen sich → Vorzeichen deuten: Wie das → Wetter wird, ob es eine → Hochzeit gibt o. ob der Tod kommt.

Nachtschattengewächse, Solanaceae, zweikeimblättrige Blütenpflanzenfamilie mit etwa 2300 v. a. in Mittel- u. Südamerika heimischen Arten. Sie besitzen meist trichterartige, sternförmige, fünfstrahlige Blüten u. bilden als Frucht eine Beere o. Kapsel aus. Ihr Giftstoff Alkaloid machte ihre Bestandteile für → Aphrodisiaka u. → Hexensalben geeignet (→ Alraune, → Bilsenkraut, → Stechapfel, → Tollkirsche). Auch zur Abwehr von Zauberei geeignet. Der ›Nachtschatten‹ im engeren Sinn (Solanum nigrum; weiße, fünflappige Blütenkrone, schwarze Beeren) wird nach Brunfels gebraucht »wider die schäden die die hexen den leuten zůfügen / vnd das vff mancherley weiße / noch gelegenheit des widerfarenden schadens / nicht on sonderliche supersticion / vnd magia. Würt deshalb in sonderheyt Nachtschatt genant« (*Kreüterbuch* 195).

Name. Der N. repräsentiert die Person, beide erscheinen austauschbar, Befehle werden ›im Namen von N. N.‹ erteilt. Die Kenntnis ihres N. bringt Macht über Götter, → Dämonen u. dämonische Wesenheiten (Rumpelstilzchen). Die Kenntnis des N. vermag dessen Träger zu vernichten. Mit der → Schwindeformel soll durch sukzessives Fortlassen der Buchstaben eines N. dessen Träger zugrunde gerichtet werden. Die Möglichkeit des N.zaubers zwingt auch die Götter dazu, ihren N. verborgen zu halten. Im alten Ägypten hielten Isis u. Re ihren ›wahren Namen‹ untereinander geheim (Gladigow, *Götternamen* 13–32: *Von der List der Isis*). Die zauberische N.nsnennung wirkt zwanghaft: → Teufel, → Geister u. → Hexen darf man nicht beim N. nennen, sonst kommen sie. Geradezu inflationär ist die Nennung von N.n im Zaubertext. Sie zeugt von dem Versuch, den ›wahren Namen‹ durch immer engere Einkreisung u. innerhalb einer Vielzahl von Wortvariationen, Buchstabenreihen u. Buchstabenkombinationen (→ Buchstabensymbolik) irgendwann zu treffen. Das führt zu einer kaum mehr erfaßbaren Fülle von Wortgebilden, angereichert durch Rezeption als geeignet erscheinender N.n aus fremden Religionen u. durch Einfügung fremder Buchstaben sowie überkommener u. neuer Zeichenbildungen. »Ignota nomina«, »unbekannte Namen«, zu nennen hält → Thomas v. Aquin geradezu für ein Charakteristikum zauberischen Amulettgebrauchs (→ Amulett; *Summa theologiae* 2,2,96,4). Die *Admonitio generalis* (16) rügt den Gebrauch »unbekannter Engelnamen«. Eine Zauberrolle aus dem 17. Jh. nennt 110 N.n Marias u. 75 N.n → Christi: »Daß seindt die Namen Unsers Lieben Herrn JESU Christi darinnen große Tugendt und wirkhung verborgen; wer sye bey ihm tragt und liset, dem khan niemahlen was böses widerfahren« (Hamp, *Sigilla Salomonis* 110).

Neidköpfe. Tier- u. Menschenfratzen an Kirchen o. am bürgerlichen u. bäuerlichen → Haus. Für N. charakteristisch sind die als apotropäisch u. neidabwehrend interpretierten Züge des eindringlichen Blickes, des Zungenbleckens u. des Zeigens des entblößten Hinterteils (›Blecker‹). Nicht als → Apotropaia anzusehen sind die Drolerien mittelalterlicher Bauplastik, die Mehrzahl der anthropomorphen Bildschnitzereien an Eckpfosten von Fachwerkbauten u. die Groteskfiguren der Barockarchitektur.

Nekromantie (von griech. *nekrós* ›tot, gestorben‹ u. *manteía* ›Sehergabe‹, ›Weissagung‹), ›Wahrsagung durch Tote‹, ›Totenbeschwörung‹. Dem Wort ›Nigromantie‹ liegt die unzutreffende lateinische Lesart *niger* ›schwarz‹ für *nekrós* zugrunde. ›Nigromantie‹ bedeutet sonach ›schwarze Mantik‹, später dann ›schwarze Magie‹ u. ›schwarze Kunst‹ (→ Kunst). Im AT beschwört die ›Hexe v. → Endor‹ den Geist des verstorbenen Samuel, den Saul vor dem Kampf gegen die Philister befragen will (1 Sam 28,5–8; 13–14; nach der Stelle unser ›Samuel, hilf‹), obgleich die N. im AT mit Todesstrafe bedroht wird (Lev 20,27). Die *Septuaginta*, die griechische Übersetzung des AT, nennt die Wahrsagerin eine ›Bauchrednerin‹ (*engastrímython*), bzw. ›bauchrednerische Wahrsagerin‹: Die Stimme des mit geschlossenem Mund redenden Bauchredners scheint nicht von diesem, sondern anderswoher, hier von dem Totengeist, zu kommen (→ Engastrimantik). In der Antike wurden nekromantische Rituale (→ Ritus) an bestimmten Orten (›Ploutónia‹) mit Opfern von Honig, Milch, Wein, Blut u. schwarzen Tieren abgehalten. Gelang es, die Schatten der Toten zu beleben, so gaben diese »traurige und schrille« (»triste et acutum«, Horaz, *Saturae* 1,8,26) Laute von sich. Nekromantische Vorstellungen wurden vor allem vom → Neuplatonismus genährt. Die mittelalterlichen Erklärungen des Wortes u. die Charakterisierung nekromantischer Operationen gehen über → Isidor v. Sevilla auf → Augustinus (*De civitate dei* 7,35) zurück: »Die Nekromanten sind solche, durch deren Zauberformeln wieder erweckte Tote zu weissagen und auf Fragen zu antworten scheinen [...] um diese zu befragen, wird dem Leichnam Blut gegeben. Denn es heißt, daß die Dämonen Blut lieben. Und sooft daher eine Totenbeschwörung stattfindet, wird frisch vergossenes Blut mit Wasser vermischt, damit sie durch das fließende Blut leichter herausgerufen werden« (*Etymologiae* 8,9,11, übers. Linhart, 38; vgl. → Thomas v. Aquin, *Summa theologiae* 2,2,95,3; → Gratian, *Decretum* 2,26,2,7 u. 11,67). Spätere Nachrichten stammen von Hroswitha v. Gandersheim (*Proterius*), Gregor v. Tours (9,6), Johannes → Hartlieb (*Buch aller verbotenen Kunst* 22).

Nekromanten besaßen → Zauberbücher u. zogen damit durch die Lande (→ Johannes Trithemius, *Liber octo quaestionum* 5), u. es hieß, man könne die N. in Toledo

(Caesarius v. Heisterbach, *Dialogus miraculorum* 5,4) o. auch in Salamanca u. Krakau studieren. Wie schon in der Antike, so erzählte man auch in späterer Zeit von nekromantisch motivierten Morden. Insbesondere seien abgeschlagene Kinderköpfe zur → Beschwörung geeignet. Im Palast des römischen Kaisers Julian will man körbeweise Kinderköpfe gefunden haben (Theodoret, *Historia religiosa* 3,27). Auch später werden solche Dinge besonders den Potentaten zugetraut: »Einer der fürnembsten König der gantzen Christenheit [...] hat einen Nigromanticum oder Schwarzkünstler / der ein Predigermönch war / darunder ersuchet: Derselbig ließ sich willig darzu gebrauchen / hielt eine Meß / vnd nach dem er die Ostien consacriert / ließ er einem Erstgebornen Kindlin von zehen Jaren / so hiezu sonderlich angesehen vnnd verordnet gewesen, das Häuptlein abnemmen / vnnd legt dasselb auff die Ostien: Sprach darüber etliche besondere Wort / braucht auch seltzame Characteren vnd Zifferen / welche zu benennen vnvonnöten: Vnd nach allem / fragt er dasjenig / was jhm zuwissen anlage. Da antwortet das Kindshäuptlein« usw. (→ Bodin / → Fischart, *Teuffelsheer* 91).

Nephrit, Nierenstein, Lendenstein (von griech. *nephrós* ›Niere‹), dichtes, verworren-filziges Strahlsteinaggregat. Aus vorgeschichtlicher Zeit sind Waffen u. Werkzeuge aus N. bezeugt. Ob Griechen u. Römer den Stein kannten, ist ungewiß. Der Name taucht nach der Entdeckung Amerikas auf, wo Indianer den N. als → Amulett gegen Nierenleiden trugen. Zedlers *Universallexikon* zitiert (11,914, s. v. Griesstein) Boëtius de Boode (*Le parfait Joualier*), der ihn als hilfreich bei Blasenleiden, Lendenschmerzen u. → Epilepsie anführt. Er wird als Amulett am Hals u. im → Ring getragen o. in der Nierengegend in das Kleid genäht (ebd.).

Nestelknüpfen, zu ›Nestel‹, altsächs. *nestila* ›Band‹, vgl. ›nesteln‹; lat. ›ligare ligulam‹, ›Schuhriemen binden‹. → Analogiezauber, der das Knüpfen von → Knoten als magisches Mittel praktiziert, etwas zu schließen o. Lösungen zu verhindern. Insbesondere bewirkt das N. Impotenz u. Sterilität u. verhindert die → Geburt. Schon sumerische u. akkadische Texte des 2. Jt. v. Chr. berichten vom N. (PGM 2,202 f.; *Papyrus Michigan University*, Inv. 7). Im römischen Mythos verhindert Hera 7 Tage über die Geburt des Herakles, indem sie ihre Finger verknotet. Um einen Beischlaf zu verhindern, lege man eine »umkränzte«, d. h. umbundene »Mörserkeule« unter das → Bett, empfiehlt Marcellus Empiricus (*De medicamentis* 33,69). Das MA kennt das N. wie etwa Hinkmar v. Reims (*De divortio Lotharii regis et Tetbergae reginae* 15) bezeugt. Zedlers *Universallexikon* beschreibt ein Verfahren, nennt aber auch Gegenmittel: »ligatura neonymphorum [eigtl. ›Bindung Frischvermählter‹] ist das eigentliche nestelknüpfen, dadurch man einem die mannheit benimmt. mit der beraubung der mannheit durch das nestelknüpfen soll es also zugehen [...] wann ein paar leute getrauet werden, und iemand währender zeit einen oder mehr knoten in ein schnürlein knüpfet, oder ein schlosz zudrücket, oder sonst einige worte daher murmelt, so sollen dadurch diese eheleute oder wenigstens einer von ihnen, zum ehestand untüchtig gemacht werden [...] wem die nestel bereits geknüpft ist, der darff nur durch den trauring sein wasser lassen oder seine braut in seinen schuh hofiren lassen [...] wird er von seiner schwachheit befreiet werden« (bei → Grimm, *Wörterbuch* 13,627; vgl. *Journal von und für Deutschland* 7,2,144).

Neujahr. Zwar galt in Rom schon seit dem 2. Jh. der 1. Januar (›kalendae ianuarii‹, ›Kalenden des Januar‹) als kalendarischer Jahresbeginn (→ Kalender), doch wurde das Datum erst durch Innozenz XII. 1691 allgemein verbindlich gemacht. Ältere u. regional unterschiedliche Termine waren → Weihnachten, → Drei Könige, → Ostern sowie der 1. o. der 25. März. Neben dem kalendarischen wurde auch der Termin des beginnenden Klimajahres, die

→ Sonnenwende im Winter, o. des Naturjahres, der Frühlingsbeginn, beachtet. Der Anfang einer Sache enthält das Kommende als Keim in sich u. kann deshalb Auskunft über Zukünftiges geben. Dieser mantische Grundsatz legitimiert die zahlreichen → Orakel an Neujahr, u. zwar an allen seinen Terminen. Einen Blick in die Zukunft kann werfen, wer sich in der Nacht am Kreuzweg (→ Wegkreuzungen) auf eine Ochsenhaut o., mit dem Schwert umgürtet, auf das → Dach setzt (→ Burchard v. Worms, *Decretum* 19,62). Man schaut in den Schornstein, sieht durch das Schlüsselloch in die Kirche, däumelt mit der Bibel (→ Bibliomantie), wirft einen → Schuh, sieht über den Rücken, orakelt beim → Bleigießen. Was sich im Traum (→ Traumdeutung) zeigt, erfüllt sich. Die frühe Erwähnung von Rauch- u. Feuerorakel, sog. ›inpuriae‹ (→ Pirmin v. Reichenau, *Dicta* 22; *Vita Eligii* 2,16b), verweist auf das griechische ›émpyra‹, ›Feueropfer‹, aus dem der ›empyroskópos‹, der ›Feuerbeschauer‹, die Zukunft deutet. Von ominöser Bedeutung war es, in der N.nacht Tische mit Speisen u. Lampen für die Parzen (*Poenitentiale Arundel* 83; Burchard v. Worms, *Decretum* 19,153), für Schicksals- u. Glücksfrauen (Schönbach, *Zeugnisse B. v. R.* 142) o. für ›Frau Percht‹ zu bereiten: So üppig diese Tafel, so reichlich sei der Tisch das ganze Jahr über gedeckt. Auch sich zu N. zu beschenken hat ominöse Bedeutung: Nur wer mit Geschenken beladen komme, darf das → Haus betreten (Atto v. Vercelli, *Sermo* 3). Bei Sebastian Brant heißt es: »Des glichen zů dem nuwen jor Wem man nitt ettwas schencken důt / Der meynt, das gantz jor werd nit gůt« (*Narrenschiff* 65,41–44). Angesichts solcher Vorstellungen erscheint es konsequent, an N. nichts aus dem Haus zu geben, insbesondere kein → Feuer (→ Caesarius v. Arles, *Sermo* 192; Ivo v. Chartres, *Decretum* 11,16). Auf künftiges Wohlergehen ließ sich schließen, wenn das in der N.nacht gebackene → Brot gut aufgeht u. hoch u. fest wird (Burchard v. Worms, *Decretum* 19,62). Man gießt

→ Wein über den ›Kalenden-Klotz‹, einen im Herdfeuer glühenden Holzblock, o. legt Brot u. Feldfrüchte darauf (→ Martin v. Braga, *De correctione rusticorum* 16; → Pirmin v. Reichenau, *Dicta* 22). Gegen alles Unheilvolle hilft Schießen, Peitschenknallen, → Lärm u. alles Getöse, Räucherungen u. Weihrauch. Insbesondere ist N. ein Datum der Prognostik. Wenn N. auf einen Sonntag (→ Wochentage) fällt, dann wird der Winter angenehm, der Frühling stürmisch, der Sommer trocken; die Rinder gedeihen, → Honig ist im Überfluß da, überall wird Fülle u. Frieden sein (Beda Venerabilis, *Prognosticum* 951). Weht Wind in der N.nacht, so bedeutet das Krankheit, Pest u. Tod (→ *Rockenphilosophie* 4. Hundert, 1718, 53).

Neuplatonismus. Seit dem 18. Jh. Name einer spätantiken Geistesströmung mit → Plotin (um 205–270 n. Chr.), → Iamblichos († um 330) u. → Proklos († 485) als deren Hauptvertreter. Von → Augustinus (354–430) u. Dionysios Areopagites (5. Jh.) erfuhr der N. seine christliche Wendung, die ihm einen großen Einfluß im MA sicherte. Während der Renaissance erlebte er im 15. Jh. eine Neubegründung (Marsilio → Ficino; → Pico della Mirandola; → Agrippa v. Nettesheim). Von der Frage nach der Ursache u. dem Zusammenhang der Welt geleitet, wurden die platonischen Ideen als Schöpfergedanken Gottes gedeutet. Platons ›Idee des Guten‹ entfaltete Plotin in drei ›Hypostasen‹ (»ausstrahlende Verwirklichung«, »geistige Wesenheit«): Eines – Geist – Seele. Seine Schüler entwickelten den Gedanken zu einem förmlichen System hierarchisch gestufter ›Ausstrahlungen‹ (›Emanation‹, eigtl. ›Ausfluß‹), in dem die Trennung von Endlichkeit u. Unendlichkeit überwunden werden sollte. Wie das ›Eine‹ den ›Geist‹, so bringe dieser die ›Seele‹ hervor u. diese die ›sinnliche Materie‹. In Analogie zur Dreiheit von ›Eines – Geist – Seele‹ suchten Plotins Nachfolger diese Stufenfolge in immer umfassenderer Weise durch systematisierende Einfügung weiterer Triaden zu differenzieren. Dabei greifen sie auf andere Denkrichtungen, philosophische Lehren, Religionen, östliche Mysterienkulte u. magische Überlieferungen zurück u. suchen sie ihrem System einzufügen.

Hinsichtlich der abendländischen Magiegeschichte ist die Entwicklung des neuplatonischen ›Stufenkosmos‹, insbesondere in der Form, wie sie Proklos ausgearbeitet hat, in kaum zu überschätzender Weise bedeutungsvoll geworden. Die wichtigsten Züge sollen kurz nachgezeichnet werden: Der Schöpfer aller beseelten Wesen sei der Demiurg. Die beiden Endglieder in der Kette der beseelten Wesen bildeten einerseits die Götter, anderseits die sterblichen Menschen u. Tiere auf Erden. Da es aber ganz unmöglich sei, anzunehmen, daß der Schöpfer sofort u. unmittelbar nach dem Göttlichen, der höchsten Stufe der beseelten Wesen, das Sterbliche, also die tiefste Stufe, geschaffen habe, müsse man notwendigerweise Mittelglieder annehmen. Diese Zwischenwesen bildeten je eine Dreiheit; denn man unterscheide → Engel, → Dämonen u. Heroen. Die drei Arten hingen mit den übergeordneten Göttern zusammen, u. um jeden Gott gebe es eine ihm eigentümliche Anzahl von Engeln, Dämonen u. Heroen, die dieser Gott führe, dessen Natur u. Wesenheit sich wiederum in den ihm folgenden Mittelwesen spiegele. Daher gebe es so viele Arten von Engeln, Dämonen u. Heroen, als es Arten von Göttern gebe. Auf die Dämonen geht dann Proklos besonders ein u. macht weitere Unterklassen von diesen sichtbar, die sich hinsichtlich ihrer Funktionen unterschieden, so daß es einer ersten Klasse zukäme, die präexistenten Seelen mit ihren Sternen zu verbinden, einer zweiten, den Abstieg der Seelen in die Leiber u. den Aufstieg zum Göttlichen zu leiten, einer dritten, die Verbindung zwischen Göttern u. der sichtbaren Natur zu vollziehen. Eine vierte Klasse verleihe den verschiedenen Geschöpfen auf Erden Leben u. Vernunft, eine fünfte sei für das rein Körperliche dieser Geschöpfe zuständig, eine sechste schließlich bewahre u. behüte die unbelebte Materie u. sorge dafür, daß das hier unten schon matte Bild der göttlichen Ideen noch erhalten bliebe. Auf diese Weise seien sie auch die Hüter u. Bewahrer der alles miteinander verbindenden → Sympathie. Wer nun Kenntnis hat vom Wesen der Götter, Engel, Dämonen u. Heroen, wer weiß, welche Tiere, Pflanzen, Steine (→ Edelsteine) usw. ihnen sympathisch o. antipathisch sind, wer endlich auch ihren wahren → Namen kennt, der kann sie alle in seine Dienste bringen, ja zwingen (Hopfner, *Offenbarungszauber* 1,19 ff.). Zaubern im Sinne dieses neuplatonischen Modells heißt also, sich der göttlichen Einflüsse u. Kräfte zu bedienen, die in den verschiedenen → Elementen des Kosmos (→ Kosmologie) partiell gegenwärtig sind u. deren Charakter dem Zweck entspricht, den man herbeiführen will: Venus etwa u. die ihr zugehörigen Elemente werden für alles die Liebe Betreffende in Anspruch genommen, Mars für Zwecke des Streites, des Krieges, des Todes u. ä.

Nider, Johannes, * um 1380 Isny (Allgäu), † 13. 8. 1438 Nürnberg, Dominikaner. Studium in Köln, seit 1422 in Wien, 1425 Dr. theol., 1428 Prior des Nürnberger Predigerklosters u. Vikar der reformierten Klöster seiner Ordensprovinz, 1436 Dekan der theologischen Fakultät der Universität Wien. Zahlreiche Schriften zur Ordens- u. Kirchenreform sowie asketischer u. moraltheologischer Thematik. Sein *Formicarius* (*Ameisenbuch* [nach dem Vorbild des → Thomas v. Cantimpré, *Bonum universale de apibus*], Köln um 1480 [u. ö.], Faksimiledruck v. H. Biedermann, 1971) behandelt im 5. Buch den Hexenglauben (→ Hexe) mit späterer Wirkung auf den → *Hexenhammer*. Im *Praeceptorium divinae legis* (*Dekalogerklärung*, Köln 1472 [u. ö.]) bekämpft N. den Aberglauben.

Niesen. Die frühen Texte der kirchlichen Verbots- u. Unterweisungsliteratur rügen den Glauben an die ominöse Bedeutung des N.s von Mensch u. Tier (»sternutus«: → Martin v. Braga, *De correctione rusticorum* 16; »sternutationes«: → Caesarius v. Arles, *Sermo* 54). Der → *Indicu-*

lus superstitionum nennt ein Kapitel »Über [→] Augurien aus dem [→] Kot und aus dem Niesen von Vögeln, Pferden und Rindern« (13). Das *Decretum Gratiani* (2,26,2,6; → Gratian) verzeichnet nach → Augustinus (*De doctrina christiana* 2,20): »Wer niest, während er sich die Schuhe anzieht, lege sich lieber gleich wieder ins Bett« (vgl. die → *Rockenphilosophie* 6. Hundert, 1722, 281–284). → Thomas v. Aquin (*Summa theologiae* 2,2,96,3) sieht die vorbedeutende Kraft des N.s als in einem Teufelspakt (→ Dämonologie) gegründet an. Mit dem N. verbindet sich bei vielen Völkern u. auch in der griechisch-römischen Antike der Gedanke, daß dabei ein → Dämon ausfährt. Man wünscht: ›Helf Gott!‹ Christoph M. Wieland schrieb eine *Geschichte über die Formel: Gott helfe dir! beim Niesen* (Lindau 1787). Etwas zu ›beniesen‹ hieß im Altertum, etwas zu bekräftigen (Homer, *Odyssee* 17,541). Wenn jemand erzählt u. der Erzähler o. ein anderer niest, dann ist die Erzählung wahr (→ Praetorius, *Philosophia colus* 147f.).

Nigromantie → Nekromantie

Nikolaus von Dinkelsbühl, N. Prunczlein, * um 1360 Dinkelsbühl, † 17. 3. 1433 Wien, Theologe u. Klosterreformer. Studierte ab 1385 in Wien. Las 1398–1402 über die *Sentenzen* des Petrus Lombardus. Wurde 1405 Kanonikus v. St. Stephan, 1405/06 Rektor der Universität, 1409 Magister der Theologie, nahm am Konzil v. Konstanz teil, dessen Anliegen er in der Melker Reform umsetzte u. bemühte sich allgemein um die religiöse Erneuerung von Klerus u. Volk. Von seinen hochgeschätzten u. weit verbreiteten Predigten ist der Zyklus *De decem praeceptis* (1423) zu nennen, in dem N. bei Behandlung des 1. Gebotes zahlreiche Formen des Aberglaubens u. der Zauberei bespricht (→ Wahrsagen, → Angang, → Handgift, → Segen u. a.). Der N. gelegentlich zugesprochene Traktat *De superstitionibus* gehört → Nikolaus v. Jauer an.

Nikolaus von Jauer, Jawor; N. Magni, N. Groß, N. von

Heidelberg, * um 1355 Jawor (Schlesien), † 22.3.1435 Heidelberg, Weltkleriker. Studierte in Wien u. Prag Philosophie u. Theologie. 1402 Lehrer u. Prediger in Heidelberg, 1406–07 Rektor der Universität, 1432 auf dem Konzil v. Basel. Setzte sich für die Reform des Klerus ein u. bekämpfte die Hussiten. Sein *Tractatus de superstitionibus* (1405; vgl. Bracha, *Theolog*) fand außerordentlich weite Verbreitung. Er entstand im Zusammenhang mit der gegen Werner v. Freiburg 1405 erhobenen Anklage gegen superstitiöse Segenspraxis (→ Segen). Der Traktat setzt sich mit dämonologischen Themen auseinander u. bespricht zahlreiche Formen der → Divination, der → Observation sowie der Zauberei (→ Magie, → Angang, → Traumdeutung, → Astrologie, → Nekromantie, → Charaktere usw.).

Nostradamus, Michel de, * 14.12.1503 Saint-Remy (Provence), † 2.7.1566 Salon (b. Marseille). Arzt u. Astrologe. Studierte in Avignon Philosophie, dann in Montpellier Medizin, wo er 1529 den Dr.-Titel erwarb. Verfaßte mehrere medizinische Schriften, erstellte → Horoskope u. verfaßte Prognostiken. Um 1547 begann er seine Prophezeiungen niederzuschreiben, die in 7 + 3 *Centurien* (*Centurias propheticas*) veröffentlicht wurden. Die ersten sieben erschienen 1555, die zweiten drei 1558. Die mit Absicht dunkel gehaltenen u. damit interpretierbaren Weissagungen wurden auf historische Personen u. Ereignisse bezogen, zuletzt auf den Mord am österreichischen Thronfolgerpaar in Sarajevo 1914 u. die Zeit nach dem Ersten Weltkrieg, sind jedoch aufgrund ihrer verrätselten Sprache immer erst dann mit einem Ereignis parallelisierbar, wenn dieses vorbei ist.

Notarikon (von lat. *nota* ›Zeichen‹, ›Schrift‹), Auflösung eines Wortes in Buchstaben, die als Anfangsbuchstaben (→ Akrostichon) erklärender Wörter gedeutet werden. So werden die Buchstaben → CMB als Anfangsbuchstaben der Namen der Hl. → Drei Könige Caspar, Melchior, Balthasar gedeutet.

O

Observation (von lat. *observatio* ›Beobachtung‹), eine Superstitionsart, die bei → Thomas v. Aquin auch ›Observanz‹ (lat. *observantia* ›Befolgung‹) genannt wird (*Summa theologiae* 2,2,96,1–4). O. umgreift den Bereich der traditionell verbindlichen Beachtung bestimmter Zeichen u. → Zeiten in ihrer ominösen Bedeutung (→ Omen) sowie traditioneller Mittel u. Gewohnheiten der Schadenabwehr (→ Apotropaion) u. des Strebens nach Glück u. Heil (→ Talisman). Im Gegensatz zur → Divination, des kunstmäßig-systematisch praktizierten → Wahrsagens, gründet sie, ohne rational begründbaren Legitimationsanspruch, in der Verbindlichkeit ihres traditionellen Herkommens. Sie ist von dem Grundsatz geleitet: »Das hat man schon immer so gehalten«.

Okkultismus (von lat. *occultus* ›verborgen, versteckt, geheim‹), die Beschäftigung mit geheimen Kräften, die der sinnlich-rationalen Erkenntnis nicht zugänglich sind, sowie profane Verfahren, die in dem Glauben gründen, daß alle Dinge zu einem umfassenden Insgesamt gehören u. in zeit- u. raumlosen Beziehungen zueinander stehen (Amadou, *La Parapsychologie*). So beschrieben, entspricht der Begriff dem der → Sympathie. In der Antike wurden mit ›occulta‹ die Geheimnisse der Mysterien benannt. Bei → Agrippa v. Nettesheim bezeichnet ›occulta philosophia‹ das geheime Wissen einer esoterischen Gelehrtengesellschaft (→ Esoterik) um die verborgenen Kräfte Gottes in der Natur, die dem Weisen in → Astrologie, → Alchemie, → Kabbala u. → Hermetik offenbar werden. In ähnlich umfassender Weise stellte sich auch in der Neuzeit die Frage nach dem Okkulten, die nun »alle umstrittenen Phänomene« umfassen will, »die mit den Begriffen mesmeristisch [→ Mesmer], psychisch oder spiritistisch

[→ Spiritismus] bezeichnet werden« (Forschungsprogramm der 1882 in London gegründeten ›Society for Psychical Research‹). Letztlich bezieht sich jener umfassende Forschungsansatz auf »das Magische« überhaupt (vgl. H. Bender u. W. F. Bonin: HWP 6,1143). Seit den 30er Jahren des 20. Jh. hat sich als Bezeichnung einer »empirischen okkulten Forschung« (ebd. 1145) der Begriff → Parapsychologie durchgesetzt, wie ihn 1889 M. Dessoir vorgeschlagen hat (in: *Sphinx* 4,341 ff.).

Öl dient vor allem der Ernährung, der Körperpflege, der Beleuchtung, als Schmieröl u. zur Herstellung von Seife. Schon seit ältester Zeit wurde es im Orient zu medizinischen, magischen u. rituellen Zwecken gebraucht. Bei der Amtseinsetzung hoher Beamter, der Thronbesteigung von Königen, der Weihe von Priestern (→ Geistlicher) diente es als Salböl. Die Salbung verleiht Macht, Kraft u. Ehre (Ri 9,9; Ps 92,11). Auf biblische u. spätantike Traditionen gehen die rituellen Salbungen der christlichen Kirche zurück: Bei der Taufe (Tertullian, *De baptismo* 7,8), der Erteilung von Sakramenten (→ Sakramentalien), der ›letzten Ölung‹ o. der Weihe von Altären, Kirchen u. Kultgegenständen (→ Glocke), bei der Weihe von Priestern u. der Salbung von Königen. Vor dem Taufbad (→ Taufe) wurde der ganze Körper mit ›Exorzismusöl‹ gesalbt (Rom, 3. Jh.), nach diesem mit ›Danksagungsöl‹ (›Chrisam‹, aus Olivenöl u. Balsam). Im volksmedizinischen Bereich (→ Volksmedizin) diente Öl der Heilung bei Geschwüren, Brandwunden, Rotlauf, Verstopfung, Kolik u. → Würmern. Als besonders heilkräftig gilt das Öl, das aus den Gebeinen der Heiligen fließt (Walpurgisöl), o. das vom ›Ewigen Licht‹ sowie aus Lampen an Heiligengräbern. Mit dem Öl vom Grabe des hl. Stephanus wurde ein toter Knabe wieder zum Leben erweckt (→ Augustinus, *De civitate dei* 22,8). Auch Öl vom Gnadenort besitzt Wunderkraft. Im → Apotropaion u. → Exorzismus dient Öl der Abwehr u. Vertreibung von → Dämonen sowie der Heilung von → Besessenheit (Celsus, *Medicina* 3,23; Exorzismus des 10. Jh. aus Mainz bei Franz, *Benediktionen* 2,609). Zauberer u. → Hexen stehlen Öl aus der Kirche (Verhörformular von um 1320 bei Hansen, *Quellen* 48,28 f.). Hexen salben sich mit Tauföl die Lippen u. verführen so mit ihren Küssen Männer (Paulus de Grillandis, *Tractatus* 3,20).

Omen bezeichnet ein ungerufenes → Vorzeichen. Es gehört zur Superstitionskategorie der → Observation u. ist von der auguralen → Divination zu unterscheiden. Zu den Omina zählen der → Angang, das → Gliederzucken o. die Deutung von Worten eines Menschen in einem anderen als dem vom Sprecher intendierten Sinn. Von einem solchen ›Hör-Omen‹ berichtet → Augustinus im Zusammenhang mit seiner Bekehrungsgeschichte: Nachdem ihm wiederholt aus einem Nachbargarten die Worte spielender Kinder: »tolle lege«, »nimm und lies«, ›ins Ohr gefallen waren‹, nimmt er die Paulusbriefe zur Hand u. schlägt aufs Geratewohl (→ Bibliomantik) die Stelle 13, 13 f. des *Römerbriefes* auf: »Wir sollen ehrbar wandeln, wie am hellen Tage, nicht in Schwelgereien und Gelagen« (*Confessiones* 8,12).

Oneiromantie (von griech. *óneiros* ›Traum, Traumbild‹ u. *manteía* ›Weissagung‹), → ›Traumdeutung‹. Aischylos nennt einen Traumwahrsager ›oneiromántis‹ (*Choephoroi* 32). → Traumbücher

Onomanteia, Onomatomanteia (griech. *ónoma* ›Name‹ u. *manteía* ›Weissagung‹), Wahrsagen durch Deutung von → Namen.

Onyx, → Edelstein. Zur Mineralgruppe der → Chalzedone gehörend, weiß, mit einer dem Nagel des Menschen (griech. *ónyx*) ähnlichen Farbe. Gebrannt, werden Pflaster aus ihm gemacht (→ Plinius, *Naturalis historia* 37,6,24; → Dioskurides, *Materia medica* 153), er vertreibt nächtliche Gespenster (Psellos, *De virtutibus lapidum* 895), am Hals o. Finger getragen, zeigt er Traurigkeit u. Lemuren im Traum (Marbod v. Rennes, *Liber de gemmis* 1746), bewirkt Traumbilder (Alexander Neckam, *De naturis rerum* 163), vertreibt Melancholie u. ist gut gegen Krankheiten aus der Luft, gegen Augenleiden, Herz- u. Magenbeschwerden, Milzleiden u. Fieber (→ Hildegard v. Bingen, *Physica* 4 *De lapidibus* 3). Bringt man ihn an ein erkranktes Auge, so befördert er die schädlichen Säfte heraus (→ Konrad v. Megenberg, *Buch der Natur* 6,56). Der O. ist → Monatsstein der im August Geborenen.

Opal (griech. *opállios*, aus sanskr. *Upalan*), → Edelstein; farbloses bis hellfarbiges Kieselsäure-Mineral. Der vielfarbige O. galt im Altertum als Glücksstein. Später wurde er, wohl aufgrund seiner Zerbrechlichkeit, als Unglücksstein betrachtet. Seine volksmedizinisch-magische Wirksamkeit beschreibt Zedlers *Universallexikon*: Er stärkt als → Amulett getragen die → Augen, erfrischt das → Herz, verscheucht Melancholie u. schützt vor → Giften (25, 1499).

Orakel (lat. *oraculum*, von *orare* ›reden, sprechen‹, zu *os*, gen. *oris* ›Mund‹), Stätte, an der Weissagungen erteilt werden, dann auch diese selbst. Besonderes Ansehen genoß in der Antike die O.stätte Delphi. Dodona galt im griechisch-römischen Bereich als die älteste. Die O. der klassischen Antike lassen sich in vier Gruppen einteilen: (1) Ein inspiriertes → Medium (→ Enthusiasmus) gab Auskunft; so die Pythia (→ Pythonissen) in Delphi. (2) Ein mantisches (→ Mantik) Medium loste, etwa mit hellen (= ja) u. dunklen (= nein) Bohnen. (3) Der Fragende selbst wird inspiriert; so beim Traum-O. in Oropos. (4) Der Fragende lost o. würfelt selbst; so beim O. des Herakles in Bura. Dort wurden die möglichen Kombinationen von vier Würfen nach vorgegebenen Aufzeichnungen interpretiert (Pausanias 7,25). Die antiken O. besaßen v. a. legitimatorische Funktion, sanktionierten etwa kultische u. politische Neuerungen. Von Privatpersonen wurden sie bei Antritt von Reisen, bei Heiraten, Rechtsstreitigkeiten u.

nach der Zukunft befragt. Bereits im 6. Jh. v. Chr. waren schriftliche O.sammlungen im Umlauf. Das MA bespricht das O. innerhalb der Erörterung des → Traumes, zumeist auf Grundlage des *Macrobius-Kommentars* zu Ciceros *Traum des Scipio* (*Commentarii in somnium Scipionis*). → Johannes v. Salisbury definiert: »Wenn aber eine Sache dem Schlafenden durch die Verkündigung eines andern offenbar wird – vorausgesetzt aber, daß der Verkündende eine achtbare und verehrungswürdige Person sei –, so fällt der Traum in die Gattung der Orakel« (*Policraticus* 2,15, übers. Helbling-Gloor, 83; vgl. Alcher v. Clairvaux, *Liber de spiritu et anima* 25). Zahlreiche O. wurden mit Techniken der → Geomantie, mit → Losen u. Würfeln gesucht, oft in Zusammenhang mit → Losbüchern, in denen für die jeweils ermittelten Ergebnisse entsprechende Interpretationen aufgesucht werden konnten. Das Angebot der literarisch fixierten Deutungen betraf Themen wie: »Dauer des Lebens, Erben, Schwangerschaft, Genesungsaussichten, Befreiung eines Gefangenen, Hoffnung, Glück, Gewinn, Regierung eines Herrschers, Rückkehr eines Boten, Wiedergewinnung gestohlenen Eigentums, Beurteilung eines Freundes, Aussichten eines Feldzuges, Glück in der Liebe« (Eis, *Wahrsagetexte* 10, über *Die Sandkunst* [→ Geomantie] *der sechzehn Richter*). → Chaldäer

Ordalien → Gottesurteil

Orenda, aus der nordamerikanischen Ethnologie stammender Begriff für den Glauben der Indianer an eine unpersönliche Kraft u. Zaubermacht, die allen Menschen, Tieren u. Naturerscheinungen innewohne (Hewitt, *Orenda*, 1902). Diese von der Ethnologie um die Wende zum 20. Jh. vertretene Auffassung wird heute als unzutreffende Abstraktion der Forschung zurückgewiesen. Nicht die Vorstellung eines losgelösten, alles durchdringenden Kraftstoffs, wie ihn auch der Begriff → Mana bezeichnen wolle, charakterisiere die nordamerikanische Religion, sondern ein ausgeprägter Hochgottglaube.

Ornament (lat. *ornamentum* ›Zierde, Schmuck‹), Verzierungsmotive an Bauten, Gegenständen, Teppichen, an Plastiken u. auf Malereien. Unterscheiden lassen sich geometrisches u. organisch-realistisches O. mit Pflanzen-, Tier- u. Menschenbildern, Fabelwesen, Drolerien. Doch muß dem O. nicht nur mehr gliedernde u. betonende Funktion zukommen, es kann auch allegorischen, symbolischen (→ Symbol) u. gegenständlichen Sinn besitzen, es kann der sozialen Kennzeichnung, aber auch als → Apotropaion dienen. Das Flechtband kann in sympathetischer Analogie (→ Sympathie) bindende u. lösende Bedeutung besitzen (→ Band), floristische Elemente können Hinweise auf Lebens- u. Paradiessymbolik enthalten. Tiere u. Fabelwesen können dem Schutz u. der Abwehr dienen. Das wird jeweils plausibel zu machen sein. Denn nicht jedes Rad o. → Kreuz muß ein Sonnensymbol (→ Sonne), nicht jede Pflanze ein Lebensbaum u. nicht jede Fratze muß der Dämonenabwehr dienen o. ein → Neidkopf sein.

Orpheus, mythischer Sänger aus Thrakien, Sohn der Muse Kalliope u. des thrakischen Königs Oiagros o. auch des Apollon. Seine zauberkräftige Musik betört alles. Sie vermag die Götter der Unterwelt zu bewegen, Eurydike an die Oberwelt freizugeben; doch wendet sich O. auf dem Weg dorthin u. gegen das Gebot der Götter zu Eurydike um, worauf diese in die Unterwelt zurück muß. Einige der O. zugeschriebenen (›orphischen‹) Schriften könnten auf einen historischen Seher u. Magier sowie einen Stifter von Kulten u. Mysterien verweisen. Inhaltlich stehen die Texte denen der Pythagoreer (→ Pythagoras) nahe. O. zugeschriebene Texte (ed. O. Kern, *Orphicorum Fragmenta* [= OF] 1922) sind u. a.: das *Buch der Orakel* (*Chrēsmoí*), die *Physiká* (→ Kosmologie), die *Astrologiká* sowie die *Lithiká* (→ Lapidarien). Die orphische *Theogonie* behandelt die Schöpfung der Welt, der Götter u. Menschen. Ihre älteste Fassung wird Eudemos (4. Jh. v. Chr.), einem Schüler des → Aristoteles, zugeschrieben. Platon (*Nómoi*, *Politeía*) erwähnt Bücher mit Angaben zu magischen Ritualen (→ Magie, → Ritus) u. Beschwörungen (→ Beschwören) zum Zwecke der Reinigung u. Befreiung von Unrecht (vgl. Euripides, *Cyclops*: OF T83). Die *Argonautiká*, ein Epos von 1376 Hexametern, berichten u. a. vom Gewinn des ›Goldenen Vlieses‹ aus dem Schloß der → Hekate durch Beschwörung (→ Beschwören) u. Zauberei des O.

Ostanes, Hostanes bei Apuleius (*Apologia* 90), legendärer persischer Theologe u. Magier, der im Heerzug des Xerxes nach Griechenland gekommen sein (→ Plinius, *Naturalis historia* 30,8) u. die → Magie u. → Alchemie dort importiert haben soll. Die antike Überlieferung stellte ihn in die Nähe von → Zoroaster u. sah in ihm den Lehrer des → Demokrit. Die Kenntnis verschiedener, dem O. zugeschriebener Schriften über Zauberkräfte von Tieren, Pflanzen u. Steinen (→ Edelsteine, → Lapidarien), über → Astrologie sowie über sympathetische Mittel (→ Sympathie) scheint Bolos v. Mendes (3./4. Jh. v. Chr.), der sich als Schüler Demokrits ausgab, an Apion (Ende 1. Jh. v. Chr. – 1. Hälfte 1. Jh. n. Chr.; verfaßte ein verlorenes Werk über → Magie u. → Astrologie) u. → Plinius vermittelt zu haben. Namentlich genannt wird das Buch *Oktateuch*, dessen Titel an die fünf Mosesbücher (*Pentateuch*) angelehnt scheint. Die *Vita Severi*, Lebensgeschichte des Severus v. Antiocheia, des Zacharias Scholasticus († vor 553 n. Chr.; ed. M. A. Kugener, 1903), erwähnt die Verbrennung von Schriften des O.

Ostern, ahd. *ōstara*, mit *Osten*, dem Ort der Morgenröte (vielleicht einer Göttin, wie sonst bei den Indogermanen bezeugt), zusammenhängend. Da die Auferstehung Christi im liturgischen → Kalender auf den Tagesanbruch gesetzt wurde, ist die Bezeichnung des Festes als ›Fest der Morgenröte‹ naheliegend. Griech. *páscha*, lat. *pascha*, ital. *Pasqua*, frz. *pâques*, von *pasḥa*, der aramäischen Version des hebräischen Wortes *pæsaḥ*. Die Entstehung des christlichen Osterfestes knüpft an neutestamentliche Bemerkungen an, Christus sei unmittelbar vor o. am jüdischen Passahfest gekreuzigt worden u. bald darauf einigen Jüngern erschienen. Seit dem 2./3. Jh. wird das Fest als Nachtfeier mit Lesungen u. Eucharistiefeier begangen. Im 4. Jh. gliedern sich Taufriten (→ Taufe) ein u. ist der Gebrauch der Osterkerze bezeugt (384). Während die ältere Forschung das Brauchtum (→ Brauch) an diesem Tag an das Fest einer fiktiven germanischen Göttin ›Ostara‹/›Eostre‹ knüpfen wollte, deren Name aus dem Wort O. erschlossen wurde (erstmals im 8. Jh. bei Beda Venerabilis, *De temporum ratione*), hat die neuere Forschung dessen christlichen Hintergrund erschließen können.

Drei Vorstellungskreise u. Handlungskomplexe lassen sich besonders hervorheben. Sie gründen in der Weihe von → Wasser, → Feuer u. → Eiern. Die Taufwasserweihe (→ Taufe, → Weihwasser) verleiht dem Wasser besondere Heilkraft. Man konnte es mit nach Hause nehmen u. das Jahr über zu verschiedenen Zwecken gebrauchen. Auch eher profane Wasser sind nun heilkräftig. Man schöpft das O.wasser schweigend, auch ohne einen → Gruß zu erwidern, aus Quellen (→ Brunnen) u. fließenden Gewässern. Es ist gut gegen viele Krankheiten; wer sich mit ihm wäscht, bleibt gesund, jung u. schön. Es verdirbt nicht u. ist geeignet zum → Liebeszauber u. zum → Wahrsagen. Auch der Ostertau ist heilkräftig. Die Feuerweihe zu O. ist schon für das 8. Jh. im Frankenreich bezeugt (»ignis paschalis« im Brief des Papstes Zacharias an Bonifatius, v. J. 743). An eine Christianisierung vorchristlicher Feuerbräuche zur Frühjahrszeit zu denken liegt nahe. Profane Osterfeuer sind weit verbreitet u. haben vielfältige Frühlingsbräuche an sich gezogen: Entfachen des Feuers durch Reiben o. mit Stahl u. Stein, Springen über das Feuer. Feuerräder werden zu Tale geschickt: »Item sie flechten ein alt wagenrad voller strow, tragen es auff ein hohen gehen berg, haben darauf so sy vor kelte mögen bleiben, den gantzen tag ein guten mut mit vilerley kurtzweil, singen, springen, dantzen, geradigkeit, und anderer abentheür. Umb die Vesperzeit zinden sy das rad an, und lassen es mit vollem lauff in das Thal lauffen, das gleich anzusehen ist als ob die Sunn von dem himmel lieff« (Franck, *Weltbuch* LI[r]). → Asche u. Kohlen vom Osterfeuer sind für vieles gut; sie bewahren vor Unglück, schützen den Acker vor Mäusen; man bereitet Salben aus ihnen usw. In der Eierweihe (›Benedictio ovorum‹), die seit dem 12. Jh. während der Speisenweihe (→ Brot, Fleisch, Käse u. a.) in der Ostersonntagsmesse vollzogen wurde, wurden die während der Fastenzeit als Speise verbotenen → Eier wieder in den Speiseplan zurückgeholt u. bestimmten seit dem 15. Jh. den österlichen Küchenzettel. Der durch das Fastengebot bedingte große Eieranfall zu O. begünstigte die wirtschaftlichen Zinsleistungen zu O. an die Obrigkeit. Durch die österliche Weihe wurde das Osterei als kraft- u. segenspendendes Element vielfältig brauchbar. Die Geschichte des Osterhasen ist ungeklärt. Als Tier der Kindermythologie, das zu O. die Ostereier bringt, mag sie Verbindung haben mit Privilegien österlicher Hasenjagden, Schenkungen der erlegten Tiere u. folgendem Hasenbraten zu O., so daß beide, Hasen u. Eier, zusammen auf den österlichen Tisch kamen u. scherzhaft miteinander verbunden werden konnten. Der eierbringende Hase ist 1638 für das Saargebiet bezeugt u. 1682 für die Neckargegend (Francus, *Satyra*).

Ouroboros, Uroboros (von griech. *ourá* ›Schwanz, Schweif‹ u. *borós* ›gefräßig, verschlingend‹), sich in den Schwanz beißende → Schlange o. Drache. → Symbol der Einheit, Ganzheit, des ewigen Kreislaufes, des Sterbens u. der Wiedergeburt sowie der Ewigkeit (Servius, *Commentarius in Vergilii Aeneida* 5,85; Cyrillus v. Alexandrien, *Adversus libros athei Iuliani* 9); in der → Alchemie → Allegorie der Einheit der Materie u. der 4 → Elemente im

Kreislauf der Erscheinungen. Der Ou. erinnert an den babylonischen Himmelsdrachen, der den Kosmos (→ Kosmologie) umschlingt. In der altnordischen Mythologie ist es die Midgard-Schlange, die die Erde umringt (Zürich, Zentralbibl., Graphische Sammlung, Rh 172).

P

Palindrom (griech. *palindromía* ›Zurücklaufen‹, ›Hin- und -zurückgehen‹), Worte, Sätze o. kleinere Texte, die auch rückwärts gelesen die gleiche Buchstabenfolge ergeben. Im Zauber u. → Segen häufig bezeugt ist die Formel → SATOR AREPO TENET OPERA ROTAS. → Buchstabensymbolik

Palmbusch, -wedel, -stecken. Die am Palmsonntag, dem Sonntag am Beginn der Karwoche, geweihten ›Palmen‹ erinnern an die Palmzweige, die beim Einzug Jesu in Jerusalem getragen wurden (Mk 11,1–11). In den nördlichen europäischen Ländern werden sie durch einheimische immergrüne Pflanzen, in Süd- u. Südwestdeutschland, wie auch in Frankreich, durch Stechpalmen u. Buchs ersetzt. Sonst sind auch Zweige von → Wacholder, Eibe, Weide, Hasel o. Efeu im Gebrauch. Der P. gilt als segens- u. heilkräftig, wird im Herrgottswinkel aufgestellt u. hinter das → Kreuz gesteckt, am → Bett, → Spiegel, am Dachfirst u. unter dem → Dach befestigt o. in Kreuzform in die Felder gesteckt. Den Gebrauch gegen Krankheit u. teuflische Anfechtungen nennen schon Weiheformeln des 7./9. Jh. (*Sakramentare* von Bobbio u. Bergamo, bei Franz, *Benediktionen* 1,480 u. 484). Bei → Gewitter verbrennt man etwas vom P. auf dem → Herd (Franck, *Weltbuch* 131). Die Gesundheit erhält sich, wer von den geweihten Palmkätzchen ißt (→ Vintler, *Blumen der Tugend* 7787 f.). Auch dem Weinschenken hilft der P., wie ein *Arzneibuch* des 15. Jh. weiß: »Wild du ein fas mit win bald ausschenken, so nim den ersten palm, den der priester auff die matten wirfft, leg in uff das fas« (SAVK 27, 81); legt man etwas davon zum Kraut, so halten sich die Fliegen zurück (15. Jh.; → Grimm, *Mythologie* 3,416). P.en dienen dem → Orakel: Scheint bei ihrer

Weihe die → Sonne, wird es zu → Ostern kalt o. es gibt Schnee usw.

Pansophie (von griech. *pan*, neutr. von *pas*, ›ganz‹, ›alles‹, u. *sophía* ›Weisheit‹), philosophisch-religiöse Bewegung, die in den Traditionen von → Magie, → Alchemie, der Signaturenlehre (→ Signatur) u. des → Neuplatonismus gründet, im 16. Jh. mit → Paracelsus begann, von den → Rosenkreuzern vertreten wurde u. bei Jan Amos Comenius zu dem Versuch führte, alle Wissenschaften in einer pansophischen Enzyklopädie zu vereinigen (*Pansophiae prodromus*). Tendenziell sucht die P. religiöses u. weltliches Wissen zu verschmelzen, wobei sie biblische Vorstellungen mit philosophischen u. hermetischen Begriffen (→ Hermetik) beschrieb. Ziel war eine auf chiliastische Weltverbesserung gerichtete Universalwissenschaft.

Paracelsus, Philippus Aureolus Theophrastus (Bombastus) von Hohenheim, * 1493 Einsiedeln, † 24. 9. 1541 Salzburg, Arzt, Naturforscher, Laientheologe. Studium in Wien u. Ferrara, wo er 1516 vermutlich zum Dr. med. promoviert wurde. Verfaßte zahlreiche, meist deutschsprachige, theologische, ethische, medizinische u. naturphilosophische Schriften. Das gewaltige Werk an der Wende zur Neuzeit sucht in Abkehr von der erstarrten Scholastik des SpätMA mittelalterliches Gedankengut mit freiheitlich-individualistischen Reformbestrebungen zu verbinden. Dabei steht P. in der zeitgenössischen Tradition des → Neuplatonismus u. vertritt dessen astrologisch determinierende Makrokosmos-Mikrokosmos-[→]Entsprechungen. Der Gedanke der Einheit von Glaube, Wissen u. Handeln prägt das Gesamtwerk. Dem entspricht die Überzeugung, mit Hilfe der ›Magia naturalis‹ (→ Magie) die verborgenen Kräfte der allbeseelten Natur nutzbar zu machen gegen die Übel der Welt. In der *Philosophia sagax* (1537) hat P. sein naturphilosophisch-magisches Weltbild dargestellt. Im *Liber de nymphis, sylphis, pygmaeis, salamandris et de caeteris spiritibus* (übers v. B. Aschner,

1926–32) sammelt er aus mittelalterlicher Überlieferung Erzählstoffe über Fabel- u. Mischwesen, → Geister u. → Elementargeister. Als vernünftige Wesen leben in der Erde die Gnome, im Wasser die Nymphen, in der Luft die Lemures, im Himmel die Penates. Sie besitzen allerdings keine Seele u. müssen deshalb am Ende der Welt vergehen.

Parapsychologie. Die P. begreift sich als den Versuch, Gegenstände, die man zuvor dem Bereich des → Okkultismus zugesellte, anzugehen, sie aus dem »Dunstkreis des Okkulten« zu holen (E. Bauer, Hg., *Psi u. Psyche*, 1974, 7) u. damit eine »positive Kritik des Aberglaubens« zu leisten (H. Bender in: G. Condrau, Hrsg., *Die Psychologie des 20. Jahrhunderts*, 15, 1979, 651). Der Begriff wurde 1889 von M. Dessoir vorgeschlagen (*Sphinx* 7,341 ff.). »Die Gegenstände der P. rekrutieren sich aus einem Fundus seit früher Zeit überlieferter und immer wieder angezweifelter Phänomene« (W. F. Bonin: HWP 7,117) wie → Hellsehen, Telepathie, Wahrträume, Prophezeiungen, → Spuk u. andere »unerklärliche« Phänomene. Diese werden ›Psi-Phänomene‹ genannt (›Psi‹ für den griechischen Buchstaben ψ am Anfang von *psyché* ›Seele‹). Damit werden verschiedene Bereiche umgriffen: ›Außersinnliche Wahrnehmung‹ (Hellsehen u. ä.), → ›Psychokinese‹, u. → ›Materialisation‹. Die von der P. als statistisch erwiesen betrachteten Phänomene setzen, wenngleich ihr Zustandekommen ungeklärt ist, eine »Wechselwirkung zwischen geistigen und materiellen Prozessen« voraus (Bonin, ebd. 118).

Passauer Kunst. Bes. im 30jährigen Krieg verbreitete Zettelamulette, die, getragen o. verschluckt, gegen Kriegsverwundungen → festmachen sollten. Der Name dürfte von Pessulanten, professionellen Zauberkundigen, abzuleiten sein; vielleicht erinnert er aber auch an Kaiser Mathias' Heerlager v. 1611 bei Passau, das der Passauer Henker Caspar Neidhardt für den Verkauf solcher mit magisch-zauberischen Texten (→ Magie) u. → Charakteren beschrifteten Zettel (→ Brief) genutzt haben soll. → Kunst

Paternoster. Als Hauptgebet der Kirche hat das P. (Mt 6,9–13; Lk 11,2–4) einen festen Platz in der Liturgie, der → Messe, dem Stundengebet, in manchen → Segen, bes. im → Exorzismus, aber auch im → Zauberspruch sowie in magischen Formeln. So ist das magische → Quadrat des → SATOR AREPO kryptogrammatisch auf das P. hin gedeutet worden. Zur Verhinderung von heidnischen Zauberformeln ist das Beten des P. beim Kräutersammeln früh gestattet worden (→ Martin v. Braga, *Capitula* 74; → Burchard v. Worms, *Decretum* 20,20). Im Zauber dient es der Bekräftigung von Texten u. magischen Handlungen. Eine *Dekalogerklärung* des 15. Jh. (SB München, Cgm 5255) rügt den Heilbrauch, 15 P. an drei Donnerstagen o. drei Sonntagen (→ Woche) vor Sonnenaufgang zu beten, sowie den Glauben, eine Anzahl von P.n, zu bestimmten Heiligen gebetet, bewirke → Liebeszauber: »so mues si der, den si jn jrer maynung hat, nemen zue einem weib« (9^{r-v}). Wer zu Anfang des Jahres sieben P. spricht, stirbt das kommende Jahr über nicht (→ Grimm, *Mythologie* 3,419,64).

Pegomantie, Pagomantie (von griech. *pēgḗ* ›Quelle‹ u. *manteía* ›Weissagung‹), eine humanistische Wortbildung für ›Wahrsagung aus Quellen‹ (→ Bodin, *Daemonomania*; → Delrio, *Disquisitionum magicarum libri*). Gelegentlich auch als eine besondere Art der → Hydromantie angesehen o. als Bezeichnung der → Wasserprobe gebraucht.

Pendel (von mittellat. *pendulum* ›Schwinggewicht‹, zu lat. *pendulus* ›[herab]hängend‹, bzw. zu *pendere* ›[herab]hängen‹), ein an einem Haar, einem Faden o. einer Stange aufgehängter Körper, der um eine Achse schwingen kann. Die zu mantischen (→ Mantik) Zwecken benutzten P. werden auch ›siderische P.‹ genannt. Die Herkunft des Adjektivs ist nicht sicher. Das Wort wird von lat. *desiderium* ›Wunsch‹, von griech. *sidḗreios* ›eisern‹ o., wohl eher zutreffend, von lat. *sidereus* ›die Sterne betreffend‹ abgeleitet, so daß der Terminus ›astrologisches P.‹ hieße. Bereits die Antike verwendete P., um Unbekanntes

o. Zukünftiges zu ermitteln. Aus dem Prozeß des Hilarius u. Patricius von 371 n. Chr. ist das P.n mit einem → Ring über einer runden Buchstabenscheibe bekannt. Die beiden Angeklagten hatten versucht, den → Namen des zukünftigen Kaisers herauszubekommen (Ammianus Marcellinus, *Res gestae* 28,1,7 ff.). Ein Gerätesatz, der wohl einem solchen Verfahren gedient hat und u. a. eine Zeichenscheibe sowie Ringe enthält, stammt aus dem 3. Jh. n. Chr. u. wurde in Pergamon gefunden (Hopfner, *Offenbarungszauber* 2,2,306 ff., Abb. 12). Die neuere Zeit sucht, dem Rutengehen (→ Wünschelrute) vergleichbar, mit P.n Zukünftiges zu enthüllen u. Verborgenes zu entdecken: Über Landkarten zeigt das P. den Ort des Vermißten an, über Kranken verweist es auf das erkrankte Organ, über Schwangeren enthüllt es das Geschlecht des Kindes. ›Physikalische P.‹ sind auf Bodenschätze gerichtet, ›mentale P.‹ dienen der diagnostischen Praxis, ›astrologische P.‹ erstellen ein → Horoskop, u. ›spiritistische P.‹ (→ Spiritismus) knüpfen Kontakte zu Verstorbenen. Über die Wirksamkeit von P.n der angeführten Art gibt es im wesentlichen zwei Auffassungen: (1) Das P. reagiert auf unbekannte Strahlen. (2) Das P. verstärkt unmerkliche Muskelbewegungen u. gibt damit Hinweise auf die medialen (→ Medium) Fähigkeiten bzw. feinsensorischen Reaktionen dessen, der pendelt.

Pentagramm, Drudenfuß u. a., zwei ineinander verschränkte gleichschenklige Dreiecke ohne Basis, die einen fünfzackigen Stern bilden, in dem fünf A zu erkennen sind u. der deshalb auch ›Pentalpha‹ heißt. In der Antike u. a. Symbol der Gesundheit. In mittelalterlicher u. nachmittelalterlicher Zeit Zaubercharakter (→ Charakter) u. Abwehrzeichen gegen → Dämonen.

Petrus von Abano, Arzt, * um 1257 Abano b. Padua, † 1316 Padua. Vertrat in Physiognomie u. Medizin astronomisch-astrologische Lehren (*Compilatio physionomiae*; *Conciliator litium medicinalium*, um 1310). Der Nähe zum → Neuplatonismus verdächtigt, starb er, als Zauberer denunziert, im Gefängnis.

Peucer, Caspar, * 6. 1. 1525 Bautzen, † 25. 9. 1602 Dessau, deutscher Humanist, Prof. der Geschichte, Medizin, Mathematik u. Astronomie in Wittenberg u. seit 1570 Leibarzt des Kurfürsten August v. Sachsen. 1574–86 aufgrund des Vorwurfs von ›Kryptocalvinismus‹ in strenger Haft gehalten. Sein *Commentarius de praecipuis divinationum generibus* (Wittenberg 1553 [u. ö.]) kann als enzyklopädische Abhandlung zur → Mantik u. → Magie gelten u. enthält Nachrichten über → Orakel, → Traumdeutung, zur Wetterprognostik (→ Wetter), → Astrologie sowie über → Beschwören, magische → Drogen u. → Gifte.

Pfeifen, Flöten. Wie Tiere auf das P. reagieren, so glaubte man, auch → Dämonen damit anlocken bzw. vertreiben zu können. Mit unartikulierten Lauten suchte schon der antike Zauberer Götter u. höhere Wesen zu beeinflussen: durch P., Zischen, Schnalzen o. Lippenschmatzen (→ Plotin, *Ennéades* 2,9,14; vgl. Servius, *Vergil-Kommentar* 6,2,7). Um böse → Dämonen u. den → Teufel nicht anzulocken, unterläßt man das P. »Es ist nicht gut wenn man des Abends mit dem Maule pfeiffet« (J. → Praetorius, *Philosophia colus* 167). Mädchen v. a. sollen nicht p., sie holen sonst den → Teufel herbei, werden → Huren u. landen in der Hölle, zumindest bekommen sie einen dummen Mann. Magische Wirkungen (→ Magie) zeigt das lockende P. auch bei Tieren. Es vermag → Ameisen, → Grillen, Wiesel, Schafe, Schweine, Mäuse u. Ratten (*Rattenfänger von Hameln*; Sagentradition in einer Lüneburger Handschrift von 1430/50), → Kröten u. → Schlangen herbeizuholen: »Nunmehr ware der Tag das Werck zu vollfüren bestimmet / und der Schlangen-Banner gehet auf die Alpe / machet einem Creyß von Reisig / den zündet er um und um an / steiget auf einem Baum / und feiffet mit einem Pfeiflein / da kamen alle Schlangen Hauffen-weise / und sprungen ins Feuer« (*Misch Masch* 74). Wie der Wind pfeift, so führt ihn das P. auch herbei. Die Seeleute nutzen dieses Prinzip der Analogie u. versuchen bei Flaute den Wind durch P. herbeizulocken; bei Sturm jedoch unterlassen sie es mit Bedacht.

Pfingsten (von griech. *pentēkostḗ* [*hēméra*] ›fünfzigster [Tag]‹ nach → Ostern), im AT u. Judentum das ›Wochenfest‹ als ›Fest der Erstlingsfrüchte von der Weizenernte‹ (Ex 34,22), im Christentum das Fest der Geistsendung (Apg 2,1 ff.). In der P.nacht weihte die Kirche Milch, → Honig u. Wasser (Formel des 5. Jh. im *Sacramentarium Leonianum*, bei Franz, *Benediktionen* 1,589). Wie Ostern war auch P. Tauftag (→ Taufe). Das am Tag zuvor geweihte Wasser (→ Weihwasser) wurde auf Felder u. Wiesen gebracht o. in die Ecken des Ackers gesprengt. P.tau u. P.wasser sind hilfreich gegen Ausschlag u. Augenleiden (→ Auge). Man wäscht sich in → Brunnen, Quellen u. Bächen, schöpft vor Sonnenaufgang (→ Sonne) heilsames Wasser. Die Brunnen werden geschmückt, umtanzt u. umritten.

Pfingstrose, Paeonia officinalis, Gichtrose, Gartenpflanze, 30–90 cm hoch, mit dunkel-, rosaroter u. weißer Blüte u. doppelt dreispaltigen Blättern. Das Wissen um die zauberische Bedeutung der Pflanze entstammt antiker Überlieferung, wie auch schon der Name Paeonia auf den griechischen Heilgott Paian verweist, der ihre Zauber- u. Heilkraft entdeckt haben soll. Man muß sie bei Nacht graben, denn bei Tag schützt sie der Specht (Theophrastos, *Historia plantarum* 9,8,6). Insbesondere hilft sie gegen Alpdrücken. So bemerkt schon → Dioskurides (*Materia medica* 3,147: »ephialtes« u. → Plinius (*Naturalis historia* 25,29: Sie hilft auch gegen Gaukeleien der »Faune im Schlaf«) u. in deren Nachfolge → Konrad v. Megenberg: »und wer der körner [des krautes] fünfzeheneu trink mit rôsenhonig, daz sei guot für die gaist, die pei den frawen slâfent in mannes weis, die ze latein incubi haizent« (5,62; vgl. → Albertus Magnus, *De vegetabilibus* 6,414 f.). Ansonsten ist die Pflanze in ihren einzelnen Teilen gut gegen

→ Epilepsie (Ps.-Apuleius, *De herbarum virtutibus* 65,2: »Ad lunaticos«; → Hildegard v. Bingen, *Physica* 1,127: »wallendsucht«) u. vertreibt → Gespenster. Die → Volksmedizin verwendet sie gegen Haarausfall, → Fieber, Podagra, Gallen- u. Leberleiden, Geburtswehen (→ Geburt).

Pflanzenzauber. Superstitiöse Praktiken, die vermittels bestimmter Pflanzen o. Pflanzenteile (Zweige, Wurzeln, Früchte) bzw. daraus hergestellter → Amulette, Absude, Räucherungen u. ä. dämonische Einflüsse, Krankheit, Tod usw. abwehren o. bewirken wollen. Besondere Bedeutung haben Pflanzen, oft tatsächlich aphrodisischer Wirkung (→ Aphrodisiakum), im → Liebeszauber. Bei der Sammlung der Pflanzen mußten in der Regel bestimmte Zeiten, Orte, Grabe- u. Sammelvorschriften beachtet werden.

Phallos, pl. Phalloi; Phallus (griech. *phallós*, von idg. **bhel* ›aufblasen‹, ›aufschwellen‹). Wie die → Vulva Trägerin weiblicher, so ist der Ph. Träger männlicher Fruchtbarkeit. Er spielt im Mythos, Kult u. → Magie eine eminente Rolle. Ph.-Prozessionen waren insbesondere im ländlichen Dionysoskult verbreitet (Aristophanes, *Acharnenses* 241–276). Als Sohn des Dionysos u. der Aphrodite o. einer Nymphe galt Priapos (Diodorus Siculus, *Bibliothḗkē* 4,6,1) als Gott der Zeugungskraft u. Fruchtbarkeit. Seine Verehrung diente der Förderung des Wachstums sowie seiner Bewahrung vor Schaden. Ph.oi, in einem → Amulett am Hals getragen, dienten als → Apotropaion u. Mittel der Abwehr von Neid (→ Plinius, *Naturalis historia* 28,39: »medicus invidiae«). Über das MA hinaus verbreitet war der Glaube, → Hexen könnten Ph.oi stehlen (→ *Hexenhammer* 1,9) o. doch behexen u. Impotenz bewirken (ebd.; 2,1,6). Frauen gebrauchten Ph.oi gegen Brustschmerzen (ZVK 22,127). Im Amulettgebrauch sind Ph.oi vielfältig bezeugt. Sie helfen gegen mancherlei Schaden, gegen Neid u. den → Bösen Blick o. werden, ohne mythisch-magische Bezüge, nurmehr zum Zwecke der Irritation getragen.

Phylakterien (griech. *phylaktḗrion* ›Wache‹, ›Schutzmittel‹), im AT u. Judentum Gebetsriemen, sonst zauberische Schutz- u. Abwehrmittel (→ Apotropaion), die gegen Krankheit u. schädigende dämonische Einflüsse (→ Dämonen) umgehängt o. umgebunden (→ Ligaturen) getragen werden. → Amulette

Physiologus (griech. *physiológos* ›Naturkundiger‹, ›Naturphilosoph‹), eine frühchristliche Naturlehre des 2. Jh. aus Alexandria in griechischer Sprache (dt. übers. Ursula Treu, 1981, ²1987). Der Ph. legt in allegorischer Weise zeitgenössisches u. älteres Wissen über Steine (→ Edelsteine), Pflanzen u. Tiere auf die Heilsgeschichte, auf → Christus, den Menschen u. den → Teufel aus: Löwe, Panther, → Einhorn u. Phönix etwa weisen auf Christus hin, Wildesel, Affe, Fuchs u. Igel auf den Teufel. Die Schrift beruft sich auf einen ›Physiologus‹ als Gewährsmann u. war in etwa 400 Handschriften, vielfach erweitert, in Europa verbreitet. Als Quellen des *Ph.* lassen sich Tiergeschichten bei → Aristoteles, → Plinius sowie der *Physiká* des Ps.-Salomon ermitteln. Deutsche Übersetzungen stammen aus der Zeit vom 11. bis 5. Jh. Die Wirkungsgeschichte reicht bis in die Neuzeit, z. T. über andere naturgeschichtliche Schriften vermittelt (→ Bestiarien, → Lapidarien). Zahlreiche Sagen u. abergläubische Vorstellungen sind aus dem *Ph.* in den → Volksglauben gelangt. Das Buch berichtet z. B. vom → Diamanten, vom → Achat, vom Feuer- u. Magnetstein (→ Magnet), von der apotropäischen Kraft (→ Apotropaion) der Esche, der Schwalbe als Frühlingsbotin, der Feuerfestigkeit des Salamanders u. von der → Schlange, die ihr → Gift in der Höhle zurückläßt, wenn sie zur Tränke am Fluß geht.

***Picatrix**, Der.* Ein aus dunklen Quellen kompiliertes Handbuch der hellenistisch-arabischen → Astrologie, → Magie u. Lehre von den → Amuletten. Der lateinische Name geht auf arab. *Biqrāṭīs*, d. h. ›Hippokrates‹, zurück. Das Buch mit dem arabischen Titel *Ġāyat al-ḥakīm*, ›Ziel des Weisen‹, ist nach 1051 entstanden u. wurde zu Unrecht al-Maǧrīṭī (›Mann aus Madrid‹) zugeschrieben. Alfons v. Kastilien (A. der Weise) hatte es 1256 unter dem Namen ›*P.*‹ ins Lateinische übersetzen lassen u. machte so die abendländische Welt mit der Umformung bekannt, die die → Kosmologie des → Neuplatonismus von arabischer Geistigkeit erfahren hatte. Die naturphilosophische Bedeutung der Sammlung hebt nicht nur Johann → Hartlieb als »vollkomnest püch« hervor, sondern sie wird auch durch Erwähnungen bei → Petrus v. Abano, → Johannes Trithemius o. Johannes → Weyer bezeugt, insbesondere aber durch die Rezeption durch → Agrippa v. Nettesheim (*De occulta philosophia*) unterstrichen. Die vom P. vertretene astrologisch determinierte → Magie gründet etwa in folgenden Gedanken: Die → Planeten bringen auf ihrem Weg, der sie einmal hinauf (Apogäum) an die Fixsternkombinationen (→ Tierkreis), dann wieder herab (Perigäum) an die irdische Welt führt, die himmlischen Formen u. Kräfte von oben nach unten. Der Magier versucht nun, dieser jeweils zu ihrer Zeit der Erde mitgeteilten oberen Einflüsse habhaft zu werden, indem er die Strahlungen des jeweiligen Planeten einem Substrat, das seinerseits dem gemeinten Planeten angehört (vgl. → Metall) sich einprägen läßt, um etwa ein Amulett o. einen → Talisman zu erzeugen.

Pico della Mirandola, Giovanni, * 1463 Mirandola, † 1494 Florenz, Philosoph der Renaissance. Studierte ab 1477 u. a. kanonisches Recht u. Philosophie in Bologna, Ferrara, Florenz u. Paris u. bemühte sich wie Marsilio → Ficino um eine Wiedererweckung des Platonismus bzw. → Neuplatonismus. Diesen suchte er mit der jüdischen → Kabbala sowie der christlichen Theologie zu verbinden (*Conclusiones cabalistae*: *Opera omnia* 1, Basel 1557, ND 1969, 107–113). 1486 veröffentlichte er 900 Thesen (›Conclusiones‹), in denen er die prinzipielle Vereinbarkeit aller philosophischen Traditionen zu erweisen suchte. Die Einleitung dazu wurde postum unter dem Titel *De hominis di-*

gnitate (lat./dt. v. N. Baumgarten, 1900) veröffentlicht. Die Lehrsätze behandeln auch Themen der → Magie u. → Mantik. P. begreift die Magie als »edelsten Teil der Naturwissenschaften«. Die → Astrologie lehnt er aufgrund ihres deterministischen Weltbildes ab u. betont dagegen die Freiheit des Willens.

Pilze. Speisepilze sind seit dem Altertum, weniger in Griechenland, mehr in Italien, geschätzt u. als Heilmittel im Gebrauch. Man glaubte, sie seien ein Gärungsprodukt der → Erde nach Regenfällen o. eine Hervorbringung der Wurzeln von Bäumen. Plinius nennt Kennzeichen giftiger P. u. Gegenmittel bei P.vergiftungen. Auch das MA verwendete P. als Heilmittel. Lärchenschwamm wurde bei → Fieber u. als Klistier bei Dysurie u. Darmkrankheiten (→ *Circa instans* 10 u. 19), Hirschtrüffel als Gichtmittel (→ Gicht) u. Abortivum (→ Abtreibung) empfohlen (→ Hildegard v. Bingen, *Physica* 1,34). → Albertus Magnus meint, P., auch nichtgiftige, bewirkten Ohnmacht u. Schlaganfall (*De vegetabilibus* 6,342–345). Verschiedene P. können aufgrund ihrer berauschenden Wirkung als halluzinogene Mittel benutzt werden u. spielen gelegentlich im Orakelwesen (→ Orakel) eine Rolle. Wo P. aufgrund eines zentrifugalen Myzels kreisförmig wachsen, spricht man von ›Hexenringen‹, die als nächtliche Hexentanzplätze (→ Hexensabbat) gedeutet werden.

Pimpinelle → Bibernelle

Pirmin(ius) von Reichenau, † um 750, wohl romanischer Herkunft, wahrscheinlich aus Meaux. Mitbegründer des Klosters R. (724), von wo er jedoch in politischen Konflikten 727 vertrieben wurde u. darauf in Murbach (um 728), sodann in Hornbach (vor 741) weitere Klöster gründete. Unsicher ist seine Autorschaft des Pastoralbüchleins *Dicta de singulis libris canonicis scrapsus* (ed. u. dt. übers. U. Engelmann, ²1976). Schon der Titel *Scarapsus* (von lat. *excarpsus*, *excerptus*) verweist darauf, daß es sich bei der Schrift um eine Kompilation von Texten aus älterer Tradition handelt. Näherhin zieht der Verfasser heran: → Augustinus (*De cathecizandis rudibus*), → Caesarius v. Arles (*Sermones*), → Martin v. Braga (*De correctione rusticorum*) sowie verschiedene Werke → Isidors v. Sevilla. Das Buch belehrt über die Heilsgeschichte u. über die Pflichten des Christen. Das 22. Kapitel enthält zahlreiche Hinweise auf pagane u. superstitiöse Vorstellungen u. Praktiken, auf Naturkulte, → Augurien, → Amulette, → Phylakterien, auf ominöses → Niesen o. → Stolpern usw.

Planeten (von spätlat. *planeta*, griech. *planḗtēs*, zu griech. *plánēs* ›irrend, umherschweifend‹), ›Wandelsterne‹. Die Griechen u. Römer kannten 5 P.: Merkur, Venus, Mars, Jupiter, Saturn. Ein P.system hat die Pythagoreische Schule (→ Pythagoras) ausgearbeitet: Die 5 P. sowie → Sonne u. → Mond bewegen sich gleichmäßig auf einer kreisförmigen Bahn u. erzeugen in den Sphären ihrer Drehung, entsprechend ihren Abständen u. Geschwindigkeiten, sich von innen nach außen vergrößernd, Töne, die der musikalischen Harmonie (»symphōníai«: Aristoteles, *Perí ouranoú* 2,9,290b) entsprechen (›Sphärenharmonie‹). Der Pythagoreer Philolaos (5./4. Jh. v. Chr.) erkannte den Umlauf der bis dahin zentral positionierten Erde u. nahm ein ›Zentralfeuer‹ an, um das sich in 10 Sphären eine ›Gegenerde‹ (›antíchthon‹), Erde, Mond, Sonne, die 5 Planeten sowie der Fixsternhimmel drehen. Mit → Ptolemaios (2. Jh. n. Chr.) fand die Geschichte der antiken P.theorien ihren Abschluß. Auf mathematischen Grundlagen gelang es ihm, die charakteristischen Bewegungen der P. in Schleifen u. Stillständen (Beobachtungen, die sich vom geozentrischen Standpunkt ergeben) zu erklären. Nach dem Untergang des römischen Reiches im Westen für Jahrhunderte in Vergessenheit geraten, wurde schließlich das Abendland mit der Rezeption u. Umarbeitung der antiken P.lehren bekannt, die sie in arabischen Untersuchungen erfahren hatten. Insbesondere gewann die aus dem Arabischen um 1175 ins Lateinische übersetzte *Sýntaxis* *megálē* (arab. *al-mğsṭī*, *Almagest*) große Bedeutung. Allerdings entwickelte u. verstärkte sich auch die Kritik an der ptolemäischen Lehre, die schließlich mit Kopernikus (1473–1543; *De revolutionibus*, 1543) u. seiner heliozentrischen Lehre entscheidend wurde. Johannes Kepler (1571–1630) gelangte sodann in Abkehr von einer reinen Geometrie der P.bahnen in Kreisen zu einer physikalisch-dynamischen Sicht der P.bewegung auf elliptischen Bahnen, deren Brennpunkt die Sonne markiert (*Astronomia nova*, 1609; *Harmonices mundi*, 1619). Krönung erfuhr diese Wissensentwicklung durch Isaak Newton (1643–1727), der die mathematischen Grundlagen der modernen Naturwissenschaften erarbeitete.

In der mythischen Sicht kosmisch-morphologischer Analogien gründen zahlreiche antike Parallelisierungen der P. mit → Elementen, Zuständen u. Vorgängen der sublunarischen (unter dem Mond befindlichen) u. irdischen Welt. Dabei wird die Zahl der P. unterschiedlich angesetzt. Sie werden den Himmelsrichtungen parallelisiert, den musikalischen Intervallen u. Tongeschlechtern, den Vokalen sowie bestimmten griechischen Buchstaben (→ Buchstabensymbolik) als Zahlzeichen (→ Zahlen), den grammatischen Tempora u. a.; sie entsprechen dem Gegensatz von Tag u. → Nacht, den Geschlechtern, verschiedenen → Farben, Geschmacksrichtungen, Sinnen, Körpersäften u. Temperamenten; sie gelten als → Eingeweide des Kosmos (→ Kosmologie). Nach Antiochos, einem Athener Astrologen des 2. Jh. n. Chr., »beherrscht Saturn Kopf und Kehle, Jupiter Schultern und Rumpf, Mars Zwerchfell und Nieren, die Sonne Herz, Lunge und Leber, Venus die Genitalien, Schenkel und Knie, der Mond Blase und Bauchhöhle« (bei W. Hübner: DNP 9,1076). Sie regieren Jahre, Monate, Tage u. Stunden. Noch die Namen der → Wochentage verweisen auf die Namen der Planeten(götter). Sie werden → Metallen, → Edelsteinen, Pflanzen, Blumen, Tieren zugestellt; mit den Musen, Weltaltern

u. den Religionen verbunden. Die Vielzahl möglicher → Entsprechungen von P. u. irdischer Welt hat den Sympathiereihen u. kosmologischen Konstruktionen des → Neuplatonismus eine Fülle mythisch aufgeladener Stoffe u. Themen geliefert. Im MA erhält sich die Beschäftigung mit den P. auf beiden Ebenen, der einer astronomischen u. der einer astrologischen Kosmologie. Letztere manifestiert sich in → Alchemie, → Astrologie, → Mantik u. → Magie. Ob jedoch die Kenntnisse der Laienastrologie, die vermehrt im 14. u. 15. Jh. faßbar werden, in ununterbrochenem Überberlieferungsstrom aus der Antike herkommen, o. nicht in der Rezeption gelehrten P.wissens im SpätMA u. während der Renaissance zu gründen sind, wird sich nicht durch den Verweis auf die frühe kirchliche Verbotsliteratur zugunsten der ersten Annahme entscheiden lassen. Denn gerade die normativen kirchlichen Texte des MA stehen in engsten literarischen Zusammenhängen: So führt beispielsweise das Verbot des *Decretum* des → Burchard v. Worms (19,92), den 5. Wochentag als Tag des Jupiters zu ehren, über verschiedene → Bußbücher auf → Caesarius v. Arles zurück (*Sermo* 13 u. 52) u. entspricht nicht etwa einem Zeugnis von Zeitgenossen. Der provenzalische Heidenprediger weiß noch aus eigener Anschauung, daß man an diesem Tage keine Arbeiten verrichten sollte u. Frauen nicht weben wollten. Auch die mittelalterlichen → *Lunare* stehen in antiker Überlieferung, ebenso natürlich die P.bücher. Ihre Tradition reicht bis in das 18. Jh. Die *Astronomia Teutsch* faßt zusammen, welche Krankheiten die einzelnen Planeten bringen: »Saturnus das viertägig Feber / Aussatz / Angesichts vngestalt / schebigkeit / Frantzosen / Krebs / die Schwindsucht / Wassersucht / vnd alle langwirige Kranckheit. Jupiter / Halßgeschwulst / Brust vnd Lungen geschwer / den schlag vnd gehen Tod / vnd allerley Kranckheiten die vom vbrigen Blut entstehen mögen. Mars / gibt Schnupffen / hitzige Feber / Blutgang / hitzige Apostemen / Geelsucht /

Geschwer der Frauen Gemächt / vnd fast all Kranckheiten, die von der Gallen entspringen« usw. (88[r]).

Plinius, Gaius Secundus (d. Ä.), * 23/24, † 79 beim Vesuvausbruch. Unter Kaiser Claudian Offizier u. Finanzverwalter in der Provinz. Noch vor 47 Reiterkommandeur in Germania superior (vgl. *Naturalis historia* 31,20: Thermalquellen v. Wiesbaden), seit 51/52 wieder in Rom, unter Vespasian Inhaber weiterer prokuratorischer Ämter. Von den zahlreichen Schriften, u. a. *20 Bücher über die Germanenkriege* (*Bellorum Germaniae libri 20*, verloren), hat die naturgeschichtliche Enzyklopädie *Naturalis historia* (*Naturae historiarum libri 37*) stark nachgewirkt. → Isidor v. Sevilla stützt sich vielfach auf die *Naturgeschichte*; → Johannes v. Salisbury hat wahrscheinlich einen Auszug, die *Medicina Plinii*, gekannt; → Albertus Magnus lag vermutlich das Gesamtwerk vor. Robert v. Cricklade exzerpierte 1172 die *Historia* in 9 Büchern für König Heinrich II. (*Defloratio naturalis historiae Plinii*). Während der Renaissance erfuhr die *Naturalis historia* 1469 in Venedig ihren ersten Druck. Es folgten bis zum Jahr 1600 über 50 weitere, zudem zahlreiche Kommentare. Der Einfluß der *Naturgeschichte* auf den mittelalterlichen u. neuzeitlichen Volksglauben u. Aberglauben ist, wie im vorliegenden Wörterbuch sichtbar wird, kaum zu überschätzen.

Plotin, * 205, † 270 Kampanien, letzter bedeutender griechischer Philosoph der Antike. Nach Studien in Alexandria wurde er in Rom Mittelpunkt eines gebildeten Kreises. Die erhaltenen Schriften hat sein Schüler, Biograph u. Herausgeber → Porphyrios in Neunergruppen (*Enneaden*) geordnet. P. systematisierte den → Neuplatonismus. Platons Philosophie als System verstehend, teilt er dessen Scheidung einer sinnlichen u. einer geistigen Welt hierarchisch in drei Hypostasen auf: des Einen, des Geistes u. der Seele. Das überseiende Eine ist dem Denken nicht zugänglich u. kann nur im mystischen Akt des Aufstiegs der Seele erkannt werden. Als Urgrund aller Dinge teilt es sich den unteren Seinsstufen mit. Den Geist setzt P. mit dem Sein u. der Summe der Ideen gleich. Mit der dritten Hypostase, der göttlichen Weltseele, sind alle Einzelseelen identisch. Sie steigen in die körperliche Welt hinab u. streben danach, aus ihr wieder zurückzukehren. Die Weltseele wird so zum Bindeglied zwischen dem Geist u. den körperlichen Gegenständen (*Enneaden* 4), so daß das Göttliche der Materie innewohnt. Aufgrund dieser Lehre rechtfertigte sich der Versuch der → Alchemie u. der → Magie, in der Materie das Göttliche zu entdecken u. zur Wirkung gelangen zu lassen.

Poenitentiale → Bußbuch

Poimandres, Künder göttlicher Offenbarung in dem nach ihm benannten ersten Traktat des *Corpus Hermeticum* (→ Hermes Trismegistos). Der Name gründet in der Verschmelzung von koptischen (**p-eime nte-nē*, ›geistiges Vermögen des Sonnengottes‹ [= Thot]) u. griechischen Wortelementen u. entspricht der Selbstbezeichnung des P. als *ho tēs authentías noús*, ›der Geist der höchsten Macht‹ (*Corpus Hermeticum* [CH] 1,1). Eine griechische Etymologie formuliert: ›Der Geist weidet [*poimaínei*] deinen Logos‹ (CH 13,19; vgl. → Zosimos: *poimenándra* ›Hirte der Menschen‹; dazu Hiob 7,20: Gott als ›Menschenhüter‹). Der mittelplatonische Text ist wohl im 2. Jh. entstanden u. vertritt die Identität von menschlichem u. göttlichem Geist (*noús*). Der Mensch vermag deshalb, indem er sich seiner selbst gewahr werden kann, den von Gott geschaffenen Kosmos in seinen Prozessen u. Strukturen visionär zu schauen: Selbst-, Gottes- u. Welterkenntnis bedingen sich, u. die Erkenntnis des Geistes im Menschen schafft Heil.

Porphyrios, ursprüngl. mit syrischem Namen Malkos o. Malchos, * 234 Tyros, Todesjahr unbekannt, griechischer Philosoph. Aus angesehener Familie stammend, lernte er in Athen die platonische Philosophie kennen. Ging 263 nach Rom, wo er sich → Plotin anschloß u. zwischen 301 u. 305 dessen Werke herausgab. Seine eigenen Schriften

(77 Titel) umfassen philosophische Kommentare zu Platon, → Aristoteles, Theophrast u. Plotin, eine *Einführung in die Kategorienlehre des Aristoteles* sowie Texte zur Religionsphilosophie u. Philologie. Großen Einfluß gewann P. im lat. Westen, dem er den → Neuplatonismus vermittelte. Unter seinen verlorenen Schriften befand sich eine Einführung astrologischen Gehalts in die *Tetrabiblos* des → Ptolemaios.

Porta, Giambattista della, * 1535 Vico Equense (Sorrent), † 1615 Neapel, Universalgelehrter. In seinen naturphilosophischen Schriften knüpft er an neuplatonisch-hermetische Gedanken an (→ Neuplatonismus, → Hermetik) u. vertritt einen auf der Annahme sym- u. antipathischer (→ Sympathie) Wechselwirkungen gründenden Materiebegriff (*Magia naturalis*, gedr. Neapel 1558, neu bearb. ebd. 1589; 1569, 1607 [u. ö.]; ital.: *Della Magia naturale*, 1611, 1677, 1825; frz.: *La Magie naturelle*, 1631 [u. ö.]). Der vermutlich erste Versuch, die → Hexensalbe naturwissenschaftlich zu beschreiben, ist von P. unternommen worden. 1580 ermittelte die → Inquisition gegen ihn, nachdem sich Johannes → Weyer in seiner Kritik der Hexenverfolgung (→ Hexe) auf P.s Auffassung des Hexenfluges als drogeninduziertes, halluziniertes Phänomen berufen hatte.

Präanimismus, Begriff für einen hypothetischen, dem → Animismus vorausgehenden Zustand der geschichtlichen Entwicklung des menschlichen Geistes. Als religionsevolutionistischer Begriff überholt, gilt er in der wissenschaftshistorischen Terminologie als Sammelbegriff für Theorien, die das Erlebnis einer unpersönlichen religiösen Macht als ursprünglich-anfängliche religiöse Erfahrung erklären. → Mana, → Orenda

Prästigien (lat. *praestigiae* ›Blendwerke, Gaukeleien, Trugbilder‹). P. bezeichnen keine spezifische Wahrsagekategorie. Der Begriff klassifiziert vielmehr bewertend die Erscheinungen der → Observation u. → Divination als durch Täuschung u. Vorspiegelung der → Dämonen zustande gekommen. Er stützt die superstitionskritische Illusionstheorie, wie sie etwa der → *Canon episcopi* vertritt.

Praetorius, Johannes, d. i. Hans Schultze, * 22. 10. 1630 Zethlingen (Altmark), † 25. 10. 1680 Leipzig, Magister der Philosophie u. rastloser Schriftsteller. In der Mehrzahl seiner Werke steht der Aberglaube im Mittelpunkt: Kometenglaube (→ Komet), → Astrologie, → Vorzeichen, → Wahrsagen, Siebdrehen (→ Sieb; *De coscino mantia oder von dem Sieblaufe*, 1677), → Wünschelruten, → Zauberei, Hexenfahrten (*Blockes-Berges Verrichtung*, 1668 [u. ö.]). *Der abenteuerliche Glückstopf* (1669) nennt 118 Formen des Aberglaubens, um sie zu widerlegen, ähnlich die *Philosophia colus* (1662). P. glaubt an → Kobolde, → Geister u. → Hexen u. verspottet u. bekämpft den Aberglauben als Teufelswerk: Die Stellung zwischen dem älteren Teufels- u. Zauberglauben u. der neueren aufgeklärten Aberglaubenskritik hat das Urteil des P. schwankend gemacht.

Praktik (von griech. *praktikḗ* [*téchnē*] ›Wissen um praktisches Handeln‹), Jahresprognostiken aufgrund astrologischer Berechnungen über Wetter (→ Wetterbüchlein), Ernte, Seuchen, Kriege, Katastrophen. Erste Einblattdrukke mit P.en sind für die Zeit um 1470 belegt (Meister Theobertus). Die älteste P. in Buchform stammt von 1475. Die Erstellung einer P. gehörte zu den Aufgaben eines Astronomen. In der *Historia von D. Johann Fausten* von 1587 heißt es, → Faust sei »Astronomus oder Astrologus« u. gelehrt gewesen »in der Sternkunst [→ Kunst; → Astrologie], und wie man Practiken schreibe«: »Wann er setzte Nebel, Wind, Schnee, Feucht, Warm, Donner, Hagel usw. hat sichs auch also verloffen« (36). Noch Johannes Kepler (1571–1630; → Planeten) erstellte ein *Calendarium und Prognosticum* für die Jahre 1591–99. Im 17. u. 18. Jh. verloren die P.en an Bedeutung. Vorhersagen befanden sich schließlich nurmehr im Anhang des Jahreskalenders (→ Kalender).

Prel, Karl Freiherr du, * 3. 4. 1839 Landshut, † 1899 Heiligkreuz in Tirol, philosophischer, parapsychologischer, okkultistischer Schriftsteller (*Studien aus dem Gebiet der Geheimwissenschaften*, 1–2, 1893; *Die Magie als Naturwissenschaft*, 1920).

Priester → Geistlicher

Prodigium, pl. -ien (lat., ›vorbedeutende Erscheinung‹, ›Wunderzeichen‹). Für die römische Antike bezeugen P.n-Listen bei Livius u. Iulius Obsequens die literarische Tradition (priesterlicher) Deutung prodigiöser Ereignisse: → Geburt eines → Hermaphroditen, Blitzschlag (→ Blitz) in einen Tempel, Erdbeben (→ Erde: → Geomantie). Was dem römischen Senat prodigiös erschien u. worüber er die *Sibyllinischen Bücher* (→ Sibylle) befragen ließ, führt Cicero an: »So als zwei Sonnen, als drei Monde, als Fackeln [am Himmel] erschienen; als man die Sonne nachts sah; als man ein Dröhnen vom Himmel vernahm; als der Himmel den Eindruck erweckte, er trete auseinander, und man in seinem Innern Kugeln bemerkte [...] als in Cumae Apollo schwitzte, in Capua die Victoria? Ferner: die Geburt eines Zwitters, wies sie nicht auf verhängnisvolle Ereignisse voraus? Ferner: als der Fluß Atratus Blut führte? Ferner: als häufig ein Regen von Steinen, manchmal von Blut, zuweilen von Erde, zu gewissen Zeiten von Milch sich ergoß?« usw. (*De divinatione* 1,97 f.). Insofern P.n Zeichen göttlichen Zornes u. drohenden Unheils sind, verlangen sie nach Entsühnung. Adäquate Sühneriten zu ermitteln, half in Rom ebenfalls die Befragung der *Sibyllinischen Bücher*. In spätmittelalterlicher Zeit galten P.n als Vorzeichen von Hungersnöten, Seuchen, Krieg o. des Weltunterganges u. wurden als göttliche Mahnung zur Buße empfunden (F. Nausea, *Libri mirabilium*, 1532).

Proklos, * 4. 2. 421 Konstantinopel, † 17. 4. 485 Athen, griechischer Philosoph. Studierte in Alexandria u. Athen, wo er später Leiter der Schule wurde. Sein Beiname ›Diadochos‹ will sagen, er sei der Nachfolger Platons schlechthin gewesen. Seine lehrende u. schriftstellerische Tätigkeit galt der Weiterentwicklung der platonischen Lehre. Ihm kommt das Verdienst einer auf umfassender Gelehrsamkeit beruhenden, abschließenden Systematisierung des neuplatonischen (→ Neuplatonismus) Gedankenguts zu. An → Plotin, → Porphyrios u. → Iamblichos anknüpfend, führt er eine stark differenzierende Untergliederung des neuplatonischen Stufenkosmos ein, in den er die gesamte griechische u. »barbarische« Theologie u. ihre Gestalten systematisch-schematisch einzubinden suchte. Neben zahlreichen philosophischen verfaßte er auch Kommentare zu den *Chaldäischen Orakeln* (→ Chaldäer) sowie zur *Tetrábiblos* des → Ptolemaios. Das MA sah in seinem Werk das Vermächtnis der antiken Philosophie u. Theologie.

Psychedelika → Drogen

Psychokinese (griech., ›Bewegen durch die Seele‹), auch ›Telekinese‹, ›Fernbewegen‹. Kunstwort der → Parapsychologie, die damit »physikalisch vorläufig unerklärliche, psychisch ausgelöste Bewirkungen auf materielle Systeme« bezeichnet (Bender bei Bonin, 414). Während über »physikalische Relevanz der P. kaum Ergebnisse« (Bonin, *Lexikon* 414) vorliegen, sucht man gleichwohl ihre Realität unter Verweis aus Spukerscheinungen (→ Spuk) zu sichern.

Ptolemaios, Klaudios, * zwischen 80 u. 100 n. Chr., wurde 78 Jahre alt, griechischer Mathematiker u. Astronom. In seinem Werk *Almagest* (arab. aus griech. *megálē* o. *megístē sýntaxis*, ›große o. größte Zusammenstellung/Abhandlung‹; → Planeten) sind die Grundlagen der griechischen Astronomie niedergelegt. Die Erde wird als unbewegtes Zentrum der Welt angenommen. Dieses geozentrische Weltbild besaß bis in die Spätrenaissance hinein unumstrittene Geltung. Erst zu dieser Zeit wird es durch das heliozentrische Weltbild des Kopernikus, in dem die Sonne das Zentrum der Welt bildet, abgelöst. Für die →Astrologie bedeutsam ist die *Tetrábiblos* (mit dem Titel

Mathēmatikḗ o. *Apotelesmatikḗ*), eine didaktische Abhandlung, in der die Möglichkeiten u. der Nutzen der Sterndeutung allgemein sowie der Einfluß der Gestirne auf einzelne Völker u. Länder u. auf das Schicksal des Menschen im besonderen erörtert werden. Für die → Iatromathematik bedeutsam geworden sind seine Lehren über die → Entsprechungen von Krankheiten u. Planeten (→ Aderlaß, → Planeten). Früh als unecht erkannt sind ihm zugeschriebene Bücher wie die *Libri magici tres* u. die *Libri de annulis.*

Punktierkunst → Geomantie

Pyromantie (von griech. *pyr* ›Feuer‹ u. *manteía* ›Weissagung‹), ›Wahrsagen aus Feuer‹. Wie → Feuer u. Licht dem feuerartigen Charakter des Göttlichen entsprechen, so ist Feuer ein Offenbarungsmedium der Götter. In Olympia wurden die Flammen auf dem Opferaltar des Zeus gedeutet. Zu den beachteten Feuerzeichen gehörte in der Antike Flackern, Zucken, Zischen, Brausen, Sprühen, Knistern, Qualmen (Hopfner, *Offenbarungszauber* 213). Varro zählt die P. zu den → Divinationen aus den 4 → Elementen (→ Hydromantie, → Aeromantie, → Geomantie), eine Einteilung, deren Kenntnis → Isidor v. Sevilla dem MA überliefert hat (*Etymologiae* 8,9,13). Die spärlichen, nurmehr klassifikatorischen Bemerkungen finden sich, ggf. nur variiert, in der einschlägigen Literatur bis in die Neuzeit. Allerdings wird in der humanistischen u. neuzeitlichen Divinationsliteratur dem Terminus wiedergewonnenes Wissen um antike Feuerorakel (→ Orakel) systematisierend hinzugefügt (→ Hartlieb, *Buch aller verbotenen Kunst* 80–84; → Agrippa v. Nettesheim, *De occulta philosophia*; → Cardanus, *De rerum varietate*). Das im Umkreis der Jahresfeuer (→ Johannistag) angesiedelte Orakelwesen läßt sich nicht in antiker Überlieferung gründen.

Pythagoras von Samos, * um 570/60 Samos, † um 480 v. Chr., griechischer Philosoph, gründete in Kroton (Unteritalien) eine Kultgemeinschaft. Seine Lehre, über die

Schriften des P. selbst nicht überliefert sind, hat die Unsterblichkeit u. Seelenwanderung zum zentralen Thema. Erst im Kreis der pythagoreischen Schule wurden seit etwa 470 v. Chr. Lehren der Sphärenharmonie u. Zahlenmystik (→ Zahlen) entwickelt. Auch mathematische Sätze sind nicht von P. überliefert; der ›Satz des P.‹, $a^2 + b^2 = c^2$, war schon in Babylonien bekannt. Im Mittelpunkt der pythagoreischen Überlegungen steht die Mathematik als kosmisches Gesetz. Sie erlaubt es, aus musikalischen Konsonanzen abgeleitet, die Harmonie des Kosmos (→ Kosmologie) zu beschreiben, u. begründet den Gedanken vom Klang der sich in diesen Verhältnissen bewegenden Himmelssphären. Die Vorstellung hat noch auf Johannes Kepler (1571–1630) u. Isaac Newton (1643–1727) gewirkt. Unter dem Einfluß babylonisch-persischer → Astrologie u. → Magie kommt es seit dem 1. Jh. v. Chr. zur neupythagoreischen Zahlenspekulation. Die Zahlen erscheinen als kosmisch-theologische Chiffren u. Symbole: 1 = Gott, Vernunft, Harmonie sowie das Feuer in der Mitte des Kosmos; 2 = Teilung, Gleichheit, Entwicklung; 3 = die erste ›wahre‹ Zahl als Produkt von 1 + 2; 10 = die vollkommene Zehnzahl aus 1 + 2 + 3 + 4. Die magiologischen Aspekte des Neupythagoreismus werden insbesondere mit dem Namen des → Apollonius v. Tyana (1. Jh. n. Chr.) verbunden. In der frühen Neuzeit bezeugen → Pico della Mirandola u. Johannes Reuchlin ihr Interesse am Pythagoreismus. E. Weigel gründete 1672 eine ›Societas Pythagorea‹.

Pythonissen, vom Namen der Pythía, der Seherin in Delphi, dem älteren Pythṓn (Homer, *Ilias* 2,519). Mit dem griechischen *pythmḗn* ›Boden‹ verbunden, u. auf *delphýs* ›Gebärmutter‹ bezogen, bedeutet *Pythṓn* ›Erdschlund‹. Doch ist die Annahme daraus aufsteigender, prophetische Verzückung (vgl. ›enthusiasmós‹ bei Plutarch, *De Pythiae oraculis* 7; → Enthusiasmus) induzierender Gase problematisch. Von *Pytho* als Beinamen des delphischen Apollon ausgehend, schreibt → Isidor v. Sevilla: »Die Pythonissen sind nach Apollo Pythius genannt, weil dieser wohl der Urheber des Weissagens war« (*Etymologiae* 8,9,21). Unter den klassischen Divinationskategorien hat die »Wahrsagung durch Pythonen« (»divinatio per pythones«, Thomas v. Aquin, *Summa theologiae* 2,2,95,3) von den mittelalterlichen Theologen besondere Beachtung gefunden (→ Hrabanus Maurus, *De universo* 15,4 und *De magicis artibus*; Gottfried v. Admont, *Homilia* 65 *In dominicam 2. post pentecosten secunda*; Johannes v. Salisbury, *Policraticus* 1,12; 2,27). Filastrius v. Brescia († 397) nennt unter zahlreichen Häresien auch eine »Heresis de Pythonissa« (*Diversarum hereseon liber* 26) u. bezieht den Namen auf die alttestamentliche ›Hexe v. → Endor‹, die Tote beschworen habe (→ Nekromantie), um von diesen Antworten zu erfragen. Von der Auffassung geleitet, aus dem Wahrsager spreche ein → Dämon, übersetzt die *Septuaginta*, die griechische Übersetzung des AT, die Bezeichnung der Wahrsagerin mit »bauchrednerische Frau« (»gynaíka engastrímython«, 1 Sam 28,7), die lateinische *Vulgata* dieses dann mit »Frau, die einen Pytho« hat. Auch die *Apostelgeschichte* berichtet von einer Wahrsagerin, die einen Wahrsagegeist (›pneúma pýthōna‹, ›spiritus pythonis‹, Apg 16,16–18) habe. Die Nachrichten der Bibel sowie der christlichen Schriftsteller sehen somit in den P. Wahrsagerinnen, die von einem Wahrsagegeist besessen sind, der aus ihnen spricht.

Q

Quadrat, magisches. Das Q. ist Grundfigur von Einteilungen u. Ordnungen. Römische Lager u. Städte sind durch das Achsenkreuz des Q.s in vier Teile, die späteren ›Quartiere‹, ›Stadtviertel‹, gegliedert u. entsprechen der quadratisch vorgestellten, viergeteilten → Erde. Der Himmel dagegen hat die Form einer → Kugel. Bei den Pythagoreern (→ Pythagoras) symbolisiert es das Zusammenwirken der → Elemente, mit eingeschriebenem → Kreis im hermetischen Schrifttum (→ Hermes Trismegistos) die Weltseele (›anima mundi‹). In kleinere Q.e gefeldert enthält das Q. → Zahlen u. Buchstaben (→ Buchstabensymbolik) u. gilt als ein Bild der Harmonie. Wie das Schachbrett (6. Jh. n. Chr., Indien) stammen die magischen Q.e aus dem Orient u. erscheinen zuerst in arabischen Aufzeichnungen aus der Zeit um 900. Ihr magischer Gebrauch gründet in astrologischen Bezügen, der Konstruktion von Korrespondenzen zwischen → Makrokosmos u. Mikrokosmos. Basis solcher Möglichkeiten bildet der Gebrauch von Buchstabenzeichen zur Darstellung von Zahlenwerten sowie kosmische Analogien der ›oberen‹ u. ›unteren‹ Welt: Es gibt 7 → Planeten, 7 Sphären, 7 Saiten der Leier, 7 Vokale usw.; es gibt 2 x 12 Buchstaben, 12 Felder des → Tierkreises, 12 Körperteile. Das magische Q. in Dürers *Melancholia I* entspricht dem Planetengott Iupiter u. wirkt offensichtlich der saturnischen Melancholie entgegen. Die pseudo-paracelsische *Archidoxis magica* von 1590 beschreibt das Q. des Jupiters sowie dessen Kräfte: Es »gibt Lieb / Huldt vnd Gunst von allen Menschen: Vnd wo es hingelegt wird / das mehret sich / vnd nimpt zu von Tag zu Tag / vnd machet sein Trager glückhafftig in allen Händlen / vnd vertreibt auch alle Forcht«. Berühmt ist das Q. des in 5 x 5 Felder geschriebenen → SATOR

AREPO TENET OPERA ROTAS. Ein ähnliches Q. wurde mit dem der Ketzerei bezichtigten u. 1312 aufgelösten Templerorden in Verbindung gebracht: SATAN ADAMA TABAT AMADA NATAS. Die Texte können, im Q. angeordnet, mit gleicher Buchstabenfolge in verschiedenen Richtungen gelesen werden. Die Bedeutung der eingeschriebenen Buchstaben ist unklar geblieben, trotz aller erstaunlichen Gelehrsamkeit, die bei Versuchen dazu gezeigt wird. In vielen Fällen mag es sich um Spielereien handeln.

Quelle → Brunnen

Quendel → Thymian

R

Rachepuppe → Atzmann

Rechts, links. Als Gegensatzpaar im Sinne von Wertbegriffen bedeutet r. gut u. l. böse. Die Polarität von r. u. l. wird von der Bevorzugung der rechten → Hand her begründet: Die Rechte ist geschickter, ›richtig‹, die Linke weniger geschickt, ›linkisch‹. Die linke Seite kann auch dem Emotionalen (Herzensseite), Irrationalen u. dem Femininen verbunden werden. In antiken medizinischen Vorstellungen war die linke Körperseite dem Weiblichen, die rechte dem Männlichen zugeordnet. In kosmologischen u. kultischen Bezügen erscheint bei der rituellen Ausrichtung nach Süden, wie bei den Etruskern u. Römern vor dem griechischen Kultureinfluß, der lebensspendende Sonnenaufgang vom Betrachter aus zur Linken. Bei der zumeist üblichen rituellen Wendung nach Osten verläuft der Weg der → Sonne zur Rechten: Gott u. Heil ist zur Rechten (Ps 16,8). In der Kreuzigungsszene befindet sich der gute Schächer zur Rechten, der böse zur Linken (Mt 27,38; Lk 23,39–43); der auferstandene → Christus sitzt zur Rechten Gottes (nach Ps 109,1); im Jüngsten Gericht werden die Gerechten (die Schafe) zur rechten, die Verfluchten (die Böcke) zur linken Seite gewiesen (Mt 25,32–44). In der homerischen Welt zeigt der auf der rechten, in der römischen Auguralpraktik der von der linken Seite fliegende Vogel Gutes an. Das Wissen um die ominöse Bedeutung (→ Omen) des Gegensatzpaares lebt in der Gegenwart fort. Dabei ist r. meist günstig, l. ungünstig: Im → Angang, beim → Stolpern, beim → Gliederzucken; insbesondere ist es ein schlimmes Vorzeichen, mit dem linken Bein aufzustehen.

Regenzauber dient dem Hervorrufen von Regen. Er bedient sich zumeist der Mittel der imitativen → Magie: Erzeugung von Rauchwolken u. prasselnder Regengeräusche, Ausgießen von Wasser, Vergießen von Tränen, Aufstellen gefüllter Wasserkübel. → Burchard v. Worms berichtet von einem R., bei dem ein entkleidetes Mädchen u. a. an einen Fluß geführt u. mittels Ruten mit Wasser bespritzt wird (*Decretum* 19,194). Wie die antiken Götter (Zeus: Pausanias, *Perihḗgēsis* 8,38,3), so vermögen auch christliche Heilige Regen zu machen (Heribert v. Köln, *Vitae* 3). Mit dem Mantel des hl. Columban (*Vita* 3,81) o. dem Rock des Bischofs Deodatus wirkte man auf den Feldern Regen. Das mag an die ausgebreitete Wolle im *Buch der Richter* erinnern, auf der sich wunderbarer Tau bildete (Ri 6,37 f.). Das Begießen, Baden o. Untertauchen von → Reliquien, Heiligenbildern u. Kruzifixen (→ Kreuz), um Regen zu erhalten, ist seit mittelalterlicher Zeit bezeugt (Franz, *Benediktionen* 2,17 ff.): »Dieser Brauch die Crucifix vnd Bilder ins Wasser zuziehen / darmit man dardurch Regen erlange / ist in Gasconien noch üblich: Vnnd ich habs zu Tolose bei hellem Tag von den kleinen Kinderen vor dem gantzen Volck thun sehen: die nennen solches daselbst La Tiremasse, den schleiff den Klotzen. Auch hat sich einer im 1557. Jar zu Salin gefunden / der alle Bilder einsmals inn denn Bronnen wurffe / vnnd damit einen vberflüssigen Regen erlangte. Welches ein recht Bubenstuck ist / so man nicht vngestrafft solt hinschleichen lassen: Dieweil es von den Zauberern und Hexin her kommet« (→ Bodin / → Fischart, *Teuffelsheer* 139). → Wettermachen

Regino von Prüm, * um 840 wahrscheinlich Altrip b. Speyer, † 915 Trier, Abt von P., Geschichtsschreiber, Kanonist. Seine Sammlung von Kirchenrechtstexten, die *Libri duo de synodalibus causis et disciplinis ecclesiasticis* (um 906, ed. F. W. H. Wasserschleben, 1840), ist als ein Handbuch für die bischöfliche Pfarrvisitation u. Sendgerichtsbarkeit konzipiert. Es ist eine Kompilationsarbeit, in der ältere Texte aus Kapitularien, Synodalstatuten u. → Bußbüchern zusammengestellt sind. Die zahlreichen Bemerkungen zu Heidentum u. Superstition können deshalb nicht auf die Zeit u. Umgebung R.s bezogen werden. Sie sind in übergreifende literarische Überlieferungszusammenhänge eingebunden u. kommen häufig von → Caesarius v. Arles, aber auch von → Martin v. Braga, → Isidor v. Sevilla o. → Hrabanus Maurus her. → Burchard v. Worms hat seinerseits die Sammlung häufig herangezogen.

Reisesegen, Ausfahrtsegen. Schlechte Wege, mangelhafte u. fehlende Unterkunft, Unwetter, Wegelagerer u. Räuberbanden machten das Reisen schwierig u. gefährlich. Auf Seereisen drohten Stürme u. Piraten. Es lag deshalb nahe, sich vor dem Antritt einer Reise dem Schutz des Jenseitigen zu unterstellen u. von der Kirche den → Segen zu erbitten. Frühe R. nehmen Stücke aus Votivmessen *Pro iter agentibus* (›Für Reisende‹: *Sacramentum Gelasianum*, 8. Jh.; *S. Gregorianum*, 9. Jh.) auf. Zahlreiche R. wenden sich an die Hl. → Drei Könige als Reisepatrone (Johannes v. Hildesheim, *Historia trium regum* 36) o. nennen Patriarchen des AT, Tobias, → Engel, → Christus, Johannes den Täufer u. a. Heilige. Deutschsprachige R. sind seit dem 12. Jh. belegt. Sie beginnen etwa: »Ic dir nah sihe«, »Ich will hiut uf stan«, »Hode dath ich uth ga« (Müllenhoff/Scherer, *Denkmäler* 1,18; 2,283; 290). Der *Tobiassegen* nimmt Bezug auf das alttestamentliche Buch *Tobias*, in dem die Ausreise des T. nach Medien in Begleitung des Engels Raphael beschrieben wird. Wie andere R. auch, so nimmt der *Tobiassegen* im Verlauf seiner Überlieferung Motive anderer Segenstypen, insbesondere von Waffensegen, auf: Wer den Segen geschrieben bei sich trägt, »ist sicher vor allen seinen Feinden, es kann ihm auch durch keinerlei Gewehr und Waffen und Geschoß kein Schaden zugefügt werden, er ist sicher vor allen bösen und losen Leuten vor Hex- und Zaubereyen, und allerley Teufels-Gespenst, vor allen Dieb, Mörder, Straßenräubern« (Spamer, *Romanusbüchlein* 163). → Zaubersprüche

Reliquien (lat., ›Überreste‹), materielle Relikte von heiligen Gegenständen u. Personen. Der christliche Heiligen- u. R.kult konnte an den antiken Grabkult von Heroen anknüpfen. Das *Martyrium* des Polykarp (Bischof v. Smyrna, † vermutl. 155/156) nennt dessen Gebeine »wertvoller als Edelsteine« (18,1). Seit dem 4. Jh. wurde es üblich, Gebeine von Heiligen aus deren Gräbern zu ›erheben‹ u. an andere Orte zu überführen (›Translation‹); so etwa die von Aposteln u. Heiligen nach Konstantinopel. Ambrosius ließ in Mailand aufgefundene R. unter dem Altar (vgl. Offb 6,9) der Basilica Martyrum bestatten. Im Altargrab erhielt der Heilige mit seinen R. einen Wohnsitz u. wurde zum Schutzherrn von Kirche u. Stadt. Die Vorstellung, im einzelnen R.partikel sei die Kraft des Heiligen präsent, begründete nicht nur den Glauben an die Wirksamkeit (›dýnamis‹, ›cháris‹) von R. u. einen ausgreifenden R.kult, sondern auch die Verbreitung von ›Berührungsr.‹ (›brandeum‹; Sekundärr.: angerührte Tücher usw.). Sinnfälligen Ausdruck der Gegenwart des Heiligen in seinen R. brachte die Verbindung von Bildwerken u. R. Schon gegen Ausgang der Antike waren R. jedoch nicht nur Gegenstand der Verehrung, sondern galten auch als Insignien von Herrschaft, Recht u. besonderen Privilegien. Die römische Kaiserin Helena (248/249–328/329) soll, so berichtet schon Ambrosius, während einer Jerusalemfahrt das → Kreuz → Christi aufgefunden haben. Insbesondere infolge der Kreuzzüge gelangten eine Vielzahl neuer R. ins Abendland. R.verehrung, Wunderglaube sowie ein schwunghafter Handel mit R. begünstigten zahlreiche Fiktionen, Fälschungen u. Betrügereien: Man besaß Vorhaut, Schweiß u. Blut Christi; Hemd, → Gürtel u. Milch Marias, zahllose Dornen von der Dornenkrone, Splitter vom Kreuz, Nägel von der Kreuzigung sowie in Loreto das Haus der Heiligen Familie aus Nazareth u. in Rom die Treppe aus dem Richthaus des Pilatus (Scala Santa). Gegen den R.kult u. -aberglauben wandten sich schon im 5. Jh.

Vigilantius, im 8. Jh. Claudius v. Turin, im 11. Jh. Guibert v. Nogent. In vorreformatorischer Zeit predigten die Waldenser dagegen. Die Reformatoren lehnten den R.kult ab (Calvin, *Traicté des reliques*). Nach der Rechtfertigung des Kultes durch das Trienter Konzil (Sessio 25, v. J. 1563; Denzinger, *Enchiridion* 985), steigerte sich im Barock noch einmal die katholische R.verehrung. Die Wiederentdeckung der römischen Katakomben mit deren Gräbern führte zu einer massenhaften Translation von ›Katakomben-Heiligen‹ bis in den österreichisch-süddeutsch-schweizerischen Raum. Früh bezeugt ist der Gebrauch von R. zu Heilzwecken. Nach → Augustinus bewirkten die R. des hl. Stephanus Heilung (*De civitate dei* 22,8). Statt heidnische Zauberer solle man die R. der Märtyrer aufsuchen, empfahl man seitens der Kirche. Staub vom Petrus-Altar in Rom vermochte Tote zu erwecken (Gregor d. Gr., *Dialogi* 3,7). Kranke Körperstellen wurden mit R. bestrichen o. dem Kranken Wein u. Wasser gereicht, in die R. getaucht worden waren (*Miracula s. Agili* [Agilulf] 9,10). Nachdem R. gegen die Pest auf einer Bahre umhergetragen worden waren, wusch man die Bahre mit Wasser ab u. gab den Kranken als von einer »kostbaren Medizin« davon zu trinken (Franz, *Benediktionen* 2,454; *Miracula s. Benedicti* 24). Die Aufklärung schließlich brachte entscheidende Kritik der R.verehrung: Der Leichnam sei tot, sogar giftig u. gefährlich. Die österreichische josephinistische Kirchenreform räumte die R. beiseite, die Französische Revolution zerstörte sie. Der engagierte (ultramontane) Katholizismus des 19. Jh. brachte eine Erneuerung. Eine der letzten Ganzkörper-R. verehrte der Kommunismus in der einbalsamierten Leiche Lenins in Moskau.

Ring. Der R. besitzt die Bedeutung des → Kreises. Er ist ein Sinnbild der Ewigkeit u. des Göttlichen, Symbol der Bindung (→ Band), Zeichen der Macht u. ein magischer Gegenstand (→ Magie). Am → Finger, Arm, Ohr o. Hals getragen, besitzt er die Kraft eines → Apotropaions. Zauber-R.e vermögen → Geister u. → Dämonen zu zwingen. Ihre Wunderkraft ist in der Antike vielfältig bezeugt (Klemens v. Alexandrien, *Stromateis* 1; Lukian, *Navigium* 42; Philostratos, *Vita Apollonii* 3). Auch Salomon besaß einen solchen (Josephos Flavius, *Antiquitates* 8,2,5). → Apollonios v. Tyana trug jeden Tag einen besonderen R., jeweils mit den → Symbolen des herrschenden Tagesregenten (→ Planeten, → Woche). Zauber-R.e waren aus verschiedenen Materialien gefertigt (→ Metall), trugen → Edelsteine, waren mit Inschriften versehen o. schlossen wahrsagende → Geister ein (Johannes Vicentii, *Liber adversus magicas astes* 4: »demones in annulis inclusos«; → Familiar). In vielen Variationen belegt, erscheint seit mittelalterlicher Zeit die R.-Formel: + GVGGVGBALTEBANI + ALPHA.&. ω usw. (bei Harmening, *Zauberei* 90ff.). Aus Sargnägeln (→ Sarg) geschmiedete R.e sind zu Heilzwecken tauglich. Den Gebrauch eines R. zu Zwecken des → Liebeszaubers ahndete 1611 ein Prozeß in Marseille mit dem Tod auf dem Scheiterhaufen. Magische R.e machen unsichtbar, so der R. des Gyges (Platon, *De re publica* 2,3), lassen Gedanken erraten, machen gefeit gegen Waffen (→ Festmachen), verleihen Sieg, helfen → Schätze zu heben, verwandeln Tier u. Mensch u. bringen vielfältiges Glück. Die *Magia divina* von L. v. H. (wie sich der anonyme Autor abkürzt) beschreibt einen »Magischen R.«, der → Gifte abwehrt, Feinde entdeckt, unsichtbar macht sowie Ehebrecher entlarvt: »Summa, es ist was vortreffliches um diesen Ring; und glücklich derjenige zu achten, der ihn hat« (28f.). Zu Zwecken des → Orakels wurde schon in der Antike mit R.en gependelt (→ Pendel; → Daktylomantie).

Ringelblume, Calendula officinalis, Ringelrose, Goldblume. Korbblütler mit lanzettförmigen Blättern u. großen gelben bis gelbroten Blüten. In der sympathetischen Medizin (→ Sympathie) wird die R. wegen der gelbroten Farbe ihrer Blüten gegen Gelbsucht u. Rotlauf gebraucht. Insbesondere besitzt sie Bedeutung im → Liebeszauber.

Bock berichtet: »Etliche Weiber treiben superstition damit / brauchen sie zu der bulschaft« (*Kreüter-Buch* 55).

Rittersporn, Delphinium consolida, Acker-, Feldrittersporn, 15–40 cm hohes Hahnenfußgewächs mit doppelt gefiederten Blättern u. dunkelblauen Blüten mit langem Sporn. Wächst auf Getreidefeldern. Wegen seiner blauen Blüten in der sympathetischen Magie (→ Sympathie) gegen Augenleiden (→ Auge) gebraucht. Der *Gart der Gesuntheit*, im Druck von 1485, berichtet: »disse blomen alle dage an gesehen den selbigen dag kommet dir keyn augen wethum« (96). Das Kräuterbuch fügt zur Sicherheit ein aufwendigeres Rezept hinzu: »Ritters blomen dry in iungfrauwen wachs [→ Jungfernwachs] gewircket vnd an den hals gehencket vnd do mit sant Otilien eine messe gefrommet oder dry almůsen vmb yren namen geben, oder dry pater noster andechtiglichen gebeth oder disse dry gotes dinst alle gethan Syn augen blyben gesunt die wyle der mensch lebet« (ebd.). Auch Sebastian Franck erwähnt den Gebrauch der Blume gegen Augenkrankheiten: »An S. Johanns tag machen sye ein simetfeüer / tragen auff disen tag sundere krentz auff / weyß nit auß was aberglauben / von beyfůß vnd eisenkraut gemacht / vnd hat schier ein yeder ein blaw kraut / Rittersporn genant / in der hand / welches dardurch in das feür sihet / dem tůt diß gantz jar kein aug wee / wie sy aberglauben« (*Weltbuch* 51v; nach Böhm, *De omnium gentium ritibus* 59). Nach der Patronin der Augengesundheit St. Ottilia heißt die Blume auch Ottilienkraut.

Ritus, Ritual, von mittellat. *ritus* ›religiöser Brauch‹, ›Zeremonie‹. Das Wort führt auf idg. **arð-* ›fügen‹ zurück u. ist verwandt mit griech. *arithmós* ›Zählung‹, ›(An-)Zahl‹, ahd. *rīm* ›Reihe‹, ›Reihenfolge‹, ›Zahl‹, u. nhd. ›Reim‹. R.en sind religiöse o. magische (→ Magie), durch Tradition o. Weisung festgelegte, gleichförmige Handlungen (Worte, Gesten, Hantierungen) zu bestimmten Gelegenheiten. Sie finden sich auch in anderen sozialen Zusammenhängen.

Die Traditionsgebundenheit des R. betont Cicero: »Von den Riten [d. h. »die anerkannte Weise, Opfer darzubringen«] der Vorfahren soll man die besten pflegen« (»ex patriis ritibus optima colunto«, *De legibus* 11,22). Die Säkularisation des Begriffs durch S. Freud, aber auch durch Zoologen wie Julian S. Huxley (»zwanghaftes o. angeborenes Verhalten«) öffnete einer Inflation des Wortes das Tor: Alles, was regelhaft o. stereotyp erschien, galt nun als etwas Ritualisiertes. Im Bereich religiöser u. magischer Handlungen lassen sich mit ›Ritus‹ die kleinsten Sinneinheiten des Handelns, dagegen mit dem Kollektiv ›Ritual‹ (Adj. ›rituell‹) eine aus Riten zusammengesetzte Gesamthandlung bzw. Handlungsabläufe bezeichnen. Es sind zu unterscheiden (mit J. A. M. Snoek, *Initiations* 57–89): (1) Kalendarische R.e (→ Neujahr, → Sonnenwende, → Johannistag). (2) Krisenr.e (→ Geburt, Krankheit, Krieg). (3) Bestärkungsr.e (Gesundheit, Wohlergehen, Glück). (4) Lebenszyklusr.e (Geburt, → Hochzeit, Tod). (5) Inaugurationsr.e (Aufnahme in gesellschaftliche Gruppen, → Initiation, → Geheimbünde). Das magische R. (→ Magie) ist häufig mit dem Mythos verbunden. In dramatischer Form bildet es Handlungen u. Vorgänge ab (Heilvorgänge aus dem NT: → Blasen, → Handauflegen), in der Rezitation wiederholt es heilige Texte (→ Zauberspruch, → Segen). Wo der R. profaniert wird, nähert er sich dem → Brauch. Doch bleibt auch dieser durch die Verbindlichkeit des Herkommens bestimmt (→ Observation).

Rockenphilosophie, Volltitel: *Die gestriegelte Rocken-Philosophie, Oder Aufrichtige Untersuchung derer Von vielen super-klugen Weibern hochgehaltenen Aberglauben, Allen nützlich zu lesen, die entweder schon ehemals von ein- und andern Aberglauben betrogen worden sind, oder noch betrogen werden können; An das Licht gestellet von dem, der einem iedweden die Wahrheit Jns Gesicht Saget*, Chemnitz 1718–22. Das Wort ›Rocken‹, d. h. ›Spinnrocken, Spinnstab‹, gibt Hinweis auf die ländlichen

→ Spinnstuben, in denen man eine Brutstätte des Aberglaubens vermutete. Zwar anonym erschienen, lassen sich aus dem »Jns Gesicht Saget« doch als → Akrostichon die Initialen des Verfassernamens ermitteln: J. G. S. Dahinter verbirgt sich Johann Georg Schmidt, * 1. 4. 1660 Reinsfeld, † 10. 3. 1722 Zwickau, seit 1693 Apotheker in Z. Die *R.* ist eine wichtige Quelle zum Aberglauben u. zur magischen Medizin nicht nur ihrer Zeit. J. → Grimm hat im 3. Bd. seiner *Deutschen Mythologie*, Kap. ›Aberglaube‹, umfangreiche Auszüge mitgeteilt (»chemnitzer rockenphilosophie«). Allerdings verweist der Titel *R.* auf eine literarische Tradition, die mit dem 1475 in Brügge gedruckten Büchlein *Les evangiles des quenouilles* beginnt. Eine niederländische Übersetzung, *De Evangelien von den Spinrocke*, erschien 1520 in Antwerpen, eine englische 1537. Im Deutschen fügen sich dieser Überlieferung ein: *Der alten Weiber Philosophey*, Frankfurt 1537 [u. ö.]; *Kunkels- oder Spinnstubenevangelia*, 1537; *Philosophia colus oder pfÿlose vieh der weiber* des Johannes → Praetorius, Arnstadt 1662. Die *R.* folgt *Der alten Weiber Philosophey* u., besonders eng verbunden, der *Philosophia colus*. Angesichts dieser Überlieferungszusammenhänge wird von Fall zu Fall zu prüfen sein, welchen regionalen u. historischen Zeugniswert die einzelnen Informationen besitzen, v. a. aber auch, welchen Weg die Einzelnachweise des französischen Büchleins von 1475 genommen haben.

Rosenkranz, lat. ›rosarium‹. Der Name galt im MA ursprünglich dem Blumenkranz als festlichem Kopfschmuck, auch von Marienstatuen, dann einer marianischen Gebetsreihe von 50 Avemaria, sodann dem Zählgerät, der Gebetskette. In der modernen Form des R.es teilen in einer Ringschnur einzelne Vaterunserperlen 5 x 10 Avemariaperlen; eine eingehängte Schnur mit 5 Perlen dient zur Zählung von Eingangsgebeten (Credo, → Paternoster, 3 Avemaria, Bitten um Glaube, Hoffnung u. Liebe, Ehre sei dem Vater). Der Beter meditiert zudem verschiedene ›Geheimnisse‹ (›Gesätze‹) des ›freudenreichen‹ (Marienleben), ›schmerzhaften‹ (Kreuzweg) u. ›glorreichen‹ (Auferstehung u. Himmelfahrt) R.es. Im 15. Jh. wurde das R.gebet, ursprünglich u. in weitergefaßter Form in klösterlichen Kreisen verbreitet, volkstümlich. Seit 1571 wird am 7. Oktober (Sieg über die Türken bei Lepanto) das R.fest gefeiert. Papst Leo XIII. erklärte im 19. Jh. den Monat zum R.monat. Zahlreiche Legenden über seine Wunderwirksamkeit haben das unverzichtbare, geweihte Requisit des Gebetslebens zu einem → Talisman u. → Amulett gemacht: Der R. schützt vor → Gespenstern, → Zauberei u. → Hexen; Schwangere tragen ihn zu einer leichten → Geburt, Kindern legt man ihn in die Wiege, der Tote wird mit seinem R. begraben (→ Grab).

Rosenkreu(t)zer, ›Fraternitas Rosae Crucis‹, frz. ›Rose-Croix‹, engl. ›Rosicrucian‹, → Geheimbund, insbesondere des 17. u. 18. Jh., auf der Grundlage der hermetisch-neuplatonisch-kabbalistischen Traditionen der Renaissance (→ Hermes Trismegistos, → Neuplatonismus, → Kabbala) u. im evangelisch-lutherischen Geist als Gesellschaft der geistig Führenden (›Fraternität der Weisen‹). Erste Schriften (*Fama Fraternitatis, Deß Löblichen Ordens des Rosencreutzes, an alle Gelehrte und Häupter Europae geschrieben*, Kassel 1614; *Confessio Fraternitatis R. C.*, lat. u. dt. ebd. 1615) stammen aus dem Tübinger Freundeskreis um den Hellenisten Christoph Besold (1577–1638) u. den lutherischen Theologen Johann Valentin Andreae (1586–1654). Andreae verfaßte die allegorische Erzählung *Chymische Hochzeit Christiani Rosencreutz*, gedr. 1616). Den Grundlehren der R. zufolge widersprechen sich weltliche (Philosophie) u. geistliche (Theologie) Erkenntnis nicht, sondern schaffen mit alchemistischen u. astrologischen Bestrebungen (→ Alchemie, → Astrologie) ein neues Weltbild u. Grundlagen zur Reformation der erstarrten protestantischen Orthodoxie sowie der christlichen Gesellschaft. Die Anhänger berufen sich auf einen ursprünglichen ›Orden vom Rosenkreuz‹, der, historisch nicht erweisbar, vielleicht ebenso fiktiv ist wie sein vorgeblicher Gründer Christian Rosencreutz (angeblich 1378–1484). Das Symbol der R. soll nach dem Siegel Martin → Luthers (so Andreas Libavius, um 1550–1616) gestaltet sein. Es zeigt im Innern einer Rose ein aus dem Herzen wachsendes Kreuz. → Freimaurerei

Rosmarin, Rosmarinus officinalis, immergrüner Strauch mit schmalen Blättern u. blauen Lippenblüten, stark duftend. Am Mittelmeer heimisch, erwähnt ihn für Mitteleuropa bereits das karolingische *Capitulare de villis* (70) u. verzeichnet ihn der *St. Galler Klosterplan*. Der medizinische Gebrauch ist vielfältig. Blüten u. Blätter des R. galten u. a. als stärkende, verjüngende u. appetitanregende Mittel. Aufgrund seines starken Geruchs hat er apotropäische Funktion (→ Apotropaion) im Hochzeits- u. Begräbnisbrauch (→ Hochzeit) erlangt.

Rot. In der populären u. gelehrten Farbensymbolik aller Völker wird R. konkret als → Farbe des → Blutes u. Lebens, allgemein u., damit verbunden, als kräftige, energische, ernste, würdige, aufregende u. erwärmende, dann als schönste Farbe überhaupt empfunden. Je nach Vorgewicht dieser psychischen Wirkungen erscheint R. als Farbe des Krieges u. der Revolution, des Feldherrn u. Herrschers, des Heiligen u. Göttlichen u. ihres Kultes. Insbesondere im Mythos u. Kult von Blitz-, Feuer- u. Gestirnsgottheiten u. -dämonen (→ Blitz, → Feuer) dominiert die r.e Farbe. Im Gefolge der dämonologischen Interpretation des heidnischen Mythos im Christentum (→ Dämonologie) wird R. Farbe des → Teufels u. der → Hexen. Als Sinnbild des Blutes u. Lebens ist R. in → Volksmedizin u. → Zauber als Heil- u. Amulettfarbe (→ Amulett) beliebt. Insbesondere der Gebrauch r.er Fäden zum Wegknüpfen von Krankheiten (→ Band) ist verbreitet. Im → Volksglauben hat R. ominöse (→ Omen), zumeist schlimme Bedeutung.

Rubin → Karfunkel

Rückwärts. Im → Zauberspruch bewirkt der Vortrag eines Textes von hinten nach vorne das Gegenteil des ursprünglich Intendierten o. dessen Annullierung. Beliebt ist das → Palindrom (→ SATOR AREPO). Rückwärtszählen läßt ein Übel zurückgehen. Aus der Zeit um 400 n. Chr. ist ein lateinischer Spruch überliefert, der von der Zahl 9 ausgehend r. zählt: »9 Schwestern geschwollener Mandeln [glandulae], 8 Schwestern geschwollener Mandeln, 7…, 6…, 5…, 4…, 3…, 2…, 1… Keine geschwollene Mandel mehr« (Marcellus Empiricus, *De medicamentis* 15).

Runen (zu altnord. *rún*, gewöhnlich verknüpft mit ›Geraune‹, ›Geheimnis‹, zu *raunen*; richtiger wohl zu idg. **reuə* ›graben‹, dann im Sinne von ›eingraben‹, ›ritzen‹), 24 Schriftzeichen der Germanen, deren Reihe nach dem Lautwert der ersten Zeichen ›Futhark‹ genannt wird. Das ältere Futhark, bezeugt auf dänischem Gebiet um 200 n. Chr., war bis 750 n. Chr. im Gebrauch, das jüngere dann bis in das 19. Jh. Den R. zugrunde liegen Buchstaben des griechisch-italischen Schriftkreises. Neben ihrem Lautwert besaßen die R. Symbolcharakter (→ Symbol), auch von magischer Relevanz (→ Magie). Sie finden sich im zauberischen Kontext auf Waffen, vereinzelt, in Doppelung u. in Reihung. Die Wiederholung der t-Rune (Sieg-R.) stand für eine doppelte Anrufung des Kriegsgottes, die dreimalige f-Rune (Fe-R.) für Glück u. Besitz. Die R.meister des älteren Futhark (›erilaR‹, verwandt mit engl. *earl*) sahen in den R. eine »Gottesgabe« (schwedischer R.stein v. Noleby, um 600), eine Wertschätzung, die auf ihre magische Bedeutung hinweisen kann. Gott des R.wissens ist Odin (Wodan). Der Besitz eines R.zeichens galt einem isländischen Hexengericht (→ Hexe) 1622 als »Indicium Magiae« (»Zaubereiindiz«; Arntz, *Runen-Kunde* 1935). Moderne Okkultisten (→ Okkultismus) schreiben den R. übernatürliche Kräfte zu. Ein okkultes R.system hat Guido v. List entworfen (*Das Geheimnis der Runen*, 1925).

S

Sakramentalien (zu lat. *sacramentum* ›Weihe, Weihung‹, zu *sacrare* ›der Gottheit weihen‹), im engeren Sinn die zur Spendung u. Feier eines Sakraments gehörenden symbolisch-liturgischen Akte wie → Exorzismen, Salbungen, Hauchungen (→ Blasen) usw.; im weiteren Sinn alle religiös-symbolischen Handlungen u. Requisiten wie Segnungen (Benediktionen; → Segen), Kreuzzeichen (→ Kreuz), Wasser (→ Weihwasser), → Öl, → Wein, → Salz, → Brot, Kräuter, ›Palmen‹ (→ Palmbusch), → Feuer, → Asche, → Kerzen, Kreide usw.; das → Agnus Dei. Eine Unterscheidung von S. u. magischen Requisiten ist von ihrer Handhabung her kaum zu machen. Eine Formel des 15. Jh. etwa empfiehlt geweihtes Öl gegen → Fieber, Kopf-, Brust-, Leib- u. Gliederschmerzen, gegen Blindheit, Stummheit, gegen giftige Tiere, die in den Körper eingedrungen sind, gegen den Biß von Hunden u. → Schlangen, gegen → Dämonen u. → Hexen u. die Sprüche u. Gifttränke von Zauberern (St. Paul, Kärnten; bei Franz, *Benediktionen* 2,419f.).

Salbei, Salvia officinalis (von lat. *salvare* ›heilen‹), stark duftender Lippenblütler, bis 1 m hoher z. T. verholzter Stengel mit gestielten, länglichen ölhaltigen Blättern, weißlichen o. graugrünen u. violetten Blüten. Aus den westlichen Mittelmeerländern stammend, findet der Halbstrauch früh Eingang in Kloster- u. später Bauerngärten. Das *Capitulare de villis* (70) erwähnt ihn ebenso wie der *St. Galler Klosterplan* o. Walafrid Strabo (*Hortulus* 76–82). Als Küchen- u. Heilpflanze wurde S. als Zusatz zu → Bier u. → Wein gebraucht u., teilweise antiker Überlieferung folgend, u. a. als harntreibendes, menstruationsförderndes (→ Menstruation), Wunden heilendes Mittel angewendet sowie gegen → Epilepsie, Lähmungen, Verdauungsbeschwerden, aber auch zum Schwarzfärben der → Haare u. zum Reinigen der Zähne gebraucht (→ *Circa instans* 112; → Hildegard v. Bingen, *Physica* 1,63; *Gart der Gesuntheit* 347). Ein Trank aus S. bereitet sollte geradezu ewige Jugend bewirken, wie der *Salbeitraktat* des 14. Jh. verheißt. In der magischen Medizin (→ Magie) besaß der S. Bedeutung im → Liebes- u. Abwehrzauber (→ Apotropaion). Ein → Segen, 1727 notiert, gibt eine detaillierte Zauberanleitung: »Nimb ein salbinen blat und stich mit einer ungebrauchten nadlen 3 löcher dadurch und nimb alwegen von deinem haar eins und von iren eins und ziegs in die drei löcher, das sie nit mögen herauspfahlen. nimb das salbinen blat, da die har insteckhen, wickhle es zuesamen und vermachs in ungebrauchtes wachs darnach gehe zue einem tauffstein und legs darauff und sprich: ich tauff dich im namen Gottes Vatters vndt des Sohnes und des hl. Gaistes. Amen! gang dann in das haus, da sie ist und vergrabs undter die thürschwöllen, dass sie auss- und eingehet, so muoss sie dich lieb haben« (*Alemannia* 2,131).

Salz. Im → Volksglauben u. -brauch hat das S. entsprechend seiner reinigenden, schützenden u. konservierenden Kraft exorzistische, apotropäische (→ Exorzismus, → Apotropaion) u. vitalisierende Bedeutung. Es vertreibt böse → Geister, → Teufel, → Hexen u. schützt insbesondere Kinder u. Vieh vor Behexung u. Krankheit. In belebender Funktion u. als Inbegriff der Hauskost wird es gebraucht bei → Geburt, → Hochzeit u. Tod. In einer vorwissenschaftlichen Medizin u. → Volksmedizin besitzt es durchaus medikamentöse Funktion. Die Antike kennt es als Mittel gegen Augen- u. Zahnleiden (→ Auge), Viehseuchen u. a. Dioskurides (*Materia medica* 5,125) berichtet von seiner vielfältig nützlichen Heilkraft. Auch Cornelius Celsus (*Medicina* 6,6) empfiehlt es. Im MA findet es Verwendung bei Jucken, Geschwüren, Aussatz u. a. Lonicer (*Kreuterbuch* 711) verordnet es bei faulem Fleisch, Grind, Halsbeschwerden u. a. Bis in die Gegenwart ist S. volksmedizinisches Universalmittel geblieben, bei dessen Anwendung nur selten deutlich nach medizinischer o. magischer (→ Magie) u. exorzistischer (→ Exorzismus) Gebrauchsintention unterschieden werden kann. Im populären Orakelwesen (→ Orakel) hat S. ominöse Bedeutung (→ Omen) v. a. hinsichtlich zukünftiger Lieb- u. Eheschaften, gesundheitlicher Verhältnisse u. Todesfälle, je nachdem, ob es trocken bleibt o. naß wird, über Nacht weniger wird o. verschwindet. Die erhaltende Eigenschaft des S. macht es zu einem → Symbol von Treue u. Beständigkeit bei Freundschaftsstiftungen, Vertragsabschlüssen u. Bündnissen (vgl. Num 18,19).

Sandkunst → Geomantie

Saphir, → Edelstein, blau, gelb, rosa, violett gefärbtes o. weißes Aluminiumoxyd aus der Mineralgruppe der Kurunde, nahezu so hart wie der → Diamant. Das lateinische Altertum benannte mit S. den Lapislazuli (→ Plinius, *Naturalis historia* 37,9,39; → Dioskurides, *Materia medica* 24). Im 4./5. Jh. beschreibt ihn Ps.-Damigeron (*De lapidibus* 174) als vielfältig medizinisch wirksam; zudem mache er vor Gott liebenswert u. verleihe gutes Aussehen. Wird ihm ein → Skarabäus eingeschnitten, so eigne er sich zur Zukunftsvoraussage (→ Wahrsagen). Marbod v. Rennes (*Liber de gemmis* 1743) nennt im 11./12. Jh. die gleichen Wirkungen. → Hildegard v. Bingen (*Physica* 4 *De lapidibus* 6) beschreibt seine Kraft gegen Augenkrankheiten (→ Auge) u. → Gicht. Zudem bewirke er Einsicht u. Wissen u. sei gut gegen Dummheit: »Auch wer dumm ist, so daß alle Einsicht in ihm versagt, wenn er aber doch klug sein möchte und nicht klug sein kann und nicht nach Hinterlist umschaut und sich nicht zu ihr hinwendet, der salbe oft nüchtern die Zunge mit dem Saphir, daß die Wärme und die Kraft mit der warmen Feuchtigkeit des Speichels die schädlichen Säfte vertreiben, die den Verstand des Menschen bedrücken, und so wird der Mensch einen guten Verstand erlangen«. Am Fingerring (→ Ring) getragen, verscheucht er, Hildegard zufolge, böse → Geister, verhindert Zorn u. verhütet unerwünschte Liebe. Alexander Neckam berichtet, daß er gegen ekelerregende Begierde helfe wie auch gegen Zügellosigkeit (*De naturis rerum liber* 139–141). Wegen seiner die Keuschheit bewahrenden Kraft trugen ihn im MA die Geistlichen als → Talisman (Zedlers *Universallexikon* 34,91). → Konrad v. Megenberg weiß, daß der S. eine friedfertige Gesinnung bewirkt u. gegen Haß, Untreue u. vor Erschrecken schützt (*Buch der Natur* 6,66). Die mittelalterlichen Alchemisten (→ Alchemie) schrieben ihm einen Teil der Kräfte zu, die auch im → Stein der Weisen wirksam seien. Er wurde auch als → Monatsstein getragen.

Sardonyx, → Edelstein, ein → Achat, also undurchsichtig, rot bis braun u. weiß gebändert. In der Antike trug man den Stein als → Amulett um den Hals (→ Plinius, *Naturalis historia* 37,6). Im MA sollte er gegen Augenfluß (→ Auge) u. Melancholie helfen u., am → Gürtel getragen, Frühgeburten verhindern (Michael Psellos, *De virtutibus lapidum* 895). Er ist gut gegen → Besessenheit (*Prüler Steinbuch* 56 [38]: »gŏt den tifilsuhtegen«). Nach → Hildegard v. Bingen vertreibt er Zorn, Torheit u. Begierde. Der → Teufel hasse u. meide ihn wegen seiner Sauberkeit (*Physica* 4 *De lapidibus* 5). Der S. wurde auch als → Monatsstein getragen.

Sarg, von mittellat. **sarcus*, lat. *sarcophagus*, aus griech. *sarkophágos* ›Fleischfressendes‹; ursprünglich wohl Name für Ätzkalk: ›fleischfressender Stein‹ (›lapis [...] sarcophagus‹; → Plinius, *Naturalis historia* 2,210; 36,131), dann auf den ähnlichfarbigen Marmor griechischer Prunksärge, bei Iuvenal auf Kästen zur Leichenbestattung übertragen (*Saturae* 10,171). S.e aus Stein o. Holz sind seit vorgeschichtlicher Zeit im Gebrauch u. kommen auch als ausgehöhlte, in Wanne u. Deckel gespaltene Bäume vor. Der S. galt als Wohnung des Toten, diente diesem zum Schutz u. hielt ihn ab, als → Wiedergänger (→ Leiche) zurückzukehren. S.holz aus einem → Grab dient als Heilmittel (»remedium«: *Lex Visigothorum* 11, 2,2; 14. Jh.: ThQS 88,426), in das Feld gesteckt, wehrt es Raupen u. Hasen ab (→ *Rokkenphilosophie* 2. Hundert, 1718, 321 ff.). Läßt man durch ein Astloch im S.holz das Saatgetreide laufen, hält das Sperlinge vom Getreide ab. Magische Gicht- u. Krampfringe (→ Gicht, → Ring) werden aus S.nägeln geschmiedet; sie helfen gegen Veitstanz u. → Epilepsie (Lammert, *Volksmedizin* 273), Rheumatismus, Zahnschmerzen u. a.

SATOR AREPO TENET OPERA ROTAS. In verschiedenen → Alphabeten weit verbreitete Amulett- u. Zauberformel, die, von vorn u. rückwärts gelesen, dieselbe Wortfolge zeigt u. untereinandergeschrieben ein Wortquadrat (→ Quadrat) bildet, dessen gegenüberliegende Seiten u. parallelen Buchstabenreihen im gegenläufigen Sinn gelesen den gleichen Satz ergeben. Andere wortmagisch bedeutsame Eigenschaften der quadrierten Formel: kreuzförmiges inneres »tenet«, → Palindrom aus den Diagonalen, inneres Quadrat »per«, »rep«. Das erstmals 79 n. Chr. aus Pompeji belegte Buchstabenquadrat erscheint im 3. Jh. in Dura-Europos (Euphrat) u. Cirencester (Engl.), in ägyptischen → Zauberpapyri u. auf -requisiten, im 4.–6. Jh. auf kleinasiatischen Bronzemedaillons, auf → Amuletten u. später auf kabbalistischen → Medaillen (→ Kabbala), zumeist begleitet von Zauberworten, → Charakteren, Gottes- u. Engelnamen (→ Engel) u. Bibelzitaten. Die stark mystifizierte Formel ist oft zu übersetzen versucht worden, mit Variationen meist: ›Der Sämann Arepo hält mit Mühen die Räder [des Pfluges]‹. Neben anagrammatischen (→ Anagramm; z. B.: ›Petro et reo patet rosa Sarona‹, ›Auch Petrus, ob er gleich schuldig ward, steht die Rose von Saron offen‹, Dornseiff, *Alphabet* 179) u. kryptogrammatischen Deutungen (zweimal A[lpha], Pater Noster O[mega] um N, kreuzförmig geordnet) ist die Formel auch vom Zahlenwert der Buchstaben her erklärt worden. Neueste Interpretationen sehen in der reduzierten Formel ›Sator opera tenet‹ (›Der Schöpfer erhält seine Werke‹) einen Grundsatz stoischer → Kosmologie formuliert u. suchen ihren Urspung im Umkreis stoisch-pythagoreischer Kreise (Nigidius Figulus; → Pythagoras). Die Formel wurde in verschiedener Weise angewandt beim → Feuer-, Kugel- u. → Diebssegen (→ Kugel), gegen Behexung (→ Hexe), Hundebiß, Tollwut u. a.

Schabemadonnen sind aus → Erde o. Ton angefertigte Nachbildungen von Gnadenbildern, die an solche angerührt, die Kraft von Sekundärreliquien (→ Reliquien) erlangen. Man schabt davon etwas ab u. reicht das Pulver, meist in Wasser gelöst, dem Kranken (*Marianischer Ehren- und Gnadentempel* 82,118,323).

Schamane, Schamanismus, von tungusisch (Sibirien, Nordchina) *šaman*, ›der Wissende‹, alttürk. *quam* ›Zauberer‹, ›Weiser‹, ›Arzt‹. Der Sch. tritt mit Göttern, guten u. bösen → Geistern in Verbindung u. vermittelt zwischen diesen u. den Menschen. Seine Befähigung kann ererbt sein; zumeist jedoch wird er durch → Träume u. → Visionen berufen. Während einer oft langen Zeit der → Initiation erlernt er unter Anleitung eines erfahrenen Lehrers u. durch Training Verzückung induzierender Techniken der → Ekstase (Trommeln, Rasseln, Musik, → Lärm, Tanz, Rauschmittelgenuß [→ Drogen, → Teufelsdreck], Selbsthypnose) den Kontakt zur Welt der Geister aufzunehmen, vermag diese in seine Trommel zu bannen (→ Bann), um Auskünfte von ihnen zu erlangen u. Himmelreisen zu unternehmen (›Seelenreise‹). Im Zustand der Ekstase verkörpert der Sch. oft selbst die Geister, die aus ihm sprechen. Er geleitet die Seelen der Verstorbenen ins Jenseits, vermag Regen herbeizuführen (→ Regenzauber), Jagdzauber zu üben, zu heilen u. Wunder zu wirken; er führt Opferhandlungen durch u. wird bei der Namengebung von Kindern herangezogen. Wenn heute auch gelegentlich von weltweiter Verbreitung des Sch.s gesprochen wird (Mircea Eliade), so ist doch der klassische Sch.s in Nordeurasien zu Hause u. verbreitet sich im zirkumpolaren Gebiet über

Skandinavien bis Alaska vom Polarmeer bis nach Tibet. Da dem Sch.s spezifische Gottheiten u. Kultformen fehlen, gilt er nicht als selbständige Religion. Archäologische Funde legen die Annahme von Frühformen des Sch.s im 2. Jt. v. Chr. nahe. Im Abendland können verschiedene frühe Nachrichten auf Sch.s bezogen werden, etwa bei Papst Nikolaus I. (858–867) in seinem Lehrschreiben an die neubekehrten Bulgaren (*Responsa*). Auch Nachrichten bei Gregor v. Tours (*Decem libri historiarum*) über magische Praktiken (→ Magie) der Avaren hat man dahingehend gedeutet.

Schatten. Der Sch. gilt als zweites Ich o. als Seele. Wer seinen Sch. verloren hat, ist kraftlos geworden (Num 14,9). An seinem Sch. kann man jemandem Böses antun. Wer auf seinen Sch. tritt, muß sterben, wer seine Seele dem → Teufel verspricht, verliert ihn. Der Sch. gefährlicher Wesen, von Toten u. → Geistern bewirkt Schaden. Selten ist der Sch. von → Bäumen gut, zumeist wirkt er schädlich. Übel ist der des Nußbaums: die → Hexen feiern in ihm. Dagegen heilt der Sch. von Heiligen (Petrus: Apg 5,15; *Servatiuslegende*). Verschiedene Sch.-Motive haben die Literatur zur Verarbeitung angeregt: Theodor Körner behandelt die spanische Sage vom Zauberlehrling, der sch.los wird, nachdem er seinen Sch. dem Teufel überlassen hat (→ Grimm, *Mythologie* 2,855 f.); das Motiv des verkauften Sch.s hat Adelbert v. Chamisso angeregt (*Peter Schlemihl*); Hugo v. Hofmannsthal verbindet es mit dem Bild des Fruchtbarkeit spendenden Sch.s (unter Anspielung auf Lk 1,35) in der Erzählung *Die Frau ohne Schatten*.

Schatz. Sch.e wurden zu Kriegszeiten versteckt, den Göttern geopfert o. den Toten mit in das → Grab gegeben. Ihr Fund begründet zahlreiche Sagen u. Sch.-Aberglauben. Sch.e liegen tief unter der → Erde, im Berg u. in Höhlen zu blinkenden Haufen getürmt, von → Dämonen, schwarzen Hunden, → Kröten, → Schlangen, Drachen,

Zwergen u. dem → Teufel bewacht. Sie wandern, fallen u. steigen in der Tiefe der Erde, kommen jedoch auch ans Licht u. zeigen sich an durch Sch.feuer u. das Leuchten bläulicher Flammen. Mit der Schlüsselblume, der → Springwurz o. dem → Vergißmeinnicht kann man Zugang zu ihnen finden. Die Blume nicht im Berg liegen zu lassen, wird gemahnt: »Vergiß das Beste nicht«. Eine technische Hilfe u. bis heute im Gebrauch ist die → Wünschelrute. Zwar vermögen Sonntagskinder (→ Woche, Sonntag), Jungfrauen, Franziskaner u. Jesuiten Sch.e zu heben, da sie Macht über die → Geister haben; doch zumeist bedarf es Kundiger, die die rechte → Zeit kennen (→ Weihnacht, → Silvester, → Karfreitag), den Sch.geistern Opfer zu bereiten wissen (→ Hähne, → Katzen, Hunde, → Böcke) u. im → Beschwören u. → Bann erfahren sind. → Zauberbücher liefern Anleitungen dazu; das → *Christophelgebet* ist gut geeignet, ›christoffeln‹ heißt geradezu, Sch.e zu → beschwören. → Kugel

Schierling, Conium maculatum (griech. *kṓneion* ›kegelförmig[er Fruchtknoten]‹), Cicuta virosa, Doldenblütler mit unten meist rotgeflecktem Stengel, dunkelgrünen, gefiederten Blättern, wächst an Zäunen u. Mauern, der Wassersch. an Bächen u. Sumpfrändern. Eine stark giftige Pflanze, die schon der Antike bekannt war (Theophrastos, *Historia plantarum* 1,5,3; → Dioskurides, *Materia medica* 4,78,2; → Plinius, *Naturalis historia* 25,151) u. deren tödliche Wirkung Platon schildert, wo er den Tod des Sokrates beschreibt (*Phaidon* 117a–118a). Wie schon Shakespeare im *Macbeth* (VI,1) bezeugt, galt der Sch. als Bestandteil der Hexenbrühe (→ Hexe). Hieronymus Bock berichtet von einer Frau, die versehentlich mit anderem Sch.-Wurzeln gekocht u. gegessen habe, worauf sie begann, »doll vnd druncken zů werden / begert vber sich zů steigen vnd zů fliegen [...] der wardt mit einem druncks essigs geholffen / dz sie fridig vnd still ward« (*Kreüter-Buch* 176r).

Schießen, Schuß. Das Sch. gilt der zauberischen Abwehr

(→ Apotropaion) u. der Entfaltung von → Lärm. Für Soldaten u. Jäger (→ Jagd) ist es wichtig zu treffen, für die Soldaten auch besonders, nicht getroffen zu werden (→ Festmachen). Zauberschützen schießen auf das Kruzifix (→ Kreuz) u. gewinnen so einen treffsicheren Pfeil: Es soll, so führt 1788 Peter Frank in seinem *System einer vollständigen medicinischen Policey* aus der Hexenliteratur an, »in Deutschland eine Art Zauberer gewesen seyn, die man die Schützen genannt, die hat der Teufel abgericht, alle Jahr einmal, am Charfreytag, mit Pfeilen in ein Crucifix zu schießen, dadurch sie darnach so viel Macht bekamen, daß wann sie, neben Sprechung etlicher Wort nur in die Luft geschossen, alle Tage 3 Menschen, so sie gesehen und kennten, tödten könndten, wann sie allein dieselben in Sinn gefaßt, und zu tödten fest fürgenommen, obschon auch diese fürgenommene Personen in der stärksten Festung in der ganzen Welt vermauert und verschlossen waren« (4,564 f.). So viele (Pfeil-)Schüsse jemand am → Karfreitag auf das Kruzifix mit »Huldigung« des → Teufels abgegeben hat, so viele Menschen trifft er tödlich. Vor allem »an den Höfen der Edelleute« rühme u. brüste man sich solcher »Schandtaten«, weiß der → *Hexenhammer* (2,1,16). Vom Zauberschuß, der den Schützen selbst trifft, erzählen die *Gesta Romanorum* (102). Der Freischütz erwirbt vom Teufel unfehlbare → Kugeln u. muß dafür seine Seele geben. Das Wort ›Freischuß‹ (»freier Schuß«) ist 1586 in Gerichtsakten aus Rostock belegt (*Criminal-Protokoll-Gerichtsbuch*; Bartsch, *Mecklenburg* 2,31). Die magische Medizin (→ Magie) setzt Gewehrschüsse gegen Krankheiten ein. Die Luzerner *Pestordnung* v. 1594 gebietet, »zur zyt der pestilentz« einige Kanonenschüsse über die Stadt hinweg abzugeben, aber nur mit Pulver. Dem entspricht, an drei Freitagen vor Sonnenaufgang (→ Sonne) über das Feld zu schießen u. den Pulverdampf darüberhin ziehen zu lassen: Das vertreibt die Raupen (Engelien/Lahn, *Brandenburg* 273). Überall im ländlichen Bereich wird zu apotropäischen Zwecken geschossen: Über das → Haus, den → Brunnen, über die Felder u. Obstbäume; bei Flur- u. Wetterprozessionen, bei → Gewittern; zu → Weihnachten, in der Silvesternacht (→ Silvester), an → Neujahr, zu → Ostern, → Pfingsten u. Fronleichnam; bei → Geburt, → Taufe u. → Hochzeit. Nicht jeder Schuß jedoch ist auf → Hexen u. → Geister gezielt o. zum Zwekke der Abwehr von → Dämonen abgegeben: Knallen, Knattern, Böllern u. → Lärm überhaupt gehören zu den elementaren Ausdrucksmitteln der Freude.

Schlange. Das Bild der Sch. ist polyvalent. Als giftiges Tier bedeutet sie Tod; als ein Tier, das seine Haut erneuert, ist sie ein → Symbol des Lebens, der Wiedergeburt, Auferstehung u. Heilkunst; auch als Sexualsymbol ist sie Sinnbild des Lebens. Für zweigeschlechtlich gehalten, begleitet sie die sich selbst erschaffenden Götter; als chthonisches Tier, das in Höhlen wohnt, hat sie Verbindung zur Unterwelt, steht für dunkle Mächte u. ist Widersacher der → Sonne, des Lichtes u. des Himmels. Wie sie sich ringelt, umschlingt sie die Welt als → Ouroboros u. ist Symbol zyklischer Vorgänge u. der Vereinigung. Schon in der Antike galten Sch.n als Wächter des → Hauses. In Athen bewachte eine Sch. im Tempel des Erechtheus die Akropolis (Hesychios, *Lexicon* O 270). Sie war Hüterin eines Heiligtumes (Sophokles, *Philḗktes* 1327), eines → Brunnens (Sophokles, Frgm. 226) o. des Goldenen Vlieses (Pherekýdes, Frgm 3F31). Bei den Römern galt die Sch. als ›genius loci‹ u. ebenfalls als Schützerin des Hauses (Nachweise bei Dumézil, *Religion romaine* 14,16f., 367, 502f.). Ungeheuer haben Sch.gestalt (Hesiodos, *Theogonia* 229). Die Bibel wertet das Bild der Sch. in unterschiedlicher Weise: Sie verführt Eva (Gen 3,1), ist Strafinstrument Gottes (Num 21,4,9; 1 Kor 10,9; Apg 9,19). In der *Offenbarung* ist sie der große Widersacher Gottes u. die Verführerin des ganzen Erdkreises (12,9; 20,2). Dagegen rettet der Anblick der an einem Pfahl aufgehängten ehernen Sch. die Israeliten (Num 21,4–9). Den Pfahl deutet Johannes auf das → Kreuz → Christi (3,14). Bei den gnostischen (→ Gnosis) Nassarenern (von ägypt. *nahaš* ›Schlange‹), die von griechischen Autoren mit den Ophiten (von griech. *óphis* ›Schlange‹) gleichgesetzt werden, wird die Sch. zur Vermittlerin der heilswirksamen Erkenntnis (Origenes, *Contra Celsum* 6,24 ff.; Epiphanios, *Panarion* 37). Sch.n waren mit Orakelstätten verbunden (*Suda* T³ 1065), in Delphi begründete Apollon das → Orakel nach Vernichtung der Sch. Pýthōn (→ Pythonissen). Von Sch. zu träumen bedeutet Krankheit u. Feindschaft (Artemidoros, *Oneirokritika* 2,13).

Die Sch. als Hausgeist kennt auch die deutsche Sage: Sie trägt eine goldene Krone auf dem Kopf, trinkt Milch u. kommt gerne in den Stall, wenn gemolken wird. Sie wohnt unter dem Ofen, unter der Treppe, zwischen Traufe u. → Haus, insbesondere aber unter der Schwelle. Die Kinder im Haus spielen mit ihr. Sie vertreibt böse Einflüsse u. Krankheiten, bringt Wohlstand u. Glück. Sie warnt vor Unglück, kündet den Tod u. prophezeit schlechtes → Wetter. Zuweilen kann man sie singen hören (Nachweise bei Linhart, *Hausgeister* 288 ff.). Als medizinische Mittel wurden Pulver von Sch.teilen (Kopf, → Leber, → Galle, Schwanz, Zähne, Zunge, → Blut, → Eingeweide, Fett, Haut, → Eier u. die Sch.krone) gebraucht sowie Sch.bouillons u. -tees getrunken. Die Mittel helfen bei → Gicht, Hautkrankheiten, Kropf, Ohrenerkrankungen, nahezu bei allen Krankheiten. Auch im → Zauber (→ Magie) sind die Anwendungsmöglichkeiten außerordentlich vielfältig. Sch.zungen als → Amulett gegen kaltes → Fieber erwähnt ein Text des 8. Jh. (*Homilia de sacrilegiis* 15). Der Verzehr von Sch.fleisch bringt Glück, macht reich, schützt vor Verwünschungen, verleiht die Kenntnis von Heilkräutern u. reiches Wissen, insbesondere auch die Kenntnis der Tier- u. Vogelsprache (Siegfried/Sigurd im *Lied von Fafnir* in der *Lieder-Edda* 207; *Die weiße Schlange*: → Grimm,

Kinder- u. Hausmärchen 17). Die Sch. ist ein Tier der → Hexen. Sie hemmen mit ihr die → Geburt u. bewirken → Abtreibung (→ *Hexenhammer* 2,1,6). In der Furcht vor dämonischen Sch.n gründen Berichte von Sch.beschwörungen (SB München, clm 19417, 9. Jh., 25–28). Sie bändigen die Tiere, lassen sie still liegen u. gehorsam werden. Aufgrund des gefährlichen Spiels, das der → Teufel seit der Verführung im Paradies mit der Sch. treibe, hält Thomas v. Aquin Sch.beschwörungen allerdings auch dann für bedenklich, wenn diese nur heilige Worte enthalten (*Summa theologiae* 2,2,96,4). Der Abwehr (→ Apotropaion) u. Vertreibung dienen Räucherungen (Vergil, *Georgica* 3,314 ff.) mit Frauenhaar, Hirschhorn u. Lilienwurzeln (Columella, *De re rustica* 7,4). Im MA ist die Wirkung von Lilien u. Bernstein (→ Konrad v. Megenberg, *Buch der Natur* 5,47 u. 6,73) o. der → Raute (Arnald v. Villanova, *Breviarium* 3,19) bezeugt. Besondere Kraft schrieb man einem geheimnisvollen, von begabten Priestern gegen Sch.biß geweihten Wasser (→ Weihwasser) zu. Mit diesem ließen sich Kranke auch aus der Ferne heilen. Man gab dem Boten des Kranken davon zu trinken, worauf dieser das → Gift erbrach (Petrus Damiani, *Opuscula* 6,18). Ein symbolreiches Verfahren schildert 300 Jahre nach Petrus Daminai eine römische Handschrift (Rom, Bibliotheca Angelica, Cod. lat. 15,15,162): »Sobald der Bote des Kranken sich bereit erklärt, die Schmerzen zu übernehmen, beginnt die Kur, während der Bote unbeweglich auf der [→] Erde stehen muß. Der der rechten Rippenseite anliegende Hemdenschoß wird abgeschnitten, dreimal gefaltet, jede Falte im Namen des Vaters usw. bekreuzt. Dann werden zwei Schüsseln gebracht, von welchen die eine mit Wasser gefüllt wird. In diese wird ein Stück von der Erde, auf welcher der rechte Fuß des Boten steht, geschüttet; der Erdkloß wie die Schüssel werden bekreuzt. Das mit Erde gemischte Wasser wird nun über den Hemdenschoß so ausgegossen, daß es in die leere Schüssel läuft. Dabei wird gebetet [...]. Dieses Gießen erfolgt unter denselben Worten dreimal. Endlich wird dem Boten das Wasser zum Trinken gereicht. Er empfindet nun die Schmerzen des Kranken; aber bald bricht er das Gift aus, und beide, der Bote wie der Kranke, werden gesund« (Franz, *Benediktionen* 2,175).

Schleier (mhd. *sleier*, wohl aus germ. *slod* ›etwas Schleppendes‹), dünnes, durchscheinendes bis transparentes Gewebe als herabhängendes Kopftuch. Im Mythos ist der Himmel wie ein Sch. o. Flor ausgespannt (Is 40,42). Auf frühchristlichen Sarkophagen (→ Sarg) hält der Himmelsgott Uranos mit erhobenen Armen das Firmament als Sch. Bei den Römern wurde der Braut bei der Feier der → Hochzeit ein roter Sch. (›flammeum‹) angelegt (›nuptiae‹, ›Ehe‹, ›Hochzeit‹, von *nubere* ›verhüllen‹). Die Kirche übernahm diesen Brauch (›velatio nuptialis‹, 4. Jh.). Der Sch. schützt die Frau vor lüsternen Blicken, er ist Sinnbild der Schamhaftigkeit (Ambrosius, *De Abraham* 1,9) u. Schicklichkeit (1 Kor 11,3–6). Im MA gehörte der Sch. zur Kleidung (→ Kleid) der verheirateten Frauen. Kleiderordnungen bestimmten die Anzahl seiner Falten; 4–6 waren die Regel, 20 wurden in Ulm Ende des 14. Jh. verboten. Der das Antlitz verbergende Sch. ist zugleich → Apotropaion. Er schützt vor dem → Bösen Blick. Wie der ausgebreitete Mantel in der Rechtssymbolik den Bedeckten schützt (›Schutzmantel‹), so tut es auch der Sch. Mit ihm bedeckt Kriemhild den von Dietrich besiegten Siegfried (Grimm, *Rechtsaltertümer* 1,220).

Schluckauf, Schluckser, lat. *singultus*, durch ruckartiges Zusammenziehen des Zwerchfells verursacht. Für die Antike bezeugt → Augustinus als Mittel dagegen, sich mit der rechten Hand den linken Daumen zu halten (*De doctrina christiana* 2,20; vgl. Ivo v. Chartres, *Decretum* 11,13). Ansonsten helfen → Zaubersprüche: »Häcker [= Sch.], Häkker, reit über die Äcker« usw.

Schluckbildchen, Eßzettel, an Wallfahrtsorten auf großen Blättern angebotene, kleine gedruckte Heiligenbildchen, die abgeschnitten u. gegessen werden. Man hofft dadurch den → Segen u. die Heilkraft eines Heiligenpatrons einzunehmen.

Schlüssel Salomonis → Zauberbuch

Schlüssel. Der Sch. öffnet u. schließt. Er schließt die Unterwelt u. den Himmel auf. Die Gespensterherrin Hekate besitzt den Sch. zum Hades. Der Engel der *Apokalypse* verschließt mit dem ›clavis abyssi‹ (›Schlüssel der Tiefe/Hölle‹) den Satan im Abgrund. Petrus steht mit dem Sch. am Himmelstor (Mt 16,19). Der Sch. erschließt die Erkenntnis (Lk 11,52). In der gnostischen (→ Gnosis) *Pistis Sophia* (3. Jh. n. Chr.) ist er Sinnbild der Mysterien, die den Himmel öffnen. Die Antike kennt ihn als → Symbol einer leichten → Geburt (Festus, *De verborum significatione*, s. v. clavis). In der magischen Medizin (→ Magie) hilft er bei der Geburt u. ist heilkräftig bei Blutungen, Krämpfen o. dem → Schluckauf. Er wird gegen Feuersbrünste u. → Hexen gebraucht. Mit ihm lassen sich → Diebe aufspüren u. → Schätze heben.

Schmetterling, lat. *papilio*, *papiliunculus* (Tertullian, *De anima* 32); griech. *psychḗ*, wörtl. ›Seele‹ (Aristoteles. *Historia animalium* 5,19,551a) u. *nýmphē*, wörtl. ›junges Mädchen‹ (Aristoteles, *De generatione animalium* 3,9,758b33). Der deutsche Name Sch. steht zu ›Schmetten‹, ›Rahm‹, da sich Sch.e gerne darauf absetzen (vgl. ›Buttervogel‹, engl. *butterfly*). Kollektivname der Insektenfamilie der Lepidoptera, Schuppenflügler, mit etwa 150 000 Arten in allen Erdteilen. Nach → Aristoteles (ebd., auch 14–24) u. → Plinius (*Naturalis historia* 11,112) aus dem Tau auf Pflanzen in der Größe von Hirsekörnern entstehend, dann aus einer Raupe (›uruca‹) u. Puppe (›chrysallis‹) sich zum Sch. ausbildend. Sch.e leben als »fliegende Würmer« auf Blüten (→ Thomas v. Cantimpré, *Liber rerum* 9,31). Wie der griechische Name besagt, bedeutet er die Seele. Er ist ein → Symbol der Wiedergeburt, Auferstehung u. Unsterblichkeit. Im Christentum bedeuten die Stadien seiner Entwicklung Leben (Raupe), Tod (Puppe) u. Auferstehung (Sch.). In Paradiesbildern flattert Adam die von Gott erschaffene Seele als Sch. zu (Mosaik in San Marco, Venedig). Dem späteren → Volksglauben ist die Vorstellung geläufig, daß sich → Hexen in Sch.e verwandeln, um Milch zu stehlen (›Milchdieb‹, ›Milchtrud‹). So ist er auch Krankheitsdämon, bringt → Fieber u. Pest; insbesondere kommt er als → Alp. Als Orakeltier (→ Orakel) bedeutet v. a. der hell gefärbte Sch. im → Angang Liebe, Glück u. → Geld, der dunkle, graue, braune u. schwarze dagegen Krankheit, Teuerung u. Verlust von Geld; doch können das auch weiße Sch.e bedeuten. Der Nachtfalter kündet den Tod, insbesondere der ›Totenkopf‹ (›Totenvogel‹, ›Sterbevogel‹, ›Leichenvogel‹, ›Toteneule‹), wenn er pfeift o. ins offene Licht fliegt.

Schöllkraut, Chelidonium maius, Goldwurz, Warzenkraut. Mohngewächs, 30–80 cm hoch, mit gefiederten, an der Unterseite blaugrünen Blättern, vier gelben Blütenblättern, schwarzglänzenden Samen u. gelbrotem Milchsaft. Der griechisch-lateinische Name ›Chelidonium‹ (→ Dioskurides, *Materia medica* 2,180), auf den die deutsche Bezeichnung zurückgeht, verweist antiker Überlieferung zufolge darauf, daß das Kraut bei Ankunft der Schwalbe (griech. *chelidṓn*) erblüht u. bei deren Abzug verwelkt o. anders, weil diese damit ihren blinden Jungen die Augen öffnet (Dioskurides, ebd.; → Plinius, *Naturalis historia* 25,89). Die Fabel hat das MA übernommen wie auch die Anwendung des Gewächses zur Schärfung der Sehkraft (Pseudo-Apuleius, 133f.; Odo v. Meung, *De viribus herbarum* 1690–1708; *Regimen sanitatis Salernitanum*; → Konrad v. Megenberg; *Buch der Natur* 5,19; *Gart der Gesuntheit* 85). Der etwas ätzende Milchsaft wurde zur Heilung auf → Warzen gestrichen; wegen seiner gelbroten Farbe hielt man ihn für sympathetisch wirksam (→ Sympathie) gegen Gelbsucht. Gebraucht wurde das Kraut auch gegen Hautkrankheiten, worauf der Name ›Grintwurtz‹ verweist (→ Hildegard v. Bingen, *Physica* 1,138). Ein Kodex des 9. Jh. empfiehlt, Sch. in → Wein zu trinken, wenn einer Frau die Milch versiegt (St. Gallen, Cod. Sangall. 44).

Schornsteinfeger → Kaminkehrer

Schuh. Der Sch. ist Rechtssymbol der Besitzergreifung (vgl. Ps 59,10) u. Unterjochung, der Herrschaft u. Würde. Sein Ablegen ist Zeichen der Niedrigkeit, Demut u. Ehrfurcht, der Buße u. Trauer (vgl. Ez 24,17.23). Insbesondere ist er → Symbol des weiblichen Genitals u. der Fruchtbarkeit. Das Anziehen eines neuen Sch.s ist Zeichen der Bereitschaft zu einer sexuellen Verbindung mit dessen Geber. Eine Zauberin besitzt einen Sch., um einen Treulosen zurückzuholen. Im Jahre 1026 versetzte eine Nonne zu Pfalzl den Bischof Poppo in »dämonische Liebesglut«, sobald dieser die von ihr hergerichteten seidenen Stiefel anzog (ZVK 4,159). Der Bräutigam überreicht der Braut zum Zeichen der Verlobung ein Paar Sch.e (Gregor v. Tours, *Libri miraculorum*). Wer ›unter dem Pantoffel steht‹, ist unter die Herrschaft der Frau geraten. Dem Bild liegt wohl die Rechtssymbolik des Fußbetretens als Zeichen der Besitzergreifung zugrunde. Das Anziehen der Sch.e hat ominöse Bedeutung (→ Omen). Den Sch. auf den falschen Fuß zu ziehen hielt Kaiser Augustus für ein schlimmes → Vorzeichen (→ Plinius, *Naturalis historia* 2,24). Hans Vintler weiß: »und etleich die jehen, / es sei nicht guet, das man / den tenken [linken] schuech lege an / vor dem gerechten [rechten] des morgens frue« (*Blumen der Tugend* 7847–50). → Niesen beim Anziehen der Sch.e ist ein schlechtes Zeichen (→ *Rockenphilosophie* 2. Hundert, 1718, 96). Auch soll man nicht den rechten (→ Rechts) Sch. zuerst anziehen (ebd. 21). Das Werfen von Sch.en dagegen bringt Glück u. dient dem → Orakel: »und an der rauchnacht [→ Zwölften] wirfet man / die schuech. Als ich gehort han, über das haupt arslingin [rückwärts], / und wa sich der spitz cheret hin, / da sol der mensch peleiben« (Vintler, ebd. 7938–42). Falsch unters → Bett gestellt, wehren Schuhe den → Alp ab (ebd. 6,1722,63).

Schwindeformel. Sukzessiv verminderte Folge von Buchstaben in Formeln, die magische (→ Magie) Prozesse des Abnehmens von Übeln u. Krankheiten bewirken o. bei → Namen angewandt, deren Träger vernichten sollen. Häufig in Zaubertexten (→ Zaubersprüche, → Zauberbücher) belegt ist das → ABRACADABRA. Dem vergleichen sich zu- o. abnehmende Buchstabenreihen anderer Zauberworte: IRAH, RIRAH, RAIRAH, MARIRAH o. ICUCUMA, CUCUMA usw.

Séance (frz., ›Sitzung‹), spiritistische (→ Spiritismus) Zusammenkunft, zumeist mit einem → Medium, zum Zwecke der Kontaktaufnahme mit → Geistern sowie deren → Materialisation. Gelegentliche Bedingungen sind → Dunkelheit, Licht, Musik u. Handhalten (→ Hand) der Teilnehmer (›Kette‹).

Sechstes und siebentes Buch Moses → Zauberbuch

Secretum secretorum (lat., ›Geheimnis der Geheimnisse‹), pseudo-aristotelisches Kompendium des 10. Jh. n. Chr. hermetischer Provenienz (→ Hermes Trismegistos). Es verarbeitet Stücke der *Nikomachischen Ethik* des → Aristoteles sowie anderer griechischer u. hellenistischer Quellen u. versteht sich in Teilen als Summe hermetischer Theorien. Es enthält Nachrichten aus literarischer Tradition über Wunderkräfte, → Edelsteine, → Amulette u. → Talismane sowie zur Namensmantik (→ Name, → Onomanteia).

Segen, zu *segnen* (entlehnt aus lat. *signare* ›bezeichnen‹) ›mit dem Kreuz bezeichnen‹. Wird das Wort im Sinne von → Zauberspruch gebraucht, bezieht es sich auf den christlichen Gehalt u. Hintergrund des zauberischen Wortgebrauchs. Biblische Stücke, Legendenmotive, liturgische Formeln u. → Exorzismen sind in einer vielverzweigten Überlieferung in ihm aufs engste verknüpft u. verwoben. Das bayerische *Landgebott* Maximilians von 1611 erklärt:

»Erstlich seyn alle Segen / welche wider der Catholischen Kirchen gebrauch oder gutheissen auff gewisse Wort / Reymen vnnd Ceremonien gericht / auch ohne dieselben jhre würckung nit zuhaben geglaubt werden / für Superstitios vnnd Aberglaubisch zuachten vnd zuhalten« (14).

Seidelbast, Daphne mezereum, Kellerhals, Wolfsbart, Zeiland, bis 1,5 m hoher Strauch mit gelbgrauer, sehr zäher Rinde u. stark duftenden, purpurroten, vierzipfeligen Blüten, die sich bereits im Vorfrühling öffnen. Die feuchte Rinde erzeugt auf der empfindlichen Haut Blasen, Pusteln u. Geschwüre. Wächst in Wäldern u. im Gebüsch. Der S. wird als → Apotropaion gebraucht. Die Beeren bewirken Erbrechen, wenn sie vom Strauch von unten nach oben, oder sind als Abführmittel geeignet, wenn sie von oben nach unten gepflückt werden (vgl. → Holunder).

Sellerie, Apinum graveolens, Eppich, Doldenblütler mit großer Wurzelknolle u. fiederteiligen Blättern, wurde schon in der Antike unter dem Namen ›selinon‹ gezogen u. findet als »apinum« Erwähnung im *Capitulare de villis* (70) u. im *St. Galler Klosterplan*. Medizinische Anwendung findet der S. u. a. als harntreibendes, abführendes u. menstruationsförderndes (→ Menstruation) Mittel (→ *Circa instans* 8). → Hildegard v. Bingen empfahl S.samen gegen → Gicht u. Gliederzittern (*Physica* 1,69). → Albertus Magnus erwähnt den Gebrauch als → Aphrodisiakum u. Abortivum (→ Abtreibung; *De vegetabilibus* 6,281), ebenso der *Gart der Gesuntheit* (6). Ein Kodex des 11. Jh. aus Maria Laach kennt ein → Orakel, ob eine Frau einen Jungen o. ein Mädchen zur Welt bringen wird. Auch läßt sich mit S. erfahren, ob eine Frau noch jungfräulich sei: »Nim epich und bren in unde habe in einer [Frau] fûr die nas, diu dane sprichet, sî sei dirne: ist sî niht ein dirne, so beseichet si sich« (13. Jh.; Pfeiffer, *Arzneibücher* 149,31 f.).

Sibylle, griech. Síbylla, lat. Sibylla; vermutlich ursprünglicher Eigenname (vgl. Servius, *Commentarius in Vergilii Aeneida* 3,445), der sich später zum Gattungsnamen entwickelt hat. Die Etymologie ist schon in der Antike umstritten. → Isidor v. Sevilla, älteren Autoren folgend (Varro, Cardanus, Servius), erklärt von griech. *siós* ›Gott‹ u. *boulḗ* ›Absicht‹, also ›Willen Gottes‹ (*Etymologiae* 8,8,1). In der griechisch-römischen Welt sind S.n gottinspirierte (→ Enthusiasmus) Seherinnen, die nicht im institutionellen Orakelkult (→ Orakel), sondern unbefragt prophezeien u. ihre Weissagungen in Hexametern vortragen u. aufzeichnen. Doch sind die *Sibyllinischen Bücher* (auch: *libri fatales*) ihnen zugelegt u. unbekannter Herkunft. Sie sollen von der S. von Cumae dem römischen König Tarquinius Priscus verkauft worden sein (Lactantius, *Divinae institutiones* 1,6) u. wurden auf Senatsbeschluß eingesehen. Die Sammlung ging beim Brand des kapitolinischen Tempels (83 v. Chr.) verloren, wurde jedoch unter Augustus neu zusammengestellt. Man zählte, zuletzt nach Varro (*Res divinae*, frgm. 56a7) 10 Namen von S.en, jeweils nach ihrer Herkunft benannt (Sibylla Persica, Libyca, Delphica, Cimmerica, Erythraea, Samia, Cumana, Hellespontica, Phrygia, Tiburtina). Nach dem Vorbild der biblischen Propheten zählte man später auch 12 S.en. Aus dem 6. Jh. n. Chr. hat sich unter dem Titel *Oracula Sibyllina* eine Sammlung von Texten jüdischer u. christlicher Autoren (von 150 bis 300 n. Chr.) erhalten. Als Prophetinnen → Christi angesehen, erfuhren die S.en bei christlichen Schriftstellern seit dem 2. Jh. große Wertschätzung (Lactantius). Auf antike Tradition gehen die deutschsprachigen Sibyllenweissagungen zurück (*Sibyllen Lied*, 1320/21; *Sibyllen Buch*, viell. 1360/78). Unmittelbarer Vorläufer ist die *Tiburtinische Sibyllendichtung*, die im 4. Jh. in Konstantinopel entstand u. die Menschheitsgeschichte, Geburt u. Tod Christi, das Erscheinen des Antichrists sowie das Jüngste Gericht zum Gegenstand hat. Volksbücher über die *Weissagungen der 12 Sibyllen* (Simrock, *Volksbücher* 13,443–506) erscheinen seit dem Ende des 15. Jh. im Druck. Spätere Texte tradieren den Stoff bis in das 18. Jh., vemehrt durch Prognostiken aus anderen Werken u., unter anderem, durch die Offenbarungen der Brigitta v. Schweden. B. → Carpsov berichtet vom → Beschwören der S. bei mantischen Operationen.

Sieb (mhd. *sip*, idg. **seip* ›ausgießen‹, ›seihen‹; alte Ableitung ist ›sichten‹, ›auswählen‹), Flechtwerk u. Gerät mit durchlöchertem Boden, um Gröberes von Feinerem durch Rütteln zu sondern, insbesondere zum Reinigen von Getreide u. Mehl. Als Ausdruck für etwas Unmögliches galt das Bild, Wasser mit dem S. zu schöpfen o. in ihm zu tragen. In diesem Sinn findet sich der S.gebrauch im → Gottesurteil. Um sich von dem Verdacht, mit einem Manne verkehrt zu haben, zu reinigen, trug die Vestalin Tuccia Wasser in einem S. (→ Plinius, *Naturalis historia* 28,12; vgl. Augustinus, *De civitate dei* 10,16). Das ›Siebdrehen‹ ist ein Verfahren der Wahrsagekunst, u. a. um → Diebe zu entdecken: »Durch welche sie die Dieb und andere verborgene Ding erkundigten, dann sie nahmen eine Zang in zween Finger / legten ein Sieb darauff / und sprachen ihr gewöhnliche Zauberwort / wann sie nun des Thäters Namen nenneten / so zitterte das Sieb und bewegte sich« (Waldschmidt, *Pythonissa* 100ff.; → Praetorius, *De coscinomantia*). Goethe spielt im *Faust* (Hexenküche) auf das Verfahren an. → Hexen schwimmen in S.n (Shakespeare, *Macbeth* I,3: »Doch schwimm ich nach im Sieb, ich kanns, Wie eine Ratte ohne Schwanz«). Dem → Liebeszauber dient es, durch ein S. zu urinieren (15. Jh.; → Grimm, *Mythologie* 3,418,36; 419,60).

Sigillum (von lat. *signum* ›Zeichen‹, ›Kennzeichen‹), geschriebenes u. gezeichnetes → Amulett, das, der Lehre von den → Entsprechungen gemäß, durch astrologische Zeichen (→ Astrologie) u. → Symbole (→ Charakter) die Bereiche des Himmels (→ Makrokosmos) mit denen des Irdischen u. des Menschen (Mikrokosmos) miteinander verknüpft u. die Kräfte der Sterne zur Wirkung bringt (→ Medaille).

Silber, lat. ›argentum‹. Wie → Gold erfährt auch S. hohe, wenn auch nicht die gleiche Wertschätzung u. wird von Goldschmieden zu profanen u. kultisch-liturgischen Bildern, Votivgegenständen, Schmuck, Geräten (Kelche, Patenen, Reliquienbehälter [→ Reliquien], Weihrauchfässer, -schiffchen) u. Gefäßen verarbeitet. Sein lateinischer Name wird, wie der des Goldes (›aurum‹), vom »Glanz der Luft« (→ Isidor v. Sevilla, *Etymologiae* 16,20,1) abgeleitet. S. ist → Symbol des Lichtes, seine strahlend-weiße → Farbe die Farbe Gottes u. der → Engel. Das Wort Gottes ist wie geläutertes S. Wie Gold auf die → Sonne u. → Christus, so verweist das S. auf den → Mond u. Maria. S. wirkt als → Apotropaion, es vermag Krankheiten u. → Dämonen abzuwehren. Insbesondere silberne → Ringe sind dazu geeignet. Wirksam ist v. a. ererbtes S. Gegen → Epilepsie wurden im MA aus besonderen S.münzen geschmiedete Fingerringe (→ Ring) gebraucht: Die Münzen mußten zuvor während mehrerer → Messen auf o. unter dem Corporale gelegen haben, so daß das priesterliche Kreuzzeichen während des Kanons sich auch auf diese erstrecken konnte (St. Gallen, Stiftsbibliothek, CSG 932, 15. Jh., 553: *Remedium pro morbo caduco*).

Silberdistel, Carlina acaulis, Eberwurz, Kraftwurz, Wetterdistel, 5–30 cm hoher, distelartiger Korbblütler, mit silberglänzenden, bis 10 cm durchmessenden Blütenköpfen, die sich bei feuchtem Wetter schließen u. bei trockenem o. bei Sonne öffnen. Wächst an sonnigen Hängen, auf Schafweiden. Gilt als → Aphrodisiakum u. verleiht Männern körperliche Stärke, andererseits vermag sie auch anderen die Kraft zu nehmen: »Die kreütler geben von dißer wurtzelen auß / wer diße wurtzel bey jm trage / vnd mit anderen leüten arbeyte / oder über feldt gang / oder sonst beywonung thüe / so entzyehe sye ander leüten die krafft / vnd mache onmächtig / welche krafft alle zů dem komme der sye bey jm hat. Darum sye bey nyemant gedultet wirt / wo mans also braucht« (Brunfels, *Kreüterbuch*

218). Als zauberisches Abwehrmittel erwähnt sie schon Pseudo-Apuleius (*De herbarum virtutibus* 287). Die an Mariä Himmelfahrt geweihte S. gilt als gutes Zaubermittel (Bock, *Kreüter-Buch* 2, 81[r]).

Silvester, letzter Tag im Jahr, nach dem kirchlichen Festtag (31. 12.) des Bischofs v. Rom (314–335) benannt. In der Legende (seit dem 5. Jh.) erscheint S. in Verbindung mit der Bekehrung u. → Taufe des römischen Kaisers Konstantin. Superstitiöse Gebräuche, → Orakel u. Prognosen sind bestimmt vom Übergang des alten Jahres zu → Neujahr. V. a. das → Bleigießen ist mit der S.nacht verbunden.

Simon Magus, S. der Magier; von Legenden umwobener Zauberer u. Wundertäter der *Apostelgeschichte* (8,9–24). Von seinen Anhängern wurde er als »die Kraft Gottes«, die »die Große heißt«, verehrt u. ließ sich, wohl aufgrund professioneller Interessen, vom Diakon Philippos taufen. Von Petrus versuchte er dessen Charisma zu kaufen, durch → Handauflegen den Hl. Geist verleihen zu können (daher ›Simonie‹ für kirchlichen Ämterkauf). Spätere christliche Autoren berichten, er sei in Samaria als der Vater, in Judäa als der Sohn u. ansonsten als der Hl. Geist erschienen (Irenaeus, *Adversus haereses* 1,23,1–4; Tertullianus, *De anima* 34). Er vermochte den Geist eines toten Knaben zu → beschwören u. indem er diesem einen Körper aus Pneuma erschaffen habe, habe er mehr als der Schöpfer geleistet, der noch Erde habe zu Hilfe nehmen müssen (*Pseudo-Klementinen*, *Recognitiones* 2,15; *Homilien* 2,26). Die Kirchenväter sehen in S. M. den Begründer der → Gnosis (Irenaeus, *Adversus haereses* 1,23 f.). Im MA sind verschiedene → Zauberbücher unter seinem Namen bekannt, etwa der *Liber Simonis Magi* (erwähnt bei → Johannes Trithemius, *Antipalus*). Er soll die *Apóphasis megálē* o. deren Paraphrase verfaßt haben (Hippolyt v. Rom, *Refutatio omnium haeresium* 6,9–18). In den apokryphen *Apostelakten* (*Acta Petri*) trifft er in Rom mit Petrus zusammen, will seine Zaubermacht durch einen Flug zum Himmel demonstrieren, wird dabei durch das Gebet des Petrus zum Absturz gebracht u. zerschellt. Offensichtlich ist S. M., dessen historische Existenz kaum zu bezweifeln ist, mit einem Zauberer aus dem Osten identisch, dem im römischen Theater unter Nero ein Flugversuch mißlang. Die von Iustin überlieferte Nachricht, Kaiser Claudius habe ihm (»Simoni sancto«) in Rom ein Standbild errichtet, beruht auf einer Verwechslung des Bildes mit der Statue des italischen Gottes Semo Sancus Dius Fidius (CIL 6,567).

Skarabäus, lat. *scarabaeus* (vgl. → Plinius, *Naturalis historia* 30,30), vielleicht entstellt aus griech. *kárabos* (eine Käferart), Holzkäfer, Meerkrebs (vgl. dt. *Krabbe*). Der S. gehört zu den Pillendrehern, einer Unterfamilie der Blatthornkäfer. Er dreht aus Dung große Kugeln, die ihm als Nahrung dienen o. in die er seine Eier ablegt u. aus denen er auf geheimnisvolle Weise neu zu entstehen scheint. Das Rollen der Mistkugeln galt im alten Ägypten als Metapher für den Lauf der → Sonne bzw. für das morgendliche Erscheinen des Sonnengottes. Der S. war in Ägypten seit Anfang des 3. Jt. als → Amulett im Gebrauch. Von etwa 1990 v. Chr. an wurden S.-Nachbildungen nach Kreta u. das westliche Vorderasien, später nach Zypern u. in den griechischen u. italischen Raum (8./9. Jh. v. Chr.) exportiert. Der Amulettgebrauch betraf die weibliche Fruchtbarkeit u. diente dem Schutz von Kindern (vgl. Plinius, ebd. 30,138). In frühchristlicher Zeit wurde der S. → Symbol der Auferstehung. Bei Ambrosius wird → Christus »guter Scarabaeus« genannt (*Expositio Evangelii secundum Lucam* 10,13).

Smaragd (griech. *smáragdos*), → Edelstein. Mineral aus der Gruppe der → Berylle, durchsichtig u. von grüner Farbe. Schon Herodot (3,41) bekannt, war der S. in der Antike als Schmuck beliebt. Die *Johannes-Apokalypse* nennt ihn unter den 12 Schmucksteinen der Grundsteine des himmlischen Jerusalems (→ Monatssteine), wodurch seine besondere Wertschätzung im MA begründet worden ist. → Plinius zufolge vertreibt er Müdigkeit (*Naturalis historia* 37, 16–20). Damigeron berichtet, daß er, keusch getragen, Wesen, Körper u. Rede stärkt u. zu Prophezeiungen aus dem Wasser (→ Hydromantie) geeignet sei (*De lapidibus* 175). Auch Epiphanius v. Salamis erwähnt seine Kraft, die Zukunft zu entdecken (*De duodecim gemmis* 2,747,12). → Isidor v. Sevilla (*Etymologiae* 16,7,1–4) bringt die Information des Plinius. Ansonsten soll er geeignet sein zur Erforschung des Verborgenen, den Reichtum mehren, als → Amulett am Hals getragen gegen → Epilepsie wirken, Unwetter abwenden u. unzüchtige Gesten bezähmen (Marbod v. Rennes, *Liber de gemmis* 1744). Seinen Schutz vor → Fallsucht erwähnt auch → Konrad v. Megenberg (*Buch der Natur* 6,67). Wegen seiner grünen → Farbe mißt → Hildegard v. Bingen dem S. besondere medizinische Wirkungen zu (*Physica* 4 *De lapidibus* 1); denn der ›Grünkraft‹ (›viriditas‹) der Natur wohnte besondere Heilkraft inne. In der alchemistischen Literatur besitzt die → *Tabula smaragdina* Bedeutung.

Sommersprossen, Epheliden, gelbe bis braune Hautflekken aufgrund starker Pigmentierung der Haut. Während sie im Winter zurückgehen, *sprießen* sie im Sommerlicht wieder hervor. Man glaubt, sie kämen vom Lachen o. von Kotspritzern des → Kuckucks. Dabei mag das gesprenkelte Gefieder des Vogels die sympathetische Verbindung (→ Sympathie) begründet haben. Sie werden vertrieben, wenn man sie mit Federn junger Gänse o. mit Maitau bestreicht (*Journal von und für Deutschland* 4,2,344) o. sich beim ersten Ruf des Kuckucks das Gesicht in einem Teich wäscht. Auch ein spezielles Wasser, mit Froschlaich bereitet, hilft dagegen: »1 Liter durchgeseihtes Froschlaichwasser tue man in ein Gefäß mit etwas Merkurialkraut. In ein zweites Gefäß löse man ein Lot Kampfer in einem halben Liter Branntwein auf, danach tue man alles zusammen und lasse es zugedeckt eine Viertelstunde kochen, dann zugedeckt erkalten. Nun schlägt man acht Eiweiß zu Schaum und tut es dazu, rührt alles gut um und läßt es zugedeckt stehen, bis sich der Schaum gesetzt hat. Nun kann man das Wasser in Flaschen abfüllen, die gut verschlossen sich lange halten. Nach dem Waschen reibe man sich das Gesicht gut damit ein und trockene nur ganz leicht die Haut ab, es macht eine weiße und zarte Haut und nimmt alle Flecke im Gesicht weg« (*Mosesbuch* 206 f.).

Somnambulismus (von lat. *somnus* ›Schlaf‹ u. *ambulare* ›umhergehen‹), ›Schlafwandeln‹, Nachtwandeln. Mit S., auch Lunatismus (von lat. *luna* ›Mond‹), ›Mondsucht‹, werden nächtliches Umherwandeln u. Handlungen im Schlaf benannt, deren sich der Somnambule im Wachen nicht zu erinnern vermag. Mit ihm verbunden sind Phänomene des → Hellsehens u. Annahmen von → Levitation, Gedanken, auf die Geschichten von Schlafwandlern geleitet haben, die auf dem First eines Hauses mit ›schlafwandlerischer Sicherheit‹ einherspazieren. Man darf sie nicht anrufen, sonst stürzen sie ab. Man hielt das Nachtwandeln für ein Werk Gottes o. aber auch für eines der → Dämonen.

Sonnabend, Samstag → Woche

Sonne. Unerschöpflich sind die Gedanken der Völker über die S. Ihr Lauf ist wie die Fahrt eines Wagens u. Schiffes, wie der Flug eines Vogels u. das Rollen der → Kugel. Sie ist eine Gottheit u. die Göttin des Himmels. Ihr → Symbol ist das → Rad, die Scheibe, das → Kreuz, das → Hakenkreuz; der → Adler u. → Falke, der → Phönix, → Hahn u. → Skarabäus; der → Löwe. Die → Sonnenwende des Sommers u. ihr Untergang ist Symbol des Todes, des Winters, u. ihr Aufgang ist Sinnbild der Auferstehung, des Lebens u. Heils. Das Christentum überträgt die antike Sonnensymbolik auf → Christus. Dessen Tag ist der ›dies solis‹ (›Tag des Sonnengottes‹), der Sonntag (→ Woche). Die Ostung der Kirchen verweist auf den

Aufgang der S. u. die Heraufkunft des Heils. Magische → Riten (→ Magie) gegen den S.lauf bewirken Schaden, mit ihm Segen u. Glück. Ihr Untergang bringt die Dunkelheit der → Nacht u. eine gefährliche → Zeit: Man muß die Tagesarbeit beenden, Buttern, Fegen u. Mähen unterlassen; man darf keine Milch, → Butter u. Käse aus dem → Haus geben, sie werden sonst behext (→ Hexe). Aus demselben Grund läßt man über Nacht nicht die Milchkannen im Freien. In der Wetterprognostik (→ Wetter) gelten ihr klarer Schein, ihre Farbe u. Schleier vor ihr als Wetterzeichen (→ Plinius, *Naturalis historia* 18,342–346: »Geht sie klar und nicht heiß auf, so kündigt sie einen heiteren Tag an, geht sie bleich auf, dann Sturm und Hagel« usw.). Sogenannte ›Nebensonnen‹ haben seit der Antike Beachtung gefunden u. sind zu erklären gesucht worden. Es sind Lichtflecken, -ringe, -bögen u. -säulen neben der S., entstanden durch atmosphärische Spiegelungen u. Brechungen des Lichtes (›Halo‹, ›Hof [um Sonne u. → Mond]‹, von griech. *hálōs*; griech.-lat. *parelius* ›neben der S.‹). Sie galten ebenfalls als Wetterzeichen Gottes.

Sonnenfinsternis → Finsternisse

Sonnenwende, Sonnenstand, Sonnenstandung. Die Umkehr der → Sonne in ihrer jährlichen Bewegung an den Wendekreisen bzw. am längsten u. kürzesten Tag des Jahres (22. Juni, 22. Dezember). Die Beachtung der Tage scheint auf römischen Einfluß zurückzugehen, worauf schon der Name ›Sonnenstand‹, von lat. *solstitium*, (griech. *tropḗ hēelíoio* ›Sonnenwende‹), hindeutet. Zumeist ist die sommerliche S. (→ Johannistag) gemeint: Zahlreiche Feuer- u. Lichtbräuche (→ Brauch, → Feuer, → Kerzen, Fackeln, brennende Räder u. Scheiben, Höhenfeuer) an den Tagen der S. symbolisieren (→ Symbol) die Lebenskraft der S. Die Winters. an → Weihnachten wurde auf den Geburtstag → Christi, ›der wahren Sonne‹, bezogen.

Sors, Pl. sortes → Los

Sortilegium (von lat. *sors* ›Los‹, → ›Orakel, u. *legere* ›(auf)lesen‹), ›Auflesen der Lose‹, Kunst ein → Los zu deuten; dann Zauberei (→ Magie).

Spatulimantie, Scapulimantie, Scapulaemantik (von lat. *spatula* bzw. *scapula* ›Schulterblatt‹ u. griech. *manteía* ›Weissagung‹), ›Wahrsagen aus dem Schulterblatt‹ von Opfertieren. Die griechisch-römische Antike kennt die Sp. nicht. Sie gehört der → Mantik asiatischer Völker an (Nachweise bei Keightley, *Orakel* 18 ff.) u. ist von den Hunnen nach Europa gebracht worden (Hinkmar v. Reims, *De divortio Lotharii et Tetbergae* 15; → Thomas v. Aquin, *Summa theologiae* 2,2,95,3). Johannes v. Salisbury (*Policraticus* 2,27) zählt sie zur Eingeweideschau (→ Eingeweide, → Haruspex). Aus dem byzantinischen Bereich stammt ein Traktat zum Thema von Michael Psellos (*Perí ōmoplatoskopías* 166 ff.). Die weitaus umfangreichste Darstellung im deutschen Sprachbereich liefert Johann → Hartlieb (*Buch aller verbotenen Kunst* 125–131). Dabei zieht der Autor zur Erklärung auch Wahrsagetechniken heran, die ihm aus seiner Zeit bekannt gewesen sind (→ Wahrsagen aus dem Brustbein der Gans). Das Verfahren gründet ihm in der Deutung von Veränderungen am Knochen, die sich bei jeder Frage ergeben würden; auch die Färbung des Schulterblattes würde berücksichtigt. Das asiatische Verfahren, von dem die europäischen Nachrichten keine Kenntnis zeigen, sah die Erzeugung von Sprüngen u. Rissen im Orakelknochen durch Einwirkung eines glühenden Gegenstandes vor. Die Sprünge wurden sodann mantisch gedeutet u. das Ergebnis der → Divination auf dem Knochen schriftlich verzeichnet.

Spee, Friedrich (Spee v. Langenfeld), * 25. 2. 1591 Kaiserswerth, † 7. 8. 1635 Trier, Dichter. Trat 1610 in den Jesuitenorden ein. 1615 Magister in Köln, 1630/31 Prof. für Moraltheologie in Paderborn. Seine *Cautio criminalis seu de processibus contra sagas liber* (anonym Rinteln 1631, dt. von H. Schmidt, *Hochnotpeinliche Vorsichtsmaßregel oder*

Warnungsschrift über die Hexenprozesse, 1648) gründet in seinen Erfahrungen als Hexenbeichtvater. Sp. wendet sich gegen die Praxis des Hexenprozesses (→ Hexe), insbesondere die Folter; denn mit ihr würden die Geständnisse erpreßt u. könnten deshalb keine Beweismittel sein.

Speichel, Spucken. Wie andere Sekrete u. Ausscheidungen des menschlichen Körpers hat der Sp. im Sinne der → Sympathie teil an dem, dem er angehört, u. kann zu guten u. bösen Zwecken genutzt werden. → Christus heilt mit Sp. (Mk 7,33; 8,23; Joh 9,6). Auch besitzt er Bedeutung als → Apotropaion: Im altchristlichen Taufritus berührt der Täufer Mund, Nase u. Ohren des Täuflings mit Sp. (*Rituale Romanum*, *Ordo baptismi parvulorum*). Der Abwehr gilt das Spucken. Es schützt vor Zauberei, vor dem → Teufel (›Pfui, Teufel!‹ war ursprünglich wohl Begleitruf zum Spucken), vor → Hexen, vor verhaßten Leuten, dem → Bösen Blick; vor Schweinen, Hasen, → Katzen (›Pfui! Pfui!‹). Man spuckte beim Überschreiten der → Schwelle, an der Stalltür, spuckt ins Feuer, an Brandstätten, unheimlichen Orten, in der Gerichtsstube; kurz: Spucken hilft immer. Johann → Praetorius vermutet, daß, wo man an Amts- u. Rathäusern Pfützen u. Bäche antreffe, solche »durch das abergläubische Außspeyen herkommen« (*Philosophia colus* 171 f.).

Spiegelweissagung. Wahrsagepraxis, die durch Hinsehen auf spiegelnde Flächen (Wasserflächen: → Hydromantie; spiegelnde Gefäße: Becherorakel, Kylikomantie, Lekanomantie) als → Orakel aufgefaßte Bilder wahrnehmen will. Oft von medial begabten Personen (→ Medium) geübt. So etwa bei → Johannes v. Salisbury (*Policraticus* 2,28).

Spinne, Webespinne. Die Sp.n leben von Insekten u. Kleintieren, die sie in ihrem Netz fangen. Der antike Volksglaube nahm die Entstehung der Sp. aus dem → Blut von Titanen an (Scholien zu Nikandros, *Theriaka* 11). Später glaubte man, sie entstünden aus Aas o. dem → Speichel des Menschen. Das Netz der Sp. wird mit dem Licht des → Mondes u. den Strahlen der → Sonne verglichen; die Spinnfäden des Altweibersommers hält man für ein Gespinst von Elfen, Zwergen, von Frau Holle o. für den Schleier Marias, der ihr bei der Himmelfahrt entglitt. Den giftigen Biß einer Sp.-Art (›phalángia‹) suchte man, wie den des Skorpions, in der Antike mit → Zaubersprüchen, Sympathiemittel (→ Sympathie) u. Pflanzen (›Tithymallos‹: Theophrastos, *Historia plantarum* 9,11,1) zu kurieren. Vielseitig ist der Gebrauch der Haus- u. Kreuzsp. In der → Volksmedizin: Sie werden gedörrt, geröstet, pulverisiert; verschluckt u. mit Öl verspeist; man bereitet Pflaster u. Salben aus ihnen, o. läßt sie über die kranke Stelle des Körpers laufen. Ihr Gewebe heilt Wunden: »Bei einem Schädelbruch fällt Spinnengewebe, mit Öl und Essig aufgelegt, nicht ab, ehe die Wunde geheilt ist. Dieses [Spinnengewebe] stillt auch das Blut aus den Wunden, die beim Bartscheren entstanden sind« (→ Plinius, *Naturalis historia* 29,113 f.; vgl. Lammert, *Volksmedizin* 196,206). Sp.n gelten als Glücksbringer u. werden geschont. Doch sind sie auch Hexentiere (→ Hexen) u. Krankheitsdämonen (→ Dämonen). Sie kriechen in das Gehirn u. bewirken Wahnsinn. Doch gründet der Ausdruck ›spinnen‹ für ›verrückt sein‹ in dem Bild, ›Gedanken zu spinnen‹, d. h. zuviel zu grübeln. Sp.n gelten als Wetterpropheten. Ihr Erscheinen kündet schlechtes → Wetter u. Hochwasser an (Ovid, *Metamorphoses* 3,34). Als gutes → Omen wird betrachtet, wenn eine Sp. über die Kleider, die Hand, den Kopf läuft, sich auf diesen herabläßt o. wenn sie über die Brust zum Herzen kriecht. Das Sprichwort ›Spinnen am Morgen, Kummer und Sorgen; Spinnen am Abend, erquickend und labend‹ bezieht sich nicht auf das Tier im → Angang, sondern auf die Arbeit des Spinnens u. meint: wer morgens schon spinnt, vernachlässigt die Tagesarbeit u. gerät dadurch in Not.

Spinnstube, Kunkel-, Rocken-, Lichtstube, nachbarschaftlich gemeinsam genutzte Arbeitsstube auf dem

Dorf, in der während der Winterabende gesponnen u. gestrickt wurde. Aufgrund ihrer arbeitsbegleitenden Erzählungen, Lieder, Spiele u. Tänze wurden die S.n während der Aufklärung im 18. Jh. als Brutstätten des Aberglaubens u. der Unsittlichkeit verdächtigt u. häufig von der Obrigkeit verboten: »Ist irgend etwas je auf Dörfern im Schwange gewesen, wodurch Aberglaube und Dummheit begünstigt wurden«, eifert der aufklärerische Zeitgenosse, »so sind es die Spinnstuben. Hier werden alle Nachrichten von Geistern, Hexen, Erscheinungen u.s.w. zusammen getragen, alle alte Mährchen, seyen sie auch noch so albern, aufgekocht, den Erzählenden wie den Zuhörern tief ins Gedächtniß eingeprägt« (*Journal von und für Deutschland* 3,2,300). Neue Formen des Gesellschaftslebens u. billigere Fertigung industrieller Textilprodukte entzogen gegen Ende des 19. Jh. den S. die wirtschaftliche Basis.

Spiritismus (über engl. *spirit* ›Geist‹, von lat. *spiritus* ›Luft‹, ›Atem‹, ›Seele‹, ›Geist‹), der Glaube an seelisch-personale Wesenheiten, die den leiblichen Tod des Menschen überleben u. als → Geist des Verstorbenen mit Lebenden, zumeist durch Vermittlung eines → Mediums, in Verbindung u. Verkehr treten u. sogenannte paranormale Phänomene bewirken können. Der S. beruft sich auf den Geister- u. Gespensterglauben der Völker (→ Gespenster, → Spuk, → Klopfen, → Levitation), auf die religionswissenschaftliche Theorie des → Animismus sowie auf den Glauben an die Seelenwanderung. Als moderne Erscheinung nahm der S. seinen Ursprung von Vorgängen im Haus des Farmers John D. Fox in Hydesville (N.Y.), USA, wo in der Mitte des 19. Jh. unerklärliche Dinge geschahen: Man hörte Klopfen, Schritte u. sah Gegenstände sich bewegen. Ein interessierter Besucher (1848) deutete die Klopfgeräusche als Klopfzeichen. Es gelang ihm aufgrund der Entdeckung eines Alphabetismus dieses Klopfens (engl. *raps* ›Schläge‹) einen Zugang zu jener Welt der

Geister zu eröffnen u. damit den modernen S. zu begründen, dem heute weltweit etwa 100 Millionen Gläubige anhängen sollen, die allein in England in ca. 500 Zirkeln organisiert sind. Die Entdeckung des Klopfalphabetes lieferte Anregungen zur Entwicklung der → Parapsychologie.

Spökenkieker, Schichtkieker, werden im niederdeutschen Sprachraum mit dem → Zweiten Gesicht Begabte genannt.

Springwurz(el), sagenhafte, zauberische Pflanze, die Felsen u. Schlösser zu sprengen vermag u. vor allem von Schatzgräbern (→ Schatz) u. → Dieben gebraucht wird. Sie soll besonders häufig in Schweden wachsen, wo sie Pferden, die über sie laufen, die Hufe ›absprengt‹. Man gewinnt sie, wenn man die Nisthöhle des Spechts vernagelt. Der Vogel habe dann ein Kraut, das er vor den Verschluß halte, worauf dieser abfalle. So berichtet schon → Plinius (*Naturalis historia* 10,40, vgl. 25,14) u. in ähnlicher Weise vom Wiedehopf Claudius Ailianos (*Natura animalium* 1,45; 3,26); danach auch → Konrad v. Megenberg: »Wenn man im [dem »paumhäckel«, d.h. Specht] seineu kint versleht mit ainem zwickel, sô pringt er ain kraut und helt daz für den zwickel, sô vert er her dan. daz kraut haizt ze latein herba meropis, daz spricht paumhäckelkraut und haizt in der zaubrær puoch thora [Tora salutifera, → Mondraute] und waer nit guot, daz man ez gemaincleich erkennet, wan ez gênt sloz gegen im auf; dâ mit sünte niemant, der gevangen wær auf den leip« (*Buch der Natur* 5, Einleitung, ed. Pfeiffer, 380,12–19). Außer dem Specht kennt die Erzählüberlieferung andere Tiere, die mit der S. Verschlossenes öffnen: Schwalben, Stare, Raben, Frösche, Kröten.

Spuk, aus niederdt. *Spok* → ›Gespenst‹, gespenstiges Treiben‹, seit dem 17. Jh. ins Hdt. übernommen; ›spuken‹, ›als Geist umgehen‹, ›sein Wesen treiben‹. Man unterscheidet personen- u. ortsgebundenen Sp. (Geisterkutschen, Geistermessen [→ Messe], Geistermusik, Poltergeister [→ Klopfen], → Wiedergänger, → Zweites Gesicht, Feurige

Männer, Weiße Frauen usw.). Unter den Sp.-Orten sind besondere Sp.-Häuser bekannt, in denen man es sausen, klopfen, hämmern, sägen, kratzen, wimmern u. jammern hört; in denen Fenster u. Türen auffliegen, Gegenstände durcheinander geworfen werden u. ä. Der Volksglaube erkennt im Sp. das Wirken unerlöster Seelen, die wegen eines ungesühnten Frevels umgehen müssen, der → Spiritismus erklärt ihn als Wirkung der → Geister Verstorbener; die → Parapsychologie sieht in ihm Erscheinungen der → Psychokinese.

Spur → Fußspur

Stechapfel, Datura stramonium, Igelkolben, Stachelnuß, Rauhapfel, Tollkraut u. a., bis 1 m hohes → Nachtschattengewächs mit gezähnten Blättern u. trichterförmigen, weißen Blüten. Als Frucht bildet er eine stachelige Kapsel aus, die braune Samenkörner enthält. Wächst gelegentlich auf Schutthalden, an Wegen, Zäunen usw.; über Europa, Asien u. Amerika, von den Tropen bis zum nördlichen Polarkreis verbreitet. Im MA in Deutschland eingeführt u. noch im 16. Jh. eine seltene Pflanze. Der St. enthält, wie die → Tollkirsche, Atropin u. ist sehr giftig, bewirkt in geringen Dosen Delirien u. Halluzinationen u. wird als → Aphrodisiakum, Zauberkraut u. Ingrediens von → Hexensalben gebraucht. Aufgrund der narkotischen Wirkung in Medizin, → Zauber, Kult u. Orakelwesen (→ Orakel) in Indien u. bei den Indianern in Gebrauch.

Stechpalme, Ilex aquifolium, Stecheiche, Schradlbau, Hülse, bis 10 m hoher immergrüner Baum o. Strauch mit lederartigen, am Rande stacheligen Blättern, kleinen weißen Blüten u. roten Beeren. Giftig. Als ›Palm(busch)‹ an Palmsonntag geweiht, dient sie zum Schmuck des Kruzifixes (→ Kreuz) u. wird gegen → Blitz u. → Feuer gebraucht: »Stechpalmen gehören unter die Sagmina: der gemein verfüret hauff stecket disen palmen, wann er geweihet würt ober die thürschwellen des hauss vnd der vihe ställe, der zuversicht es sol das wetter nit dahin schlagen, wa dieser Stechpalmen gefinden werde« (Bock, *Kreüter-Buch* 402ᵛ). Auch wehrt sie → Teufel, → Hexen ab u. den Schratt, die Tiere zu reiten. In der → Volksmedizin werden Blätter u. Beeren gegen Seitenstechen, Gelbsucht u. → Fieber gebraucht.

Stein der Weisen, Stein der Philosophen (lat. ›lapis philosophorum‹), heißt jene Substanz, die, selbst bereitet, → Blei o. Quecksilber in → Gold wandelt (Transmutation). Schon die Antike kannte ein Pulver, das diesen Prozeß bewirken sollte. Bei → Demokrit u. → Zosimos heißt dieses *xḗrion* (eigtl. ›Arzneipulver‹), woraus arab. *al-iksir* u. aus diesem lat. *elixir* gebildet wurde, zu dt. → *Elixier.* Angesichts der erhofften Wirkungen des St. d. W. liegt die Geheimhaltung des Verfahrens seiner Herstellung naturgemäß im höchsten Interesse des Alchemisten. Nur verschlüsselt ließ es sich aufzeichnen (→ Arkandisziplin). Diese Kodierungsabsicht begründete die symbolisierende (→ Symbol) Bilderwelt der → Alchemie. Bei aller historischen u. regionalen Variation des Themas lassen sich zwei Theorien über die Möglichkeit der Umwandlung der niederen → Metalle in deren vollkommenste Form, das Gold, hervorheben: (1) Die hellenistische Alchemie sah im St. d. W. eine Art Hefe, die die Metalle zu Gold wandele, wie es bei der Wandlung von Teig zu Brot geschehe. (2) Die Alchemisten des MA gingen auch von der Annahme aus, die niederen Metalle seien nicht nur unvollkommen, sondern unreif o. krank. Der St. d. W. könne sie jedoch reifen lassen u. heilen. Diese Vorstellung führte zum Gedanken, im St. d. W. eine Universalmedizin (›Panacee‹, ›Elixier‹) zu besitzen. Wie → Christus den Menschen, so erlöse der St. d. W. die Metalle. → Materia prima

Stephan von Landskron, * vermutl. 1. Jahrzehnt 15. Jh. Landskron (Grenzgebiet v. Böhmen u. Mähren), † 29. 11. 1477. Studium an der Wiener Universität, seit 1458 dort Propst des Augustinerstifts St. Dorothea u. für die Klosterreform tätig. Als wichtigstes Werk St.s gilt die *Him-*

melstraß (Druck Augsburg 1484, Faks.-Ausgabe v. G. J. Jaspers, Amsterdam 1979). Bei Gelegenheit der Erklärung des 1. Gebotes nennt St. eine Liste von abergläubischen Praktiken u. Glaubensformen, wie sie im einzelnen auch sonst im späten MA bezeugt sind. Darin nennt er u.a. → Segen, → Lose, → Augurien, → Auspizien, den → Angang, das »Handsehen« (→ Chiromantie) u. das Messen mit einem → Gürtel als Heilbrauch (42ff.).

Stigma diaboli → Hexenmal

Stolpern gilt als → Omen. Mit dem linken (→ rechts u. links) → Fuß zu st. verheißt zumeist Gutes, mit dem rechten Böses. Insbesondere ist das St. an der Schwelle des → Hauses von Bedeutung. Beim Betreten o. Verlassen einer Wohnung ist es ein wichtiges Zeichen, das nicht unbeachtet bleiben darf (→ Agrippa v. Nettesheim, *De occulta philosophia* 1,54; *Magische Werke* 1,244; vgl. → Augustinus, *De doctrina christiana* 2,20). Für den germanischen Glauben bezeugt ein Lied der *Lieder-Edda* die unglückliche Bedeutung des St. beim Auszug zum Kampf (bei → Grimm, *Mythologie* 2,940).

Stundenwahl heißt ein astrologisches Verfahren (→ Astrologie), die günstige → Zeit, etwas zu tun o. zu lassen, zu ermitteln. Aus der Antike sind zahlreiche Stundengutachten sowie variantenreiche Methoden ihrer Begründung überliefert. Diese Gutachten nehmen ursprünglich keinen Bezug auf den tatsächlichen Himmelsstand der Gestirne, sondern gründen im hellenistischen Glauben an Götter, die die großen u. kleinen Abschnitte der Zeit regieren. Später traten an deren Stelle die astralen Götter, insbesondere die der → Planeten. So zählt der Astrologe Vettius Valens (*Anthologiae* 1,10) die 24 Stunden des Tages nach der Reihenfolge der Planeten durch (vgl. Tibull, *Elegiae* 1,3,17; Hipparchos aus Nikaia, *Aratos-Kommentar*). Der sogenannte *Chronograph vom Jahre 354* verzeichnet die Tages- u. Nachtstunden mit den zugehörigen Planeten u. fügt jeweils ein B (= *Bonus*, ›günstig‹), ein N (= *Nefarius*,

›ungünstig‹) o. ein C (= *Communis*, ›neutral‹) hinzu. In der christlichen Zeit werden die Stundengötter in Stundenengel verwandelt. Gefährliche Stunden des Tages benennt eine Zürcher Handschrift des 12. Jh. (SAVK 2,167 f.). → Ägyptische Tage, → Unglückstage

Succubus → Incubus

Swedenborg, Emanuel von, schwedischer Naturforscher, Ingenieur u. Theosoph. Wurde 1716 Bergbauassessor in Stockholm. Universal gebildet, machte er zahlreiche Erfindungen u. befaßte sich mit Psychologie, Anatomie, Astronomie u. Metallurgie. Seit 1736 visionäre Erlebnisse, in denen er → Geistern, aber auch historischen Gestalten wie → Vergil, → Luther o. Melanchthon begegnete u. Kundgebungen des Jenseits empfing, die ihm Anlaß zur Entwicklung einer Lehre mit gnostisch-neuplatonischen Zügen gab (→ Gnosis, → Neuplatonismus): Von Gott, dem Urbild allen Seins, entfaltet sich die Schöpfung in drei Reichen, dem himmlischen, geistigen u. natürlichen, sowohl in einer abwärts wie aufwärts gerichteten Entwicklung. Alle Geistwesen bilden mit → Engeln u. Menschen den »Homo maximus«, den »größten Menschen«, d. h. den Leib Gottes. I. Kant kritisierte S. in seiner Schrift *Träume eines Geistersehers* (1766).

Symbol (von griech. *sýmbolon* ›Kennzeichen‹, ›Erkennungszeichen‹, zu griech. *symbállein* ›zusammenbringen‹, ›vereinen‹). Gingen zwei Freunde auseinander, so zerbrachen sie einen → Ring, eine Münze o. ein Tontäfelchen in zwei Teile, von denen jeder der beiden einen behielt. Ein Teil dann wieder an den anderen gefügt, galt bei späterer Gelegenheit als Erkennungszeichen u. legitimierte den Überbringer. Die ursprüngliche Bedeutung ›Symbol aus etwas‹ (die zusammengefügten Teile) wandelte sich dann in die Bedeutung ›Symbol von etwas‹, näherhin in ›Kennzeichen der Freundschaft‹. Das S. gilt so als Zeichen einer unsichtbaren Wirklichkeit, wird deren Sinnbild. Als Zeichen ist das S. jedoch nicht beliebig u. austauschbar. Vielmehr steht es in → Analogie u. → Entsprechung zum Bezeichneten, repräsentiert u. vergegenwärtigt dieses. Im »Äußeren das Innere, im Körperlichen das Geistige, im Sichtbaren das Unsichtbare« (Lurker, *Symbolik* 698) offenbarend, wird es zu einem wichtigen Ausdrucksmittel in Religion, → Mantik u. → Magie. Es vermittelt Vorstellungs- u. Glaubensinhalte, die sich sprachlich nicht voll entfalten lassen. Im Bereich der Mantik besitzt es divinatorischen Gehalt (→ Divination). Vom weissagenden ›Symbolomanteis‹ o. ›Symbolikos‹ wird es ausgelegt. Aufgrund seiner sympathetischen Beziehungen (→ Sympathie) zum Bezeichneten gebraucht der Magier das S., um Gutes zu wirken o. Schaden zu stiften.

Sympathie (über lat. *sympathia* von griech. *sympátheia*, zu *páthos* ›Leiden‹, ›Affekt‹, ›Zustand‹), ›gleiche Empfindung‹, ›Teilnahme an einer Empfindung o. Beschaffenheit‹, ›Mitleiden‹. Während die Bedeutung des Wortes im Sinne ›zwischenmenschlicher Zuneigung‹ erst seit dem 18. Jh. in den Vordergrund tritt, dient dem Griechischen sowie der Naturphilosophie bis in die Neuzeit das Wort zur Bezeichnung koinzidierender Gefühle u. Zustände unter Menschen, wie sie etwa das ansteckende Gähnen bezeugt (→ Aristoteles, *Problema physica* 488–491). Die Beobachtung, daß die Affekte eines Menschen gleiche bei einem anderen bewirken können, führt zu der Vorstellung, daß auch die Dinge der äußeren Welt in Verhältnissen der Ähnlichkeit aufeinander einwirken. Als kosmisches Prinzip garantiert diesen Zusammenhang, neben anderen Erklärungen, bei den Kosmologen des → Neuplatonismus die ›Weltseele‹. Hier verlagert sich der Wortgebrauch allerdings von den eher »passivischen Parallelaffektionen« (M. Kranz, P. Probst: HWP 10,752) zu den Zusammenhängen einer magischen Wirksamkeit nach Kriterien des Ähnlichen als einem kosmologischen Grundsatz. Dem Begriff der S. wird der einer ›Antipathie‹ (›antipátheia‹) als Gegenbegriff – u. somit einer anziehenden eine abstoßende Kraft – hinzugefügt. Darin bezeuge sich eine »Diskordanz« u. »Konkordanz« der Dinge (»discordantia et concordantia rerum«), die »die Griechen Sympathie und Antipathie nennen« (Plinius, *Naturalis historia* 37,59). Auf diese Weise entsteht eine Welt gegenseitiger Wirksamkeiten nach morphologischen Gesichtspunkten. Je nach ihrer Übereinstimmung o. Nichtübereinstimmung miteinander arrangiert u. mit zusätzlichen Elementen (Zeichen, Worten, Bildern usw.) verbunden, lassen sich voraussagbare Wirkungen erzielen. Der magischen u. mantischen Operation war damit ein sicheres Fundament einer ›magia naturalis‹ gelegt. Es blieb so lange stabil, bis der moderne Naturbegriff den sympathetischen Weltzusammenhang als Fiktion erweisen konnte. In der romantischen Naturphilosophie u. Dichtung des 19. Jh. lebte die Vorstellung eines sympathetisch gegründeten Kosmos, von Begriffen wie ›Übereinstimmung‹ u. ›Wahlverwandtschaft‹ bezeugt, fort. Wenn A. Schopenhauer im S.-Gedanken einen »Zusammenhang« sieht, »der gänzlich verschieden ist von dem durch die Formen der Erscheinung vermittelten, den wir unter dem Satz vom Grunde begreifen« (*Wille und Vorstellung* 3,691), so läßt sich mit diesen Worten das sympathetische Weltverständnis als eine alternative Möglichkeit des Welthabens kennzeichnen. → Entsprechungen

Sympathiezauber, ein vom Glauben an wechselseitige, sympathetische Beeinflussung (→ Sympathie) der Naturdinge u. -prozesse her entwickelter zaubertheoretischer Begriff, der bestimmte magische Praktiken, bzw. deren Wirkungen, analogisch erklärt: Was einem Ding (etwa Haare, → Kot, → Urin, Bilder) geschieht, trifft aufgrund angenommener sympathetischer Beziehung auch den zu Schädigenden. → Sympathie

T

Tabu, entlehnt aus frz. *tabou* u. neuengl. *taboo*, von polynes. *tapu* ›das stark Gezeichnete‹ (im Gegensatz zum Gewöhnlichen). Der Weltumsegler James Cook notierte das Wort 1777 auf den Toga-Inseln u. machte das Abendland mit dem Wort bekannt. Der Begriff besaß in Ozeanien insbesondere politische Bedeutung: Das Oberhaupt, oft politischer Führer u. → Priester in einer Person, konnte ein Veto gegen das Interesse der Gesellschaft einlegen, das Verbotene als Heiliges markieren u. rituell (→ Ritus) fixieren u. auf diesem Weg einen sozialen Automatismus von Tabubruch u. Bestrafung begründen. Das T. sichert sowohl den Eigennutz als auch das Gemeinwohl (tabuisierte Fruchtbäume, Wasserstellen, Schiffe, Hafenanlagen). Insbesondere wird es wirksam bei Gefahren für den Einzelnen o. für die Gesellschaft (Schwangerschaft, Krankheit, → Initiation, → Tod, Begräbnis). Als Verbot schreibt das T. vor, bestimmte Kontakte zu meiden o. bestimmte → Namen u. Wörter auszusprechen. Ohne den politischen u. somit eingeschränkten Charakter des Begriffes zu beachten, wollte die evolutionistisch gestimmte Ethnologie u. Religionswissenschaft des 19. Jh. in ihm ein Merkmal universeller Geistigkeit des ›Primitiven‹ erkennen: T. sollte in abergläubischer Furcht gründen u. einer magischen (→ Magie) Phase der geschichtlichen Entwicklung des menschlichen Geistes angehören, die allen entwickelten Religionen prinzipiell vorangehe (→ Präanimismus). Die Primitivität der T.-Konzeption kennzeichne die im Begriff noch nicht vollzogene Unterscheidung von heilig u. unrein. Beides seien noch ungeschiedene Aspekte des Gefährlichen. Im Lateinischen entspreche dem das Wort ›sacer‹, im AT die Beachtung von Reinheitsgeboten. Allgemein sei es ein Wechselbegriff zu → Mana mit negativem

Vorzeichen. Die universale Gültigkeit des T.-Konzepts wird heute bestritten u. der Gebrauch des Begriffes auf den ursprünglichen Bereich seiner regionalen Geltung als Verbotsvorschrift u. Meidungsgebot eingeschränkt.

Tabula smaragdina, *Secreta*, *Verba secretorum*. Als *Smaragd-Tafel* wird eine Sammlung kosmologisch-alchemistischer (→ Alchemie) Sprüche u. Sentenzen bezeichnet, die dem hermetischen Schrifttum (→ Hermetik) bzw. dem mythischen Weisen Ägyptens, → Hermes Trismegistos, als dessen Testament zugeschrieben wird u. in der Cheopspyramide gefunden sein soll. Erstmals bezeugt ist die T. s. innerhalb einer dem Schriftenkorpus des Pseudo-(→)Apollonius v. Tyana angehörigen, um 750/800 aus dem Griechischen ins Arabische übersetzten Kosmogonie (*Geheimnis der Schöpfung*; → Kosmologie). Sie fand Aufnahme in das pseudo-aristotelische (→ Aristoteles) *Secretum secretorum*. Zahlreiche Überlieferungen, Übersetzungen u. Kommentare bezeugen ein bis auf unsere Zeit reichendes Interesse an der Schrift. Von der Deutung der in einigen Teilen des Textes angesprochenen sympathetischen Strukturen des Kosmos (→ Sympathie, → Entsprechung) abgesehen, fehlt bislang noch eine überzeugende Interpretation der Schrift. Eine Übersetzung bringt H. Biedermann (*Lexikon* 416).

Tagewahl. Die Charakterisierung einzelner Tage der Woche, des Monats o. des Jahres als günstig o. ungünstig, etwas zu beginnen, zu tun, zu meiden o. zu unterlassen, ist von den Phasen, den Erscheinungen u. der Stellung des → Mondes im → Tierkreis (→ Lunare) o. vom planetarischen Regenten der Wochentage (→ Woche) u. dessen Stellung am Himmel bestimmt. Ammianus Marcellinus (*Res gestae*) kennt Texte, nach denen der Laienastrologe in den → Ephemeriden nach dem Stand eines → Planeten im → Tierkeis sucht o. den Grad eines Tierkreiszeichens bestimmt, in dem der Mond steht, u. sich entsprechend entscheiden kann, ob er öffentlich auftreten, eine Mahlzeit o.

ein Bad nehmen soll usw. Bestimmte Tabellen nennen die guten u. schlechten Tage o. zählen sogenannte ›belichtete‹ u. ›unbelichtete‹ (›phōtistikaí‹ u. ›aphṓtistoi‹) Tage des Mondes auf: Wer an einem unbelichteten Tag erkrankt, stirbt; wer an einem belichteten, wird schnell wieder genesen; wer an diesem geboren wird, wird schön, wer an jenem, wird ein Pechvogel. Als belichtet u. günstig gelten der 1., 2., 3., 7., 9., 11., 13., 14., 16., 17., 18., 20., 22., 23., 26. u. 28. Tag des Mondes, ohne daß erörtert wird, warum dieses so ist: Man beruft sich auf → Orpheus, der diese Tage genannt habe. Später reichte es zu wissen, daß Freitag ist o. der 13. Tag des Monats, um sich vor allen Tätigkeiten, Reisen usw. zu hüten. Im MA bezeugt die kirchliche Verbotsliteratur die Kenntnis der Überlieferung. Schon → Augustinus bezeichnet es als eine heidnische Irrlehre, bestimmte Tage als günstig o. ungünstig auszugeben (*Epistula ad Galatas* 35). Später predigt u. a. → Caesarius v. Arles gegen die T. (*Sermo* 54 u. 193; vgl. → Martin v. Braga, *Capitula* 72 u. die abhängigen Stellen bei → Regino von Prüm, → Burchard v. Worms, → Gratian). Marbod v. Rennes wendet sich gegen den Glauben der Leute (»vulgi opinio«), die Planten bestimmten das Leben des Menschen; die dahingehenden Lehren des Firmicus Maternus (4. Jh. n. Chr.; *Matheseos libri 8*) habe er an seinem eigenen → Horoskop erprobt u. als falsch erweisen können (*De fato et genesi*). Im 13. Jh. scheint die Praxis der T. allgemein verbreitet gewesen zu sein. Weiteste Verbreitung fand der Glaube durch die gedruckten → Kalender der Neuzeit.

Talisman, von griech. *télesma* ›bestätigtes Abbild‹, zu *télos* ›Ende‹, ›Zweck‹, ›Ziel‹; vermittelt durch arab. *ṭilasm*, ›Zauberbild‹ u. entlehnt aus ital. *talismano*. Während das → Amulett als → Apotropaion der Abwehr von Schaden u. Unglück dient, wird der T. als Glücksbringer gebraucht. Ein ägyptischer Zauberer zählt zu seinen T.en »eine Koralle, Blut von der Turteltaube, ein Huf vom Kamel und ein Haar von einem unberührten Rind, Samen des Pan, Feuer vom Sonnenstrahl, Huflattich, Spindelbaum, Knabenliebe, ein Bohrer, eines bläulich schimmernden Weibes Leib mit gespreizten Schenkeln, einer schwarzen Sphinxäffin durchbohrte Scham« (PGM 4,2305).

Tanner, Adam, * 14. 4. 1572 Innsbruck, † 25. 5. 1632 Unken b. Salzburg, Jesuit. Prof. der Theologie in München, Ingolstadt, Prag u. Wien. In seiner *Universa theologia scholastica* (4 Bde., Ingolstadt 1626–27), einem einflußreichen moraltheologischen Werk der Zeit, entwickelte T. scharfe Kritik am Hexenprozeßverfahren (→ Hexe). Der Kritik schlossen sich andere Theologen an, u. a. Friedrich v. → Spee.

Tarot, Tarock, frz. *tarot*, ital. *tarocco*; die weitere Herkunft des Wortes ist unbekannt. Ein Kartenspiel, das seit dem 14. Jh. nachzuweisen ist, mit großer Wahrscheinlichkeit aus dem islamischen Kulturraum stammt, in der Mitte des 15. Jh. an oberitalienischen Fürstenhöfen durch 22 Trümpfe erweitert u. weiterentwickelt worden ist (Ferrara: *Registro dei Mandati*, 1442) u. Ende des 15. Jh. nach Frankreich gelangte. Die Folge der bebilderten Trumpfkarten variiert schon im 15. u. 16. Jh. in verschiedenen Reihen. Die bekannteste repräsentiert das Marseiller T., dessen Reihenfolge auch später dem okkulten T. die Grundlage gab (Narr, Spieler, Päpstin, Kaiserin, Kaiser, Papst, Liebende, Wagen, Justitia, Einsiedler, Glücksrad, Kraft, Gehenkter, Tod, Mäßigkeit, Teufel, Turm, Stern, Mond, Sonne, Gericht, Welt). Die Geschichte der Ikonographie ist unsicher, doch lassen sich neben mittelalterlichen Lebens-, Tugend- u. Jenseitsmotiven auch Bezüge zu Szenen u. Bildern der städtischen Triumphzüge der italienischen Renaissance erkennnen. In den Umkreis der Renaissance-Philosophie (→ Neuplatonismus) könnten auch vermutete Beziehungen zum Symbolgebrauch in → Hermetik, → Astrologie u. → Kabbala reichen. Schon im 15. Jh. war allerdings die Bedeutung einzelner Kartenbilder unklar. Im 18. Jh. legte ein gewisser Aliette unter dem Pseudonym ›Ettellia‹ eine Studie über die Symbolik (→ Symbol) des T. vor u. wollte der Comte de Mellet im Wort T. die Bezeichnung ›Rosch‹, für Merkur, d. h. → ›Hermes‹ (Trismegistos), erkannt haben (*Orakel*, red. A. Langer, 355). Er vertrat die Meinung, im T. sei dessen Lehre verborgen. Von de Mellet stammt auch der Gedanke, die 22 Trumpfkarten mit den 22 Buchstaben des hebräischen → Alphabets zu verbinden (→ Buchstabensymbolik) sowie der erste Hinweis auf Möglichkeiten der Weissagung mit T.karten (Antoine Court de Gébelin, *Le Monde primitif* 405). Im 19. Jh. erhielt das T. von dem okkulten System aus der Produktion des Eliphas Lévi (Alphonse-Louis Constant; *Dogme* u. *Rituel*) kräftige Impulse. Eine systematische Interpretation des T. lieferte der französische Arzt u. Okkultist Gérard-Anaclet-Vincent Encause (alias Papus; *Le Tarot*) u. a. auf der Grundlage einer komplizierten Zahlensymbolik (→ Zahlen). Wie de Mellet u. Lévi schrieb er die Erfindung des T. den → Zigeunern (frz. ›bohémiens‹) zu; doch zu Unrecht, denn deren Gebrauch der Karten ist erst für das 20. Jh. bezeugt. Mit der okkultistischen Welle, die um 1900 allmählich ganz Europa u. Amerika erreichte (→ Okkultismus), erlangten auch Theorie u. divinatorische Praxis (→ Divination) des T. sowie neue Kartenbilder weite Verbreitung. Besonders beteiligt an der Propagierung des T. zu dieser Zeit war der Geheimbund *Order of the Golden Dawn*. Dessen Mitglieder verfaßten eigene Schriften zum T. sowie Übersetzungen aus dem Französischen (Arthur Edward White, Aleister Crowley). Längst nicht mehr von theoretisch-spekulativen Ansprüchen überformt, geriet die Wahrsagetechnik des T. schließlich in den Bereich dessen, in dem auch das Zeitungshoroskop (→ Horoskop) angesiedelt ist, wenngleich es auch noch → Adepten des orthodoxen T. gibt.

Tätowierung (entlehnt aus neuengl. *tattou*, *tattoo*, dieses aus polynesisch *ta tatau*, zu *ta* ›schlagen‹ u. *tatau* ›Zeichen‹, ›Hautverzierung‹), flächige u. lineare Färbung der Haut mittels eines spitzen Gegenstandes u. in die Haut eingebrachter Farbstoffe mit unterschiedlicher Bedeutung als Schmuck, Krieger-, Klan-, Rang- u. Stammeszeichen o. als religiöses → Symbol. Meist wird sie in einem bestimmten Alter vorgenommen, steht im Zusammenhang mit der → Initiation u. ist mit → Tabus umgeben. Verbreitet waren T.en im alten Orient, in Libyen, im ägyptischen Dionysoskult der Ptolemäerzeit (Efeublattmuster), in Syrien u. im christlichen Altertum. Im MA ließen sich Gläubige, trotz zahlreicher Verbote, Kultzeichen auf Stirn u. Handgelenk tätowieren. Kreuzritter kamen aus Jerusalem mit T.en zurück. In Europa wurde das Tätowieren im 17. Jh. durch Seeleute erneut bekannt. Diese trugen als T. christliche → Symbole, um im Falle eines Schiffbruches o. des Todes als Christen kenntlich zu sein.

Tau, Thau, Buchstabe des (alt)hebräischen → Alphabets, in der Form T geschrieben. Im alttestamentlichen Buch *Ezechiel* erscheint es auf die Stirn geritzt, als von Gott gefordertes Erkennungs- u. Schutzzeichen (9,4). In dieser Bedeutung findet es sich in jüdischen Grabinschriften, an Grabeingängen, an Ossarien o. auf Mosaikböden in Synagogen. Als Amulettzeichen (→ Amulett) wirkt es gegen die Pest, wie auch die *Ezechiel*-Stelle auf eine Pestseuche bezogen wurde. Auf Pestblättern des 15. Jh. wird es mit dem Gekreuzigten abgebildet u. mit dem 4. *Mosesbuch* (Num 21,8 f.) in Verbindung gebracht: »Dis ist das zeichen T thau das got der herr Moysi in der wuestin gab das das volck nyt sturb an der pestilentz. Vnd wo das zeychen yn einem huiß nyt was, do starb das volck alles« (Heitz/Schreiber, *Pestblätter*, Tl. 1 [um 1500]). Es findet sich im Gebrauch gegen Viehseuchen, in Sebastiangebeten (Franz, *Messe* 179) u. gegen Verhexung (→ Hexe) von Mensch u. Tier; man zeichnete es an die Türe, trug es auf → Ringen u. auf → Medaillen. Die Form des T.s besitzt auch das Antoniuskreuz. Die Legende führt es auf den ägyptischen

Einsiedler Antonius zurück, der mit ihm Wunder wirkte, die Pest bekämpfte u. → Dämonen vertrieb. Doch wird sein Gebrauch auf den mittelalterlichen Orden (seit Ende des 11. Jh.) der Antoniter zurückzuführen sein, der, bzw. dessen Patron, bei einer Seuche, dem ›Antoniusfeuer‹ (Mutterkornbrand), Hilfe leistete.

Taufe, mhd. *touf(e)*, ahd. *toufī*; zu got. *daupjan* ›tief machen‹, ›eintauchen‹, ›taufen‹; griech. ›báptisma‹ o. ›baptísmos‹, lat. ›baptisma‹ o. ›baptismos‹. → Riten des Besprengens, Begießens, Ein- u. Untertauchens sind zum Zwecke sakraler Reinigung u. der → Initiation in vielen Religionen u. Kultgemeinden bekannt. U. a. waren im Isis-Kult rituelle Reinigungsbäder gebräuchlich. Die christliche T. folgt im wesentlichen dem Vorbild der Taufe Jesu durch Johannes (Mt 3,13–17). Für Johannes war die T. ein einmaliges Ereignis als Zeichen der Buße u. Sündenvergebung angesichts des nahe bevorstehenden Gottesreiches. Die christliche Taufe versinnbildlicht den Tod Christi, sein Sterben u. seine Auferstehung (Röm 6,3–6; Kol 3,1–4), ein Ausziehen des alten u. Anziehen des neuen Menschen, des → Christus (Gal 3,7; Kol 3,9); sie ist Bad der Wiedergeburt (Tit 3,4 f.). In ihr vollzieht sich die Aufnahme in die christliche Gemeinde. Sie ist Initiationsakt. An die Stelle der älteren Erwachsenen-T. tritt seit der Spätantike die Kinder-T. Bei der T. wird → Wasser über das Haupt des Täuflings gegossen bzw. in der älteren Weise der Täufling im Wasser untergetaucht. Nach Mt 28,19 erfolgt sie »im Namen des Vaters, des Sohnes und des Hl. Geistes«, d. h. unter Anrufung der → Namen der drei göttlichen Personen. Begleitende Taufzeremonien sind die Taufwasserweihe (→ Ostern), ein → Exorzismus (*Thomasakten*, Anfang 3. Jh.; Konzil v. Kartago, 256). Einer Abschwörungsformel (›Ich widersage …‹) ging das Bestreichen von Ohren u. Nase des Täuflings mit → Speichel voraus. Es folgte die Salbung von Brust u. Schultern (in älterer Weise des ganzen Körpers) mit Öl. Ausgang zur T. sowie der T.-Akt selbst sind von schadenabwehrenden (→ Apotropaion) u. segenbringenden Handlungen begleitet: Wegsperre u. Lösung des T.zuges, Beobachten glückverheißenden → Angangs, ›Witzen‹, d. h. ›Weisemachen‹, indem dem Täufling einige Tropfen Ablutionswein (Wein von der liturgischen Waschung der Fingerspitzen des Eucharistie-Zelebranten) auf die Zunge gegeben wurden, u. a. Besonders schmerzlich wurde der Tod eines noch nicht getauften Kindes empfunden. Ungetauft konnte es, traditioneller theologischer Lehrmeinung zufolge, nicht den Himmel erreichen (es verblieb jedoch in einem eigens von der Theologie eingerichteten jenseitigen, mehr o. weniger freudvollen ›limbus parvulorum‹, ›Zone der kleinen Kinder‹, ähnlich der ›Vorhölle‹, in der die Gerechten des AT bis zur Erlösung verharrten). Man taufte das Kind vorsorglich schon während der → Geburt, bevor es noch ganz die Welt erreicht hatte, o. man trug es tot zu bestimmten Wallfahrtsorten (Ursberg, Brixen u. a.), um dort eine kurze Wiederbelebung zu erhoffen, so daß das Kind getauft werden konnte. Als Lebenszeichen galt, wenn das Kind, nachdem es gerieben, gebürstet, gewaschen, gebadet o. ihm Luft eingeblasen wurde, ›zeichnete‹, etwa sich seine Haut rötlich färbte, die Nase blutete u. ä.

Tausendgüldenkraut, Centaurium erythraea, Erdgalle, Fieberkraut, Roter Aurin, 10–50 cm hohes Enziangewächs mit lanzettförmigen Stengelblättern u. roten Blüten in Trugdolden. Wächst auf Waldlichtungen u. an Waldwegen. Der Name T. ist eine gelehrte etymologisierende Lehnübersetzung des 15. Jh. im Sinne von lat. *centum* ›hundert‹ u. *aureus* ›golden‹. Jedoch leitet sich der Name vom ›Zentaur‹ Chiron her, der sich mit dem Kraut eine Pfeilwunde heilte (→ Plinius, *Naturalis historia* 25,66). Wegen der fleischroten Blütenfarbe als Sympathiemittel (→ Sympathie) bei Blutkrankheiten, Blutungen, gegen Bleichsucht u. zur Förderung der → Menstruation (›Frauenkraut‹) gebraucht. Auch ist es gut gegen Hundebiß (›Dullhunnskrut‹) u. schützt vor Zauber u. → Hexen.

Tee, getrocknete Blätter u. Blattknospen des Teestrauches (Camellia Thea sinensis). Wie der → Kaffee wird auch der T. zu Orakelzwecken (→ Orakel) genutzt, je nachdem ob die T.blätter in der Tasse schwimmen, hart o. weich, kurz u. dick sind o. nach den Formen, die sich bilden, wenn man Milch in den T. gießt.

Tempelschlaf → Inkubation

Tempestarien → Wettermachen

Ten(n)gler, Ulrich, * um 1447 Rottenacker b. Ehingen (Donau), † wohl 1511 Höchstädt (Donau), Ratsschreiber in bayerischen Herzogsdiensten, 1479 Ratsschreiber in Nördlingen, 1496 Landvogt in Graisbach (b. Donauwörth), 1500 Landvogt in Höchstädt. Zuletzt mehrfach in diplomatischen Diensten. Unklar ist seine Ernennung zum Pfalzgrafen. Sein *Laienspiegel*, ein frühes, erfolgreiches deutsches Rechtsbuch für die alltägliche Praxis der zivil- u. strafrechtlichen Amtspflege durch ungelehrte juristische Laien, behandelt Hexerei (→ Hexe) noch in den Abschnitten »Totschläge und andere Entleibungen« sowie als Ketzerei unter dem Stichwort »Von jeden und anderen unglaubigen«. Der *Neü Layenspiegel*, eine überarbeitete u. vermehrte Ausgabe des *L.* von 1511 (Augsburg, auch 1512 [u. ö.]), die der Sohn Christoph T. betreute, räumte die Unsicherheiten der Einordnung von Hexerei aus u. schob unter Berücksichtigung der Auffassungen des → *Hexenhammers* ein Kapitel »Von Kätzerey, warsagen, schwartzer Kunst, Zauberej, unholden« usw. ein. Für Hexerei sah der *Neü Layenspiegel* im Prozeßverfahren die Folter vor u. begünstigte so die Hexenverfolgung.

Tetragramm(aton) (griech., ›Name aus vier Buchstaben‹), seit Philon v. Alexandrien (*De vita Moysis* 2,132) Bezeichnung für die alttestamentliche Form des Gottesnamens JHWH (Ex 3,14), der von den Juden u. Samaritanern der christlichen Zeit als ›Jahwe‹ ausgesprochen wurde. Als gewaltiger Gottesname erscheint es in → Zauberpapyri der frühen christlichen Jahre, später in kabbalistischen Texten

(→ Kabbala) u. → Zauberbüchern, oft in Zusammenstellung mit anderen zaubermächtigen → Namen von Göttern, → Engeln, → Dämonen u. Heiligen sowie mit magischen → Charakteren.

Teufel, von griech. *diábolos* ›Verleumder‹ abgeleiteter Begriff für die Personifikation der widergöttlichen Macht. Die Gestalt des T. geht im christlichen Bereich im wesentlichen auf den Satan des AT zurück. Sie ist mitbeeinflußt von der gottesfeindlichen Figur des Ahriman im Dualismus des Parsismus, vom Bild des Gottes Pan, von den dämonischen Satyrn der griechischen Religion, vielleicht auch von dem germanischen Gott Loki. Der T.glaube findet im MA u. in der beginnenden Neuzeit stärkste Verbreitung. Die T.gestalt in der christlichen → Dämonologie muß nach der Vielzahl der ihre Existenz bestimmenden Einflüsse als eklektizistisches Mischwesen gesehen werden. An ihrer geschichtlichen Entwicklung haben AT u. NT, Hoch- u. Niedermythologie christlicher u. nichtchristlicher Völker, insbesondere die ihrerseits stark eklektizistische Dämonenlehre spätantik-neuplatonischer → Kosmologie (→ Neuplatonismus) teil: Die → Dämonen haben einen luftartigen Leib, sind deshalb in der Lage, in fremde Körper einzudringen, fliegen mit sehr großer Geschwindigkeit, haben Sinnesempfindungen, Affekte u. Leidenschaften, besitzen eine hohe Intelligenz u. sind aufgrund ihres hohen Alters sehr erfahren, kunstfertig u. geschickt; sie bewirken vielfältige Illusionen (→ Prästigien), Krankheiten, Unwetter (→ Gewitter, → Wetter, → Wettermachen) u. a., wogegen → Exorzismen, magisch-apotropäische Mittel (→ Apotropaion) u. Zeremonien (→ Ritus) helfen. Sie können angerufen u. gezwungen werden. → Augustinus entwickelt von diesen Vorstellungen her u. in Verbindung mit der jüdisch-christlichen Engelsturzlehre (*De civitate dei* 8 f.; → Engel) eine Dämonenpakttheorie (*De doctrina christiana* 2,20; → Dämonologie), die von → Thomas v. Aquin systematisiert (*Summa theologiae*

2,2,92–96), für den Hexenglauben (→ Hexe) Bedeutung gewann. Im Zusammenhang mit dem spät- u. nachmittelalterlichen Hexenglauben nimmt der T. neue konkrete dämonistische Züge an (Hexen- u. Zaubermeister, Höllenfürst), wovon manches von der älteren Dämonologie schon gedacht war, etwa die Vorstellung von → Incubus u. Succubus. Katechetischer Unterricht, Bildkatechese, Exempelliteratur, Predigt u. Volksschauspiel erhalten den spätmittelalterlichen u. frühneuzeitlichen T.glauben bis zum Einsatz der modernen Entmythologisierungsversuche.

Teufelsbuhlschaft (zu mhd. *buolschaft* ›Liebesverhältnis‹; zu germ. **bola* ›Schlafplatz‹), sexueller Umgang mit dem → Teufel. Dem → *Hexenhammer* zufolge hat jede → Hexe sexuellen Verkehr mit dem Teufel. Dieser tritt dabei als → Incubus o. Succubus auf. Die Annahme einer geschlechtlichen Verbindung von Göttern, → Dämonen u. Menschen gründet in antiker, jüdischer, germanischer u. keltischer Mythologie u. geriet um 1100, nachdem entsprechende Geschichten bis dahin als traditionelle Erzählmotive fungierten, in den Bereich des Realen (Guibert v. Nogent, *De vita sua* 1,13; zu Bernhard v. Clairvaux vgl. Caesarius v. Heisterbach, *Dialogus miraculorum* 3,7). Geradezu als tägliche Erfahrung beglaubigt betrachtete man den Beischlaf von Männern mit Feen, weiblichen Dämonen (Gervasius v. Tilbury, *Otia imperialia* 3,85). Die Frage, ob aus einer solchen Verbindung Kinder geboren werden können, war kontrovers. → Thomas v. Aquin bejahte sie (*Summa theologiae* 1,2,51,6). Doch sind es Monstren, Elben o. Wechselbälge, die zur Welt kommen.

Teufelsdreck, knoblauchartig riechendes Räuchermittel gegen Schwindsucht, gegen Würmer, krampflösend, dämonenabwehrend, gegen → Hexen; auch als → Aphrodisiakum gebräuchlich. Es wurde hergestellt aus dem eingedickten Saft des Stinkasants (Ferula asa-foetida) aus den subtropischen Zonen Vorderindiens. T. gehört zu den alten Zaubermitteln der → Schamanen, wurde von diesen möglicherweise zu Zwecken der Erregung von → Trance (→ Ekstase) inhaliert u. besitzt bis in die Gegenwart in Tibet medizinische Bedeutung.

Teufelspakt → Dämonologie

Theophilos, Vicedomus; Teufelsbündner. Als Verwalter von Kirchengütern in Adama in Kilikien vom ungerechten Bischof um seine Stellung gebracht, sucht Th. Rat bei einem jüdischen Zauberer, der ihm den → Teufel beschwört (→ Beschwören). Diesem verschreibt Th. seine Seele u. sagt sich von Maria u. dem Christentum los. In späterer Reue u. Buße erscheint ihm die Muttergottes u. legt ihm nachts den Teufelspakt (→ Dämonologie) in einer Kapsel auf die Brust. Th. überbringt den Vertrag dem Bischof. Nach feierlicher Verbrennung der Verschreibung stirbt Th. drei Tage später selig an dem Ort, an dem ihm Maria erschienen war. Die ursprünglich griechisch verfaßte Legende wurde vom Diakon Paulus v. Neapel (zwischen 840 u. 875) ins Lateinische übersetzt. Ursprünglich als Exempel des Bußgedankens konzipiert, trat seit dem Anfang des 11. Jh. die marianische Interpretation in zahlreichen Traktaten, Predigten, Gebeten, Hymnen u. Marienmirakel in den Vordergrund. Hroswitha v. Gandersheim widmet dem bekehrten Teufelsbündner eine Versdichtung (*Lapsus et conversio Theophili*), die *Legenda aurea* des Jacobus de Voragine erwähnt ihn bei Erzählung von Marienwundern. Eine Glasmalerei in der Kathedrale v. Chartres (um 1200), eine Federzeichnung im *Matutinale* v. Schleyern sowie ein Bild an der ›Porte du cloître‹ von Notre-Dame in Paris (Mitte 13. Jh.) zeigen Szenen seiner Legende.

Theosophie (griech., ›Gottesweisheit‹), Sammelbezeichnung für mystische Bestrebungen, vom religiösen Glauben aus zu höheren Formen der Wahrheitsschau, die dem unerleuchteten Verstand unzugänglich sind, aufzusteigen, dem buchstäblichen, vordergründigen Text heiliger Schriften durch allegorische Deutung, einen geheimnistiefen

Sinn zu entfalten, von Gott her durch Schau die Welt, Gott als Prozeß der Welt zu erfahren. Man verehrt die mythischen Weisen der Vorzeit, die religiösen Seher u. die Eingeweihten aller Kulturen (→ Hermes Trismegistos, → Pythagoras, → Christus, → Apollonius v. Tyana) u. beruft sich auf alte, geheimnisvolle Überlieferungen. Allegorische Spekulation u. mythisch gefärbte Sprache rückt die Th. in die Nähe der → Alchemie u. → Astrologie, aber auch in die von → Parapsychologie u. → Okkultismus. Theosophische Vorstellungen finden sich in der → Gnosis, der → Kabbala, bei den → Katharern o. bei den → Rosenkreuzern. Die ›Theosophische Gesellschaft‹, 1875 von Helena Petrowna Blavatzky (1831–1891) in New York gegründet, berief sich zu Beginn auf spiritistische Experimente (→ Spiritismus), in der Folge dann auf indische, brahmanische u. buddhistische Vorstellungen (1879 Übersiedlung der Gesellschaft nach Benares, danach nach Bombay u. nach Adyar bei Madras in Indien) u. betrieb schließlich einen esoterischen (→ Esoterik) Synkretismus aller Religionen. Die Anthroposophie Rudolf Steiners (1861–1925) ist aus der Theosophischen Gesellschaft hervorgegangen; dabei ist ihr deren theosophisches Gedankengut erhalten geblieben (Reinkarnation, Emanationen in Welt- u. Menschheitsgeschehen).

Theurgie (von griech. *theós* ›Gott[heit]‹ u. *érgon* ›Werk‹, ›Handlung‹). Der Begriff erscheint bei Iulianos d. J., der sich wohl als erster *theourgós*, ›Theurg‹, nennt u. theurgische Schriften (s. *Suda* 1,433) verfaßte. Die Th. unterscheidet sich von der niederen → Magie der → Goëtie, die sie als ›átheos‹, ›gottlos‹, ablehnt, insofern als sie gerade nicht, wie die irreführende Übertragung des Begriffes mit ›Götterzwang‹ meint, die Götter bzw. deren Wirkungen herbeizwingen will. Vielmehr rufen aufgrund der Bemühungen des Theurgen die Götter »die Seelen der Theurgen zu sich empor« (→ Iamblichos, *De mysteriis* 1,12). Th. wird daher besser mit ›göttliche Handlung‹ o. ›Wissenschaft vom göttlichen Wirken‹ übersetzt (Cremer, *Chaldäische Orakel* 19,23). Aus chaldäischen (→ Chaldäer), hermetischen (→ Hermes Trismegistos) u. neuplatonischen (→ Neuplatonismus) Lehren gespeist, kann die Th. als eine spätantike Heilslehre betrachtet werden, deren Ziel »der Aufstieg der Seelen zum noëtischen [geistig wahrnehmbaren] Feuer« (Iamblichos, ebd. 3,31), der Vereinigung der Seele des Theurgen mit dem Göttlichen (ebd. 2,11) u. dessen Teilhabe an der Unsterblichkeit ist (→ Proklos, Platon-Kommentar: *Zum Staat* 1,152,10k). Zwei Wirksamkeiten der Th. lassen sich hervorheben: Die Beseelung des Menschen durch eine Gottheit (Inkarnation) u. die Einleitung der göttlichen Kraft in den Theurgen. Die zu diesem Zweck eingesetzten mediumistischen (→ Medium) Trance-Techniken (→ Trance) wurden mit solchen des → Spiritismus verglichen. Antike Vertreter der Th. waren → Porphyrios, → Iamblichos u. → Proklos. Der spätere Gebrauch des Wortes Th. rückt diese in die Nähe einer nurmehr höheren, gutartigen bzw. weißen (→ Nekromantie) Magie, die in dem → Beschwören von → Geistern u. → Engeln gründet. Zedlers *Universallexikon* (43,1293 f.) zählt zu den Theurgen u. a. → Agrippa v. Nettesheim, → Paracelsus u. → Johannes Trithemius (43,1745).

Thomas von Aquin, * 1225 Roccasecca bei Neapel, † 7. 3. 1274 Kloster Fossanova (Latium), Theologe, Philosoph, Kirchenlehrer. Trat 1244 in den Dominikanerorden ein, studierte 1245–48 in Paris, folgte dann → Albertus Magnus an das ›Studium generale‹ nach Köln, lehrte in Paris (1252–59, 1269–72), am päpstlichen Hof in Orvieto (1261–65), in Rom (1265–67), in Viterbo 1267–68) u. an der Universität Neapel (1272–74). Sein literarisches Werk umfaßt Kommentare zur Bibel, zu Petrus Lombardus, Dionysios Areopagites u. zu → Aristoteles. In den *Quaestiones disputatae* behandelt er einzelne Probleme der christlichen Lehre in festgelegter Form. Hauptwerke sind die beiden umfangreichen *Summen*: *Summa contra genti-*

les (1258 – nach 1263) u. die *Summa theologiae* (1267–74). In letzterer entwickelt Th. eine Systematik der Superstition (2,2,92–96), in der er drei Arten unterscheidet: → Idolatrie, → Divination u. → Observation. Mit Idolatrie ist der unerlaubte Kult der Götzen (Idola) bezeichnet, d. h. der heidnische Kult (den wir nicht zum → Aberglauben zählen). Unter Divination (›Weissagung‹) sind alle Formen der Wahrsagekunst u. superstitiösen Zukunftserforschung begriffen, unter Observation (›Beachtung‹, ›Befolgung‹) die Deutung von Zeichen u. Zeiten hinsichtlich ihres ominösen Gehaltes (→ Omen) sowie die zauberischen Praktiken u. der Gebrauch von → Amuletten u. ä. Allen abergläubischen Praktiken liegt ein Teufelspakt (→ Dämonologie) zugrunde. Th. greift hierin die Lehre des → Augustinus über die Möglichkeit eines solchen auf u. unterscheidet zudem einen ›ausgesprochenen‹ Pakt mit Dämonen (›pactum expresse‹) von einem ›stillschweigenden‹ (›pactum tacitum‹). Unter der Thomasischen Voraussetzung, daß alles, was sichtbar in der Welt geschieht, durch → Dämonen, denen der Abergläubige sich verbinde, geschehen kann (*Quaestiones disputatae de malo*, 16,9), ist Aberglaube zu einer umfassenden Bedrohung gemacht, als welche sie der spätere Hexenglaube (→ Hexe) auch begriffen hat.

Thomas von Cantimpré, * um 1201 Bellingheim, südwestl. v. Brüssel, † um 1270 Löwen, Dominikaner, Moraltheologe, Hagiograph u. Naturforscher, studierte bei → Albertus Magnus in Köln, war 1237–40 in Paris, wurde 1246 Subprior u. Lektor in Löwen. Seine Naturenzyklopädie *Liber de natura rerum* (1225/26–41), die eine Vielzahl von Quellen u. Informationen über die Natur verarbeitet u. bestimmend auf → Konrad v. Megenberg u. → Vinzenz v. Beauvais gewirkt hat, erörtert zahlreiche Motive aus dem Bereich des Aberglaubens: dämonische Wesen, → Incubus u. Succubus, → Wahrsagen, → Hexen, → Zauberei.

Thomasius, Christian, * 1. 1. 1665 Leipzig, † 23. 9. 1728 Halle a. d. Saale, Jurist, Philosoph. Studierte in Leipzig u. Frankfurt a. d. Oder u. hielt seit 1681 Vorlesungen an der Universität Leipzig. Seine Naturrechtslehre machte ihn zu einem führenden Kopf der dt. Aufklärung. U. a. in Auseinandersetzung mit den Argumenten des Juristen B. → Carpzov wandte sich Th. gegen den Hexenglauben (→ Hexe) u. die Anwendung der Folter (*Theses inaugurales de crimine magiae*, Halle 1701, dt. *Kurze Lehrsätze von dem Laster der Zauberey*, ebd. 1704, 1706). Das Verbot der Hexenverfolgung in Preußen durch Friedrich Wilhelm I., kurz nach dessen Thronbesteigung 1714, gründete im wesentlichen auf dem Einfluß des Th.

Thurneysser zum Thurn, Leonhard, * 1530 Basel, † 9. 7. 1596 Köln, Botaniker, Arzt u. Alchemist (→ Alchemie). Seit 1571 Leibarzt des Kurfürsten Johann Georg v. Brandenburg. Lebte seitdem in Berlin, wo er ein eigenes Laboratorium führte u. als Arzt, Astrologe (→ Astrologie), Arzneimittel- u. Chemiefabrikant sowie als Buchdrucker überaus erfolgreich war. Eine umfangreiche Aberglaubensliste enthält seine Versschrift *Archidoxa*, Münster 1569. Th. fertigte auch → Talismane u. → Amulette sowie astrologische → Medaillen (»aus 7 Metallen«) an u. geriet bald in den Ruf eines Schwarzkünstlers (→ Nekromantie). Als sich alchemistische Demonstrationen als Schwindel erwiesen, mußte er 1584 aus Berlin fliehen. Nach einem ruhelosen Wanderleben verstarb er unter ungeklärten Umständen in Köln, u. man glaubte, er sei vom → Teufel geholt worden.

Tierkreis (griech. *zōdiakós*), die ringförmige Reihenfolge von 12 Sternbildern, überwiegend nach Tieren benannt, jeweils einem Abschnitt von 30° des Himmelskreises (360°), mit nördlicher u. südlicher Abweichung von 7°, zugeordnet. Es ist die Zone, die Sonne, Mond sowie die → Planeten in einem Jahr (scheinbar) durchlaufen. Die Sternbilder des T. sind: Widder (griech. Kriós / lat. Aries),

Stier (Taúros/Taurus), Zwillinge (Dídymoi/Gemini), Krebs (Karkínos/Cancer), Löwe (Léon/Leo), Jungfrau (Parthénos/Virgo), Waage (Zygós [Chēlaí] / Libra), Skorpion (Skorpiós / Scorpio, [-ius]), Schütze (Toxótēs/Sagittarius), Steinbock (Aigókerōs/Capricornus), Wassermann (Hydrochóos/Aquarius), Fische (Ichthýes/Pisces). Die Sternbilder stammen schon aus babylonischer Zeit, während deren heute gebräuchliche Zeichen u. Symbole wohl erst Bildungen des MA sind. Aufgrund der Bewegung des Frühjahrspunktes (Tagundnachtgleiche) auf der → Ekliptik (Präzession; bei → Ptolemaios mit 1° in 100 Jahren, im MA mit 1° in 70 Jahren angesetzt), infolge der Rotation der Erdachse, besteht heute keine Übereinstimmung mehr zwischen den Sternbildern u. den mit deren Namen ursprünglich bezeichneten 12 Himmelsfeldern (griech. *dōdekatēmória* ›Zwölfteil‹). In Deckung standen diese mit den Sternbildern des T.es vor etwa 3000 Jahren, ein Datum, das auf die Zeit der Formulierung des zodiakischen Weltbildes verweisen kann. Aus dem alten Orient wurde die zwölfteilige Reihung der Sternbilder von den Griechen übernommen, als ›zōdiakós‹ benannt sowie dessen Ikonographie u. Namengebung festgelegt. Die Wirkung des T.es auf die Natur u. den Menschen stellte man sich schon in der Antike als umfassend vor. In sogenannten *Zodiologia* (T.-Texten) sind etwa Hinweise verzeichnet auf → Wetter, Erdbeben, Erscheinen von → Kometen, → Finsternisse, Wirkungen des T. auf bestimmte Tage (→ Woche), Monate u. a. Detailreiche Lehren behandeln die Einflüsse u. Wirkungen des T.es auf die Gliedmaßen und Organe des Menschen (→ Iatromathematik, → Aderlaß). Eine Liste von heilkräftigen T.pflanzen galt als Offenbarung des Asklepios. Vom Stand des T.es abhängig erschienen in populären Texten der Geburtstagsastrologie (Genethlialogie, → Horoskop) Charakter, Typus u. Beruf des Menschen (Widderkinder, Stierkinder usw.). Unter zodiakalen Gesichtspunkten ließ sich der rechte Augenblick bestimmen, etwas zu tun o. zu lassen (→ Tagewahl, → Stundenwahl), o. Gutachten über Termine der Feldarbeit erstellen (»im Widder soll man säen« usw.; → Bauernpraktik, → Kalender). Derartige Prognostiken spezifizierten den Charakter der Zeit hinsichtlich der Stellung des → Mondes u. der → Planeten im T. Bildliche Darstellungen des T.es sind seit dem 2. Jh. v. Chr. für den griechischen Bereich bezeugt, babylonische dagegen umstritten; sie sind u. a. auf → Amuletten überliefert (CCAG 6,73 ff.).

Tierzauber, → Analogiezauber, der durch Tierimitation tierische Kräfte o. Kraft über Tiere verschaffen soll. → Magie

Tischbereiten. Den Brauch, zu → Neujahr Tische reich mit Geschirr, Lampen u. Speisen zu decken u. über Nacht als → Omen des Wohlergehens im kommenden Jahr stehen zu lassen, verurteilen die Aberglaubensverzeichnisse der kirchlichen Verbotsliteratur des FrühMA als eine aus dem Heidentum überkommene Gewohnheit (→ Caesarius v. Arles, *Sermo* 192; → Bonifatius, *Epistola* 50). Insbesondere wird der Glaube gerügt, zur Nachtzeit kämen die »Parzen« (*Poenitentiale Arundel* 83), die »drei Schwestern« (→ Burchard v. Worms, *Corrector* 153) o. die »seligen [saligen] Frauen« (»felices dominae«; Berthold v. Regensburg, bei Schönbach, *Zeugnisse B. v. R.* 18,22–24), um sich zu Tisch zu setzen; das sei ein gutes Zeichen für das kommende Jahr. Die Tische mit Speisegaben für dämonische Wesenheiten (→ Dämon) stehen in der Tradition der römischen ›Seelentische‹, wie sie Caesarius v. Arles für die römische Provinz im Süden Frankreichs bezeugt u. das frühe MA damit bekannt gemacht hat. Mit Modifikationen reichen deren Notierungen bis in das späte MA u. darüber hinaus bis in das 19. Jh.: »Also auch an der perchnacht [Nacht vor → Drei Könige] der perickh lassen sein essen oder trincken, das es jm das selb jar wol gee vnd jn allen dingen sol geluck haben, oder jn allen dingen jm gelucken sol« (SB München, Cgm 632, v. J. 1459, bei Harmening, *Zauberei* 122).

Tischrücken. Den Tisch als mantisches Instrument erwähnt um 200 Tertullian (»mensae divinantes«, *Apologeticum* 23). Sozomenos berichtet 443/450 (*Historia ecclesiastica* 6,35) von Wahrsagetechniken, bei denen aus der Bewegung eines Tisches geweissagt wurde. Ein möglicher Zusammenhang mit der jüdischen Praxis des ›Tischaufgehens‹ im 17. Jh. (Salomon Zwi, *Theriac*, 1615) ist nicht erwiesen. Der → Spiritismus des 19. Jh. übernahm die mantische (→ Mantik) Operation u. verknüpfte sie mit Totenbefragungen (→ Nekromantie); dabei werden durch Bewegung des Tisches entstehende Klopfgeräusche der Tischbeine als Alphabetzeichen der Mitteilung eines Toten aufgefaßt.

Topas, → Edelstein, nach der Insel Topazos im Roten Meer benannt; ein Tonerdesilikat eigener Mineralgruppe, durchsichtig bis undurchsichtig in den Farben Weiß, Gelb, Rosa, Braun, Blau, Violett u. Grün. Die Spätantike schätzte den T. als guten Stein, der zum → Wahrsagen aus dem Wasser (→ Hydromantie) geeignet sei u. im Wasser zerrieben gegen Raserei schütze (Ps.-Damigeron, *De lapidibus* 185; Michael Psellos, *De virtutibus lapidum* 899). Zerstoßen hilft er bei Augenleiden (→ Auge); getrunken bei Wassersucht u. Vergiftung durch die ›uva marina‹ (Epiphanius v. Salamis, *De duodecim gemmis rationalis* 2,756). Daß er gut ist gegen Hämorrhoiden, den → Mond fühlt u. schäumende Wellen besänftigt, weiß Marbod v. Rennes (*Liber de gemmis* 1748). Auch soll er gegen Eitervergiftung helfen u. siedendes Wasser abkühlen (*Prüler Steinbuch* 48–50 [38]. → Hildegard v. Bingen kennt seine Wirkungen gegen → Fieber, Milzleiden u. Eiterungen; auch soll er → Gift in Speise u. Trank anzeigen (*Physica* 4 *De lapidibus* 8). Er vertreibt Zorn u. Unkeuschheit u. schützt vor → Dieben u. Räubern (→ Konrad v. Megenberg, *Buch der Natur* 6,77). Zedlers *Universallexikon* berichtet, daß die Kraft des T. mit dem Monde ab- u. zunimmt (44,1259).

Totbeten, Totsingen, Mordbeten. Das T. bezeugt die Nähe von → Zauberspruch u. → Gebet, von → Segen u. → Fluch. Man sprach, um jemanden tot zu beten, den 109. (108.) Psalm (V. 8: »Seiner Tage sind nur wenige«). Ebenso wirksam ist der Gesang der Antiphon *Media vita in morte sumus* (11. Jh.; »Mitten in dem Leben sind wir vom Tod umfangen«; Konzil v. Köln 1310, 21). Das Lesen von Totenmessen für Lebende ist früh bezeugt (Konzil v. Toledo 694,5; → Gratian, *Decretum* 2,26,5,13). Dabei wurde auch ein Wachsbildchen (→ Atzmann) auf den Altar (vgl. G. → Hollen, *Praeceptorium*, bei Franz, *Messe* 87) u. eine Totenbahre in die Kirche (Synode v. Trier, v. J. 1227, 6) gestellt. Auch die Messe *De sancta trinitate* schien geeignet (sie enthält im Evangelium die Passage: »Es kompt aber die zeit / das / wer euch tödtet / wird meinen / er thu Gott einen Dienst dran« [Joh 16,2; übers. Luther]). Ein Mönch in Corvey betete sie täglich, um seinem Abt Schaden zuzufügen (13. Jh.; Wibald Stablo, *Epistola* 157). Zu ähnlichem Zweck betete er auch den → Exorzismus über einen Händler aus dem Fenster des Schlafsaales der Mönche, von wo er dessen Haus in der Nachbarschaft sehen konnte. Noch 1589 sollen in Paris 40 Messen gelesen worden sein, um Heinrich III. zu töten (Thiers, *Traité des superstitions* 3,125). Das T. gehört zu den größten Sünden; wer es betreibt, muß einst verzweifeln (→ Berthold v. Regensburg, *Predigten* 574).

Totemismus, von *totam*, einem Wort der nordamerikanischen Ojibwa-Indianer. Mit T. wurden religiöse u. soziale Systeme bezeichnet, deren tragende Gesellschaften sich in einer besonderen Beziehung zu einem Totem, in der Regel einem Tier, sehen. Die Totems können auch als Ahnen gelten. Die universalistische Auffassung des T. als einer prinzipiellen Entwicklungsstufe der Religionsgeschichte (McLennan, *Animals and Plants* 7/6) ist heute aufgegeben. Seit Claude Lévi-Strauss (*Le Totemisme*) gilt die Klassifikation ›totemistisch‹ als wissenschaftliches Konstrukt.

Totenbeschwörung → Nekromantie

Trance (entlehnt aus neuengl. *trance*, aus altfrz. *transe* ›Angstzustand‹, zu lat. *transire* ›hinübergehen‹), schlafähnlicher Zustand der Entrückung, Bewußtseinsdissoziation, -trübung, der durch Musik, Tanz, Atemtechnik, Autosuggestion, Hypnose o. → Drogen hervorgerufen werden kann. → Ekstase

Traumbücher enthalten Anweisungen zur → Traumdeutung. Im MA u. später verbreitete T. stammen teilweise aus griechisch-orientalischer Tradition u. laufen zumeist unter Prunknamen von Pseudo-Autoren: Josef, Daniel, Ägypter Philadelphus, Einsiedler Ansgarius u. a. Einflußreich war in der Antike das T. des Artemidoros aus Ephesos (*Oneirokritiká*). Das mittelalterliche T. von Paschalis Romanus (*Liber thesauri occulti*, Konstantinopel 1165) wurde um 1450 von Hans Lobenzweig deutsch bearbeitet. Die Schrift behandelt in der Form eines Dialogs zwischen Meister u. Schüler Fragen scholastischer Traumtheorie u. bringt kasuistische Traumbildinterpretationen. Daniel wurde ein gereimtes Traumbuch zugeschrieben. Es enthält z. B. die Verse: »wem trawmpt dar nach, / wie er vogel vach / der gewint ein farend gut oder ein weib wol gemut [...] wem trawmpt, wie er fall / jn ein grub zu tall, / oder der sie vor jm sieht, vntrew an dem geschicht« (1441; *Som(p)nia Danielis* o. Verszählung). In nachmittelalterlicher Zeit sind besonders bekannt geworden das T. von G. → Cardanus u. entsprechende Passagen in Anhorns *Magiologia*.

Traumdeutung. Den Traumdeuter (griech. ›oneiropólos‹) kennt schon die *Ilias* des Homer (1,63; 5,49). Bei Aischylos heißt er ›oneirómantis‹ (*Choēphóroi* 33). Die T. ist wohl die älteste Form der → Mantik. Da die Träume als von Göttern u. → Dämonen gesandt galten, falsch u. irreführend o. wahr sein konnten, bedurften sie der Auslegung. Sofern ein Traumbild nicht unverhüllt, deutlich (›theorematisch‹) etwas zu sagen scheint, gilt es zumeist als von allegorischem Gehalt (Artemidor, *Oneirokritiká* 1,2). Nach Ansicht der Pythagoreer (→ Pythagoras) stammen die Träume von den Dämonen (Diogenes Laertios, *Bíoi philosóphōn* 8,2), eine Vorstellung, die sich auch bei Platon findet (*Symposium* 203a). Poseidonios (bei Cicero, *De divinatione* 1,64) erklärt den divinatorischen Charakter des Traumes (→ Divination) auf dreierlei Weise: Infolge der → Sympathie u. Teilhabe der Seele an den göttlichen Kräften, infolge des Wirkens der Luftdämonen (→ Dämonologie) u. infolge einer direkten Verbindung der Götter mit dem Schlafenden. Auf Poseidonios dürfte wohl auch die Klassifikation der Träume nach ihrem unterschiedlichen Wahrheitsgehalt zurückzuführen sein, wie sie sich im MA bei Macrobius findet (Kommentar zu Cicero, *Somnium Scipionis* 1,3,2). Er unterscheidet 5 Traumkategorien: Das Somnium (griech. Óneiros), die Visio (Hórama), das Oraculum (Chrēmatismós; → Orakel), das Insomnium (Enhýpnion) sowie das Visum (Phántasma; → Vision). Alcher v. Clairvaux (*De spiritu et anima* 25) u. → Johannes v. Salisbury (*Policraticus* 2,15) erklären: Das Somnium zeige verhüllte Bilder, die Visio lasse göttliche Offenbarung schauen, das Oraculum zeige den göttlichen Willen durch eine menschliche Traumgestalt an, in welcher auch ein → Engel o. Gott erscheinen könne, das Insomnium sei ein nächtliches Wahngebilde, das von den besonderen körperlichen u. seelischen Dispositionen des Schlafenden u. auch von dessen Temperament her zu erklären sei. Denn Sanguiniker, Choleriker, Phlegmatiker u. Melancholiker hätten jeweils andere Traumeindrücke: Die einen sähen Rotes u. Buntes, die anderen Schwarzes u. Weißes (Alcher v. Clairvaux, ebd. 25). Christliche Autoren fügen der antiken Traumsystematik eine Unterscheidung von dämonischen o. falschen u. göttlichen o. wahren Träumen an (→ Augustinus, *De genesi* 12; Tertullian, *De anima* 43–49; Gregor d. Gr., *Dialogi* 4,50). Unter arabischem Einfluß knüpfen mittelalterliche Überlegungen den

Traum auch an astrale Konstellationen (→ Astrologie) u. heben deren Beachtung bei der Deutung von Träumen hervor (→ Albertus Magnus, *De somno et vigilia* 3; → Vinzenz v. Beauvais, *Speculum naturale* 27,52–61). Eine Zusammenfassung der verschiedenen Ansichten u. Lehren über den Ursprung der Träume bringt Zedlers *Universallexikon*: »Die Platonicker suchten die Ursache der Träume in den angebohrnen Bildern und Begriffen der Seele; Avicenna [*Liber de anima*] in der untersten Intelligentz, die den Mond beweget, durch dessen Licht die Phantasie der schlafenden Menschen bestrahlet werde; Aristoteles [*De divinatione somnium*] in dem Phantastischen Sensu communi; Averoës [Aristoteles-Kommentar *Tafsīr*] in der Einbildungs-Krafft; Democritus [VS 68, A77] in den Bildern, die von den Sachen selbst herkommen; Albertus Magnus [*De somnio et vigilia*] in dem Einfluß des Obern, vermittels gewisser Gestalten, die beständig vom Himmel herabfließen; die Medici in denen Dünsten und Feuchtigkeiten; andere in dem, womit man wachend viel umgehet; die Araber in dem Verstande; andre sagen, sie kämen von den Kräften der Seele, und dem Einflusse des Himmels zugleich. Die Astrologi leiten sie her von dem Stande und den Bildern der Sterne, andre von der Luft, die alles umgibt und durchdringet« (45,199f.).

Trithemius → Johannes T.

U

Ulrich von Pottenstein, * um 1360 viell. Pottenstein b. Wien o. Enns, am 29. 11. 1417 als verstorben erwähnt, Domherr v. St. Stephan zu Wien, Pfarrer in Mödling (Niederösterreich) u. ab etwa 1411 Pfarrer u. Dechant in Enns. Verfasser des umfangreichsten katechetischen Werkes des deutschen SpätMA, der *Katechismus-Summe* mit Auslegungen der katechetischen Hauptstücke: → Vaterunser, Avemaria, Credo, Dekalog. Das Riesenwerk war für den Gebrauch lateinunkundiger Laien gedacht u. kann als umfassender Versuch einer Eindeutschung der wichtigsten Lehrsätze u. Äußerungen kirchlich-theologischer Autoritäten zum praktischen Christentum gelten. Innerhalb der Erörterungen zum ersten der → zehn Gebote bespricht U. eine Vielzahl abergläubischer Gewohnheiten u. Glaubensformen: → Astrologie, → Divination, → Observation, → Zauberei, → Segen, → Lose u. v. a. m. Die Angaben sind durchweg der literarischen Überlieferung verpflichtet (Dekretalen, Konzilsbeschlüsse, theologische u. philosophische Schriftsteller des MA u. der Antike). Allein ein Bericht über die Segenspraxis einer »Zauberin« aus Wiener Neustadt dürfte aus Autopsie stammen. U. hat auch erstmals die für die inquisitorische Hexentheorie relevante Passage des → *Canon epicopi* ins Deutsche übersetzt (Kalocsa, Ms. 626, 18rb).

Umwandlung, Umgang, Umfahrt, Umritt. U.n gehören zu den Grundfiguren kultischen Handelns. Die U. hegt das Umwandelte ein u. bindet es an ein zentrales Kultobjekt o. trennt ein Äußeres von diesem u. schützt es. Sie hat unheilabwehrende (→ Apotropaion), segenstiftende, reinigende Kraft, ist eine Lustration (kultische Reinigung, zu lat. *lucere* ›leuchten‹, ›glänzen‹). Im alten Rom wurden das einzelne Landgut, die Schafställe, die Feldflur, die

Stadt (›amburbium‹) o. der Palatin mit einem Opfertier umrundet; das Neugeborene bei der Namensgebung (Paulus Diaconus, *Epitoma Festi* 107f.), der Tote auf dem Scheiterhaufen (Quintilianus, *Declamationes minores* 329) umwandelt. Aus den römischen Flur- u. Stadtumgängen werden später die christlichen Bittprozessionen. Im magischen Bereich (→ Magie) entfaltet die U. heilende Kraft: Beim Umschreiten von Altar u. Kirche, von Gnadenbildern u. Heiligengrab, von → Bäumen u. Büschen. Die U. ist zudem rechtssymbolischer Akt: Die Neuvermählte wird in das → Haus u. die Familie aufgenommen, indem sie dreimal um den → Herd o. den Dungplatz schreitet, das Neugeborene (→ Geburt) wird dreimal um das Herdfeuer getragen. Durch U. wird ein Stück Land in Besitz genommen. Eine anthropologische Erklärung bringt die U. in Zusammenhang mit dem Revierverhalten. → Kreis

Unberufen, gegen Verhexung (Berufen) gerichteter Wortgegenzauber (»unberufen!«). → Verhexen

Unehrlichkeit kennzeichnet einen Zustand des Anrüchigen, Infamen, Rechtlosen, in den Angehörige verachteter Berufe u. sozialer Gruppierungen von der Gesellschaft gerückt wurden. Der soziale Verruf betraf Henker u. Abdecker (Schinder), Spielleute, Gaukler, Kesselflicker, Bettler, → Zigeuner, → Huren u. Bordellwirte, aber auch, mit regionalen Unterschieden, Müller, Töpfer, Leineweber, Barbiere. U. bewirkte den Ausschluß von Rechtsfunktionen (Richter, Schöffe, Zeuge, Vormund), von Zünften, öffentlichen Ämtern sowie vom ehrlichen → Begräbnis. Sie galt geradezu als etwas Ansteckendes: Persönlicher Umgang mit unehrlichen Leuten u. schon allein die Berührung ihrer Geräte machte unehrlich. Gemieden u. sozial ausgegrenzt, gerieten sie in den Verdacht, → Magie zu betreiben u. zauberisch heilen zu können.

Unglückstage, → ägyptische, verworfene Tage. Im Glauben an gute u. böse Gestirneinflüsse (→ Astrologie) gegründete Auffassung, bestimmte Tage (des Jahres, Monats o. der Woche) seien ungünstige Termine für bestimmte Handlungen (Reisen, → Hochzeit, Saat, Ernte usw.).

Urin → Harn

V

Vaterunser → Paternoster

Veneficium (zu lat. *venenum* ›[giftiger] Saft‹, ›Gifttrank‹ u. *facere* ›machen, verfertigen‹), ›Giftmischerei‹, ›Zauberei‹. Verschiedene Worte für → Zauberei heben im Lateinischen verschiedene Aspekte des Zauberns hervor. Während mit → Inkantation der Gebrauch von → Zaubersprüchen (-liedern) hervorgehoben wird, bezeichnet V. den zauberischen Giftgebrauch. Dabei unterscheidet der Begriff eine magische Wirkung (→ Magie) von → Giften nicht von ihrer pharmakologisch-toxikologischen Wirksamkeit. Wendungen wie ›carmina et venena‹ (›Sprüche u. Gifte‹) für Zauberei geben zu erkennen, daß auch das Gift im Zaubergebrauch noch des → Zauberspruches bedarf, um wirksam zu werden. Der *Liber Augustalis*, das süditalienische Gesetzeswerk Friedrichs II., bedroht den, der Narkotika, Gifte, → Liebestränke u. Zaubermittel gebraucht o. besitzt mit der Todesstrafe (76^b). Besonders seit dem SpätMA sah man in den Giftwirkungen die Wirksamkeit von → Dämonen u. in den ›venefici‹, ›Zauberer‹, Teufelsbünder (→ Dämonologie).

Vergilius Maro, Publius, 70–19 v. Chr., römischer Dichter. Zu den Hilfsmitteln der → Bibliomantie, der Wahrsagekunst aus Büchern, zählte auch die *Aeneis* des V. Die ›Lose des V.‹ (›sortes Vergilianae‹) wurden seit der Spätantike in der Weise gehandhabt, daß man den Text ungezielt aufschlug u. blind auf eine Stelle deutete, die dann als Antwort auf eine Frage genommen wurde. Ob sich der Ruf des V. als Zauberer von diesem Verfahren herleitet, läßt sich nicht entscheiden, steht er doch sicherlich auch im Zusammenhang mit der mittelalterlichen Einschätzung V.s als Propheten → Christi (9. Jh.; Christian v. Stablo, *Matthäus-Kommentar* 20,30). Die wachsende Bedeutung der

→ Astrologie seit dem Ende des 12. Jh., ein Bereich, in dem sich Magisches u. Prophetisches überlagern, hat sicherlich mitgewirkt an der Ausformung des Bildes vom Zauberer, Nekromanten u. Alchemisten V. (→ Nekromantie, → Alchemie). Ausgebildet wurde die Vorstellung v. a. im angelsächsischen Klerus des 12. Jh. (Gervasius v. Tilbury, *Otia imperialia*; Alexander Neckam, *De naturis rerum*; → Johannes v. Salisbury, *Policraticus*). Italienische Autoren (Cino da Pistoia; Cecco d'Ascoli) übernahmen die Motive vom Zauberer V. u. verorteten sie in Neapel u. Rom. So schrieb man V. die Erschaffung einer bronzenen Zauberfliege zu, die alle → Fliegen aus Neapel vertrieb.

Vergißmeinnicht, Myosotis sylvatica, Waldv.; M. palustris, Sumpfv. Das Sumpfv., das zumeist gemeint ist, wächst auf nassen Wiesen o. an Ufern von April bis Oktober; es wird 2–50 cm hoch u. hat 8–12 mm große Blüten (von April bis Oktober). Der Name läßt sich bis in das 15. Jh. hinein zurückverfolgen u. ist in seiner griechisch-lateinischen Form von → Plinius (*Naturalis historia* 27,23 u. 105) aus dem Griechischen vermittelt worden (griech. ›myósōton‹, ›myosōtís, von *mys* ›Maus‹ und *ous*, *ṓtós* ›Ohr‹, woher im Deutschen der Name ›Mäuseohr‹, ›Mäuseöhrchen‹). Die Blume besitzt Zauberkraft u. macht den zu einem treuen Liebhaber, dem man die Wurzel der Pflanze umhängt (vgl. → Vintler, *Blumen der Tugend* 8556 u. Anm.). Mit V. soll auch die Blaue Blume gemeint sein, die den Weg zu → Schätzen weist u. die man nicht liegen lassen darf (›Vergiß das Beste nicht‹; Simrock, *Mythologie* 396).

Verhexen, wie Verrufen, Verschreien, Vermeinen, Berufen, Berühren u. a. insbesondere schriftsprachlicher Ausdruck für schädigende Zauberei (→ Magie) in Wort, Gebärde, durch → Bösen Blick u. a. → Hexe

Verpflöcken, Verbohren, bezeichnet ein Verfahren im sympathetischen Heilbrauch (→ Sympathie), Körpersubstanzen o. Kleiderteile eines Erkrankten in einen → Baum

(→ Linde, Weide, → Holunder) zu ›vertun‹, indem man in diesen ein Loch bohrt, die Substanz hineintut u. mit einem Pflock verschließt. Es genügt auch, einen Zettel mit dem → Namen des Erkrankten in gleicher Weise zu vertun. Eine ähnliche Prozedur sieht vor, einen Nagel mit → Blut o. Eiter des Erkrankten in einen Baum zu schlagen (›vernageln‹). Besonders geeignet hierzu sind Sargnägel (→ Sarg) vom → Friedhof. → Hexen üben → Schadenzauber durch V. von → Haaren. Die Hexe spricht dabei: »Ich Margaretha spriche an das Haupt, die Glider, die Ingewöth des getaufften, gefüermendten Menschen, des Simon Fräs, das er erkhrankhe, erlahme und schwach werden solle, in den dreyen Namben Gott Vatter und des Sohn und des heiligen Geist. Amen« (Hexenprozeß von 1661, Steiermark; ZVK 7,192). Gegen Zauberei (→ Magie) etwa u. Hexen hilft das V. von geweihten Dingen, von Kreuzkümmel, → Fünffingerkraut o. → Teufelsdreck in die Schwelle von → Haus u. Stall.

Versehen. Die Überzeugung, eine Schwangere (→ Schwangerschaft) könne durch Sehen, v. a. im Erschrecken, ihrem Kind besondere Merkmale, Eigenarten, Mängel u. Schäden zufügen, gründet in der Vorstellung einer → Sympathie der Welt, insbesondere der von Mutter u. Kind, u. ist bei den meisten Völkern verbreitet: Das Kind bekommt rote → Haare, wenn sich die Schwangere am → Feuer versieht; eine Hasenscharte, wenn an einem Hasen; ein Mal (›Mäusefleck‹), wenn an einer Maus usw. Es gilt aber auch der analoge Grundsatz u. die Forderung, Schwangere sollten nur schöne Dinge (Heiligenbilder) betrachten.

Verweigerungen. Während man Geschenke, etwa zu → Neujahr, als gutes → Omen für das Wohlergehen im kommenden Jahr empfindet, so hütet man sich, etwas aus dem → Haus zu geben; denn das sei ein schlechter Beginn. → Caesarius v. Arles rügt die Weigerung, vom eigenen → Herd → Feuer zu geben (*Sermo* 192; *Homilia de sacrile-*

giis 25; Ivo v. Chartres, *Decretum* 11,16), u. das Konzil v. Auxerre (um 573–603; 1), mahnt, auch an Neujahr Hilfeleistungen u. Gefälligkeiten zu erweisen wie an anderen Tagen des Jahres auch.

Vintler, Hans, † 1419, aus Südtiroler Adelsgeschlecht, seit 1407 in Diensten Herzog Friederichs IV. v. Tirol. Sein 1411 abgeschlossenes Lehrgedicht *Blumen der Tugend* (ed. I. V. Zingerle, 1874) mit über 10 000 Versen ist eine Bearbeitung der italienischen Prosasammlung *Fiore di virtù* (um 1300) des Bologneser Benediktiners Tommaso Gozzadini, einer europaweit verbreiteten Tugend-Laster-Lehre. An der *Summa theologiae* des → Thomas v. Aquin orientiert, stellt sie 35 Tugenden u. Laster gegenüber, erklärt sie theologisch-begrifflich u. verdeutlicht sie durch Historien u. Tugendbeispiele aus der Überlieferung der → Bestiarien. V. fügt seiner Vorlage neue Stücke aus literarischer Tradition hinzu. Seine Aberglaubensliste (7694 ff.) mit zahlreichen Mitteilungen zum → Wahrsagen, → Beschwören, zur Zauberei (→ Magie), zu → Hexen u. dem → Bann von → Teufeln folgt dem *Gewissensspiegel* des → Martin v. Amberg, berührt sich aber gelegentlich auch mit Bemerkungen bei → Berthold v. Regensburg u. Johann v. Nürnberg (*De vita vagorum*). Ein illustrierter Druck erschien 1486 in Augsburg. Auf V.s Liste fußt das Gedicht *Ein newer spruch von der Zauberey* des Nürnberger Meistersingers Erasmus Mayr.

Vinzenz von Beauvais, * vor 1200, † 1264, Theologe, Prediger, Enzyklopädist. Studium in Paris, nach 1245 Prinzenerzieher u. Bibliothekar am Hof Ludwigs IX. Baute als Dominikaner der ersten Generation den Konvent in B. auf. Verfaßte verschiedene *Specula*. Das *Speculum naturale* (ed. 1624; wohl erster Teil des zwischen 1256 u. 1259 veröffentlichten *Speculum maius*) ist eine Enzyklopädie über die Natur, in der zahlreiche Quellen verarbeitet sind, insbesondere der *Liber de natura rerum* des → Thomas v. Cantimpré, u. behandelt Schöpfung, Gott u.

→ Engel, Himmel u. Sterne, das Wasser u. die → Erde, → Metalle, Mineralien, Steine u. → Edelsteine, Pflanzen, speziell Kräuter, Früchte u. Säfte der Bäume, Vögel, Fische, Meerungeheuer, Haustiere usw., die Funktionen des menschlichen Körpers, Fragen von Zeugung u. → Geburt, von Lebensaltern u. monströsen Völkern, die bewohnbaren Zonen der Erde u. die Reihe der Generationen seit Adam u. Eva bis auf das Jahr 1250.

Vision (lat. *visio* ›Sehen‹, ›Vorstellung‹), Gesicht, Schauung. Vom Traum allgemein (→ Traumdeutung), der Halluzination o. dem → Hellsehen wird die V. als ein von Gott gewirkt empfundenes seelisches Erlebnis definiert, in dem sich ein Fernes, Zukünftiges o. ein Vergangenes als Gesicht, aber auch als Gehörtes (›Audition‹), offenbart. V.en kommen unerwartet u. werden auch durch Musik, Tanz o. → Drogen bewußt herbeigeführt. Traumbilder können insofern als V.en gelten, als sie ebenfalls als gottgewirkt erlebt werden. Die V. kann gegenständlich sein; zumeist jedoch ist sie bildlich u. in symbolhafter Weise (→ Symbol) verschlüsselt u. von mythischen, kosmologischen (→ Kosmologie) o. astrologischen Sinnbildern (→ Astrologie) geprägt. V.en gehören zu den religiösen Grunderlebnissen von Religionsstiftern, Propheten, Mönchen, Heiligen u. Mystikern. Sie werden oft als Aufforderung, Auftrag u. Sendung erlebt.

Vitriol (von lat. *vitreus* ›gläsern‹), alte Bezeichnung wasserlöslicher schwefelsaurer Salze (Sulfate) zweiwertiger Schwermetalle (→ Eisen, → Kupfer, Nickel usw.). Schwefelsäure hieß V.-Öl. Der Name leitet sich von dem Glasglanz der V.-Kristalle her. Für Zwecke der → Alchemie u. → Iatrochemie wurde der ›weiße V.‹ (Zinksulfat) bei Augenleiden (→ Augen), Wunden, Ausschlägen, Mundfäule o. als Abführmittel verwendet. Eine magische Rezeptur (→ Magie) verordnete, bei Zahnschmerzen auf einen blutigen Zahnstocher Eisenv. zu streuen, diesen in ein Läppchen zu hüllen u. an einen dunklen Ort zu legen u. damit die Schmerzen abzutun. Abweichend von der chemischen Bedeutung der Bezeichnung V. findet sich der Name auch als alchemistisches Schlüsselwort für die Transmutation (→ Stein der Weisen) in der Form eines → Akrostichons der lateinischen Worte: ›Visitetis Interiorae Terrae Rectificando, Invenietis Occultum Lapidem, V[=U]eram Medicinam (o. Verum Metallum)‹, d. h. ›Suchet das Untere der Erde auf, vervollkommnet es, und ihr werdet den verborgenen Stein, die wahre Medizin (o. das wahre Metall) finden‹ (Zedlers *Universallexikon* 49,122).

Vogelschau → Auspicium, → Augurium

Volksfrömmigkeit, Sammelbegriff für eine Volkskunde des Religiösen (›religiöse Volkskunde‹). Innerhalb des begrifflich weiter gefaßten → Volksglaubens benennt V. die populären Glaubenshaltungen u. Verehrungsformen im bedingenden Rahmen einer hochschichtlichen Religionslehre u. Kultpraxis (Heiligen- u. Reliquienkult [→ Reliquien], Prozessions- u. Wallfahrtswesen [→ Umwandlung], religiöses Tages-, Jahres- u. Lebenslaufbrauchtum [→ Brauch] u. a.).

Volksglauben, Sammelbegriff, der die Bereiche des → Aberglaubens u. der → Volksfrömmigkeit enthält, jedoch mehr als diese zusammen umgreift, insofern er eine Gesamtheit traditionellen populären Wissens u. Glaubens u. deren Praxis sowie anthropologisch gegründeter Glaubensformen u. -übungen (→ Sympathie) zu umfassen sucht.

Volksmedizin heißt ein Begriff der Volkskunde u. Medizingeschichte, mit dem der Bereich der unprofessionellen, nicht schulmäßigen, traditionsgebundenen Heilkunde umgriffen wird. Volksmedizinisches Wissen läßt sich einerseits über Rezeptsammlungen, Arznei- u. Kräuterbücher (→ Herbarien) auf ältere, z. T. schon antike, gelehrte Kenntnisse u. Praktiken sowie auf veraltete Formen der Schulmedizin zurückführen, andererseits in anonymem Erfahrungswissen u. landläufigen Kenntnissen medizinisch wirksamer Substanzen gründen. Kennzeichnend für die V. ist neben dem Gebrauch von Heil- u. Wunderpflanzen (→ Beifuß, → Brennessel, → Rosmarin u. a.; → Alraune), Mineralien (→ Edelsteine; → Lapidarien) v. a. auch der Einsatz von Heiltieren (→ Kröte, → Schlange, → Spinne u. a.) u. die Anwendung organischer Mittel (→ Blut, → Harn, → Kot, → Haare, → Fingernägel, Knochen). Nicht immer ist ihr Bereich von dem der magisch-sympathetischen Medizin (→ Analogiezauber, → Entsprechung, → Sympathie) zu trennen, zumal Krankheiten häufig als von → Dämonen, → Hexen, → Geistern u. bösen Mächten gewirkt aufgefaßt werden. Auch die Bereitung sowie der Gebrauch pharmakologisch wirksamer Mittel ist häufig mit zauberischen Gebärden u. Handlungen (→ Handauflegen, → Blasen, → Spucken, → Beschwören, → Verpflöcken; → Bann, → Segen, → Gebet), mit → Zauberspruch u. Besegnung sowie mit dem Gebrauch von → Amuletten, Bildern u. → Fetischen verbunden. In der volksmedizinischen Diagnostik besitzen → Vorzeichen, → Orakel u. → Wahrsagen große Bedeutung. Träger volksmedizinischen Wissens sind → Weise Frauen u. Kräuterweiber, insbesondere Angehörige bestimmter Berufe wie → Hebammen, Bader, Schäfer, Henker (→ Unehrlichkeit).

Vorzeichen. Sobald etwas geschieht, das ein anderes vorbedeutet, ist das ein Vorzeichen o. Zeichen. In einem V. kündigt sich etwas Zukünftiges an. Wenn man weiß, welche Zeichen das sind u. wie sie zu deuten sind, dann wird man sich vor bösen Überraschungen schützen können o. den sich ankündigenden günstigen Umstand zu nutzen wissen. Ein → Donner mitten im Winter o. am → Heiligabend bedeutet etwas. Das → Niesen eines Menschen o. Tieres, der Schrei eines Vogels, der → Schatten eines Vorübergehenden, der auf etwas fällt, ein Traum (→ Traumdeutung) muß etwas bedeuten. Wenn man am Morgen einem → Priester begegnet (→ Angang), darf das nicht unbeachtet bleiben. V. kommen ungerufen, fallen auf; man begegnet ihnen u. beachtet sie sorgfältig (→ Observation). Oft jedoch sind die V. verborgen u. müssen aufgedeckt u. kunstmäßig (→ Kunst) gedeutet werden. Hierzu sind allein Kundige, Wahrsager (→ Wahrsagen), Auguren (→ Augurium) u. Orakelpriester (→ Orakel) in der Lage. Man sucht sie auf u. befragt sie (→ Divination).

Vulva (lat. zumeist *volva*, vulgär *bulba* ›Hülle‹, ›Tasche‹, ›Gebärmutter‹). Die V. ist weibliches Genital u. Geburtsort. In der Sexualsymbolik bedeuten sie das Dreieck u. die Raute, Gefäße, hohle Gegenstände, Steine u. Münzen mit einem Loch, bestimmte Muscheln u. Schneckenhäuser, der Mund (vgl. ›Muttermund‹) u. die Achselhöhle. Der → *Physiologus* überliefert die Vorstellung von der Mundbegattung unter Nattern u. Wieseln. Letztere gebären durch die Ohren (10; 21). Zum Zwecke des → Liebeszaubers wird ein → Apfel, der unter der Achsel getragen wurde, bis er vom Schweiß, der in → Analogie zum Zeugungsstoff steht, durchnäßt ist, der Begehrten zum Verzehr gereicht. Als → Amulett gebraucht, erscheint die V. als Anhänger, in der Form von Lampen, als Schutzzier an Gebrauchsgegenständen, an Backöfen, an Türen u. Toren. Als Amulettanhänger (→ Apotropaion) findet sich seit mittelalterlicher Zeit, angeregt durch die Melusinensage u. naturkundliche Literatur, die Meerfrau mit zu den Seiten gespreiztem, doppelten Fischschwanz als Amulettanhänger sowie in der Bauplastik u. Fassadenmalerei. Der zauberischen Abwehr dient die Entblößung u. das Vorzeigen der Scham. Wenn eine menstruierende Frau (→ Menstruation) sich nackt in ein Saatfeld lege u. ihre Füße zum Himmel hebe, so wehre das den → Hagel ab, überliefert der hellenistisch-arabisch-mittelalterliche → *Picatrix*. → Phallos

W

Wacholder, Juniperus communis, Kranewitt, Machandel, Queckholder, immergrünes, säulen- o. pyramidenförmiges, bis 10 m hohes Zypressengewächs, mit spitzen Nadeln u. blauen Beerenzapfen. Wächst auf sonnigen Magerweiden, in lichten Wäldern u. im Gebirge bis zu 1600 m. Beeren u. Saft werden als Heil- u. Würzmittel verwendet, aus den Früchten Schnaps gebrannt (Steinhäger, Gin). → Dioskurides bezeugt für die Antike die Anwendung bei Magen- u. Brustbeschwerden sowie gegen Husten (*Materia medica* 1,103). Im MA sehr häufig verordnete Arzneipflanze. W.holz wurde als Räuchermittel gegen ansteckende Krankheiten u. die Pest gebraucht: »Ist ein sonderlich Preseruatiuum zůr zeit der Pestilentz in Germania [...] In summa die würckung vnd tugent des Weckholter baums seind zůbeschreiben nit wol möglich« (Bock, *Kreüter-Buch* 405r). Das Ansehen des Strauches in der Volksmedizin bezeugt auch der Satz, daß man vor dem W. (wie vor dem → Holunder) den Hut ziehen o. das Knie beugen soll. Im → Volksglauben wehrt der W. → Dämonen u. → Hexen ab, W.räucherungen vertreiben → Schlangen u. »allerlei ungeziffer« (Bock, ebd.). Das 17. Jh. kennt Möglichkeiten der Anwendung von W.beeren bei angezauberten Krankheiten: »Conradus schreibet in seiner *Medulla* pag. [lat. *pagina* ›Seite‹] 463 daß für allerley zauberische Einschüsse / Schäden und Zustände / man bey den zauberischen empfangenen Gifften / wo sich am Leibe Schmertzen erzeigen / denselben Ort mit S. Johannis Oel schmiere / und Wacholderbeer zu einem Mues stosse / oder / wo sie dürre / im Wasser siede und darüber lege / und auf 24. Stunden ungefehr darüber liegen lasse. Und wo zäuberische Bäulen aufwachsen / so soll man Wacholder-Saltz / und zweymal so schwer gebratene Zwibeln zusammen wol untereinander stossen / und auf ein leinen Tüchlein gestrichen über den Schaden legen« usw. (Frommann, *De fascinatione* 963).

Wachs, Bienenwachs, ursprünglich eher Nebenprodukt der Bienen- u. Honigwirtschaft. In der Antike in der Medizin (→ Plinius, *Naturalis historia* 22,117; 30,70), für die Herstellung von Kinderspielzeug (Aristophanes, *Nubes* 878), Büsten, Statuen, Götterbildern (Plinius d. J., *Epistulae* 7,9,11) u. Bildern von Hausgöttern (Lares: Iuvenalis, *Saturae* 12,87) gebraucht, gewann das W. später als grundherrschaftliche Abgabe u. Zinsgabe große Bedeutung. Die Hanse trieb Handel mit dem Stoff u. importierte ihn aus Rußland, dem Baltikum, Polen, Böhmen u. Ungarn. Ursache des großen Bedarfes an W. war sein Gebrauch zur Herstellung von → Kerzen, v. a. zu liturgischen Zwecken, aber auch für den Gebrauch bei Hofe, dann auch im bürgerlichen Wohnbereich u. als Arbeitslicht. Neben → Wasser, → Öl u. → Salz war es Grundsubstanz von → Sakramentalien, diente zur Herstellung von → Devotionalien (→ Agnus Dei, Votivgaben), von → Amuletten u. Zauberrequisiten. → Kreuze aus geweihtem W. wurden in → Brunnen geworfen, um das Wasser zu schützen (Martène, *De antiquis ecclesiae ritibus* 3,192) u. mit W. vom → Grabe des hl. Martin Kranke beräuchert (Gregor v. Tours, *De virtutibus s. Martini* 4,27,14). Im → Schaden- u. Todeszauber (→ Totbeten) wurde mit Bildern aus W. (→ Atzmann) hantiert. Nachrichten über wächserne Zauberbilder, die ihre Wirksamkeit entfalteten, wenn sie geschmolzen wurden, stammen aus einer weitherreichenden Tradition, sind aus Indien, Ägypten, Griechenland u. Rom überliefert (vgl. Abt, *Apuleius* 156 ff.). Als im Jahre 1066 in Trier der Erzbischof Eberhard plötzlich während der Osterfeier (→ Ostern) starb, verdächtigte man Juden, den Bischof getötet zu haben, indem sie ein Wachsbild von diesem gefertigt, es auf seinen → Namen getauft u. zur Zeit der Festfeier verbannt hätten (Meyer, *Aberglaube*

194). Beim → Totbeten wurden Requien auf Lebende gelesen u. getaufte W.püppchen dabei auf den Altar gelegt (Petrus Cantor, *Verbum abbreviatum* 29). Zu Zwecken des → Liebeszaubers wurden W.bilder geschmolzen. Ein Text des späten MA folgt wörtlich einer Formel griechischer → Zauberpapyri: »herre, tů durch dein wunderleichen und din vil heiligen namen [→] Tetragrammaton [...] daz si in miner minne prinn, und also daz wachs zerfleuzzet bei dem für und alz daz für glüwet, alzo müzze ir herze, ir plut, ir leber, ir miltze und ellen ir lider erhaizzen und prinnen und zefliezzen umbe min minne und müg weder schlaffen noch wachen, si gedench an mich« (SB München, clm 7021, 165[c]; bei Abt, *Apologie* 158).

Waffensalbe, ein Zaubermittel der Jäger (→ Jagd) u. Soldaten. Seine Anwendung sollte die Wunde, die eine Waffe geschlagen hatte, heilen, »wenn man gleich den Menschen nicht erreichen kan, sondern allein die Waffen hat, damit er blessirt ist, und nur die Waffen damit schmieret« (→ Flemming, *Teutscher Jäger*, 355 f.). Die W. wurde aus Bärenschmalz, Regenwürmern, → Moos von einem Totenkopf, dem → Blutstein u. a. bereitet. Dem Verfahren liegt die Vorstellung einer Beziehung der → Sympathie zwischen der Waffe u. der von ihr geschlagenen Wunde zugrunde.

Wahrsagen ist ein universales Phänomen. Der Wahrsager ist ursprünglich Träger eines persönlichen Charismas. Sein Amt wird aber leicht zur Institution. Wie der Seher hat er passiven, nur vermittelnden Charakter, unterscheidet sich aber von ihm dadurch, daß er von Gegenständen u. Umständen abhängig ist, die er interpretiert. Diese Interpretation gründet auf einer vorausgesetzten → Entsprechung zwischen menschlichem u. göttlichem Reich (Mikrokosmos als Spiegel des → Makrokosmos). Vom Propheten unterscheidet sich der Wahrsager dadurch, daß er → Orakel erteilt u. Fragen sittlicher Grundsätze gleichgültig gegenübersteht. Auch mit dem → Schamanen kann der

Wahrsager nicht gleichgesetzt werden; denn W. ist nur eine unter mehreren Funktionen des Schamanen. Ebenfalls hat der → Priester mehr u. z. T. andere Aufgaben als der Wahrsager. Im Gesamtkomplex der Techniken des W.s unterscheidet man zwischen → Observation (von lat. *observare* ›beobachten‹, ›befolgen‹) u. → ›Divination‹ (von lat. *divinus* ›gotterfüllt‹). Der Sache nach werden zur Observation alle Formen der Beachtung vorbedeutender → Zeichen u. (un)günstiger Zeiten gerechnet, die → Vogelschau, der → Traum, das → Orakel; → Unglückstage, → ägyptische Tage, die → Zwölften u. a. Hinsichtlich der ominösen Bedeutung der Zeit gehören hierher die Auslegung bestimmter meteorologischer Verhältnisse an bestimmten Tagen des Jahres (→ Donnerprognostik, Wetterprophetie [→ Wetter]), → Wochentagsastrologie [→ Woche], → Tage- und Stundenwahl u. a. Zur Divination werden alle Formen der superstitiösen Zukunftserforschung gerechnet, denen es nicht um die Beachtung (un)glückverheißender Zeichen geht, sondern die hinsichtlich zukünftiger Dinge gezielte Auskünfte versprechen: → Astrologie u. → Horoskop, → Chiromantie, → Nekromantie, → Pyromantie, → Hydromantie, → Aeromantie, → Geomantie u. a. Während die Observation nach Regeln des Herkommens geübt wird, wird die Divination nach technisch-wissenschaftlichen Kunstregeln praktiziert. Die Offenbarungsreligionen, besonders Judentum, Christentum u. Islam, lehnen das W. ab, konnten es aber nie ganz verhindern. Im Anschluß an → Augustinus (*De doctrina christiana* 2,20) zählt → Thomas v. Aquin das W. (›superstitio divinativa‹; ›observatio ordinata ad praecognoscenda aliqua fortunia vel infortunia‹) zu den superstitiösen Praktiken, die nur vermittels eines Teufelspakts (→ Dämonologie) erfolgreich geübt werden können (*Summa theologiae* 2,2,92–96), eine Lehre, die Eingang in den → *Hexenhammer* gefunden hat. → Aberglaube

Walpurgisnacht, der Abend u. die Nacht vor dem Fest

der hl. Walpurgis (Wal[d]burg[a]), einer aus Südengland stammenden Missionshelferin des → Bonifatius auf dem Kontinent, * um 710, † vermutl. 25. 2. 779; Festtag der Heiligsprechung 1. Mai, des Todes 25. Februar. Die W. hat jedoch keinen Bezug zur Vita u. dem Kult der Heiligen, wenngleich die ältere Literatur (→ Praetorius, *Blockes-Berges Verrichtung*) einen solchen annehmen wollte. Vielmehr lassen sich Züge brauchmäßiger Feiern des Sommerbeginns, des Beginns des Vegetationsjahres sowie des Maienbegrüßens erkennen (›Walpurgisfeuer‹, ›Maifeuer‹, ›Maifunken‹, ›Valborgfeuer‹ im Dänischen, ›Valborgsmässa‹ im Schwedischen). Wie in der Nacht vor anderen Neujahrsterminen (→ Neujahr) ist auch für die W. Dämonenspuk u. der Flug der → Hexen zu Hexentanzplätzen auf Bergen u. an wüste Orte überliefert. Gegen die Hexen u. den Schaden, den sie an Feld, Vieh u. Menschen wirken, helfen → Beschwören u. → Abwehrzauber. Das Vieh wird durch drei Kreuze an der Stalltür (→ *Rockenphilosophie* 1. Hundert, 1718, 144 f.) u. Kräuterbüschel geschützt. Um Hexenzauber abzuwehren, wird über den Acker geschossen (ebd. 2. Hundert, 1718, 254 ff.), gegen Bäume geschlagen usw.: »Abends / wie die Walburgs nacht angieng [sind etliche Burger zu Büdingen] mit hauffen hinaußgangen / haben mit Büchsen vber die Ecker geschossen / die Bäume bestiegen / geschüttelt / gerüttelt / geschlagen / daß die Zauberin mit ihrem geschmeiß dahin nicht kommen / oder je nicht hafften / vnd also alles wol gerahten solte« (A. Praetorius, *Gründlicher Bericht* 114 f.). Wenn man am Walpurgistag in der Frühe, nüchtern u. schweigend u. mit einem Kranz von → Gundermann auf dem Kopf in die Kirche gehe, so könne man alle Hexen unter den Frauen erkennen: Die eine trage einen Milchzuber, eine andere ein Butterfaß, eine dritte einen → Besen in Händen (→ *Rockenphilosophie* 6. Hundert, 1722, 364). Ihre klassische Gestaltung hat die W. in Goethes *Faust* gefunden. Die Verortung der W. auf dem Brocken (seit dem 17. Jh.

auch ›Blocksberg‹ genannt) bezeugt schon ein → Segen des 14. Jh. (*Münchner Nachtsegen*: ZDA 41, 337: »zu dem brochelsb'ge sin gerant«).

Warzen, Hautwarzen, werden heute von der Schulmedizin durch Ätzen, Elektrizität, durch Abschaben u. chirurgische Eingriffe entfernt. Die magische Medizin kennt eine Vielzahl von W.mitteln, die einerseits zu den traditionellen Heilmitteln zu zählen sind, andererseits aus dem Arsenal magisch-sympathetischer Mittel (→ Sympathie) stammen. Zu den ersteren gehört etwa der ätzende Milchsaft des → Schöllkrauts, zu den letzteren eine Fülle analogistischer Verfahren (→ Analogiezauber), denen der Gedanke des ›Vertuns‹ (→ Verpflöcken) zugrunde liegt: Man streicht o. wäscht die W. ab, vertut sie in Bäche u. Flüsse, auf → Leichen, an den → Mond. Wie diese fortfließen, verwesen, abnehmen, so soll es auch mit den W. gehen. Dazu werden W.segen (→ Segen) gesprochen: »Während man zu einer Leiche läutet, steht man an einem fließenden Wasser, wäscht den Teil, wo die Warze ist, und spricht dabei: Jetzt läutet man einer Leiche / Und was ich wasche, das weiche!« (*Mosesbuch* 15).

Wäsche ist, wie eine zweite Haut des Menschen, mit ihrem Träger in engster sympathetischer Beziehung (→ Sympathie) verbunden u. gilt als Teil von diesem. Man darf sie deshalb nicht den → Dämonen u. → Hexen, die zu besonderen Zeiten des Jahres umgehen, aussetzen. In dieser Vorstellung gründen die zahlreichen Verbote, keine W. auf die Leine zu bringen o. auf dieser hängen zu lassen: Zu → Neujahr, in der → Walpurgisnacht, am → Karfreitag, in den → Zwölften o. während der Festtage: → Ostern, → Weihnachten usw. insbesondere an Sonntagen. Sonst stirbt jemand aus der Familie im Laufe des Jahres o. es gibt Unglück in → Haus u. Stall. Für jeden Tag des Jahres gilt zudem, die W. nicht bis in die Dunkelheit hinein auf der Leine hängen zu lassen. Denn wer solche W. anzieht, den überkommt böse Zauberkraft, die allem Schaden zufügt. Die → *Rockenphilosophie* bietet eine Erklärung dieser Vorschrift an: »Wenn irgend einsmahls eine Magd die Wäsche länger auf der im Garten oder auf einem Rasen aufgemachten Wäsch Stange hat hängen lassen / als die Sonne geschienen / und die Frau die Magd gescholten / daß sie die Wäsche so lange hangen lasse / (denn die Frau ist vielleicht besorgt gewesen / daß jemand kommen und die Wäsche stehlen möchte) weil denn die Mägde alle Ursachen gern wissen wollen / warum ihre Frauen das und jenes so oder sonst haben wollen / kan es seyn / daß die Frau der Magd ihre erhebliche Ursachen nicht so schlechter Dinge auf die Zähne binden wollen / sondern mag aus Spaß gesagt haben: wer die nach der Sonnen Untergang auf der Stange gehangene Wäsche anziehe / selbig Mensch beschreye [→ Verhexen] alles. Und die Magd hat also diesen Spaß nicht allein für sich in Ernst aufgenommen / sondern auch bey andern albern Gänsen weiter fortgepflantzet« (5. Hundert, 1722, 170f.).

Wasserprobe, Hexenbad, lat. ›iudicium/proba aquae frigidae‹, eine alte Form des → Gottesurteils. Schon 829 von Ludwig d. Frommen verboten, konnte sie nicht völlig unterbunden werden u. lebte im Hexenprozeßverfahren (→ Hexe) wieder auf. Der Verdächtigte wurde gefesselt an ein Seil gebunden u. in das Wasser gelassen. Schwamm er oben, galt er als schuldig, ging er unter, als unschuldig u. wurde wieder nach oben gezogen. Dem Verfahren liegt die Vorstellung zugrunde, → Hexen seien besonders leicht (→ Hexenwaage). Andererseits ging man davon aus, das Wasser sei durch → Christi Taufe im Jordan geheiligt u. nehme niemanden auf, der die → Taufe verleugnet habe (Jacob I., *Demonology*). Die W. kam verbreitet erst im 16. Jh. zur Anwendung u. war nicht unumstritten (verworfen u. a. von → Delrio, *De iustitia* 385).

Wegkreuzungen galten schon in der Antike als machthaltig. Die zauberkundige Hekate empfing an Dreiwegkreuzungen Speiseopfer u. zog nachts (→ Nacht) mit dem

Wilden Heer über W. Die abendländische Dämonisierung der W. knüpft an die Bedeutung an, die diese Orte im heidnisch-vorchristlichen Glauben besaßen. Zahlreich sind die Nachrichten der kirchlichen Verbotsliteratur, die sich gegen superstitiöse Aktivitäten richten: Jäger (→ Jagd) u. → Hirten deponieren hier → Amulette (Konzil v. Rouen, v. J. 650,4), man brachte bei Krankheit Kopfbinden dorthin (→ Burchard v. Worms, *Decretum* 19,94). Wenngleich hier, wie in der kirchlichen Superstitionenkritik, sonst auch die Berichte kaum einmal aus Autopsie des Berichterstatters stammen, sondern literarischer Tradition verpflichtet sind (→ Caesarius v. Arles), so bezeugen sie doch die kirchliche Dämonisierung dieser Orte u. werden so ihrerseits deren superstitiöse Bedeutung mitgeprägt haben.

Weihnachten, mhd. *wīhenaht*, seit der 2. Hälfte des 12. Jh. bezeugtes, aus dem im 16. Jh. untergegangenen Wort *weich* ›heilig‹ (vgl. lat. *victima* ›Opfer[tier]‹) u. *Nacht* zusammengesetztes Wort, in älterer Form *ze den wihen nahten*, ›an den heiligen Nächten‹. Fest der Geburt → Christi, 25. Dezember. Das Datum vermerkt zuerst der *Chronograph vom Jahre 354*. Ältere Zeugnisse nennen als Geburtstag den 6. o. 10. Januar, 18. November o. den 28. März. Die Verlegung des Tages im 4. Jh. auf den 25. Dezember des Julianischen → Kalenders dürfte von der frühchristlichen Absicht, das Fest des römischen Hauptgottes, des ›Sol invictus‹, der ›unbesiegten Sonne‹ (Kult seit 275 n. Chr.), am Tag der Wintersonnenwende (→ Sonnenwende), dem 25. Dezember, zu christianisieren, geleitet worden sein. Die für das 3. u. 4. Jh. bezeugte, auf Christus bezogene Sonnensymbolik (Mosaik der Juliergruft, 3. Jh.: Christus fährt als Sonnengott auf einem Viergespann; Ambrosius, Hymnus *Intende, qui regis Israel*) hat die christliche Übernahme des Tages vorbereitet u. begleitet. Der christliche Kult des Tages konnte zugleich der Verehrung des ebenfalls als Sonnengott in Rom am 25. 12. verehrten

Mithras entgegenwirken. Die Formen des Aberglaubens, des → Zaubers u. Orakelwesens (→ Orakel) nehmen einerseits Bezug auf die Wintersonnenwende, andererseits auf den älteren Neujahrsbeginn (→ Neujahr), der gelegentlich bis in das 17. Jh. hinein an W. gefeiert worden ist, damit zugleich auch auf die Zeit zwischen den Jahren, die → Zwölften. Die Bedeutung des Tages als alter Jahresbeginn wird im Gebrauch von grünen Zweigen o. blühenden Pflanzen als → Symbole des Lebens faßbar. Tannen- u. Fichtenstämmchen werden an der Hofecke aufgestellt. Kirschzweige, die man am Barbaratag (4. 12.) ins Wasser stellte, blühen nun. Sebastian Brant verurteilt 1494 (*Narrenschiff*) das Aufstecken von Tannengrün als einen abergläubischen Segensbrauch (→ Segen). Der mit Früchten, Lebkuchen, buntem Papier u. Rauschgold geschmückte Weihnachtsbaum, seit 1570 bezeugt, steht im Zusammenhang mit diesem Gebrauch des segenverheißenden Wintergrüns. Unsicher ist der Bezug des früh bezeugten (→ Martin v. Braga, *De correctione rusticorum* 16) Weihnachts-, Christ- o. Julbock (zu *Jul*, skandinavische Bezeichnung für W.) zur Feier der Wintersonnenwende: Ein Holzblock wurde im offenen Feuer zum Glühen u. Verkohlen gebracht, aus dem Feuer genommen u. das Jahr über zu verschiedenen Zwecken gebraucht: Abgeschabtes u. → Asche davon sollte die Felder fruchtbar machen, die Mäuse vom Kornspeicher vertreiben, als Segens- u. Schutzmittel (→ Apotropaion) in → Haus u. Stall dienen, wieder angebrannt gegen → Gewitter wirken u. in → Wasser gelöst als Heilmittel helfen.

Der Neujahrsbeginn u. die Zeit zwischen den Jahren ist eine Zeit der → Geister, → Dämonen, → Hexen u. → Teufel. Durch Räuchern u. Versprengen von → Weihwasser, durch Lärmen (→ Lärm), Schießen u. Läuten der → Glokken (›Schreckläuten‹) werden sie vertrieben. Dämonische Gestalten der Mittwinternächte erscheinen: Frau Holle jagt am Hl. Abend mit ihren Hunden, Frau Harke prüft u.

straft die Mägde, die Eisenberta, in Kuhhaut u. mit Hörnern, beschert u. straft ebenfalls. In manchen nördlichen Dörfern trifft man auf den tobenden Schimmelreiter; er wird von gehörnten Maskengestalten begleitet u. dringt in die → Häuser. Die pädagogische Funktion solcher Gestalten tritt deutlich zutage, sie hat oft ältere mythische Gehalte u. Bedeutungen der Brauchfiguren überlagert u. verdrängt. Auch der Weihnachtsmann, eine in Bildern seit der Mitte des 19. Jh. bezeugte Figur, ein degenerierter St. Nikolaus ohne Mitra u. Bischofsstab (ihm entsprechen der angelsächsische Santa Claus u. Father Christmas, der französische Père Noël, der schwedische Juletomte, das slawische Väterchen Frost), belohnt die guten Kinder mit Geschenken u. bestraft die bösen mit der Rute, oft von Knecht Ruprecht begleitet. W. ist eine Zeit der → Orakel. Man soll nichts aus dem → Haus geben o. verleihen, denn das bedeutet künftigen Mangel (→ Verweigerungen). Wie es im kommenden Jahr werden wird, verkünden Sonnenschein- u. Sonnenaufgangsprognosen o. Weissagungen aus dem Wehen des Windes: »Waecht der wint an der heiligen naht ze weihennechtn, so sterbent die fuersten in dem lant vnd reich leut« (ÖNB Wien, Ser. N. 262, Ende 14. Jh.). Fällt W. auf einen Sonntag (→ Woche), so gibt es einen milden Winter (SB München, Cgm 725, 105^{v}–107^{v}). Auch die Stimmen der Tiere künden die Zukunft. Zwischen 23 u. 24 Uhr am Hl. Abend wird das → Wasser zu → Wein (→ *Rockenphilosophie* 1. Hundert, 1718, 92f.). Wer am Abend jetzt sein Geld zählt, dem wird es das Jahr über daran nicht mangeln (ebd., 4. Hundert, 42f.). Geht der Bauer am Hl. Abend aufs Feld in die Wintersaat, so kann er alles erfahren, was im kommenden Jahr im Dorfe geschehen wird: »Es giebt auf einigen Dörffern solche alte Bösewichte unter den Bauern / welche diese Zauber-Kunst alle Jahr practiciren / und geben vor / ob könnten sie alles und iedes hören / was das gantze Jahr in selben Dorffe und selbiger Gegend vorgehen werde / zum Exempel: wenn Durchmarsche kommen / so hörten sie von der Gegend her / wo der Anmarsch kommen sollte / Trommeln; so es aber Reuter wären / so hörte man das Trappen und Wihern der Pferde / sammt Trompeten und Baucken. Wenn Brannt enstehen werde / so hörte man das Feuer blatzen; so böse Seichen entstünden / hörete man die Leichen zu Grabe singen / sie könnten alle Häuser / aus welchen iemand sterben würde / auch die Personen / die sterben würden / sehen« (6. Hundert, 1722, 228).

Weihwasser. Die reinigende Kraft des Wassers begründet seine läuternde, heilende u. abwehrende Funktion, wie sie in allen Kulturen genutzt wird. Von dieser allgemeinen Wertschätzung der Kraft des Wassers unterscheidet sich das kirchliche W., insofern es für einen bestimmten Zweck geweiht wird. Nicht zu übersehen sind Ähnlichkeiten zum Lustrationswasser der Antike bei Griechen u. Römern. Nachrichten über das germanische Heilwasser, das der Reinigung u. Besprengung diente, müssen kritisch bewertet werden. Sie stammen zumeist schon aus christlicher Zeit u. übertragen vielfach christliche Vorstellungen auf vorchristliche Traditionen u. Kultformen. Die Kirche gebrauchte hauptsächlich drei Formen geweihten Wassers: Taufwasser (Tertullian, *De baptismo* 4,4; → Taufe), W. zur Weihe von Kirchen u. Altären sogenanntes ›Gregoriuswasser‹ (seit dem 14. Jh. nach Papst Gregorius d. Gr. benannt) u. W. für verschiedene Zwecke im außerliturgischen Bereich: Für Kranke, für das Vieh, gegen Unwetter (→ Wetter, → Gewitter); zur Besprengung der Hausschwelle, der Stube, des Stalles, der Sterbenden, der → Leiche, des → Sarges u. a. Besondere Bedeutung hat das W. für die Armen Seelen. Sie sehnen sich danach, denn es bringt ihnen Linderung ihres Leidens (Ms. des 15. Jh.; vgl. Franz, *Messe* 148). V. a. dem Taufwasser schrieb man wunderbare Wirkungen gegen Krankheiten sowie die Kraft eines → Apotropaions gegen → Beschwören u. Zauberei

(→ Magie) zu. Zahlreiche kirchliche Verordnungen fordern, um Diebstahl zu Zauberzwecken vorzubeugen, den sicheren Verschluß des Taufbrunnens (Konzil v. Trier 1227, 6; vgl. → Hartlieb, *Buch aller verbotenen Kunst* 61).

Wein. Der Rebstock (lat. *vitis vinifera/vitacea*) ist als Kulturpflanze im nördlichen Griechenland seit 2000 v. Chr. nachweisbar. Der gekelterte W. besitzt Bedeutung in Symbolik (→ Symbol), Kult, Heilwesen u. → Zauberei. Er ist Saft des Lebens, bedeutet Wahrheit (›in vino veritas‹, ›im Wein ist Wahrheit‹), Weisheit u. Offenbarung göttlicher Kraft (Horaz, *Saturae* 1,4,88f.; *Carmen* 2,19,1–8; 3,25). Sein Genuß verhilft zur → Ekstase u. führt zur Vereinigung mit den Göttern, wird in griechischen Dionysos- bzw. Bachuskulten als heilig verehrt u. vergöttlicht. Er ist das Blut der Gottheit u. wird dieser geopfert; im Christentum wird er zum Blut → Christi (Mk 14,24; Mt 26,28). Schon die antike Medizin verwendet W. u. Teile vom W.stock (Blätter, Ranken, Zweige, Wurzeln, Trauben, Trester) als vielfältig wirksame Heilmittel gegen Ruhr, Magenschmerzen, Steinleiden, Hautkrankheiten u. a. (→ Dioskurides, *Materia medica* 5,7–83; → Plinius, *Naturalis historia* 23,3–58). Im MA bringt → Albertus Magnus eine sorgfältige botanische Beschreibung der Pflanze sowie Angaben zu den heilsamen Wirkungen von Trester bzw. dessen Asche bei Schlangenbiß u. Hämorrhoiden sowie vom Saft der Blätter (›pampini‹) gegen Ruhr u. Steinleiden (*De vegetabilibus* 6,236–255; 7,171–182). Umfangreiche Angaben zur arzneilichen Anwendung finden sich bei → Konrad v. Megenberg (4A54). → Hildegard v. Bingen empfiehlt mit W. vermischte W.rebenasche als Mittel gegen Zahn- u. Zahnfleischerkrankung (*Physica* 3,54; vgl. → *Circa instans*; *Gart der Gesuntheit* 416). In der → Volks- u. Zaubermedizin gilt W. als Universalmittel. Besondere Kraft schrieb man dem Abendmahlswein sowie dem W. zu, der zu Ehren des Evangelisten Johannes geweiht wurde. Dessen Weihe nahm auf die Legende des Heiligen Bezug, der zufolge Johannes einen Giftbecher ohne Schädigung seiner Gesundheit leerte, nachdem er ein Gebet darüber gesprochen hatte (→ Johannesminne). Man setzt den Johannisw. dem ersten Kindsbad zu sowie der letzten Ölung, trinkt ihn, um Stärke u. Schönheit zu erlangen. V. a. schützt er vor → Gespenstern, → Dämonen, → Teufeln u. → Hexen. Dem Vieh wurde Johannisw. in den Futterkuchen gebacken (Schleyern, 1486; SB München, clm 17523). Gefürchtet ist das zauberische Stehlen von Wein aus den Kellern durch → Hexen (→ Vintler, *Blumen der Tugend*). Auch Dr. Faust versteht sich darauf: In Würzburg dringt er nachts in die bischöflichen Keller, wo er »allerlei Wein gekostet« (*Historia* 58).

Weise Frau, landläufiger Name für → Hebamme.

Werwolf (von ahd. *wer*, vgl. lat. *vir* ›Mann‹, also ›Mannwolf‹; griech. ›lykánthrōpos‹, ›Wolfsmensch‹), in der animistischen Vorstellung (→ Animismus) von der Seele als ein im Körper unabhängig existierendes Wesen gründendes, in ähnlicher Form weltweit verbreitetes Erzählmotiv von der den Menschen verlassenden u. sich in einen reißenden, menschenmordenden Wolf verwandelnden Seele. Andere Sagenmotive, wie sie bis ins 18. Jh. hinein Prozesse gegen vermeintliche W.e belegen, berichten von der zauberischen W.-Verwandlung durch Anlegen eines → Ringes, → Gürtels o. Hemdes (→ Kleid).

Wetter. Den → Volksglauben, insbesondere agrarischer Kulturen, beschäftigt das W. einerseits, sofern es als von Göttern o. → Dämonen gewirkt geglaubt u. dementsprechend durch liturgisch-kultische, brauchmäßige (→ Brauch) o. zauberische (→ Magie) Begehungen u. Praktiken zu verändern gesucht wird (Flurumgänge [→ Umwandlung], Wettersegen, → Wetterkerzen, → Wetterkreuz, → Wetterläuten), andererseits sofern es vermittels meteorologischer Prognostik (→ Bauernpraktik, → Los, → Wetterbüchlein, Wetterregeln, → Zwölften) aus der Natur, aus astrologischen Erscheinungen (→ Astrologie) u. Wettervorgängen zu bestimmten Zeiten (→ Lostage) vorauszuerkennen gesucht wird. Christian Franz Paulini bezieht sich auf → Vergil (*Georgica* 5, pass.) u. führt zur Regenprognostik u. a. aus: »Wenn die Raben nach dem Futter die Flügel sehr und offt schwencken / Wenn die Hühner mit den Fittichen auffs Wasser schlagen / oder ihre Federn fleissig saubern / oder im Staub und Sand sich herum weltzen [...] Wenn die Sau allzulang im Schlamm verweilet / wenn der Esel Kopff und Ohren lang und viel beweget / oder den Rücken auf der Erde reibt / wenn die Mäuse starck hin und her lauffen / pfeiffen / hüpffen und tantzen« usw. (*Bauren-Physic* 56). → Gewitter

Wetterbüchlein, moderner Titel einer Schrift von Leonhard Reynmann (Rynman) aus Nürnberg. Das Buch *Von warer erkanntnus des wetters* verfaßte R. auf Bitten seines Dienstherrn Graf Wolfgang v. Öhringen. Es erschien 1505 in Augsburg u. 1510 in München im Druck (Faksimile-Ed. v. G. Hellmann, 1893) u. ist das älteste wetterkundliche Buch in deutscher Sprache. Das *W.* behandelt Wetterzeichen u. meteorologische Regeln aus dem Traktat des Guido Bonatti *De ymbribus* (1491) sowie aus Firmin de Beauval, *Opusculum repertorii pronosticom* (um 1330) u. Johannes Lichtenbergers *Pronosticatio* (1488). Die im *W.* mitgeteilten Bauernregeln (→ Bauernpraktik) finden sich schon bei Theophrastos (*De causis plantarum*), Aratos (*Phainómena*), → Vergil (*Georgica*) u. → Plinius (*Naturalis historia*), entstammen also zumeist der gelehrten, schriftlichen Tradition, werden allerdings erst von R. in einprägsame Reime gebracht. Zumeist in Augsburg erschienen etwa 20 Drucke des *W.*, bevor die → *Bauernpraktik* (Augsburg 1508) das beliebte Büchlein ablöste. Doch wirkte das Buch noch auf verschiedene andere meteorologisch-astrologische Schriften, etwa auf das *Wetterbüchlin* des Frankfurter Stadtarztes E. Rößlin (1553), auf den *Ewig währenden Calender* v. Grimmelshausen u. auf einen Auszug aus dem *Hundertjährigen Kalender* von 1896. Auch eine englische

Übersetzung liegt vor. Titel einzelner Kapitel des W. sind überschrieben: »Am Ersten wirt gesagt von den Circkeln die zu ettlicher zeyt gesehen werden vmb die Sonn vnd Mon vnnd annder stern [...] Item von den farben vnnd liechten der andern stern [...] Wie das wetter jm auf vnd nydergang der sonnen zu erkennen ist. Item von erkanntnuss des wetters durch die wolcken. Item von dem Regenpogen / wenn er werd / vnnd was er bedeut. Item von dem donnern vnnd plitzen [...] Item von erkanntnuss des wetters ausz dem neuen vnnd volmon [...] Von den vrtailen des wetters aus dem feür«.

Wetterkerze, schwarze, gelegentlich an Wallfahrtsorten im Devotionalienhandel erhältliche Kerzen, die bei → Gewitter angezündet, vor Schaden bewahren sollen.

Wetterkreuz, gegen → Blitze u. → Gewitter (→ Wetter) in der Flur um Siedlungen aufgestelltes Kreuz.

Wetterläuten, Läuten einer im Kirchturm aufgehängten Wetterglocke gegen heraufziehende → Gewitter. Glockeninschriften (»fulgura frango«, »ich hemme die Blitze«) verweisen auf die Funktion der → Glocken. Dem → Brauch liegt der Glaube an dämonisch (→ Dämon) gewirktes → Wetter zugrunde. → Exorzismus, → Lärm

Wettermachen, Wetterzauber. Seit ältester Zeit u. überall hat den Menschen die Unbeständigkeit des → Wetters, sein unberechenbarer Wechsel beschäftigt u. auf den Gedanken geleitet, → Dämonen, Zauberer u. → Hexen (›Tempestarien‹, von lat. *tempestas* ›Unwetter‹) würden insbesondere Unwetter machen. Dagegen sucht man sich mit → Segen u. Läuten der → Glocken, mit Abwehrzauber u. Beschwörungen (→ Beschwören) zu schützen. Ein christlicher Wettersegen (→ Segen) des 6. Jh. kann als Nachfahre antiker Wetterbeschwörungen gelten, wie sie auf Fluchtafeln (→ Defixionstafeln) verzeichnet sind: »Im Namen des Herrn Jesu Christi künde ich dir an, du unreinster höllischer Geist, den der Engel Gabriel von feurigen Fesseln löste, der du zehn Tausend barbarische Namen hast. Nach des Herrn Auferstehung kamst du in Galiläa; dort schrieb er dir vor, daß du die waldigen Gegenden, Engpässe, Berge in Besitz nähmest, damit du Menschen nicht beeinträchtigest oder [Textlücke] Hagel angerufen würdest. Siehe also ein, unreinster höllischer Geist, daß wo du immer den Namen des Herrn hörst oder Schrift erkennst, du nicht nach Belieben schaden kannst« (Ohrt, *Fluchtafeln* 3–16). Antike Wetterbeschwörungen richten sich gegen Sturm auf dem Meer (PGM 2,155), wie auch → Christus den Sturm bannt (Mk 4,39). V. a. machen die → Hexen Wetter u. verwüsten damit die Felder u. Weinberge. Sie kochen in ihren Kesseln Exkremente, Urin, Schlangen usw., rühren u. stampfen den Schleim u. schütten alles unter Murmeln von → Zaubersprüchen in die Felder u. Weinberge. Doch schon das Schlagen von Wassern in Teichen, Hineinwerfen von Steinen, Sand u. Kies bewirkt das gleiche. J. → Weyer kennt weitere Methoden: Der → Teufel lehrt u. unterweist die Hexen, »wie die sach anzugreiffen sey. Denn etlichen gibt er an / sie sollen grosse Kisselstein gegen Niedergang der Sonnen zurück werffen / etliche heist er sand auß einem Bach gegen Himmel steuben / etlichen gebeut er ein Besem in das Wasser zutuncken / vnd gegen Himmel lecken / etlichen befiehlet er sie sollen ein kauten [Grube] in die Erden machen / drein pissen oder wasser drein giessen vnd mit eim finger darin rüren / etliche aber lehrt er andere leppische Phantaseyen / als nemlich schweinbürst in eim Hafen sieden / Balcken oder sonst Höltzer vberzwerch am gestad legen / usw.« (*De praestigiis daemonum*, dt. v. J. Füglin, 183). Neben dem kirchlichen Glockengeläut (→ Wetterläuten) gab es weitere Abwehrmittel u. -riten: Man hält der Wolke einen → Spiegel vor, da Hexen vor ihrem häßlichen Bild zurückweichen, man wirft Hagelsteine ins → Feuer u. stellt scharfe Werkzeuge vor die Tür (ebd., 3,338 f.); legt brennende ›Palmzweige‹ (→ Palmbusch) auf den → Herd, zündet schwarze → Wetterkerzen an, sprengt → Weihwasser gegen das Wetter, hält Wetterprozessionen ab o. spricht → Segen u. → Exorzismen gegen das Unwetter: »Christus + siegt, Christus + herrscht, Christus + befiehlt euch, Wolken und Unwetter, daß ihr euch auflöst« (*Sacerdotale Romanum* 1585, 217ᵛ, bei Bartsch, *Sachbeschwörungen* 330).

Weyer (Weier, Wier, Wierus), Johannes, * 1515 Grave (Nordbrabant), † 24. 2. 1588 Tecklenburg, Arzt. Schüler des → Agrippa v. Nettesheim, 1550–78 Leibarzt Herzog Wilhelms V. von Jülich-Kleve-Berg. W. zählt mit Fr. v. → Spee, A. → Tanner u. Chr. → Thomasius zu den frühen Kämpfern gegen den Hexenglauben u. den Hexenprozeß (→ Hexe). In seinem Werk *De praestigiis daemonum et incantationibus ac veneficiis libri 5* (Basel 1563 [u. ö.]; dt. v. Johann Füglin [Fuglinus], *De praestigiis, Von den Teuffeln, Zaubrern, Schwartzkünstlern, Teuffels Beschwerern* usw., Frankfurt a. M. 1575; dt. v. Johann Füglin, *De praestigiis daemonum. Von Teuffelsgespenst Zauberern vnd Gifftbereytern, Schwarzkünstlern, hexen vnd vnholden* usw., ebd. 1586; dt. v. Henricus Petrus Rebenstock, *De lamiis, das ist: Von Teuffelsgespenst Zauberern vnd Gifftbereytern, kurtzer doch gründtlicher Bericht* [...] *sampt einem angehängten Tractätlein von dem falschen vnd erdichten fasten* usw., ebd. 1586) vertrat er die Auffassung, daß die der Hexerei Beschuldigten seelisch kranke Personen seien, deren Erlebnisse mit dem → Teufel auf Einbildung beruhten, u. die Angeklagten eher Mitleid als Strafe verdient hätten. Gegen W. wandte sich → Bodin.

Wiedergänger, Verstorbene, die aufgrund eines unnatürlichen Todes o. eines Frevels in ihrer Körperlichkeit wiederkehren. Insofern sind sie keine → Gespenster, sondern ›lebende Leichname‹ (→ Leiche) in unverwester Gestalt. Sie können auch in verwandelter Gestalt, kopflos o. feurig o. in Tiergestalt erscheinen, als Hund, Pferd o. a. Häufig treten sie auch als Vampire (→ Drakula) auf. Auch diese erscheinen vielfach in Tiergestalt: als Hund, Wolf, → Katze, → Kröte, Frosch, Luchs, Schwein u. a.

Woche, ahd. *wohha*, got. *wiko* ›Reihenfolge‹; verwandt mit *weichen*, somit ›Reihenfolge‹, ›Wechsel‹ (der Zeitabschnitte). Anstelle der im Lateinischen gebräuchlichen Namen der römischen Planetengötter (→ Planeten) sind im Germanischen eigene Namen entsprechender Gottheiten getreten. Die Kirche ersetzte die heidnischen Tagesnamen durch Namen wie ›sabbatum‹ (Samstag) u. ›dies dominica‹ (Sonntag) u. folgte bei der Benennung der anderen Tage im sogenannten ›ritus ecclesiasticus‹ der numerischen Reihenfolge der Schöpfungstage: ›feria secunda‹ = Montag usw. (Gen 1,5ff.; vgl. Tertullian *De ieiunio* 2,14f.). Die kirchliche Kritik der heidnischen Wochentagsnamen gründete nicht allein in ihren mythischen Bezügen, sondern insbesondere auch in der damit gegebenen astrologischen (→ Astrologie) Praxis, vom Charakter des jeweiligen planetarischen Tagesregenten her Tun u. Lassen an den einzelnen Tagen der Woche zu regeln (→ Caesarius v. Arles, *Sermo* 193; → Martin v. Braga, *De correctione rusticorum* 8; Aelfrik Grammaticus, *Homilia de falsis diis*).

MONTAG, ›dies Lunae‹, ›feria secunda‹, 2. Wochentag. Der M. gilt als → Unglückstag. Diese Anschauung gründet einerseits in der römischen Auffassung, daß der einem Feiertag folgende Tag ein Unglückstag sei (Ovid, *Fasti* 1,57); doch hat auch der im biblischen Schöpfungsbericht fehlende Zusatz »und es war gut« auf diesen Gedanken geleitet. Man soll am M. keine wichtigen Unternehmungen beginnen, keine Reise antreten (→ Nikolaus v. Dinkelsbühl, *Von den zehn Geboten*, bei Baumann, *Aberglauben* 1,389f.), kein → Geld einfordern (Hieronymus Posser, *Beichttafel*, SB München, Cgm 1004,57^r, Baumann, ebd. 1,387), nicht mit dem Säen beginnen (Keller, *Grab des Aberglaubens* 5,441f.), → Begräbnisse vermeiden (Voetius, ebd.). Wenn es einem jedoch am M. gut ergehe, so halte das die Woche überhin an (*Dekalogerklärung*, SB München, Cgm 5255,12^v).

DIENSTAG, ›dies Martis‹, ›Tag des Mars‹, ›feria tertia‹,

3. Tag der Woche. Im Deutschen nach dem germanischen Kriegsgott Thingsus benannt, ein Name, der in lateinischen Inschriften bezeugt ist. Die baierische Bezeichnung ›Ertag‹ nimmt Bezug auf den griechischen Kriegsgott Ares. Im Volksglauben gilt der Tag als geeignet für den Beginn kriegerischer Handlungen. In der Nacht vor dem D. soll man nicht spinnen (Nikolaus v. Dinkelsbühl, bei Baumann, ebd. 1,397). Ein → Donner am ersten D. des Jahres kündet zukünftiges → Wetter an (Beda Venerabilis, *De tonitruis* 609–614). Die Volksetymologie begründet den Glauben, der Tag sei günstig, um einen Dienst anzutreten (»dies servicii, dinstag«, Schönbach, *Zeugnisse B. v. R.* 14).

Mittwoch, ›dies Mercurii‹, ›Tag des Merkur‹, ›feria quarta‹, 4. Tag der Woche. Der Name M., ahd. *mittaweha*, ist im 10. Jh. belegt u. von der Kirche gegen den germanischen ›Wodanstag‹ (engl. *Wednesday*) durchgesetzt. Der M. galt als → Unglückstag, weil an einem M. Judas → Christus verraten hat. Man soll am M. kein Vieh austreiben o. verkaufen (Keller, ebd. 5,262 f.), den Dienst nicht wechseln, nicht → Hochzeit halten (*Journal von und für Deutschland* 4,1,455; 2,343). Er ist jedoch der Hochzeitstag der gefallenen Mädchen (Leu, *Stadt- u. Landrecht* 1,340 ff.). Über die Donnerprognostik (→ Donner) am M. berichtet Beda Venerabilis (ebd.).

Donnerstag, ›dies Iovis‹, ›Tag des Jupiter‹, ›feria quinta‹, 5. Tag der Woche. Im Deutschen nach dem germanischen Gott Donar benannt. Das Altbairische übernahm über das Gotische vermittelt aus dem Griechischen den Namen ›Pfinzdag‹, d. h. ›fünfter Tag‹ (von griech. *péntē* [*hēméra*, ›Tag‹]). Der D. galt als Gerichtstag u. als guter Termin, → Hochzeit zu halten. Johannes → Praetorius bezeugt den Glauben, der D. habe immer anderes → Wetter als der Freitag (*Philosophia colus* 215 f.). Antiker Tradition verpflichtet ist, was Beda Venerabilis (ebd.) über die Bedeutung des ersten → Donners im Jahr zu berichten weiß, wenn dieser auf einen D. fällt.

Freitag, ›dies Veneris‹, ›Tag der Venus‹, feria sexta‹, 6. Tag der Woche. Der deutsche Name (mhd. *vritac*) enthält den Bezug auf die germanische Göttin Fria (zum Adj. *frei*, d. h. ›lieb‹, vgl. *freien*). Die Karfreitagstrauer begründet den Unglückscharakter des Tages (→ Unglückstage): Man vermeidet wichtige Unternehmungen, Reisen, Umzüge, zu säen, sich die → Haare schneiden zu lassen, die Kinder zu baden (→ Bad; → *Rockenphilosophie* 1. Hundert, 1718, 141 f.). Dagegen ist es gut gegen die »Grimmen und Colica«, wenn man am F. ein frisch gewaschenes Hemd anzieht (ebd., 2. Hundert, 362 f.). Auch zum Schneiden der → Fingernägel ist der Tag gut geeignet (ebd., 3. Hundert, 169 f.). In der Volksetymologie des Tagesnamens gründet die Anschauung, der F. mache frei von Krankheiten u. sei von allen Wetterregeln (→ Wetter) frei. An den frühsommerlichen ›Schauerfreitagen‹ werden Flurumgänge (→ Umwandlung) mit Wettersegen gehalten.

Samstag, ›dies Saturni‹, ›Tag des Saturn‹, hebr.-griech.-lat. *sabbatum*, letzter Wochentag. Vorwiegend in Süddeutschland gebräuchlich; in Norddeutschland wird der Name ›Sonnabend‹ verwendet. Der Tag, an dem → Christus im Grabe ruhte, gilt als heilig. An ihm herrscht Arbeitsruhe; das Spinnen ist verboten; wer es dennoch tut, muß als unruhiger Toter umgehen. → Dämonen u. → Teufel besitzen am S. Macht, die → Hexen feiern an ihm ihren Sabbat (Fuhrmann, *De conventu sagarum* o. S.). Der S. galt auch als Glückstag u. wurde gerne als Hochzeitstag (→ Hochzeit) gewählt.

Sonntag, ›dies Solis‹, ›Tag der Sonne‹, ›dies Dominica‹, ›Tag des Herrn‹, 1. Tag der Woche. Die römische Sonnensymbolik (→ Sonne, → Symbol) auf → Christus beziehend, feiert die Kirche den S. als Tag der Auferstehung u. Erscheinung → Christi. An ihm sind ›knechtische Arbeiten‹ verboten, gilt die Pflicht des Gottesdienstbesuches, der geschlechtlichen Enthaltung, das Verbot von → Hochzeiten u. Totenmessen (→ Messe). Am S. sind die Armen Seelen vom Fegefeuer frei (Franz, *Messe* 145). Der S. ist allgemein ein Glückstag (Eberlin, *Dissertatio*), an ihm Geborene, ›Sonntagskinder‹, besitzen besondere Gaben. Sie sind schon den Römern Glückskinder (»filii fortunae«, Horaz, *Saturae* 2,6,49), sind hellsichtig, können wahrsagen, → Geister bannen (→ Bann) u. den Wind stillen. (Schweizer Hexenprozeßakten von 1575 u. 1587, bei Lütolf, *Sagen* 224, 383).

Wünschelrute, Glücks-, Wahrsage- Wickelrute (zu mhd. *wicken* ›zaubern‹, ›weissagen‹; vgl. engl. *witch* ›Hexe‹), mhd. *wünschelruote*, *wünschelgerte*, ahd. *wunskiligarta*; lat. ›virgula mercurialis‹, ›v. divinatoria‹. Die W. ist eine Zwieselgerte, zumeist aus Holz, die mit den Händen an den Enden der Astgabel gehalten wird u. mit Bewegungen der Astspitze Verborgenes anzeigt. In Mitteleuropa wurde sie besonders im 15. u. 16. Jh. geschätzt u. gehörte zur Ausrüstung von Schatzgräbern, Erzsuchern, Brunnenmachern u. Bergleuten. Viele warnten vor ihrem Gebrauch. Doch hinderte das nicht den immer weiter ausgreifenden Glauben an die geheimnisvoll-wunderbare Kraft der W. Schließlich diente sie der Entdeckung, nicht nur von Wasser- u. Erzgängen sowie verborgener → Schätze, sondern auch der Entlarvung entflohener → Diebe u. Missetäter, unmoralischer Hausgenossen u. auch der Unterscheidung echter von unechten → Reliquien (Fälle bei Görres, *Christliche Mystik* 3,181–199). Der Gebrauch von magischen Zwieselgerten u. Zauberstäben ist alt. Schon früh werden beide Requisiten in Zusammenhang gebracht. Moses gebraucht einen Stab zu Wunderzwecken (Ex 14,16; 17,5–6; 7,8–12); beim Propheten Hosea jedoch erscheint ein solcher als → Symbol des Heidentums. Cyrill von Jerusalem bemerkt im 4. Jh. n. Chr. zu der entsprechenden Stelle – »Mein Volk befragt sein Holz, Orakel gibt ihm sein Stab« (Os 4,12) –, »die Weise des Gebrauchs der Ruthe sei verschieden gewesen, wie sie selbst; den Einen nämlich von diesem, den Andern von jenem Holze, mit oder ohne Rinde, gerade oder gekrümmt, oder gabelförmig, mit oder ohne Bild oder Zeichen. So denn auch hätte sie den Einen sich in die Runde beugen müssen, das Ende mit dem Anfang einend; den Andern aber in der Hand einer gewissen Gegend sich zuwendend; noch Andere hätten sie in die Luft geworfen, ihren Fall beobachtend« (Görres, ebd., 593). Die Inschriften u. Zeichen (→ Charaktere), mit denen die Instrumente gelegentlich, wie der Kirchenvater berichtet, versehen worden sind, waren geeignet, die Gedanken des christlichen Kritikers auf begleitende Anrufung von → Dämonen zu leiten. Später weiß Zedlers *Universallexikon*, daß man »dabey viel Aberglauben, mit Seegensprechen bey dem Zurichten, und mit Befragen bey dem Gebrauche« treibe, etwa frage, ob die gesuchten Schätze »von Geistern bewahret« würden (59,799). Die dämonologische Interpretation führt schließlich auf den Verdacht, den Aktionen liege ein → Teufelspakt (→ Dämonologie) zugrunde (Fleming, *Teutscher Jäger* 14 ff.). So versagt denn auch die W. ihren Dienst, wenn man Gott anruft, betet o. die Kommunion empfängt (Görres, ebd., 181–199). Im eher säkularen Gebrauch unterscheidet sich das Aussehen sowie das Material der W. je nach Gebrauchsabsicht: »Dann die růten von haselstauden gmachet / gebrauchen sie zů den sylber gängen / von Eschen zů dem kupffer / vonn Dannen / zů dem pley / sonderlich zum zin / von eisen oder stahel / zů dem goldt« (Agricola, *Vom Bergkwerck* 29). Zedlers *Universallexikon* berichtet zudem von Ruten, die aus »Eisen, Draht, Kupfer, Messing, Fischbein, Spanisch-Rohr usw.« gemacht würden (59,801). Das → Metall der Geräte schien nun auch geeignet, die »natürliche Wirkung der Ruthen« zu erklären: »Die Freunde der Wünschelruthe führen folgendes zu ihrer Vertheidigung an: Daß nemlich die Ertze, und andere unterirdische Sachen, solche subtile

Ausdunstungen von sich dufften könnten, die ein anderer Cörper, ob er gleich sehr weit davon entfernt, gar wohl empfangen könnte. Es wäre auch nichts übernatürliches und ungereimtes, daß die Ausdünstungen des einen Cörpers, sich nach den Ausdünstungen des andern, wegen einer gewissen sympathetischen Krafft [→ Sympathie], lenckten; wie man solches an dem Magnete und Eisen gewahren würde« (ebd., 799f.). Vergleichbar rationalistisch-wissenschaftliche Erklärungsversuche werden bis heute unternommen. Doch stehen stichhaltige Beweise noch aus. Wo es um die Entdeckung von besonderen Lagerstätten (Erz, Wasser, Öl) geht, behilft man sich mit dem Verweis auf eine Reaktion des Rutengängers »auf geoelektrische Reize, magnetische Felder, bestimmte Strahlungen oder dergleichen« (Bonin, *Parapsychologie* 537). Erfolgreichen Rutengebrauch über Landkarten sucht die → Parapsychologie zu deuten.

Würfeln → Los

Wurm, mhd., ahd. *wurm*, ›Kriechtier‹, ›Schlange‹, ›Insekt‹; zu idg. **uer-* ›drehen‹, ›biegen‹, ›winden‹, ›flechten‹; Ableitung ›würmen‹, u. a. ›Würmer haben‹. Nach antiker Vorstellung entsteht der W. ohne geschlechtliche Zeugung aus Holz, Fleisch o. anderem Material. → Isidor v. Sevilla, der diese Ansicht dem MA überliefert hat, widmet den W.ern ein eigenes Kapitel (*Etymologiae* 12,5), in dem er auch Flöhe, Läuse, Raupen, Wanzen, Spinnen, Tausendfüßler u. Schnecken nennt. → Thomas v. Cantimpré fügt weitere Tiere an u. bezeichnet alle Insekten als Nachkommen von Würmern (*De natura rerum* 9). Von zahlreichen Krankheiten glaubt man, sie seien von W.ern bewirkt; denn sie nagen, beißen u. bohren. Auch alles, was zerfressen aussah o. eine ähnliche Form wie ein W. besaß (Mitesser, Zahnnerven, Gewebefasern), wurde diesen gleichgesetzt. Man kannte den Hirn-, Leber-, Leib-, Magen-, Nabel-, Nasen-, Nerven-, Ohrenwurm; den liegenden, schlafenden W.; den roten, weißen u. schwarzen W. usw.

Auch der Tod als endliches Schicksal wurde einem W. zugeschrieben, der im Menschen nagt. Einer derart universellen Wühltätigkeit dämonischer W.er entsprechend konnte die magische Medizin (→ Magie) eine ganze W.apotheke füllen. W.frauen, »alte Artzt-Weiber«, boten ihre W.küchlein auf Wochen- u. Jahrmärkten »wieder die in dem menschlichen Leibe wachsenden Würmer« an (Amaranthes, *Frauenzimmer-Lexikon* 6,2136). W.zieher u. W.schneider versprachen hilfreiche Operationen gegen sie. Man hielt Nasenschleimpolypen o. auch Nasenschleimfäden für Hirnw.er, die Schwermut verursachten. Beschwörungen (→ Beschwören), → Zaubersprüche sowie zahlreiche W.segen sollten die dämonischen Krankheitsw.er hervorlocken, vertreiben o. töten. Aus der Mitte des 10. Jh. stammt der althochdeutsche W.segen ›Gang uz, nesso‹ (SB München, clm 18524b, 203v, ed. Bischof, *Denkmäler* 126f.), der dem W. (»nesso«) befiehlt, mit seinen neun Kindern (»nessinchilinon«) aus dem Mark in die Adern bzw. Knochen u. von dort über das Fleisch in die Haut- bzw. Haarschicht zu entweichen (VL 7,853). Charakteristisch für Zaubersprüche dieser Art ist die Befehlsform, wie sie sich auch in zwei W.segen aus spätalthochdeutscher Zeit findet (Paris, 12. Jh., Cod. nouv. acqu. lat. 229, ed. Miller, *Charms* 16–19). Der eine befiehlt den W.ern im Namen der Dreifaltigkeit u. beim Leben Jesu, den Kranken zu verlassen, der andere wendet sich an die → Sonne, die, solange der W. nicht das kranke Tier verlassen habe, nicht scheinen solle. W.segen aus späterer Zeit nehmen Bezug auf biblische Motive (Hiob auf dem Mist, Schmerzen Marias, Jesus am Kreuz, Gericht Gottes) o. Quasibiblisches, das als beispielhafte Begebenheit in einer kurzen Erzählung den Segen einleitet. Seit dem 15. Jh. bekannt (Thomas → Ebendorfer, *De decem praeceptis*) u. in zahlreichen Varianten verbreitet ist der *Wurmackersegen.* Noch die bis in die Gegenwart verlegten → Zauberbücher verzichten nicht auf ihn: »Sprich diese Wort dreymal: /

Petrus und Jesus führen aus den Acker, / hin und zurück drey furchen, / sie gruben hervor drey Würm, / der eyne war weiß, / der andere schwarz, / der dritte war roht. / Also seien alle Würmer todt« (Spamer, *Romanusbüchlein* 293).

Z

Zahlen ordnen Raum u. Zeit, u. das Göttliche, das in ihnen erscheint, hält die Z. fest. Die dem sumerischen Priester-König Gudea (um 2080) sich offenbarende Gottheit »kennt die Zahlen« (Gudea, Zyl. A 6,1 f.). Nach dem babylonischen Priester Berosos (* um 340 v. Chr.) sind die Z. aus der Urzeit überliefert. So schreibt er in seinem Geschichtswerk (*Babylōniaká*), das von der → Kosmologie der ersten Zeit bis auf Alexander d. Gr. reicht. Über dieses Werk, das aufgrund seiner Berührungen mit dem AT Juden u. Christen besonders wertvoll erschien, wurde die hellenistische Welt mit dem Z.wissen der babylonischen Kultur bekannt. Die Entdeckung des → Pythagoras, daß vibrierende Saiten, deren Länge sich in einfachen Z.verhältnissen darstellen läßt (1 : 2, 2 : 3, 3 : 4) wohlklingende Konsonanzen (Oktave, Quinte, Quarte) erzeugten, führte zur Annahme einer → Makrokosmos u. Mikrokosmos harmonisch ordnenden Kraft der Z. »Alles ist Zahl« (→ Aristoteles, *Metaphysica* 1,986a15). Jede Form u. alle Verhältnisse können demnach durch Z. ausgedrückt werden: Sie sind göttliche Archetypen, Urbilder, »das herrschende und unerschaffene Band des ewigen Beharrens der innerweltlichen Dinge« (Philolaos, 5. Jh. v. Chr.). »Die eine Erscheinungsform der Zahl«, schreibt Aristoteles hinsichtlich der pythagoreischen Lehre im ersten Buch der *Metaphysik*, »sollte die Gerechtigkeit sein, die andere die Seele oder der Verstand, andere Erscheinungsformen sollten Zeit und Gelegenheit sein und damit alles und jedes, was es sonst noch gibt.« Im Griechischen, wie auch im Hebräischen, bedeuteten Zahlen zugleich Buchstaben u. umgekehrt (1–24 als α–ω; → Gematrie), u. diese wiederum dienten der Darstellung von Musiktönen u. -noten: Verhältnisse, die zu umfassenden Spekulationen über den Zusammenhang des Kosmos u. die Wirkungen seiner Teile aufeinander führten.

Wenn die Z. die wirkenden Urbilder von allem sind, dann mußte auch jede Operation mit bestimmten Z. entsprechende Wirksamkeit entfalten. Damit war zugleich eine Z.magie (→ Magie) begründet, wie sie im → Neuplatonismus zur Vorstellung omnipotenter Götterzwänge ausgebildet worden ist: Wenn man den ›wahren Namen‹ einer Gottheit kannte, diesen in Z.werte umsetzte u. diese dann in Zusammenhang mit anderen Verhältnissen brachte – Z. zerlegte, die zerlegten Z. jeweils als Produkt anderer Z. ermittelte, addierte, subtrahierte, multiplizierte usw., bis man die zutreffende Zahl gefunden hatte –, dann konnte man beispielsweise den → Geist eines Verstorbenen mit Hilfe eines Gottes o. → Dämons, die in diesem Fall zuständig waren, in einen mit Wasser gefüllten Becher zwingen, damit jener weissagte (vgl. den Zauberbann des Königs Pitys: PGM 4, 1928, 2005, kommentiert bei Hopfner, *Offenbarungszauber* 247–248). Bedeutsam für die mittelalterliche u. neuzeitliche Z.spekulation wurde die → Kabbala. Die Kabbalisten des 13./14. Jh. entwickelten auf Grundlagen des Neuplatonismus eine mystische Geheimlehre (→ Geheimwissenschaft), in deren Kosmologie 10 göttliche Wirkkräfte, die ›Sefirot‹, herrschten. Sie erlaubten es, auf dem Wege der Buchstaben- u. Zahlenspekulation, den verborgenen → Namen Gottes zu ermitteln u. sich mit dem Göttlichen zu verbinden (→ Theurgie). Infolge der Rezeption kabbalistischer Lehren durch Giovanni → Pico della Mirandola (1463–1494), einen Vertreter des Florentiner Platonismus, sowie durch Johannes Reuchlin (*De arte cabbalistica* 1517) entwickelte sich eine christliche Kabbalistik, von der nachhaltige Wirkungen auf das Amulett- u. Zauberwesen (→ Amulett) sowie auf die Produktion von astrologischen → Charakteren u. Sigillen (→ Sigillum) wie insbesondere auch auf die → Zauberbücher ausgegangen sind.

Einzelne Zahlen:

Die *1* ist das Symbol des Ureinen. Sie ist zentraler Begriff der neuplatonischen Mystik. »Das Eine ist ein Beschluß und Begriff aller Zahlen, 2, 3, 5, 10, 1000 [...] Gott will ich vergleichen der ersten und die Kreatur den anderen Zahlen« (Weigel, *Informatorium* 2,12).

2 ist die Zahl der Trennung von der Einheit, des periodischen Wechsels, auch der Ungerechtigkeit, denn diese ist geteilt (Ambrosius, *De Noe et arca* 12,40). Zwei sind → rechts u. links, → Sonne u. → Mond, Hell u. Dunkel, Tag u. → Nacht. Sie ist die ›Dyade‹, das geteilte, irdische Sein, »die Zahl des Menschen, der sonst auch die kleinere Welt genannt wird« (→ Agrippa v. Nettesheim, *De occulta philosophia* 2,5; *Magische Werke* 2,25).

3 ist die heiligste Zahl. Sie bedeutet Totalität, Abgeschlossenheit; denn sie umfaßt Anfang, Mitte u. Ende (Aristoteles, *De caelo* 1). An Vollkommenheit steht sie der 1 nahe. Die Natur vollendet alles nach dem Gesetz der Dreiheit (→ Thomas v. Aquin zu Aristoteles, ebd.). ›Aller guten Dinge sind drei‹.

4. Nach 4 Himmelsrichtungen erstreckt sich das Universum, es besteht aus 4 → Elementen. Es gibt 4 Jahreszeiten, 4 Mondphasen, 4 Weltalter.

5 bedeutet den Pythagoreern die → Hochzeit; denn sie ist aus der ersten geraden u. ungeraden Zahl zusammengefügt (2 + 3), bedeutet die Verbindung zweier verschiedener Elemente. Zur Hochzeit müssen 5 Freunde des Mannes u. 5 Freundinnen der Frau eigeladen werden (Platon, *Leges* 6). 5 kluge u. 5 törichte Jungfrauen erwarten den Bräutigam (Mt 25). Mit 5 Broten speist Christus die 5000 (Mk 6,35 ff.). Der Manichäismus kennt 5 Söhne des Urmenschen, 5 Äonen der Finsternis, 5 gefesselte Riesen (Archonten).

6 ist die Zahl der Schöpfungstage (Gen 1). Der Sechsstern (Hexagramm) ist die geometrische Figur des Kosmos. Daß das Schöpfungswerk »in einem sich sechsmal wiederholenden Tag in sechs Tagen vollendet wurde, wird wegen der Vollkommenheit der Zahl Sechs berichtet [...] weil durch die Sechszahl die Vollkommenheit des Werkes angedeutet wird. Die Zahl Sechs ist nämlich die erste unter den Zahlen, die sich durch ihre Teile vollendet, das heißt durch ihren sechsten, dritten und zweiten Teil, der Eins, der Zwei und der Drei, die in ihrer Summe sechs ergeben« (→ Augustinus, *De civitate dei* 11,30).

Die *7* ist ebenfalls heilige Zahl, die als kosmische Größe, noch vor der Entdeckung der 7 → Planeten, sich aus der Beobachtung der Mondphasen erschloß. Den Pythagoreern eröffnete sich ihr kosmischer Charakter aus der Verbindung der 3 des Himmels u. der 4 der Welt. Den 7 Planeten entsprechen 7 Sphären u. 7 Himmel. 7 ist die Zahl der Fülle; denn sie ist unteilbar. Sie bedeutet die Gesamtheit, die Vollkommenheit (Augustinus, *Epistola* 55; *Sermo* 83). In Babylon gab es 7 Sündenregister; in der christlichen Lehre gibt es 7 Gaben des Hl. Geistes, 7 Zufluchten, 7 Werke der Barmherzigkeit, 7 Sakramente, 7 Todsünden.

Auch die *8* ist schon in der Antike Zahl der Vollkommenheit. Die 7 Sphären der Planeten werden von einer achten, dem Fixsternhimmel, der Stätte der Gottheit, überwölbt u. abgeschlossen. Zu ihr führt der Weg der Seelen, die über die 7 Planetensphären von Gott herabgestürzt sind, wieder empor zum Ewigen im Zeichen der 8 (Klemens v. Alexandria, *Stromateis* 5,106–108). Sie ist als erster Wochentag der Tag der Auferstehung, der Jüngste Tag, an dem eine neue Weltzeit beginnt.

Als dreifache Triade, aus 3 x 3 bestehend, ist die *9* Erfüllung, Anfang u. Ende, das Ganze. Den Pythagoreern ist sie die Grenze der Zahlen, alle anderen sind in ihr enthalten u. kehren in ihr wieder. Sie ist als Zahl der Vollendung die Zahl des Kreisumfanges mit 4 x 90 Graden.

Die *10* ist Summe der ersten 4 Z. (1 + 2 + 3 + 4). Sie ist die heiligste Zahl im Hermetismus (→ *Poimandres* 13,12;

→ Hermes Trismegistos). 10 Gebote kennt das AT (Ex 20); deshalb wird »der Mensch im zehnten Monat geboren«, denn dadurch ist er den 10 Geboten geweiht: »Wir werden in der gleichen Zahl der Zeit geboren, als Gesetze gegeben sind, durch die wir wiedergeboren werden« (Tertullian, *De anima* 37).

Für Theorie u. Praxis von großem Belang sind die Zuordnungen, wie sie → Agrippa v. Nettesheim (*De occulta philosophia* 2) aufstellt: *1:* → Stein der Weisen, ein Mittel zur Benützung aller natürlichen u. übernatürlichen Kräfte. – *2:* → Erde, → Wasser; zwei Elemente, Erzeuger des geistlichen Lebens. – *3:* Einfaches, Zusammengesetztes, Zerlegtes; 3 Grade der Elemente. – *4:* Die Form, in der die 4 Elemente, → Feuer, Wasser, Luft, Erde, in den Eigenschaften des Warmen, Feuchten, Kalten u. Trockenen erscheinen, u. zwar in den 4 → Jahreszeiten, Weltgegenden, Tiergattungen, Pflanzenteilen, → Metallen, Steinen; im Menschen, in der Seele, den Verstandestätigkeiten, den Tugenden, den Sinnen; Grundsubstanzen des Leibes, der Temperamente. – *5:* Wasser, Luft, Feuer, Erde, Gemischtes; 5 Gattungen des Verweslichen. – *6:* Ruhe, Lockerheit, Schärfe, Stumpfheit, Dichtigkeit, Bewegung; sechs wesentliche Eigenschaften der Elemente. – *7:* Den 7 → Planeten gehören an: Dem Saturn: Wiedehopf, Tintenfisch, Maulwurf, → Blei, → Onyx; dem Iupiter: → Adler, Delphin, Hirsch, Zinn, → Saphir; dem Mars: Geier, Hecht, Wolf, → Eisen, → Diamant; der → Sonne: Schwan, Seekalb, Löwe, → Gold, → Karfunkel; der Venus: Taube, Äsche, → Bock, → Kupfer, → Smaragd; dem Merkur: Storch, Meeräsche, Affe, Quecksilber, → Achat; dem → Mond: Nachteule, Seekatze, → Katze, → Silber, Kristall. – *8:* Trockenheit der Erde, Kälte des Wassers, Feuchtigkeit der Luft, Hitze des Feuers, Wärme der Luft, Nässe des Wassers, Trockenheit des Feuers, Kälte der Erde; acht besondere Eigenschaften. – *9:* → Saphir, → Smaragd, → Karfunkel, → Beryll, → Onyx, → Chrysolith, → Jaspis, → Topas, → Karneol; neun Steine, die die neun Chöre der → Engel vorstellen. – *10:* Taube, Panther, Drache, → Adler, Pferd, Löwe, Mensch, → Schlange, Ochse, Lamm; zehn heilige Tiere. – Agrippa fügt dann noch Erklärungen an zu den Zahlen: 11–16, 18, 20, 22, 28, 30, 32, 40, 50, 60, 70, 72, 100, 1000; 144 u. 1728 als Quadrat u. Kubus von 12 ist die endgültige Fülle, Vollendung, Vollkommenheit. Agrippa meint, »wenn irgendein Gemeinwesen oder ein Staat zu derselben [Zahl] gelangt«, so wird er, »nachdem der Würfel voll ist, seinem Verfalle zueilen« (2,15).

Zarathustra, griech. Zoroaster. Wirkte wahrscheinlich um 600 in Nordostiran, † viell. um 553 v. Chr. Stifter der alten iranischen Bekenntnisreligion (Mazdaismus, Zoroastrismus, Parsismus). Geschichtliches über sein Leben enthalten die *Gathas* des *Avesta*, die im wesentlichen auf Z. selbst zurückgehen. Die Nachrichten des *Jüngeren Avesta* sowie die der griechisch-römischen Antike sind mythischen Charakters, ebenso die der späteren Überlieferung. Das MA setzt Z. mit dem Noe-Sohn Cham (Ham) (Hugo v. St-Victor, *Didascalicon* 6,15) o. dessen Sohn Chus (Gregor v. Tours, *Decem libri historiarum* 1,6) in eins u. sieht in ihm den ersten Magier (→ Isidor v. Sevilla, *Etymologiae* 8,9,1–3) bzw. Erfinder der → Magie.

Zauberbücher dienen Zwecken der praktischen → Magie. Sie enthalten Anleitungen, in der Welt des Alltäglichen wirksamen Zauber zu entfalten: gegen Krankheiten, Leid, böse Menschen, → Diebe, → Hexen, → Geister, → Besessenheit u. Beschwörungen (→ Beschwören), gegen → Gewitter u. → Feuer; sie sollen helfen, Glück, Liebe, → Schätze zu gewinnen, das Wachstum im Stall u. auf dem Feld zu fördern usw. Sie enthalten → Gebete, Andachten, → Segen, Beschwörungen, → Zaubersprüche, → Exorzismen, Zaubersiegel (→ Sigillum), Anleitungen zur Produktion von → Amuletten u. → Talismanen, Heil- u. Zauberberichte, magische Hausmittel. Für die Antike bezeugt die Überlieferung der → Zauberpapyri einen umfassenden

Gebrauch von Zaubertext-Sammlungen verschiedenen literarischen sowie magischen Niveaus. Zwar ist in den mittelalterlichen Z.n das Nachwirken dieser Tradition spürbar; doch sind konkrete Überlieferungszusammenhänge nur schwer erweisbar. Zudem ist vieles aus der Tradition der antiken Zauberliteratur erst über die jüdische → Kabbala u. arabische Verarbeitung u. Vermittlung (→ *Picatrix*) den lateinischen Texten des MA zugeflossen. Was im MA an Z.n bekannt war, verzeichnet → Johannes Trithemius in seinem *Antipalus maleficorum* (1508). Er nennt u. a. die → *Clavicula Salomonis*, den *Picatrix*, sowie zahlreiche (Pseudo-)Z.-Autoren, u. a. → Hermes Trismegistos, Cyprian, → Vergil, → Simon Magus, → Aristoteles, Enoch, Joseph, Alexander d. Gr., Michael Scotus (→ Alchemie), → Albertus Magnus, → Petrus v. Abano. Vorher schon hatte Johannes → Hartlieb im *Buch aller verbotenen Kunst* um (1455/56) eine Liste von Z.-Titeln erstellt; u. a. führt er Bücher an von Thebit (d. i. Thābit ibn Qurra, arabischer Astronom, 836–901), → Ptolemaios u. Leopold v. Österreich. Ausführlich beschreibt → Hartlieb *Das Gesegnete Buch* (*Liber consecratus*, *L. sacer*, *L. sacratus*; *Buch aller verbotenen Künste* 28). Das Buch kann als Beispiel einer eher christlichen Z.-Tradition gelten, die nun einsetzt u. sich in den Z.n der Neuzeit voll entfaltet. Diese Z. enthalten weithin allerdings nurmehr Sammlungen von Segenstexten, christianisierte Zaubersprüche, epische Heilsberichte aus der Bibel bzw. aus quasi-biblischem Milieu, aus Legenden usw. Hierzu gehören etwa: Die *Höllenzwänge* des Dr. → Faust (*Doktor Faust's großer und gewaltiger Höllen-Zwang. Mächtige Beschwörungen der höllischen Geister besonders des Aziel, daß dieser Schätze und Güter von allerhand Arten gehorsamvoll, ohne allen Aufruhr, Schrecksetzung und Schaden vor den gestellten Kreis seiner Beschwörer bringen und zurücklassen müsse. Nach einer sehr alten seltenen Handschrift des Jesuiten-Colleg in Prag*, Leipzig 1902). Die *Höllenzwänge* dienten

v. a. dem zauberischen Schatzheben (→ Schatz) sowie der Dienstbarmachung von → Geistern. Kalligraphische Handschriften u. Luxusdrucke aus fürstlichen Bibliotheken des 17. u. 18. Jh. bezeugen ihre hohe Wertschätzung.

Verbreitet waren u. sind: Die *Schildwachtbücher.* Sie gehen auf ein lateinisches Gebetbuch zurück, wie es für das Jahr 1525 bezeugt u. Papst Leo d. Gr. zugeschrieben worden ist. 1638 befinden sie sich auf dem Index: *Geistlicher Schild gegen geist- und leibliche Gefährlichkeiten allzeit bei sich zu tragen. Darinnen sehr kräftige Segen und Gebet, so theils von Gott offenbaret, von der Kirche und den H. H. Vätern gemacht und von Uban VIII. Röm. Papst approbiret worden. Zum Trost aller Christgläubigen sonderlich deren, so zu Wasser und Land reisen, damit sie durch Kraft dieses bei sich tragende Schildes vor vielen Gefahren erhalten werden*, 1647. – Das *Gertrudenbüchlein*, u. a. Gertrud v. Nivelles († 659) zugeschrieben: *Gertrudenbuch / oder Auserlesenes / Geistreiches und Andächtiges Gebeth-Buch* [...] *Durch Mühe und Fleiß Eines Capuciner-Ordens Priestern* [...] *verbessert und vermehrt. Erstlich gedruckt zu Cölln. Anjetzo in Verlegung Peter Paul Bleul / Buchhändler* [Cöln 1670]. – Das → *Christophelgebet.* – Das *Romanusbüchlein.* Ein Zitat aus dem Druck von 1908 (Berlin-Weißensee) mag den Ton solcher christlicher Z. charakterisieren: »Bete ernstlich früh, alsdann kehre das Hemde um, den linken Aermel zuerst und sprich: Kehr dich um Hemde und du Fieber wende dich und nenne den Namen dessen, der das Fieber hat, das sage ich dir zu Buß im Namen Gottes des Vaters, des Sohnes und des heiligen Geistes, Amen. So sprich diese Worte 3 Tage nach einander, so vergeht es.« – *Das sechste und siebente Buch Mosis* (*Mosesbuch*) ist das heute bekannteste Z. Seine Einzeltexte variieren u. sind im wesentlichen aus populären Z.n kompilatorisch zusammmengefügt. In einzelnen Teilen mag ein Zusammenhang mit hebräischen Sammlungen des MA bestehen (*Schwert des Moses*). Die

Zuschreibung an Moses gründet in verschiedenen Motiven der biblischen Berichte: Das Auftreten des Moses gegen die ägyptischen Magier, die Erweckung von Wasser mit seinem Stab aus Felsen, die Errichtung der ›ehernen Schlange‹ (Ex 7,8–12). Ein übermächtiges Zauberwissen bezeugte die Antike dem Moses. Schon die → Zauberpapyri berufen sich auf mosaische Z. (Jacoby: HDA 6,585). Da das AT nur 5 Mosesbücher kennt u. in diesen nur wenig von Zauberei die Rede ist, vermutete man, weitere Bücher seien, seit Luther die Bibel den Laien zugänglich gemacht hatte, dem Volk von der Geistlichkeit unterschlagen worden. ›Vollständige‹ Bibeln mit den Z.n des Moses sollten, der Sage nach, in den Kellern von Schlössern, Kirchen u. Klöstern liegen, von Mönchen bewacht, o. angekettet in den Verliesen des Vatikans. Als berühmte vollständige Bibel galt die *Weimarer* o. *Kurfürstenbibel*. Doch stammt *Das sechste und siebente Buch Mosis* erst aus dem 16. Jh. – Als großer Zauberer galt, aufgrund seiner Forschungen im Bereich der profanen Wissenschaften, auch → Albertus Magnus. Noch heute verbreitet ist das ihm fälschlich zugeschriebene Z. *Albertus Magnus' bewährte und approbierte sympathetische und natürliche egyptische Geheimnisse für Menschen und Vieh, für Städter und Landleute.* Nach dem Druckort wird es auch *Reutlinger Buch* genannt. Die Materialien des Buches stammen weder aus anderen, ebenfalls Albert unterschobenen Zaubertexten noch aus dem MA, längst nicht aus Ägypten, dem klassischen Zauberland, sondern erst aus dem frühen 19. Jh. – Neuzeitliche Z. wurden nicht immer erworben, um gelesen zu werden u. ihre Rezepte zu gebrauchen: Man vergrub sie auch unter der Türschwelle o. im Stall, vermauerte sie unter dem Dach o. bewahrte sie wie mächtige → Amulette, alles Böse abzuwehren, im → Hause auf.

Zauberpapyri, z. T. sehr umfangreiche, auf Papyrus verzeichnete, griechisch-ägyptische Rezeptbücher für die Zauberpraktik (Textausgaben: PGM [Standardausgabe];

Betz, *The Greek Magical Papyri in Translation*; Daniel u. Maltomini, *Supplementum Magicum*). Es handelt sich um synkretistische Produktionen, deren primäre Textteile wenig Verbindungen zur altägyptischen Magietradition besitzen, vielmehr schon im 6.–4. Jh. magische Texte u. Zeugnisse aus babylonischen Überlieferungen, etwa zur Schüsseldivination (→ Becherorakel) an sich gezogen haben, später auch Texte aus griechischen Traditionen. Sie enthalten Formeln u. Anweisungen zur → Divination, → Nekromantie, zum → Exorzismus, Schadenzauber, → Liebeszauber, Anleitungen zur Herstellung von → Amuletten, Angaben zu magischen Rezepturen, v. a. gegen → Fieber; Berichte über → Visionen u. Offenbarungen von Göttern; o. über Möglichkeiten, sich unsichtbar zu machen, verriegelte Türen zu öffnen o. im Glücksspiel Erfolg zu haben. Die Z. dienten oft weit wandernden »Zauberdienstleistenden« (G. L. Gordoni: DNP 12,2) als handbuchartige Texte zu allen Fällen der zauberischen Tätigkeit. Von diesen an den Erfordernissen der praktischen → Magie u. den Bedürfnissen des Magiers ausgerichteten Texten sind solche zu unterscheiden, deren Niederschrift selbst als das zauberisch Wirksame zum Einsatz gebracht wurde. Sie finden sich auf Papier, Tafeln aus → Blei, auf Holz u. Tonscherben verzeichnet. Ihre Texte entsprechen funktional u. auch inhaltlich den → Defixionstafeln u. Amuletten. Die Rezeptbücher sind, gemäß dem Bildungsstand ihrer Verfasser, oft hochgelehrt. Erste Z. gelangten zwischen 1816 u. 1857 nach Europa. Ihre Fundorte sind zumeist unbekannt geblieben. Von den demotischen Papyri aus London (*P. Londinenses*) u. aus Leiden (*P. Leidenses*) wurde berichtet, sie seien in einem → Grab in Theben gefunden worden. Sie wären dann dem Magier als wichtigstes Kraftmittel mit in das Jenseits gegeben worden. Bemerkungen in den Z., sie seien von Mustertexten ägyptischer Tempel abgeschrieben worden, verweisen auf ihre Herkunft aus dem Kreis der gelehrten ägyptischen Tempelpriesterschaft. Allerdings waren magische Handlungen schon vor dem 4. Jh. v. Chr. keine Tätigkeiten mehr, die der Priesterschaft vorbehalten waren. Vielmehr lassen die zauberischen Handlungsanweisungen auf ihren Vollzug im privaten Milieu schließen. Schließlich ging die kundige Priesterschaft selbst auf Wanderschaft u. bot ihre Dienste im profanen Bereich an. Zaubertafeln, die in Kleinasien, auf Zypern, in Athen, Rhodos, Rom u. anderswo gefunden worden sind, lassen erkennen, daß ihre Inschriften aus der Feder kompetenter Verfasser stammen. Von den Fundorten her gesehen, wird ein direkter Zusammenhang zwischen griechisch-ägyptischem Zauberwissen u. späterer magischer Praxis u. Überlieferung in Europa faßbar.

Zauberring → Ring

Zauberschuß → Schuß

Zaubersprüche. Das Vertrauen in die Wirksamkeit von Z. gründet im Bewußtsein einer magischen Bedeutung des Wortes (→ Buchstabensymbolik, → Name). Durch Geheimhaltung (→ Arkandisziplin) wird ihre volle Kraft gewahrt. Z. werden gesungen (→ Inkantation), gemurmelt (›murmur magicum‹) o. rhythmisch vorgetragen. Aufgeschrieben, werden sie als → Amulette gebraucht. Sie wirken nach den Prinzipien der Analogie (→ Analogiezauber) u. → Sympathie. Sie werden verstärkt durch magische Gesten (→ Berühren, → Blasen, Spucken [→ Speichel]), mimische Handlung u. Formen der Askese. Sie befehlen dem Übel: ›Geh weg!‹, sie verbannen (→ Bann) in Wald, Wüsteneien u. Hölle, sie übertragen das Schlimme (→ Verpflöcken). In magischen Vergleichen wird den Übeln der Weg gewiesen, in epischen Einleitungen der eigentlichen Spruchformel wird an mythische Ereignisse ihrer Bewährung erinnert (Repräsentation). Ihre Anwendungsbereiche sind nahezu universell. Eher skeptisch äußert sich → Plinius zum Spruchwesen seiner Zeit: »Es gibt auch Zaubersprüche [carmina] gegen Hagelschauer, gegen gewisse Arten von Krankheiten und gegen Verbrennungen, von denen sich einige auch bewährt haben; allein eine sehr große Scheu hindert mich [...] weiteres mitzuteilen« (*Naturalis historia* 27,29). Aus alt- und mittelhochdeutscher Zeit überliefert sind Augensegen, Bienen-, Blut-, Halssegen; Hausbesegnungen, Hunde-, Pferde-, Reisesegen; Z. gegen → Epilepsie, → Gicht, Nasenbluten, → Würmer u. a. Berühmt sind die beiden *Merseburger Zaubersprüche* zur Befreiung Gefangener u. gegen Fußverrenkung. Sie stammen noch aus vorchristlicher germanischer Zeit u. sind im 10. Jh. aufgezeichnet worden. Die meisten Z. sind schon in mittelalterlicher Zeit christlichen Ursprungs (→ Segen): Der *Jordansegen* (seit 9. Jh.; Blutsegen), *Hiob-Segen* (seit 12. Jh.), *Longinus-Segen* (gegen Blindheit), *Drei-Königs-Segen* (Reisesegen; → Drei Könige), *Tobias-Segen* (Reisesegen), *Wurmacker-Segen* (seit 15. Jh.; → Würmer). Feuer-Segen (→ Feuer) nehmen bezug auf die Heiligen Agathe u. Laurentius. Gegen → Diebe (→ Diebssegen) hilft der Spruch: ›Maria in der Kindbett lag‹ o. der *Drei-Nägel-Segen* (seit 14. Jh.; mit Bezug auf die Kreuzigung → Christi). Die Überlieferung der Z. vollzog sich entweder mündlich o. schriftlich, u. a. in ›Brauchbüchern‹ (von ›Brauchen‹ im Sinne von → Besprechen) u. besonders in → Zauberbüchern. ›Zauberinnen‹, ›Weise Frauen‹, → Hebammen, Heiler, Braucher (Schinder, Hirten, Schäfer), Teufelsbanner nutzen sie zum Zwecke der Heilung von Mensch u. Tier u. zur Abwehr allen Übels, böser Anschläge, → Hexen u. → Dämonen (→ Apotropaion).

Zauberwort → Buchstabensymbolik

Zaun → Einfriedigung

Zeit. Dem Empfinden der Z. entspricht keine anthropologische Konstante, vielmehr ist es kulturell bestimmt. Von einer linear ins Unendliche verlaufenden Z. unterscheidet sich eine zyklisch gerundete, stets wiederkehrende Z. Im natürlichen Rhythmus des Jahres, dem stets an den Anfang zurückkehrenden Umlauf der Gestirne, wiederholt sich die Zeit, u. im Mythos, → Ritus u. Kult wird sie akzentuiert. Zeit- u. Planetengötter stehen den wiederkehrenden Z.abschnitten vor: der Stunde, dem Tag, der → Woche, dem Jahr. Dem mythischen Charakter dieser Gottheiten entsprechend gewinnen die Stationen der Z. unterschiedliche Gehalte, des Guten u. Bösen, Günstigen u. Ungünstigen, des Glücklichen u. Unglücklichen. In der → Tagewahl, im Glauben an Glücks- u. → Unglückstage, an → ägyptische Tage findet diese Vorstellung ihren Ausdruck. Das Jahr hat seine heiligen Z.en: → Weihnachten, die → Zwölften, → Silvester, → Neujahr, → Drei Könige, → Fastnacht, → Ostern, → Pfingsten, → Walpurgisnacht, die → Lostage. Sie sind zu Orakel- u. Zauberzwecken (→ Orakel) besonders geeignet. Auch die → Volksmedizin nützt die Gelegenheit der Z. An bestimmten Festz.en trifft man vorbeugende Maßnahmen zum Erhalt der Gesundheit; bestimmte Tages-, Mond- u. Jahresz.en sind besonders geeignet zu Heilzwecken, auch zum Sammeln von Wurzeln u. Heilkräutern. Im Leben des Menschen sind wichtige Phasen von → Dämonen bedroht (→ Geburt, → Taufe, → Hochzeit, Tod) u. müssen mit → Amuletten, → Talismanen, durch → Apotropaia u. → Segen geschützt werden. Für jeden Z.punkt gilt, wonach ein *Beichtbuch* des 15. Jh. fragt: »Item hast du [...] zauberei an heyligen tagen und nächten oder ander zeit getrieben?« (*Spiegel des Sünders*, bei Franz, *Nikolaus* 157).

Zigeuner. Als Stammesname der Roma u. Sinti seit dem 15. Jh. bezeugt (auch *Acingani*, Ägypter, Heiden, Tatern), jedoch keine Selbstbezeichnung; entlehnt aus ital. *zingaro*, ungar. *czigány*, unsicherer Herkunft. Die Z. sind aus NW-Indien über Stationen in Persien, Armenien u. im byzantinischen Reich im 14. u. 15. Jh. nach Europa eingewandert. Athanasios I., Patriarch v. Konstantinopel (1289–93, 1303 bis 1310), warnte vor den »Athinganern«, die als Bärenführer u. Schlangenbeschwörer aufträten. Die *Magdeburger Schöppenchronik* (14./15. Jh.; ed. *Chroniken deutscher Städte* 7, 1869; 27, 1899; ND 1962) berichtet von »Tatern, die Zeguner genannt«, die 1417 in die Stadt gekommen seien u. auf dem Fischmarkt »einer auf des andern Schultern« getanzt hätten. Das Bild der Z. ist anfangs noch schwankend. Positiv wird vermerkt, daß sie wohlhabend u. gut gekleidet seien, einen adeligen Anführer besäßen, königliche u. päpstliche Empfehlungsschreiben mit sich führten u. »christliche« Ordnung hielten; doch tritt früh eine negative Stammesstereotypik hervor. Sebastian Münster meint, sie seien »ein ongeschaffen / schwartz / wuest vnd onfletig volck / das sunderlich gern stilt [...] lebt wie die hund / ist kein religion bey ine / ob sie schon jre kinder vnder den Christen lassen tauffen« (*Cosmographei*). Es wurde ihnen vorgeworfen, für die Türken zu spionieren, Wahrsagerei zu betreiben u. Zauberer zu sein (→ Fischart, *Teuffelsheer* 249). Insbesondere verstünden sie die Kunst, aus der Hand zu lesen (»ansehen die vinger«, → Hartlieb, *Buch aller verbotenen Kunst* 103–105). Wenn die → Chiromantie der Z. manchem auch ohne wissenschaftliche Systematik auszukommen schien (ebd. 104), so ist sie doch abhängig von den gelehrten Traditionen des Abendlandes: Unterscheidung von 4 Hauptlinien, deren Deutung nach Verlauf u. Lage, Beachtung von Falten, Zeichen usw. Auch in der Kartenschlägerei, dem → Wahrsagen aus Karten, sind sie erfahren. Allerdings ist die Behauptung, sie hätten den → Tarot erfunden u. nach Europa gebracht, ein Gerücht. Erst im 20. Jh. bedienen sie sich dieser Karten zu Wahrsagezwecken. Früh haftete den Z.n der Zaubereiverdacht an. In den Scheunen, in denen sie lagern, entzünden sie Feuer ohne Gefahr für das Stroh u. Heu dort: »Der Zigeunern Fewrkunst, welche in den Schewren, Städlen, Küblen und Gelten, bey Hew und Stroh, Fewer anzünden, welche doch nichts als die zubrennen angelegte Materi verbrennen; wird von jhnen der sonderbaren natürlichen Krafft einer Fewr-Wurzel zugeschrieben, deren sie jährlich eine ziemliche Quantitet vnd Viele, auss klein Egypten, da solche auf einem hohen Berg wachsen sollen, zu empfahen sich rühmen« (Anhorn, *Magiologia* 399 f.).

Zosimos, auch: Rosinos, Rubinus, v. Panopolis (Oberägypten), Ende 3. u. Anfang 4. Jh. n. Chr., frühester historisch faßbarer Autor der → Alchemie, lebte in Alexandria. Z. verfaßte eine nur in Bruchstücken überlieferte, durch spätere Einschübe entstellte Schrift, die im wesentlichen aus Zitaten älterer Autoren zu bestehen schien (*Cheirókmēta*). Sein Werk enthält Gedanken des → Neuplatonismus u. der → Gnosis u. überträgt Mythen vom Leiden u. der Erlösung des Menschen auf den alchemistischen Prozeß der Metallveredlung. Für das Gelingen des Werkes ist die persönliche Integrität des → Adepten Voraussetzung, u. der → Stein der Weisen kann nur nach entsprechend innerer Reifung des Alchemisten erreicht werden, ein Gedanke, der sich später die Geschichte der Alchemie hindurch verfolgen läßt. Ursprünglich in griechischer Sprache verfaßt, wurde sein Werk auch ins Arabische, Syrische u. Lateinische übersetzt u. war im MA hochgeschätzt.

Zweites Gesicht, griech. Deuteroskopie, optische Halluzination, die der mit dem Z. G. Begabte im Gefühl wachen Bewußtseins erfährt u. als bedeutsam empfindet, deren Sinn sich ihm jedoch zumeist erst bei Eintritt beziehbarer Ereignisse eröffnet. Man hat die Erscheinung auch als ein »Hineinragen der Traumwelt in den Wachzustand« (Carus, *Vorlesungen*) gedeutet o. als Projektion subjektiver Anschauungsbilder in die Realität (Schmeïng, *Z. G.*). Verbreitet ist die Gabe des Z. G. in bestimmten Landschaften um die Nordsee von Irland bis Lappland, in Deutschland, besonders in Westfalen (Spökenkieker, Geisterseher [→ Geister]; auch Schichtkieker, Schichtiger). Oft gilt sie als erblich. Die Träger des Z. G. betreiben häufig auch → Hellsehen u. → Wahrsagen.

Zwölften, Zwölfnächte, Rau(c)hnächte, die 12 Tage von → Weihnachten bis → Drei Könige, in verschiedenen Regionen auch verschieden terminiert, aber immer ›zwischen den Jahren‹, wie → Neujahr auch datiert ist, eine Zeit mit Toten-, Masken-, Geister- u. Lärmumzügen (→ Geister, → Lärm), aber auch 12 Orakeltage (→ Orakel) mit Bezug auf die kommenden 12 Monate des neuen Jahres. Ursprünglich die 12tägige Weihnachtsfestzeit (2. Konzil v. Tours, v. J. 567, 23; → Weihnachten). In der Berechnung des → Kalenders 12 Tage zum Ausgleich zwischen dem alten Mondjahr (354 Tage) u. dem Sonnenjahr (365/366 Tage). → Träume in den 12 Nächten erfüllen sich in dem entsprechenden Monat, das → Wetter repräsentiert das der kommenden 12 Monate; es wird »der Kalender gemacht«. → Haus u. Stall werden gegen alles Böse mit geweihter Kohle geräuchert (›Rauchnächte‹). Arbeitsruhe ist geboten: Man soll keinen Flachs brechen, sonst »verderben die Äpfel und Birn«, nicht dreschen, »es verdürb sonst das getraidig so weit als der Schall gehört wird« (→ *Rockenphilosophie* 6. Hundert, 1722, 221–225). Besitzt man ein Hemd, das aus Zwirn, der in den Z. gesponnen ist, verirrt man sich nicht auf der Reise u. fällt nicht ins Wasser. Johann Georg Schmidt fühlt sich an den Ariadnefaden erinnert, »der dich nicht verirren läßt« (ebd. 226).

Quellen- und Literaturverzeichnis

Autoren seit dem 19. Jahrhundert werden mit abgekürztem Vornamen, deren Werke ohne Hinweis auf den Verlagsort angeführt. Zitiert wird nach Werkkapiteln oder Seiten der benutzten Ausgabe.

AA SS: Acta Sanctorum, ed. J. Bolland (1–2) [u. a.], 1–68, 1643 ff.

AA SS OB: Acta sanctorum ordinis sancti Benedicti, ed. L. d'Achery et J. Mabillon, 1–9, 1668–1701, ²1733–38.

Abraham a Santa Clara (d. i. Ulrich Megerle; *1644, † 1709), Lauber-Hütt, 1–3, Wien/Nürnberg 1721–23.

Pseudo-Abraham von Franckenberg, Gemma magica oder Magisches Edelgestein / das ist/Eine kurtze Erklärung des Buchs der Natur [...], Amsterdam 1688.

Abt, A., Die Apologie des Apuleius von Madaura und die antike Zauberei, 1908, ND 1967.

Adam von Bremen († vor 1085), Gesta Hamburgensis ecclesiae pontificum, ed. u. übers. W. Trillmich, 1961.

Admonitio generalis, v. J. 789, ed. MGH Leg. 2,1,55–60.

Aelfrik (Alfrid) Grammaticus (* um 955, † vor 1020), Homilia de falsis diis, ed. B. Thorpe, 1844–46, Suppl. J. C. Pope, 1967–68.

Agilulf († nach 748), Miracula s. Agili, ed. AA SS, iul. 2,714–726.

Agobard von Lyon (*799, † 840), Liber contra insulsam vulgi opinionem de grandine et tonitruis, ed. MPL 104,147–158.

Agricola, Georg (*1494, † 1555), De re metallica libri 12, Basel 1556; übers. Philippus Bechius, Vom Bergkwerck 12 Bücher, ebd. 1557, ND 1985.

Agrippa von Nettesheim, Heinrich Cornelius (*1486, † 1535), De occulta philosophia, Antwerpen 1531, ed. K. A. Nowotny, 1967; dt.: H. C. A.s v. N. Magische Werke 1–5, 1855, ⁴1921, ND 1–2, 1979; engl. übers. J. Freake, ed. D. Tyson, 1993.

AHMA: Analecta hymnica medii aevi 1, 1886 – 55, 1922.

Ailianos, Taktikos (1. Jh. n. Chr., † 222/238), Taktiká, ed. u. übers. H. Köchly, 1885.

Ailianos, Claudius (2./3. Jh. n. Chr.), De natura animalium, ed. u. engl. übers. A. F. Scholfield, 1–3, 1958–59.

– Varia historia, ed. M. R. Dilts, 1974.

Aineias Taktikos (4. Jh. v. Chr.), Fragmente eines verlorenen Werkes über Kriegswissenschaft, ed. u. übers. H. Köchly u. W. Rüstow, 1853.

Aischylos (*525/555, † 456/455 v. Chr.), Choephoroi, ed. U. v. Willamovitz-Moellendorff, ²1958.

– Persae, ed. U. v. Willamovitz-Moellendorff.

– Supplices, ed. U. v. Willamovitz-Moellendorff.

Aisopos († 564/563 v. Chr.), Fabulae, ed. A. Hausrath u. H. Hunger, 1959–70.

AKDV: Anzeiger für Kunde der deutschen [teutschen] Vorzeit, 1835 ff., NF 1853 ff.

AKuG: Archiv für Kulturgeschichte 1, 1903 – 32, 1944; 33, 1950/51 ff.

Albertus Magnus (* um 1200 (1193?), † 1280), De animalibus libri 26,1–2, ed. H. Stadler, 1916–20.

– Mineralia, ed. A. Borgnet, Alberti Magni Opera omnia, 5,1–102, engl. übers. D. Wyckoff, 1967.

– Opus de mysterio missae, gedr. 1473 (zit.) [u. ö.]; Auszüge ed. A. Kolping, 1956 (Scholastik 31,70–84).

– De vegetabilibus libri 7, ed. C. Jessen, 1867.

Pseudo-Albertus Magnus, Bewährte und approbirte sympathetische und natürliche egyptische Geheimnisse für Menschen und Vieh 2 Theile, gedr. 1816 [u. ö.]; zit.: 1852.

Alcher von Clairvaux, 12. Jh., Liber de spiritu et anima, ed. MPL 40,669–832.

Alemannia. Zeitschrift für Sprache, Litteratur und Volkskunde des Elsasses und Oberrheins [mit wechselnden Titeln u. Reihen], 1, 1871 – 44, 1916 (NF 1, 1900 – 8, 1908; 3. Folge 1, 1909 – 8, 1916).

Alexander Neckam (*1157, † 1217), De laudibus divinae sapientiae distinctiones 10, 1211, ed. Th. Wright, 1863, ND 1967.

– De naturis rerum libri 2, ed. Th. Wright.

Alphita (13./14. Jh. n. Chr.), ed. J. L. G. Mowat, 1887.

Der alten Weiber Philosophey, 1537 [u. ö.], 1571, ed. P. Drechsler, 1902 (FS des germanistischen Vereins in Breslau, 46–84).

Amaranthes (d. i. Gottlieb Siegmund Corvinus; *1677, † 1746), Nutzbares, galantes und curiöses Frauenzimmer-Lexicon, Leipzig 1715 [u. ö.].

Amadou, R., La parapsychologie; dt. Das Zwischenreich, 1957.

Ambrosius von Mailand (* vermutl. 339, † 397), De Abraham libri 2, ed. MPL 14,419–500.

Ambrosius von Mailand, Expositio evangelii secundum Lucam, ed. MPL 15,1527–1850.
– Hexaëmeron, ed. MPL 14,3–274.
– De Noë et arca, ed. MPL 14,361–416.
– In Ps. 118 sermo, ed. W. Bulst, 1956.
Ammianus Marcellinus (um 330–400), Res gestae, ed. W. Seyfarth, 1–4, 1968–70/71.
Anhorn, Bartholomaeus, Magiologia. Christliche Warnung für dem Aberglauben vnd Zauberey [...], Basel 1674, 1675.
Anthimos (5./6. Jh.), De observatione ciborum ad Theodoricum regem Francorum epistula, ed. E. Liechtenhahn, 1963.
Anthologia Palatina (um 930/940), ed. H. Beckby, ²1965–67.
Antoninus von Florenz (*1389, † 1459, Summa theologiae, 1740, ND 1959.
Apollodorus aus Athen (* um 180, † viell. um 110 v. Chr.), Bibliothḗkē [A. zugeschrieben], ed. FGrH 244.
Apostelakten: Acta Apostolorum apocrypha, Petrusakten, 2./3. Jh., ed. R. A. Lipsius, M. Bonnet, 1891–1903, ND 1959.
Apuleius von Madaura (* um 125 n. Chr.), Apologia (Pro se de magia liber), ed. H. E. Butler u. S. Owen, 1914, ND ²1983; ed. u. übers. P. Habermehl [u. a.], 2002.
– De deo Socratis, ed. R. Helm, P. Thomas, 1907ff., ND 1955; ed. u. übers. M. Baltes [u. a.], 2004.
– Metamorphoseon libri 11 (Der goldene Esel), ed. R. Helm, übers. W. Krenkel, ⁸1978.
Pseudo-Apuleius, De herbarum virtutibus (Herbarius) [spätes 4. Jh. n. Chr.], ed. E. Howald u. H. E. Sigerist, 1927.
Aratos aus Soloi (Ende 4. – Mitte 3. Jh. v. Chr.), Phainomena, ed. u. übers. M. Erren, 1971.
Aristophanes aus Athen (* nach Mitte 5. Jh., † wohl nach 380 v. Chr.), Acharnḗnses, ed. V. Coulon, 1, 1923.
– Equites, ed. V. Coulon.
– Plutos, ed. V. Coulon.
Aristoteles von Stageira (*384, † 322 v. Chr.), Opera 1–5, ed. I. Bekker, 1831–70; ND 1961–75; übers. E. Grumach u. H. Flashar, 1966ff.
– De caelo, ed. I. Bekker.
– Ethica Nikomachea, ed. I. Bekker.
– De generatione animalium, ed. I. Bekker.
– Historia animalium, ed. I. Bekker.

Aristoteles von Stageira, De insomniis, ed. I. Bekker.
– Metaphysica, ed. I. Bekker.
– Meteorologica, ed. I. Bekker.
– Problemata physica [unecht?], ed. u. übers. H. Flashar, 1962, ^{2}1975.
Pseudo-Aristoteles, Liber de lapidibus [6. Jh. n. Chr.], ed. Rose: ZDA 4,332 ff.
Arnald (Arnau) von Villanova (* um 1240, † 1311), De maleficiis, Lyon 1509 [u. ö.].
Pseudo-Arnald von Villanova, Breviarium practicae, 1504 [u. ö.].
– De sigillis, ed. Opera, Lyon 1532.
Arnold von Sachsen, De finibus rerum naturalium, um 1225, ed. E. Stange, 1905–07.
Arntz, H., Handbuch der Runenkunde, 1935.
Artemidorus von Ephesos bzw. Daldis (2. Jh. n. Chr.), Oneirokritiká, ed. R. A. Pack, 1963, übers. K. Brackertz, 1979.
ARW: Archiv für Religionswissenschaft 1, 1898 – 37, 1941/42.
Arzneibüchlein, 1768.
Astronomia Teutsch. Himmels Lauff/Wirckung vnnd Natürliche Influentz der Planeten vnnd Gestirn/Auß grundt der Astronomey usw., Frankfurt 1583.
Atto von Vercelli (* um 885, † 960), Capitulare (Capitula), ed. MPL 134,9–916.
– Sermo 3 In festo octavae domini, ed. MPL 134,835–38.
Augustinus, Aurelius (*354, † 430), De cathecizandis rudibus liber unus, ed. CCL 46,121–178.
– De civitate dei, ed. CCL 47,1–314, 48,321–866.
– Confessionum libri 13, ed. CCL 21,1–273.
– De divinatione daemonum, ed. CSEL 41,599–618.
– De doctrina christiana, ed. CSEL 80,3–169.
– Epistola 55 Ad inquisitiones Ianuarii libri 2, ed. CSEL 34,2,158–213.
– Expositio epistulae ad Galatas liber 1, ed. CSEL 84,55–141.
– In Johannis evangelium tractatus 124, ed. CCL 36,1–688.
– De ordine libri 2, ed. CCL 29,89–137.
– Sermo 83, ed. CCL 38,514–19.
– Tractatus 7 In Joannis evangelium, ed. MPL 35,1437–50.
– De trinitate libri 15, ed. CCL 50,25–380; 50A,381–535.
B., C. G., Die Wahrsagerin aus dem Caffee-Schälchen, Leipzig 1742.

Bargheer, E., Eingeweide. Lebens- u. Seelenkräfte des Leibesinnern im deutschen Glauben und Brauch, 1931.
Bartholomaeus Anglicus (* gegen Ende 12. Jh., † nach 1250), De proprietatibus rerum, ed. Frankfurt 1601, ND 1964.
Bartsch, E., Die Sachbeschwörungen der römischen Liturgie, 1967.
Bartsch, K., Sagen, Märchen und Gebräuche aus Mecklenburg, 1–2, 1879–80, ND 1978.
Bauernpraktik: In diesem biechlein wirt gefunden der Pauren Practick unnd regel, darauff sy das gantz jar ain auffmerken haben und halten, Augsburg 1508.
Baumann, Karin, Aberglaube für Laien. Zur Programmatik u. Überlieferung mittelalterlicher Superstitionenkritik, 1–2, 1989.
BBKL: Biographisch-bibliographisches Kirchenlexikon, ed. F. W. Bautz, 1970ff.
Becher, Johann Joachim (*1635, † 1682), Parnassus medicinalis illustratus. Ein neues/und dergestalt/vormahln nie gesehenes Thier- Kräuter- und Berg-Buch, Teile 1–4, Ulm 1663, ND 1957.
Beck, W., Die Merseburger Zaubersprüche, 2003.
Becker, F., Phytologia, 1908.
Beda Venerabilis (*674, † 735), Explanatio Apocalypsis, ed. MPL 93,129–206.
– De minutione sanguinis sive de phlebetomia, ed. MPL 90,959–62.
– De natura rerum, ed. MPL 90,187–276.
– Prognosticum temporum, ed. MPL 90,951f.
– De temporum ratione, ed. C. H. W. Jones: CCL 123,263–544.
– De tonitruis libellus ad Herefridum, ed. MPL 90,609–614.
Beheim, Michel (*1416 o. 1421, † um 1474/78), Von mancherlei Ketzern und Zauberern, um 1459, ed. E.-D. Gütling, 1992 (D.-R. Moser, Glaube im Abseits, 310–367).
Behringer, W., Hexenverfolgung in Bayern. Volksmagie, Glaubenseifer und Staatsraison in der Frühen Neuzeit, 1988.
Beinert, W. / Petri, H., Handbuch der Marienkunde, 1984.
Beissel, St., Die Verehrung der Heiligen und ihrer Reliquien in Deutschland im Mittelalter, 1890, 1892, ND 1991.
Beitl, R. / Beitl, K., Wörterbuch der deutschen Volkskunde, [3]1974, ND 1981.
Bekker, Balthasar (*1634, † 1694), De betoverde Weereld, Leeu-

warden 1690 [u. ö.]; dt.: Die Bezauberte Welt: Oder Eine gründliche Untersuchung Des Allgemeinen Aberglaubens [...], Amsterdam 1693.

Benecke, G. F. / Müller, W. / Zarncke, F., Mittelhochdeutsches Wörterbuch, 1–3, 1854–66, ND 1990.

Benedikt von Nursia (* um 480, † 547), Miracula sancti Benedicti, ed. AA SS, mart. 3,305 ff.

Bernhardin von Siena (*1380, † 1444), Sermo 10 De idolatriae cultu, ed. Opera omnia, 1950 ff.

Beros(s)os von Babylon (Zeitgenosse Alexanders d. Gr.), Babylōniaká (Chaldaiká), Fragmente: FGrH 680.

Berthold von Regensburg (* um 1210, † 1272), Predigten, ed. F. Pfeiffer u. J. Strobl, 1–2, 1862–80.

Betz, H. D. (Ed.), The Greek Magical Papyri in Translation, 1986, ^{3}1993.

BGL: Bibliothek der griechischen Literatur, ed. P. Wirth u. W. Gessel, 1971 ff.

BHessVK: Blätter für Hessische Volkskunde 1, 1899/1900 – 3, 1901; fortges.: Hessische Blätter für Volkskunde 1, 1902 – 40, 1942; 41, 1950 – 64/65, 1973–74; fortges.: Hessische Blätter für Volks- und Kulturforschung 1, 1975/76 ff.

Biedermann, Hans, Knaurs Lexikon der Symbole, 1989, ^{4}2000.

– Lexikon der magischen Künste, 1968, ^{2}1998.

– Medicina magica. Metaphysische Heilmethoden in spätantiken und mittelalterlichen Handschriften. Mit dreißig Faksimile-Tafeln, 1972.

Birlinger, A., Aus Schwaben. Sagen, Legenden, Aberglauben [...], 1–2, 1874, ND 1969.

Bischoff, B., Paläographische Fragen deutscher Denkmäler der Karolingerzeit, 1971.

BKV: Bibliothek der Kirchenväter 1, 1869 – 80, 1888; ^{2}1, 1911 – 62/63, 1931; 2. Reihe: 1, 1932 – 20, 1938.

Blau, L., Das jüdische Zauberwesen, 1898, ND 1987.

Blauert, A., Frühe Hexenverfolgungen. Ketzer-, Zauberei- und Hexenprozesse des 15. Jahrhunderts, 1989.

– (Ed.) Ketzer, Zauberer, Hexen. Die Anfänge der europäischen Hexenverfolgungen, 1990.

Blumler, Martinus Fridericus, Amuletorum historia, Halle 1710.

BLVS: Bibliothek des literarischen Vereins in Stuttgart 1, 1843 – 291, 1941 (?).

Bocaccio, Giovanni (*1313, † 1375), Decamerone, 1349–51, ed. V. Branca, 1963–76.
Bock, Hieronymus (*1498, † 1554), Kreüter-Buch, Straßburg 1539, 1546 [u. ö.], zit.: 1560.
Bodin, Jean, De la démonomanie des sorciers, 1580 [u. ö.], übers. Johann Fischart, Vom aussgelaßnen wütigen Teuffelsheer, allerhand Zauberern, Hexen und Hexenmeistern, Straßburg 1591, ND 1973 u. 1981.
Böhm, Johannes (Boemus Aubanus) (*1485, † 1535), Omnium gentium mores, leges et ritus, Augsburg 1520.
Boll, F. / Bezold, C. / Gundel, W., Sternglaube und Sterndeutung. Die Geschichte und das Wesen der Astrologie, [4]1931 v. H. G. Gundel, ND 1966.
Bolos von Mendes (um 200 v. Chr.), Perí sympátheiōn (Fragmente): Diels u. Kranz, Vorsokratiker 2, 1985, 68B300 u. 78.
Bolte, J. / Polívka, G., Anmerkungen zu den Kinder- und Hausmärchen der Brüder Grimm, 1–5, 1913–32, ND 1963.
Bonifatius (*672/675, † 754), Epistola 50 Ad Zachariam papam, ed. MGH Ep. [2]3,299–302.
– Epistola 78 Ad Cudbertum archiepiscopum Cantabrigiensem, v. J. 747, ed. ebd., 350–356.
Bonatti, Guido, von Forlì († 1296/97), De ymbribus et de aeris mutationibus, 1491.
Bonin, W. F., Lexikon der Parapsychologie und ihrer Grenzgebiete, 1976.
BPommVK: Blätter für Pommersche Volkskunde 1, 1892 – 10, 1901/02.
Bracha, K., Teolog, diabeł i zabobony. Świadectwo traktatu Mikołaja Magni z Jawora ›De superstitionibus‹, 1999.
Brant, Sebastian (*1457, † 1521), Narrenschiff, 1494 [u. ö.], ed. M. Lemmer, 1961, [4]2004.
Bräuner, Johann Jacob, Physikalisch- und Historisch-Eroerterte Curiositaeten; Oder Entlarvter Teufflischer Aberglaube von Wechselbälgen [...], Frankfurt 1737.
Bremer Arzneibuch [1382 abgeschlossen], ed. E. Windler, 1932.
Brosses, Charles de, Du culte des dieux fétiches, Paris 1760, übers. C. B. H. Pistorius, Über den Dienst der Fetischgötter, Berlin/Stralsund 1785.
Brouwer, Chr., Antiquitates et annales Trevirenses, 1670.

Brückner, W., Cera – Cera Virgo – Cera Virginea: ZVK 59, 233–253.
Brunfels, Otho (*1489, † 1534), Contrafayt Kreüterbuch, Straßburg 1532, ND 1975.
Brunschwyg, Hieronymus (* vor 1450, † vor 1512), Liber de Arte Distillandi. Das Buch der rechten Kunst / zu distillieren die eintzigen ding, Straßburg [um 1500].
Bunzlauische Monatsschrift zum Nutzen und Vergnügen, 1–20, 1784–1803 (?).
Burchard von Worms (* um 965, † 1025), Decretum libri 20 (Buch 19 auch: ›Corrector‹, ›Medicus‹), ed. MPL 140,537–1090.
Pseudo-Burkhard von Würzburg (8. Jh.), Homiliae 19, 20, 23, 24, 25, ed. G. v. Eckhart, Commentarium de rebus Franciae orientalis, Würzburg 1729, 840–844.
Caesarius von Arles (*470/471, † 542), Sermones 13, 54, 192, 193, ed. CCL 103 f.
Calvin, Johannes (*1509, † 1564), Traicté des reliques, 1543.
Campanella, Thomas (*1568, † 1639), De sensu rerum et magia libri 4, pars mirabilis occultae philosophiae, Frankfurt 1620.
Canon episcopi → Regino von Prüm.
Capitulare de villis, v. J. 800, ed. MGH Leg. 2,1,88.
Cardanus, Hieronymus (*1501, † 1576), De rerum varietate libri 17, 1557, ed. Opera omnia, Lyon 1663, ND 1966.
– De subtilitate rerum, ed. ebd.
Carpzov (Carpzow), Benedikt (*1595, † 1666), Practica nova Imperialis Saxonica rerum criminalium, Wittenberg 1638, Frankfurt 1758.
Carus, C. G., Vorlesungen über Psychologie, 1851.
Casaubon, Isaac (*1559, † 1614), Exercitium ad appendicem annalium Baronii 18, London 1614.
Cassius Dio (* um 164, † etwa o. vor 230 n. Chr.), Rōmaikḗ historía, ed. U. Ph. Boissevain, 1–5, 1895–1931, ND 1955.
CCAG: F. Cumont, Catalogus codicum astrologorum Graecorum 1–12 (Teile 1–20), 1898–1940.
CCL: Corpus Christianorum. Series latina 1, 1953 ff.
CCM: Corpus Christianorum. Continuatio mediaevalis 4, 1966; 1, 1971.
Celsus, A. Cornelius (1. Jh. n. Chr.), De medicina, ed. G. Serbat, 1995, übers. E. Scheller, ²1906, ND 1967.
Chambers, G. F., The Story of the Comets, 1909.
Christian von Stablo [nicht authentisch: Druthmar] († wohl nach

880), Kommentar zum Matthäus-Evangelium, ed. J. Wimpheling, Straßburg 1514, ed. MPL 106,1259–1520.
Chroniken der deutsche Städte vom 14. bis in's 16. Jahrhundert, 1, 1862 ff.
Chronograph von 354, ed. Th. Mommsen: MGH AA 9,1,13–148; ND 1981.
CIL: Corpus inscriptionum latinarum, 1863 ff.
Cicero, Marcus Tullius (*106, † 43 v. Chr.), De divinatione, ed. u. übers. Chr. Schäublin, 1991.
– De haruspicum responso, übers. M. Fuhrmann, 1970 ff.
– De legibus, ed. E. Bader u. W. Littmann, 1969.
– De natura deorum, ed. A. S. Pease, 1–3, 1955–58.
– Somnium Scipionis, ed. R. A. Schröder, 1948.
Circa instans (um 1150), ed. H. Wölfel, 1939; dt. nach einer Handschrift des 15. Jh., ed. Jh. W. Damm, 1939.
Claudianus, Claudius (* um 375), De bello Gothico (De bello Pollentino, Bellum Geticum), v. J. 402, ed. H. Schroff, ²1934.
Clemens, Titus Flavius, von Alexandria (* um 150, † 215?), Strōmateís (Stromata), ed. GCS 1–4.
Cock, A. de, Spreekworden, zegswijsen en uitdrukkingen op volksgeloof berustend, 1920.
Cocles (Coclitus), Bartholomeus, Chyromantie ac physionomie anastasis, Bononie 1517; dt.: Ein kurtzer Bericht der ganzen Phisionomey und Chiromancy, Straßburg 1533.
Codex Iustiani, v. J. 529, ed. P. Krüger, 1868–70, ND 1962 f.
Codrington, R. H., Melanesian Anthropology and Folklore, 1891.
Coler(us), Johannes (*1566, † 1639), Oeconomia universalis, Frankfurt 1640.
Columban: Vitae Columbani abbatis et discipulorum eius libri 2 auctore Iona, ed. MGH SRM 4,1–61.
Columella, Iunius Moderatus (1. Jh. n. Chr.), De re rustica, ed. u. engl. übers. E. S. Forster [u. a.], 1–3, London 1948–55; dt. v. Heinrich Oesterreicher, 1491, ed. K. Löffler, 1914.
Comenius (Komensky), Jan Amos, Pansophia prodromus, Prag 1639.
Constantinus Africanus († 1087), Liber graduum, ed. Constantini opera, Basel 1536–39.
Constitutio criminalis Bambergensis, 1507, ed. W. Scheel, 1–2, 1902, ND 1968.
Constitutio criminalis Carolina, 1532, ed. G. Radbruch, 1926, ND 1962.

Cooper, J. C., Illustriertes Lexikon der traditionellen Symbole, aus dem Engl. (1978) v. G. Middel u. M. Middel, 1986.
Corpus Hermeticum (2./3. Jh. n. Chr.), ed. u. übers. R. van der Broek u. G. Quispel, 1991.
CPG: M. Geerard (1–5) u. F. Glorie (5), Clavis Patrum Graecorum 1–5, 1974–87.
CPL: Clavis patrum Latinorum, ed. E. Dekkers, 1951, ^{3}1995.
Cremer, F. W., Die Chaldäischen Orakel und Jamblich De mysteriis, 1969.
CSEL: Corpus scriptorum ecclesiasticorum latinorum 1, 1866ff.
Cyrillus von Alexandrien († 444), Contra Iulianum, ed. SC 322.
Pseudo-Damigeron Latinus (4./5. Jh.), De lapidibus, ed. E. Abel 1881, ND 1971.
Daniel, R. W. / Maltomini, F., Supplementum magicum, 1–2, 1990–92.
Daxelmüller, Chr., Bibliographie barocker Dissertationen zu Aberglaube u. Brauch: Jahrbuch für Volkskunde NF 3,194–238; 4,225–243; 5,213–224; 6,230–244; 7,195–240.
– Zauberpraktiken. Eine Ideengeschichte der Magie, 1993, 1996 (u. d. T.: Aberglaube, Hexenzauber, Höllenängste).
Decretum Gratiani → Gratian.
Delrio, Martino Antonio (*1551, † 1608), Disquisitionum magicarum libri 6,1–3, Louvain 1599/1600 [u. ö.].
– De iustitia et iure, Antwerpen 1617.
Denzinger, H., Enchiridion symbolorum et definitionum, quae in rebus fidei et morum a conciliis oecumenicis et summis pontificibus emanarunt, 1854; lat. u. dt. P. Hünermann, ^{37}1991.
Detmoldt, Josephus Herz, De balneo animali dissertatio, Göttingen 1797.
Dettling, A., Die Scharfrichter des Kantons Schwyz, 1909.
Dictionnaire d'archéologie chrétienne et de liturgie 1, 1903 – 15, 1953.
Didache (Doctrina XII Apostolorum) (um 100 n. Chr.), ed. G. Schöllgen, ^{2}1992.; lat., griech., dt. ed. FC 1.
Diels, H. / Kranz, W., Fragmente der Vorsokratiker 1–3, ^{6}1951 f., ND 1, 1992; 2, 1985; 3, 1993.
Dinzelbacher, P., Angst im Mittelalter. Teufels-, Todes- u. Gotteserfahrung: Mentalitätsgeschichte und Ikonographie, 1996.
Diodorus Siculus (1. Jh. v. Chr.), Bibliothḗkē, übers. O. Veh u. U. Will, 1992/93 ff.

Diogenes Laertios (Mitte 3. Jh. n. Chr.), Vitae philosophorum, ed. H. S. Long, 1964.
Dioskurides, Pedanios (1. Jh. n. Chr.), De materia medica, ed. M. Wellmann, 1–3, 1906–14; übers. J. Berendes, 1902, ND 1970; engl. übers. R. J. Gunther, 1934, ND 1959.
DNP: Der neue Pauly. Enzyklopädie der Antike, 1–15,3, ed. H. Cancik / H. Schneider / M. Landfester (13 ff.), 1996–2003.
Dornseiff, F., Das Alphabet in Mystik u. Magie, ²1925, ND 1979.
DuCange, Ch., Glossarium ad scriptores mediae et infimae latinitatis, 1–3, Paris 1687 [u. ö.], zuletzt v. L. Favre, 1–10, 1883–88, ND 1954.
Düdesche Arstedie (kurz vor 1400), ed. S. Norrbom, 1921.
Dumézil, G. E. R., La Religion romain archaïque, avec un appendice sur la religion des Étrusques, 1966.
Dünninger, J., Brauchtum: Deutsche Philologie im Aufriß 3, ed. W. Stammler, ²1962, 2571–2640.
Duplex legationis edictum, v. J. 789, ed. MGH Leg. 2,1,64.
Durandus von Mende, Wilhelm d. Ä. (*1230, † 1296), Rationale divinorum officiorum, ed. A. Davril, T. M. Thibodeau u. B. G. Gyot (Bd. 7 u. 8), 1995–2000.
Ebendorfer, Thomas (*1388, † 1464), De decem praeceptis, Auszüge bei A. E. Schönbach: ZVK 12,3–14.
Eberlin, J. Ch., Dissertatio de ominosis diebus dominicis, Von abergläubischen Sonntagen, 1730.
Einzing, Johann Martin Maximilian Einzinger von (*1725, † 1798), Dämonologie oder systematische Abhandlung von der Natur und Macht des Teufels, 1755.
Eis, G., Wahrsagetexte des Spätmittelalters, 1956.
EM: Enzyklopädie des Märchens. Handwörterbuch zur historischen u. vergleichenden Erzählforschung, bisher 1–10, ed. K. Ranke (1–4), R. W. Brednich (5 ff.) u. a., 1977–2002; ND, 1–6, 1999.
Endres, F. C. / Schimmel, A., Das Mysterium der Zahl. Zahlensymbolik im Kulturvergleich, 1984, 1995.
Engelien, A. / Lahn, W., Der Volksmund in der Mark Brandenburg, 1868, ND 1976.
Epiphanios von Salamis (* zw. 310 u. 320, † 403 o. 402), Adversus haereses (Panárion) [vollendet 377], ed. K. Holl, 1–3, 1915–33; 2–3, ²1980 u. 1985 v. J. Dummer.
– De 12 gemmis rationalis, ed. CSEL 35,2.

Epistola canonica (6. Jh.), ed. MPL 56,890–93.
Euripides, Helena [aufgeführt 412 v. Chr.], ed. J. Diggle, 1–3, 1981–94.
Eusebius von Caesarea (* kurz nach 260, † 339), Demonstratio evangelica, ed. CPG 3465 ff.
Fabricius, J. A., Codex pseudepigraphicus veteris testamenti 1, 1723.
Fáfnismál [vielleicht bereits um 1200 schriftlich] ed. G. Neckel u. H. Kuhn, [4]1962, 180–188; übers. F. Genzmer, [2]1963.
Faivre, A. / Tristan, F., Kabbalistes chrétiens, 1979.
FC: Fontes Christiani. Zweisprachige Neuausgabe christlicher Quellentexte aus Altertum und Mittelalter, 1990 ff.
Fehr, J., Der Aberglaube und die katholische Kirche des Mittelalters, 1857.
Festus, Sextus Pompeius (2. H. des 2. Jh. n. Chr.), De verborum significatione, ed. W. M. Lindsay, 1913.
FGrH: F. Jacoby, Die Fragmente der griechischen Historiker, 1–14 in Teilen 1–3, 1923–58; Tl. 1: [2]1957.
Ficino, Marsilio (*1433, † 1499), Theologia Platonica, Florenz 1474, ed. Opera omnia, 1–2, 1561, ND 1959.
– De vita coelitus comparanda libri 3, 1489, ed. ebd.
Filastrius (Filaster) von Brescia († spätestens 397), Diversarum hereseon liber, ed. CCL 9,207–324.
Firmicus Maternus, Iulius, Matheseos libri octo [zw. 334 u. 337 n. Chr.], ed. W. Kroll [u. a.], 1897–1913, ND 1968.
Firmin de Beauval, Opusculum repertorium pronosticon in mutationes aeris [um 1330], gedr. Venedig 1485.
Fischart, Johann (*1546/47, † 1590), Geschichtklitterung, 1575 [u. ö.], zit: 1593 (unpaginiert).
– Aller Practick Großmutter, 1572 [u. ö.].
– Vom Aussgelaßnen wütigen Teuffelsheer → Bodin, J.
Fischer, E., Die ›Disquisitionum magicarum libri sex‹ von Martin Delrio als gegenreformatorische Exempelquelle, 1975.
Fischer, H., Schwäbisches Wörterbuch, 1–6 (6,1 v. W. Pfleiderer), 1904–36.
Fischer, H. L., Das Buch vom Aberglauben, Leipzig 1790 f., Hannover 1794.
Flavius Philostratus (* um 170 n. Chr.), Vita Apollonii, ed. u. übers. v. Mumprecht, 1983.
Fleming, Hannss Friedrich v., Der Vollkommene Teutsche Jäger, Leipzig 1719/21.

Fleming, Hannss Friedrich v., Der Vollkommene Teutsche Soldat, Leipzig 1726, ND 1967.
Fludd, Robert (*1574, † 1637), Ars magica sive magia naturalis et artificiosa, Frankfurt 1631.
Fogel, E. M., Beliefs and Superstitions of the Pennsylvania Germans, 1915.
Fox, N., Saarländische Volkskunde, 1927, ND 1979.
Francisci, Erasmus, Der Höllische Proteus [...], Nürnberg 1695.
Franck, Sebastian (*1499, † 1542), Weltbuch, Tübingen 1534.
Francus, Georgius, Satyra, 1682.
Frank, I. W., Femina est mas occasionatus: Segl, Hexenhammer, 71–102.
Frank, Johann Peter, System einer vollständigen medicinischen Policey, 1–6, 1719–1813; 6,1–3, 1817–19.
Franz, A., Die kirchlichen Benediktionen im Mittelalter, 1–2, 1909.
– Der Magister Nikolaus Magni de Jawor, 1898.
– Die Messe im deutschen Mittelalter, 1902, ND 1963.
Franz, G. / Irsigler, F. (Ed.), Hexenglaube und Hexenprozesse im Raum Rhein-Mosel-Saar, 1995.
Frazer, G. J., The Golden Bough. A Study in Comperative Religion, 1–2, 1890; 1–3, 1900; 1–12, 1911–15.
Freudenberg, F., Paracelsus, 1908.
Friess, G., Edelsteine im Mittelalter, 1980.
Frischbier, H., Hexenspruch und Zauberbann. Ein Beitrag zur Geschichte des Aberglaubens in der Provinz Preußen 1870, ND 1970.
Frommann, Johannes Christianus, Tractatus de fascinatione novus et singularis [...], Nürnberg 1675.
Fuchs, Leonhard (*1501, † 1566), New Kreüterbuch, Basel 1543, ND 2001.
Fuhrmann, Philippus David, De conventu sagarum ad sua sabbata [dissertatio], Wittenberg 1678.
GA: F. H. v. d. Hagen, Gesamtabenteuer, 1–3, 1850, ND 1961.
St. Galler Klosterplan [um 820], ed. K. Hecht, 1997.
Garnerius (Werner) von Rochefort (* um 1140, * nach 1225), Allegoriae in universam s. scripturam [Autorschaft unsicher], ed. MPL 112,849–1088.
Gart der Gesuntheit [1483 o. früher], gedr. Mainz 1485, ND 1924, 1966.
Gattiker, E. / Gattiker, L., Die Vögel im Volksglauben. Eine volks-

kundliche Sammlung aus verschiedenen europäischen Ländern von der Antike bis heute, 1989.
GCS: Die griechischen christlichen Schriftsteller der ersten drei Jahrhunderte 1, 1897ff.
Gébelin, Antoine Court de, Le Monde primitif analysé et comparé avec le monde moderne, Paris 1781.
Geiler von Kaysersberg, Johannes (*1445, † 1510), Die Emeis, Straßburg 1516, 1517.
– Predigt ›Von dem Wannenkremer‹, ed. Johannes Pauli, Die brösamlin doct. Keiserpergs, Straßburg 1517.
Gellius, Aulus (* zw. 125 u. 130 n. Chr.), Noctes Atticae, ed. P. K. Marshall; übers. F. Weiss 1875/76, ND 1992.
Gennep, A. van, Rites de passage, 1909, dt. seit 1986.
Germania. Vierteljahrsschrift für deutsche Alterthumskunde 1, 1856 – 12, 1867; NR 1 (=13), 1868 – 25 (=37), 1897 (?).
Gervasius v. Tilbury (* um 1152, † nach 1220), Otia imperialia [wahrscheinl. 1209–14], ed. G. W. Leibniz: Scriptores rerum Brunsvicensium 1, 1707, 881–1005; 2, 1710, 751–784; ed. F. Liebrecht, 1856; ed. MGH SS 27, 1885, 359–394 (Teiled.).
Gesner, Conrad (*1516, † 1565), De raris et admirandis herbis, Tiguri 1555 [u. ö.].
– Thierbuch, übers. Konrad Forer, Zürich 1563.
Gesta Romanorum, ed. H. Oesterley, 1842, ND 1963; übers. W. Trillitzsch, 1973.
Gilbertus Anglicus, Compendium medicinae, ed. Michaelis de Capella, Lyon 1510.
Givry, G. de, Witchcraft, Magic and Alchemy [o. O., o. J.].
Gladigow, B., Götternamen und Name Gottes: H. v. Stietencron, Der Name Gottes, 1975, 13–32.
Gobius, Johannes, Scala coeli, Ulm 1480 [u. ö.].
Gockelius, Eberhardus, Tractatus Polyhistoricus Magico-Medicus Curiosus, Oder Ein kurtzer / mit vielen verwunderlichen Historien untermengter Bericht von dem Beschreyen und Bezaubern [...], Frankfurt/Leipzig 1699.
Gockerell, N., Bilder und Zeichen der Frömmigkeit. Sammlung Rudolf Kriss, 1995.
Goldammer, K., Wörterbuch der Religion, ^{4}1985.
Golther, W., Handbuch der germanischen Mythologie, 1898, revid. Ausg. 1908, ND [o. J.].

Görres, J. v., Die christliche Mystik, 1–4, 1836–42; 1–5, 1879; 1–5, ed. U. Ranke-Heinemann, 1989.
Gottfried v. Admont († 1165), Homilia 25 In dominicam 1. quadragesimae prima, ed. MPL 174,165–177.
– Homilia 65 In dominicam 2. post pentecosten secunda, ed. MPL 174,449–459.
Graf, Fritz, Gottesnähe und Schadenzauber. Die Magie in der griechisch-römischen Antike, 1996.
Gräße, J. G. Th., Bibliotheca magica et pneumatica, 1843, ND 1960, ²1973.
Gratian (* spätestens Anfang 12. Jh., † vor 1179), Decretum (Concordantia discordantium canonum) [im wesentl. um 1142 vollendet], ed. Ae. Richter u. Ae. Friedberg, Corpus iuris canonici, 1–2, ²1879, ND 1955.
Gregor I. d. Gr. (*540, † 604), Dialogi de vita et miraculis patrum Italicorum [um 594], ed. CCL 251, 260, 265; übers. J. Funk, 1933.
– Homiliae in evangelia, ed. MPL 76,1075–1322; übers. Abtei St. Gabriel, 1931.
Gregor III. (Papst 731–741), Epistola ad optimates et populum provinciarum Germaniae, ed. MGH Ep. ²3,291.
Gregor von Nyssa (* um 338/339, † nach 394), De pythonissa, ed. MPG 45,107–114.
Gregor von Tours (*538 o. 539, † wahrscheinl. 594), Liber vitae patrum, ed. MGH SRM 1,1; engl. übers. S. Rose u. P. Bartlett, 1988.
Libri de virtutibus s. Martini, ed. ebd. 1,2; ND 1969.
Libri decem historiarum (Historiae Francorum), ed. u. übers. R. Buchner, 1–2, 1955 f.
– Libri octo miraculorum, ed. MGH SRM 1,2, ND 1969.
Grillandi, Paulus de (P. Grillandus), Tractatus de haereticis et sortilegiis, Lyon 1536.
Grimm, J. / Grimm, W., Kinder- und Hausmärchen, 1812–15 [u. ö.]; Ausgabe letzter Hand, mit einem Anhang ed. H. Rölleke, 1980, ²1997.
– (J. G.) Deutsche Mythologie, 1–3, 1835, ⁴1876–78, ed. E. H. Meyer, ND 1981.
– (J. G.) Deutsche Rechtsalterthümer, 1–2, 1828; ⁴1899, ed. A. Heusler u. R. Hübner, erneut u. um Nachträge aus dem Nachlaß erweitert 1956; mehrere ND seit 1922.

Grimm, J. / Grimm, W., Deutsche Sagen, 1–2, 1816–18, ³1837, ed. H. Rölleke, 1994.
– (J. u. W. G.) Deutsches Wörterbuch, 1–33, 1854–1961, ND 1984.
Grimmelshausen, Johann Jacob Christof (* nach 1620, † 1676), Des abenteuerlichen Simplicissimi Ewig währender Calender, Nürnberg 1671, ed. E. Oeftering, 1925; Faksimile-Ed. v. K. Haberkamm, 1967.
– Simplicissimi Galgen-Männlin, 1673, ed. D. Breuer, 1997.
Grimoire, Le Grand, Nîmes 1823.
Das große Planeten-Buch, sampt der Geomanci, Physiognomi vnd Chiromanci, Alles aus Platone, Ptolemeo, Hali, Albumasar vnd Joh. Künigsperger. Aufs new wieder zugerüst, 1559, Straßburg 1567, Erfurt 1651, ND 1974, 1999.
Gryphius, Andreas (*1616; † 1664), Lustspiele, ed. H. Palm, 1878.
Guazzo (Guaccius), Francesco Maria, Compendium maleficarum, Mailand 1608, ²1626.
Guibert von Nogent (*1055?, † um 1125), De vita sua Monodiarum libri 3 [1114/15], ed. u. übers. E. R. Labande, 1981.
H., L. v., Magia divina Oder Gründ- und deutlicher Unterricht, Von denen fürnehmsten Caballistischen Kunst-Stücken, [o. O.] 1745.
Haas, A., Schnurren, Schwänke und Erzählungen von der Insel Rügen, 1899.
Habiger-Tuczay, Chr., Magie und Magier im Mittelalter, 1992.
Haimo (Haymo) von Auxerre (schriftstellerisch tätig zw. 840 u. 860), Expositio Apocalypsis, ed. MPL 116.
Hamp, I., Beschwörung, Segen, Gebet. Untersuchungen zum Zauberspruch aus dem Bereich der Volksheilkunde, 1961.
– Sigilla Salomonis. Eine ›Zauberrolle‹ aus dem 17. Jahrhundert: Zauberei und Frömmigkeit, 101–116.
Hansen, J., Quellen und Untersuchungen zur Geschichte des Hexenwahns und der Hexenverfolgung im Mittelalter, 1901, ND 1963.
– Zauberwahn, Inquisition und Hexenprozeß im Mittelalter und die Entstehung der großen Hexenverfolgung, 1900, ND 1964.
Hansmann, L. / Kriss-Rettenbeck, L., Amulett, Magie und Talisman, 1977, ND 1999.
Harmening, D., Aberglaube: Kindlers Enzyklopädie ›Der Mensch‹ 6, 1983, 707–718.
– (mit Chr. Daxelmüller u. M.-L. Thomsen) Magie, ebd., 688–706.

Harmening, D., Der Anfang von Dracula: QFEE 1, 1981.
– Das magische Wort: Perspektiven der Philosophie, Neues Jahrbuch 23, 1997, 365–385.
– Fränkische Mirakelbücher: Würzburger Diözesangeschichtsblätter 28, 1966, 25–240.
– Kērós parthénos – Jungfernwachs: ZVK 64, 30f.
– Superstitio. Überlieferungs- und theoriegeschichtliche Untersuchungen zur kirchlich-theologischen Aberglaubensliteratur des Mittelalters, 1979.
– Superstition/Aberglaube: HWP 10,633–636.
– Zauberei im Abendland, 1991.
Harpokration, 2.–3. Jh. n. Chr., Brief des H.: Corpus Hermeticum.
Hartlieb, Johannes (* um 1400, † 1468), Buch aller verbotenen Künste, des Aberglaubens und der Zauberei [fertiggestellt 1456], ed. D. Ulm, 1914; ed. u. übers. F. Eisermann u. E. Graf, 1989.
Hartmann v. Aue (* um 1170, † 1210/20), Der Arme Heinrich [um 1195], mit einer Nacherzählung der Brüder Grimm ed. F. Neumann, 1959; ed. K. Gärtner, [17]2001.
Hasak, V., Der christliche Glaube des deutschen Volkes beim Schlusse des Mittelalters, 1868.
Hauschild, Th., Der böse Blick. Ideengeschichtliche und sozialpsychologische Untersuchungen, 1979; [2]1982.
Haustein, J., Martin Luthers Stellung zum Zauber- und Hexenwesen, 1990.
HDA: Handwörterbuch des deutschen Aberglaubens 1–10, ed. H. Bächtold-Stäubli, 1927–42, ND 1987.
Heim, R., Incantamenta magica Graeca Latina, 1892.
Heinrich von Friemar (* um 1245, † 1340), De decem praeceptis [v. J. 1324], dt. (unter dem Namen Nikolaus de Lyra) teilw. ed. J. Geffcken, 1855.
Heitz, P. / Schreiber, W. L., Pestblätter des 15. Jahrhunderts, 1901, [2]1919, ND [o. O., o. J.].
Helbling-Gloor, B., Natur und Aberglaube im Policraticus des Johannes von Salisbury, 1956.
Helenius Acron (2. Jh. n. Chr.), Ad Horatium epistula, ed. O. Keller, 1–2, 1902–04.
Helmont, Jan Baptista van, De Injectis Materialibus [...], Nürnberg 1698.
Henningsen, G., The Witches' Advocate. Basque Witchcraft and the Spanish Inquisition (1609–1614), 1980.

Herbarius → Pseudo-Apuleius.
Heribert von Köln (* um 970, † 1021), Vita et miracula, ed. AA SS, mart. 2,470 ff.
Herodot (um 485–424 v. Chr.), Historíēs apódexis (Historien), ed. H. B. Rosen, 1987 u. 1997, übers. H. Stein u. W. Stammler, 1984.
Herolt, Johannes (* spätes 14. Jh., † 1468), De eruditione Christifidelium [1416], ed. Opera, 1–3, Mainz 1612.
– Sermones de tempore, 1418, teilw. ed. Mainz 1612, Augsburg 1728.
Herrad von Hohenburg (Landsberg; † 1196 o. wenig später), Hortus deliciarum, rekonstruiert v. R. Green [u. a.], 1–2, 1979.
Hesiodos (8./7. Jh. v. Chr.), Theogonia, ed. F. Jacoby, 1930.
Hesychios (5./6. Jh. n. Chr.), Lexikon, ed. M. Schmidt, 1–4, 1858–1868; K. Latte, 1–2, 1953–66.
Hewitt, J. N. B., Orenda, 1902.
Hexenhammer → Kramer, Heinrich.
Hieronymus, Sophronius Eusebius (* um 347, † 419 o. 420), Epistula 64 Ad Fabiolam, ed. ²CSEL 54,586–615.
– In Ezechielem (Hiezechielem) libri 14, ed. CCL 75.
Hildegard von Bingen (* 1098, † 1179), Causae et curae (Liber compositae medicinae), ed. P. Kaiser, 1903, ND 1980; übers. M. Pawlik, ³1997.
– Physica (Liber simplicis medicinae), ed. MPL 197,1125–1352; übers. M. L. Portmann, ²1997.
Hinkmar von Reims (* um 806, † 882), Capitula presbyteris data (= Capitula synodica 1), ed. MPL 125,773–778.
– De divortio Lotharii regis et Tetbergae reginae, ed. MPL 125,619–772.
Hipparchos aus Nikaia (2. Jh. v. Chr.), Aratos-Kommentar, ed. u. übers. C. Manitius, 1894.
Hippolyt von Rom (2./3. Jh. n. Chr.), Traditio apostolorum, ed. u. übers. FC 1, 1990.
Historia Augusta (Scriptores historiae Augustae) [um 330 n. Chr.], ed. E. Hohl u. Ch. Samberger, W. Seyfarth, 1–2, ³⁻⁵1971.
Historia von D. Johann Fausten, dem weitbeschreyten Zauberer und Schwartzkünstler, Frankfurt 1587, ed. R. Benz, 1964. – Krit. Ausg., ed. S. Füssel u. H. J. Kreutzer, 1988.
Hoevels, F. E., Märchen und Magie in den Metamorphosen des Apuleius von Madaura, 1979.
Hoffmannn, P., Das oraculum astronomio-geomanticum oder die

Kunst und Weisheit im Kaffee und allen anderen Gießungen das Schicksal aller zukünftigen Dinge der Menschen zu sehen, Raab (Ungarn) 1756.
Höfler, M., Deutsches Krankheitsnamen-Buch, 1899, ND 1970.
Hofmann-Randall, Chr., Monster, Wunder u. Kometen. Sensationsberichte auf Flugblättern des 16. bis 18. Jh. Ausstellungs-Katalog, Universitätsbibliothek Erlangen, 1999.
Homann, H., Der Indiculus superstitionum et paganiarum und verwandte Denkmäler, 1965.
Homer (2. H. 8. Jh. v. Chr.), Ilias, ed. T. W. Allen, 1902 [u. ö.], übers. J. H. Voß, 1793; Th. v. Scheffer, 1952; W. H. Friedrich, 1957.
– Odyssee, ed. P. von der Mühll, [2]1962, übers. J. H. Voß, 1793; Th. v. Scheffer, 1955; W. H. Friedrich, 1957.
Homerici hymni [Homer zugeschrieben; 7.–5. Jh. v. Chr.], ed. u. übers. A. Weiher, 1986.
Homilia de sacrilegiis [8. Jh.], ed. C. P. Caspari, 1886.
Hopf, L., Thierorakel und Orakelthiere in alter und neuer Zeit, 1888.
Hopfner, Th., Griechisch-ägyptischer Offenbarungszauber, 1–2, 1921–24; 2,2 bearb. v. R. Merkelbach, 1990.
Horaz (Horatius Flaccus, Quintus; *63, † 8 v. Chr.), Carmen saeculare, ed. u. übers. B. Kytzler, 1992.
– Epoden, ed. u. übers. B. Kytzler, 1978, [5]1990.
– Satiren (saturae), ed. u. übers. O. Schönberger, 1976.
Horst, Georg Conrad (*1767, † 1838), Daemonomagie, 1818.
– Zauberbibliothek, 1–6, Mainz 1821–26.
Hortus sanitatis [1491]; Venedig 1511 (Ortus sanitatis), ND 1978.
Hovorka, O. von / Kronfeld, A., Vergleichende Volksmedizin, 1–2, 1908 f.
Hrabanus Maurus (*780, † 856), Homilia 42 Contra eos qui in lunae defectu clamoribus se fatigant, ed. MPL 110,78–80.
– De magicis artibus (in: De consanguineorum et de magorum praestigiis falsisque divinationibus), ed. MPL 110,1095–1110.
– Poenitentialia ad Otgarium, ed. MPL 110,467–404.
– De rerum naturis seu De universo [nach 842] ed. MPL 111,9–614.
Hrosvit(a) von Gandersheim (* um 935, † nach 973?), Lapsus et conversio Theophili vicedomi, ed. P. de Winterfeld, 1902, ND 1965; übers. H. Hohmeyer, 1973.
– Proterius (Basilius), ed. u. übers. ebd.

HRG: Handwörterbuch zur deutschen Rechtsgeschichte 1–5, ed. A. Erler, E. Kaufmann u. D. Werkmüller (5), 1971–98.
HrwG: Handbuch religionswissenschaftlicher Grundbegriffe, 1–5, ed. H. Cancik, B. Gladigow, M. Laubscher (1–2), K.-H. Kohl (3–5), 1988–2001.
Hugo von Folieto (* um 1100, † 1172/74), De natura avium [unter den Werken des Hugo von St.-Victor überliefert], ed. MPL 177,13–56.
Hugo Ripelin von Straßburg (*1200/1210, † 1268), Compendium theologicae veritatis, ed. A. Borgnet, 1895.
Hugo von St.-Victor († 1141), Didascalicon de studio legendi, ed. C. H. Buttimer, 1939.
Pseudo-Hugo von St.-Victor, De bestiis et aliis rebus libri 4 [1. Buch, ›De natura avium‹, gehört Hugo von Folieto an], ed. MPL 177,13–164.
Hugo von Trimberg (* nach 1313), Der Renner, ed. G. Ehrismann, 1–4, 1908–11, ND 1970.
Hundertjähriger Kalender → Knauer, M.
HWP: Historisches Wörterbuch der Philosophie, 1–12, ed. J. Ritter (†), K. Grüner (seit Bd. 4), G. Gabriel (seit Bd. 11), 1971–2005.
Iamblichos (* um 240/250, † um 325 n. Chr.), De mysteriis Aegyptiorum, ed. u. frz. übers. E. des Places, 1966; übers. Th. Hopfner, 1922, ND 1978.
Iatromathematisches Hausbuch [um o. kurz vor 1400], Faksimile ed. G. Keil [u. a.], 1–2, 1981 f.
IG: Inscriptiones Graecae, 1873 ff.
Indiculus superstitionum et paganiarum [8. Jh.], ed. MGH Cap. rer. Franc. 2,1,22 f.; faksimiliert H. Homann, 1965.
Innozenz VIII., Bulle ›Summis desiderantes affectibus‹, 1884, ed. Hansen, Quellen, 25–27; übers. Behringer [u. a.], Hexenhammer, 101–107.
Irenaeus von Lyon (*1. H. 2. Jh.), Adversus haereses, ed. u. übers. FC 8,1–5.
Isidor von Sevilla (* um 560, † 636), Etymologiae (Origines), ed. W. M. Lindsay, 1911; ed. J. André, 1981; Buch 8 übers. D. Linhart, 1997.
– De rerum naturis, ed. u. frz. übers. J. Fontaine, 1960.
Iulianos d. J. (der Theurg; 2. Jh. n. Chr.), Perí daimónōn (Fragmente), vgl. S. I. Johnston, in: P. Schaefer / H. Kippenberg (Ed.), Envisioning Magic, 1997, 165–194.

Iunianus abbas Mariacensis (6. Jh. ?), Vita (Acta): AA SS, aug. 3,38–46.
Iuvenalis, Decimus Iunius (*67 n. Chr.), Satiren, ed. J. Willis, 1997; ed. u. übers. J. Adamietz, 1993.
Ivo von Chartres (* um 1040, † 1116), Decretum, ed. MPL 161,47–1022.
Jacob I. (König von England), Demonology in a Form of a Dialogue, London 1603; lat. Demonologia, 1604 [u. ö.].
Jacobus de Voragine → Legenda aurea.
Jahn, U., Hexenwesen und Zauberei in Pommern, 1886, ND 1970.
Janson, St., Jean Bodin – Johann Fischart. De la Démonomanie des Sorciers (1580) – Vom Aussgelaßnen wütigen Teuffelsheer (1581); u. ihre Fallberichte, 1980.
Johannes XXI. (Petrus Juliani, Petrus Hispanus; * nach 1210, † 1277), Thesaurus pauperum seu de humani corporis membris (Summa medicinalis, Summa experimentorum medicarum), ungedr.; vgl. H. Schipperges, Arzt in Purpur [...], 1994.
Johannes Beleth (* um 1108, † um 1183), Summa de ecclesiasticis officiis, 1–2, ed. H. Douteil, 1976.
Johannes Cassianus (*360/365, † 432/435), Collationes patrum, ed. E. Pichery, 1–3, 1955–59.
Johannes I. Chrysostomus (*349/350, † 407), Homilia 19 Ad populum Antiochenum, ed. MPG 49, 196.
– Adversus Iudeos orationes 8, ed. MPG 48, 843–942.
Johannes von Hagen (*1415, † 1475 o. 1476), De arte magica, 1–2, ed. J. Klapper, 1960.
– Introductiones in chiromantiam, physiognomiam, astrologiam, gedr. Straßburg 1630.
Johannes von Hildesheim (* vermutl. zw. 1310 u. 1320, † 1375), Historia trium regum, ed. E. Köpke, 1878, übers. E. Christern, 1963.
Johannes von Neumarkt (* um 1315, † 1380), Hieronymus-Briefe, ed. A. Benedict, 1880, ND 1969.
Johann von Nürnberg, De vita vagorum [1. H. 14. Jh.], ed. H. Maschek, 1939 (Lyrik des späten MA, 1939, 194–202, 311).
Johannes von Salisbury (* um 1115, † 1180), Policraticus, ed. C. C. I. Webb, 1909, ND 1965.
Johannes Trithemius (*1462, † 1516), Antipalus maleficarum, Ingolstadt 1555.
– Liber octo questionum, Oppenheim 1515 [u. ö.].

Johannes Trithemius, Steganographia, Darmstadt 1606 [u. ö.], ed. A. McLean, 1982.
Johannes Vincentius (Presbyter), Adversus magicas artes et eos qui dicunt artibus eisdem nullam inesse efficaciam, Ms.: Paris, Bibl. Nat. 3446.
Johann von Wünschelburg (* um 1385), Tractatus de superstitionibus [um 1440], Ms.: LB Dresden, cod. P. 104.
Jörimann, J., Frühmittelalterliche Rezeptarien, 1925, ND 1977.
Josephos Flavios (*37/38 n. Chr.), Antiquitates Iudaicae [93/94 n. Chr.], ed. B. Niese, 1–7, 1885–95; überarb. 1888–95; ND 1955; übers. O. Bauerfeind, 1–3, 1963–1982.
– Bellum Iudaicum [79/80 n. Chr.], ed. u. übers. O. Michel u. O. Bauernfeind, 1–3, 1959–69.
Journal von und für Deutschland, [1], 1784; 2, 1785 – 9, 1792.
Justin der Märtyrer († 165), Apologie, ed. E. J. Goodspeed, 1914, übers. ²BKV, Frühchristliche Apologeten 1, 55–155.
Karlstadt (Andreas Bodenstein; * um 1477, † 1541), Von Abthuung der Bylder unnd das keyn Betler under den Christen sein soll, Wittenberg [1519].
Keller, Ernst Urban, Grab des Aberglaubens, 1–5, Frankfurt/Leipzig 1777f. (zit.), 1785–86.
Keller, O., Thiere des classischen Althertums in culturgeschichtlicher Beziehung, 1887; 2. Ed.: Die antike Tierwelt, 1–2, 1909–13.
KHM → Grimm, Kinder- und Hausmärchen
Kieckhefer, R., Magie im Mittelalter, aus dem Engl. (1990) v. P. Knecht, 1992.
Klagspiegel [um 1440]: Der richterlich Klagspiegel durch [...] Sebastianum Brandt wider durchsichtiget, vnd mit mererm Fleiß zum teyl gebessert, Straßburg 1516, 1518 [u. ö.] bis 1612.
Klapper, J., Deutscher Volksglaube in Schlesien in ältester Zeit: MSchlesVK 17, 19–57.
Pseudo-Klementinen [um 300 n. Chr.], ed. GCS 42, übers. G. Lüdemann u. J. Wehnert, 1997.
Klingner, E., Luther und der deutsche Volksaberglaube, 1912.
Knauer, Mauritius (*1612, † 1664), Calendarium Oeconomicum Practicum Perpetuum, Das ist: Vollständiger Hauß-Kalender [...], Kulmbach 1707, ND 1988; spätere Nachdrucke u. Auszüge u. d. T.: Hundertjähriger Kalender.
Köhler, Johann David, Historischer Münz-Belustigungen Zwölffter Theil, Nürnberg 1740.

Konrad von Megenberg (*1309, † 1374), Deutsche Sphära, ed. F. W. Brévart, 1980.
– Buch der Natur (Buch von den natürlichen Dingen) [1348/50], ed. F. Pfeiffer, 1861, ND 1971 (= Lexikon des Mittelalters 5, 1361).
Konzil von Auxerre, 573/603, ed. MGH Leg. 3,1.
– von Gnesen, 1420, ed. J. Jawicki, 1950.
– von Köln, 1310, ed. Mansi 25, 230ff.
– von Laodikeia, 2. H. 4. Jh., ed. Mansi 2.
– von Rouen, 650, ed. Mansi 10, 1200f.
– von Toledo, 694, ed. ders. 12, 99.
– von Tours, 813, ed. MGH Leg. 3, 2, 292.
– von Trier, 1227, ed. Mansi 23, 30.
Kors, A. C. / Peters, E., Witchcraft in Europe 1100–1700, 1972.
Köves-Zulauf, Th., Römische Geburtsriten, 1990.
Kramer, Heinrich (Institoris, Henricus), Malleus maleficarum (Hexenhammer), Speyer 1486 [u. ö.], übers. W. Behringer, G. Jerouschek, W. Tschacher, 2000.
Krünitz, Johann Georg, Oekonomisch-technologische Encyklopädie (bis 32: Oeconomische Encyclopädie; ab 73 v. anderen Autoren fortgesetzt), 1–242, aus dem Frz. übers. u. vermehrt, Berlin 1773–1858.
Kuhn, A., Sagen, Gebräuche und Märchen aus Westfalen, 1–2, 1859.
Kyraniden [1./2. Jh. n. Chr.], ed. D. Kaimakis, 1976; lat. ed. L. Delatte, 1942.
Laarß, R. H., Das Buch der Amulette und Talismane, ³1932, ND ²1988.
Labouvie, E., Verbotene Künste. Volksmagie und ländlicher Aberglaube in den Dorfgemeinden des Saarraumes (16.–19. Jahrhundert), 1992.
– Zauberei und Hexenwerk. Ländlicher Hexenglaube in der frühen Neuzeit, 1991.
Lactantius, (* um 250, † wohl 325), Divinae institutiones, Erstfassung 304/311, ed. CSEL 19, 1–672.
Ladner, G. B., Handbuch der frühchristlichen Symbolik, 1996.
Lammert, G., Volksmedizin und medizinischer Aberglaube in Bayern [...], 1869.
Laymann, Paul (*1574, † 1635), Theologia moralis, München 1625 [u. ö.].

LCI: Lexikon der christlichen Ikonographie, 1–8, ed. E. Kirschbaum (1–4), W. Braunfels (5–8), 1968–75, ND 1990.
Lea, H. Ch., Materials toward a History of Witchcraft, 1–3, ed. A. C. Howland, 1957.
Lecouteux, C., Eine Welt im Abseits. Zur niederen Mythologie u. Glaubenswelt des Mittelalters, 2000.
– Charmes, conjurations et bénédictions. Lexique et formules, 1996.
– Le Livre des Grimoires. De la magie au Moyen Age, 2002.
Leeuw, G. van der, Phänomenologie der Religion, 1933, [3]1970.
Legenda aurea, von Jacobus a Voragine [1252/60], ed. Th. Graesse, [3]1890, ND 1965; übers. R. Benz 1917, 1925, [11]1993.
Leges Visigothorum [seit 5. Jh.], ed. MGH LNG 1,1, 1902.
Lehmann, A., Aberglaube und Zauberei von den ältesten Zeiten an bis in die Gegenwart, [5]1985 v. D. Petersen, Sonder-Ed. 1990.
Leithäuser, J. G., Das neue Buch vom Aberglauben, 1964.
Leitner, H., Zoologische Terminologie beim älteren Plinius, 1972.
Lerchheimer, Augustin, von Steinfelden (Hermann Wildken, gen. Witekind), Bedenken von der Zauberey, Heidelberg 1585.
Leu, H. J., Eydgenössisches Stadt- und Landrecht, Zürich 1727.
Lévi, Eliphas (d. i. Alphonse-Louis Constant), Dogme de la haute magie, 1854.
– Rituel de la haute magie, 1855.
Lévi-Strauss, C., Le Totemisme aujourd'hui, 1962.
Lex Baiuvariorum [1. H. 8. Jh.], ed. MGH LNG 5,2, 1926.
LGB: Lexikon des gesamten Buchwesens, 2. Aufl., bisher: 1–6, 1987–2003; Register-Bd. (zu 1–4), 2003.
Liber Augustalis (Constitutiones regni utriusque Siciliae; Constitutiones v. Melfi) [1231], gedr. Neapel 1475, Faksimile-Ausg. v. H. Dilcher, 1973.
Lichtenberger, Johannes (Peregrinus Ruth ; * um 1440), Pronosticatio [1488]; Pronosticatio zu theutsch, 1488.
Liebrecht, F., Zur Volkskunde, 1879.
Lieder-Edda (Ältere Edda), überliefert in einer Handschrift von um 1270, ed. G. Neckel, 1–2, [2]1927; [4]1962 v. H. Kuhn; übers. F. Genzmer, [5]1984.
LIMC: Lexicon iconographicum mythologiae classicae, ed. J. Boardman [u. a.], 1981 ff.
Lindern, Franciscus Balthasar von, Speculum Veneris noviter politum: Das ist / Neu-ausgeputzter Venus-Spiegel / oder Beschreibung derer meisten Venus-Kranckheiten, Straßburg 1736.

Linhart, D., Hausgeister in Franken. Zur Phänomenologie, Überlieferungsgeschichte und gelehrten Deutung bestimmter hilfreicher oder schädlicher Sagengestalten, 1995.
Linsenmann, Th., Die Magie bei Thomas von Aquin, 2000.
Lippert, J., Christenthum, Volksglaube und Volksbrauch, 1882.
List, G. von, Das Geheimnis der Runen, 1925.
LMA: Lexikon des Mittelalters, 1–9, 1980–98, Register-Bd. 1999.
Lobenzweig, Hans, von Riedlingen (* Ende 14. / Anfang 15. Jh.), Traumbuch, ed. W. Schmitt, 1966 (AKuG 48, 181–216).
Lonicer(us), Adam(us) (*1528, † 1586), Kreuterbuch, Künstliche Conterfeytunge der Bäume [...] verbessert und vermehrt durch Petrus Uffenbachius, 1679, ND 1962.
LThK: Lexikon für Theologie und Kirche, hrsg. v. W. Kasper [u. a.], 1–11, ^{3}1993–2001.
Luck, G., Magie und andere Geheimlehren in der Antike, 1990.
Luck, G., Rätische Alpensagen 1902, ^{3}1990.
Lukian von Samosata (* zw. 115 u. 125, † um 180), Philopseudes, ed. M. D. Macleod, 1–4, 1972–87.
– Navigium, ed. M. D. Macleod.
Lurker, M. (Ed.), Wörterbuch der Symbolik, ^{5}1991.
Luther, Martin (*1483, † 1546), Adventspostille 1522, Weimarer Ausgabe $10^{1,2}$, 1925, ND 1969, 1–208.
– Predigten des Jahres 1530, Weimarer Ausgabe, 32, 1906.
– Tischreden aus Johannes Aurifabers Sammlung FB, Weimarer Ausgabe, Tischreden 6, 1921, ND 1967.
Lütolf, A., Sagen, Bräuche, Legenden aus den fünf Orten Lucern, Uri, Schwiz, Unterwalden und Zug, 1862.
Lycosthenes, C., Chronicon prodigiorum ac ostentorum, Basel 1557.
Lydos, Johannes Laurentius (*490, † um 560 n. Chr.), De ostentis, ed. C. Wachsmuth, 1897.
Mackensen, L., Deutsches Volkstum von Tacitus bis Luther, 1930.
Malleus maleficarum → Hexenhammer.
Mannhardt, W., Wald- und Feldkulte, 1–2, 1875, ^{3}1963.
Marbod von Rennes (* um 1035, † 1123), De lapidibus (De gemmis), ed. J. M. Riddle, 1977.
Marcellus Empiricus (4./5. Jh.), De medicamentis liber [nach 408 abgeschlossen], ed. Janus Cornarius, 1536; ed. E. Liechtenhan, übers. J. Kollesch u. D. Nickel, 1–2, ^{2}1968.
Macrobius, Theodosius (4./5. Jh. n. Chr.), Commentarii in Somnium Scipionis, ed. u. ital. übers. M. Regall, 1983/90.

Marianischer Ehren- und Gnadentempel [Ellwangen], 1799.
Marquard von Lindau († 1392), Dekalogerklärung, ed. J. W. van Maren, 1984.
Martène, Edmond (*1654, † 1739), De antiquis ecclesiae ritibus, 1–3, Rouen 1700–02; 1–4, Antwerpen ²1736–38, ND 1967–69.
Martin, A., Deutsches Badewesen in vergangenen Tagen. Nebst einem Beitrag zur Geschichte der deutschen Wasserheilkunde, 1906.
Martin von Amberg (* viell. um 1340), Gewissensspiegel [1371/82], ed. S. N. Werbow, 1958.
Martin von Braga (* um 515, † 579), Capitula ex orientalium Patrum synodis a Martino episcopo ordinata et collecta, ed. C. W. Barlow, 1950.
– De correctione rusticorum, ed. C. W. Barlow.
Maurer, J., Hexenwesen und Satanismus. Eine vergleichende Bibliographie aus zwei Jahrhunderten, 1989.
Maximilian I. von Bayern (*1573, † 1651), Landgebott wider die Aberglauben, Zauberey, Hexerey und andere sträffliche Teufelskünsten, München 1611.
Maximus von Turin († zw. 408 u. 423), Homilia 100 De defectione lunae (1), ed. MPL 57,483–486.
Mayr, Erasmus (Asmus), Ein newer spruch von der Zauberey vnd dem vnglauben, gedr. Nürnberg 1530, ed. J. Bolte, 1903: BLVS 229, 228–330 (Verse 190–260); ed. M. Barthes u. O. Ebermann, 1913: ZVK 23, 4–10 (Verse 1–190).
McLennan, J. F., The Worship of Animals and Plants: Fortnighthly Review 7/8, 1869/70.
Meiche, A., Sagenbuch des Königreichs Sachsen, 1903, ND 1985.
Meyer, C., Der Aberglaube des Mittelalters und der nächstfolgenden Jahrhunderte, 1884, ND 2003.
MGH: Monumenta Germaniae historica, 1826ff.; mit den Reihen:
– AA: Auctores antiquissimi 1, 1877 – 15, 1919.
– Const.: Constitutiones 1, 1893ff.
– Ep.: Epistolae 1, 1887ff.
– Leg.: Leges 1, 1835 – 5, 1875/89.
– LNG: Leges nationum Germanicarum 1, 1886ff.
– SRM: Scriptores rerum Merovingicarum 1, 1884 – 7, 1920.
– SS: Scriptores 1, 1826 – 32, 1934.
Michael Psellos → Psellos, M.
Michel, P., Tiere als Symbol und Ornament, 1979.

Miers, H. E., Lexikon des Geheimwissens, 1976, ³1986.
Miller, C. L., The Old High German and Old Saxons Charms, 1963, 1982.
Minucius Felix, Marcus (2./3. Jh.), Octavius, ed. B. Kytzler, 1982, ²1992.
Misch-Masch: Sympathetisch- und Antipathetischer Misch Masch. Das ist: Ein Compendium Magisch-Sympathetisch- und Antipathetischer Arcanitaeten / Wider Die Zauberer / Hexen / Unholden / und Truten [...], Frankfurt/Leipzig/Regensburg 1715, ND 1979.
Mizaldus, Antonius, Hortorum secreta, cultus et auxilia [...] 1574, ²1575.
Molitor, Ulrich (*um 1442, † 1507 o. 1508), Tractatus de laniis et phitonicis mulieribus Teutonice unholden vel hexen, Konstanz [1489]; Von Unholden und Hexen, Konstanz 1498; Straßburg 1493.
Moser, D.-R., Bräuche und Feste im christlichen Jahreslauf. Brauchformen der Gegenwart in kulturgeschichtlichen Zusammenhängen, 1993.
– Glaube im Abseits. Beiträge zur Erforschung des Aberglaubens, 1992.
Mosesbuch: Das sechste und siebente Buch Moses, das ist Moses magische Geisterkunst, das Geheimnis aller Geheimnisse, Titel seit 1797; zahlr. Ausgaben, zit.: Braunschweig 1950.
Most, G. F., Encyklopädie der gesammten Volksmedicin, 1843, ND 1973.
– Die sympathetischen Mittel und Curmethoden, 1842.
MPG: Patrologia cursus completus, ed. Jacques-Paul Migne; Series Graeca 1, 1857 – 167, 1866; Register: 1–2, 1928–36.
MPL: wie MPG; Series Latina: 1. Ser.: 1, 1841 – 79, 1849; 2. Ser.: 80, 1850 – 217, 1855; Register: 1–4, 218, 1862 – 221, 1864.
MSchlesVK: Mitteilungen der Schlesischen Gesellschaft für Volkskunde 1, 1894 – 37, 1938.
MThZ: Münchener theologische Zeitschrift 1, 1950ff.
Müllenhoff, K. / Scherer, W. (Ed.), Denkmäler deutscher Poesie und Prosa aus dem 8. bis 12. Jahrhundert, ³1892.
Müller, J. J., Buß-Spiegel, Zürich 1673.
Müller, U. / Wunderlich, W., Dämonen, Monster, Fabelwesen, 1999.
Münster, Sebastian (*1488, † 1552), Cosmographia, Basel 1544; dt. Cosmographei, ebd. 1550 [u. ö.].

Musäus, Johannes Karl August (*1753, † 1787), Volksmährchen der Deutschen, 1–5, Gotha 1782–86 [u. ö.].
MVGBöhm: Mittheilungen des Vereines für Geschichte der Deutschen in Böhmen 1, 1862/63 – 76, 1938.
Mythographi Graeci 1–3, ed. R. Wagner [u. a.], 1894–1902; 1: ²1926, ND 1996.
Nausea, Friedrich (* um 1480, † 1552), Libri mirabilium 7, Köln 1532.
Nechepso [pseudonymer Verf.], Astrologúmena (Fragmente) [um 150–120 v. Chr.], ed. E. Riess, 1891, 325–394.
Nestroy, J. N., Sämtliche Werke, ed. F. Brunker u. O. Rommel, 1–15, 1924–1930.
Nibelungenlied [1180/1210], ed. K. Bartsch u. H. de Boor, ²²1988.
Nider, Johannes (* um 1380, † 1438), Formicarius, Köln um 1480 [u. ö.], Faksimile-Ed. v. H. Biedermann, 1971.
– Praeceptorium divinae legis, Köln 1472 [u. ö.].
Niderberger, F., Sagen und Gebräuche aus Unterwalden, 1924, ND 1978.
Nigidius Figulus (1. Jh. v. Chr.), Fragmente, ed. u. ital. übers. D. Liuzzi, 1983.
Nikolaus I., Papst (* um 820, † 867), Responsa ad consulta Bulgarorum, ed. D. Detschev, ²1938.
Nikolaus von Dinkelsbühl (Nikolaus Prunczlein) (* um 1360, † 1433), Von den zehn Geboten, ed. K. Baumann, Aberglaube, 2, 503–680.
Nikolaus von Jauer (* um 1355, † 1377), Tractatus de superstitionibus, ungedr.; vgl. K. Bracha, Teolog.
Nola, A. di, Der Teufel. Wesen, Wirkung, Geschichte, aus dem Ital. v. D. Türck-Wagner, 1993.
Nonn, U., Quellen zur Alltagsgeschichte im Früh- und Hochmittelalter 1, 2003.
Odo von Meung (letztes Drittel 11. Jh.), De viribus (naturis) herbarum [seit etwa 1100; Aemilius Macer zugeschrieben: Macer floridus], ed. L. Choulant, 1832.
OF: O. Kern (Ed.), Orphicorum fragmenta, ³1972.
Ohly, F., Zur Signaturenlehre der Frühen Neuzeit, aus dem Nachlaß ed. U. Ruberg u. D. Peil, 1999.
Ohrt, F., Fluchtafeln und Wettersegen: Folkore Fellows Communications 86, 1929, 3–16.
Oracula Sibyllina [Texte v. 2. Jh. v. Chr. – 7. Jh. n. Chr.], ed. J. Geffcken, 1902.

Orakel. Der Blick in die Zukunft. Ausstellungskatalog: Museum Rietberg Zürich, red. A. Langer u. A. Lutz, 1999.

Origenes (* um 185, * um 254), Commentarius in Matthaeum, übers. H. J. Vogt, 1–3: BGL 18, 30, 38.

– Contra Celsum, ed. u. engl. übers. H. Chadwick, ³1980; übers. ²BKV 52 f.

– Exhortatio ad martyrium, ed. BGL 5.

Ortolf von Baierland, Arzneibuch [um 1280], ed. J. Follan, 1963; Farbmikrofiche-Ed. v. W. Dressendörfer, G. Keil, W.-D. Müller-Jahncke, 1991.

Otto, W. F., Religio und Superstitio: ARW 12, 1909, 533–554; 14, 1911, 406–422.

Ovidius Naso, Publius (*41 v. Chr., † 17 n. Chr.), Amores, ed. C. McKeown, 1–3, 1987–98; übers. W. Marg, R. Harder, ²1962.

– Ars amatoria, ed. E. J. Kenney, 1961; übers. O. M. Mittler, 1958.

– Metamorphoses, ed. F. Böhmer; 1969; ed. u. übers. H. Breitenbach, 1958.

Palladius Rutilius Taurus Aemilianus (4./5. Jh. n. Chr.), Opus agriculturae, ed. R. H. Rodgers, 1975.

Panzer, F., Bayerische Sagen und Bräuche. Beitrag zur deutschen Mythologie, 1–2, 1848–55, ed. W.-E. Peuckert, 1–2, 1954–56.

Papus (d. i. Gérard-Anaclet-Vicent Encause), Le Tarot des Bohémiens, 1889.

Paracelsus, Philippus Aureolus Theophrastus Bombastus (d. i. Philippus Theophrastus von Hohenheim; *1493/94, † 1541), Sämtliche Werke: ed. K. Sudhoff (1. Abt.: 1–14), 1922–33, u. K. Goldammer (2. Abt.), 1955 ff.

– Aurora philosophorum, ed. W.-E. Peuckert, 1976.

– Außlegung des Cometen erschynen im hochgebirg, Zürich 1531, ed. Sudhoff u. Goldammer, Sämtliche Werke 9, 369–443.

– Liber de homunculis, ed. Sudhoff/Goldammer, 14, 325–338.

– Von den natürlichen Dingen, ed. Sudhoff/Goldammer, 2, 59 bis 175.

– Liber de nymphis, sylphis, pygmeis et salamandris et de caeteris spiritibus, ed. R. Blaser, 1960.

Parker, R., Miasma, 1983, ²1996.

Passio sancti Bartholomaei apostoli, ed. M. Bonnet, Acta apostolorum apocrypha 2,1, 1898, ND 1959, 128–150.

Paul(l)ini, Christian Franz (*1643, † 1712), Heylsame Dreck-Apothecke, wie nämlich mit Koth und Urin fast alle [...] Kranckheiten, und bezauberte Schäden [...] curiret worden, Frankfurt 1696, 1734, ND 1964.

Paul(l)ini, Christian Franz, Kleine / Doch Curieuse Bauren-Physic, Frankfurt/Leipzig 1705 (zit.), vermehrt ebd. 1706.

– Neu-Vermehrte Heylsame Dreck-Apotheke, 1–2, ^{4}1748.

Paulus Diaconus von Neapel (*20/30, † um 799), Epitoma Festi, ed. W. M. Lindsay, 1913.

Paulus de Grillandis, Tractatus de haereticis et sortilegiis, London 1536, 1547.

Pausanias, der Perieget, Beschreibung Griechenlands (Periḗgesis Helládos) [3. Viertel 2. Jh. n. Chr.], ed. M. H. Rocha-Pereira, 1 bis 3, 1973–81, ^{2}1989–90; übers. E. Meyer [u. a.], 1–3, 1986–89.

Perenna, Adelgonde, L'art de dire la bonne aventure dans la main et dans le marc de café, ^{4}1838.

Persius, Aulus, Flaccus (*34 n. Chr., † 62 n. Chr.), Satyricon, ed. u. übers. O. Schönberger, 1992.

Petronius Niger (Arbiter; *66 n. Chr.), Satyrica, ed. K. Müller, 1995; übers. O. Schönberger, 1992.

Petrus von Abano (P. Aponensis; * um 1257, † 1316), Compilatio physionomiae, Padua 1474 [u. ö.].

– Conciliator litium medicinalium [beendet gegen 1310], Venedig 1476 [u. ö.]; 1565, ND 1985.

Petrus Cantor († 1197), Verbum abbreviatum, ed. MPL 205,21–554 [Kurzfassung].

Petrus Comestor (* um 1100, † 1187), Historia scholastica, ed. MPL 198,1053–1644.

Petrus Damiani (*1007, † 1072), Opuscula, ed. MPL 144 f.

Petrus Lombardus (* zw. 1095 u. 1100, † 1160), Sententiae in 4 libris distinctae, ed. Spicilegium Bonaventurianum, 1–2, ^{3}1971–81.

Petzold, L., Kleines Lexikon der Dämonen und Elementargeister, 1990.

– (Ed.), Magie und Religion. Beiträge zu einer Theorie der Magie, 1978.

Peucer, Caspar (*1525, † 1602), Commentarius de praecipuis divinationum generibus, Wittenberg 1553 [u. ö.]; frz. übers. Lyon 1584.

Peuckert, W.-E., Pansophie. Ein Versuch zur weißen und schwarzen Magie, ^{2}1956.

Peuntner, Thomas (* vermutl. um 1390, † 1439), Beichtbüchlein, ungedr., Einl. bei G. Eis u. R. Rudolf, Altdeutsches Schrifttum, 1960, 68–70.

Peuntner, Thomas, Christenlehre, ungedr., daraus: Dekalogerklärung (SB München, Cgm 4595) bei S. N. Werbow, Gewissensspiegel, 1958, 103–108.
Pfeiffer, F., Zwei deutsche Arzneibücher aus dem 12. und 13. Jahrhundert: SAW phil.-hist. Kl. 42, 1863, 110–200.
PGM: K. Preisendanz / A. Henrich (Ed.), Papyri Graecae magicae. Die griechischen Zauberpapyri, 1–2, 1928–31, ²1973f.
Pherekýdēs (6. Jh. v. Chr.), Heptámychos (Fragmente), ed. H. Diels u. W. Kranz, 43–51.
Philostratos (* um 170 n. Chr.), Vita Apollonii, gedr. Venedig 1501–02; ed. K. L. Kayser, 1844.
Philon von Alexandria (Philo Iudaeus; * um 15. v. Chr., * um 50 n. Chr.), Legum allegoriae, ed. L. Cohn [u. a.], 1–6, 1896–1915.
– De somniis, ed. L. Cohn [u. a.].
Physiologus (2. Jh. n. Chr.), ed. griech. F. Sbordone, 1936, ND 1976; ed. lat. u. dt. F. Wilhelm, 1–2, 1914; übers. U. Treu, ³1998.
Picatrix [nach 1051], übers. H. Ritter u. P. Plessner, 1962.
Pico della Mirandola, Giovanni (*1463, † 1494), Conclusiones cabalistae, ed. Opera omnia, Basel 1557, ND 1969.
– Disputationes in astrologiam divinatricem, 1–2, ed. E. Garin, 1952.
Pictorius, Georgius, Epitome de magiae caeremonialis seu goetiae speciebus (in: De sublunarium daemonum ortu, natura illusionibus [...]), ed. Sermonum conuiualium libri 10, Basel 1571.
Pirmin von Reichenau (* um 750), Dicta de singulis libris canonicis (Dicta Pirminii, Scarapsus), ed. Jecker, 1927 (Beiträge zur Geschichte des alten Mönchtums u. des Benediktinerordens 13, 34–73).
Pistis Sophia [viell. 2. H. 3. Jh.], ed. GCS: Koptisch-gnostische Schriften 1, ⁴1981; ed. u. engl. übers. v. Mac-Dermot, 1978.
Pistorius, Johannes d. Ä. (Niddanus, *1546, † 1608), Rerum Germanicarum [...] scriptores, 1–3, Frankfurt 1583–1607.
Platon (*428/27, † 348/47 v. Chr.), Werke ed. u. frz. übers. E. Chambry [u. a.], 1–13, 1920–56; übers. F. Schleiermacher 1804–28, zahlreiche ND.
– Apología, übers. O. Apelt, ²1922, ND 1988 (Philosophische Bibliothek, 1).
– Gorgías, übers. O. Apelt (Ph. B. 1).
– Kratýlos, übers. O. Apelt (Ph. B. 2).
– Nómoi (Leges), übers. O. Apelt (Ph. B. 7).

Platon, Phaídon, übers. O. Apelt (Ph. B. 2).
– Phaídros, übers. C. Ritter (Ph. B. 2).
– Politeía (Res publica), übers. O. Apelt (Ph. B. 5).
– Politikós (Politicus), übers. O. Apelt (Ph. B. 6).
– Sympósion, übers. O. Apelt (Ph. B. 3).
– Tímaios, übers. O. Apelt (Ph. B. 6).
Plinius Secundus d. Ä. (*23/24, † 79 n. Chr.), Naturalis historia (Naturae historiarum libri 37), ed. u. übers. R. König [u. a.], 1973 ff.
Plinius Caecilius Secundus d. J. (*61/62, † vor 117 n. Chr.), Epistulae, ed. R. A. B. Mynors, 1966.
Plotin (*205, † 270), Ennéades, ed. u. übers. R. Harder [u. a.], 1–6, 1956.
Plutarch (* um 45, † vor 125 n. Chr.), De defectu oraculorum, in: Moralia 4, 67–187.
– De genio Socratis, in: Moralia 5, 115–201.
– Kimon, in: Vitae parallelae, ed. K. Ziegler, 1957–71.
– Moralia, ed. u. engl. übers. F. C. Babbit [u. a.], 1–16, 1927 ff.; ed. u. frz. übers. J. Sirinelli [u. a.], 1972 ff.; ed. u. ital. übers. I. Gallo, R. Laurenti, 1988 ff.; übers. J. F. S. Kaltwasser, 1–6, 1783–1795 (zit.).
– De Pythiae oraculis, in: Moralia 4, 1–65.
– Quaestionum convivalium libri 9, in: Moralia 5, 259 – 6, 556.
– Quaestiones Romanae (Aetia Romana), in: Moralia 3, 72–171.
– De superstitione, in: Moralia 2, 141–166.
– Vitae parallelae, ed, K. Ziegler, 1957–71; übers. J. F. S. Kaltwasser, 1799–1806, ed. W. Rüegg, 1946; K. Ziegler u. W. Wuhrmann, 1–4, 1954–64.
Poenitentiale: Arundel [9. Jh.], ed. Schmitz, Bußbücher 1, 437–465.
– Capitula iudiciorum [Anfang 8. Jh.], ed. ebd., 2, 204–251.
– Parisiense, 8. Jh., ed. ebd., 1, 677 – 697.
– Vallicellianum I [10. Jh.], ed. ebd., 1, 227 – 342.
Polykarp (Polýkarpos; † vermutl. 155/156), Martyrium Polycarpi, ed. G. Buschmann, 1998.
Porphyrios (* um 234, † 305/10 n. Chr.), Einführung (Isagoge) in die Kategorien des Aristoteles, ed. u. engl. übers. K. O'Brien Wicker, 1987.
– Vita Pythagorae, ed. É. des Places, 1982.
Porta, Giambattista della (*1538 o. 1540, † 1615), Magiae naturalis sive De miraculis rerum naturalium libri 4, 1558 [u. ö.]; ital. Della magia naturale, 1611; frz. La Magie naturelle, 1631 [u. ö.].

Porta, Giambattista della, De occultis literarum notis libri 4, 1593, 1608.
– Phytognomia, Frankfurt 1608, Rouen 1650.
Posser, Hieronymus (Jeronimus de Salczburga; * um 1400, † 1454), Beichtbuch, ungedr., Excerpte bei: J. Staber, Ein altbayerischer Beichtspiegel des 15. Jh. (Cgm 632): Bayerisches Jahrbuch für Volkskunde 1963, 7–24.
Pott, M., Aufklärung und Aberglaube. Die deutsche Frühaufklärung im Spiegel der Aberglaubenskritik, 1992.
Praetorius, Antonius, Von Zauberey und Zauberern Gründlicher Bericht, Heidelberg 1613.
Praetorius, Johannes (d. i. Hans Schultze; *1630, † 1680), Blockes-Berges Verrichtung [...], Leipzig/Frankfurt 1668 (zit.), 1669.
– De coscinomantia, oder vom Sieb-Lauffe [...], Stadtamhof 1677.
– Philosophia colus oder pfÿlose vieh der weiber [...] auffgesetzet durch MIciPSaM: Regem Numidiae, Leipzig (gedr. Arnstadt) 1662.
– Saturnalia: Das ist, eine Compagnie Weihnachts-Fratzen, oder Centner-Lügen, und possierliche positiones, Leipzig 1663.
– Zigeuner-Charte, oder Chiromantenspiel, Nürnberg 1659.
Priebsch, R., Deutsche Handschriften in England, 1–2, Erlangen 1896–1901.
Priesner, C. / Figala, K., Alchemie. Lexikon einer hermetischen Wissenschaft, 1998.
Proklos (*412, † 485 n. Chr.), Platon-Kommentare: Alkibiades-Komm., ed. L. G. Westerink, 1954.
– Kratylos-Kommentar, ed. G. Pasquali, 1908, ND 1994.
– Timaios-Kommentar, ed. E. Diehl, 1–3, 1903–06.
Propertius, Sextus (* um Mitte 1. Jh. v. Chr.), Elegien (Monobiblos), ed. P. Fedeli, 1984.
Prudentius, Aurelius P. Clemens (*349, † nach 405), Cathemerinon, ed. CCL 126.
Prüler Steinbuch (De 12. Lapidibvs; Anfang 12. Jh.), ed. F. Wilhelm, Denkmäler deutscher Prosa des 11. und 12. Jahrhunderts 1–2, 1916, ND 1960 [in einem Band], 37–39.
Psellos, Michael (Konstantinos; *1017/18, † um 1078), De lapidum virtutibus, ed. P. Galigani [1980].
– Perí ōmoplatoskopías kai oionoskopías, ed. R. Hercher, 1853.
Ptolemaios, Klaudios (2. Jh. n. Chr.), Megálē sýntaxis (Mathematikḗ sýntaxis; Hē megístē sýntaxis; arab. Almagest), ed. u. lat. u. dt. übers. J. L. Heiberg, 1898–1903.

Ptolemaios, Klaudios, Tetrábiblos (Quadripartitum; Apotelesmatiká), ed. u. lat. u. dt. übers. W. Hübner, ²1998.

QFEE: Quellen und Forschungen zur Europäischen Ethnologie 1, 1983 ff.

Quintilianus, Marcus Fabius (* um 35, † um 100 n. Chr.), Declamationes minores, ed. D. R. Shackleton Bailey, 1989.

Rätsch, Chr., Lexikon der Zauberpflanzen aus ethnologischer Sicht, 1988.

Rather(ius) von Verona (* um 887, † 974), Sermo 1 De ascensione, ed. B. R. Reece, 1969.

Regimen sanitatis Salernitanum [13. Jh.], ed. in Ausw. Ch. G. Akkermann, 1790; S. de Renzi, 1–4, 1852–59, ND 1967.

Regino von Prüm (* um 840, † 915), Libri duo de synodalibus causis et disciplinis ecclesiasticis, ed. F. W. H. Wasserschleben, 1851, ND 1958; ed. u. übers. W. Hartmann, 2004.

Reuchlin, Johannes (*1455, † 1522), De arte cabbalistica, Hagenau 1517.

– De verbo mirifico, Basel 1494, ed. W.-W. Ehlers, 1996.

Reiskius, Johann, Kurtze Untersuchung des Nothfeuers, 1696.

Reynmann, Leonhard, Wetterbüchlein (Von warer erkanntnus des wetters), Augsburg 1505; 1515 (zit.); München 1510, Faksimile-Ed. G. Hellmann, 1893.

RGA: Reallexikon der germanischen Altertumskunde, bisher 1–25, ed. H. Beck [u. a.], ²1973–2003.

RGG: Die Religion in Geschichte und Gegenwart, 1–7, ³1957–65 v. K. Galling [u. a.], ND 1986.

Robbins, R. H., The Encyclopedia of Witchcraft and Demonology, 1959, ¹¹1973.

Rockenphilosophie → Schmidt, Johann Georg.

Rosbach, Conrad, Paradeißgärtlein / Darinnen die edleste vnnd fürnembste Kräuter nach jhrer Gestalt vnd Eigenschafft abcontrafeytet [...], Frankfurt 1588, ND 1982.

Rosenroth, Chr. Knorr von, Cabbala denudata, Sulzbach 1677, 1684.

Rößlin, E., Wetterbüchlin, 1553.

Rudwin, M., The Devil in Legend and Literature, 1970.

Ruhe, D., Gelehrtes Wissen, ›Aberglaube‹ und pastorale Praxis im französischen Spätmittelalter. Der Second Lucidaire und seine Rezeption (14.–17. Jahrhundert), 1993.

Rupert von Deutz (*1075/76, † 1129), In exodum commentariorum libri 4 (in: De trinitate et operibus eius libri 42) ed. MPL 167,565–744.

Ruprecht von Freising, Rechtsbuch [1328], ed. u. übers. H. K. Clausen, 1941.

Russel, J. B., Lucifer. The Devil in the Middle Ages, 1984, ³1990.

Rustichello (Rusticiano da Pisa), Divisament dou monde (Libro delle meraviglie del monde; Milione) [1299], frz. u. ital. ed. G. Ronchi, 1982; ed. V. Bertolucci Pizzorusso, 1994.

Sachs, Hans (*1494, † 1576), Werke, ed. A. v. Keller u. E. Goetze, 1–26, 1870–1908.

Sachsenspiegel, verf. v. Eike v. Repgow, 1220/35, Faksimile-Ed. R. Schmidt-Wiegand, 1993.

Salbeitraktat [14. Jh.], ed. E. Hlawitschka, 1990.

SAVK: Schweizerisches Archiv für Volkskunde 1, 1897 ff.

SAW: Sitzungsberichte der Akademie der Wissenschaften in Wien, Wien.

Sawicki, J., Concilia Poloniae 5, 1950.

SC: Sources chrétiennes.

Schäfer, H., Der Okkulttäter. Hexenbanner, magische Heiler, Erdentstrahler, 1958.

Schedl, C., Die 32 wunderbaren Wege der Weisheit und das Buch Deuteronomium: ThPQ 1968, 229 ff.

Scheible, J., Das Kloster, 1–12, 1845–49.

Schelenz, H., Geschichte der Pharmazie, 1904, ND 1965.

Schmeïng, K., Das Zweite Gesicht in Niederdeutschland, 1937.

Schmeller, Johann Andreas (*1785, † 1852), Bayerisches Wörterbuch, 1–2, Tle. 1–4, 1827–37; ²1872–77, bearb. v. C. K. Frommann, ND 1985.

– Die Mundarten Bayerns grammatisch dargestellt [...], 1821.

Schmidt, Johann Georg, Die gestriegelte Rockenphilosophie [...], Chemnitz 1718–22.

Schmitz, H. J., Die Bußbücher, 1–2, 1898, ND 1958.

Schneider, F., Über Kalendae Ianuarii und Martiae im Mittelalter: ARW 20, 82–134; 360–410.

Schneider, J. D., Eröffnung der vortrefflichsten Geheimnüsse in der Arzney-Kunst, [Dresden] 1696.

Schöck, I., Hexenglaube in der Gegenwart, 1978.

Scholem, G., Ursprünge u. Anfänge der Kabbala, 1962.

Schönbach, A. E., Studien zur Geschichte der altdeutschen Predigt. 2. Stück: Zeugnisse Bertholds von Regensburg zur Volks-

kunde: SAW, Philos.-hist. Klasse 142, 1–156 (zit.: Zeugnisse B. v. R.).
Schönbach, A. E., Zeugnisse zur deutschen Volkskunde des Mittelalters: ZVK 12, 1–14.
Schöpf, H., Zauberkräuter, 1986, 1992.
Schröder, Johannes, Medicin-Chymische Apotheke / Oder: Höchstkostbarer Arzeney-Schatz, Nürnberg 1685, ND 1963.
Schurr, E., Die Ikonographie der Heiligen, 1997.
Schwartz, W., Sagen und alte Geschichten der Mark Brandenburg, [²1886] [u. ö.].
Scribonius, Guilielmus Adolphus, De sagarum natura et potestate, 1558 [u. ö.].
Scribonius Largus (* um die Zeitenwende), Compositiones [47/48 n. Chr.], ed. Jean Ruelle, 1528; ed. G. Helmreich, 1887; übers. W. Schönack, 1913.
Secretum secretorum [10. Jh.], ed. R. Möller, 1963.
Segl, P. (Ed.), Der Hexenhammer. Entstehung und Umfeld des Malleus maleficarum von 1487, 1988.
Seitz, Johannes Nicolaus, Vermehrter und im Druck verbesserter Trost der Armen / Das ist: Schlechte / jedoch bewährte Haus-Mittel [...], Nürnberg 1715.
Seligmann, S., Die magischen Heil- und Schutzmittel aus der unbelebten Natur, 1927.
Seneca, Lucius Annaeus († einige Jahre v. 5 n. Chr.), Epistulae morales, ed. L. D. Reynolds, 1995; übers. H. Rüdiger, ²1965.
– Oedipus, ed. K. Töchterle, 1994; übers. A. Swoboda 1828–30; ed. u. übers. Th. Thoman, 1–2, 1961–69.
Serenus Sammonicus, Quinctius, Liber medicinalis [2.–4. Jh. n. Chr.], ed. Venedig 1474; ed. F. Lombardi, 1956; frz. übers. R. Pepin, 1950.
Servatius von Tongern (* Anfang 4. Jh., † 384; legendarisch), Legende, ed. AA SS, mai. 3, 208 ff.; Bibliotheca hagiographica Latina 7611–41.
Servius (um 400 n. Chr.), Vergil-Kommentar, ed. G. Thilo, 1–3, 1881–87; 3,2: Appendix, ed. H. Hagen, 1902.
Sextos Empeirikos (Sextus Empiricus, 2. Jh.), Adversus Mathematicos, ed. u. engl. übers. R. Bett, 1997; teilübers. H. Flückiger, 1998.
Sigerist, H. E., Studien und Texte zur frühmittelalterlichen Rezeptliteratur, 1923.

Simrock, K., Handbuch der deutschen Mythologie mit Einschluß der nordischen, 1853–55, ⁸1887.
– Die deutschen Volksbücher, 1–13, Hefte 1–54, 1845–66, 1887.
Snoek, J. A. M., Initiations: A methodological Approach to the Application of Classification and Definition Theory in the Study of Rituals, 1987.
Sohar [Hauptteil: 13. Jh.], ed. R. Margalioth, 1–5, 1978.
Soldan, W. G. / Heppe, H., Geschichte der Hexenprozesse, 1–2, ³1912 v. M. Bauer, ND 1969.
Solinus, Gaius Iulius (3./4. Jh. n. Chr.), Collectanea rerum memorabilium, ed. H. Walther, 1969.
Som(p)nia Danielis [1441], ed. H. Hoffmann, 1836 (Altdeutsche Blätter 1, 215f.).
Sophokles (5. Jh. v. Chr.), Philoktḗtes, ed. u. engl. übers. R. G. Usher, 1990; ed. u. übers. W. Willige u. K. Bayer, 1966.
Sophronius, S.-G., Catéchisme expliqué de l'église gnostique 1–4, 1899f.
Soranos (in Rom um 100), Perí gynaikeíōn pathṓn, ed. u. frz. übers. P. Burguière [u. a.], 1–4, 1988–94.
Sozomenos, Historia ecclesiastica [zw. 439 u. 450], ed. J. Bidez u. G. Ch. Hansen, ²1997.
Spamer, A., Romanusbüchlein. Historisch-philologischer Kommentar zu einem deutschen Zauberbuch, ed. J. Nickel, 1958.
Spiegel des Sünders, Der [15. Jh.], ed. M. A. van den Broek, 1976.
Staricius, Johannes, Geheimnisvoller Heldenschatz, oder der vollständige egyptische Magische Schild [...], Köln/Weimar 1750, ND 1978.
– New-reformirt- und vermehrter Helden-Schatz [...], [o. O.] 1679 [u. ö].
Steiner, R., Theosophie, 1914.
Stengel, Justus, Bewerte Bier Künste, Erfurt 1626.
Stephan von Landskron (* vermutl. 1. Jahrzehnt d. 15. Jh., † 1477), Himmelstraße, Augsburg 1484, Faksimile-Ed. v. G. J. Jaspers, 1979.
Strabon († wahrscheinl. zw. 23 u. 25. n. Chr.), Geōgraphiká, ed. u. engl. übers. H. L. Jones, 1–8, 1917–32; ed. u. übers. S. Radt, 1–10 [i. Ersch.], 2002ff.
Strauss, W. L., The Complete Drawings of Albrecht Dürer 1–6, 1974.
Strackerjan, L., Aberglaube und Sagen aus dem Herzogthum Oldenburg, 1–2, 1867; ²1909 v. K. Willoh.

Stute, M., Hauptzüge der wissenschaftlichen Erforschung des Aberglaubens und seiner populärwissenschaftlichen Darstellungen der Zeit von 1800 bis in die Gegenwart, 1997.
Suda (Suidas; 10. Jh. n. Chr.), ed. A. Adler, 1–5, 1928–38.
Sueton, Gaius Tranquillus (* um 70 n. Chr.), Kaiserviten (Vita Caesarum): Divus Augustus, ed. J. M. Carter, 1982.
– Divus Iulius, ed. M. Carter.
Suolahti, H., Die deutschen Vogelnamen, 1909.
Tabernaemontanus [latinisiert aus: Bergzabern], Jacobus Theodorus (*1520/30, † 1590), New Kreuterbuch, 1–2, Frankfurt 1588 u. 1591 [u. ö.], vermehrt durch Caspar u. Hieronymus Bauhinus, Basel [4]1731, verkleinerter ND 1963.
Tabula smaragdina (Secreta, Verba secretorum) [erstmals in der um 750/800 aus dem Griechischen ins Arabische übersetzten Schrift ›Sirr al-ḫalīqa‹ (›Geheimnis der Schöpfung‹) bezeugt]; lat. übers. Hugo von Santalla (Santalliensis) [12. Jh.]; ed. J. Ruska, 1926.
Tacitus, Cornelius (* um 55, † um 120 n. Chr.), Annales (Ab excessu divi Augusti) [etwa 110–120], ed. S. Borszák u. K. Wellesley, 1986–92; übers. E. Heller, 1982.
– Germania (De origine et situ Germanorum) [kurz nach 98], ed. M. Winterbottom, R. M. Ogilvie, 1975; übers. G. Perl, 1990.
– Historiae [um 105–109], ed. K. Wellesley, 1989; übers. J. Borst, 1959.
Tengler, Ulrich (* um 1447, † wohl 1511), Layen Spiegel, Augsburg 1509 [u. ö.], ND 1971.
Tertullian, Quintus Septimus Florens (* um 160, † nach 220), Apologeticum [Ende 197 n. Chr.], ed. u. übers. C. Becker, [4]1992.
– De anima, ed. M. Menghi, 1988.
– De ieiunio adversus psychicos, ed. Opera: CCL 1–2.
Theodoret (*393, † um 460 n. Chr.), Historia religiosa, ed. CPG 6200–88.
Theognis (6. Jh. v. Chr.), Elegien, ed. u. engl. übers. D. E. Gerber, 1999.
Theophrastos von Eresos (* um 371/70, † um 287 v. Chr.), Opera, ed. F. Wimmer, 1866, ND 1964.
– De causis plantarum, ed. u. engl. übers. B. Einarson u. G. Link, 1–3, 1976–90.
– Historia plantarum, ed. u. frz. übers. S. Amigues, 1–3, 1988–93.
– De lapidibus, ed. u. engl. übers. D. Eichholz, 1965.

Thiers, Jean-Batiste, Traité des superstitions qui regardent les Sacraments, 1–4, 1697ff. [u. ö.].
Thietmar von Merseburg (*975, † 1018), Chronik, ed. u. übers. W. Trillmich, 1957.
Thomas, K., Religion and the Decline of Magic. Studies in Popular Beliefs in Sixteenth and Seventeenth Century England, 1971, 41980.
Thomas von Aquin (*1224/25, † 1274), Quaestiones disputatae de malo, ed. Editio Leonina, 23, 1982.
– De sortibus, ed. ebd., 43, 1976.
– Summa theologiae, ed. ebd., 4–12, 1888–1906; ed. u. übers. Deutsche Thomas-Ausgabe, 1933ff.
Thomas von Cantimpré (van Bellinghem, von Brabant; * um 1201, † 1263 o. 1270/72), Bonum universale de apibus, 1256/63, ed. N. O. Heinertz, 1906.
– Liber de natura rerum, 1225–40, ed. H. Boese, 1973.
Thorndike, L., A History of Magic and Experimental Science, 1–8, 1923–58, ND 1975.
ThPQ: Theologisch-praktische Quartalschrift 1, 1848ff.
ThQS: Theologische Quartalschrift, Milwaukee (Wis.), 1, 1904 bis 43, 1946.
Thurneysser zum Thurn, Leonhard (*1530, † 1596), Archidoxa, dorin der recht war Motus [...] der Planeten [...] und das fünfte wesen [...] in suma alle verborgne Misteria [...] an Tag gebn, [Münster] 1569.
Tibull, Albius (* zw. 60 u. 50, † 19/17 v. Chr.), Elegien, ed. G. Luck, 1988; übers. G. Luck, 1964.
TRE: Theologische Realenzyklopädie, bisher: 1–36, ed. G. Krause (†), G. Müller [u. a.], 1977–2004.
Trierer Blutsegen (Ad catarrum dic) [10. Jh.], ed. u. übers. D. Schlosser, 1970 (Althochdeutsche Literatur, 258f.).
St. Trudperter Hohelied [zw. 1160 u. 1170], ed. H. Menhardt, 1–2, 1934.
Tylor, E. B., Primitive Culture, 1871; 1–2, 1958.
Ulrich von Pottenstein (* um 1360, † 1417 o. 1416], Katechismus-Summe, Teileditionen: G. Hayer (Paternoster-Auslegung), 1972 (masch.); G. Baptist-Hlawatsch (Vorrede, Register), 1980; G. Baptist-Hlawatsch (Dekalog-Auslegung: 1. Gebot), 1995.
Urquell: Am Urdhs-Brunnen. Organ des Vereins für Verbreitung volksthümlich-wissenschaftlicher Kunde, ed. F. Höft u. H. Car-

stens 1, 1881 – 7, 1889; fortgesetzt unter dem Titel: Am Ur-Quell. Monatsschrift für Volkskunde, ed. H. Carstens (1) u. F. S. Krauss, 1, 1890 – 6, 1896.

Tubach, F. C., Index Exemplorum. A Handbook of Medieval Religious Tales, 1969.

Valentini, M. B., Museum Museorum oder vollständige Schaubühne aller Materialien und Specereyen, 1–2, Frankfurt 1714.

Valerius Maximus, Facta et dicta memorabilia [nach 27 n. Chr. begonnen, bald nach 31 fertiggestellt], ed. R. Faranda, 1971, ND 1976.

Varro Terentius, Marcus (*116, † 27 v. Chr.), Antiquitates rerum humanarum et divinarum libri 41 [verloren; 47 o. 46], Fragmente ed. F. Semi, 1–4, 1965.

Veit, A. / Ludwig, L., Kirche und Volksfrömmigkeit im Zeitalter des Barock, 1956.

Vergilius Maro, Publius (*70, † 19 v. Chr.), Aeneis, ed. E. Paratore, 1978–81; übers. F. Schiller, 1792; R. A. Schröder, 1952.

– Bucolica (Eklogen), ed. W. Clausen, 1994; übers. Th. Haecker, 1953.

– Georgica, ed. u. übers. M. Erren, 1985; übers. R. A. Schröder, 1939.

Vettius Valens (* um 120 n. Chr.), Anthologia [um 175], ed. F. Bara, 1989.

Vintler, Hans († 1419), Blumen der Tugend [1411], ed. I. V. Zingerle, 1874.

Vinzenz von Beauvais (* um 1190, † 1264), Speculum maius (mit: Speculum naturale, doctrinale, morale, historiale), 1–4 (Speculum quadruplex), ed. Duaci (Douvai) 1624, ND 1964f.

Virdung, Johannes (* Ende 15. Jh., † um 1550), Practica Teütsch, Oppenheim 1522.

Vita Eligii [8. Jh.], ed. MGH SRM 4, 705–708.

Vitae Patrum (Vitaspatrum) [lat., mit Kernstücken seit dem 4. Jh.], ed. H. Rosweyde, 1615, ed. MPL 21 u. 73/74.

VL: Die deutsche Literatur des Mittelalters. Verfasserlexikon, 1–11, ed. K. Ruh, B. Wachinger [u. a.], 1978–2004.

Wackernagel, W., Altdeutsche Predigten und Gebete aus Handschriften, 1876, ND 1964.

Walahfrid Strabo (*808/809, † 849), Hortulus (De cultura hortorum), ed. J. Vadian, Wien 1510, Nürnberg 1512, Faksimile-Ed. K. Sudhoff [u. a.], 1926, ^{2}1974; übers. H.-D. Stoffler, ^{2}1985; ed. u. übers. O. Schönberger, 2000.

Waldschmidt, Bernhardus, Pythonissa Endorea, das ist: acht und zwantzig Hexen- und Gespenster-Predigten, Frankfurt 1660.
Wanderer, K.-P., Gedruckter Aberglaube. Studien zur volkstümlichen Beschwörungsliteratur, Frankfurt 1976.
Weidenhiller, E., Untersuchungen zur deutschsprachigen katechetischen Literatur des späten Mittelalters. Nach Handschriften der Bayerischen Staatsbibliothek, 1965.
Weigel, Valentin (*1533, † 1588), Informatorium oder kurtzer Vnterricht, welcher Gestalt man durch drey Mittel den schmalen Weg zu Christo sich führen kan lassen, Neustadt 1616.
Weise, Christian (1642–1708), Die drei ärgsten Ertz-Narren [1672], ed. W. Braune, 1878, ND [2]1967.
Weyer (Weier, Wier[us]), Johannes (*1515, † 1588), De praestigiis daemonum. Von Teuffelsgespenst, Zauberern vnd Gifftbereytern [...], übers. v. Johannes Füglin (Fuglinus), Frankfurt 1586.
Wibald von Stablo (*1098, † 1158), Epistola 157, ed. J. Halkin u. C.-G. Roland, 1–2, 1909–30.
Widmann, Georg Rudolf, Wahrhaffte Historie, Hamburg 1599 (= Das ärgerliche Leben und schreckliche Ende des vielberüchtigten Ertz-Schwartzkünstlers Johannis Fausti [erweitert v. N. Pfitzer]), ed. BLVS 146.
Wilhelm von Auxerre (Guilelmus Alvernensis; * um 1180, † 1249), De fide et legibus, in: Magisterium divinale et sapientiale, ed. (Auswahl) Opera omnia, 1–2, Paris/Orléans 1674–75, ND 1963.
Witzschel, A., Kleine Beiträge zur deutschen Mythologie, Sitten- und Heimatkunde in Sagen und Gebräuchen aus Thüringen, 1–2, 1866–78.
Wolfram von Eschenbach (* um 1170, † um 1220), Parzival, ed. K. Lachmann, 1833, [6]1926, ND 1998.
Wuttke, A., Der deutsche Volksaberglaube der Gegenwart, 1860, [3]1900 v. E. H. Meyer (zit.).
Zachariae, Th., Kleine Schriften zur indischen Philologie, zur vergleichenden Literaturgeschichte, zur vergleichenden Volkskunde, 1920, ND 1989.
Zacharias (Papst 741–752), Brief an Bonifatius v. J. 743 (= Bonifatii et Lulli ep. 51), ed. MGH Ep. [2]3, 302–305.
Zauberei und Frömmigkeit (= Volksleben, 1, ed. H. Bausinger) 1966.
ZDA: Zeitschrift für deutsches Altertum (ab 19, 1876: und deutsche Literatur) 1, 1841 ff.

ZDMyth: Zeitschrift für deutsche Mythologie und Sittenkunde 1, 1853/54 – 4, 1856/59.

ZDP: Zeitschrift für deutsche Philologie 1, 1869ff.

Zedler, Johann Heinrich (Verleger; *1706, † 1751), Großes vollständiges Universallexikon aller Wissenschaften und Künste [...], 1–64, 4 Supplementbände, Halle/Leipzig 1732–54; verkleinerter ND 1962.

Zimmersche Chronik, verf. v. Froben Christoph Graf von Zimmern u. J. Müller, 1–4, ed. K. A. Barack, 1869 (= BLSV 91–94), ^{2}1881f.

Zorn, Johann Heinrich, Petino-Theologie oder Versuch, die Menschen durch nähere Betrachtung der Vögel zur Bewunderung, Liebe und Verehrung ihres Schöpfers aufzumuntern, Tle. 1–2, Pappenheim 1742.

ZÖVK: Zeitschrift für österreichische Volkskunde 1, 1895ff.

ZRwVK: Zeitschrift für rheinisch-westfälische Volkskunde 1, 1904ff.

ZVK: Zeitschrift (des Vereins) für Volkskunde 1, 1891 – 38, 1928; NS 1, 1930ff.

Zwi, Salomon (Dsalman Zebi), Jüdischer Theriac, 1615.